语言常识全知道

全知道

文若愚◎编著

中国华侨出版社
北京

图书在版编目(CIP)数据

语言常识全知道 / 文若愚编著.—北京：中国华侨出版社，2014.11（2019.12重印）

ISBN 978-7-5113-5007-7

Ⅰ.①语… Ⅱ.①文… Ⅲ.①汉语—基本知识 Ⅳ.①H1

中国版本图书馆CIP数据核字（2014）第272870号

语言常识全知道

编　　著：文若愚

责任编辑：彬　彬

封面设计：韩立强

文字编辑：宋　媛

美术编辑：李丹丹

经　　销：新华书店

开　　本：720mm×1020mm　　1/16　　印张：34　　字数：870千字

印　　刷：鑫海达（天津）印务有限公司

版　　次：2015年2月第1版　　2019年12月第2次印刷

书　　号：ISBN 978-7-5113-5007-7

定　　价：68.00元

中国华侨出版社　　北京市朝阳区西坝河东里77号楼1层底商5号　　邮编：100028

法律顾问：陈鹰律师事务所

发 行 部：（010）58815874　　　　传真：（010）58815857

网　　址：www.oveaschin.com　　　E-mail：oveaschin@sina.com

如果发现印装质量问题，影响阅读，请与印刷厂联系调换。

前言

　　语言是人们必不可少的交流工具，熟练运用语言是社会对人们的要求，也是每个人都应具备的基本能力。如果把语言比作一幢高楼，字词句便是搭建这座高楼不可缺少的建筑材料。无论是口语还是书面语，其内容都是由各种形式的句子组成的，各类性质的词则是每个句子的组成部件，词又是由字建构而成。字，是词的基础；词，是句的基础；句，是语言的基础。字词句之间的联系密不可分，但又自成体系，各具特点。

　　语言文字的使用水平如何，是衡量一个人素质高低的标准，它如同一面镜子，反映出人们的思想情操、道德文化修养。考试过程中的一个语言错误就可能影响你的分数，使你不被录取；签订合同时的一个语言错误就可能给公司造成巨大的经济损失，影响晋升甚至让你丢了工作；演出、播音时的一个语言错误会误导受众，甚至会降低媒体的公信力；领导讲话、做报告或公开发言时出现语言错误，不仅会传达错误信息，惹人笑话，还会导致上下离心，威信顿失。各种语言错误看似不经意，但却影响重大、后果严重。

　　准确是对语言的最基本要求，然而在实际生活中，有些字，人们往往看似会读实则不会读，看似会写实则写错了；有些词，经常用实则不符合语言规范。一些顽固性的语言错误在正规的出版物中也屡见不鲜。"万人空巷"到底是指什么？"令堂"是谁的亲戚？"五谷杂粮"有哪五谷？"六亲不认"是哪六亲？"株连九族"都包括谁？为什么买"东西"不说买"南北"？为什么"败北"不说"败南"？为什么说话算数叫"一言九鼎"，换成"六鼎""七鼎"行不行？你能回答这些问题吗？

　　本书从字、词、句入手，对语言常识进行了深入浅出的讲解，分为"中国的第五大发明——汉字""最小的造句单位——词语""约定俗成的四字结构——成语""蕴含智慧的俗语、谚语与歇后语""妙趣横生的诗词与文章""探微名称与称谓""语言的规范"七篇。其中汉字部分选取了许多常用汉字，追根溯源，指出它们的正确用法，并结合中国古代哲学思想及古代生活方方面面的具体内容，以独到的见解和丰富的资料深刻论述汉字的文化意义。词汇部分囊括了汉语中最精华的的词语、俗语、成语、典故等，涉及文学、历史、哲学、政治、教育、习俗、饮食、服饰、地名、称谓、官职等。句子部分则撷取了中华上下五千年语言文化的精华，包括名言、警句、歇后语、谚语、谜语等。所选语句、篇章均出自传统经典，有先秦散文的名句，有唐宋诗词的经典，有元曲的精华，有明清楹联的佳句，内容涵盖修身、养性、为学、立志、治国、处世等各个方面。这些名篇佳句言简意赅、含义深刻，或富于哲理，或饱含思想，或令人豁然开朗，或催人深思，无不闪耀着智慧和知识的光芒。品读它们，可以怡情养性，砥砺自勉，也可以引以为戒、指导人生。

本书堪称一部语言常识的百科全书，既重视实用价值，又突出了文化内涵，内容全面，查阅方便，帮你快速提高语言修养，在应试、工作、社交中不再犯错，在人生的各个方面都得心应手。

目 录

目录

第二篇
最小的造句单位——词语

目录

目录

第三篇
约定俗成的四字结构——成语

第四篇
蕴含智慧的俗语、谚语与歇后语

目录

目录

目录

第五篇
妙趣横生的诗词与文章

第六篇
探微名称与称谓

第七篇
语言的规范

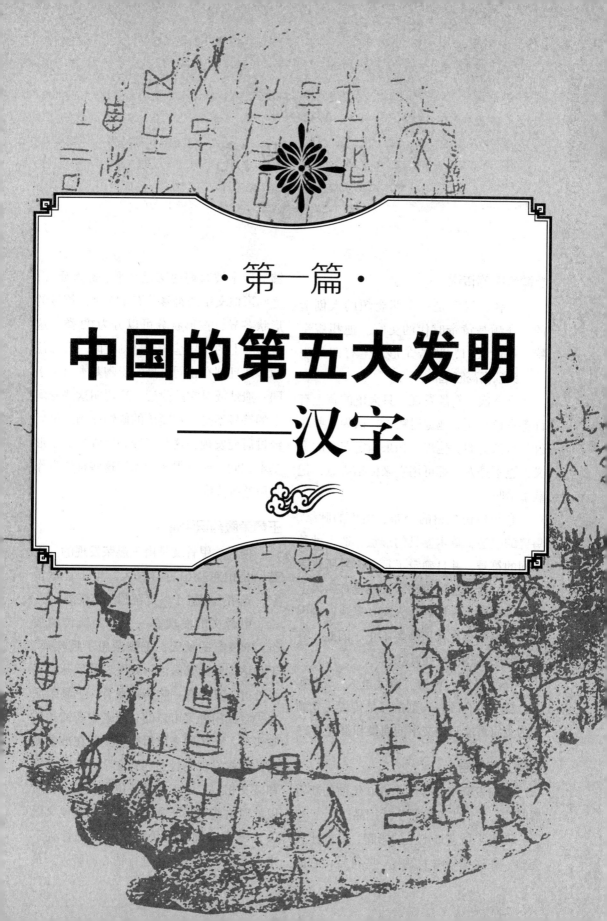

·第一篇·

中国的第五大发明
——汉字

汉字源流

仓颉造字的传说

相传，汉字是一个叫仓颉的人创造的。仓颉是黄帝时代的史官。他相貌奇特，长脸大口，状若龙形，生有四只眼睛，头顶高高隆起。

有一次，仓颉发现一只大龟的背上有许多青色花纹。他觉得稀奇，认为这些花纹是有意义的。他想，如果确定花纹的意义，岂不是人人都可用它来传达心意，记载事情吗？

仓颉模仿星宿的分布、山川的脉络、鸟兽的痕迹、草木器具的形状，造出种种不同的符号，并且确定了每个符号所代表的意义。仓颉造字惊动了天地鬼神，天上的谷子像雨水一样洒落人间，鬼魂们也因为这件事吓得在夜里啼哭不止。因此，有"天雨粟，鬼夜吟"的说法。

仓颉被后人尊为"造字圣人"。事实上，汉字由仓颉一人创造只是传说，仓颉作为史官可能只是文字的搜集和整理者。

彩陶上的符号

彩陶发源于距今约 10000 年前的新石器时代，它们大部分是生活用品。

西安半坡遗址出土的彩陶，有的比较完整。在这些彩陶上刻有一些符号，它能够显示半坡时期的文化水平。经过研究，这些形似文字的符号共有 112 个，符号的形状各异，按形状分可以分为 22 类。这些彩陶上的符号基本上是刻在同一个部位的，并且刻有相同符号的彩陶基本出土于同一遗址或是它的附近，这说明这些彩陶上的符号不是一种简单的修饰图画。最后经过研究发现，这些符号和甲骨文的字形基本相同，所以很多专家把这些符号看作是原始阶段的汉字。

王懿荣服药识甲骨

据说，甲骨文是由王懿荣发现的。王懿荣是山东福山古县村人，生于官宦世家，光绪六年进士，官至国子监祭酒。

甲骨文的发现有一个广为流传的故事：1899 年的秋天，王懿荣患了疟疾病，于是请太医给其医治，太医诊脉后开了一张处方，其中有一味药是龙骨。王懿荣派人去宣武门外菜市口的一家老中药铺达仁堂买药。药买回来以后，王懿荣在准备煎药的时候发现龙骨上刻有文字，这些文字和篆文相似。由于他是一位金石学家，所以就对这些文字非常感兴趣。于是他又派人去那家药铺以高价把所有的龙骨买下来，开始对这些文字进行精心的研究。最后王懿荣猜测这些文字是非常古老的文字，经研究断定其时代是商代。甲骨文就这样被发现了。

刘鹗、孙诒让的甲骨文专著

刘鹗，字铁云，博学多才，是一个金石学家，喜欢古物，他知道王懿荣以高价买回了一批古物，就来到他家，经他们一起研究，断定这些刻有符号的龙骨是殷商时代的遗物，并且这些符号与他研究的金文很相似。经过考证，终于证实了这是一种比金文更老的文字，就把这些刻在龟腹甲和牛的肩胛骨上的文字叫甲骨文。后来王懿荣为了偿还父债，变卖家中文物，刘鹗闻讯前来将这些龙骨全部买走，又到处收集，最后他拥有了5000多片甲骨文。在清光绪二十九年九月，刘鹗拓印了我国第一部甲骨文著录《铁云藏龟》，这也是第一次将我国的甲骨文资料公开。

刘鹗出版了《铁云藏龟》以后，清末经学家、古文学家孙诒让对此产生了很大的兴趣。在1904年，他写成了《契文举例》一书，这是我国第一本甲骨文考释专著。

"甲骨四堂"的甲骨文研究

"甲骨四堂"是指中国近代四位著名的研究甲骨文的学者，他们分别是郭沫若（字鼎堂）、董作宾（字彦堂）、罗振玉（号雪堂）和王国维（号观堂）。

郭沫若是四川乐县人，1928年开始研究甲骨文。他在日本的书库中花了一段时间读完了所有的有关甲骨文的著作，并且还通过走访寻找了实物资料。他先后写了《中国古代社会研究》和《卜辞通纂》等著作。他使甲骨文的研究达到了一个新的高度。

董作宾是河南南阳人，他参加了前7次和第9次对殷墟的科学发掘，并且培养了一大批考古专家。他创立了甲骨断代学，这是他对甲骨学的最大贡献。

罗振玉是浙江上虞人，从小喜欢文物古董，他是最早发现甲骨文出土地的人。他对甲骨文研究的成果有《殷墟书契前编》《殷墟书契考释》等著作。

王国维有《观堂集林》《考释》等著作，为甲骨文的研究提供了重要资料。他不光研究甲骨文本身，而且还根据甲骨材料对照历史进行研究。

青铜器上的铭文

在商周时期，人们为了纪念祖先、记录赏罚、记述战功等，经常会在青铜器上铸刻铭文。铭文分为铸铭与刻铭两种，而这些铸刻在青铜器上的文字也被称为"金文"。古代人们称祭祀为吉礼，而在祭祀时用的铜器就称为吉金，铸刻在上面的文字则称为吉金文字，简称为"金文"。

齐国文字

在春秋时期，出现的第一位霸者是齐桓公，而以齐国为中心的鲁、邾、莒、杞、滕、薛、纪等诸侯国的铭器文字，逐渐通过发展演变，形成了一种具有东方特色的文字体系，被人们称为"齐系文字"。其中以齐国文字为盛。

齐国文字与西周文字相比，其书体为高长形，笔画为直线并且较纤细。这些文字的形体结构和书写风格都逐渐失去了西周文字的特点，而呈现出东方的特色。齐国文字大都记载典章制度的条文、计功行赏等，为以后人们对齐国的研究提供了材料，具有重要的历史价值。人们可以通过

第一篇 中国的第五大发明——汉字

对文字的研究，了解春秋时期齐国的职官制度及其沿革变化。

晋国的"栾书罐"

"栾书罐"是春秋中期的一件铭文错金银青铜器，是目前我们能见到的最早的金银青铜器。该青铜器高48.4厘米，是用来祭祀的酒器，有金错铭文5行，总共40个字。它是由春秋时期晋国的大臣栾书制作的，其铭文的大意是：在正月季春，栾书作此器，用以祭祀祖先，希望长寿，子孙永宝用。

春秋时期以后，人们在铜器上用黄金错成铭文，这样，铭文就闪闪发亮。所以在青铜器上铭文金光闪动，会首先进入你的眼睛，特别是当青铜器经过地下千年埋藏，它的表面变成了"绿漆古"或"黑漆古"。而金错铭文的光辉虽经过数千年，但是丝毫不减，闪闪发亮，非常美观。

"侯马盟书"

"侯马盟书"是在1965年发掘山西侯马晋国遗址时发现的，是写在石片、玉片上的盟誓辞文，共有5000余件，那些文字都是用毛笔写上去的，大多都是朱红色，只有小部分是黑色，它们的字体与春秋晚期的铜器铭文相似。

"侯马盟书"是晋国人的真迹，它是能直接而且真实地反映春秋时期古人书法艺术的一批书法珍品。由于盟书是来自多人之手，所以字体风格具有多种特色。盟书笔锋清丽，其书法犀利简约，熟练纤巧，洒脱飘逸。

这批文字是我国目前所发现的古代文字中，用毛笔书写的并且篇章完整的古人

手写真迹。它既是珍贵的历史文物，也是一批重要的实物资料。通过对它的研究，我们可以了解到东周文字，并进一步研究我国的书法历史。

南方特有的字体——鸟书体

鸟书也称为"鸟篆"，是文字和鸟形融为一体的字体，或者在字的旁边和字的上下加一个鸟形作为修饰，这种书体以错金的形式出现，它高贵并且华丽，具有装饰作用。它是春秋中后期至战国时代盛行于吴、越、楚、蔡、徐、宋等南方诸侯国的一种特殊文字。

鸟书主要见于一些兵器铭文，这个书体给人一种秀雅多姿、浑然一体的美感，每个字看起来都飘飘欲飞，富丽堂皇，犹如花纹图案。越王勾践的青铜剑剑身上有两行铭文，使用的就是这种书体。

鸟书主要流行于长江中下游地区，它的影响波及中原一带，能够体现南方的文化特色。

通关文书——鄂君启节

所谓"节"是指古时由帝王或政府颁发的用于水陆交通的凭证。就形制而言，有虎形、马形、龙形、竹节形。早期节的材质大都是竹子，后期有的虽然是青铜铸造，但也做成竹节形状。

鄂君启节是1957年在安徽省寿县邱家花园里出土的，分为舟节和车节两种，而此次出土的共5件，车节3件，舟节2件。它们是战国中期的楚国节器，青铜制成的，形状和剖开的竹节相似。鄂是地名，在今湖北省鄂州市，启是鄂君之名。

鄂君启节是楚怀王发给当时被封在

湖北鄂城鄂君启的水陆运输货物的免税通行证，它们详细规定了鄂君启水路、陆路交通运输的路线、运载额、运输种类和纳税情况。它们为研究战国时楚国交通、地理、赋税制度和商业等提供了重要的实物资料。今天这5件珍贵的鄂君启节分藏于合肥市的安徽省博物馆与北京的中国历史博物馆。

曾侯乙编钟上的文字

编钟是把频率不同的钟按照大小依次悬挂在钟架上组合而成的一种乐器，它是用来在祭祀或者是宴会上演奏音乐的。而曾侯乙编钟是我国迄今为止发现的数量最多、保存最好的一套编钟，可以称为稀世珍宝。

曾侯乙编钟的所有者是曾国的领主，名字叫作"乙"。这套编钟共有65件，其中的64件分3层悬挂在木质钟架上，另一件楚惠王熊章镈钟悬在木架下层的中间。每个钟体上都刻有错金篆体铭文，这是当时流行的美术字体。钟背上的文字记录了许多音乐术语和音律知识，是中国先秦乐律学的珍贵文献。

刻在石鼓上的诗

石鼓是战国时期秦国的遗物，唐初出土于天兴三畤原（今陕西省宝鸡市）。它是由十只形状像鼓而上细下粗头微圆的石头构成，每块石头直径约为三尺。这些石鼓上分别用籀文刻有一首四言诗，其格调与古代《诗经》中的作品相似，内容所记述的是秦王游猎之事，所以石鼓又可以称为猎碣。因其保存不善，而字迹磨损严重，现在收藏于北京故宫博物院。

石鼓上的文字为大篆，形体特征独特。

秦公簋上的文字

秦公簋是春秋时期出土的青铜器，出土地不详，现藏于中国历史博物馆。它是秦公之祭器，在秦汉时曾被当作容器使用。

秦公簋上的铭文分别铸于器及盖上。器上有5行、盖上有10行，总共120多个字。铭文均由印模打造而成，青铜器的此种制作方法，只见这么一例。秦公簋上的铭文字体整饬严谨，微曲中求劲健，表现出强悍的雄风，也是春秋时期秦国的传神写照。这些铭文的大体内容是："秦公谨遵先祖遗命，导万民于正途，讨伐逆秦之国"等等，该文与石鼓文相似。

终结图画文字的小篆

秦始皇在统一六国以后，实行了"书同文"的政策，便由李斯等人整理文字，改变字体。在统一六国之前的文字是大篆，统一后称为"小篆"或者是"秦篆"，它是在大篆上简化的一种文字。小篆以李斯碑刻为代表，现在存于西安碑林。当时秦始皇身体力行推行小篆，为此他巡游各地制作石刻。

"小篆"比"大篆"更加整齐，它的象形意味逐渐削弱，使文字更加符号化，减少了书写和认读方面的混淆和困难，这也是我国历史上第一次运用行政手段大规模地规范文字的产物。秦王朝使用经过整理的小篆统一全国文字，不但基本上消灭了各地文字异行的现象，也使古文字体众多的情况有了很大的改变，在中国文字发展史上有着重要的作用。

秦始皇的刻石

秦始皇的刻石用于炫耀他统一六国的功业、作为帝王的威严与自信、长治天下的意愿以及颂扬秦国的伟大历史。全国共刻有 7 处。

在公元前 219 年，秦始皇东巡峄山（山东峄县境）时刻立了第一块石刻——《峄山刻石》，是秦篆（即小篆）的代表之作。同年，秦始皇亲自登上泰山举行了"封禅"大祭（只有至德帝王才有资格举行"封禅"），同时立了《泰山刻石》。这些刻石上的文字全为李斯所书，都是标准的小篆字体，小篆字体在中国文字发展史上具有特殊地位，是古文字通向近代文字的桥梁。

秦始皇刻石从容镇定、强劲有力的风格与当时秦王朝的精神是相符合的。它不仅表达了秦国的强大和秦始皇的威严，而且创立了一种使书法长期留存的方法，并开辟了艺术的新天地。

程邈发明隶书

隶书是汉字中一种比较庄重的字体，它是为了书写方便而改进小篆后的字体，就是将小篆的曲线改为直线。它分为"秦隶"（也称"古隶"）和"汉隶"（也称"先隶"）。

相传隶书是由秦朝一个叫程邈的徒隶创造的。他起初是个小官，因为得罪了秦始皇，被关在监狱里。在监狱里，程邈觉得当时用的篆书写起来很麻烦，就化繁为简，化圆为方，创立一种新的字体。秦始皇看了很欣赏，不仅赦免了他的罪，还给他封了官。因为程邈是个徒隶，这种书体起初又专供隶役应用，所以把这一书体称为隶书。虽然程邈创造隶字的传说不完全

可信，但应该承认他所做的编纂整理工作。

秦隶的出现，是我国文字史以及书法史上的一次重大的变革，并逐渐成为占统治地位的官方书体。

王次仲发明楷书

相传楷书是王次仲发明的。王次仲，名王仲，字次仲，是东汉的书法家。他在小时候就非常喜欢认字，聪明好学，志向远大。长大以后就在篆字的基础上创造了一种新的字体。秦始皇在统一六国以后，得知王次仲发明了简易的楷书，就派人请他来做官，可是王次仲不想出山。秦始皇又连着下了两道旨意，都被王次仲拒绝。秦始皇大怒，就下令将王次仲押解咸阳。

在押送的路上，王次仲变成一只大鹏鸟，展翅飞向天空，在不断抖动翅膀的同时掉下两根翎毛，然后远去，翎毛落地后变成了两座山峰，被人们称为大翮山和小翮山。

这个神话传说说明王次仲对楷书的产生起了一定的作用。

云梦秦简

云梦秦简又可以称为睡虎地秦简，是由于 1975 年在湖北的云梦县睡虎地第 11 号秦墓被发现而取名。它是一些记载秦朝法律的竹简，这些竹简是墓主人生前的文书。墓主人死后将它们作为陪葬品。

云梦秦简总共有 1100 多枚，它的内容十分丰富，涉及面也比较广，主要记载的是秦国的法律制度，它是我国迄今为止发现的最早也最完整的法典。云梦秦简的发现为我们研究秦代的法律、政治、经济等各方面提供了实物资料，有利于深入地了解秦国的文化。

此外，云梦秦简的文字是我国最早的隶书，但是仍留有篆书圆笔的笔法，它对我们研究书法的演变也有一定的价值。

马王堆的帛书

帛书是指古代写在绢帛上的文书。在1973年，湖南长沙市的马王堆汉墓的3号墓中发现了数量巨大的帛书和2卷医简，它们都是用长方形漆盒存放的。

马王堆的帛书大都写在整幅的幅帛上（宽48厘米），只有小部分写在半幅的幅帛上（宽24厘米），总共有28种。由于年代久远，出土时已经破损严重，因此帛书的内容不全。

帛书的内容涉及面广，有当时的政治、军事、文化等，这些都具有重要的价值，是研究历史的重要资料。它不仅是汉代简帛文献中的一次重要的发现，而且是研究我国战国时期的重要历史资料。其中《周易》《老子》和《战国策》都是流传至今的宝贵资料。此外，我们还看到了"古隶"的真正面目，这为我们研究书法的演变提供了宝贵的证据。

瓦当文字"汉并天下"

在古代屋檐最前端的一片瓦叫"瓦当"。瓦当上面既雕刻花纹，也刻有文字，这些文字就叫作"瓦当文字"。这些文字改善了瓦当的单调形态，形成了一种艺术。它是当时最具有时代特色的文字载体，内容丰富，书法也具有很高的历史价值。通过对瓦当文字的研究可以推知历史上的建筑，因此它是重要的历史资料。

有一种瓦当上刻有"汉并天下"，这四个字凸起，用的是篆书体；这个瓦当的直径约为17厘米，圆形，材质是灰陶，

边轮较宽，里边有一圈弦纹，中心写着"汉并天下"四个字。它出土于陕西省栎阳，项羽灭秦后就定都于此地，而汉高祖刘邦在此打败项羽、建立汉朝，该瓦当也正是刘邦为了纪念自己打败项羽、统一天下而制作的。

戍边军人的文字——居延汉简

在1930年，考古专家在甘肃北部的额济纳河流域的古"居延"地区发掘到汉简1万余枚，所以称之为"居延汉简"。这些被称为"旧简"，而1971年至1976年在破城子、肩水金关等地方发现的称为"新简"，它们大部分是木简。这两部分汉简加起来共有3万多枚，是国内出土的数量最大、涉及内容最广的简牍，具有很高的史学价值。

居延汉简是20世纪中国古文明四大发现之一，其他三个分别为甲骨文、殷墟、敦煌遗书。它可以算是"国宝"。

《仓颉篇》与《急就篇》

《仓颉篇》最早是教人识字的书，是由李斯创作的。它的年代较早，使用于小篆通行初期。春秋战国时期字体各异，在秦始皇统一六国后，李斯作《仓颉篇》。《仓颉篇》一直流传到东汉，后来收藏在《三仓》中。

《急就篇》以63字为一章，总共是32章，是西汉史游著作的。它的内容涉及很多方面的应用字，那些应用字可以反映当时人们的生活，都是重要的历史资料。《急就篇》的实用性很强，包含有丰富的知识，简易并容易掌握，因此受到人们的欢迎。它是一本典型的识字课本。

除此之外还有赵高《爰历篇》、胡母

敬《博学篇》等都是用小篆书写的识字课本。它们都为识字教育提供了重要的资源。人们可以用这些书本教育自己的孩子，提高教育水平。

"古文经书"与"今文经书"

"古文经书"是指秦始皇统一六国之前的那些儒家经书。当年秦始皇焚书时，一些儒生把一些经书藏起来，以至于一部分的古文经书没被销毁，而在后来被相继发现。鲁国恭王在改建孔子府时，从孔子故宅的宅壁间发现了大量的古文经书，这就是当年没被焚烧的一部分。有《尚书》《礼记》《论语》《孝经》等数十篇。

"今文经书"是指汉初由儒生口传，并用当时流行的隶书记录下来的经书。

后人把当年没被焚烧的使用早于汉代隶书的经书叫作"古文经书"；把当时用隶书书写的儒家经书叫作"今文经书"。这是互相对应的两个词语。它们不仅在字体上不同，在内容和形式上也有很大的不同。它们为经学的研究提供了重要的资料。

许慎的《说文解字》

《说文解字》是由许慎编著的，许慎是东汉时期的经学家、文学家和语言学家。许慎根据文字的字形，创立了540个部首，总共收录了9300多个字。

《说文解字》首先列出小篆，然后再解释字的本义，并且这些本义保留着最古老的含义。本书是中国第一部按部首检字法编排的书，也是第一部研究文字字形和字源的工具书。本书收录有汉字的形、音、义，而且汉字是按照字形相似或者字义相近的原则安排的。

《说文解字》有着对各种文字含义的解释，其中的内容也能够反映古代的经济、文化等，是我们对古代社会研究的重要资料，也为后来的研究开辟了道路。

蔡邕刻石经

石经就是古代人们刻在石头上整篇的经书。在古代，儒家经书是口口相传的，有很多版本。国家为了统一教材，就将经书刻在石碑上来提供标准的范本。于是，在东汉灵帝熹平四年至光和六年间，由蔡邕用隶书八分体在石碑上书写了许多经书，然后由石匠刻制，这就是著名的《熹平石经》。石刻刻有7部完整的儒家经典著作，刻在46块石碑上，共20万字，因为是由一种书体刻成，所以称为"一体石经"。

《熹平石经》是我国最早的官定儒家经典的石经。该经书的经文是由右向左书写的，字体优美。它为人们提供了准确的校对范本，也对后来人们的刻石具有一定的启发，同时它还是后来研究书法的珍贵资料。

李柏的书信

在我国的西北地区出土了大量的古代竹木简和纸帛文书，其中出土于新疆的《李柏文书》是最具有代表性的作品之一。当时，李柏担任西域的地方长官，在他攻打高昌时，为了打探敌情，给高昌附近一个小国的国王写了一封信。这封信总共有三张，是三次草稿，其中有两封是完整的。20世纪初，列强在我国新疆进行大掠夺时，日本人橘瑞超得到了《李柏文书》，所以现在此书收藏于日本龙谷大学图书馆。

李柏虽然是和王羲之处于同一个时代，但李柏书信上所写的字属于行书，仍然带有隶书的笔法，所以《李柏文书》的出土对研究东晋时代的书法具有重要的意义。它是前凉唯一有史可证的重要人物的文书遗迹，它不仅是重要的史学资料，也是书法史上的珍宝。

少年卜天寿的《论语》抄本

历史上在新疆地区流行过很多种文字，大致可分为三大系统，即汉文字、阿拉美文字和婆罗米文字系统，其中汉字为新疆发现的时期最早的古文字，这些汉字文献涉及的内容非常丰富。

在阿斯塔那唐墓先后出土过许多件《论语》手抄本，其中一件是景龙四年的12岁私塾学生卜天寿的抄本。这个抄本是卜天寿在景龙四年三月份写的，也就是唐玄宗即位之前抄写的。这说明了在那个年代，那么小的少年就开始学习《论语》了。并且从抄写的文字来看，当时有许多字与现在的楷书字形不同。

则天新字的创制

武则天是中国历史上唯一的女皇，她不仅改朝换代，而且还相信文字能够统治思想，因此就发明了一些属于自己朝代的文字，为的就是炫耀自己的权力，这些新创的文字就是"则天文字"，或者也叫"则天新字"。

据史书记载，这些文字的创造者不是武则天自己，而是他的堂外甥宗秦客，最初颁布的则天文字只有12个，而关于则天文字总共有多少个有很多种说法，最终没有定论。

则天文字在武则天称帝的15年间一直盛行，很多碑刻和经书都使用了则天文字。后来，随着武则天的宣传，该文字不光在国内流传，还在外国流传。

汉字注音的由来

在明朝万历年间，在中国的传教士利玛窦就用拉丁字母给汉字注音，后来又一个传教士金尼格用25个字母给汉字注音。目的都是便于西方人学习和掌握汉语汉文。在鸦片战争后曾任驻华公使职务的英国人威妥玛拟定了"威妥玛式"拼音法。在1931年，中国教育部召集"读音统一会"制定了中国通行的字音，当时使用的是"注音字母"，方法是将汉字笔画的一部分符号化，后来这种符号被改为"注音符号"。

1958年，第一届全国人民代表大会第五次会议批准颁布了《汉语拼音方案》。该方案不仅使用了罗马字以外的文字和符号，还吸取了所有注音方法的精华。它在推广普通话，促进我国各族人民的文化交流等方面，发挥了很大的作用。

文字改革委员会

一个国家的成立往往会伴随着文字的改革，在新中国成立以后，我国文字的整理以及改革的工作也相应增多。一些进步之士探索着语言的改革，在民间形成了一些协会。于是，在民间力量的影响之下，在1954年12月成立了中华人民共和国的国家文字改革委员会，直属于国务院。在1985年12月16日又改名为国家语言文字工作委员会。这样在中国政府的中枢机构设置语言和文字的专门机构，在历史上还是第一次。

汉字的简化

简化汉字的历史是悠久的，从甲骨文、金文变为篆书，再变为隶书、楷书，汉字一直处于不断的变化中，但简化一直是汉字发展的方向。现在见到的最早的比较成熟的文字是殷商时期的甲骨文，距今3259年。战国和秦汉时期是汉字形体大变动的时代，篆书变为隶书，再到楷书，都是在这段时间完成的。由古代篆书到近代汉字隶书的隶变是质的飞跃。东汉后期出现了楷书，从此字体才稳定下来。汉字形体是汉朝定型的，一直用到今天，这样我们的文字才称为"汉字"，到现在为止总共使用了1800多年。而在新中国成立之后，出台了很多关于文字的政策，其中一项就是简化汉字。以前的中国人大部分是文盲，原因就在于汉字书写太复杂，不太好学。1956年我国正式规定了《汉字的简化方案》，这个方案分为三部分，此方案使得许多繁体字变得简单了。

敦煌文书

在我国甘肃的敦煌莫高窟发现了很多的古文字抄本，包括5～11世纪的古代文献，这些就是敦煌文书。当时，有位叫王圆箓的道士流落到敦煌为当地人作法驱邪，有一天他所雇的一名男子，把吸剩的烟头插进洞壁的裂缝里，结果发现烟被吸进去了。他觉得很奇怪就把王道士叫来。把洞壁撬开一看，发现是一个洞窟，里面有一些卷轴，这就是"敦煌文书"。文书总数达到4万多件，其中汉文写本达到3万件以上。敦煌文献中最具有价值的是"官私文书"。敦煌遗书的发现，推进了中国历史学、语言学、考古学、民族学、宗教学、文学、历史地理学的相关研究，具有很高的文献学价值。

印章的历史

印章是我国特有的一种历史文化产物，是用于印在文件上表示鉴定的文具，是身份或者职权的象征。它的材质多种多样，有金属、木头、石头等。根据遗物和历史记载，印章最晚在春秋时就已出现，在战国时代已经被广泛使用。一开始印章只是用于密封传递的行政文书，基本上是官方封印。起初，印章上的字是凹进去的，印章盖在封泥上之后字就可以凸显出来；但是后来印章都改在纸或者绢之类的材料上，所以为了凸显文字，阴文就转化为了阳文。

我们现在所能看到的最早的印章大多是战国古玺。这些古玺的文字，很多是连考古学家都不认识的。朱文古玺大都配上宽边，印文笔画细如头发，都出于铸造。白文古玺大多加边栏，或在中间加一竖界格，文字有铸有凿。

汉字究竟有多少?

我国文字从古代的象形文字发展到今天的汉字，中间经历了许多次变化和改革；所以汉字越积越多。我国比较常用的《新华字典》就有1万多个汉字；1994年冷玉龙等编撰的《中华字海》有85000多个汉字，1990年出版的《辞海》中有14872个汉字；1716年编撰的《康熙字典》有47035个汉字；郭沫若生前曾经估计，有6万多个汉字。近来，根据北京汉字库公布，共收入有出处的汉字91251个。有人估计汉字实际在10万个以上；也有人估计在13万个以上；究竟有多少汉字至今尚没有定论。

《汉语大字典》共收录汉字56000多字，是迄今为止收录汉字最多的字典，堪称当今世界上最全的汉语字典。

从何时起，汉字开始横着写？

中国古代汉字是竖着写的，这与汉字初期的书写材料是木简、竹简有关。汉代以后纸发明了，但汉字书写方式已有很久的历史，人们已经习惯竖写。到了隋唐雕版印刷出现，宋代活字印刷发明后，文字仍是竖排。

到了清朝末年，一些知识分子学习西洋文化，提倡汉字改革，力主改变传统书写方式，改用从左到右的"横行"排列方式。1909年中国已有了用"横行"排版的书，它就是提倡拼音文字改革的刘世恩写的《音韵记号》一书。但是，这本书并没有对人们的书写习惯起到很大的影响。

1955年1月1日，新年伊始，万象更新。刚刚收到《光明日报》的老订户们惊讶地发现，他们熟悉的报纸变了，昨天还是从上到下竖着排列的文字今天竟然一行行横着走了起来。这样一来，看报纸的状态从原来的一边读报一边点头，变成了一边读报一边摇头。

在这一天的《光明日报》上，刊登了一篇题为《为本报改为横排告读者》的文章："我们认为现代中国报纸书籍的排版方式，应该跟着现代文化的发展和需要而改变，应该跟着人们生活习惯的改变而改变。中国文字的横排横写，是发展趋势。"

著名学者郭沫若、胡愈之等也很快撰文指出文字横排的科学性。人的两眼是横的，眼睛视线横看比竖看要宽，阅读时眼和头部转动较小，自然省力，不易疲劳。各种数、理、化公式和外国的人名、地名排写也较方便，同时横排还可提高纸张利用率。从此，开始了汉字横排的历史。

汉字发展的一个规律

汉字发展的过程中有一条规律就是"化异为同，化同为异"。

"化异为同"就是将原来不同形体的字用相同的笔画来表示。如"马""鸟""鱼"它们的繁体字都带有四个点，这四点是代表不同的事物，这几个字在隶书以前是形态各异，但是后来在汉字的发展过程中，不同的形态就都用四个点来代表了，这就是笔画的化异为同。汉字简化后，这四点都用一横来表示。

"化同为异"就是将相同的形态化为不同的笔画。比如"烧、然、赤"这几个字原来都是带有"火"字的，但是"然"的"火"变成了四个点，"赤"字也慢慢发生了改变，这就是化同为异了。

古代测天象的"天书"之谜

在1979年11月，江苏连云港的锦屏山发现了很多人头和圆窝的岩画，这是远古人民观测天地的遗迹，也被称为古代测天象的"天书"。经过鉴定，那些人头是东夷人，圆窝是记载当时天文图像的符号。根据一些记载可知，连云港天象图是女和时期或者是羲和之国留下来的。这幅古图是由中间的十字架构成，十字架有四个端点，其中三个端点刻有圆窝符号，这就是我国古代的《河图》和《洛书》中的"北斗星"符号。而《河图》和《洛书》是古代最古老的文字符号，因此连云港的古书就是古代测观天象的"天书"。

世界上独一无二的女性文字——"女书"

女书起源于中国南部湖南省江永县，

又可以称为"明江永女书"。"女书"又可以称为"女字",这是世界上已发现的唯一一种女性文字。

"女书"是一种独具特色的文化现象,它一般是写在手帕、扇面或者布上的七言诗体唱本,在湖南省江永县及其附近的瑶族女性中流传。那里的妇女们常常聚在一起做女红、唱歌,然后互相学习女书。就这样,女书靠母女相传,老少相传,一代代被传承下来。

女书的内容丰富,主要包括新婚第三天的祝贺诗、自己诉说心事的歌、叙事歌、民谣等内容,不过以诉苦为主,是用来自娱自乐的。女书具有自己的特性,它是一种标音文字,每个字代表一个音,现在记载的女书约有700个。这些女书的字体秀丽,结构特异。

王安石发明"囍"字

关于"囍"字的发明,有一个有趣的故事。相传,王安石年轻时,到京都赶考,在路过马家镇时看到马员外门外挂着一对灯笼。旁边贴着一副上联"走马灯,灯走马,灯熄马停步",王安石看见后觉得写得很好就是没有下联,但由于时间较紧而只能赶路。而在考场上主考官面试他时出了上联"飞虎旗,旗飞虎,旗卷虎藏身",而他立刻用"走马灯,灯走马,灯熄马停步"来对。考官听了赞叹不已。

在回来时,王安石用考官出的对联对出了马员外的上联,马员外很高兴就将女儿许配给了王安石。在新婚时,报子报来王安石得中进士,这使得王安石喜上加喜,于是王安石在红纸上写下了"囍"字。

从此以后"囍"字用来表示对新婚喜庆的祝福和添加喜庆之意。

刘半农发明"她"字

刘半农是我国著名的文学家、语言学家和教育家。曾经担任北大的教授,在现代汉语中代表女性的"她"字就是他首创的。

在古代第三人称代词都是不分男女的,在文学作品中使用非常不便,起初人们以"伊"作为代表女性的第三人称。刘半农精心研究后,创造了这个"她"。在1918年8月,周作人在《新青年》中暗暗透露刘半农想推出"她"这个字,但是引起了很大的骚动。而在1920年的时候,刘半农发表了《她字问题》,该文章表达了他对推出"她"的想法,后来就又发表了一首爱情诗《教我如何不想她》,最后被语言学家赵元任谱曲,经唱片公司发行,成了一首流传至今的歌曲。由此"她"字也被人们所接受。

鲁迅发明"猹"字

有位苏联的翻译家想把鲁迅的《故乡》翻译成俄文,但是其中有一个字"猹",他翻阅了很多资料都没有查到这是一种什么动物。不仅外国人不知道,连中国人都不清楚。由于当时鲁迅先生还在世,这位翻译家便去询问鲁迅先生。原来,这个字是鲁迅先生自己创造的,过去的字典里没有这个字。其实"猹"和"渣"字音相同,就是"獾"一类的动物。后来有人向闰土的原型去考证,发现"猹"是一种獾猪,它喜欢偷瓜吃,和鲁迅书里写的一样。

说文解字

五谷丰登的"年"字

农历正月初一是春节，也就是我们所说的过年。在甲骨文里的"年"字，上部是个"禾"字，下部是个面朝左、臂向下伸的"人"字，意思是人背着丰收的庄稼往家里搬。而金文里的"年"字，上部是个穗子下垂的"禾"，下部是个忙着搬运庄稼的"人"。"年"的本义是收成、年景、丰收的意思。在古代，中国人把五谷丰收叫"有年"，大丰收叫"大有年"。后来，庄稼收割完了，要过一个庆丰收的节，这个节就被称为"年"。

过年的来历也有很多的传说故事。相传，中国古时候有一种叫"年"的怪兽，头长触角，凶猛异常。"年"长年深居海底，每到除夕才爬上岸，吞食牲畜伤害人命。而后人们慢慢发现，这个怪兽怕响、怕光、怕红。因此，每年除夕，家家贴红对联、燃放爆竹；户户烛火通明、守更待岁。

"茶"字的演变

相传，古时候人们以打猎为生，什么食物都吞咽，经常会闹病。神农为了给人治病，遍尝百草。有一天，神农在采药中尝到了一种有毒的草，顿时感到头晕目眩，他赶紧找一棵大树靠着坐下休息。这时，一阵风吹来，树上落下几片叶子，于是神农捡了两片放在嘴里咀嚼，没想到一股清香随之而来，顿时备感清爽，精神振奋。于是，神农便采集了一些带回去细细研究，后来将它定名为"茶"。这就是茶的最早发现。

在中国古代，表示茶的字有多个，"其字，或从草，或从木，或草木并"。西汉司马相如的《凡将篇》中提到的"荈诧"就是茶；西汉杨雄的《方言》中，称茶为"蔎"；在《神农本草经》中，称之为"荼草"或"选"；东汉的《桐君录》中称之为"瓜芦木"；南朝宋山谦之的《吴兴记》中称之为"荈"；东晋裴渊的《广州记》中称之为"皋芦"；此外，还有"诧""姹""茗""槚"等称谓，均认为是茶之异名。由于茶事的发展，指茶的"荼"字使用越来越多，有了区别的必要，于是，从一字多义的"荼"字中，衍生出茶字，陆羽在写《茶经》时将"荼"字减少一画，改写为"茶"。从此，在古今茶学书中，茶字的形、音、义也就固定下来了。

"醋"的产生

醋的产生有很多传说。相传，酒的发明者杜康的儿子黑塔跟杜康学会了酿酒技术。后来，黑塔酿酒后觉得酒糟扔掉可惜，就存放起来，在缸里浸泡。到了二十一日的酉时，一开缸，一股香气扑鼻而来。于是，黑塔尝了一口，酸甜兼备，味道很美，便储藏着作为"调味浆"。并且黑塔就把二十一日加"酉"字来命名这种酸水叫"醋"。

"员"的由来

现代汉语的"员"是指某个单位的个体，比如做教师的叫"教员"，学生叫"学员"，还用作量词，比如"一员大将"。甲骨文的"员"字上边是个椭圆形，下边是一个鼎。与这个字形相对应的是指"圆"，"方圆"在古书里记载的就是"方员"。

从"员"的字形上看，古人对圆形的认识是依附于具体器物的，而"员"字下边的鼎并不仅仅指"鼎"这种器物，也指各代器物的代表。古时候的陶器口基本上是圆形的，那么人们可以想象得到器皿器口的形状，所以"员"就代表了物品的数量。在以后词语的不断演变中，"员"也就产生了现在的诸多解释。

"自"最初的意思是"鼻子"

"鼻"的本字为"自"。甲骨文和金文中的"自"字都像人鼻子的模样，古代"自"和"鼻"的读音也是一样的。许慎《说文解字》云："自，读若鼻。""自"在古文中一般作为第一人称"我"或"自己"，既然"自"字做了人称代词，那么要写"鼻子"的"鼻"时，又该用哪个字呢？于是在秦汉时期人们又另造了一个形声字来代替它，在"自"字下加了一个声符"畀"，就出现了一个新字"鼻"，从此，"自"和"鼻"就有了不同的用途。

"自"的本义是"鼻子"，人们常常说到自己的时候指着鼻子。还可以引申为介词"从""自"，再引申为动词"始"，就是说"自"也可以当"始"讲。《说文》里有"今以始生子为鼻子"的说法。就是把生的第一个儿子称"鼻子"，这里的"鼻"字的意思即"第一""最初"或"开始"的意思。

武则天造"裙"？

有这样一种说法：女皇武则天晚年因双腿日渐肥胖，穿上绫罗绸缎的裤子，走路时蹭得裤子"哧哧"直响。于是，她想了个办法，用一块缎子把下身一裹，这样前后都看不到腿了，而且走起路来飘逸好看。这种衣服很快在宫廷里流传开来，大家请武则天起个名字，她左思右想，后来觉得平时穿的衣服都有个"衣"字旁，自己是一国之君，干脆给"君"字加个"衣"字旁，就叫"裙"好了。按照这种说法"裙"字是武则天发明的。

难道唐朝以前没有"裙"吗？我们来看看工具书中的解释。《汉语大词典》："裙：亦作'帬'。古谓下裳，男女同用。今专指女人裙子。"《说文解字·巾部》："帬，下裳也，从巾，君声，渠云切。或从衣。"可见"裙"是形声字，形符为"衤"，声符为"君"。而按照前文的说法，"裙"字之所以有"君"是因为它是君王武则天发明的，那么"裙"应该是会意字。武则天造"裙"的说法显然是站不住脚的。

《后汉书·明德马皇后纪》："常衣大练，裙不加缘。"西汉识字教材《急就篇》里收录了"裙"字，可见裙子在汉代已经是一种常见的服装了。

"我"原来是一种武器

现在的"我"是第一人称代词，而甲骨文中的"我"却是一种像锯齿似的锋利兵器，是一个象形字。甲骨文上部朝左的部分是三锋戈，中间是一条长柄。金文与甲骨文类似，右边也能看出"戈"形。小篆则不像兵器的样子，楷书则演变为现在的"我"字。

"我"字最初是一种武器，后来人们借用这个字指自己。随着时代的发展，人们不再用"我"字的本义，仅用它的假借义。比如李白《将进酒》："天生我材必有用。"有时，"我"也指"我方""我国"，比如《左传·庄公十年》："春，齐师伐我。"意思是，在鲁庄公十年的春天，齐国军队攻打我们鲁国。《说文解字》中："我，施身自谓也。"也就是说，"我"是说话人对自己的称呼。显然，许慎把"我"字的假借义当成本义了。

"止"最初的意思是脚

"止"字是象形字，甲骨文的"止"很像一只脚，脚趾朝左，脚跟朝右。金文和小篆则像一棵仙人掌的样子，楷书的写法由小篆直接变来，已经看不出脚的形状了。

事实上，"止"的本义就是脚，如《左传·刑法志》："斩左止。"意思就是把人的左脚砍掉。后来，人们在"止"的左边加了"足"字旁，产生新的形声字"趾"，表示脚。

那么"止"是如何衍生出"停止"的意思的呢？"停止"与脚有关，脚不前行为"止"，比如《韩非子·难势》："令则行，禁则止。"再如《诗经·秦风·黄鸟》："交交黄鸟，止于桑。""止于桑"就是指脚停在桑树上。

"止"是个部首字，汉字中由"止"组成的字大都与脚有关。比如"此""步""徙""陟""址"等。

"足"不同于"脚"

在我们的印象中，"足"和"脚"是一个部位，但实际上它们有区别。甲骨文中的"足"像是一条腿和一只脚的样子，后来金文里把膝盖部分画成了一个圆圈，下面画个脚印。到后来慢慢变化成为现在的"足"。实际上，"脚"是指小腿，也就是膝盖到脚的那部分。"足"是指下肢，但是下肢支撑整个身体，如果这里有劲那就是"劲足"，但是如果没什么力气那就是"不足"。由此也引申出一系列新的词语，如满足、充足，等等。

怎样才算"好"？

"好"字的本义不是与"坏"相对，而是与"丑"相对，表示"美"。所以我们可以看到现代语中"美好""面目姣好"等词还保存了美的本义。在甲骨文中，"好"的左边是一个成年女子，右边是一个婴儿，这是表示女子有了孩子，这代表古人的美就是能生孩子。在古代人们对生育行为怀有热烈的崇拜和赞美，这是由于古时候在恶劣的生活条件下求发展，生育是非常重要的手段，也成为古人们的追求。因此人们就把生育和美相联系，把生育作为美的标准。

疾——腰部中箭

"疾"的甲骨文字像是一个人被箭所伤，这也正体现了弓箭在古代人们心目中的超自然神力。在人类进入农业社会之前是以渔猎的方式维持生存的，后来发明了弓箭就提高了狩猎的效率。它不仅能作为工具也可以作为战争的利器，所以人们把弓箭的使用作为人类进入更高级阶段的标志。在先民的思维中，凡是具有强大力量的或者是对人类有着重大影响的事物就被看作是具有特异功能，并被赋予了神的力量。所以古时候人们认为弓箭可以带来福气，也可以祛除疾病。这样，"疾"字的字形正是体现了弓箭能祛除疾病的这一特性。

无"豕"不成家

据说，明太祖朱元璋有一次微服私访，在一个村里看到一个妇人在喂猪，就笑了笑，他身边的一个小太监以为皇上看上了这位姑娘。回宫后，马皇后就询问皇上的情况，这个小太监就把他看到的如实禀报。于是马皇后就让这个小太监去把那个妇人招来献给皇上，招来后皇上看了看总感觉这个女子在哪见过，就问："这个女子我好像在哪见过？"马皇后就说："这就是那天在村里喂猪的那个女子，我以为您喜欢她，就把她找来侍奉您！"皇上笑着说："你们误会了，我是看见她喂猪想起了古人们造字的意思。家是由'宀'和'豕'组成的，所以无豕不成家，我是因此而笑的，不是有意于妇人。"于是马皇后赐给这个妇人很多东西让她回去了。

家是由"宀"和"豕"组成的，"豕"是指猪，古代生产力低下，人们多在屋子里养猪，所以房子里有猪就成了家的标志。金文的"家"字非常形象，屋内有一只头朝下的猪。

"羊"加"大"为美

甲骨文里的"美"是一个头戴羊形装饰的"大人"。在原始社会，羊是人们的主要食源，所以很多部落把羊奉为祖先，把羊作为图腾崇拜。他们也经常把图腾崇拜看作是最庄严、最美的事物。在崇拜羊图腾祖先的民族中，牧羊人所扮的图腾羊，跳的图腾羊舞，被认为是最美好的事物。

"美"这个字，许慎在《说文解字》中释为："美，甘也。从羊从大。羊在六畜主给膳也。美与善同意。"羊大之所以为"美"，是因为又肥又大的羊，味道肯定鲜美。

"行"字是指十字路口

从"行"的甲骨文和金文可以看出，"行"就像城市规划图一样。甲骨文的"行"中间是一条大路，左右两侧又分两条小路。金文的"行"字是东西南北都能通行的十字路口。小篆中的"行"已经变得看不出十字路口的样子了。楷体的"行"则完全看不出道路的样子。

行的本义就是"路"。比如《诗经·豳风·七月》里有一句"遵彼微行"，意思就是"沿着那条小路走"。后来"行"字发展出"行走"的意思，当动词用。比如李商隐的《瑶池》诗中有一句"八骏日行三万里"。后来，"行走"义引申出"离开"的意思。比如"子明杀之，以其妻行"。（《左传·襄公二十二年》）意思是子明把他杀了，又带着自己的妻子离开了。

需要注意的是，我们现在所说的"行李"与古文中的"行李"不同。现在"行李"的意思是出行者随身携带的衣箱、铺盖等。古代的"行李"指的是使者。另外，古代的"行"相当于现在的"走"，古代的"走"相当于现在的"跑"。

"得"——抓住漂亮的玛瑙贝

甲骨文"得"字，是一个会意字。左上方是一个张开的玛瑙贝，右下方是一只手。玛瑙贝在最初的几个朝代里当作钱币使用。它们有几厘米长，有像瓷器一样闪光而坚硬的外壳，还有一个布满皱纹的小"嘴"。手里拿着珍贵的玛瑙贝，意思就是得到。金文"得"在手抓玛瑙贝的左侧又加了个"彳"，表示得到之后又拿走了。小篆"得"字左边的"彳"和下边的手（寸）还存在，但是"贝"字却蜕变成了"见"。楷书"得"字右上方又变成了"日"。

"得"字的本义是获得，如《后汉书·班超传》："不入虎穴，焉得虎子。""得"的引申义为"能够""可以"，比如"春不得避风尘，夏不得避暑热"。另外，"得"还有"一定""必须"的意思——我们当中绝大多数人都经历过的那种有些尴尬的境地，由于某种原因我们一定要"得"到钱。

"奔"——在草地上奔跑

"奔"字如今已看不出原来的含义，但是在金文上显示着全速：一个人摆动着双臂在草地上奔跑。上面从"大"（人），像人挥动双手，下面从"止"（趾），而且是三个"止"，表示快跑。

现在表示：急走，跑。词语有"奔跑""奔驰""奔突（横冲直撞；奔驰）""奔流""奔腾""奔忙""奔波（劳苦奔走）""奔放（疾驰，比喻气势雄伟，不受拘束）""私奔（女子私自投奔所爱的人，或跟他一起逃走）"。

"本"与"末"皆源于"木"

"木"字能组合成很多合成字。"木"字下面加一横就是"本"字，上面加一横就是"末"字。

"本"，源于"木"，表示根。金文的"本"上部是"木"（树），下部为三个小黑点。小篆则把三个小黑点连成一条线，同样指根部所在。楷书则是在"木"下加一横。可见"本"字是指事字。后世把"根"和"本"连起来，构成一个复音词"根本"，意思是本源、基础。

"末"，也源于"木"，意思是"树尖""树梢"。有"本末倒置"一词，事实上，金文"末"字就像把"本"字倒过来一样。金文"末"上部为树头，下部为树根，在树梢上加一小横，表示树梢，可见"末"也是一个指事字。

树根比树梢更重要，"本为主，次为末"，引申为重要的东西为"本"，不重要的东西为"末"。比如成语"舍本逐末"。

"斤"字最早代表斧头

"斤"字最早代表斧头。从甲骨文"斤"字中，人们能辨认出斧把和斧片，锋利的斧刃很突出。这是一个像斧子形状的象形字。所以在上古"斤"就是斧头的意思。金文"斤"字是刃朝右的两把大斧子。小篆"斤"字形体虽然美观，但是已经不像斧头了。楷书更看不出斧头的样子了。

斤的本义是斧头，如《左传·哀公二十五年》："皆执利兵，无者执斤。"意思是士兵都拿锋利的兵器，没有的就拿大斧头。有"斤"旁组成的字，往往与斧子或斧子的动作有关，比如析、折、斯、断、所等等。

既然"斤"的本义是斧头，那么它是如何演变成现在的重量单位的呢？其实，在古代已经有了表示重量的词，但是没有这个字，于是人们借用发音相同的"斤"字，并且永借不还了。可是表示"斧"的字怎么办呢？我们的先祖在"斤"上加了一个"父"字，创造了形声字"斧"。这样"斤"和"斧"就各司其职了。

可怕的"囚"笼

一个人被"口"围起来就成了"囚"字。从甲骨文"囚"的形体看，周围像个土坑或井形，中间是一个面朝右的人，那个人身体周围有几个点，表示他难受得直出汗。显然，这是把罪人或俘虏关起来的意思。看到此字，我们不仅想到了"囚犯""囚笼"。所以，"囚"字是一个会意字。小篆的囚字是一个面朝左而弯腰的人，身上的汗点去掉了。楷书由小篆变形而来，在"口"中有一个"人"字。

"囚"字从"囚犯"的本义引申为"拘禁"的意思，如《尚书·蔡仲之命》："囚蔡叔于郭邻。"意思是把蔡叔囚禁在郭邻这个地方。

囚笼是刑枷的一种变化形式，给盗墓者和严重的刑事犯使用。古代，这种囚笼经常摆放在官府衙门前面或城门上，让公众观看。有的囚笼很矮，囚犯直不起身体；有的囚笼很高，囚犯够不到地面，不得不踩几块砖。每过一天脚下的砖被拿掉一块，囚犯只得踮着脚。当最后一块砖被

拿掉以后，囚犯只能用身体撑在四壁上。当他的力气用尽的时候，就被自身的重量勒死。这个过程一般只有两三天。

"黑"字之谜

"黑"字的甲骨文，乍一看像一个器具的图像，但究竟是什么东西，人们提出了多种解释。

按照《说文解字》的传统解释，它是锅灶冒出的烟在窗子上的风斗形成的烟的图像。"满面尘灰烟火色，两鬓苍苍十指黑"，烧火的时候自然会把烟囱熏黑。后来，人们就用"黑"来指熏黑的颜色。因此《说文解字》说："黑，火所熏之色也。"后世的评论家则认为，它表现的是一个人，脸和身体沾满黑点——可能是作战时涂的颜色，也可能是战争中留下的伤痕。还有一种说法，认为这是萨满教巫师的形象，他（或者她）在祭祀祖先的仪式上跳舞时在脸上和身上绘有各种图案。时至今日萨满教巫师仍然这样做。

"王"字缘何取斧形

"王"在甲骨文里像是一把斧头。原始人类的生活方式是以狩猎和采摘为主，由于人自身的条件有限，就需要借助工具。一开始只是使用一些简单的石器，后来慢慢发展成为斧头。斧头不论是在战争中，还是在狩猎、伐木时都有重要作用。最后随着部落中领袖地位的不断提高，斧头逐渐成为一种象征权力的武器。谁有这种武器，那就是最高统治者，也就是"王"。这个斧形的武器代表着"王"的权力和地位。后来，社会进入农耕时代，"王"不再需要担心食宿问题了，但是斧和王还是有密切关系的。这是因为斧逐渐

又演化为调动和管理军队的牙璋，这是一种像牙齿的武器，和石斧没什么差异。

以上都可以说明斧子在历史的演变中一直是权威和领袖的象征。汉字中凡是由"王"字组成的字大都与"君王""天子"有关，如"皇""闰"等。

言——吹奏乐器

"言"，现在的意思是"话语"，但是它本义是用嘴吹奏乐器。甲骨文的上部是箫管之类乐器的吹嘴，下部的"口"表示用嘴巴吹。金文上部的吹嘴复杂了一些，小篆的形体则更加复杂。《尔雅》："大箫谓之言。"后来这个本义消失了，转为"说"的意思。比如"知无不言，言无不尽"。

"言"字可以组成很多褒义或贬义的描写日常生活各方面的合成字。如"读""诵""评""训""询"，"批评"的"评"，"调查"的"调"，"间谍"的"谍"，"警告"的"警"，"证明"的"证"，"谴责"的"谴"，"失误"的"误"，"保证"的"证"，"感谢"的"谢"，"发誓"的"誓"，"争论"的"论"，"荒诞"的"诞"。

"东"与"西"

"东"，太阳从东方升起，有了太阳，才有了万物。古人早已认识到这一点，这样对东方也就有了万物之主这一崇高的概念。自周至汉，室内向东的座位是最尊贵的，客人入室就把尊贵的东向（即西方）座位让给客人，主人就坐在西向（即东方）的座位。所以后世人称主人为东人、东家、东翁、东道主。古代王侯的宅第，也建在城市的东边，成为东第，把封建帝王的太子称为东宫。

再说"西"，"西"表示太阳落山的西方，所以"西"是衰败的象征。与被尊崇的，有朝气的"东"相反。一个人死了，就叫西归或上西天，人的垂暮之年又叫"西夕之年"。

所以古代神话中，东西对举的神人和神物特别多，如有西王母就有东王公，东有泰山西有昆仑山，都是东西并举。

"您"字的变迁

现在我们对长辈或者上级都用"您"来称呼，以表示尊敬。纵观语言发展史，"您"字出现较晚。据考证，唐代时只有"你"，没有"您"。唐代之后开始有"你们"的说法，当时写作"你弭"。"你们"二字连读，读快了即成为"您"。但这时的"您"只是"你们"的合音，没有尊敬的意思。

到了宋代，"您"逐渐由表示多数向表示单数过渡；再后来才用于单数的第二人称，表示尊敬。据《改并四声篇海·心部》引《俗字背篇》："您，你也。俗。"这表明"您"字一开始只在民间流行，后来才出现在词曲、小说中。例如：元代张国宝《合汉衫》第一折："您言冬至我疑春。"明代《永乐大典·忠传》："（崔杼）杀牲对神道说誓，说您众人有不知俺两家同心的，著他便死。"

"风"与疾病的关系

风是空气流动的一种自然现象，怎么会与疾病有关系呢？比如"伤风""风寒""中风"等等。

风（风），在小篆中从虫凡声。许慎的《说文解字·虫部》中说："虫，一名蝮，博三寸，首大如擘指，象其卧形。"也就是说，"虫"是一种小蛇，"蛇"在《说文》中也被解释为"虫也"，可见"虫"本指蛇，现在俗语还将"蛇"称为"长虫"。上古先民"穴居而野处"，蛇对人身安全构成了极大的危害。

"风"（風）字从虫，表明在古人的观念中，风像虫一样也是对人有害的事物。大风之后往往伴随着雷、雨、雪等恶劣天气，或是风旱。这对食不果腹、巢居穴处的先民们来说，当然是严重的灾难。

以"风"名病，是源于古人对于风给人体造成伤害的认识。中医认为"外感六淫"是致病的重要因素，而"风邪"则是致病之先导，《素问·风论》："故风者百病之长也，至其变化，乃为他病也。"于是诸病皆以"风"为名。

"何"字溯源

"何"字在战国时期是个国名，国消亡了，作为姓保留至今；在中药宝库里还有个"何首乌"，作为名词也保留下来了。此外，"何"字作疑问词使用，读音为 hé。"何"字的生命力最强，在当今的白话里保留得也最多。如：何人、何物、何事、何往、何况、从何而来、从何说起、何去何从、谈何容易、何乐而不为……这些词语中"何"都作虚词出现。

"何"字在最早的时候不是国名、不是药名，也不是虚词，而是一个实实在在的动词。《说文解字》上说："何：儋也"，与"荷"相通。"儋"即"担（擔）"也。读音为 hé。

到了汉朝，因为"何"可作反诘疑问词，于是从"反诘"中引申出来，"何"又多了一个"谴责""呵斥"的动词意义。如《汉书·贾宜传》"故其在大谴大何之域

者，闻谴何则白冠牦缨……"读音为 hē。

现在"何"不再作动词用了，一般都读为"hé"，即使作姓、作药名也读作 hé。

"国"与"或"

"或"是虚词，在文言中如"或数年不至，或一年数来"；现代文中"或"作虚词更加普遍，如"或许、或则、或者"等，不是作副词，就是作连词。

其实，"或"的本义是实词。《说文解字》《中华大词典》等工具书上均注明"或：邦也。"从口从戈以守一。一，地也。何谓邦？清朝语言学家段玉裁在《说文注》中指出："邦者国也。"那么，"或"是怎么变成"国"的呢？这同周期的分封制度有关，周朝把土地一块一块地赏赐给各诸侯，渐渐地中央实力减弱，诸侯日益强大，到春秋、战国时期，竟然出现了大大小小一百多个国家。因此，段玉裁指出："封建日广，以为凡人所守之'或'字未足尽之，乃又加'口'而为'國'。"'國'就是现在的"国"的繁体字。

到太平天国的时候，进行了文字简化的工作，把"國"简化为"国"——以"王"为中心建立起来的地域谓之"国"。于是"太平天國"成了"太平天国"。

新中国建立后，全国进行了文字改革，在简化汉字时，剔除其封建色彩，以有"石之美"的"玉"替代"王"，从而出现了如今的"国"字。

"青"乃生命之色

"青"在词语中，与春天有密切的关系。"青阳"可指春天，又可指春天的祭歌。"青币"则是春祭时的献礼之一。帝

王、后妃在春天里的所有活动几乎都是与"青"相关。

《说文解字》中"青"是"东方色"，可见青还是与东方相联系的颜色。东方之神为"青帝"，东方日出之所为"青土"，祭祀东方所用的玉器称"青圭"。在处于中原地带的古代先民心目中，山东一带位于东方，在九州中自然也成了"青州"。

"青"在《释名·释采帛》解释为"生也，象物生时色也"。青作为一种颜色，正是植物生长的颜色。可见青色在古人心目中就是生命之色。我们也就很自然地明白古人将青色与春天、东方紧密联系在一起的原因了。正因为青色是生命之色，以长生不老为特征的神仙们自然也就很青睐这种颜色了。一直到现在，我们对"青年""青春"等生机勃勃的词充满了感情。

"冬"表示"终了"

一年四季，春夏秋冬，是根据时序的先后排列的。其中"冬"是最"终"的一个季节。从古书看来，"冬"字专门用来表示时序、时间。但是，我们要是考察出土的文字材料就会发现，甲骨文、睡虎地秦简、马王堆汉墓帛书等文献，都是用"冬"来表示"终"这个词的。这至少说明较早的"冬"是可以表示一般的"终了"的，而并不是专门记录冬季的。

"冬季"一词，习惯上指立冬到立春的三个月时间，我国农历是指十、十一、十二3个月。在这段时间里，黄河流域万物萧条，不少动物进入"冬眠"蛰伏状态，草木之类大部分枯死，一岁轮回终结。但应该说明的是，古人关于冬季特定时序的物候特征的观察，跟"冬"的季节概念之间是一种混合杂糅的关系。换句话说，"冬"作为"冬季"的意义，即它的抽象和独立属于后来的事情。正因为如此，"冬"字才出现开始所讲到的文献使用情况，也就可以表示一般意义上的"终了"。

"昔"字表现了古人对洪水的恐惧

古时候，中国的许多少数民族都有关于洪水的神话。在诸文字构形中，汉字的一些形体，也直接地传达出上古时代洪水为患的信息。

"昔"字，充分体现出祖先们对洪水的恐惧心理。在甲骨文、金文中，"昔"字都是大水与日的组合。这足以显现造字者心目中对往昔滔滔洪水遮天蔽日之凶猛来势的深刻印象。

正因为水患无穷，先民们便将治水视为头等大事。史籍记载，大禹带领人们治水。"禹疏九河。"其中"九"字实为虚数，仅意味着大禹疏通多条水路，以减轻水患。大禹治水成功后，虽然洪患不会彻底根绝，但足以毁灭整个民族的洪水毕竟成了历史，于是，人们以表洪水的"昔"字作为表"往昔"的文字，也就顺理成章了。

从这个"昔"字的构形中，我们至少可以看出，水患确是上古中国最可怕的灾害。

"主"与"火"的关系

"主"字在我国古代通常用来指称尊者，如与"皇""帝""君"类似。"主"字的这一意义一直流传至今，如现在的"主席""主顾""主人"等。

在甲骨文中，"主"字就像点燃的火把，上为火苗，下着树枝，是"炷"的本字。"主"字本是"火炷"的意思，怎么用来表示"尊者"了呢？这要从"主"（即火）在上古社会生活中不可超越的作用说起。

人们钻木取火，吃上熟食，增强了体质；用火驱赶、围歼野兽来提高狩猎的效率；人们原始的耕作方式是火耕，既清除了树木和杂草又增加了土地的肥力。所以，火对人类的生活产生了举足轻重的影响，人们对火便产生了一种敬畏和崇拜的意识。人们有祭火拜火的古俗，逐渐地，火就被人们神灵化了。火成为人们生活中须首先关注的事物，这样"主"被赋予了和"皇""帝""君"类似的意义，就可以理解了。

死而复生即为"神"

在人们的心目中，神仙似乎总是长生不老的。但实际上最初的神却以不断死去又不断复生为特征。

汉字中"神"的造字思维与西方文化中神死而复生的理念颇有相似之处。"神"字以"示""申"会意，"示"是表示神灵的文字符号，"申"则表示循环往复之义。《诗经·小雅·采菽》中有"福禄申之"一句，毛传："申，重也。"《尔雅·释诂》和《广韵》等均以"重"解释"申"。生命的绵延秘诀就在于重复，其最常见的经验现象乃是大地一岁一枯荣的循环变易，先民理解为地母的周期性孕育。

中国汉族关于"神"的观念显然根植于此。《论衡·论死》这样解释说："神者，伸也。申复无已，终而复始。"这与耶稣基督等死而复生的神话原型正相吻合。

"冕"与兽角的不解之缘

从"卫冕""加冕""冠冕堂皇"等词中我们不难体味出其中"冕"字所含的第一、崇高等意义。在古代，冕是帝王、诸侯、卿大夫行朝礼、祭礼时所戴的礼帽。它代表了权力和地位。但文字中的"冕"却与兽角有着不解之缘。

冕的形体可分为两部分。从"冕"的甲骨文中可以看出，冕上原本是有角的。只有社会上层人物才能戴的高级礼帽"冕"上，怎么会有兽角呢？从我国古代的岩画中可以发现，上古先民曾经盛行以角作为头饰的风俗，这种头饰往往作为地位的标志。后世的文献记载中也还隐约可以看出上古的这种风俗。《帝王世纪》里说神农"人身牛首"，实际上就是他的头上戴了角形装饰，这个角形装饰就是他地位的标志。这种风俗也存在于国外民族中。易洛魁部落世袭酋长的就职、罢免和死亡，都有象征性的"戴角"和"摘角"仪式。首领就职的象征性说法叫作"头上戴角"，被罢免就称为"摘角"。

"裘"为所求之物

在上古时代，"裘"是人们必不可少的遮身蔽体的东西。对先民来说，裘皮的主要作用是御寒。原始狩猎的生产方式是先民整个物质生活的主体，并不只限于寻求蔽体御寒的东西。在古代，人们对于狩猎的野兽，要吃了它们的肉后再用它们的毛皮，因此，人们在获得护体御寒的裘的同时也得到了可以填饱肚子的食物，也就是衣食同时得到了满足。由此看来，人们在获得了裘的同时就获得了生存发展的条件，这样看来，以古人的逻辑思维，以

"裘"为"求"是自然的。这种思维导致了这两个字同字异构。但是，一个是名词，一个是动词，两字一体对于语言交际来说不方便。后来，在汉字的发展中才将两个字分开。

智者的眼睛

人的智慧来自于大脑，在汉字里，人们经常会把心智和眼睛联系在一起。古人认为，心是"神之主"，而目是"心之窍"，所以在他们看来，眼睛、心灵以及身体是密切联系着的。古文的记载有"精气皆上注于目，而为之精。"这里的"精"最后被写成了"睛"，因为眼睛是由精化成的，眼睛就是心灵的窗户，所以人们常常把"心"和"眼"相连。

在传统的思想中，"智"和"心"是相连的。"心"字是在金文中才出现的，这表明人们对心的意识是后来出现的。在"心"出现之前，人们就把眼睛和人的智慧联系在一起。很多字都可以体现出这点，比如"睿智"的"睿"是以"目"为义旁，指目光犀利，深远。一系列由眼组成的词语比如：眼力、慧眼、别具只眼等都表示有智慧。

"享""亨""烹"三位一体

"烹"是指把生的食物加工成熟食，它的下面是火，把生的变为熟的是需要经过火的加工，而上边是"亨"是"亨通"的意思。宋代的《广韵》中记载："亨，煮也。俗作烹。"《集韵》中记载："烹，煮也，或作亨。古作享。"由以上这些资料可知，在古代"享""亨""烹"三个字是有密切联系的。

在古代宫廷中，供给人们的膳食和供给神鬼的祭品是烹饪最主要的两个目的，这说明熟食、烹饪等是与祭祀有密切联系的，那么"烹煮"就与"享受""亨通"有联系了。因为祭祀神灵的都是可口的食物，所以神灵自然要享受人间供养，这就称为"享"；在祭祀中所供给的是可以吃的熟食，这便是"烹"；而在烹煮食物时，热气会飘向神的住所，这正是和灵界进行沟通，这样神仙就会给予美好的祝福，就有了"亨通"的意思。因此"享""烹""亨"在这个活动中就三位一体了。

"羽"和"雨"有什么关系？

从甲骨文看，"羽"与"雨"的异体字在象形上有联系。雨是农业的生命，在原始人心目中，雨是由神灵控制的。因此，在天气很干旱，危害到作物生长时，人们就会祭祀求雨。在古代，人们认为云和雨是孪生兄弟，二者联系紧密。于是，人们在求雨时，就希望通过模拟云来达到下雨的目的。人们又发现羽毛和云很像，就用羽毛来模拟云。由此看来，正是羽毛在求雨过程中发挥的作用才在汉语言中表现出"雨"和"羽"的密切关系。

"回"中为何有贬义？

"回"是"囗"字套"口"字的形状，甲骨文里、金文里都是一个环绕在一起的线条。"回"的本义是曲折环绕。在现代汉语中，常见的一个词是"回护"，有"庇护"的意思。此外，"回"字还有另外一种贬义的用法表"奸邪"。

"回"字有贬义的意思，得从中国人的传统思想里去发掘。在中国人的思想里含有"曲"的词大都是与"丑恶"和"奸邪"相联系的，而"回"本身就有曲折回环的意思，因此"回"也与这些表示否定的词相联系，具有贬义。比如在成语"是非曲直"中"是"与"直"是一个意思，而"非"与"曲"是一个意思，表示否定。

七刀和八刀——"切"与"分"

有一个关于汉字拆分的有趣对联："冻雨洒窗，东两点西三点；切瓜分菜，横七刀竖八刀。"这里对"切"和"分"的形象表达让我们想到这两字与刀的关系。

甲骨文里"七"是横切一刀，竖切一刀的样子，与在树上划的十字形口子相似，这是人们在切割漆树采漆时的记号。《说文解字》："七，阳之正也。"这并非七的本义，七的本义是切，后来被借用为数字了。

"八"是一个会意字，甲骨文和金文的"八"都像一个东西被分成两半的样子。因此八的本义就是分。小篆的"八"字好像两个人背靠背的样子，有分别的意思。有人认为"八"就像人的鼻孔呼出的两股气体分到两边的形象。这样看，"八"就是分开、分离的意思。后来，"八"被借用为数字，当"分"讲的本义逐渐消失。

"汉"字探源

"汉"字具有不寻常的结构和意义。"汉"的繁体字"漢"的表义旁是"水"，"汉"与水确实有一定关系，本义是指一条河流"汉水"。汉水和黄河、长江一样是中华文明的发源，早期的汉水流域是我们祖先的栖息地之一。后来汉水的中游又叫作"汉中"，它成为演绎历史的一个舞台并且因此而得名，刘邦的"汉王"之称也是由汉水而来的。

强大的汉朝的建立更是给"汉"字增添了不寻常的色彩，汉朝经历了两汉，国力强盛、地域辽阔，所以"汉"变得更加知名了。在西汉初期时，中国人被称为"秦人"，西汉中期被称为"汉人"。后来民族的交流不断增多，"汉人"被赋予了民族气息。发展到南北朝中叶中国人分出了"汉人"的族称，最后由汉人组成的民族被命名为"汉族"。

汉族为何称为"夏"？

"夏"是古代居住在中原地区的汉民的自称。夏字的篆文形似一个正在跳舞的人。考古发现证明了古代的汉族音乐舞蹈艺术很发达。当时的各种礼仪活动都要在音乐和舞蹈的伴奏下进行。古代乐舞有很重要的地位，因为人们很重视音乐的作用。古人将乐舞与礼都看作是道德教化的根本。音乐能洗涤心灵达到移风易俗的目的。在很多时候，人们将音乐和舞蹈作为政治好坏的标准。显然，在当时，华夏民族以其音乐和舞蹈代表的礼仪教化而闻名。因此，在表达自己形象时，他们选择了有舞蹈形象的"夏"字。

"县"的本义是悬挂

"县"在金文里像是一颗头悬挂在树上的样子，所以与这个字形相应，"县"是指悬挂的意思。用悬挂的人头来表示"悬挂"在现代人来看比较恐怖，但却是古人造字的一种自然创意。古代在战争中会把敌人的头砍下来，然后悬挂起来炫耀战功，古人利用这种形象制造了本义为悬挂的"县"。

后来，在中国政治格局不断变化的过程中，一些统治政权直接统治的地区被称为"县内"，也就是天子所治理的区域。因为在统治的区域内有中心区和边缘区之分，那么相对较远的地区对于中心地区而言就是有点"悬"于主体的感觉。所以就用"县"来代表这种相对边缘的地区了，因此这个具有"悬挂"之意的"县"就表示那种位置偏远的地方。

古人以何为"辱"？

"辱"字"寸"为义旁，"辰"为音旁，"寸"表示法度。《说文解字》里解释道："辱，耻也，从寸在辰下。失耕时，于封疆上戮之也。"由此可知，"辱"所违反的法度是指不符合农时，也就是失去农时。"辰"是指二十八宿中的房、心、尾三宿，这也与农耕有很大的关系，正是因为大辰标志着农时，它给农业带来了准确的节候，在古代人们把大辰和地上的农神相联系。农业是古代社会赖以生存的根本，所以为了保证农业正常地进行，"不违农时"是最基本事。因此，在古代设有专门守候农时的官，如果贻误农时，这个官员就是失职，会被杀头的。

受人尊敬的"爷"

"爷"的繁体字是"爺"，上边的"父"表义，下边的"耶"表音，用"父"表义是因为它最初是"父亲"的俗称。但是它并不只是亲属的称谓，也是广泛使用的敬称，比如，在古代大自己一辈的男子可以称为"爷"，官僚财主也可以加一个敬语"爷"。"爷"之所以成为一个泛语，是与我国的传统文化有关的。在中国父亲的威严是无与伦比的，父亲的这种权威和

尊严，正是在父权制度下男性在家庭中占主体地位造成的。中国古代主张的孝道是"父要子死，子不得不死"。所以在父权社会中，父亲在家庭里的地位是受到尊敬和拥护的。

父亲有着至高的权威和尊严，"爷"作为父亲的俗称便逐渐发展成人们对别人的敬语。后来"爷"被广泛使用时，只要被叫一声"爷"，那就说明你是一个具有威严的主宰者，也表示你受到别人的尊敬。

"位"表示等级秩序

"位"是一个会意字，由"人"和"立"组合而成，它最初是指古代朝廷群臣的位列。古代，君臣在朝廷上所处的位置都是有规定的，每个大臣都有固定的站立位置。这种制度不仅限于朝堂之上，也经常应用在古代的各种祭祀典礼等重要的场合，所以"位"就以"立"为义旁。

我国这种严格的位列制度具有很深的社会背景，殷商时代是礼治时代，它的核心是对贵族等级制度的维护，所以不同的身份被限制在不同的位置上。因此"位"正是人们身份地位的体现，后来"位"字慢慢被泛化，指人或者物所占的地方。

"秩"与禾苗的关系

"秩"是个形声字，"禾"是义旁，"失"是声旁。在甲骨文中"禾"像是禾苗的形状，在古代专门指的是粟，所以泛指粮食。"秩"本义指积聚的粮食，而现在的词语"秩序"是指次序的意思。粮食和秩序联系在一起是有一定原因的。

古时候，工资是用粮食来计算的，"粟"是一种粮食的名称，但是它也指俸

禄，并且"俸禄"的"禄"在古代也是以"禾"为义旁的，古人也会把俸禄称为"秩"。这样，官吏们的等级是按照他们领的俸禄来分的，而古代的俸禄又以粮食来计算，所以"秩"也可以指官吏的级别，在古代的等级制度里，社会的品级制度是不能够弄乱的。"秩"字的次序这层意思就是由此引申出来的。

"刑"与"罚"轻重有别

"刑罚"是指由国家创制的、对犯罪分子使用的特殊的制裁方法，是对犯罪分子某种利益的剥夺，但是把"刑罚"分开它们也有不同的意思。"刑"是个会意字，在甲骨文中左边是个刀，右边是个井，意思是拿刀守着井。这是由于在古代的时候许多人共用一口井，所以就会出现争吵和斗殴，因此朝廷就会派人守着井执法治罪。古代后来有"五刑"包括墨刑、割鼻、砍脚、宫刑、杀头。这些刑罚都是非常残酷的。

"罚"与"刑"相比，受到惩罚的方式和程度是不同的，"罚"的程度要轻一些，它是针对那些犯罪情况比较轻的罪犯。一般是罚款、劳役等。

势利的"趋"

《说文解字》："趋：走也。从走刍声。"在现代汉语中，"趋"具有"攀附"的意思，比如"趋炎附势""趋奉权势"等等。实际上，"攀附"的意思是由"走"引申出来的，"攀附"本身是一种特殊的"走"。在古代，"趋"是指地位低下的人去见那些权贵者时的一种特殊的走路方式。在《战国策》里记载，触龙在进谏赵太后时，是入而徐趋，至而自谢，显

然"趋"是一种缓慢而没有声音的走路方式。

"趋"是下级见上级时的一种表示敬畏的走路方式，由此可以想到"趋"与攀附权贵的联系，那么由此便引申出一系列相关的意思。

天：生与死的对话

"夭折"是指未成年就死亡了，而"夭"也指草木的茂盛和年轻女子的好身材。为什么一个"夭"既表示生又表示死呢？"夭"在甲骨文里像是一个奔跑的人，所以起初的意义是奔跑，比如"逃之夭夭"正是表达了这种意思。在《说文解字》中，"夭"的字义是"屈"，而在生物学里显示生命的生长是以螺旋式进行的，所以万物初生的形态是屈曲不伸的。这样，"夭"就可以表示那些初生的动物或者植物。另一方面，初生的事物都是生气勃勃的，所以"夭"又可以引申出草木茂盛的意思。

但是，初生事物的生命力也往往比较脆弱，容易受到外界的影响，这样"夭"进一步引申出了死亡的意思。一个"夭"既表示生又表示死，这正体现了汉字含义的丰富。

"姓"的流变

在我国，子随父姓是天经地义的事，不光这些，古代女人出嫁后就改为夫姓，这是表示"从夫"。"姓"的本义源于同一母系氏族的共有的符号标志。在甲骨文里"姓"是像一个女子跪拜在一棵小树苗前，古代把代表人类生育的"女"和破土而出的"生"组在一起作为了血缘的划分。

《说文解字》中解释："姓，人所生

也，古之神圣人母感天而生子，故称为天子。"古代人认为圣人是因为他的母亲感动了上天而生下的，这样也表现了古代人对女权的崇拜，也由此产生了一批姓氏，如姬、妃、姜等等，同时也表现了对女性的崇拜。后来逐渐进入父权社会，"姓"也逐渐变成了男性的专利，嫁过来的女子要随着丈夫的姓。再后来随着男女平等的推崇，许多家庭生两个小孩也会一个随母姓，一个随父姓。从姓字的演变，可以折射出我国两性之间的关系的变化。

"聪"与"圣"

"聪"是聪明、智慧的意思，也就是智力超常的意思。"耳"在这里表义，"聪"原本表示听觉灵敏。而"圣"字的繁体是"聖"，也是指具有非凡智慧的人，它在甲骨文里像一只大耳朵。

在古人眼里，耳和心是相联系的。因为，在古代教授知识的方法就是口耳相传。后来有了文字，被统治者所用。但一般人还得口耳相传。这样，学习就得靠听，听得多了也就变成了聪明人、圣人。这种观念体现在汉字上，一些以"心"和"耳"作为义旁的可以互换。由于听与知识可以联系在一起，那么耳大就表示听觉好了。古代文献中记载大耳朵是圣贤的象征，我们也可以看到古代那些圣人个个都是耳能垂肩。

因此，"聪明"和"圣人"与"耳朵"正是通过这些文化特征联系在一起的。

皇：太阳和君主

皇在金文中的形象，下面是土，上面是太阳。在蒙昧时代，太阳是各民族共同崇拜的对象。太阳崇拜是当时最高的崇拜。在最初，人们把人间至高的权力与太阳紧密联系起来。比较常见的是将君主看作太阳的后代。也有一些记载将君主和太阳等同起来。这样看来，将君主和太阳等同的观念由来已久，这是由原始人类的思维特点决定的。他们主客体不分，认为人与万物没有本质区别。后来，伴随神权政治的产生，这样的观点得到强化。于是皇就成了太阳和君主的象征。

牛为大物

"物"是由"牛"来表义的，它是天下万物的总称。在《说文解字》里提到："物，万物也，牛为大物，天地之数起于牵牛，故从牛，勿声。""牛为大物"并不是指形体，在古代很多汉字的意符都是用"牛"，如"牲""牧""牡"等等，这些说明了牛是牲畜之一，但是却是全体牲畜的代表。在古代祭祀神灵是一件重大事件，而牛又是祭牲的代表，这是因为古人觉得牛是能讨好神灵的一种动物，所以地位就比较高。

此外，很多的文献中记载牛是祝祷祛病的牲畜，如此看来牛在古人的心目中是非常重要的。当人类进入农耕时代，牛又做出了不小的贡献，农业民族自然就会对牛更加崇拜和尊敬。因此牛便为大物了。

"特"为何特别

不一般就叫作"特"，比如"特别"，"特产"，"特长"等等。从"特"字的结构上看，表义的一边是"牛"。"特"字最初是公牛的意思，所以就用"牛"来表示字义。在古代社会牛具有不一般的作用和地位，这个不一般的动物中的雄性就更不一般了。因为古代为了发展畜牧业，人们为了使动物的生长速度加快，就把一些雄性动物进行阉割。大量公牛被阉割，所以很少有公牛作为种牛留下来，最后留下来的公牛质量是非常好的，因为它们要承担繁殖的任务。因此这样选出来的公牛那就很"特别"了。

"特"还表示干不一般的事情的人，比如"特务"这是一项比较特殊的职位，是指那些经过专门训练的负责刺探情报的人。此外，"特"还具有"不一般的对待"的意思，比如"特意""特地"，等等。

"羊"与"义"的关系

"义"的繁体字是"義"，它上边是"羊"表义，下边是"我"表音。在古代，羊是美和善的象征，人们用羊来表示"高洁"和"正直"，正因为如此，羔羊也就成了朝廷征纳贤士的聘礼。除此之外，羊裘还用来作为朝廷诸侯们的朝服，也是为了象征这些贵族们的美德。

并且，羊这种动物喜欢成群却不喜欢勾结。除此之外，羊在古人的眼里是有识别犯罪的特异功能的，这样羊就成了正义的象征，那么用羊来表示"义"的义旁也是有实际意思的。

"羞"是羊丑吗？

从"羞"的甲骨文字形来看，它是从"又"从"羊"的，意思是用手拿着一只羊，表示进献的物品，这是"羞"的本义。《说文解字》中解释道："羞，进献也。"在古代用来进献的物品一定是最美好的东西，于是把羊作为代表。

在古代，"又"和"丑"都是人手的形象，二字字形相似，也经常会被误写。在古代汉字结构的演变中，有一种不是形声字的逐渐演变成形声字的形声化趋势，本来"又"和"丑"字形相似便可以相互替换，那么"羞"从"羊"从"又"就逐渐变成了从"羊"从"丑"。"丑"在这里是表音的不是表义的，所以"羊丑为羞"的说法是不成立的。

在现代汉语中，"羞"是指"惭愧"的意思，这是一种假借义，与字形无关。

"桌"的由来

桌子是居家用具，通常是木材制造而成，所以"桌"以"木"作为表义的部分。但是古代记载"桌"的前身是"卓"，而"卓"本义是表"高"。

我们可以从汉字中观察到古人的基本姿态与现代人是不同的，如甲骨文中的"即"就像一个人跪地靠着装满食物的容器，表示"就食"，"既"像是一个跪地的人转过头后脑勺对着食器，表示"食毕"。饮食是一种居家行为，而以上的字中表示食者都是跪着的，这说明跪是我国古代的一种居家姿势。既然古人在家是跪着的，那么刚开始桌子进入生活时不免给人们高的感觉，所以就用"卓"来表示那些高的家具。因为家具大部分都是木制的，所以后来"卓"字中添上了木字，变成了"桌"。

"春""秋"的由来

在人们意识当中，一年四季即为春夏秋冬。其实，在甲骨文中，只有"春""秋"而没有"夏""冬"，说明最早只用"春""秋"来表示四季。

其实，"春"字的本义就是春季，它在甲骨文中是个会意字。其左边的上下两部分都是"草"，中间是"日"，表示太阳东升，春回大地。"秋"字，甲骨文中下为火形，上为秋虫之形讹变为"龟"，古音读焦。到了战国，大篆"秋"字中"龟"下面的"火"上多加了个"禾"字，以表示"秋"是个禾谷成熟的收获季节。

春秋现在有几层意思：1.春季和秋季；2.指年月；3.指人的年岁，如"春秋正富"；4.指中国古代的编年体史书，鲁国的《春秋》，亦泛指历史或历史著作；5.中国历史上的一个时代。

"力"的由来

"力"是指"力量"，甲骨文和金文中的"力"字像是古代耕田用的犁。在农业社会中，人们要从事农耕，以便产出物质资粮用来糊口，但是农耕要比狩猎付出更多的体力，远古人民对此有很多的体会，而"力"字的创造就能直接表达这种体会。此外"力"还表示"能力"。农业生产者的生存状况与采集和狩猎相比，要付出更多的努力，也得面临更大的食物紧缺危险。在古代，采集和狩猎是在农耕以前的生存方式，但是人们没有以采集和狩猎的工具作为"力"字的构型，是因为在古代造字者心中只有农耕用具才能显示人的力量，也最能体现人们努力的程度和生存的能力。

古人不识"海"

古人与今人对"海"的理解是不同的。《周礼·校人》中记载："凡将事于四海山川。"郑玄注："四海，犹四方也。"在这里，"海"为方向的代名词。这表明在古人心目中，海乃是天下的尽头，所以可为方向的名称。"海"可与"宇"同义连缀构成复合词，"宇"指空间世界的边缘，《淮南子·齐俗训》："四方上下谓之宇"，可知"海宇"中的"海"类似于"宇"而指大地的边缘。

华夏先民以自己所居的黄河流域中原一带为天下的中心，故称己邦为"中国"。而中国四周的异族则被认为处于大地的周边，因其近于海，所以也被称为"海"。这样一来，"海"又成了"中国"与中国以外世界的界线；"海内"指中国之内，"海外""海表"指中国境外，"海关"则是设在国境上的国家行政监督机关。显然，与"海"有关的这一系列词语，实际上都是古人透过其有色眼镜看"海"的观感表述。

"币"中为何有巾？

"币"字的繁体字是"幣"，上边的"敝"是表音，而下边的"巾"是表义，但是"巾"是织物，似乎与"币"没有什么关系。其实"币"字原来并不表示钱，只是一种丝织品，在后来的社会中，便于携带的是丝织品，所以人们经常带有相对贵重的丝织品"币"。由于"币"是纺织品中价值较高的，所以人们把它用来当作礼品。人们赠送客人或祭祀神灵的礼品不仅仅是这种"币"，还有车马玉器之类的，但是"币"中丝织品是最基本的。所以后来就把以羔羊为礼的叫"羊币"，以玉器为礼的叫作"玉币"。

但是随着社会的发展，这种便于携带的"币"逐步发展成了货币，可见"币"与"巾"有很密切的联系。

大庇天下的"广"

"广"是"廣"的简化字。"广"字作为一个部首，表示房屋，如

"库""庙""府"这些都是表示某种建筑的形式。

在人类早期，人们并没有建造房子的能力，只能栖身于山洞，后来就慢慢地依地势造房子，所以"广"指的就是这种当时最常见的建筑形式。"广"原本写作"廣"，"广"是表义的，它的基本意义是"大"。"广"的"大"表现在"廊"字中，"廊"字也是"大"的意思，而"廊"字中的"广"也是表义的。

"庇"表示"保护"，它的意符也是"广"，意思是房屋可以给人一种安全感，被保护的感觉。从历史来看，中国人把生存的自然空间也看作自己的住所，把它视为一座大房子。所以"广"是"大"的意思，并且庇护了天下。

"厅"中有何可听？

"廳"是"厅"的繁体字，是表示房屋建设的意思；是由"广"和"聽"构成的，"聽"是"听"的繁体字。而这个"廳"不仅表示音，还用来表示义。

据古书的记载，古时人们把官府办公的地方叫作"听事"，又简称为"听"，后来人们在上面加上了"广"字头，这就表示了房屋建筑。在古时候，官府办公的地方总有事需要听，所以就叫"听事"。虽然在古代已经有了文字的运用，但是那些文字都很简略，只是一些帮助记忆的符号，所以古代在处理政务时要以口头表达来解释。古代的人不仅要看，还要听，因此办公场所就叫作"听"，后来变成了"厅"。

"门"与"闻"有何关系？

"闻"在《说文解字》中的解释是：

"从耳，门声。"后来人们依据许慎解释的，就认为"耳"表义，"门"表声，但是"门"在这不仅仅表音而且也表义。

《说文解字》中解释："门，闻也。"由此可见，门和闻有很大的关系。在甲骨文中，"闻"下边的人是踞跪的姿势，上边是个"耳"字，这个字形包含"踞跪"之义就是表示了"闻"是在室内发生的。而一个封闭的系统要与外界进行交流就得通过"门"，由此可见"闻"字的字形中已经有了"门"的影子。在《说文解字注》中解释："闻，谓外可闻于内，内可闻于外也。"可见"闻"就是指由内而外、由外而内的两个方面，这样内外的交流只能通过"门"来实现，由此"门"也可表"闻"之意。并且提到一些涉及名声的词"门第""门面"等都与闻字有关，自然"闻"就和"门"也联系起来。

"监"的本义

"监"是"鉴"的初文，在甲骨文里，"监"像是一个跪着的人在水盆旁边，低头看着自己的容貌。在金文中字形发生了一些变化，人的眼睛和身体分离成为两部分，器皿中加了一点水。《说文解字》中解释"监"是归入卧部。后来，"监"从用盆盛水的本义慢慢引申出许多的派生词。

它除了可以表示盛水的盆，也可以泛指视和看。可以观察和审视一些事物，也可以观察一些政治历史事物。后来进一步引申出了监视的意思，以及一些监督机构等。"监"字的引申义越来越多，为了避免混淆，"监"根据质地来区别那些盛水的容器，一开始"监"是指陶制的，所以就被加上意符，后来就逐渐写作了"鉴"。

"荤"的本义

我们生活中经常遇到荤，比如家里做饭有荤菜也有素菜，"荤"在现代汉语中是指肉类食物，而在古代的记载中，"荤"的本义是指葱、姜、蒜等等有刺激性味道的蔬菜。《说文解字》中记载说："蒜，荤菜。"又有"荤，臭菜也。""臭"在这里是指气味的意思，这正是突出了蒜、葱等发出的刺激性气味。"荤"的"臭菜"与古代记载的"腥""膻"意思相近，所以后来有了"荤腥""荤膻"等词语，指那些气味比较大的食物。

随着语言的演变，"荤"不再指气味较大的食物了，"荤腥""荤膻"就用来指肉类食物了，慢慢地，"荤"的意义加强，独自来表示肉食，也就成为现在肉食的代名词了，并且与"素"相对。它原来指有浓烈味道的菜的意思已经很少有人知道了。

"全聚德"的"德"怎么写？

北京"全聚德"的烤鸭可以称为世界之最，"全聚德"烤鸭店开业于清同治三年，创始人是杨寿山，一开始只是一个小小的烤鸭铺，现在已经发展成为中国饮食文化的一个代表。但是"全聚德"烤鸭店那块金字招牌上的"德"是和通常的写法不一样的。"德"字应该是15画，但是牌子上的是14画，这是由于"德"字"心"上没有那一横。

"德"是个形声字，在金文中"直"字下边加上了"心"，到了汉代"心"上又加了一横表示专一。但是汉字是不断发展和改变的，它在历史上有各种各样的写法，其中就有"德"这个字，历代的书法

家也是把这两个字混着用的。"全聚德"的匾额正体现了汉字的变化这一特征。

哲人全凭一张嘴

在战国时代以前，文字只在一些高层如朝廷、贵族之类的人中使用，普通人只能口耳相传。像孔子、老子等圣贤之士也没有用文字诉说自己的学说。古代人们不主张使用文字，所以知识和智慧大都与文字无关，只靠着口传。古代人们对口头语言是非常重视的，以"言"为"身之文"，以"动作有文，言语有章"作为君子的标志。这些都可以说明口头语言在古代的重要性。

所以，哲人的智慧和知识是通过他们的口头语言相传的，因而，"哲"字以"口"为义旁，金文的"哲"是以"言"表义，而"哲"本身是与人的知识、智慧有关系，这也正表达了哲人是靠着嘴来传授知识的。

"茵"是什么？

"茵"和"英"读音相近，所以会有人把这两个字混用。人们经常把"茵"当成草，有些文章里会用错"茵"，如"茵绿色的长袍飘飘欲举，让人想到春天的原野"，还有类似的词语"绿草如茵"等等。但是，事实上"茵"既不是指花，也不指草。在《说文解字》中的解释是"茵，车重席。""茵"是指车上的坐垫，过去的垫子是草编织的，所以就以草为形旁。后来，"茵"不再限于草了，因为在《诗经》里有记载："文茵畅毂"，其中的"文茵"是指虎皮垫子。由此，"茵"字又演绎出新的字"鞇"。

后来，"茵"不光是指车上的垫子，

也泛指其他的垫子。比如"绿茵场"的"茵"是指绿草地软绵绵的像垫子。所以"茵"并不是指草。

"玉"——洁白美好的象征

"玉"字是个象形字，最早出现在我国商代的甲骨文和钟鼎文中。汉字中从玉的字近500个，有玉的词组更是不计其数，汉字中描述珍宝的词组都与玉有关。"玉"字在古人心目中是一个美好、高尚的字眼。在古代诗文中，美好的人或事物常用玉来比喻和形容。

古人把玉石制成各种珍贵的玉器，在朝拜、祭祀、丧葬、祭祖及各种宗教活动中使用，表示敬重。可见，人们对玉的喜爱历史悠久。早在七千年前人们已开始使用玉，人们把捡到的玉石做成装饰品，后来玉器又被赋予了财富、权力、等级、贵贱的色彩。几千年来，玉不仅成为人们生活中的用品，更成为人们的精神寄托。人们用玉貌、玉颜、亭亭玉立等来形容人体的美；而"宁为玉碎，不为瓦全"则用来比喻为保持高尚的气节而不惜牺牲生命。玉已成为君子的化身和代表，是纯洁之物，是美德的代名词。

"父"的演变

"父"在现在是与"儿女"相对应的词，但是它并非仅这一个意思，而是泛指家族里的男性长辈，比如"祖父""叔父"等等。在甲骨文中，"父"左边是一只手，右边是一条竖线表示男性生殖器，这就是强调男子的性交功能，体现了父亲的含义。

在远古时期，实行群婚制，女子没有固定的配偶，在这种不确切的婚姻关系中，与女性有着密切关系的都是她孩子的父亲，所以孩子对这些男子的称呼没有差别。当进入父权社会时，"父"就是指"父母"的"父"，也就是给予孩子遗传基因的男子。后来群婚制被专偶婚取代了，女性的配偶固定了，所以"父"就又慢慢衍生出了相应的亲属概念。

"母"字突出乳房

"母"字与"女"字字形相似，在甲骨文中的"母"字比"女"字多了两个点，用来表示乳房。同样是女性，不同的是，"母"突出了乳房，也就是突出一个女性生养和哺育孩子的那种母性的特质。甲骨文中的表示乳房的那两个点，正好在女子胸部。但是在以后的逐步演变中，为了书写方便，最后调整成为现在的上下两点。

"母"字的本义是母亲，这也与乳房有关。因为孩子生出来以后，生母不哺乳，孩子就会和哺养他的乳母关系亲密，可见"母"字与乳房是有密切关系的。在古代，"母"不仅指生母，还指母亲的姐妹。在现代汉语中，"母"字还表示雌性的动物。

"妻"字的本义

"妻"字在《说文解字》里的解释为"妻，妇与夫齐者也。"在甲骨文里，"妻"是女字旁边增加了一只手，表示性交过后男性帮助女性梳理头发。后来"妻"字变为了男人明媒正娶的配偶。

"妻"源于女性在性交后与男性关系的实质性改变，在母系社会时，"妻"是表示女性意愿的自由度，后来发展到男系社会时，"妻"就指嫁出去的女性，与

"夫"相对。男女关系发展到一定阶段，伴随在男性左右的女性，就称为"妻"。"妻"在古代还可以作为动词，是表示嫁到男方家为妻，这时"妻"字读作 qì。

"大"对上辈男子的尊称

"大"是一个象形字，甲骨文中的字形像是一个顶天立地、两臂伸展的男子。两臂伸展着、双腿叉开，显得形象高大，占的空间也很大。这样的形状包含着远古人民对成年男子魁梧身材的赞美，也是古人对上辈男子的尊称。

"大"源于母系社会中母亲的兄弟们，也是对上辈男子的称呼。在陕西关中地区，称"父亲"为"大"，叔父为"大大"，这是远古遗传下来的。"大"是人们对长辈形体的描述，后来使用了它的引申义，与"小"相对，表示超过它的比较对象的，比如"房子大""年纪大"等，后来又引申为程度深、范围广，还可用于敬语。

"夫"表示成年男子

"夫"字是由"一"和"大"组成的，而"大"在古时候是对男子的尊称，而上边的"一"表示男子头上的发簪，在古时候有个习俗，就是男子在性成熟以后就要把头发梳起来，表示他已经是一个成年人了。所以在甲骨文里，"夫"是一个束着头发的男子形状，表示成熟男子。

在父权社会里，男子成年以后就可以娶妻了，这样，"夫"还表示丈夫，与"妻"相对。

男子在成家以后要养家，要进行社会劳动，所以"夫"还可表示民夫、渔夫、农夫等。

"夫"字在古代还可以作为代词、发语词和助词。

"妇"表示拿着扫帚的女人

"妇"在甲骨文中是左边一把笤帚，右边一个跪着的女人，表示拿着笤帚清扫屋子的女人，后来，为了整齐就把"女"移到了"帚"的左边，简化以后就写作"妇"。

"妇"是一个会意字，构造上就是强调了女性打扫屋子的特点。在古代，有了女人才有了真正意义上的家，女人有了家需要打扫居室、操持家务，这就是体现了"妇"字的真正含义。"妇"在古代也指那些有了个人居室可以留男子住宿的成年女子。在父权社会里，"妇"则是指已婚妇女。后来随着词义的不断演变，"妇"则是妇女的通称，而在古代"妇"就是指已婚的，而"女"是指一般意义的女性，这两者不可以混淆。

"男"与农事或畋猎有关

"男"也是一个会意字，在甲骨文里，他的左边是一个"田"字，表示"农耕或者畋猎"，右边是一个"力"字形，指的是男性的生殖器，也就是指男人。那么"男"字合起来就是表示与农耕或畋猎有关。

"男"的本义是"男服"，就是从事农耕、狩猎的，并进贡农牧产品的外部族首领。到了周代有五等爵位，其中有"男"爵位就赐给那些对农事有功的大臣。当我国进入农耕时代时，狩猎活动减少，农业成为主要的活动，那么强壮的男子变成了农耕的主要劳动力。所以，"男"是男子的称呼，并且《说文解字》里解释道：

"男，丈夫从田从力，言男用力于田也。""男"的意义随着社会的发展也在改变，后来引申为一般意义上的男性家长。

"考"的本义是老男人

甲骨文里的"考"字，像是一个头发稀疏的人，拄着拐杖，而下面是一个表示男性的符号，整个字形显示了一个老年男性的特征，也正是凸显了"老男人"的意思。

在《诗·大雅》里记载的"周王寿考，遐不作人"，其中"寿考"就是年纪老了的意思，古人还由男人的年纪大引申到去世的父亲，如"如丧考妣"中的"考"就是对死去了但仍活在心中的父亲的尊称。老人行动不便就只能拿着拐杖敲击年轻人，以发泄怨气，这就引申出敲击的意思，又由此引申出"考察"的意思，还有推求研究等新的意思。

"老"的本义是老女人

甲骨文的"老"字，像一个弯着腰的老人，并且还长着一头茂密的头发，像是个老妇人，所以"老"的本义是"老女人"。而金文里的"老"，上部与"考"字相同，下边是个倒着的"匕"表示是女性的生殖器，最后演变到现在的"老"字、"老"字带有"匕"原本就是女性生殖器的符号，在这里使老女人的意思更明显了。

"老"由它的本义中引申出新的意思，就是"老人"，现在"老"表示对年长之人的尊称，含有年老、年长的意思。人们经过世事沧桑的洗礼一定是经验十足，于是又引申出"老谋深算"的词语。"老"还做了许多词的前缀如"老师"。

"后"的本义是有权威的女性长辈

"后"是个会意字，《说文解字》里解释道："后，继体君也，象人之形，施令以告四方，古之，从一口，发号者君后也。"意思是后字像个人的形状，发号施令，而在古代能发号施令的人就是君后。在甲骨文中，"后"字右下方是个"口"字，左边是个做成圆筒形状的手，表示人把圈住的手放在嘴上，以便声音传得很远。

在古代，母性社会吃饭时发号施令者肯定是那些具有权威的女性。因此，"后"就用来代表那些有权威的女性长辈，或者是女性的首领。而历史进入父权制社会时，"后"指帝王的正妻，如皇后。

"每"指受人尊敬的女性长辈

"每"字在《说文解字》里的解释是："每，草盛上出也。"在古代，女子不剪头发，随着年龄的增长，头发也越来越长，到了年老的时候就把头发盘在头顶。而这个"每"字就在"母"字上添了一横，也就体现了年老女人的特征。而"每"字的解释是"盛"，这也就预示了"儿孙"的盛多，这样正是"每"字造字的本义，是指那些养育很多子孙的受尊重的女性长辈。

在字的演变过程中，"每"又表示"整体中的一份子"，这是因为每个女子都会儿孙满堂，成为受人尊敬的女子，"每"就成为其中一份。随后又引申出新的意思，表示经常。

"字"的本义是哺育孩子

"字"是一个会意字，上边的"宀"是义，底下的"子"字是表音，在《说文解字》中解释道："字，乳也。"就是哺育孩子的意思；《广雅》里记载："字，生也。"是指生育孩子。古时候,"字"是上下结构,上边是个屋子的形状,底下是个双脚被绑、双手在挥动的婴儿形状,这表示孩子在家里被抚养。

后来经过演变,字还有"表字"的意思。"名",是社会上个人的特称,是前辈所起的,即个人在社会上所使用的符号。"字"往往是名的解释和补充,是由师长或自己所起的,是与"名"相表里的,所以又称"表字"。在古代,把按照事物的形状所创造出来的象形字叫作文,后来由此衍生出来的叫作"字"。

女居室中为"安"

"安"这个字在《说文解字》中的意思就是"平静稳定"。甲骨文里的"安"从字形上看,上面是一座房子的形状,下面是一个女子端坐在屋子里,来表示"静如处女"之意。

中国古汉字中的"安"字,离不开中国古代人所处的社会人文背景。古人创造"安"字的时候,正处于母系社会,那是一个是由女人当家做主的社会。在母系社会中,已经发育成熟的女子,如果没有自己的房子,她只能与心爱的男子在荒地野外发展他们之间的爱情,并养育孩子——这些都是不安定的社会现象。

因此,"女居室中为安"——母系社会中的成熟女性,有了房子,才有了家庭的安居,然后才有了整个氏族的安定、兴旺,最后才有了中华民族繁荣兴旺。

"姑"的本义是丈夫的母亲

《说文解字》里写道:"'姑',夫母也。"这就是说,"姑"是丈夫的母亲。金文里的"姑"字是右边一个"女"字,左边一个金文的"固"字。但是,在演变的过程中,人们为了使字简单化,"固"字逐渐被"古"代替,就变成现在的"姑"。这样"女""古"表其意,表示活了很久的女人,也就是"婆婆"。

再到后来,"姑"字又引申出新的意思。就是对年长的妇女的尊称,如"姑姑"。同时也对婆家的未婚女儿称"小姑",即丈夫的妹妹。年轻的未婚女子又可称为"姑娘",几乎所有的女子的尊称里都带有一个"姑"字。"姑"字词语还是很多的,比如"姑息",表示婆婆对待儿媳不严格,碰到媳妇犯错不去严惩而且无原则地宽容。

"威"最初指婆婆的威势

"威"是个会意字。《古汉语常用字字源字典》中把"威"解释为"女戌会意"。就是说,"威"由"女"和"戌"组成,并且把两个字的意思合起来就是其意思。《说文解字》对"威"字的解释是:"'威'姑也。从女戌声。"其中"威姑"就是婆婆,即"夫母也"。

如此说来,"威"字的原始义指婆婆。在古代社会,婆婆是封建家长的代表,在家庭内婆媳关系是上下尊卑的集中体现,这必定与"权"有关系。到了后来,便把婆婆的一个显著特征(尊严、威严)抽象出来,独立成义,久而久之,"婆婆"的含义反倒消失了。而由此产生出"威"字的基本义为"尊严""威严",并进一步引申出"权势""震慑""畏惧"这些意义。

"加"最初指女人生育男孩

在甲骨文中,"加"字左边是一个女人的形象,右边是一撇上多一小捺,这就是表示多出来的物件，即男孩比女孩多出来的生殖器，而"加"字也专门用来指妇女生育男孩。金文的"加"字变成了上边是一个一撇加一小捺，下边是表示妇女生殖器的图形，组合在一起也是表示生下男孩。后来因为人们对两性生殖奥秘的了解，最后认为男人才是生命之根，所以后来的"加"字不再表示男婴。

到后来，人们根据"加"字的构造，用它来表示多出来的一点点东西，意思就是"增多，添加"。

"祖"——生殖崇拜与祖先崇拜

"祖"字在甲骨文里是"且"字，是男性生殖器的象形文字。在所有的宗教中，最深刻、最使人敬畏的自然属性是生育和生殖能力。最早，人们认为生育是女性单独完成的，但是后来发现男子才是创造生命的主宰，所以女神崇拜逐渐被男根崇拜所代替。"且"字的本义是男根，而随着过去人们对两性的认识，还有王权的上升，"且"字就慢慢变成了"祖"字，代表的意义也随着改变，用来表示部族的男性祖先。后来这个字又上升为华夏民族的先祖。《说文解字》里提到的："祖，始庙也。"这也就是说："'祖'是祭祀男性始祖的宗庙"。

在现代汉语中，"祖"不仅指祖先，还指父亲的上上辈，它也代表了人类血缘的开始，也可以引申为万物之源。

"嫁"——将家移到男方氏族

"嫁"是指"女子结婚"，跟"娶"是相对的，它是个形声字，"女"字表义，"家"字表音。金文的"嫁"是，"家"和"爪"组成，表示将家移到男方家。而现

在的"嫁"是由"女"和"家"做成。

"嫁"是女子无家，当女子嫁去男子家时，以男子家为家。所以就有"男以女为室，女以男为家"的古语。女子结婚就是归家，《诗经》中记载"之子于归"，就是指女子回家的意思。所以家、嫁音近义同。当对偶婚制产生时，女子已不再拥有财产权，它全归男子。这样，女子无财产也就无家，所以出嫁就是归家。因此，"嫁"字是指女子把家移到男方作为自己的家。

"宴"的本义是用女人款待客人

"宴"是一个会意字，在甲骨文中左边是个圆圈中有个点，右边是个"女"字；金文中的"宴"外边像是个屋子的形状，里边是甲骨文的"宴"字，表示与女子在屋子里交合。它的字形都是源于男性宾客与女子发生性关系，但是引申以后就表示女人款待客人。实际上在古代，以女俘来款待客人是一种普遍的习俗。据一些文献的记载，西周时代就开始养女乐，有人称为"奴隶娼妓"。后来一些王孙贵族以及富商就以此为乐，甚至以女奴的多少作为权势和财产的标志。这些女奴还用来招待客人，招待客人也一定会有宴席。"宴"字的构造和含义就由此而来。

"结婚""昏时"和"发昏"

"结婚"的"婚"字在《说文解字》中的解释是"婚，妇家也。礼，娶妇以昏时。妇人阴也，故曰婚。婚，妇家也。"婚是个形声字，女是形旁，昏是声旁，因为古时黄昏迎亲，所以这个"昏"字同时也表示字义。但是古代把婚期定在"昏时"是古人"发昏"了？其实不是这样的。

据古代的记载，把婚期安排在昏时是取自"阴来阳往"的意思。"阴来"是指夜晚将来，同时也是指新娘即将嫁入夫家；"阳往"是白天即将过去了，同时也是指新郎即将到女方家迎娶新娘。而昏时正是白昼交替的时期，在此时正是人和天的"阴来阳往"一致的时间，所以在此时结婚预示着结婚的美满和幸福，也正预示了大吉大利。

从"取"到"娶"

"娶"的意思是把女子接过来成亲，有词语娶亲、娶妻、迎娶、嫁娶，"娶"是个后起字，它的本字是"取"，而"取"又是一个会意字，可以分为两部分，为"又"和"耳"，左边是耳朵，右边是手（又），合起来表示用手割耳朵。这是因为古代作战的时候，以割取敌人尸体首级或左耳以计数献功。本义是"捕获到野兽或战俘时，割下左耳。"这样，"取"就有了"捕获"的意思。

在先祖时人们是以氏族为单位的群居生活，而当时争夺妇女也是部落之间经常发生的事，在古人看来，这个"搞对象"的过程和"取"的意思相似。发展到后来就形成了抢婚制，一个男子不等女子部落同意，就以武力夺取女子为妻。这样"取"发展到最后成为"娶"，因此在古代"取"和"娶"通用。

吉祥的"福"字

"福"字一直是人们所喜爱的吉祥文字。在甲骨文中，其字形为两手捧示于前，反映民众对求福的祈望。《说文解字》中解释："福，备也。备者，百顺之名也，无所不顺者谓之备。""福"字的含义，

《尚书·洪范》中说得更具体："所谓五福，一曰寿，二曰富，三曰康宁，四曰攸（遵行）好德，五曰考终命（年老善终）"。福字的含义在于事事顺利，心想事成。

"福"字被赋予如此吉祥的意义，不仅百姓喜爱，连皇帝也不例外。皇帝书写"福"字始于康熙。皇帝所书"福"字，一是在宫殿、苑囿各处张贴；一是赐予臣子、内外臣僚，官至二品及内廷供奉可得赐"福"字；皇帝还赏赐"福"字给皇后、嫔妃、阿哥、公主等人。

现在福字的释义：1.一切顺利，幸运，与"祸"相对；2.旧时妇女行礼的姿势；3.祭神的酒肉；4.保祐；5.姓。

象征幸福的"喜"字

在甲骨文里，"喜"字上面是个"鼓"字，下边是个"口"字，"鼓"表示欢乐，"口"是发出欢声。整个字看起来像是一个张口大笑的人击鼓来表达心中的喜悦。它的本义就是"快乐、高兴"。由"喜"组成的词语也有很多，比如："喜笑颜开"形容心中喜悦，笑容满面；类似的词还有"喜闻乐见""喜上眉梢""喜怒哀乐"等等。还有"喜娘"意思是旧式婚礼时陪伴照料新娘的妇女，这个"喜"字多半有欢乐，喜庆之意，所以也会与婚姻等喜庆的事相联系。

古代有记载说萧昭业在祖父死后，按捺不住心里的喜悦就写了一个大大的"喜"字，在周围又写了三十六个"喜"字，用来表达他的喜悦之情。还有北京的定陵中有许多装饰"喜"字的陪葬品。这些都表示了"喜"字代表了人们喜欢美好的事物，它是幸福的象征。

最容易写错的字

"匕"字勿要撇出头

"匕"读"bǐ"，两画，是一个象形字，甲骨文字形像汤匙形。古代指勺、匙之类的取食用具，如《三国志·蜀志·先主传》："先主方食，失匕箸。"（箸指筷子）"匕"又指匕首，一种短剑。如明·马中锡《中山狼传》："丈人目先生，使引匕刺狼。"

"匕"字常见的错误就是将短撇写出头，变成了"化"的右半边。"匕"由两画组成，相接但不相交。"化""叱"的右半部两笔相交，与"匕"不同，不可混淆。

另外，"匕"字还很容易读错，如读成第四声"bì"，出现这种误读主要是因为以"匕"为部首的字中，除"比"外，大多都读"bì"，如"毕""庇""毙"等。"匕"只有"bǐ"一个读音，这一点需要注意。

很难写对的"卑"

"卑"读"bēi"，本指地势低，引申指地位低下、品质低劣，也当"谦恭"讲。

"卑"字共八画，"白"中一长撇延出，与"十"字相接。这个字容易写错的情况有两种，一种是将"白"中的撇与"十"中一横的起笔相连（犹"厶"去掉

一点）；另一种则是丢掉字顶部的短撇。这两种错误的写法均要注意避免。

"卑"和"畀"是一组比较容易混淆的形近字，它们的读音和字义都不相同。"畀"古也作"畁"，音"bì"，八画，书面语中表示给、给以，如"畀以重任""投畀豺虎"等。

"颤"字左下不是"且"

"颤"是左右结构的形声字，从页（xié），亶（dǎn）声。"颤"字容易写错的地方，就是将左下的"旦"写成"且"。

"颤"声旁"亶"，由上至下依次是"亠""回"和"旦"。这里的"旦"，既不能写成"且"，也不可写作"日"。除"颤"外，同样的错误在"膻""檀""擅""嬗"等字中也应注意避免。

"颤"是一个多音字，有 chàn 和 zhàn 两种读音。读 chàn 时，意为物体振动，如颤抖、颤动、颤音、颤悠、惊颤、颤颤巍巍等。读 zhàn 时，当发抖、哆嗦讲，同"战"，如"颤栗"也作"战栗"。注意："战"在其他情况下不可与"颤"换用。

常常被写错的"长"字

"长"的繁体是"長"，象形字，甲骨文字形像人披长发之形，以具体表抽象，

表示长短的"长"，字本义是两点间的距离大（与"短"相对）。

"长"是草书楷化字，共四画。字中间的竖钩为一笔，但人们在书写的时候容易将这一画分为两笔，先写"上"，再写竖提、捺，这样"长"字就变成了五画。这是不对的写法。"长"中间的一笔应当直接贯通下来，笔顺依次是：短撇、横、竖钩、捺。

"长"是多音多义字，义项较为丰富。读 cháng 时，"长"当距离大、时间久、长度、长处讲，如延长，周长，擅长，扬长避短，天长地久等；读 zhǎng 时，"长"则释作生长、增加、年龄大、辈分高、领导人（负责人）等，如成长、增长、长见识、长辈、兄长、科长、首长等等。

"蚩"上面不是"山"

"蚩"读 chī，十画，部首虫。不少人会误认为"蚩"由三部分组成，分别是山、十、虫。其实，"蚩"的正确写法应该是这样的：先写"凵"，然后写"丨"，注意这一竖应穿过凵，而不是写成"山"；再依次写"一"和"虫"。

"蚩"是文言辞，本义为无知、痴傻，如"蚩拙"（粗俗笨拙），"蚩蚩蠢蠢"（愚笨蠢动的样子）。"蚩"可作姓氏，如蚩尤。

古汉语中"蚩"与"媸""嗤"等字可通用，如"蚩妍"同"媸妍""蚩笑"同"嗤笑"。现在，这些同音字各自分担不同含义，应作区分。"媸"意为相貌丑，与"妍"（美丽）相对，如"不辨妍媸"；"嗤"意为讥笑、嘲笑，如"嗤笑""嗤之以鼻"。

"刺"与"剌"的细微差别

某杂志"读书文摘"栏目，每期都会选登广受好评的妙文佳作，其中 2000 年第 5 期刊载的季羡林《漫谈散文》一文，则更能窥其甚为不俗的写作功底。文章虽赏心悦目，但最后一段某句话里却出现了纰缪，"我自己则认为这是正见。否则我决不会这样剌剌不休地来论证"。

细心的读者不难发现，句子中"剌剌不休"实际应为"刺刺不休"。"刺"与"剌"写法接近，左旁只差一横，"朿"中间的"冂"不合口，"束"中间的"冂"合口，书写、校对时自然极易出错，然而因二者音义差异较大，一旦出错则严重影响阅读。

刺，八画，读 cì，左旁为朿，"朿，木芒也，象形，凡朿之属皆从朿，读若刺。"（《说文解字》）右旁为"刂"，属"刀"的变体，与"朿"合为"刺"，由木芒扩大到草木的芒，作名词表示"尖锐像针的东西"，如鱼刺、刺猬；作动词则表示"尖的东西进入或穿过物体"，如刺伤、刺绣、刺青，此义可引申为刺激，如气味刺鼻，或释义为侦探、打听，如刺探，又当暗杀讲，如刺客、遇刺，也当讽刺讲，如讥刺。

剌，九画，读 là，左旁为束，"束，缚也，从口木，凡束之属皆从束。"（《说文解字》）其义为乖戾、乖张，如乖剌，形容违背常情、乖戾。

"刺刺"辞书释为多言貌，刺刺不休即说话没完没了、唠叨；"剌"字叠用为"剌剌"作象声词，多用于形容风声、拍击声、破裂声，也可形容燥热，另有泼剌用作拟声词，形容鱼在水里跳跃的声音。

所以，文章中的"刺刺不休"的确要改成"剌剌不休"。

提"刁"撇"刀"莫相混

"刁"音 diāo，字形很简单，仅有两画。"刁"的第二画是一提，不能写成"丿"，否则就变成"刀"了。"刁"与"刀"的读音、字形、释义、词性都不相同，不能因为误写而造成混淆。

"刁"是形容词，意为狡猾。常见词有刁钻、刁难、刁蛮、刁顽、刁民、撒刁、放刁等。方言中，"刁"也可用来表示挑食，比如"嘴特别刁"。

"刁""叼""汈"音同形似，含义不同。"叼"从口，作动词，指用嘴夹住（物体的一部分），如"叼着香烟""黄鼠狼叼走了几只小鸡。""汈"从水，汈汊（diāo chà），湖名，位于湖北省。

"练"字右侧不是"东"

练繁体为"練"，从糸（表示与线丝有关），柬声，后简化作"练"。"练"字共八画，部首是"纟"。这个字最容易写错的地方是将右半边写成"东"。写错的原因在于很多人认为"练"的声旁与"栋""冻"相同，都是"东"，这显然是不对的。"东"字中间是一竖钩，与上面的横和左边的撇均不相接。而"练"的右半字中明显多出一短横，与竖钩连成一笔，并且与左边的一撇相交。

"练""炼"音同形似，较易混淆。"练"字本义是把生丝、麻或布帛煮熟，使之柔软洁白，也代指白绢。后引申出练习、训练、经验多、技巧纯熟等义。常见词语有练习、练兵、练达、老练、熟练等；"炼"从火，本指用加热等方法使物质熔化并趋于纯净或坚韧，后常比喻用心琢磨，使词句优美简练。常见词语如炼钢、炼乳、炼油、炼句、锻炼、磨炼等。

"贰"中之"二"莫错位

相传，明朝朱元璋为了避免人们随意改动账目数字（比如"二"就可以涂改成"三""四""五"等），便从浩瀚的汉字中找出 10 个读音与小写数字相同（或相似）但不易篡改的字，作为重要场合（如银行支票、财务收据）的专用数目字。这十个字分别是壹、贰、叁、肆、伍、陆、柒、捌、玖、拾，这种写法一直沿用至今。

"贰"是数字"二"的大写，读音亦同"二"。因为平时不常使用，所以人们在偶尔填写票据的时候，常常把"贰"字写错。我们仔细看一下"贰"的字形，它由"弍"（"二"的异体字）和"贝"组成，"贰"中的两横应该在"贝"上，而不是在"弋"的左上。另外字右上是"弋"，而不是"戈"。"贰"字共九画，写的时候一定要注意不能乱挪笔画的位置，或添加不存在的笔画。"贰"字作为数字是借用，它的本义是变节、背叛，如"贰臣""贰心"（今作"二心"）。

"沛"的声旁不是"市"

"沛"读 pèi，七画，部首是"氵"。《说文解字》："沛，沛水。出辽东番汗塞外，西南入海。""沛"本指沛水，古河名，约在今辽宁省。后引申指水势湍急、行动迅疾的样子，又引申为盛大、旺盛义，或形容跌倒、倾扑，常见词有充沛、沛然、丰沛、颠沛流离等。

"沛"字的右半部应为"市"，但极易误写成"市"。"市"与"市"相似度极高，但二字的音形义均不相同。"巿"音fú，本指古代的一种祭服。《说文解字》释"巿"："天子朱巿，诸侯赤巿……韍，篆文巿。""巿"现分化为"韍""韨"二字，本字现已非通用字，仅作构字部件用。"巿"字共四画，笔顺是横、竖、横折钩、竖，最后写的是中间贯通上下的一竖。"市"则读shì，市，共五画，字义包括做买卖的地方、做买卖、交易、行政单位（城市）等。可见"巿"和"市"绝然不是一回事。

以"巿"为音符的字如"芾""肺""旆""霈"等；以"市"为音符或意符的字如"柿""铈""闹"等，这些字的写法都需要注意。

"嘉"字中间易出错

"嘉"音jiā，形声字，从壴裕（zhù），加声，本义是善、美。"嘉"字共14画，它容易写错的就是中间的两点。"嘉"字上为"吉"，下为"加"，中间的部件极易被误写成"艹"。"嘉"中的一点和短撇应在横之上。这种笔画的书写错误还容易出现在"喜"字中，需一并注意。

"嘉"本义是美好，如嘉言、嘉宾；引申指夸奖、赞许，如嘉奖、嘉许、嘉勉等。"精神可嘉"即言某种精神值得赞许，注意不要写作"精神可佳"。"嘉宾""佳宾"是一组异形词，前者为推荐形式。

不要把"刊"的左侧写成"千"

"刊"字读kān，共五画，部首是"刂"。"刊"是形声字，"干"为声旁，不可误写成"千"；"干"中的"丨"也不能写作"丿"。

"刊"从刀，字本义是砍、削，引申指削除、修改，也当刻、排版印刷讲，或作名词，指刊物，以及在报纸上定期出的专版。常用词有刊登、刊发、刊物、刊载、刊误、周刊、月刊、副刊等。

"不刊之论"亦作"不刊之说"，指不可磨灭和不可改动的言论，注意正确理解词义。

"考"下部不是"5"

"考"字共六画，部首是"耂"。"耂"不难写，以它为部首的字都是常用字，如老、孝、者、煮等。"考"容易写错的是下半部，很多人直接写成了阿拉伯数字"5"，这显然是错误的。"考"的下半应为万（kǎo），它分两画写，在考字中作声旁。汉字不会也不可能会用阿拉伯数字来作构字部件，我们在书写时切莫过于潦草。

"考"字甲骨文、金文均像偻背老人扶杖而行之状，本义即老。"寿考"中的"考"沿用了本义，词释作年高、长寿，如《红楼梦》："应是北堂增寿考，一阳旋复占先梅。"文言中，"考"又指（死去的）父亲，如"先考""考妣"。

现"考"字的常用义包括测验、检查、推求、研究等。"攷"为异体字。

"栗"下是"木"不是"米"

曾有家小店外面挂着"心甜板粟"招牌，人们看到后会均不知"板粟"为何物，经实地考察、品尝后，大家完全断定"心甜板粟"即为"心甜板栗"，因为店主太过粗心，才会把"栗"字错写成"粟"。

栗，十画，读lì，作名词时，指栗子树及所结果实，其种类较多，一般指板栗；作动词时，义为发抖、哆嗦，如战栗、栗暴、栗凿、不寒而栗等。

粟，十二画，读sù，作名词，指谷子这种一年生草本植物，或指谷子的没有去壳的籽实，同时还可作姓，如粟裕。

栗以"木"为部首，粟以"米"为部首，一个属于"树木"，一个属于"作物"，切不可把"栗"当"粟"，或把"粟"当"栗"！

写"临"注意两要点

"临"本写作"臨"。"臨"是会意字，金文字形右边是人，左上角像人的眼睛，左下角像众多的器物。整个字形就像人在俯视器物的样子。因"临"本义为从高处往下看。"臨"后简化作"临"。"临"，九画，易于写错的地方是第二笔。"临"起笔是短竖，第二笔则是一长竖，但这长竖有时会被人写作"丿"。"归""帅""师"等字的第二画是撇，但不能受其影响，而将"临"写错。容易出错的第二处，"临"字右下角，那是"口"中有一竖，不可写作"罒"或"皿"底。

"临"由本义"从上往下看"，引申出靠近、对着、到达、面对、将要等义，也指照着书画模仿学习，如临帖、临摹等。

"击"字不是"土"加"山"

"击"字本作"擊"。击，从手，毄（jī）声，本义即敲击、敲打，引申指刺、碰、接触、攻打等义。"击"是"擊"的简化字。"击"非由"土""山"两部分组成，"击"字中间应为两横，其次是贯通上下的一竖，最后写"凵"。我们在书写的时候应该特别注意这个容易出错的地方。

"击"与"缶"形似，音义不同，不可混淆。"缶"音"fǒu"，共六画，由"午"和"凵"组成，古代指一种大肚子小口儿的瓦器，也指一种瓦制的打击乐器。"缶"是部首字，以它为意符的字多与瓦器有关，如缸、罐、罍等。

以"曰"为头，"冒"必出错

"冒"字读mào，本指帽子，后本义由分化字"帽"承担，"冒"则另表示往上升、向外透、鲁莽、冲撞、假充等引申义。

"冒"字极易被写错。它的上部不是"日"，也不是"曰"，而是"冃（mào）"。"冃"中的两横笔悬空，与左右的两竖笔是不相接的。"冒"是一个会意字，小篆字形中，上面像一顶帽子戴在人的头顶上，下面是眼睛，因此字本义即帽子。与"帽"相同，"瑁""帽""冕"等字中也有一个"冃"，不能误写成"日""曰""罒"等。

细微之处辨"丏""丐"

"丏"与"丐"字形十分相似，后者的使用频率更高，因此人们在写"丏"字的时候常常容易照着"丐"的笔画写，如将现代著名学者"夏丏尊"写成"夏丐尊"。"丏"和"丐"可不是一回事，它们的读音和字义都大不相同。

《说文解字》："丏，不见也。""丏"字读miǎn（免），它是象形字，"像人头上有物蔽之之形"（林义光《文源》）。字本义是遮蔽、看不见，后主要作人名用。"丏"的正确写法是横、竖、竖折、横折弯钩，共四画。

"丐"则读gài，笔顺为横、竖、短横、竖横折弯钩，共四画。字释作乞求、乞丐、给予等。以"丏"为声旁的字如"钙"。

注意正确区分"丐""丏"二字的写法和读音，避免出现误写误读的现象。

上长下短的"末"与上短下长的"未"

"末"音 mò，五画，它是一个指事字，"木"上加一横，表示树木的上端，即树梢，引申为尽头、末尾、最后、终了、碎屑等义。

"末"字笔画简单，人们在书写的时候往往比较随意，尤其是其中的两横，常常写成一样长，或写成上短下长，变成了另外一个字——"未"。"末"和"未"字形的区别就在两横的长短上。"末"字上横长，下横短。"未"读 wèi，上横短，下横长。"末""未"不能添加笔画，如果写作三横就变成了"耒"。"耒"则读 lěi，古代称耜上的木把，也指一种农具，形状像木叉。

"末"与"本"意义相对。如"本末倒置"比喻颠倒了事物的主次轻重。"舍本逐末"指做事舍弃根本的部分，却过多地追求细枝末节，形容轻重倒置。

"末"又是戏曲角色行当之一，扮演中年男子，京剧归入老生一类。

写错率奇高的"虐"字

"虐"音 nüè，九画，属于会意字，小篆字形从虍（hǔ 虎头）、爪人，即虎足反爪伤人，隶变后省略"人"字。"虐"字的笔画有三个地方容易出错，一是部首"虍"第三笔"⺄"容易写成一横；二是字中"七"应为斜横；三是右下部分中间的一横应出头，并且容易与"雪"的下半边（彐）混淆。

"虐"释作凶残、狠毒，书面语中也当灾害讲，常见词有虐待、虐杀、虐政、暴虐、酷虐、乱虐并生、助纣为虐等。

"虐"本身就是简化字，不可再简写成"疟"。"疟"是另外一个字，也读 nüè，指疟疾，一种由疟原虫引起的按时发冷发热的急性传染病；又读 yào，仅用于"疟子"一词（即疟疾）。

"言"中三横易写错

"言"音 yán，七画，既是常用字，也是汉字的部首字之一。"言"笔画虽然简单，但是写错的情况并非不存在；加上以"言"为部首的字比较多，误写的例子就更不鲜见了。

"言"是指事字，甲骨文字形，下面是"舌"字，上面一横表示言从舌出，本义就是说、说话。"言"今字形，上为亠，中间是两横，下面是口。其中中间的两横长度相等，且短于上横。如将三横写成一样长，或者写成递减或递增的"梯田状"，都是不对的。

用"言"作意符的字多与人说话、语言有关，如誉、警、誓、譬等；"言"作部首，今一般简化为"讠"，如说、话、语、讨、论、计、训、许、记、认、识、诚、诱、谀、调、谊、谚等等。

容易写错的"燕"字头

燕子是人们非常熟悉的一种小型候鸟，很多小朋友学会的第一首儿歌可能就是："小燕子，穿花衣，年年春天来这里……"燕子是益鸟，以蚊蝇等昆虫为主食；有着高超的"建筑"本领，喜欢亲近人类，常在居民的房梁上或屋檐下筑巢，可以说是人类的好朋友。不过，如果我们连它的名字都经常写错，甚至总把它和大雁混淆，是不是有点太说不过去了呢？

关于"燕"字，人们最容易出错的地方就是将最上面的部分写成"艹"，将中间的"口"以两横或"日"来代替。"燕"的正确写法是，上为"廿"，中为"北"，"北"中嵌"口"字，下为"灬"，字共16画。"燕"是一个象形字，小篆字形上部像头、嘴，中间的"口"像身体，"北"像位于身体两侧的翅膀，下面的"火"（即"灬"的原形）则像叉形的尾巴。"燕"即像燕子形，了解了它的造字意图，就不会再写错了。

此外，不少人容易燕、雁不分。雁，形声字，从隹（zhuī）、从人，厂（hǎn）声。雁俗称大雁，鸟类的一属，外形略像鹅，颈和翼较长，足和尾较短，羽毛淡紫褐色，善于游泳和飞行，常群居水边，飞时则排列成行。"燕"和"雁"是完全不同的两种鸟类，它们的外貌体形、生活习惯都不相同，切不可造出"家雁""鸿燕"等词语来。

"颐"字左侧不为"臣"

颐和园的颐字，也是人们不小心就会写错的字之一。"颐"的左半边不写作"臣"，而是"匝"（左半边，读 yí）。颐是形声字，从页，"匝"声，本义是下巴，如"大快朵颐"。"匝"是颐的古字，像下颔形，后加页繁化成颐字。"匝"字中间是口，"臣"中的"口"则少一横，并与左边的一竖相接。颐、姬、熙等字中都包含"匝"；卧、臧、宦（huàn）中则为"臣"。

"颐"又当保养、休养讲，如颐神、颐养天年。"颐"与"硕"勿混。"硕"音shuò，意为大，常见词有硕大、硕果、壮硕、肥硕、硕学、硕老、硕士等。

"妇"字右侧不是一个倒"山"

"妇"是会意字，繁体妇，从女从帚，像女持帚洒扫形，本义是已婚的女子，后泛指女性，如妇女、妇幼、农妇、妇科、巧妇等；也可特指妻子，如夫妇、挈妇将雏。

"妇"从女，这里"女"字的写法需要特别注意。"女"是象形字，甲骨文字形，像一个跪坐着（古人席地而坐）、双手温文地放在胸前的女子，后隶化为"女"字，本义是妇女。"女"字共三画，起笔不是横，而是竖折，然后是撇，最后写上面的一横。

"女"除了书写笔顺需要注意外，它在作左偏旁时，写法略有不同，不可忽略。"女"作偏旁，并且位于字的左边时，横笔的右端应缩短，与撇的起点相接。如妇、好、姓、姚、嫁、媒、妁、奸、姐、妹等字都是如此。

"妇"的右偏旁是"彐"，许多人把它写成倒下的"山"，这是不对的。需要强调的是，"彐"末笔一横的右端不出头，与"录"的上半部分不同。

"女"是汉字部首之一，从女的字大多与姓氏、女性、婚嫁等有关。上古经过母系社会，许多姓氏均以女为意符，如姜、姚、嬴、姬等；"姓氏"的"姓"字本身即从女。与婚姻有关的字（包括婚、姻二字本身）大多也从女，如嫁、娶、媒、妁、妻、妾等。

"佳"字声旁是"圭"字

"佳"读 jiā，部首是"亻"，字共八画。有的人会有疑问：不对啊，为什么佳字我数来数去都只有七画呢？"佳"确为八画，少数一画的原因就出在笔画书写的错误上。

"佳"右偏旁从"圭"，注意这个"圭"字，"圭"是古玉器名，"从重土"，即由上下两个"土"组成，共六画。如果我们把"圭"写成四横一竖，笔画不就少了一画吗？另外，"佳"右为两土重叠，四横不可同长。

其他以"圭"为声旁的字也容易出现此类误写情况，需一并注意，如：桂、挂、卦、诖、硅、闺、鲑等。

佳，意为美、好的。常见词有佳作、佳句、佳人、佳偶、佳肴、佳节、最佳、欠佳、佳酿、佳话，等等。

"雷"上头不是"雨"

"雷"读 léi，13画，部首是雨。"雷"初为象形字，甲骨文"雷"字中间的曲线像打雷时伴随而来的闪电，圆圈和小点表示雷声，整个字形像雷声和闪电相伴而作。金文在原字形上加上"雨"，变成了会意字，表示雷多在雨天出现。后来字形经过不断的演化，遂成今天的"雷"字。

"雷"的写法需要注意，它的部首虽然是"雨"，但笔画又与"雨"不完全一样。"雨"中为四点，而"雨"在作部首时，四点则需变成四个短横。

"酉"中一横易写短

"酉"字读 yǒu，名词，七画，部首酉。关于这个字，人们最常犯的错误是将

字内贯通的一横写成一短横。这个错误极不容易引起人的注意，反正是一横，长一点，短一点就无所谓了。

要想不犯这个错误很容易。"酉"本是象形字，金文字形为酒坛形，并且"酉"字的本义是"酒"的意思，试想酒装在酒坛里怎么能不挨酒坛的边，在中间悬着。所以，"酉"字内里那一横是务必要贯通"酒坛"两壁的。

偏旁部首为"酉"的字，还有一种犯错的可能，就是少写酉字中的一横，如，将"酒"写成"洒"等。

"奥"字上部的外框下面不封口

第二十九届奥运会曾在我国的首都北京举办，相信"奥"字已经成为人们非常熟悉的一个字了，但是它的正确写法，大家都能掌握吗？

"奥"字12画，部首是大。它上部的外框不是"囗"，下面是不封口的。不能受"卤"字的影响，而给"奥"多加上一横。"奥"上半部的中间是米，不是采。

"奥"音 ào，以"奥"为声旁的字有澳、懊等。《说文解字》："奥，宛也。室之西南隅。""奥"本指房屋的西南角，古时也指祭祀设神主或尊者居坐之处。今"奥"主要当"含义深、不容易理解"讲，如深奥、古奥、奥妙、奥秘、奥义、玄奥等。"奥"作名词，则是奥林匹克、奥地利等的简称。

"步"字下面不是"少"

"步"是一个比较常用的字，只有七画，写法很简单。但是写错"步"字的情况并不少见，原因就是很多人粗心地以为"步"是由"止"和"少"两个部分组成

的，从而给"步"的右下角多添加了一点。

"步"是会意字，甲骨文字形像两只脚（止）一前一后地走路，表示行走。楷书"步"字的下部是由小篆反写的"止"字演变而来，共三画，没有一点，不可与"少"字混淆。

"步"和"部"是比较容易混淆的一组同音字，"故步自封"和"按部就班"这两个成语，更是时常出现用字错误。"故步自封"：故步，走老步子；封，限制；比喻守着老一套，不求进步。"步"不作"部"。"按部就班"，部、班：门类，次序；就：归于；指按照一定的条理，遵循一定的次序。此处的"部"显然也不能改成"步"。

"低"的右侧是"氐"不是"氏"

"低"音 dī，七画，部首为"亻"，本义是矮、离地面近（与"高"相对），如低空，屋檐低；引申指在一般标准或平均程度之下，如低俗、低潮、低落、低下、眼高手低、高分低能；也指等级在下的，如低年级、低档；作动词则当俯下、垂下讲，如低头、低垂。

"低"的右偏旁是"氐"，非"氏"，"氐"下的一点不可丢掉。"氐"和"氏"字形极为相近，只有一"点"之差，所以以这两个字为声旁的字，常出现写错的情况。如落掉"低"中的一点，或给"纸"多加上一点等等。另外，"低"右边首笔为撇，不是横。

"氐"读 dī，二十八宿之一，又指氐族，我国古代的一个少数民族，居住在今西北一带，东晋时建立过前秦、后凉政权。"氐"又读"dǐ"，文言中指根本。

"氏"则读 shì，指姓氏；又读 zhī，见"阏氏"（汉代匈奴称君主的正妻）、"月氏"（汉代西域国名）。

"庐"内是"户"不是"卢"

"横看成岭侧成峰，远近高低各不同。不识庐山真面目，只缘身在此山中。"这是宋代大文学家苏轼著名的诗作。该诗简练而形象地描绘了庐山千姿百态、移步换景的特点，并借景说理，深富哲理韵味。庐山，中国四大名山之一，以雄、奇、险、秀闻名于世，素有"匡庐奇秀甲天下"之美誉。

"庐山"的"庐"字比较容易写错。"庐"是形声字，从广，户声。"广"下是户，不是尸，户上的一点不可落掉。

"庐"字"广"下不作"卢"。"卢"是姓氏，也作译音字，如卢森堡、卢布、卢比等。以"卢"为声旁的字有泸、栌、轳、胪、垆、舻、鲈、颅、鸬等，这些字中的"卢"不可错写成"户"。芦、炉、沪、护等字的声旁则与"庐"相同，均为"户"。

"佞"的右边是"二"加"女"

"佞"字七画，部首是"亻"。"佞"字使用频率不是很高，更容易出现误写、误读等现象。"佞"是形声字，从女，仁声，右上是"二"，不可写作"亠"。

"佞"还易读错，如读成 wàng（妄），把"佞臣"念成"wàng 臣"。"佞"的正确读音是 nìng，不读 wàng，也不读 lìng，jiān 等音。

《说文解字》："佞，巧谄高材也。""佞"意为善用花言巧语谄媚人，含有贬义。如佞人、奸佞、佞臣、谄佞、谗佞、佞笑、便佞，佞幸等。

"舞"中没有"午"，下部乃为"舛"

"舞蹈"的"舞"字也是易出现书写错误的汉字之一。"舞"为上下结构，笔画集中，很多人写起来便"乱舞一气"，结果旁人端详半天也看不清是什么字。"舞"字笔画虽多，但亦有章可循，我们在书写时一定要注意规范化。

"舞"本作"无"，象形字，甲骨文字像一个人手执牛尾跳舞的样子，后借为表示"没有"之义的"无"，遂加"舛"另造"舞"字。"舛"（chuǎn）指两足相背，"舞"便由象形字变成了形声字，上为音符，下为意符，意即依一定节奏转动身体、挥手动足进行表演或自娱。注意，"舞"不可简化为"午"。

"舞"字正确的笔顺为丿、一、卌、一、舛，共14画。上半中间为四竖，注意不要添、落笔画。

"舞"本指舞蹈，如歌舞、舞姿、舞曲、芭蕾舞、交际舞；引申指挥、耍弄，如舞剑、张牙舞爪、眉飞色舞、舞弊、舞文弄墨等。

"巳"满"已"半"己"不出

某节目中，编导为生动地剖析"落"字，便提及清朝诗人龚自珍的名句"落红不是无情物，化作春泥更护花"。遗憾的是，随之打出的字幕误把《己亥杂稿（诗）》的"己"字写作"已"，也致使主持人把"己亥"误读作"已亥"。

"己"不仅容易错写作"已"，还极易写成"巳"，由于它们实在太像了。

己，三画，读作"jǐ"；写时注意第三笔与第二笔相接，但不可出头。"己"指自己，也指天干的第六位（甲、乙、丙、丁、戊、己、庚、辛、壬、癸），《己亥杂稿（诗）》的"己"字便取此义。以"己"为声旁的字有纪、记、杞、忌、起等。

已，三画，读作"yǐ"；半封口，即第三笔出第二笔（横），但不与第一笔相接；指已经，与"未"相对，如已然、木已成舟；指停止，如争论不已；指后来、过了一会儿，如已而、已忽不见；指过于，如不为已甚。

巳，三画，读作"sì"；左上角是全封口的。"巳"是地支的第六位（子、丑、寅、卯、辰、巳、午、未、申、酉、戌、亥）；中国古代以地支计时，巳时指上午9点到11点的时间。"巳"是一个象形字，甲骨文字形，像胎盘中生长的胎儿。因此不同于"己"和"已"。祀、汜、包、泡、抱、跑、炮、刨等字或以"巳"为部首，或包含"巳"这一构件。

根据"己""已""巳"的字形结构，可得知三个字的形体区别仅在于第三笔画是否出头、封口，由此得出记忆秘诀："巳"满"已"半"己"不出。

"戊""戌""戎""戍"，差别在细处

我国近代史上有著名的"戊戌变法"，其中"戊"读wù，戌读xū，二者极易写错、读错、用错。

戊，五画，左旁为一撇，指天干的第五位。

戌，六画，左旁为一撇一横，指地支的第11位，在旧式计时法中，戌时指晚上7点钟至9点钟的时间。

可见"戊"多一横便为"戌"，此为"戊""戌"易混用的主要原因。除此以外，"戊"还容易错写成"戍""戎"。

第一稿 中国的第五大发明——汉字

戍，读 shù，六画，部首是"戈"，左旁为一撇一点，指军队防守，如戍守、戍边。

戎，读 róng，六画，左下从"十"，可统称兵器、武器，如兵戎相见；也可指军队、军事，如戎马生涯、戎装上阵、投笔从戎；亦可用作我国古代对西方民族的称谓。

由上述内容可知，"戌"多一横成"戍"，多一点成"戍"，去掉左旁一撇左下加"十"则成"戎"，写字时稍有不慎便很可能出错！

辨析"赢""嬴""羸"，关键在下部中央

"赢""嬴""羸"三个字简直就像一母所生的三胞胎，"容貌"极为相似，所以经常会出现写错、用错或读错的现象。三字笔画很复杂，但是区分它们最好的办法还是从字形入手。仔细观察这三个字，发现不同在哪里？对了，就在每个字下半部的中间部分，它们分别写作"贝""女"和"羊"。

"赢"读 yíng，从"贝"，表示与金钱有关，本义满，有余，现多释作胜（与"负"相对）或获利，组词如输赢、赢得、赢家、赢利、赢面等。现代汉语中，"赢"字与其他两字相比，使用频率最高。

"嬴"也读 yíng，从"女"，中国最古老的姓氏之一。母系社会从母姓，故许多姓氏（包括"姓"字本身）均以女为意符，如嬴、姜、姚、姬、姒等。"嬴"姓名人中，名气最大的莫过于秦始皇嬴政。秦国因此又别称"嬴秦"。

"羸"则读 léi，从"羊"，本指瘦羊，后转指人瘦弱，组词如羸弱、羸瘦；亦当疲劳讲，如羸惫、羸顿。

总之，这组形近字音、形皆同中有异，字义各有不同，我们在使用的时候一定要仔细分辨。

是"赝品"而非"膺品"

某报中刊载一篇文章，其标题是《膺品套走 20 万"古玩世家"是骗子》。这个标题中，"膺品"是错误的。

"膺品"一词在报纸网站中频频出现，以讹传讹，导致很多人都"膺""赝"不分。这两个字读音和含义都不相同，但字形十分相似，因此极易混淆。病例中的"膺"应为"赝"。

"赝"读作 yàn，形声字，从贝、雁声，本义是假的、伪造的。"赝品"即伪造的文物或艺术品。"赝本"指假托名人手笔的书画。"赝币"即伪造的货币。

"膺"读作 yīng，形声字，从肉、鹰声，本义是胸腔，引申指心间、胸臆，如膺肺，膺堂，义愤填膺，服膺等。"膺"可作动词，有两种释义，一是承受、担当、接受（荣誉或重任），如膺选，膺任，膺荐，膺期，膺运，荣膺等等。二指讨伐、打击，如膺惩

"赝""膺"是非常容易混淆的一组形近字，我们可以通过两字的本义来做区分。"赝"的本义是假的、伪造的，"赝品"多用于出售，以达到造假者牟利的目的，可见"赝"与钱财有关，所以"赝"中有一个"贝"。"膺"本指胸腔，是人体的一部分，因此从"肉"（即"月"）。牢记了这一点，就不会再犯混用的错误了。

容易读错的字

忍饥挨饿，"挨"易读错

一所大学里正在举行元旦晚会，只听台上表演小品的女生表情投入地说台词："当年真是过了一段忍饥挨（āi）饿的日子！"台下一帮中文系的学生立刻起哄，原因就是台上的女生读错了字音。挨字共有两个读音，分别是"āi"和"ái"。读音不同，代表的字义也不同。

读āi时，表示紧靠着、紧贴着的状态，比如挨着我；或者表示接近事实或事物的原本性质和状态，如挨边；也表示动词，指靠近之意，如让他挨你一点。在口语中，还有个叫"挨肩儿"的词，意思是说同胞兄弟姐妹间年龄相差很小，如这姐俩是挨肩儿。

读ái时，这个字表示忍受、遭受、经受，困难地度过（岁月），如挨打。

上面例子中的女生没有思考词语的意思，她的台词说得再流畅，挨字的读音也是错误的，现在你应该知道了，她应该读"ái"（二声）才不至于引起大家的反对。

"惩艾"的"艾"该怎么读

某地有一个播音员读新闻稿时，将"惩艾（yì）不法分子"中的"艾"字读成了"ài"音，结果被广播电台处以罚款。

播音员尚且出糗，何况普通人呢！人们对于"艾"的读音常犯的错误有两个，一是将四声读成一声，而是常常忽略了它还有一个"yì"的读音。

"艾"字共有两个读音，其一读ài，是表示一种草本植物，即艾蒿。我国民间有些地方有用艾蒿做成虎状物，在端午节时戴在儿童头上的习俗，用于驱邪。艾字还有一种意义是书面语上用于表示老人、年老的，如艾老。书面语上，艾这个字还用于形容美好和漂亮，如少艾。还表示兴旺蓬勃，如方兴未艾。也用于形容人说话口吃、吞吞吐吐，如期期艾艾。

其二读yì，意义与"刈"字相同，表示惩罚、惩治，如惩艾，自怨自艾。在我们日常生活中不常用。但只要你记住这个读音所代表的字义，清楚它所适用的语境，就不会轻易读错了。

贾平凹中"凹"当读何音

我们常常形容美女的身材"凹凸有致"，这里的凹字，也是一个很容易读错的字。不少人都容易将一声读成四声，或者将地名或人名中的凹字读成 āo音。有一个人在某山区按着字条四处打听"柿子凹"，问了几个小时，问了十几个当地人，都没有结果。之所以这样，是因为他把 wā 音错读成了 āo 音。当地人一听这个名字不熟悉，自然不会给他正确的答案了。

"凹"字有两个读音，分别是 āo 和 wā。

"凹"字读 āo 音时可用于名词、动词和形容词。用于名词时，常见凹镜，凹透镜中。用于动词时，表示向内或向下陷入，如凹陷。用于形容词时，表示低，字义与"凸"相对，如凹凸不平，地面凹下去一块。

"凹"字读 wā 音时通常在方言中用于地名或人名，如河南的茹凹，陕西的碾子凹等等。著名作家贾平凹，他名字里的"凹"字其实应该读 wā 音。

一叶"扁舟"并不"扁"

《说文·册部》中说：扁，署也，从户册。原意指的是在门户上题字，后引申为题字的长方形牌，后又产生了表示此意的专有名词匾。再后来，就形容平而薄的形状或状态。扁字共有两个读音，一个是 biǎn，一个是 piān。

当"扁"字读 biǎn 时，第一可以形容物体的厚度比长度和宽度小，图形或字体上下之间的距离比左右之间的距离小，如皮球被压扁了，扁体字，扁豆等。第二可以指轻视，如不要把他看扁了。第三可以做人的姓。

当"扁"字读 piān 时，可做名词，指小船，如一叶扁舟——这可是个充满诗意的词语呀！

莫把"骠骑"读"膘骑"

在一部热播的电视剧中，有位演员在台词中说骠（biāo）骑将军如何如何，这里，他把"骠"字的音读错了。

"骠"字共有两个读音，分别是 biāo 和 piào。

当骠字读 biāo 时，可以专指马的个别品种，如黄骠马，指的是一种毛色黄中夹带白点的马；当"骠"字读 piào 时，一个意义是表示人骁勇，如骠勇；一个意义是形容马疾驰飞奔的样子，如骠骑。

当"骠"字组合出骠骑一词时，很多人容易将骠字读作 biāo 音，这是错误的，因为该词不容易与其他词混淆，因此应强化记忆以纠正错误。

"剥"削与"剥"皮儿

"剥"字在我们日常生活中几乎天天都能遇到，尤其是对于家庭主妇，买菜做菜，剥个什么皮是再平常不过了。可恰恰是这类低头不见抬头见的多音字，常常被我们误读。不能准确说出"剥"字读音和正确用法的人，不在少数。

"剥"字共有两个读音，一个是 bō，一个是 bāo。

读 bō 时，剥字专用于成语或合成词，比如生吞活剥、剥夺、剥削等。在"剥夺"一词中，"剥"的意义是用强制性方法夺走，或者依照法律取消某种权利等。在"剥蚀"一词中，"剥"字的意义是指石头、金属等物质表面因为风化而逐渐损坏。在"剥落"一词中，"剥"字的意义是物质表面一层层脱落，如油漆剥落了。

读 bāo 时，"剥"字专指去掉皮或壳等外层的动作，如剥皮，剥瓜子。

大"伯"子读音另类

在某期综艺节目中，男主持人所说的"王庭玉伯伯（bǎi·bai）"让许多有心人吃了一惊：身为电视台的主持人，他怎么会把'伯伯（bó·bo）'二字读错呢？

据《现代汉语词典》，伯有bǎi和bó两个读音。

读作bǎi时，只有"大伯子（dàbǎi·zi）"一种用法，是口语，指丈夫的哥哥。

读作bó时，可指伯父，即父亲的哥哥，或与父亲辈分相同而年纪较大的男子，如大伯、伯伯；也可指在弟兄排行的次序里代表老大，如伯兄、伯仲，伯仲一词指兄弟的次第，喻人和事物不相上下；又可指封建五等爵位的第三等，即伯爵。

"伯"（bó）组成的常见词语如伯伯、伯母、伯婆、伯祖、伯祖母，"伯伯"指伯父，"伯母"指伯父的妻子，"伯婆"指伯祖母或丈夫的伯母，"伯祖"指父亲的伯父，"伯祖母"指父亲的伯母，可见"伯伯"应都读为"bó·bo"。

"泊"船梁山"泊"，一"泊"不同音

《水浒传》里有"梁山泊"，很多人读作"梁山bó"，但其正确读法为"梁山pō"。

"泊"读bó，指停船、使船靠岸，是个动词，如船泊码头、停泊；引申为停留，如四处漂泊；在某些方言中使用，指停放车辆，如泊车；可用作形容词，当恬静讲，如淡泊。

"泊"泊读pō，指湖，一般用于湖名，如梁山泊（位于今山东）、罗布泊（位于新疆），也可组词湖泊、血泊。

据上述内容总结，"泊"用作名词时常读pō，其余情况下往往读作bó，掌握此点便可避免再把"泊"字读错。

让专业人士蒙羞的千"乘"之国

某电视剧中一个演员有一句台词：他一个万乘之躯，说抛就抛了。演员将"乘"字读成了"乘法"的"chéng"了，而实际上这个字应该读成"shèng"。

该演员读错此字，可能是因为她不知道"乘"字是个多音字，或者知道它是个多音字却不知道不同读音时该字的内涵。

"乘"字共有两个读音，分别为chéng和shèng。读作chéng时，它的意义为驾车、乘车，动词，如与屈完乘而观之。后引申为乘船，如儿子乘舟，泛泛其景。又引申为凭借、趁着，如虽有智慧，不如乘势。读chéng时，还有进行乘法运算的意思，如2乘3得6；佛教的教义：大乘；姓。

"乘"读shèng时，意义则为兵车，包括一车四马，是名词，如缮甲兵，具卒乘。又可作量词，古代称四匹马拉的车辆为一乘，如，命子封帅车二百乘以伐京，千乘之国，万乘之君等。读shèng时，还可理解为春秋时的史书，后来泛指一般史书：史乘，野乘。

"千乘之国""万乘之国"是指国家具有"千乘""万乘"这样的武装力量。"万乘之躯"是由"万乘之国"而来，实际是指皇帝的尊贵地位，所以，"万乘之躯"的"乘"应读成shèng。

最易误读是"重创"

电台的一位节目主持人在念"重创了敌军"这句话时，把创念成了chuàng，当即被计入读错音纪录，月底被扣了工资。

"创"字的读音共有两个，一个是chuāng，一个是chuàng。

读chuāng的时候，"创"字可以指伤

口和痛处，如创伤、创口，也可以表示使人或集体受到损伤，如重创对手。主持人在这犯了错，他的工资被扣得不冤。

读chuàng的时候，"创"字可以表示初次、开始，如创业，创新，首创，创造；也可以表示写作，如创作；还可以表示制作，如创优。

"一小撮人"与"一撮毛发"

单位开会时，领导对拉帮结派的现象非常不满，厉声说："总有那么一小撮（zuǒ）人在下面嘀嘀咕咕，搞阴谋诡计……"这里，愤怒的领导把"撮"读错了，应该读成cuō，指极少数的品质恶劣的人或事物。在"一小撮人"中，cuō音极易被人们误读为zuǒ。

"撮"字的读音一共有两个，一个是cuō，一个是zuǒ。

读cuō时，"撮"字可以表示聚集、聚合、聚拢之意，如撮口呼；可以表示摘取要点，如撮要；可以表示容量单位，10撮就是1勺，而1撮相当于1毫升；"撮"还能表示动作，在方言中非常常见，像用簸箕等工具将散碎的物体收集起来，如撮点沙子；"撮"还可以表示吃，同样是方言中常见用法，如撮一顿；此外，"撮"字还表示用手所撮取的少量的细粉、细颗粒状的东西，如一撮面粉。

读zuǒ时，"撮"字可组词撮子，表示量词，如一撮子羊毛。"撮"字还可以与儿化音组合在一起，用作量词，专用于成丛的毛发，如一撮儿头发。

"逮捕"与"逮住"读法不同

民警走到犯罪嫌疑人面前，一边出示证件，一边说："你被逮捕了。"这是我们在电视电影中常见的场景。但是，不知你注意没有，不少演员在读"逮捕"时都读错了音，把"逮"字读作dǎi，而这里，"逮"应发dài音。

"逮"是汉字中最容易读错的字之一，因为它是多音字，且易于混淆。"逮"有dǎi和dài两个读音。

当"逮"读dǎi时，表示捉、捕，如逮住，猫逮耗子。

当"逮"读dài时，表示赶上，及，到，这是逮的本义，如，力有不逮；表示捕捉，表此意读此音仅仅用于逮捕一词，所以要特别注意。

误读"叨扰"者比比皆是

某君请客，朋友欣然允诺，感激地说："我就不客气，到时就去叨扰了。"说这句话时，他把其中的"叨"念做dāo，犯了一个不大不小的语言错误。

"叨"这个字基本上是在口语中使用的，具有浓郁的生活气息。"叨"字是形声字，从口，刀声。共有三种读音，一种是dāo，一种是dáo，还有一种是tāo。

当"叨"字读作dāo时，它可以指不停不休地说，如絮叨、叨叨，需要注意的是，这个词后一个"叨"字读轻声。"叨"字还可表示时常提起，如念叨、叨唠；还可组词叨登，作翻腾或重提旧事，如叨登衣服。

当"叨"字读作dáo时，意思是小声嘀咕，如他不满地叨咕个不停。

"叨"字读作tāo时，其义为承受，如叨光、叨扰、叨教等。

读错"伐木丁丁"的，并非目不识丁者

某老师在讲一首诗时，把诗中形容棋

声的"丁丁",读做了 dīngdīng，其实应读为 zhēng zhēng。有位老教授，也犯过同样的错误，讲课时把"伐木丁丁"读为"伐木 dīngdīng"。像他们这种文化名人尚且搞错，普通人可想而知。

丁，多音字，有 dīng 和 zhēng 两个读音。

读 dīng 时，"丁"字表示成年男子，如壮丁；指人口，如添丁；也可表示从事某种职业的人，如园丁；可以作姓；做天干第四位；蔬菜、肉被切成小块，麻辣鸡丁；作碰上、遭逢讲，如丁忧。

读 zhēng 时，"丁"字作拟声词，形容下棋、弹琴、伐木的声音。前面两位都是因为没有掌握"丁"字的这个读音而犯错的。

让人惭愧的"咖喱"饭

小张的同学请他到饭馆吃饭菜单拿上来，同学请他点餐。"咖（kā）喱牛肉是什么？"他问身边的同学。"那个字不念 kā，念 gā。"同学告诉他。"真不好意思，没吃过，连字都读不准，惭愧！"小张说。

"咖"字是一个形声字，从口，加声。"咖"字的读音共有两种，其一是 kā，其二是 gā。

当"咖"字读 kā 音的时候，专用于"咖啡"这个词。咖啡是一种热带的常绿乔木，它的种子经过炒制后可以制成饮料，味道独特，有提神醒脑的功效，深受世界各地人们的喜爱。

当"咖"字读 gā 音的时候，专用在"咖喱"这个词语中，咖喱自然也是一个音译词，是一种用胡椒等香料制作而成的

调味品，有这种味道的食物通常也会冠以此名，如咖喱饭，咖喱牛肉，咖喱鸡等。

念对读准"盖叫天"

汉字有很多多音字，不要说普通人，就是电视节目主持人也常读错字音。某主持人就曾把明星盖丽丽的名字读错。他说："我们读盖 gài，明星本人也觉得没有意见，但是网友就发帖表示，我们念错了，应该读 gě。"

"盖"字有 gài 和 gě 两个读音。

读 gài 时，作名词表示遮蔽作用的东西，如盖子、锅盖、瓶盖、天灵盖等；表示动物背部的甲壳，如鳖盖；可以指伞，如雨盖。作动词表示由上往下覆、遮掩，如覆盖、遮盖、盖浇饭；表示压倒、超过，如盖世无双；表示用印、打上，如盖章、盖戳子；表示造（房子），如盖楼、翻盖等。做虚词，发语词，如盖闻、盖近之矣等。

读 gě 时，仅仅做姓氏用。

中国京剧表演艺术家盖叫天，人们总是将他的姓名读为"盖（gài）叫天"，其实应该读为"盖（gě）叫天"。

"给""供给"正音

"王乡长，你负责集合抗洪人员；王县长，你负责物质供给（gěi）；张局长，你负责疏散群众……"某县委书记紧急安排抗洪事宜，把"给"字念错都不知道。

"给"字共有两种读音，其一是 gěi，其二是 jǐ。

读 gěi 时，"给"字通常表示的是使对方得到某物或某些信息、遭遇等的动作，如：给他一支笔，给他一个教训；"给"字可以表示使、让、叫的动作，如：

把这个给他看。"给"字可以作介词表示"为"的意义，如：请你给我讲解这道题；可以表示"被"的意义，如书给摔坏了；可以表示"向""对"之意，如给师长行礼；可以用在动词之后，表示付出或交至，如：送给你；还可以直接于表示被动的句子中用以加强语气，如：你别给忘了。

读 jǐ 时，"给"字可以表示供应之意，如供给，补给；可以表示物质充裕，如家给户足。书面语中常用一个词，叫"给予"表示的是施舍帮助之意，如给予温暖，给予同情。

"呱呱叫"着坠地？

"儿子呱呱坠地，我当时激动得就不行了。"某君的老婆生子不久，他兴奋地对周围的朋友说。不知是过于激动，还是本来就不知道"呱"的正确读音，反正他把"呱呱坠地"读成了"呱呱（guā guā）坠地"。

"呱"字是个多音字，共有三种读音，gū、guā 和 guǎ。读音为 gū 时，可做拟声词形容小儿的哭泣声，也可用于专指小孩出生的词，如呱呱坠地。"呱呱坠地"是个成语，出处是苏曼殊《断鸿零雁记》第三章："尔呱呱坠地，无几月，即生父见背。"

读音为 guā 时，也多用作拟声词，如呱嗒、呱呱叫、呱唧；读音为 guǎ 时，常用于口语中，如拉呱儿，指闲聊。

误读"可汗"，让人汗颜

小唐在节目中背诵毛主席词作《沁园春·雪》，把整阕词朗诵得气势磅礴、极富感情，但美中不足的是他读错了几个字，其中一个便是把"成吉思汗（hán）"错读成"成吉思汗（hàn）"。

"汗"是多音字，不同读法代表不同意义：

"汗"读 hán 时，作名词，是可汗（kè hán）的简称，是古代鲜卑、突厥、回纥、蒙古等族最高统治者的称号。

"汗"读作 hàn 时，也作名词，指人和高等动物从皮肤排泄出来的液体，常见词语有汗水、汗腺、汗渍、盗汗、血汗、汗衫、汗毛、汗颜、汗流浃背、汗马功劳、汗牛充栋等。

总而言之，作可汗、成吉思汗等专有名词时，汗读 hán，除此以外的词语中，汗均读作 hàn。

"人才济济"的"济"字怎么读

著名作家老舍曾经在山东济南驻留过几年，济南给他留下了很好的印象，他为此还专门写了不少表示对济南喜爱之情的文章，著名的《济南的冬天》就是其一。济南因为老舍的垂青，而多了许多文化韵味。这就说到了我们下面要提到的字"济"。"济"字的读音共有两种，它们分别是 jǐ 和 jì。

"济"字读 jǐ 时，可以形容人多，如济济一堂，人才济济；可以专指济水，这是古时江河的名字，从现在的河南境内发源，流经山东最后入渤海，河南省的济源，山东省济南、济宁等地都是因济水而得名的。

"济"字读 jì 时，可以指渡过江河、水流之意，如同舟共济；可以指帮助、救助，如救济、接济；可以指对事情有益，有帮助，如无济于事。既济、未济，《易经》中的两个卦名，应读 jì。

难倒许多人的"角色"读音

一位观众给电视台挑错说：主持人把"两少年发生口角"的"角"字读成了jiǎo。这个字平常读错的人挺多，不过作为播音员怎么能读错呢？

事实上，在现实生活中把"角"字读错的也比比皆是。特别是在"角逐""角力""角斗"等词中，更是错倒了一大片。

"角"字的读音共有两种，其一是jiǎo，其二是jué。

"角"字读jiǎo时，可以指动物头上长的坚硬物，如鹿角、牛角；可以指形状像角的东西，如皂角；可以指古代军队中使用的号，如号角；可以指货币单位，如一角钱；可以指数学名词，由一点引出的两条直线形成，如直角；可以指地理意义上突入海中的尖形的陆地，如好望角；可以指我国传统意义上的二十八星宿之一。

当"角"字读音为jué时，可以指争斗、竞赛、竞争，如角斗，角逐，角力；也可以指戏剧中的"角色"，如角色、名角儿、主角、配角、丑角等；可以指古时候盛酒的一种器具。

说说"解元"的读法

在某大学一位著名老教授的古典文学课上，老教授把董解元的"解"读成xiè，阿房宫的"房"读成fáng，此外还有不少读错音的现象，听课的某学员感叹说："著名老教授竟然成了白字先生，无奈。"

"解"字的读音共有三种，它们分别是jiě，jiè，和xiè。

"解"字读jiě时，可以作动词，表示将被捆绑着、束缚着的人或事物松开，如解扣子、解救；可以表示将某些人或事物分开，如解剖、分解；可以指阐释、说明，如解释、解答；可以指追求明白事情的根由或事实，如不解，令人难解；可以指大便或小便，如解大手、解小手；可以用作数学名词，指代数方程式中未知数的值，也可以指演算方程式，如解方程；可以表示消除、排除、满足，如解决、解饥、解闷；可以表示分解，如解散、解体。

"解"字读jiè时，可以作动词，表示押送，如解送犯人，而负责押送的人则是解差。明清时期，人们称乡试中考取第一的人为解元。

"解"字读xiè时，可以指手段，或武术的架势，如解数；也可以作姓，这也是中国最易读错的姓之一。

"尽"乃是高频误读字

谁能想到，这个不起眼的"尽"字，竟是汉语中最容易读错的字之一。不仅是普通人，就连教师、节目主持人等专业工作者，也常把它读错。

"尽"字共有两种读音，一种是jìn，另一种是jǐn。

"尽"字读jìn时，可以表示完结、结束之意，如筋疲力尽；可以指全部用出、奉献出，如尽力；可以指全力以赴，用力完成，如尽心尽力；可以指达到极端、极致，如尽善尽美；可以作副词，指所有的，全部的，如应有尽有。

"尽"字读jǐn时，可以表示最的意思，如尽北边；可以指将某人某事某物放在最先，如他身体不好，吃的又不多，就尽着他吃吧；可以指力求做到最大限度，如尽早完成这件事；表示力求达到某种程度，如尽量。作副词的尽管、尽量、尽早、尽快、尽先、尽自等中的"尽"都读第三声，但是很多人都会把它误为第四声。

十人九错的"强劲"

不知道你有没有注意过，将"劲旅"这个词语中的"劲"字读错的人数不胜数，很多非语言专业的人，往往会不假思索地将其读为 jìn，其实这是错误的。因为这一点，在网上评选的最容易读错的字中，"劲"名列前十位。

"劲"字的读音共有两种，其一是 jìn，其二是 jìng。

读 jìn 时，"劲"字可以指人的情绪，精神状态，如鼓足劲头；可以指力量、力气，如费劲；可以指人的表情和态度，如看你那高兴劲；可以指兴趣的程度，如他玩得正起劲；可以指趣味，如这种工作真没劲。

读 jìng 时，"劲"字可以表示风雪等力量猛烈，如劲风急雨；可以指人或集体坚强有力，如劲旅、劲节、劲舞。这个读音，一般不为人注意，这是导致十人九错的根源。强调一下，当"劲"字表示强有力的时候，应该读作 jìng。

"情不自禁"读错的人太多

某君听到有人说"情不自禁"一词时，把其中的"禁"读为 jīn，好生奇怪，于是去查字典，发现确实应读为 jīn。还是不相信，又在网上发帖请教：以前，"情不自禁"的"禁"我们都读第四声，可是字典写的却是第一声，它到底读第几声？

由此可见，把"禁"字读错的人太多了，也错得太深了。

"禁"字读音共有两种，一种是 jīn，还有一种是 jìn。

读 jīn 时，"禁"字的意义可以是忍住，如忍俊不禁；可以是承受、耐用，如禁不起、这衣服禁穿、弱不禁风、情不自禁。

读 jìn 时，"禁"字的意义是不允许，制止，如禁止、禁毒、禁烟；是法律或习俗所不允许的事情，如违禁；指关押、拘留，如监禁、软禁。

不知不觉错读"脖颈子"

一个女孩对互助练习口语的美国女孩说："看你的脖颈（gěng）子上有只小虫。"美国女孩不解地问："什么叫 gěng 子？"其实不只例子中的这个美国女孩不知道，一些城市里生活多年的年轻人也不知道什么叫 gěng 子，如果不写出来，他们会以为你在说一个新的名词，根本不曾想到这是他们的父辈常用的一个口语名词。

"颈"字是一个多音字，读音共有两种，分别是 jǐng 和 gěng。

当"颈"字读 jǐng 时，可以作名词，指脖子，如长颈鹿；还可以指外形像脖子或相当于脖子的事物，如瓶颈。

当"颈"字读 gěng 时，只用于口语中，指的是脖子，如脖颈子。

不要被"卡"字卡住

在一部战争片中，扮演指挥员的演员把"关卡"中的"卡"读成 kǎ。也难怪，此字为人们所读错可谓司空见惯。

"卡"字的读音共有两种，一种是 kǎ，一种是 qiǎ。

当"卡"字读音为 kǎ 时，可以用于

音译词，如卡路里、卡介苗、卡通；可以指薄片状的物品，如卡片、银行卡、饭卡等。

当"卡"字的读音为qiǎ时，可以指人为地在交通要道上设置的结构，多为警戒或收费的目的，如关卡，哨卡，税卡；可以形容人或物被夹在中间的状态，如我被树枝卡住了；可以表示阻挡之意，如我们的路被当地人卡住了。

"力能扛鼎"，不能想当然地读

某人在讲述历史故事时，把"力能扛鼎"中的"扛"读成了káng，引来一片非议。

"扛"字的读音共有两种，一种是káng，一种是gāng。

读káng时，"扛"字表示用肩膀承担事物的动作和状态，如扛木板，扛铁锹，扛担子；表示支持，忍耐，如：扛住扛不住？

当"扛"字读音为gāng时，常见于旧时的文言文中，意为用双手举起重物，如力能扛鼎。《史记·项羽本纪》中写道："籍长八尺余，力能扛鼎。"意思是项羽力大无比，勇武非凡。

常被误读的"引吭高歌"

"他引吭（kēng）高歌，歌唱祖国美好的明天……"在某中学举办的诗歌朗诵会上，小周如是朗读。显然，他没有掌握好多音字"吭"。

"吭"字的读音共有两种，一种是kēng，还有一种是háng。

读kēng时，"吭"字可以作拟声词，形容一些沉重浑浊的声音，如吭哧，骡子吭哧地喘着气；可以表示人由于用力而不

由自主发出的声音，如：一边走一边吭哧；可以指人说话吞吞吐吐，如：你别吭了，我都不知道你在说什么；可以指说话、出声，如：他一声都不吭。

读háng的时候，"吭"指喉咙、嗓子，如引吭高歌，意为放开喉咙高声唱歌。

"悬崖"莫要乱"勒马"

"我劝你赶快放开人质，悬崖勒（lēi）马，不要在犯罪的道路上越走越远。"一名警察在向劫持人质的暴徒喊话。也许是太紧张了，以致他把"勒"字念错。

"勒"字的读音共有两种，一种是lè，一种是lēi。

读lè时，"勒"字可以表示收住缰绳不让骡马前进，如悬崖勒马；可以表示强迫之意，如勒逼、勒令、勒索；可以用来指雕刻，如勒石，勒碑。

读lēi时，"勒"字可以表示动作，及用绳子、金属链条、布条等将人或物捆住或套住，然后用力拉紧，如勒紧腰带；方言中有个词叫勒掯，意思是强迫别人，故意为难别人。

累累读错的"累字"

"都是我不好，连累（lèi）你和孩子都跟着过苦日子。"老李身患重病，长期治疗不愈，把家都掏空了。因此，他对妻子说出这样的话来。这里，老李读错了"累"字，普通人也一样，都容易在这个字的读音上犯错。

"累"字有léi、lěi和lèi三种读音。

当"累"字读léi时，可以形容人颓废憔悴的样子，如累累若丧家之犬；在书面语中，还可形容果实等连接成串，如硕

果累累；也可以指负担，麻烦，形容事物冗杂多余，不简洁，如累赘。

当"累"字读lěi时，其意义是多次积淀，聚集，堆积，如日积月累；可以表示屡次，连续，接连之意，如连篇累牍；可以指牵连，如连累，受累。"累累"读lěi lěi时，则表示缕缕，累积得多的意思，如累累失误，罪行累累等。这里的"累累"有别于第二声的"累累"。

当"累"字读lèi时，可以表示疲惫之意，如：看了这么久的书，真累啊！

"绿营"打"绿旗"，两"绿"不同音

上小学五年级的赵晓问爸爸："什么是绿（lù）林好汉？"爸爸对他说："应该读绿（lù）林好汉。西汉末年，部分农民在湖北绿（lù）林山发动起义。此后人们便指聚集山林反抗封建统治者的人们为绿林好汉。"

"绿"字的读音共有两种，一种是lù，一种是lù。

当"绿"字的读音为lù时，可以作形容词，表示一种颜色，是黄色和蓝色的中和色，如碧绿；可以形容草木茂盛，如绿意盎然；可以指环保的，无公害和无污染的，特许的，绿色包装，如绿色通道；可以作动词，表示种植，如绿化；绿洲，指的是沙漠中有水有植被的地方。

当"绿"字的读音为lù时，专用于绿林、鸭绿江、绿营等词语中。

"埋怨"不是"埋"起怨气

在日常会话里，当说到"埋怨"一词时，人们很少说错，但是当这个词出现在书面上，不止一次地听人把"埋（mán）怨"读成埋（mái）怨"。

多音字"埋"有两个音，一是mái；二是mán。

埋，一读mái，形声，从土，里声，本义为藏入土中，被盖住；也可以表示隐藏，隐没，如埋没，隐姓埋名。

"埋"字另一读音是mán，可以指抱怨，因为不如意而对人或事表示不满，如你自己的错，怎么能埋怨别人呢。

歌星"那英"名，几人能叫准

那英是我国歌坛大腕，明星级人物。几乎所有人，也包括电视台的节目主持人，都把她叫作"nà英"，但汉语字典上明明白白地写着：作姓氏时，"那"读作"nā"。可见此字被误读的概率之大。

多音字"那"有三个读音，分别是nā、nǎ和nà。

读nā时，"那"仅仅表示一个姓氏，所以那英当读为"nā英"。

读nǎ时，"那"有"哪"之义。

读nà时，"那"表示比较远的人或事物，如远处那棵树；与"这"对举，表示众多事物，不确指，如这边那边；还可以代替"那么"，如那就珍惜着吧！

闹心的"心宽体胖"

常听人说心宽体胖（pàng）、心广体胖（pàng）。其实，这是错的，胖在这里应该读成pán。

"胖"字有两种读音，一种是pán，一种是pàng。当胖字读pàng时，多形容人或动物身体上脂肪较多，因而呈现出肉多肥厚的状态，与瘦相对，如肥胖、胖子等。而在"心宽体胖"和"心广体胖"中，则表示舒适而安泰，应该读成pán。

"一曝十寒"的"曝"字不可读半边

小燕读字总是令人哭笑不得，尤其是读多音字的时候，比如，她对成语"一曝十寒"中的"曝"字，总是读作 bào 音，而已经通读为 bào 音的"曝光"的"曝"字，她又总是读作 pù 音，别人纠正她，她反倒认为别人是错的，久而久之，别人也懒得和她理论。读错字音不是大事，但绝对不利于个人正面形象的塑造。"曝"字的读音共有两种，一种是 bào，另一种是 pù。

当"曝"字的读音为 bào 时，可专用于曝光这一词语，旧读 pù 音，可以指照片的底片或感光纸感光，也可以比喻较为隐私的事情，不光彩的事情被公之于众，明星的婚姻被曝光后往往会惹出很多是非。

当"曝"字的读音为 pù 时，可以指在阳光下晾晒，如一曝十寒；可以指露在外面，如曝于野外。

令人头疼的多音字"强"

现在的电视剧质量太差，听听演员的台词："好个大胆的贼子，竟敢强（qiáng）词夺理，来呀，大刑伺候。"强"是个多音字，容易念错不假，但以表演为生的演员也念错，太不应该呀。

"强"字有 qiáng、qiǎng 和 jiàng 三个读音。

读 qiáng 时，"强"字可以指力量大的，与弱是反义词，如功能强大；可以指意志坚定不移，如责任心强、报复心强、自尊心强等；可以指使用胁迫性手段使人服从，如强制、强占；表示使强大之意，如强兵富国、健体强身；可以指优越或质量好，如今年收益比去年强；可以用在分

数或小数之后，表示略多于此数，如超过三分之一强。

"强"字的读音为 qiǎng 时，可以指勉强，如强笑、强词夺理、强迫症。

"强"字读 jiàng 时，可以形容人不屈服，固执，如这个人强得很。

"圈养"风波

某主持人在播报"种群数量少，近亲繁育多，圈养大熊猫依然难脱生存隐患"的新闻中，把"圈（juàn）养"念成了"圈（quān）养"。在短短半分钟内主持人四次读错了"圈"的发音，而该字此正确读音应为"juàn"。

"圈"字的读音共有三种，quān、juān 和 juàn。

当"圈"字读 quān 时，可以作名词，指圆形中间有空的环形事物，如铁圈、面包圈；可以指特定的范围，如绘画圈子、娱乐圈；可以指在某物或某地四周加以限制的动作，如圈地，用篱笆把这里圈起来；可以指画圈做记号的行为，把错字用红笔圈出来。

当"圈"字读 juān 时，可以指用栅栏将家畜围起来的行为，如把咱家的牛圈起来；可以指把人关起来，如不要总把孩子圈起来。

当"圈"字读 juàn 时，可以指饲养牲畜用的简易建筑，如猪圈、牛圈；可以指关在圈里，如圈养。

"堰塞湖"中"塞"什么音

四川汶川地震灾害发生以后，"堰塞湖"一词频频在电视中出现。不少主持人都把这个词读成了"堰 sāi 湖"，这个读法是错误的。查"堰塞湖"本义，是指由

火山熔岩流或地震活动等原因引起的山崩滑坡等堵截河谷或河床后贮水而形成的湖泊。在这里，"塞"取"堵塞"之义，所以应当读为 sè。

"塞"读作 sài 时，指边界上险要的地方，如边塞。

除了这种读音，"塞"字还有两种读音，sāi 和 sè。

当"塞"字的读音为 sāi 时，可以指把东西放进有空隙的地方，指动作，如把这些书塞到柜子里去吧；可以指用来堵住孔眼的工具，如瓶塞，塞子。

当"塞"字的读音为 sè 时，意义与塞字读 sāi 的时候相似，常用于合成词中，如塞音，塞擦音；可以指推卸、敷衍，如塞责、堵塞。

微妙的"散"字读法

领导在讲话："某些同志工作浮漂，工作作风散（sàn）漫，我看有必要整顿一下。"这位领导讲话中把"散"字读错了，相信读错此字的人不在少数。

"散"字读 sǎn 时，可以理解为潇洒，洒脱，没有约束，分散等，如，松散，散漫。读此音时，"散"字的本义是指零碎的，不完整的，不集中的，如散乱，散落。另外，在医药学上，散字还指药末，药粉，如麻沸散，多用于中药名。

"散"字还有一种读音 sàn，读此音时，义为从集中状态转为分离、如散开、散发、烟消云散；还可以指散布、宣扬，如散发出香味，散发传单；也可以指排遣、消除，如散心、散闷。

"霓裳羽衣"古词今读易出错

《霓裳羽衣曲》是唐代大曲中的精品，

唐歌舞的集大成之作。直到现在，它仍是音乐舞蹈史上一颗璀璨的明珠。在许多电视历史剧中，不少演员把其中的"裳"字读作 shang，这个读法是错误的。

"裳"字是个多音字，读 shang 时，其意义是我们平时所说的衣服的统称，如衣裳。"裳"字还有一个读音，为 cháng，在古代是指腰部以下部位的裙衣，如裙裳，上衣下裳。依据这一解释，"霓裳羽衣"中的"裳"当读为 cháng。

变化多端难取"舍"

记得一位专家在电视上讲考古的时候，反复提到"舍利子"，并且，他把它读作"shě 利子"。很遗憾，这位专家把"舍"字读错了，"舍利"中的"舍"当读 shè。

舍是个多音字，有 shě 和 shè 两个读音。

读 shě 时，"舍"字指丢掉、放弃，如舍弃、舍近求远，舍己为公等；还可以指施舍，布施，如舍药。

读 shè 时，"舍"字指房屋，如屋舍、寒舍；也可以指用来养家畜的圈，如鸡舍、猪舍、羊舍；还可以用作谦辞，用于对别人称自己的辈分较低或同辈中年龄较小的亲属，如舍弟、舍妹、舍侄。在古代，它还可做量词用，如三十里是一舍，如退避三舍。专有名词"舍利"中的"舍"也读这个音。

不识"识"字音，只缘未辨析

有人在网上留言说："现在有的主持人水平是真差劲，好多简单的字都读不准，比如'标识（zhì）'这个词，总是读成'标识（shí）'。"据调查，这个词中的"识"被读错的概率极大，甚至被列入容易读错的字的前十位。因此，我们有必要对此字加以关注。

多音字"识"有 shí 和 zhì 两个读音。

读 shí 时，"识"指认识，如识字、熟识；有见识之义，如常识、见多识广、有识之士；还可以指辨认、辨别，如识别。

读 zhì 时，"识"字多见于旧时的书面语，义为记忆，如博闻强识；还可以指标记，记号，如款识、标识。显然，标识中的"识"应读此音。

拿不准读音"似"的

"她长得真漂亮，花儿似的。""她长得好似一朵花。"这两句话中，都有一个"似"字，表意也近似，但是，这俩"似"的读却不同，极容易混淆。

"似"读音为 shì 时，相当于似的、如……一般，用作助词，放在名词、代词或动词之后，表示与某种情况或与某种事物相像。前一句话中的"似"当读此音。

而后一句中的"似"字则应读成 sì，表示像，如同之意，如好似、类似、恰似、似是而非；还表示似乎之意，做副词，如似属可行；还可做介词用，用于比较，表示程度更甚，如今年衰似去年些，一个高似一个，我们的事业一年强似一年。

天天说，也说不准"说"

很多电视剧中，里面的人物多把"说服"念做"shuì 服"。"说服"一词真的该读作"shuì 服"吗？

查《现代汉语词典》第五版，"说"字有 shuō、shuì 和 yuè 三个读音。

当"说"字的读音为 shuì 时，仅指用话语劝别人听从或改变主意，条下也仅列

"游说"一词。而"说"读 shuō 时，条下列有"说服"一词。可见，"说服"不应念做"shuì 服"。

当"说"字的读音为 shuō 时，可以指解释、阐释，如说明；可以指言论、主张，如学说、著书立说；可以指用话语来表达想法，以及意思等，如说一段相声吧，说出来；可以指批评和责备，如别说他，事情都过去了；可以指促成婚姻，如说媒；可以指指谁之意，如你这话是说谁呢。

当"说"字的读音为 yuè 时，可以表示与"悦"相同的意思。

读读"留宿"和"一宿"

在某部电视剧中，演员把"二十八宿"错念成"二十八 sù"，真是令人不快。

"宿"字的读音共有三种，第一种是 sù，第二种是 xiǔ，第三种是 xiù。

当"宿"字读音为 sù 时，可以指夜间睡觉，过夜，如留宿，宿舍，露宿；可以指旧的，一向就有的，如宿敌，又写作夙敌，是指多年的敌人，又如宿弊，指的是多年的弊病；

当"宿"字读音为 xiǔ 时，可以做量词，用以计算夜的次数，如他太拼命了，昨天加班又一宿没睡。

当"宿"字读音为 xiù 时，可以指我国古代对天上一些星的集合的称呼，如星宿，二十八宿。

"浩浩汤汤"与"浩浩荡荡"

当书面上出现"浩浩汤汤"一词时，许多人不是把"汤汤"二字读作 dàngdàng，与"荡"字混淆；还有的就是读作 tāngtāng，这两种读法都是错误的。此处，"汤汤"二字当读为 shāngshāng。

"汤"字的读音共有共有两种，其一tāng，其二是shāng。

当"汤"字读音为tāng时，可以指煮出来的用来喝的汁水，或者泛指食物煮熟后所得的汁水，如鱼汤、鸡汤、米汤；古时候，人们所说的汤是开水、热水，如扬汤止沸，赴汤蹈火；可以指经过烹调后汁特别多的副食，如菠菜汤；可以指做成汁水的中药，如汤药，煎汤服用。

当"汤"字读音为shāng时，多见于书面语，形容水量大，流得很急，如流水汤汤，浩浩汤汤。

"提防""提"的读音

"这个人太坏了，你对他要多加提（tí）防。"在某部电视剧中，一女子提醒他的男人。电视剧情节好坏姑且不论，单是这样老读错字，就够让人郁闷的了。这句中，女演员把"提"字读白了。

"提"字的读音共有两种，第一种是tí，第二种是dī。

当"提"字读音为tí时，可以指垂手拎着被捆着的，或有提梁的东西，如王大妈提着菜篮上街了，提一桶水吧；可以指将预定的期限向前挪，如提前；可以指举出或指出，如提建议、提意见；可以指使事物由下向上移动，如提升、提神、提高；可以指将犯人从关押的地方放出来，如提讯；可以指抽取，如提取、提炼；可以指谈到、说到，如提起往事，旧事重提；可以指用来舀酒或水的工具，通常有不同的规格和专门的用途，如油提、酒提。

当"提"字读音为dī时，可以用于提防一词，意思时小心防备；还可以用在口语中表示拎东西的意思，如提溜。

给"挑大梁""挑"刺

在某日新闻的播报中，主持人竟多次讲"挑大梁"中的"挑"字错读为tiāo，令人无奈。而《现代汉语词典》明明白白把"挑大梁"一词列在"挑"字的tiǎo音目下。

"挑"字的读音共有两种，其一是tiāo，其二是tiǎo。

当"挑"字读tiāo时，可以指选择、选取，如挑选；可以指吹毛求疵，如挑剔、你别挑了，这么好的货色上哪里找；可以指用于挑东西的工具，如挑子；可以用作量词，指成挑的东西，如两挑竹笋；可以指将扁担两端挂上东西，担起来走的动作和行为，如挑水、挑柴。

当"挑"字读tiǎo时，可以指用竹竿、棍子等物将事物的一端支起，如挑开帘子；可以指刺绣方法，具体做法是用针挑起经线或纬线，而后将穿在针上的线从下面穿过去，如挑花；可以指引逗、拨动，如挑逗、挑衅、挑战。

"血"字读音的书面与口语差异

"哎呀！当时，她整个人血（xuè）淋淋的，下死人了。"某人看见一场车祸回家后向家人描述说。也许是太紧张了，他读错了常用字"血"的读音。

"血"有两个读音，一是xiě，二是xuè。

读xiě时，"血"并没有特别的意思，只用于口语，如吐了一口血、流点血，组词如血淋淋、血糊糊、血块子、血晕等。上文中的为口语描述，所以应该说成"血（xiě）淋淋"。

读xuè时，"血"指血液，组词如血液、血管、血型、血红等；表示有血缘关系的，如血统、血缘、血海深仇，等等；比喻刚强热烈，如血性、血气等；还可以指妇女的月经，如血崩、血分等。

除了口语与书面语读音容易混淆外，人们最容易犯的是把"血"莫名其妙地读成 xuě，这一点要特别注意。

"中肯"的"中"字怎么读

某公司办公会上，经理在做总结："刚才刘博提的意见中（zhōng）肯，值得好好考虑。"经理学理工出身，对文字读音不甚了了，把汉字中最简单的"中"字的读音搞错了。

"中"是个多音字，有 zhōng 和 zhòng 两个读音。

读 zhōng 时，"中"表示方位、中心，如中央；指中国，如中医、中文；表示内部、范围内，如心中、家中；位置或等级在两端之间，如中秋、中年、中学等；表示不偏不倚，如适中；表示行、好，如中不中；指中人，如作中；用在动词后表示持续的状态，如比赛正在进行中。

读 zhòng 时，"中"有两个义项，一是指正对上、正好合上，如中选、中奖；二是表示遭受、受到，如中毒、中计。

"中肯"一词，来自"切中肯綮"，意为正好切中要害。肯綮是指筋骨结合的地方，比喻事物的关键。因此，"中肯"中的"中"当读 zhòng。

读错"忏悔"应忏悔

某国营书店世界文学专柜的负责人说，常有客人兴冲冲地跑来问："请问这里有没有卢梭的《qiān 悔录》？"弄得服务人员回答"有"也不好，"没有"更不好。

"忏"容易错读成"千"，但它的正确读音应该是"chàn"。

"忏"即"忏悔"，意思是认识了过去的错误或罪过而感觉痛心，也指向神佛表示悔过，请求宽恕。

"忏"也作名词，指僧尼道士代人忏悔时念的经文，如"梁皇忏""玉皇忏"。"拜忏"指旧时请僧道念经礼拜，为人忏悔罪过，消灾免祸。

令人瞠目的"瞠目结舌"

常有人将"瞠目结舌"念成"táng 目结舌"，甚至写成"堂目结舌"，真让人瞠目结舌。"瞠"的声旁虽然是"堂"，但其声母、韵母和声调三个方面都与声旁不相同，不可按声旁的读音来念。

《集韵》："瞠，直视也。""瞠"读 chēng 意思是瞠着眼睛看。"瞠目"即眼直直地瞠着，形容窘迫或惊骇的样子，如瞠目结舌，瞠目以对，瞠目而视等。

成语"瞠乎其后"出自《庄子·田子方》："夫子奔逸绝尘，而回瞠若乎后矣！"意思是跟在别人后面干瞠眼，想赶而赶不上，形容远远落在后面，亦省作"瞠后"。

念"炽"不可读半边

在某电视台的"新年新诗会"，一位著名主持人在朗诵中把"炽（chì）热"读成了"炽（zhì）热"。在这样高水平的盛会上，这个错误的读音甚是碍眼，仿佛一支优美的旋律中的一个极不和谐的音符。

"炽"不是多音字，只有 chì 一个读音。因为"炽"中有"只"，不少人因而将其错读为 zhì。炽是一个会意字。从火，激烈，气焰高涨。"炽"可以组词"炽热""炽烈""炽盛"。

一样的气氛，一样的"氛围"

在最容易读错的字中，不起眼的"氛"字名列前茅，特别是在"气氛"和"氛围"这两个词中，"氛"字读错的概率更是高得吓人。有人有意做了一个调查，拿"气氛""氛围"这两个词，在不同地区、不同时间让50个人读了，结果100%读错，更可怕的是，这些人根本没有意识到自己读错了。不仅普通人，就是专吃文字饭的节目主持人也纷纷栽在这个字上。

几乎所有读错的人，都是把"氛围"或"气氛"中的"氛"字读成fèn，事实上"氛"只有fēn一个读音。"氛"是个形声字，从气，分声；本义是指凶气。《现代汉语词典》释义为气，气象、情势，组词气氛、氛围。

"畸形"不可出奇

某电视台的一档节目中，一位女律师在接受采访时说了句"qí（奇）形的爱……"这里的"奇形"显然是"畸形"的误读。

"畸"应读jī。《说文解字》："畸，残田也。"畸"的本义是零散的、不整齐的土地，后引申指不规则的、不正常的，如畸形、畸变、畸胎、畸恋（不合乎人伦常理的恋情）。

"畸"也当"偏"讲。畸轻畸重的意思是有时候偏轻，有时候偏重，形容事物发展不均衡，或对待事物的态度不公正。"畸"还可作数词，同"奇"，指数的零头。"畸零"即"奇数"，谓整数以外的零数，也形容孤零零的、孤独，如畸零人。

"嫉妒"不能念"忌妒"

老师教育学生："培根说过：'嫉（jì）妒心是荣誉的害虫，要想消灭嫉（jì）妒心，最好的方法是表明自己的目的是在求事功而不求名声。'"

没想到，喜欢给人挑错的老师今天出了丑，学生当场指出他把"嫉"读错了。

"嫉"正确的读音是jí，许多人把它错读为jì，这位老师也不例外。据调查，当组词"嫉妒"时，"嫉"字读错的概率相当高。

"嫉"是一个形声字，从女，疾声。本义是忌妒才德地位等美好的人，泛指忌妒，组词嫉妒、嫉贤妒能；还可以表示憎恨，如嫉恨、嫉恶如仇。

歼灭"歼"的错误读音

一位军事爱好者向人介绍歼击机："歼（qiān）击机也叫战斗机，旧称驱逐机，指主要用来在空中歼灭敌机和其他空袭武器的飞机，装有航空机关炮、火箭弹和导弹等，速度快、操纵灵便。"知识没错，但把飞机的名字读错了。

生活中像这位一样犯错的不在少数，因此要对"歼"的读音加以注意。

"歼"应读jiān，不可按其声旁"千"音，读成qiān。《尔雅》："歼，尽也。""歼"意为消灭、灭尽，如歼灭、围歼、全歼、追歼、歼敌、聚而歼之，等等。

喟然长叹说"喟"字

在学习工作、居家生活及影视表演中，经常会有人把"喟"字读错，比如把"喟叹"读作"wèi tàn""感喟"读作"gǎn wèi"，而其正确读法分别为"kuì tàn""gǎn kuì"。

喟，读 kuì，形声字，"口"部为意符，"胃"部为声符，是书面用语，义为叹气，"喟，大息也"（《说文解字》）。含"喟"字的常见词语如喟然长叹、感喟、喟叹等。

"喟"字常因只读半边而被读错，主要原因在于不识其义、不明其组字结构。所以，理解"喟"的叹气之义，是准确读"喟（kuì）"的关键所在。

"羽扇纶巾"里，读法有学问

"纶"是一个多音字，有 guān 和 lún 两种读音。学过那篇著名的《念奴娇·赤壁怀古》的学生都知道，"羽扇纶巾"中的"纶"应读 guān。纶巾，古时头巾名，幅巾的一种，以丝带编成，一般为青色。相传为三国时诸葛亮所创，因此又称"诸葛巾"。后被视作儒将的装束，"羽扇纶巾"则谓大将指挥若定、潇洒从容。

"纶"又读 lún，本指青丝绶带，古代官吏系印所用，泛指青丝带子，也指钓鱼用的丝线。"垂纶"即指钓鱼的工具，也借指垂钓。传说姜太公未出仕时曾隐居渭水之滨垂钓，后又常以"垂纶"指隐居或退隐，亦借指隐士。

"纶"现在还指某些合成纤维，如腈纶、涤纶、锦纶、丙纶等。

"经纶"本指整理丝线，引申为治理；"经纶"也可作名词用，比喻规划、管理政治的才能，如大展经纶，满腹经纶。这里注意不要将"经纶"误写成"经论"。

"联袂"不能读"连决"

电影宣传海报上常有"××、×××联袂出演"的字样，其中的"联袂"一词时常被人错读成"联 jué（决）"。"决""诀"

与"袂"声旁相同，相较"袂"字更为常见，这可能就是"袂"字容易读错的原因了。

"袂"应读作 mèi，本义是衣袖，如联袂、投袂等。联袂：即衣袖相联，喻携手同行，也指联手做事。该词最早见柳宗元《与崔策登西山》诗："联袂度危桥，萦回山林杪。"

投袂而起：袖子一甩站起来，指发怒或有所作为；蒙袂辑屦：用袖子蒙着脸，脚上拖拉着鞋，形容困乏或穷顿。

不该读错的简单"扪"

要说，人们读字读半边，应该把"扪"读作 mén（门），但奇怪的是，在该读半边的时候人们又不读了，莫名其妙地把"扪"读作 mèn。特别是在"扪心自问"一词中，多半人会把其中的"扪"字读作 mèn，出错率之高，令人咋舌。在网上统计的最容易读错的汉字中，"扪"字赫然排在前列。

"扪"并不是多音字，只有 mén 一个读音。其本义为执持，《说文解字》中说："扪，扶持也。"引申为按、摸，多用于书面语中，组词"扪心"，最常见的是"扪心自问"一词。扪诊，又称按诊，是用手指轻轻按压体表，以测知体表下部坚实程度的诊断方法。

言不出口，"讷"莫读"呐"

将"木讷"念成"木 nà（呐）"的情况绝不在少数。"讷""呐"同声旁，但读音并不完全相同，"讷"的正确读音是 nè，不能读成 nà。

《说文解字》："讷，言难也。从言从内。""讷"是一个会意字，表示有话在肚里，却难以说出来，形容说话迟钝。如木讷、讷讷、迂讷、口讷等。

"讷""呐"二字有一定的区别和联系，需要重点区分。"呐"古同"讷"，后作分化字，读 nà，意为大声喊叫，如呐喊助威、摇旗呐喊。"呐"另读 na、ne，分别是语气助词"哪""呢"的异体字。"讷""呐"今读音有别，并各自承担不同义项，因此不可混用。

"拈花惹草"不是"沾花惹草"

不少人将"拈花惹草"说成"zhān 花惹草"。"拈"字应读 niān，意为用两三个手指头夹取东西。

"拈花惹草"也作"惹草拈花"，多比喻男子在外挑逗勾引妇女，乱搞男女关系，或宿妓嫖娼。"拈"字组词常见的还有信手拈来、拈轻怕重等。信手拈来：随手取来，常形容写作诗文时运用材料、驾驭语言的随意或从容；拈轻怕重：接受工作时挑拣轻便的，害怕繁重的。

"拈"不但容易误读成 zhān，有时候还会错写成"沾"，如将"拈花惹草"写成"沾花惹草"。"沾"与"拈"的音形义均不相同。"沾"读 zhān，本指浸湿，引申指因接触而附着上，如沾染；或稍微碰上挨上，也比喻凭借某种关系而得到好处，如沾光等。

不识"啮"字莫启"齿"

"啮"易误读成 chǐ，错在按其右旁"齿"音读之故。它的正确读音应为 niè，这是一个会意字，从口从齿，表示用牙啃或咬。有这个字组成的常用词有啮合、啮噬、啮齿动物等。

啮合，指上下牙齿咬紧，或像上下牙

齿那样咬紧，如两个齿轮啮合得很严密。

啮噬，是一个同义复合词，"啮"即"噬"，都是咬的意思，二字合在一起比喻为心灵上或精神上受到折磨，如"丧子的巨大悲痛，啮噬着母亲的心"。

啮齿动物，指的是老鼠之类咬东西的动物。

"啮"容易被误当作形声字，所以出现"chǐ"的误读音。事实上"啮"是会意字，"齿"既不是音符，字义也与"啮"没有关系。

秀才读半边，"胼胝"成"并抵"

"胼胝"也是一个容易被人"肢解"的词，它的正确读音是 pián zhī，但是，却常被误念成 bìng dǐ（并抵）。

"胼"音 pián，"胼胝"（pián zhī）指手掌和脚掌上因摩擦而生成的硬皮，俗称"趼（jiǎn）子""老茧"。

"胼胝体"指的是大脑两半球的底部联合大脑两半球的神经纤维组织。

"胼手胝足"指手掌和脚底都磨起了老茧，形容极其辛劳。如秦牧《长河浪花集·社稷坛抒情》："没有大地上胼手胝足的劳动者，根本就不会有这宫殿，不会有一切人类的文明。"

"肼"字"长得"很像"胼"，需要特别注意。"肼"读 jǐng，有机化合物的一类，用来制药，亦作火箭燃料。

"谥"号有学问，读"益"惹人笑

"谥"的声旁是"益"，而与"谥"字声旁相同的字如"溢""缢""镒""嗌"等又都读"yì"，因此时常会出现将"谥"误念成"yì"的情况，如把"谥号"说成"益号"。

"谥"仅韵母与声旁相同，它的正确读音是 shì。"谥"即谥号，指封建时代帝王、贵族、大臣等死后，朝廷依其生前事迹所给予的称号。帝王的谥号由礼官议上，臣下的谥号由朝廷赐予。而一般文人学士或隐士的谥号，多由其亲友、门生议定，叫作私谥，与朝廷颁赐的不同。

谥号主要分三类。褒义的如：文、武、明、睿、昭、惠、景、庄；贬义的如：灵、厉、幽、炀；表同情、哀怜的（平谥）则如：怀、哀、闵、殇等。谥号以一字居多，也有两三个字或以上的，如忠武侯的"忠武"、睿圣武公的"睿圣武"。

"谥"在书面语中，也可当称作、叫作，如谥之为保守主义。

迁徙的"徙"字怎么读

"徙"既不是多音字，也不是生僻字，但令人不解的是，它是最容易读错的字之一。此字十一画，部首为"彳"，右上角为"止"字，形声字，从辵（chuò），止声，本义指迁移，"徙，迻（移）也"（《说文解字》），如迁徙、徙居（即搬家），后来也可指调动官职。

"徙"字读作 xǐ，第三声，但绝大多数人读为 xī，一声。

"弦"字读音并不"玄"

"弓弦"常被读成"弓玄"。"弦"的声旁是"玄"（xuán），但不可完全照着声旁的读音来读。这个字的准确读音是"xián"。

"弦"是一个会意字，左为"弓"，右为"丝"，本指弓弦，即弓背两端之间系着的绳状物，用牛筋制成，有弹性。"弦"又引申指乐器上发声的线，一般用丝线、铜丝或钢丝制成，如琴弦、单弦、三弦、

管弦、定弦、六弦琴、弦乐器等等。以"弦"组成的成语较多，如扣人心弦，弦外之意，箭在弦上，改弦易辙等。古时又以琴瑟比喻夫妻，故以"断弦"谓丧妻，以"续弦"谓再娶。

"弦"在古时也指半圆形的月亮。农历每月初七、初八的月相称为"上弦"，弧在右侧；农历二十二或二十三的月亮则称"下弦"，弧在左侧。

"弦"在中国古代还是不等腰直角三角形的斜边的叫法，如《周髀算经》："勾三、股四、弦五。"算术中，"弦"又指连接圆周上任意两点的线段，"弦切角"指圆的切线和过切点的弦所成的角。中医学中，"弦"为脉象的一种，"弦脉"谓脉气紧张虚弱。

"谑"义虽"玩笑"，读音别乱念

《诗经·卫风·淇奥》云："善戏谑兮，不为虐矣。"意思是善于幽默地开玩笑，但不会刻薄到令人感到难堪。后因以"谑而不虐"形容开玩笑而不使人难堪。"谑""虐"虽字形相近，但含义不同，读法也有区别，不可将"谑"念成"虐"。

"谑"的正确读音是 xuè。《说文解字》："谑，戏也。""谑"当开玩笑讲，如戏谑，欢谑，笑谑，谐谑，谑语等。

比较常用的"谐谑"一词，意思是诙谐逗趣，如"至于'茅台瓶子'，调皮的姑娘们用它们来谐谑地比喻女伴粗壮的腰围，更加是历史久远的事了。"（秦牧《艺海拾贝》）

"谑"字易与"噱"混淆。"噱"是多音字，一读 jué，书面语中指大笑，如"可发一噱"；二读 xué，"噱头"，方言中

指花招、鬼点子，也指引人发笑的言语、举动，又形容滑稽。"噱头"不作"谑头"，"戏谑"也不可写作"戏噱"。

"穴"字该读第几声

有个细心的观众，在网上发帖说，在某电视台的一档栏目中，主持人从头到尾都把洞穴的"穴"读成xuè，其实，"穴"不是多音字，它只有xué一个读音。人们之所以读错，大概与发音习惯有关，或者是没有真正掌握"穴"的正确读音。

"穴"，象形字。上面是"宀"，表示上面的覆盖物，下面的部首表示洞孔，其本义是表示土窟窿或地洞。石穴、孔穴、穴居等词语中的"穴"就是用的本义。后来，"穴"又用来表示动物的窝，如巢穴、龙潭虎穴等。"穴"还指人身体上的穴位（中医），如穴位、穴道等。"穴"还表示墓穴，如砖穴、土穴、墓穴等。

顺嘴读错"揠苗助长"

某届全国电视相声大赛的决赛现场，一位相声演员将"揠苗助长"说成了"yàn（宴）苗助长"。这个演员说学逗唱的功夫再好，观众和评委的印象分都不会太高了。

"揠"读yà，含义单一，即指拔。学生识得"揠"字，几乎都是从"揠苗助长"这个故事开始。"揠苗助长"比喻不顾事物的发展规律，急于求成，反把事情弄坏，也说"拔苗助长"。

"揠"和"偃"字形极为相近，不小心便会用错。"偃"音"yǎn"，意为仰面倒下、放倒。"偃旗息鼓"的意思是放倒军旗，停击战鼓，原指秘密行军，不暴露目标，现多指停止战斗，也比喻停止做某

事。"偃"又当"停止"讲，"偃武修文"谓停止武备，提倡文教。

"偃"也是一个动词，表示动作，所以非常容易与提手旁的"揠"相混。如从形旁来分析，就可区分二字。"偃"本指人仰面倒下，故形旁为"亻"；"揠"即"拔"，表示人手上的动作，故形旁为"扌"。

不能把"筵席"读成"宴席"

也许是"宴席"和"筵席"词义十分接近的缘故，许多人不自觉地把"筵席"中的"筵"读成"宴席"的"宴（yàn）"，这是错误的。

筵，形声字，从竹，延声。读音为yán，本义是竹席。古人室内没有桌椅，在地上铺上竹席供人坐。其中，紧靠地面的一层就称为筵，筵上面的一层称为席。"筵"与"席"本是同一种事物，只不过层次不同而已。后来此字又演化为宴饮时陈设的座位，如张筵列鼎，再进一步演化出酒席之义，如喜筵，筵席等。

但是，不管它的词义如何变化，"筵"读音只有一个yán，切莫搞错。

开门"揖盗"非"缉盗"

"开门揖盗"容易被误念成"开门jí盗"，这一方面是混淆了"揖"与"辑""楫"等形近字的读音，另一方面则是由于没有掌握"揖"字的正确释义，误解了成语含义，从而导致误读。

"揖"应读yī，指拱手行礼，这是古代的一种礼节，组词则如作揖、拜揖、揖让、揖别、揖客等。

"开门揖盗"中的"揖"容易被误认为"缉拿"义，所以常出现误念误写。事实上，"揖"字含义单一，仅表示拱手

行礼，这个成语中同样也用的这个释义。"开门揖盗"的意思为打开了大门揖请强盗进来，比喻引进坏人，自取其祸。

以"咠"（qì）为声旁的常用字有"楫""辑""缉"等，它们的读音和用法需认真辨析。"楫""辑"均读 jí。"楫"从木，指划水的桨，"舟楫"即船和桨。"辑"从车，指编辑、辑录，也作量词，用于整套书籍、资料等按内容或发表先后次序分成的各个部分，如"第一辑""丛书共七辑"。"缉"音 jī，意为缉拿、捉拿，这个字易误读成二声，需注意。

念半边必然错读"莠"

有人见到"莠"字便削去半边，直接读"秀"，把"良莠不齐"读成"良秀不齐"。其实稍微动一下脑筋就知道自己念错了，"良"和"秀"都可表示优异，又何来"不齐"？

"莠"应读 yǒu。《说文解字》："莠，禾粟下生莠，从艸，秀声。读若酉。"莠草又叫狗尾巴草，是田间常见的一种杂草，一般用来比喻品质不好的人，恶人。良莠不齐：好苗和杂草混杂，比喻好人和坏人混在一起，难以区分。

《诗经·小雅·大田》："既方既皂，既坚既好，不稂不莠。"稂（音 láng），即狼尾草，一种危害禾苗的恶草。这句话大意是："粟皮包着谷粒，粟皮坚实谷粒好，谷田中不长杂草。"后"不稂不莠"演变为贬义词，比喻人不成才，没有出息。

瑕不掩"瑜""瑜"难读

"瑜"并不特殊，也不是多音字，但是，读错它的音的人不在少数。此字读作 yú，第二声，许多人把它误读为第四声。

"瑜"是个形声字，从玉，俞声，本义是美玉，组词如瑾瑜，瑜玉，碧瑜等；引申为玉的光彩，常用来比喻优点或形容美好，组词如瑜瑕，瑕不掩瑜；还可以组成瑜伽一词。

不论取何义，"瑜"都只有一个读音，切莫再搞错。

"造诣"不能读"造纸"

将"诣"读"旨"，可谓"见字读半边"的典型。生活中常听到有人说某某大师"很有造旨"、某某前辈"造旨很深"，听众听了大笑不止：你"造 zhǐ（纸）"，我还造船呢。

"诣"字的准确读音应为 yì，字本义是到某个地方去看人（多用于尊长），如"诣见""诣烈士墓参谒"。

"诣"后多指学业、专门技术等达到的程度、境地。"造诣"一词一般用于褒义语境，如，马克思在经济学研究方面造诣颇深。

苦心孤诣：苦心，刻苦用心；孤诣，独到的境地；指苦心钻研，到了别人所达不到的地步。也指为寻求解决问题的办法而煞费苦心。

"旨"与"诣"音、形、义皆不同。"旨"读 zhǐ，封建时代特指帝王的命令，如旨令，奉旨，圣旨，后泛指意义、用意、目的，如主旨、要旨、宗旨、旨意、言近旨远等。

"盲"目瞎读，念错病入膏"肓"

"肓"与"盲"形似，因此常有人以盲（máng）音来念"肓"，如将"病入膏肓"念成"病入膏 máng"，这是误读。"肓"字的正确读音应是 huāng。

"肓"是形声字，从月（肉），亡声，中医指心脏与横膈膜之间的部位。"病入膏肓"语出《左传·成公十年》："公疾病，求医于秦。……医至，曰：'疾不可为也，在肓之上，膏之下，攻之不可，达之不及，药不至焉，不可为也。'"后因以"病入膏肓"形容病情十分严重，无法医治，或比喻事情严重到了无法挽救的地步。

肓，音máng，从目，亡声，意思是眼睛失明，看不见东西，也比喻对某种事物不能辨认或分辨不清，或形容盲目。常见词有：盲人、夜盲症、文盲、色盲、法盲、盲从、盲动。

误读严重的"草菅人命"

"草菅人命"的"菅"字，容易被误读成"guān"（官）或"guǎn"（管），一种是读半边，另一种则是按形近字的音来读，都是不对的。

"菅"字应读"jiān"（尖），也有不少人把它误读成三声。《说文解字》："菅，茅也。""菅"是形声字，从草，官声，本指一种多年生草本植物，多生于山坡草地，质地坚韧，可做炊帚、刷子等。杆、叶可作造纸原料。

成语"草菅人命"出自《汉书·贾谊传》："其视杀人，若艾草菅然。岁胡亥之性恶哉？"视人命如草芥而任意摧残，形容残忍之极。如特务的违法横行，草菅人命，用绑票的方法，用秘刑的拷打，都是在偷偷摸摸、鬼鬼祟祟中进行的。

有人将"草菅人命"写作"草管人命"，是不识"菅"字音义之故，想想便知，草如何能"管"得了人命？更有甚者，

将该成语写成"草奸人命"，实在是荒谬，令人啼笑皆非。

"潜"：莫名其妙的高频误读字

这个字既不是多音字，也没有干扰它读音的形近字，更不是生僻字，但奇怪的是人们读错的特别多。许多人，包括不少知名的电视节目主持人都把它读成qiǎn。

其实，"潜"只有一个读音，那就是qián。

"潜"是一个形声字，本义是没入水中，潜水、潜艇、潜龙等都是用的它的本义；引申为隐藏，组词如潜伏、潜藏等。还表示专心，比如潜心钻研、潜修等；还可以表示秘密的，如潜行、潜踪等；也可以表示潜力，如潜力、挖潜等。

不论哪个义项，"潜"的读音都没有变化。

总被错叫，"范祎"无奈改名

某君名叫范祎，"祎"字读yī，乃美好之义。这本是一个很好的名字，但是同事们都叫他"范wěi"，写他的名字时，或写成"范祎（huī）"，或写成"范炜（wěi）"，把他搞得很无奈，最后索性将名字中的"祎（yī）"改为"炜（wěi）"。

"祎"字不常见，因此易受与之字形相似的常用字的影响而读错音，如读wéi（违）、wěi（伟）等。

"祎"的读音比较特殊，它应读yī。字义也较单一，仅作美好讲，多用于人名，如三国时蜀汉名相费祎。组词如祎隋，祎祎。"祎隋"谓从容自得貌；"祎祎"同"委委"，美好貌。

容易混淆的字

难以明辨的"辨"和"辩"

某信息网教育信息栏目刊发了某小学的名为"×小开展'知荣明耻，明辨是非'主题教育活动"的文章。这篇叫学生"辨是非"的文章标题却没能辨清"辨"与"辩"的用法，令人遗憾。

"辨"与"辩"，形近、音同、义近，稍有疏忽就会用错，需要我们认真辨析。

"辨"的字义比较简单，只有判别、区分、辨别这一个义项。前文中"明辨是非"中的"辨"就是辨别的意思。大概是人们觉得，辨别是非是通过"辩论"，得进行"论说"，故而往往把它混同于"辩"，这种认识是错误的，因为"辨"侧重于头脑分析。

"辩"表示说明是非或争论真假，如争辩、答辩、辩驳、辩护、辩解、辩论、辩手、辩题、辩难、辩词、辩诬，等等。

"辩"为形声字，中间形旁为"言"，显然与言说有关，抓住这一点，就比较容易与"辨"相区分了。在使用"辩"字时，记住，凡是与"说"有关的，一般都不能换成"辨"，在上面所列词语中，"辩"都不可换成"辨"。

有才没才，区分"才""材"

某网站新闻中心转载某报一篇介绍爱因斯坦的文章，题目为"曾被人称为'蠢材'"。这个标题里，犯了一个文字错误，把"蠢才"误用为"蠢材"。

之所以出现如此错误，是因为没有分清"材"与"才"之间的区别。

才，作名词时表示才能，如你很有才，多才多艺；也指有才能的人，如奇才，干才。有时候，"才"也指某类人（含贬义），如奴才、蠢才、吃才。标题里的"蠢材"当改为"蠢才"，因为"材"没有"某类人（含贬义）"这个义项。

"材"也有一个义项，指有才能的人，与"才"通用，如"人才"也作"人材"。但是，并非所有的情况都通用，"奇才""干才"就不能写成"奇材""干材"。

在使用时，"才"偏重于人的才能，主要是说人有内在的才能，或指怀有才能的人；而"材"偏重说明人的可供使用的状态，如"大材小用"中的"材"就是如此。"才"与"材"在表示有才能的人这个义项上，区分十分微妙，应多注意体味，正确使用。

当"才"指才能时，其使用时完全不能用"材"替换。

是"驰名"而非"弛名"

某知名珠宝商大张旗鼓做广告，在

某市街道上拉了条巨大横幅，上面写着"×××珠宝——中国珠宝首饰弛名商标"。很显然，条幅中"弛名商标"的"弛"字用错了，应该用"驰"。

"驰""弛"形似音同，如二者均为形声字、左右结构，声符都是右旁"也"，读音同为chí，因而运用起来容易出现错误。

驰，意符为"马"，本义为车马快跑，又可解释成使车马快跑，如奔驰、飞驰、风驰电掣，或引申为传播，如驰名中外，或用作书面语，释义（心神）向往，如神驰、驰想。

而"弛"字意为放松或解除。由此可见，在表达负有盛名、声名远播的意思时，应使用"驰"字，而非"弛"！

正确使用"驰"，关键在于抓住其"车马快跑"的本义，且要灵活掌握其引申义，如策马驰骋、驰骋文坛、驰驱疆场、驰誉体坛、驰书告急、驰目远眺等。

莫把"蜚声"作"斐声"

《武汉杂技团〈英雄天地间〉斐声海外传播华夏文明》：从2003年12月第一次赴欧洲演出，《英雄天地间》便一直受到海外观众的交口称赞。

"蜚""斐"混用的情况比较常见，甚至有企业将"斐声"作为公司的名称，着实闹了笑话。病例标题中的"斐"字无疑也用错了，应为"蜚"。

斐，形声字，从文、非声，本义是五彩交错、有文采的样子。"斐然"即形容有文采，如《论语》："斐然成章。""斐然"也可形容显著的样子，如斐然可观，成绩斐然等。

"蜚"有两种读音，分别是fěi和fēi。

"蜚"读fěi时，用的是本义。"蜚"在古书中指椿象一类有害的昆虫。"蜚蠊"即蟑螂。"蜚"读fēi时，通"飞"。古汉语中"蜚"常作"飞"的借字，"蜚"的"飞翔"一义至今保留。"飞短流长""流言飞语"亦作"蜚短流长""流言蜚语"。"蜚声"的意思是扬名、闻名于，如，蜚声文坛，蜚声海内外。

"斐"极易与"蜚"混淆。区分二字的关键在于牢记它们意符的差别。"斐"的意符是"文"，表示该字与文饰、彩饰有关。"蜚"的意符是"虫"，表示其与"飞虫"有关，再由"飞虫"引申为飞翔，传播之义。记住了这一点，就不会把"蜚声"误写成"斐声"、将"文采斐然"写作"文采蜚然"了。

由低到高走，"登"山不用"足"

《蹬山的乐趣》："人生也就像是一次蹬山，有人一路悠然，步调缓慢，虽最终不曾蹬上山顶，却也享受了蹬山的乐趣和沿途的风景……"（某博客）

这篇文章中，作者将"登山"一律写成"蹬山"，可能是认为"蹬"字有一个足旁，更合词义。事实上汉语中不存在"蹬山"这样的说法，"蹬""登"二字虽然读音相同、字形相似，字义也有一定的共通之处，但具体用法还是有差别的。

《广雅》："蹬，履也。""蹬"的形旁是"足"，本义是踩、踏，也指腿脚向脚底的方向用力，如蹬空、蹬脱、蹬踏、蹬足、蹬三轮车、蹬水车。"蹬"又可指"穿（鞋、裤子等）"，如"蹬上裤子""蹬一双高跟鞋"。

在"踩踏、穿"这两个含义上，

"蹬""登"可以通用。但是"登"有一个"蹬"所没有的释义，即"由低处到高处（多指人步行）"，"登山"一词中的"登"用的正是这个含义，类似的词语还有登高、登陆、登天、登顶、登临、登台、攀登、登堂入室等。所以说"登山"是不可以写成"蹬山"的，病例应作正确修改。

"法码"沉重需用"石"

投保人应当有自己的规避信息不对称的保障。作为投保人的利益代表，保险经纪人是平衡保险市场的法码……

"砝码"时常被人误写作"法码"，病例也犯了这样的错误。"砝""法"同音不同义，不可混用。

砝码：天平上作为质量标准的物体，通常为金属块或金属片，可以称量较精确的质量，也比喻事物的关键或标准。"法"指法律、方法、效法、法术等，实无"法码"一词，例文中的"法"当改为"砝"。

"砝"与"珐"音近形似，也易出现误用。"珐"读fà，仅用于"珐琅"中。"珐琅"是一种涂料名，由石英、长石、硝石和碳酸钠等加上铅和锡的氧化物烧制成，涂在铜质或银质器物上，经过烧制，能形成不同颜色的釉质表面。如珐琅器、珐琅杯、珐琅作坊。

颇费思量的"幅"和"副"

经常见人把"一副对联"写成"一幅对联"，书报杂志、网络文章中更是屡见不鲜，可见人们极容易把"副"与"幅"混淆。

《说文解字》："幅，布帛广也。"幅，从巾、畐声。古制一幅为二尺二寸，后

"幅"泛指布帛、呢绒等的宽度。如单幅、双幅、宽幅、幅面；又可泛指宽度，如幅度、幅员、振幅。

"幅"可作量词，用于布帛、呢绒、图画等，如一幅画，五幅布等等。"幅"作量词时很容易与"副"发生误用。"副"可作量词，但它一般用于成套的东西，或特指面部表情。如一副手套，全副武装，一副得意的嘴脸，一副庄严的面孔等等。"幅""副"适用对象不同，因此不可以换用。

"副"作名词则表示"辅助的职务"或"担任辅助职务的人"。如二副、团副、中队副等。"副"作形容词指居第二位的、辅助的、附带的（相对于"正"或"主"而言），如副职、副手、副官、副食、副业、副刊、副产品，等等。

此外，常有人将"副作用"错写成"负作用"；"副市长"写成"付市长"，都是不对的。

很容易混淆的"券"和"卷"

"大量收购金润发购物卷，联系电话……"

这是某论坛某帖中的内容。"购物卷"是什么词？应该是"购物券"才对。

《说文解字》："券，契也。……券别之书，以刀判契其旁，故曰契券。"古时用于买卖或债务的契据，常一分为二，双方各执其一，以为凭证。"券"的本义就是契据，后泛指票据或其他作为凭证的纸片，如债券、国库券、证券、入场券、优惠券、稳操胜券，等等。

"卷"读juǎn，本义是膝盖弯曲，后泛指将物体弯转裹成圆筒形，如把门帘卷起来，卷起袖子，煎饼卷大葱等；也指一种

大的力量将东西裹住或撮起，如卷入、卷起、卷扬、卷土重来，等等。"卷"作名词则指裹成圆筒形的东西，如胶卷，卷尺，卷烟，铺盖卷等。"卷"还可作量词，用于成卷儿的东西，如一卷纸，一卷胶片。

"卷"又读作 juàn，主要作名词用，有书本，卷子，机关里保存的文件等义。如书卷、卷帙、手不释卷、答卷、交卷、卷宗、案卷、查卷等等。又指书籍的分册或篇章，如上卷，第一卷，藏书十万卷等。

"券""卷"字形相似，但读音和字义皆不相同，不可混淆。返券，优惠券，购物券中的"券"易错写成"卷"，用时应注意避免此类错误。

"褊狭"不可与"偏狭"混用

但是，他的微寒身世和残酷的斗争经历，也在他的身上留有明显的印记，导致他心胸偏狭、滥用权力、残忍无情，严重地影响了他的行为方式。总而言之，他不允许别人挑战他的权威；细而言之，他最担心别人对他不尊重。

这是某网站连载的某书中的一段话。将"褊狭"讹作"偏狭"的情况较为常见，例文无疑也犯了同样的错误。

《说文解字》："褊，衣小也。""褊"是形声字，从衣、扁声，本义是衣带或衣服狭小，引申指狭小、狭隘，如褊小、褊狭、褊急等。"褊狭"指心胸、气量、见识等狭隘，也可指地域、面积等狭窄。"偏狭"指理解偏颇狭隘，"心胸偏狭"是说不通的。

"偏"是个形声字，从人、扁声，本义是不正、倾斜（与"正"相对），如偏斜、偏离、偏锋、太阳偏西、不偏不倚等

等。"偏"引申指仅注重一方面或对人对事不公正，如偏重、偏爱、偏颇、偏袒、偏听偏信、偏心（偏心眼儿）等。

由此可见"褊"和"偏"有着明显的区别。"褊"与"偏"形近义不同，不可混淆。另外要注意"褊"的读音是"biǎn"，容易误读成"piān"，应注意避免。

是"绵"里藏针还是"棉"里藏针

《姚明遭遇棉里藏针防守 马龙老招数频频奏效》

这是××网体育频道一新闻的标题。其中"棉里藏针"一词中的"棉"字用得不对，应该是"绵"。

"绵"本指丝绵，即由蚕丝结成的片或团，用来制作衣被等。"绵"又多比喻像丝绵那样柔软或薄弱，如绵薄、绵软、绵力、软绵绵等。

"绵里藏针"是一个成语，形容柔中带刚，也比喻外表柔和，内心刻毒。这里的"绵"用的就是比喻义（像丝绵那样柔软）。而"棉"是没有这种用法的，因此此处"绵""棉"不能混用。

"绵"还有一个比喻义，即像丝棉一样连续不断，如绵绵、连绵、绵延、绵长、绵亘。

"绵"与"锦"也是一组容易混淆的字。"锦"是一种有彩色花纹的丝织品，引申指色彩鲜艳华丽，如锦绣、锦缎、锦霞、锦上添花、锦衣玉食等。"绵""锦"字形接近，但字义和读音都不尽相同，用时一定要注意区分。

经常被混淆的"蔑"和"篾"

（提香）讴歌情爱，颂扬善美，篾视虚伪教义，释放人性本真。（××社区）

"蔑""篾"二字音同形近，很容易搞混。例句"篾视"一词中的"篾"就用错了，应为"蔑"。

"蔑"是一个会意字，"艹"为眉毛，"罒"指眼睛，"戍"是戍守人，本义是人眼睛因劳累无精神，引申指小、轻、无、没有，如蔑视、轻蔑等。"蔑"还当造谣、中伤讲，如诬蔑、污蔑等。

"篾"指竹子劈成的薄片，也泛指苇子或高粱秆上劈下的皮，如篾条、篾席、篾子、篾青等。"篾匠"也叫"篾工"，指用竹篾制造器具的小手工业者。

"篾""蔑"音同形近，但字义和具体用法都不同，不能混为一谈。

不要误入"岐"途

《个别学生暑期打工误入岐途 躲着城管发放非法广告》

这是某网一则新闻的标题。这个标题中，出现了"误入岐途"一词，好生让人纳闷。但细读全文，发现所指乃学生打工不慎，走进错误的道路，而表达此意，当用"歧途"而非"岐途"。这里，作者在用词上"误入歧途"了。之所以犯下这样的错误，是因为"岐"与"歧"字形太相近，又不明字义的缘故。

"岐"是会意字，从山从枝，指岐山（因山有二枝，故名），亦指陕西岐山县（位于岐山西南）。"岐黄"指黄帝和岐伯，传说中中医的始祖。因古代医术《黄帝内经·素问》中多用黄帝和岐伯问答的形式写成，后来人们便用"岐黄"来代称中医学术，亦称"岐黄之术"。

"歧"，读音为 qí，形声字，从止，支声。本义为多余的脚趾，引申为大路上分出的路，也指不相同、不一致，组词歧出、歧见、歧途、歧路亡羊、歧视、歧义等。

鬼"祟"怎能"崇"高

《纽约市长被批行动鬼鬼祟祟》：纽约市长布隆博格被指行动鬼鬼祟祟，不够光明正大。媒体永远不知道他过去几天去过哪儿，更不知道他接着会到哪儿去。

"祟"与"崇"的字形极为相似，一不小心便会写错用错。上面这则新闻中的"鬼鬼崇崇"显然是"鬼鬼祟祟"的误写。

"祟"是一个会意字，从出、从示（表示与鬼神有关），二字合在一起意为鬼神出现兴起灾祸，借指不正当的行动。组词如作祟，鬼鬼祟祟等。

"崇"是上下结构的形声字，形旁是"山"，声旁是"宗"，本义是山大而高，如崇山峻岭，后引申指高尚、尊敬、尊重、重视，如崇高、崇敬、崇拜、崇尚等。

比较可知，这两个字的含义是完全不同的，应避免误用情况的发生。

"塌"陷不是"足"踩的

由于冰面随时都在蹋陷，上面根本就没法站人，战友们只能是用腰带和村民找来的长木杆来营救还在水中的两个战士和落水的孩子。

例文作者在这里用错了一个字——"蹋"，系"塌"之误。

《广雅》："塌，堕也。""塌"指支架起来的东西倒下或陷下，如倒塌，塌陷，塌方，塌台等。"塌"也形容扁平、凹下，如塌鼻子，年糕越蒸越往下塌。"塌"还有安定、镇定之义，如"塌下心来"。

"蹋"从足，意为踩、踏，组词如

糟蹋等。若组词成"蹋陷"，只能解释为"因踩踏而陷下"。汉语中实无"蹋陷"一词，显然应改为"塌陷"。

无法为虎作"帐"

在实际运用中，把"为虎作伥"写成"为虎作帐"的现象十分普遍，因此有必要对"伥"与"帐"二字做认真辨析。

"帐"的形旁是"忄"，表示与心情有关。"帐"的本义即失意、不痛快，如：惆帐、帐帐、帐然、帐恨、帐惋、帐惘等。

《说文解字》："伥，狂也。俗字作猖。""伥"的本义是狂妄，该义后由俗体字"猖"承担，"伥"专指伥鬼，即传说中被虎咬死的人变成的鬼。这鬼又成为虎的帮凶，引虎去伤害别人。"为虎作伥"的成语即由此而来，比喻为坏人效劳。

"伥"与"帐"形似音近，因此容易发生误用，请读者多加注意。

特别容易被混用的"鹜"和"骛"

生活中"鹜"与"骛"混淆乱用的事例比比皆是，例如某博客 2008 年 5 月 9 日有一篇文章的标题赫然写着"企业新进员工不能好高鹜远"；又如另一博客一篇文章的标题"追求，切莫好高鹜远"。另外，把"趋之若骛"写作"趋之若鹜"更是常见。因此，必须辨清"鹜"与"骛"的字义，以免误用。

《说文解字》："鹜，野凫也。""鹜"的繁体是"鶩"，从鸟、敄声，本义是野鸭，后泛指鸭子。"趋之若鹜"的意思是像鸭子一样成群跑过去，比喻成群的人争相追逐不正当的事物（含贬义）。

"骛"是上下结构的形声字，从马、敄声，本义是纵横奔腾，如驰骛、骛行、骛骛。"骛"又引申指追求、强求、致力之义，如骛利、骛名、骛新、好高骛远、心无旁骛等。

"鹜"字形旁为鸟，指鸭子；"骛"字形旁为马，意为奔驰、追求。二字含义完全不同，不可混淆。

良"宵"怎能有"雨"

生活中，把"九霄云外"写成"九宵云外"，或者把"良宵"写成"良霄"的现象比比皆是，可见"宵""霄"二字混用之严重。

"霄"从雨、肖声，本指高空中的云气，与"雨"有关，因此以"雨"为形旁。"云霄"指云块飘浮的高空，也比喻极高的地位。"冲霄""凌霄"谓迫近云霄，比喻志向高远。"霄"也当"天空"讲，"霄壤"的意思就是天和地，比喻相去极远。"九霄云外"即九重云天之外，形容极高极远之处，也比喻一干二净、踪影全无。

《说文解字》："宵，夜也。""宵"的本义是夜间室内昏暗，故形旁为表示房屋的"宀"（门）。"宵"后指夜间，如深宵、终宵、春宵、夜宵、良宵美景、通宵达旦、宵衣旰食。"宵禁"指夜间戒严，禁止通行。

由此可见"宵"与"霄"虽然形似，但词义根本没有共性，所以不可混淆。

寒"暄"不用"口"

不少人认为"寒暄"是讲客套话，所以得用口，故而往往把"寒暄"写作"寒喧"，显然，这是不明字义造成的误用。

"暄"的本义是（太阳）温暖，多用

于书面语中，组词如：暄和、暄风、暄妍等。"寒暄"一词本指冷暖，后指问寒问暖，今多泛指宾主见面时谈天气冷暖之类的应酬话。"暄"在方言中亦可指物体内部空隙多而松软，"暄腾"即松软而有弹性。

"喧"为左右结构的形声字，从口、宣声，意为声音大而嘈杂。组词如喧闹、喧哗、喧嚷、喧嚣、锣鼓喧天等。"喧宾夺主"的意思是客人的声音比主人的还要大，比喻客人占了主人的地位，或外来的、次要的事物侵占了原有的、主要的事物的地位。

"喧"与"暄"形旁的不同揭示了它们含义的不同，显然不能混用。

如何区分"帖"与"贴"

××省硬笔书协第四届临贴班暨第四届少儿书法夏令营定于 7 月 25—28 日在××市粮食局干校举行。

这是××省硬笔书法家协会登出的一则通知。书法家协会竟然会将"临帖"写成"临贴"，还有哪个学生敢来参加这样的学习班呢？

"帖"是一个多音多义字，读 tiě 时表本义，指的是字写在布帛上，后泛指写着字的小纸片，如字帖儿；也指邀请客人的通知，如请帖、喜帖、柬帖；旧时也指写着生辰八字等的纸片，如庚帖、换帖。读 tiè 时，"帖"指学习书法或绘画时临摹用的样本，如碑帖、画帖、字帖、临帖等；读 tiē 时释作服从；顺从，或妥当；稳当，此时用法与"贴"相同，如"服帖"亦作"服贴"，"妥帖"亦作"妥贴"。

"贴"的形旁是"贝"，表示与钱财有关。它的本义是以财物作抵押，引申为添补、补助，如贴钱、倒贴、补贴、贴息、津贴、米贴、房贴等。也指将薄片状的东西粘在另一个东西上，如剪贴、粘贴、贴画、贴邮票、贴挂、贴标语，等等，此义又引申出靠近、紧挨着之义，如贴身、贴边、贴己、贴心、贴近、贴切等。

"帖""贴"二字字形相近，读音和释义也有共通之处，但具体用法仍有不少差异。"帖"是多音字，"贴"只有一个读音。"帖""贴"只在表"顺从""妥当"义时可以通用，其他的释义均不可混用。

装潢书刊需用"帧"

在实际运用中，把"一帧画"写成"一祯画"，或把"装帧"写成"装祯"的现象十分常见，可见，"祯"与"帧"经常被人混淆。下面予以辨析：

"帧"是左右结构的形声字，从巾、贞声，本义是画幅，组词如装帧，"装帧"意思是书画、书刊的装潢设计。后来，"帧"主要作量词，同"幅"，用于字画、照片等。

"祯"从示、贞声，本义是吉祥，主要用于书面语中。组词如祯祺，祯泰，祯符，祯祥等。由此可知，"装祯"是无法理解的，也没有这个词。

其实这两个字是很好区分的。"帧"与布帛、字画有关，所以以"巾"为形旁；"祯"的意思是吉祥，故以表示祸福的"礻"为形旁。记住了这一点就不会用错了。

"粗犷"之人多"粗旷"

在生活中，把"粗犷"写成"粗旷"，把"地旷人稀"写成"地犷人稀"

的错误随处可见，为避免这种错误，当对"犷""旷"二字详加辨析。

"犷"是个形声字，从犬、广声，本义是（犬）凶恶、凶猛，后引申为粗野。组词如粗犷，犷悍等。

"旷"的本义是光明、明朗，引申指人的心境开阔、心情开朗，如旷达、心旷神怡、空旷、旷野、旷远、地旷人稀等；"旷"也表示相互配合的两个东西之间间隙过大，衣物等过于肥大、不合体，如螺丝旷了等；"旷"作动词，本指空、使空闲，后引申为耽误、荒废之义，如旷课、旷工、旷废、旷日持久等。

辨析可知，"犷""旷"二字除了字形接近，读音和用法均不相同，切不可混用。更值得注意的是，"犷"的正确读音是guǎng，但是很多人都会把它误读成kuàng。

床"笫"何处寻欢

听多了人说"床dì之欢"，也看多了人写"床第之欢"。这个"第"字，被人误用之严重，超乎想象。

笫，十画，读作zǐ，部首为"竹"，指竹篾编的席，可组词为床笫。"笫"还可用作床的代称。"床笫"是书面用语，暗指闺房或夫妻之事，如床笫之欢、辗转床笫。切忌把"床笫"写作"床第"，否则就会寻欢失所。

第，11画，读作dì，可指封建社会官僚的住宅，如宅第、门第、府第；指科第，如及第、落第；又可用在整数的数次前做前缀，表示次序，如第一、第二；也可用作连词，当但是讲；用作副词，当只、仅仅讲。

"笫""第"音义皆有较大差别，人们

之所以常把"床笫"误为"床第"，是因为两个字"长"得太像，且"笫"不太常用，被人忽视。

认准部首，区分"牒""谍""碟"

在某遗址纪念馆中，其中一块介绍牌上竟把"通牒"错写作"通谍"。

牒，13画，读作dié，部首为"片"，会意字，从片，枼声，本义为简札，古文中小简曰牒，大简曰册；薄者曰牒，厚者曰牍。牒可指文书或证件，如度牒、通牒；指书籍、簿册，如史牒、谱牒。

谍，十画，亦读作dié，部首为"讠"，可指谍报活动，又指从事谍报活动的人。谍的常见词语如间谍、防谍、谍报，间谍指潜入敌方或外国，以从事刺探军事情报、国家机密或进行颠覆活动的人；谍报指刺探到的关于敌方军事、政治、经济等的情报，如谍报员、谍报机关等。

碟，14画，与"谍"同音，部首为"石"，指碟子，即盛菜蔬或调味品的器皿，小于盘子，底部平而浅，常组词为碟片、飞碟、影碟机等。

区分"谍""牒""碟"，首先要抓住其部首的差异，进而掌握其不同含义，运用过程中便不容易出错。

陷入混乱的"籍"与"藉"

某卫视一栏目播出了一则有关缉毒的纪实故事。栏目组在电视屏幕上打出的字幕中有这么一句话，说毒品均由"一个自称'大姐'的缅甸藉女人供给"。这句话中"藉"是错误的，当为"籍"字。生活中，混淆"籍""藉"二字的现象很严重，有必要加以辨析。

籍，20画，读作 jí，部首为"竹"，古书以竹制成，因而籍本义为户口册、登记册。所以，"籍"可指书籍、册子，组词如古籍、典籍；指籍贯，如原籍；指登记，如籍没；也指代表个人对国家、组织的隶属关系，如国籍、党籍、学籍。

而"藉"则是个多音字，当取读音 jí 时，它指侮辱、践踏，是个书面用语，组词如狼藉，用以形容乱七八糟、杂乱不堪。这里，"狼藉"可以写作"狼籍"。

"藉"读 jiè 时，可指假托，如藉故、藉端（指借口某件事）；指利用、凭借，如藉助、藉手（即假手）；指引进动作、行为所利用或凭借的时机、事物等，如藉出差的机会拜访他。在如此义项下，"藉"同"借"。还可指垫在下面的东西，或当垫、衬讲，如枕藉，此时与"借"无关。注意，"藉"读 jiè 时，可组词"慰藉"，多数人会把这里的"藉"字读错。

虽然"狼藉"可以写作"狼籍"，但是，现代汉语中"藉""籍"，二字功能差异较大，不可混淆。

令人困惑的"即"和"既"

因为"既""即"形近、音近，极容易发生误用。例如，某省博物馆曾展出一幅绘有"三多"吉祥图案瓷器的照片，还在照片旁边配有文字，说"三多"指的是石榴、桃子、佛手，只要这三种吉祥果放在一起，"既可用来祝愿'三多'，既多子、多寿、多福"。这里的"既"就用错了，当为"即"字，意思是"就是"。

即，读作 jí，是个会意字，部首为"卩"，指一个跪坐的人面向盛食物的容器，本义为就食；后引申为就、接近、靠近、走向等，与"离"相对，组词如若即若离等；再引申为就是、便是，组词如非此即彼等。"即"做动词时，除作靠近讲外，还表示到，开始从事之义，组词如即位，即席；表示就着，组词如即景、即兴等。

"即"作副词，表示就、便，组词如即将等；还表示当下、目前，如即日、即刻、即时等。"即"作连词，表示即便、即使、即或等。

既，读作 jì，也是个会意字，部首为"旡"，当已经讲，如既成事实、既往不咎；当尽、完了讲，如食既；用作连词，指既然，如既来之，则安之；用作副词，与"且、也、又"等副词呼应，表示兼有两种情况，如既高且瘦、既聪明又用功。

从汉字形成结构上而言，"即"表示人面向食物就食，而"既"则表示跪坐在食器旁边的人把脸向后转过去，或吃完饭后张着嘴巴打饱嗝，其含有"已经吃完饭"之义，由此得出"既"的含义。把握了这一点，就容易区分两字的差异了。

"既""即"字形相似，都可以做动词、副词、连词，但功能差别明显，不可混淆。

"竞"与"竟"不仅是一横的差别

"竞""竟"形似、音同，极容易被混淆，但二者含义不同，当认真辨析。

竞，十画，读作 jìng，部首为"立"，下偏旁为"兄"，它是个会意字，在甲骨文字形中象征二人竞逐，因而其本义为角逐、争竞、比赛，如竞技、竞走、竞赛、竞争、竞答、竞猜、竞标；用作书面语，当强劲讲，如南风不竞。

竟，11画，部首为"立"，也是会意字，表示乐曲终止、奏乐完毕，"竟，乐曲尽为竟"（《说文解字》）。

竟可泛指完毕、结束，如竟学、事竟、未竟之业；也可指全部、从头到尾，如竟日、竟夜、竟天、竟世；又可用作副词，指终于，如有志者事竟成，或表示出于意料之外，如你竟敢当面撒谎。

对比"竞""竟"的义项，可指二者含义截然不同，"竞"主要指"竞争"，"竟"则多指"结束、终于"，使用时要先明确其义，且须注意多一横、少一横的差别。

让人迷惑的"谜"和"迷"

某报纸曾以"××将揭开一段千古之迷"为题，来详细报道一次考古活动。且不说"千古之迷"的具体内容，单是"迷"字便足以让读者心中产生一个"谜"。

谜，读作mí，部首为"讠"，用作名词，常指谜语，如谜底、谜团、谜面、谜语、哑谜、灯谜、猜谜；也比喻至今未能弄明白或难以理解的事物，如这个问题迄今为止仍是一个谜。千古之谜，常用来指长远年代里难以弄明白的事情。总之，有"讠"才成"谜"，若丢了"讠"，也就无"谜"可言了。

迷，亦读作mí，可指分辨不清、丧失判断能力，如迷路、迷失方向；指由于对某人或某事物发生特殊爱好而沉醉，如迷恋、迷上表演；指沉醉于某一事物的人，如书迷、球迷、财迷、戏迷；也可表示使迷惑、使看不清、使陶醉，如财迷心窍、鬼迷心窍、迷人。

从字形上看，"迷"比"谜"少了部首"讠"，其部首为"辶"。但从含义上来说，"迷"字虽少了"讠"，却较"谜"字多了诸多义项。

"瑕""暇""遐"，区别何在

某博物院里有个体顺堂，体顺堂里有碑文对体顺堂做出大体介绍，其中有这样一句话："体顺堂东围房为妃嫔临时所居，院内陈放着巨大水晶石，寓有光明磊落、纯洁无暇之意"。碑文中"纯洁无暇"的"暇"应为"瑕"，此处二者因形近、音同而导致误用。

瑕，读作xiá，形声字，形旁为"王"，声旁为"叚"，其主义为玉上的斑点，"瑕，玉小赤也"；可引申为缺点，如瑕疵、瑕不掩瑜、瑕瑜互见、瑕玷等。瑕不掩瑜，指缺点是次要的、优点是主要的，喻缺点不能掩盖优点；瑕瑜互见比喻缺点、优点都有。

暇，读作xiá，形声字，从日，叚声，本义为闲暇、空闲；也可指没有事情的时候，其常见词语有闲暇、无暇兼顾、自顾不暇等。闲暇，指空闲时候；无暇顾及，指没有时间考虑，二者均与时间有关。

"暇"不仅易与"瑕"混用，更易与"遐"相互用错。遐，亦读作xiá，形声字，形旁为"辶"，声旁为"叚"，本义当远讲，其与"迩"相对，如遐想；遐思即遐想，指悠远地思索或想象，如闭目遐想、遐想联翩，与"远"相关。

使用时谨记"暇""瑕""遐"不同含义及用法，尤其是闲暇、无暇顾及以及遐思、遐想等词语，避免"暇""遐"出现误用。

莫把"范畴"做范"筹"

某卫视播出新一期节目，名为《一个发廊女的悲剧》。该节目讲述一个卖淫女被嫖客杀害的事情，针对节目内容，主持人发表了诸多看法，其中提及"从事卖淫活动是违法的，更不用说道德范畴的问题"。当时电视屏幕上把"范畴"打成"范筹"，导致同音字"畴""筹"发生错用。

畴，12画，读作chóu，部首为"田"，形声字，从田，寿声，本义指已耕作的田地，如田畴、平畴千里；又可指类别、种类，如范畴、物各有畴。常用词"范畴"表示某事所属的范围或类型。

筹，13画，读作chóu，部首为"竹"，上下结构的形声字，从竹，寿声。"筹"可指竹、木、象牙等制成的小片儿或小棍儿，主要用于计数或用作领取物品的凭证，如酒筹、竹筹；用作动词，指筹划、筹措，如统筹、筹饷；用作名词，指办法、计策，如一筹莫展、运筹帷幄。

在筹划、一筹莫展、运筹帷幄等词语中，"筹"字也极易被误写、误用为"畴"。正确掌握"筹""畴"的写法、义项，才能准确使用、区别二者。

无可奈何的"的""地""得"

"的""地""得"，三个字音近、义近，且均为多音字，当三者同读作"de"时，均可用作结构助词，故在实际运用过程中，它们被写错、读错、用错的频率极高。翻开书刊，这样的错误随处可见，让人无奈。下面对这三个字详加辨析。

的，八画，部首为"白"，可读作de、dí、dì。

读作de时，用作助词，可用在定语后面，如幸福的生活、我的爸爸、别开他的玩笑；又可用于构成没有中心词的"的"字结构，如你的、我的、甜的、无缘无故的；也可用在谓语动词后面，以强调动作的施事者或时间、地点、方式等，如用钢笔写的信、谁买的车票；用在陈述句末尾，表示肯定语气，如那事儿我知道的；用于两个同类词语或词组后面，表示"之类、等等"之义。

读作dí时，指真实、实在，如的当（即恰当）、的确、的证（即确凿的证据）；也可指的士，且在口语中往往读阴平（dī）。

读作dì时，指箭靶的中心，如目的、众矢之的、无的放矢等。

综上所述，"的"字主要当助词使用，常用于定语后面，多用在以名词、代词为中心词与修饰、限制词语之间，掌握此点是正确运用"的"字的关键所在。

地，六画，部首为"土"，有de、dì两种读音。

读de时，用作助词，表示它前面的词语或词组为状语，如合理有序地安排各项事宜、实事求是地处理各种问题。

读作dì时，用作名词，可指地壳、地球，如天地、地质、地层；指陆地，如高地、低地、地势、地面；指土地、田地，如荒地、下地干活；指房屋等建筑物内部、周围的地上铺的一层东西，如地板、地板革；指地步，如置之死地而后生；指花纹或文字的衬托面，如白地黑字；指路程，用在站数、里数后，如两站地、三十里地；指地位，如易地以处；指地点，如所在地、目的地。

由上述可知，"地"主要用作名词，当它用作助词时，常用于状语后面，多在动词、形容词的中心词与修饰词语之间。

得，十一画，读法为 de、dé、děi。

读作 de 时，用作助词，可置于动词后面，当可以、可能讲，如你去得，我也去得，此时否定式为"不得"，如哭也不得，笑也不得；也可放在动词和补语之间，指可能，如办得到、回得来；又可用在动词或形容词后面，连接表示结果或程度的补语，如写得相当好、热得很；用在动词后面，指动作已完成，多见于早期白话，如出得门来。

读作 dé 时，常用作动词，指得到，如不计得失、取得；指演算产生结果，如三三得九；也可用作助动词，用在别的动词前，表示许可，多见于法令和公文，如不得擅自离开；用作形容词，指得意或适合，如自得、得体。

读作 děi 时，常用于口语中，用作助动词，可指需要，如工程得三个月完工；也可表示事实上或意志上的必要性，如加把劲，得把学习成绩搞上去，此时否定式要用"无须""不用"，而非"不得"；还可表示揣测的必然性，如要下雨了，不走的话，就得受淋；当方言使用时，形容满意、舒服，如这样靠着靠垫真得。

对比"的""地""得"，可知"得"字用法更显繁杂，但在区别三者的问题上，只要抓住三者用作助词时的差异，便可从中轻松选出适合语境的汉字，其中"得"常用于补语前面，多在动词、形容词为中心与补充成分的词语之间。

"划"与"画"须划清界限

某网站刊发了一篇文章，名为"《红楼梦》人物刻划的'情理分寸'"。这篇文章标题里的"刻划"一词使用不当，应该改为"刻画"。把"刻画"误用为"刻划"是混淆"划""画"用法最常见的错误。导致这一错误的原因，是使用者对"划"字的理解不到位。

画，八画，读 huà，繁体写法为"畫"。画用作动词，指用笔或类似笔的东西做出图形，如画画儿、画山水；也可指用笔或类似笔的东西做出线或当作标记的文字，如画押、画线。画用作名词，指画成的艺术品，不易与"划"混淆，不多说。汉字的一横可称作一画，此种用法主要见于方言中；画用作量词，一画指汉字的一笔，如笔画，"申"字五画；用作形容词，指用画儿装饰的，如画堂、画屏、画栋雕梁。

划，多音字，有 huá、huà 和 huai 三个读音。当"划"读 huà 时，容易与"画"相混淆。读 huà 时，"划"表示划分，如划界、划分；表示划拨，如划拨、划账、划付；还指计划，如计划、筹划。同"画"如划线、笔划。

汉字"划"由"画"字分化而来，故"画"的某些用法同"划"，如"画策"同"划策"，"笔画"同"笔划"，"筹画"同"筹划"。但在其他用法中，"画"不能与"划"混用，所以使用时应区别对待。

实用中，"划界""划样""划清""划开""划定"等中的"划"容易误用为"画"；"刻画""画押""画线"等词语中的"画"容易被错写成"划"。

区分"划线"与"画线"。"划线"，

- 82 -

划一道（分界的）线；"画线"，描画一条线。

刻画，用文字描写或用其他艺术手段表现人物的形象性格。这里的"画"不能换成"划"，因为"划"没有"描绘""表现"的意思。

不可各行其"事"

某报纸登了《谁拗得过阿拉法特》一文，文中第三节的标题为"阿拉法特 VS 亚辛各行其事的'兄弟'"。显然此处"各行其事"一词应改为"各行其是"。

"各行其是"是个成语，指各自按照自己以为对的去做，用以形容大家思想、行动不一致，其中"是"意为正确的、对的。

把"各行其是"用错，一则不明成语含义，二则误用了同音字"是""事"。

是，本义指对的、正确的，与"非"相对，如实事求是、自以为是、一无是处；引申作认为正确，如深是其言、是古非今；可用作指示代词，相当于"这、这个"，如由是可知、如是，"是可忍，孰不可忍"。

事，本义为职务，引申指职业、工作，如找个事做、谋事；也可引申指事情，如婚事、公事公办、无事生非、万事俱备；又可指事故，如出事、平安无事；指责任、关系，如不关你们的事；可当侍奉讲，如事父母至孝；当从事讲，如无所事事（第一个"事"字）、大事宣扬、不事劳动。

在"共商国是""无事生非"两个词语中，"事""是"极易发生误用。

"国是"为书面用语，指国家大计，"国事"指国家大事，常见用法为共商国是、关心国事、国事访问，其中"是""事"不能替换使用。

"无事生非"指本来没有问题而制造纠纷，"事"当事情、问题讲，与"是"毫不相干，且与"是非"更无关系。

同生异用的"洲"和"州"

某地曾举办"慈禧宫廷生活展"，且展厅内还设有牌子，上面写着"慈禧宫廷生活展简介"，其开篇为"慈禧太后（1835～1908），满洲镶黄旗人"。

作为一个专有名词，"满洲"二字不能更改。据上海辞书出版社于1999年出版的《辞海》介绍，满族原为女真人后裔，明朝时其主体为建州女真和海西女真，但同时融合了汉、蒙古、朝鲜等其他民族。至1635年，即后金天聪九年，皇太极把旧称号女真予以废除，并制定族名为"满洲"，辛亥革命后又通称为满族。

在报纸网络上，把"神州""九州"误写成"神洲""九洲"的情况很多，这是值得注意的。"州"是"洲"的本字，最初字形是一道江河，中间有个小圆圈表示小片陆地，"水中可居曰州"，因而其本义为"水中的陆地"。但在汉字演变过程中，"州"字逐渐用作古代行政区域名，于是另外造字"洲"，故区别"州""洲"关键在于部首"氵"，"氵"表示水，有水为"洲"，无水为"州"。

州，读作zhōu，可指自治州，如延边朝鲜族自治州、甘孜藏族自治州等；也可指旧时一种行政区划，其辖区大小历代不同，现在这种名称仍保留在某些地名里，如苏州。"州"字常见于地名，如德州、泉州、郑州、阿坝州等，切忌把"州"字误用为"洲"。

除此以外，"洲""州"音同义异则更不能混用，洲可用作一块大陆与附近岛屿的总称，如亚洲、欧洲等；也可指河流中由泥沙淤积而成的陆地，如三角洲、沙洲。所以此处以"州"代"洲"，实在大错特错。

"坐"和"座"的区别在哪里

某市某商品交易市场外立着一块指示牌，牌子上写着"乘座出租车由此去"。这八个大字甚是显眼，其足以为行人指明出租车所在处，同时里面的错别字也甚为明显，"座"应改为"坐"。

坐，是个会意字，如二人坐在土上，本义指人的一种坐姿，古人席地而坐，坐时两膝着地，臀部压在脚跟上。

坐，可指把臀部置于椅子、凳子或其他物体上，以支撑身体重量，如请坐、坐在河边、稳坐江山；指搭乘，如坐船、乘坐汽车、坐火车；指房屋背对着某一方向，如新建的办公大楼坐北朝南；指把壶、锅等放在炉火上，如把锅坐火上。

由于对"坐"和"座"字义理解不深，把"坐落"写成"座落"，把"坐北朝南"写成"座北朝南"的现象十分常见。而要避免此类错误，就必须准确理解"座"的字义。

座，指停坐的地方。座常用作名词，指座位，如高朋满座、座次；指放在器物下面垫着的东西，如茶座儿、石碑座儿；指星座，如天秤座、狮子座；用作敬辞，旧时用于称呼高级长官，如以"军座"称呼军长。

座常见于座机、座谈、座钟、叫座、座上宾、座右铭、座无虚席等，其中"座"字均不可写成与之音同、形似的"坐"字。

怎样辨析"和""合"二仙

他们谎称洛韩当时处在醉酒状态，一直逼我们合解，洛韩在这场车祸中从头到尾都是个无辜的受害者。

句中"合解"的"合"字应为"和"字的误写。除此之外，把"合家"误为"和家"的现象也很严重，只有正确理解"合"与"和"的字义，才能有效避免此类错误发生。

"和"的本义是和谐，协调，引申为平息争端，如和解、讲和、和议等。"和"字是一个兼类词，含义十分丰富。作形容词时，除和谐一义外，还指平和、和缓，如温和、和颜悦色等；作连词时，表示联合、跟、与，如大人和小孩、工人和农民等；作介词则表示引进相关或比较的对象，如她和我们讲起以前的趣事。"和"作名词时则有两种含义，一指加法运算中，一个数加上另一个所得的数，如 $5+10=15$ 中，"15"就是"和"，也叫作"和数"；"和"还可以表示连带，如和盘托出、和衣而睡等。

"合"是会意字，本义是闭合，合拢。如合眼、合抱、珠联璧合等词语中用的都是"合"字的本义。"合"的常用义有关闭、全部、共同、符合、折合、结合等。

不要"冒然"行事

当然，爆炒的结果便是股价脱离基本面纷纷飞天，仿佛天上有了磁铁，仿佛地球失去了引力，而如中国远洋、报喜鸟等新股便可以堂而皇之地以百倍以上的市盈率登场，最终套住一批又一批冒然追高的股民。

例文中"冒然"一词写得不对，应为"贸然"。

"贸"是形声字，从贝（与财物有关），卯（mǎo）声。它的本义是交换财物、交易，如贸易，商贸，财贸等。"贸"又指蒙昧不明，进而引申为轻率，鲁莽之义，"贸然"中的"贸"用的就是这个引申义。贸然：轻率的样子，指遇事不经考虑，就随便做决定。如贸然行事，贸然下结论等。"贸"还可表示更改、变换，如贸名（意思是更改名称，注意与"冒名"区别），贸换（交换），贸工（换工）。

冒，会意字，小篆字形，上边是帽子，下边是眼睛。本义是帽子。"冒"是"帽"的古字。今"帽""冒"各有分工，不可混淆。

"冒"可以当"向外透，往上升"讲，如冒烟、冒汗、脸上冒出一个小痘痘等；还可解释为不顾危险或恶劣环境，如冒雨、冒险、冒死等；作冒失、冒昧讲，组词如冒失、冒昧、冒犯、冒渎、冒进等词语，这时的"冒"极易与"贸"混淆，应加以注意；还指冒充，如冒名、冒领、冒认、冒牌、假冒等，多含贬义。

"冒"做冒失，冒昧讲时，很容易写出"冒然"这样的词语来。事实上，现代汉语中没有"冒然"的说法，应为"贸然"。

什么会"暴发"，什么能"爆发"

此次山洪爆发，村民受灾非常严重。

暴、爆音同义近，很容易发生误用。例句中的"爆"改为"暴"才是正确的。

"暴"，音bào，突然而且猛烈的意思，如暴雨、暴病、暴怒、暴饮暴食等；也当凶狠、残酷讲，如暴行、暴虐、暴徒；还可形容急躁，如脾气暴躁、性情暴烈等。"暴"作动词时意思是鼓起来、突出，如脑门上暴起青筋。"暴"在书面语中还指糟蹋、损害，如自暴自弃、暴殄天物。

爆，形声字，从火，暴声，本义是炸裂发声，引申为猛然破裂或迸出之义，如爆炸、爆破、爆裂等；也可指出人意料地出现、突然发生，如爆冷门、爆出特大新闻等。

"暴发"有两层含义，一指突然发作，多用于与水有关的自然现象，如病例中的"山洪爆发"应为"山洪暴发"；二指突然发财或得势（含有贬义），如暴发户。

"爆发"不同于"暴发"，它原指火山内部的岩浆突然冲破地壳，向四外迸出，后比喻为人的力量、情绪等突然发作，或事变突然发生，如人民的愤怒终于爆发了、爆发革命、爆发战争，等等。

"爆满"原是粤方言，形容戏院、影院、竞赛等场所人多到没有空位的程度，不能错写成"暴满"。

请勿陷到"井"里

《解密留学中介五大陷井》：有关当前的"留学陷井"可谓形形色色、无奇不有：1.价位陷井……2.假材料陷井……3.偷换概念陷井……

这是某网站科教频道一文中的内容。该文一律将"陷阱"写成了"陷井"，显然是混淆了"阱""井"这两个字。

《说文解字》："阱，陷也。""阱"是

形声字，从阜（表示与地形地势的高低有关）、井声，本义是捕捉野兽的陷坑，比喻危害人的圈套、计谋等。

井，典型的象形字。金文字形外像井口，中间一点表示井里有水，本义是从地面往下凿成的能取水的深洞，洞壁上多砌上砖石。"井"又引申指形状像井的东西，如矿井、油井、竖井、天井，等等。

"阱""井"读音相同，字形也很接近，加上"井"的字义，很容易让人误以为"井"是"阱"的简体字，从而出现"陷井"之类的词。避免这种错误的方法很简单，只要记住"井"是用来取水的，"阱"是用以捕兽或骗人的，两者的用途完全不同，也就不可以混用。

用"心"辨析"肯""恳"

在实际运用中，混淆"肯"与"恳"，把"中肯"写成"中恳"，以及把"恳请"误作"肯请"的情况十分常见。因此有必要辨析"肯"与"恳"。

肯，本指附着在骨头上的肉，"肯綮"即指筋骨结合的地方，比喻事物的关键。"中肯"一词由"中人肯綮"而来，喻指言论正中要害或恰到好处。"肯"作动词时表示同意、许可、愿意、乐意，如首肯、不肯、宁肯、岂肯、肯不肯等等。

《广雅·释诂》："恳，信也。"恳"从心，肯声，本义是真诚，如诚恳、恳请、恳求、恳切、勤恳等。除形容词外，"恳"还可作动词用，意思是请求，如敬恳、拜恳。"恳"与人的心愿和真诚密切相关。

"肯""恳"读音相同，"中肯"又往往被误解为"适中、恳切"，因此极易错写成"中恳"。恳请：诚恳的请求，而写

作"肯请"就无法传达"心愿"，再说，现代汉语也没有"中恳""肯请"等词。所以，这两处"肯""恳"都不可误用。

十分常见的"部置"和"布署"

《北京布署明年农村工作 强调保障农产品供给》

这是某网站一则新闻的标题。这里的"布署"当为"部署"，"布""部"二字的此类误用情况极为常见。

"部"有管辖、统帅之义，如部率、部领，所部，部署等。"部署"一词本指军队统帅根据作战意图对兵力进行区分和配置，现在则泛指安排、布置，多用于生产活动、工作分配和体育比赛中，如战略部署、部署工作等。

"布"指用棉、麻等经纺纱后织成的可以做衣服或其他物件的材料，如棉布、麻布、白布、布鞋、布衣、布艺等等。"布"作动词，主要有宣告、散布、分布、布置等释义，常见词有发布、公布、布告、布局、布防、布置、阴云密布、开诚布公、星罗棋布等。"布"作动词时，也有布置之义，但仅用于布置、布景、布局、布防等词中。

"部置""布署"的说法不存在，我们在使用中务必要多加注意。

"关怀备至"还是"关怀倍至"？

《安吉利娜是个好妈妈 对领养女婴撒哈拉关怀倍至》

将"关怀备至"写成"关怀倍至"的情况十分常见，问题就出在人们对"备""倍"二字的具体用法掌握不明。病例也犯了相同的错误。

"备"的本义是谨慎、防备，如戒

备、备荒、备灾、攻其不备、常备不懈等。"备"又由本义引申出准备、设备之义，如备用、备办、备份、备货、备选、备用、备战、备考、军备、装备等；也可以当有、具有讲，如具备、完备、德才兼备等。

"备"在书面语中可作副词用，意为"完全"。"备尝艰苦"的意思是受尽了艰难困苦；"备受欢迎"的意思是很受欢迎；"关怀备至"即指对人的关怀极其周到。这几个词语中的"备"被误写为"倍"的现象极为严重。

"倍"是"背"的本字，本义是相反、背向，"背"作为后起字分担了"倍"的这一含义，"倍"后另表他义。"倍"作量词，指在原数的基础上加上与原数相同的数，如三的七倍是二十一。"倍"也当加倍讲，如翻倍，倍增、事半功倍、身价百倍等。

"倍加"是一个副词，表示程度比原来深得多，如倍加珍惜，倍加清新。这时的"倍"字最容易错用成"备"，应注意区分。

抓住侧重辨"彩""采"

在书刊网页上，诸如"精采好戏""丰富多采""神彩飞扬"之类随处可见，足见"采""彩"二字混淆误用之严重。

"采"是会意字，从爪从木，甲骨文上像手，下像树木及其果实，表示以手在树上采摘果实和叶子。"采"的本义是摘取，如采茶、采摘；后引申为开采、搜集、选取等义，如采煤、采集、采风、采访、采购、采办、采纳等。

"采"作名词时，指人的神色、神态、精神上的活力或生气，如神采、风采、兴高采烈、无精打采等；"采"亦可指文章的辞藻、文采。神采飞扬：采，精神、神色；形容人兴奋得意、精神焕发的样子。这里的"采"不可改为"彩"。

彩，形声字，从彡（shān），采声，本义是各种颜色交织。彩云、彩虹、彩霞、彩绘、彩笔、彩灯、五彩缤纷等词中的"彩"用的都是本义。"彩"又指彩色的丝绸，如剪彩、张灯结彩；也可解释为花样、精彩的成分，如丰富多彩；还当称赞夸奖的欢呼声讲，如喝彩；或指赌博或其他游戏中给胜者的东西，如中彩、彩票、彩金；"彩"还表示负伤时流的血，如挂彩、彩号。

彩、采音同义近，极易混淆。这两个字的区别在于，彩侧重于外形，多用于物，表示事物的颜色或由此引申出来的含义；"采"侧重于精神，多用于人，表示人的神态与精神面貌。记住了这一点，就不会把"丰富多彩"写成"丰富多采"、把"神采飞扬"写作"神彩飞扬"、把"精彩"写成"精采"了。

屡屡犯错"流蹿"犯

某网站一则新闻标题是"肇事司机酿下命案后疯狂逃蹿三百群众围追堵截"；另一网站一则新闻的标题是"疑犯驾车逃蹿连撞警车 警察连开数枪追击"，这两则新闻的标题中都出现了"逃蹿"，可见"逃窜"一词被误用的概率之高。此外，把"流窜犯"写成"流蹿犯"的更是屡见不鲜。

蹿，从足，本义是向上跳、向前跳，

如上蹿下跳，蹿房越脊，一下子蹿到树上去了，大火从门内蹿出来；"蹿"在方言中还当喷射讲，如鼻子蹿血，蹿火（犹冒火，发怒的样子）。特别是火从某处"蹿"出来，很容易被误写为"窜"出来，这一点要多加注意。

窜，会意字，从鼠、从穴，本义是躲藏、隐匿，引申为乱跑、逃走（用于罪犯、敌军、兽类等）。如逃窜、流窜、抱头鼠窜、鸡飞狗窜等，这几个词中的被误用为"蹿"的现象十分严重，望读者引以为戒。"窜"另释为改动（文字等），组词如窜改、点窜（修改文章字句、润饰）、窜定（则谓删改订正）。

"不省人事"与"不醒人事"

一醉汉骑着电动自行车将一步行女孩撞倒，女孩没有伤着，只是破了些皮。电动车和人同时倒地，倒地后醉汉四脚朝天一动不动，不醒人事。

在实际运用中，"省"十分容易与"醒"混淆。病例就犯了这样的错误，文中的"不醒人事"当为"不省人事"。

省，读 xǐng 时，意思是知觉、觉悟，组词如省悟，发人深省；也可以指检查自己的思想行为，如反省，内省，吾日三省吾身；还能释为探望、问候（多用于晚辈对长辈），如省亲，省视。

"不省人事"原先的意思是不明世事，现多指昏迷过去、失去知觉。因为"不省人事"确有"昏迷不醒"之义，所以很容易误写成"不醒人事"。但"不醒"尚好理解，若与"人事"搭配在一起就无法解释了。因此该成语应该写成"不省人事"。

醒，形声字，从酉，星声。酉与酒有关，因此"醒"的本义是酒醒。"醒"有动词和形容词两种用法。"醒"作动词，一指酒醉、麻醉或昏迷后神志恢复正常状态，如醒酒、苏醒；二指睡眠状态结束或尚未入睡，如睡醒了、一直醒着呢；三指觉悟、醒悟，如提醒、猛醒；"醒"还可表示面团和好后，放置片刻使其软硬均匀。

"醒悟"与"省悟"非常容易混淆，实际上这两个近义词还是有细微的差别的。"醒悟"侧重指人的认识在外界的作用下由模糊而清楚、由错误而正确。"省悟"则强调经过自省、内省而明白、觉悟过来。

大名不可"顶顶"

今年的暑假我们准备去大名顶顶的周庄旅行，尽情领略一下江南水乡的风土人情。

例句中的"大名顶顶"系"大名鼎鼎"之误。"大名鼎鼎"中的"鼎"为什么不能写成"顶"呢？我们先来看一下"鼎"字的含义。

"鼎"本指三足两耳用于烹煮的器物或置于宗庙作铭功记绩的礼器，第二种含义的"鼎"在古代被视为立国的重器，因此"鼎"又象征着政权、权力，如九鼎、定鼎、问鼎、鼎业等。"鼎"字继而引申为显赫、盛大之义，如高门鼎贵。"大名鼎鼎"中的"鼎"用的就是这个引申义，"大名"即"盛名"，联合起来就是形容"名气很大"。

"顶"是形声字，从页，丁声，本义就是人头的最上端，引申指物体上最高的部分，如山顶、屋顶、楼顶、顶峰等；作动词时可以释作用头支撑、用头或角撞击、从下方拱起、对面迎着、顶撞、顶替、相当于等义；作副词表示限度最高，如顶呱呱、顶级、顶尖等。"顶"还可作量词，用于某些有顶的东西，如一顶帽子，一顶蚊帐等。

"顶"释义都没有能与"大名""盛名"之类的词语相搭配的，所以应以"大名鼎鼎"为规范写法。"革故鼎新""人声鼎沸"等词中的"鼎"也同样不能写成"顶"。

另外，"鼎立"指三方面的势力像鼎的三只脚一样分立；"鼎力"则是谦辞的一种，指大力（用于请托或感谢）。二词不可混淆。

"装潢"能否写成"装璜"

《百强县市汽车消费正进入服务时代》……有人形容 4S 店："把钥匙交给我们，然后就可坐在装璜精美的休息室里喝着咖啡、听着音乐，等着把车修好。"这就是 4S 服务。

"装潢"一词中的"潢"常被人误写作"璜"，此乃音同形近致误。

"潢"字从水，表黄色，本义是积水池，后引申作染纸，如"潢，染书也。故唐有妆潢匠。"（《广韵》引《释名》）再引申为装饰，组词如装潢。关于"潢"字本义与引申义之间的关系，清代学者方以智在《通雅》一书中有一段很好的阐释："潢，犹池也，外加缘则内为池，装成卷册，谓之'装潢'，即'表背'也。""装潢"一词原指装饰书画作品，现在泛指装饰事物使之美观，或指物品的装饰。可见，"装潢"一词的写法是深合理据的，"装潢"中的"潢"不可改为"璜"。

"璜"从玉，黄声，本义是半壁形的玉，至今没有变化。组词如璜佩，璜台等。

"零"与"另"不可混用

凡在当日购物发票满 200 元送 40 元赠券。使用赠券购物不找另，不再享受折扣优惠。

这是某商店某优惠活动的说明。其中"不找另"的说法显然是不对的。"另""零"读音接近，前者常被误认为是后者的简化字，因此发生误用。病例无疑也犯了同样的错误。

"零"在现代汉语中主要作数词用，有这样几个含义：1.指整数系统中一个重要的数，小于一切自然数，是介于正数和负数之间唯一的数，记作"0"，有时用来表示某种量度的起点；2.放在两个数量中间，表示单位较高的量之下附有单位较低的量，如两年零七个月；3.表示数的空位，在数码中多作"〇"，如三〇二号房间。

"零"作形容词，表示细碎的、小数目的（与"整"相对），如零碎、零售、零用、零星、化整为零；作名词则指整数以外的零数，如零头，挂零，找零。此外，"零"的书面语中可以表示（草木花叶）枯萎而落下、（雨、泪等）落下，如凋零、零落、感激涕零等。

"另"的本义是分开居住、各自谋生，引申指单独，又转指别的、以外的。现代汉语中"另"可作副词和指示代词，均表示"另外"之义。"另"作副词，如另议，另行，另有打算，另眼相看，另起炉灶，另找门路；作指示代词，则如另案、另一回事、另一条路，等等。

"找零"意为找零头，不可写作"找另"。

不要为"朦""瞢""蒙""曚"蒙蔽

就在这年的夏天，一个月光蒙胧的夜晚，几个神秘的人忽然出现在荒凉的马嵬坡上，他们悄悄挖开了当年草草埋葬杨贵妃的坟墓，这些人究竟在找寻什么呢。

文中"月光蒙胧"的说法是不正确的，这里的"蒙"应为"朦"。

"朦""瞢""蒙""曚"这几个字读音相同，字形也相似，尤其在组成同音词"朦胧""瞢眬""蒙眬""曚眬"时，更是让人分辨不清。这些字词之间的区别和联系究竟是怎样的呢？

朦，从月，蒙声，本义是月不明。现多组成"朦胧"一词，以延续本义，指月光不明；二形容不清楚、模糊，如暮色朦胧，烟雾朦胧等。

瞢，从目，蒙声，本义是眼睛失明。"瞢眬"也作"蒙眬"，形容即将睡着或刚刚睡醒时，双眼半睁半闭，看东西模糊的样子，也可形容酒醉后眼睛迷糊的样子。此外，"蒙""瞢"在表示欺骗，胡乱猜测之义时，也可通用。

蒙，多音多义字。读 mēng 时意为欺骗，胡乱猜测，如蒙骗、欺上蒙下、蒙对了、别瞎蒙等，此时"蒙"与"瞢"可通用；还表示昏迷、神志不清，如蒙头转向、被一拳打蒙了。读 méng 时表示遮盖，如蒙蔽、蒙住眼睛、蒙上一张纸；或作被动词，同"受"，如蒙难、蒙垢、蒙受、蒙冤等；还可以指没有知识、未开化、不懂事理、愚昧，如蒙昧、启蒙、蒙师、蒙学。读 měng 时，指蒙古，组词如内蒙古，蒙古包、蒙药等。

曚，从日，蒙声，"曚眬"则形容日光不明，一般用在书面语中。

概括起来说，形容月色不明或景色等在客观上不清楚、模糊时，只能用"朦胧"；形容因醉酒或睡觉眼睛模糊不清时，用"瞢眬"或"蒙眬"；形容日光不明，只能用"曚眬"。

见到"懵""瞢"别犯懵

滑雪节的策划推出，把黑龙江滑雪旅游从瞢懂状态推进到一个发展起点超前、发展目标明确、发展方式高效的快车道。

这段文字摘自某网站《薄喜如：十年磨剑，北大荒重塑冰雪名片》一文，文中"瞢懂"二字，使用有误，当为"懵懂"。"懵""瞢"二字形近音近，再加上使用频率不是太高，好多人不辨其义，以致误写误用。

懵，读音 měng，形声字，从心，瞢声。本义是昏昧无知的样子，现代汉语指糊涂或不明事理，如懵昧、懵懵、懵头懵脑、懵头转向等。懵懂：糊涂，不明事理。而"瞢"字字义为目不明，所以，不能用它替换"懵"。

瞢，读为 méng，本义是眼睛不明，如目光瞢然、瞢眩。这个字现代汉语使用较少，一直保持着它唯一的原义。

因为"目光瞢然"是说目光昏暗不明，所以当用"瞢"，"懵"表示内心糊涂，"懵然"是指心里糊里糊涂的状态。抓住了这一点，我们就不会再把"瞢""懵"搞混了。

细细探究"秘""密"

《别克荣御已开始接受预订售价依然密而不宣》

"秘""密"读音相同，兼有相似的释义，有时会出现误用。病例"密而不宣"一词中的"密"就用错了，应为"秘"。

"秘"作名词，意为秘密，不公开的、不让人知道的，如秘密、秘诀、秘方、秘史、秘府、秘闻等；作形容词时，还指罕见、稀有，如秘宝、秘本、秘籍等。"秘"还可作动词，意思是保守秘密，"秘而不宣"中的"秘"用的就是这个释义，该词的意思是保守秘密，不对外宣布。"密"只能作名词或形容词用，没有这样的用法，所以说病例将"秘而不宣"写成"密而不宣"是错误的。

"密"作名词，指秘密，不公开的（事情），多组成名词，如机密、保密、密码、密谈、密会、密探、密谋、密信、密使、密语等词。"密"可以作形容词，指事物之间的距离很近，事物的部分之间空隙小（与"稀""疏"相对），如紧密、严密、稠密、茂密、密集、密封、紧锣密鼓、乌云密布等；又引申指关系近、感情好，如亲密密友；还指精致、细致，如精密、细密、密实等。

"秘"和"密"作名词时，都有秘密之义，区别之处仅在于组词用语习惯不同，因此混淆的现象十分普遍。只有认真辨析，才不致误写误用。

庄稼"歉收"，而非"欠收"

在实际应用中，"歉意""歉收"很容易误写成"欠意""欠收"。

"歉"为形声字，从欠、兼声，本义是吃不饱，引申指收成不好，如歉收、歉年、歉岁；也指惭愧、对不住人的心情，如抱歉、道歉、歉疚、歉然、歉意等。

"欠"是象形字，小篆字形下半部是人，上部像人呼出的气，所以"欠"的本义就是人在打哈欠（困倦时张口出气），也指身体稍稍向上移动，如欠了欠身子。"欠"可指借别人的财物等没有还，或应当给人的事物还没有给，如欠钱、欠债、欠款、赊欠等；也表示不够、缺乏，如欠佳、欠妥、欠缺、欠考虑。

根据词义可知，歉意"歉收"不能写成"欠意""欠收"，因为"欠"的义项与"心意""收成"无法匹配。

"嬉笑"与"笑嘻嘻"

《嬉笑声"吵烦"底楼居民》：……如果大家都来这里健身，那么孩子的吵闹声、老人跳操放的音乐，健身器材发出的声响等将使一家人的生活长时间不得安宁。

这是某网站新闻中心一则新闻中的部分内容。文章标题中的"嘻笑"一词用字错误，这里的"嘻"系"嬉"之误。

嬉，读 xī，本义是游戏、玩耍，如嬉戏、嬉闹、嬉笑（边笑边闹）、文恬武嬉、业精于勤荒于嬉等。

"嘻"容易与"嬉"混淆的原因有三点：音同、形似、义近。"嘻"也读 xī，形容笑的声音，如嘻嘻地笑，笑嘻嘻。"嬉"与"嘻"的不同点在于，前者包含玩闹之义，作动词用；而"嘻"却只能作拟声词。根据病例的文意，显然用"嬉笑"才是正确的。另外要注意，"笑嘻嘻"不能写作"笑嬉嬉"，否则便失去本义。

让编辑们犯愁的"象""像""相"

雪中的景色壮丽无比，天地之间浑然一色，只能看见一片银色，好象整个世界都是用银子来装饰而成的。（《北国·雪》××网旅游论坛）

第一篇　中国的第五大发明——汉字

"像""象"二字音同义近，非常容易混淆。诸如上例，将"好像"误写成"好象"的情况更是十分常见。"像"不等同于"象"，二字用法有别，切勿混用。

象，象形字，本即指大象（一种哺乳动物，陆地上现存最大的动物）。"象"作名词指形状、样子，如景象、气象、印象、形象、现象、万象更新；作动词指仿效、模拟，如象形、象声词。

像，形声字，从人从象，亦象声，本义是相貌相似，如他长得很像他哥哥。"像"作名词时，指物体发出的光线经平面镜、球面镜、透镜、棱镜等反射或折射后所形成的与原物相似的图景，分为实像和虚像；也指比照人物制成的形象，如画像、塑像、肖像、雕像。"像"作动词，意为比如、如同，如像大熊猫这样的珍稀动物，一定要加以保护。"像"作副词时，意为好像，如天像要下雨了，我们像是见过面。

1986年国家语委在"关于重新发表《简化字总表》的说明"中明确规定，"象"不再作"像"的简体字，二字各自承担不同的义项。因此"好像"一词不可以写作"好象"，"影像""像素""像样"也不能误写成"影象""象素""象样"。

"象"极易与"像"混淆，有人为了区分二字，把表示"大象"以外的"象"字都写成"像"，这也是错误的。"象"侧重指一种抽象存在于感官中的样子，"像"则指具体存在的图景。因此，象征、意象、天象、物象、抽象、表象、假象、幻象、包罗万象等词语中的"象"都不能写作"像"。"象棋""象限"中的"象"也不能用"像"替换。但是，"想象"可

以写作"相像"，不过"想象"当为第一选择。

"相"也很容易与"象""像"发生误用。

"相"和"象"都包含形状、样子之义。它们的区别在于，"相"指具体可见的"模样、容貌"，或事物真实、内在的情况。"象"所指的形状、样子，多为抽象的、不具体的感觉，或事物外部的样子。因此，"相貌""真相"不可写作"象貌""真象"；而"印象""假象"也不能写成"印相""假相"。

"相"和"像"在表"形象、模样"时含义接近，但用法有所区别。"相"用于称人的外貌或与此相关的词中，如相貌，病相，机灵相，相片，照相。"像"表示比照人物所制成的图形，如肖像、铜像、塑像等。所以"相""像"二字不可混用。

"涌现"不能写成"踊现"

某网站有篇题为《原创擂台超级大对决数字领域风云突变换》的新闻，文中写道："这次的'Diggi数字盛典'可谓是强手如林，相信会有大批的优秀中国本土数字原创新星踊现。"

例文中的"踊现"一词的正确说法应该是"涌现"，"踊""涌"二字显然因音同形似致误。

涌，形声字，从水、甬声，本义是水往上冒，后泛指云、雾、烟、气等上腾冒出。如涌潮，涌流，泪如泉涌，风起云涌，汹涌澎湃等。"涌现"一词用的是比喻义，指人或事物大量出现。而"踊"的形旁是"足"，意思是向上跳，"踊

现"显然解释不通。病例中的"强手如林""大批的……新星"的出现明显应当用"涌现"。

"据点"还是"踞点"

某论坛军事天地栏目刊载了一篇文章，题目是"基地组织在非洲建恐怖踞点"。细心的读者不难发现，这个标题中出现了错别字，"踞点"中的"踞"应该改为"据"字。

"据"的本义是手扶着，靠着。"据"意思包括占据、凭借、按照、依据，组词如据点、凭据、据理力争等。

据点，军队用作战斗行动凭借的地点。这个词中，"据"作凭借讲，而"踞"字表示蹲、坐，如用"踞"换"据"就无法表达"凭借的地点"之义。

"据""踞"容易混淆的另一种现象是把该用"踞"的地方错用为"据"，比如，不少人把"盘踞""龙盘虎踞"写成"盘据""龙盘虎据"，也是错误的。在这两个词中，"踞"表示的"蹲、坐"之义，而换成"据"一则无法准确表意，另也是生造词。

"急躁"顿足，"干燥"冒火

某网站有则报道，题目是"徐亮总结'中马之战'痛失好局原因：心情急燥"；某社区刊发的一篇文章名为"我的烦燥"。这两个标题中，都把"躁"字误用为"燥"了。另外，还有不少人把"燥热"误写为"躁热"。故而需对"躁""燥"等字加以辨析。

"躁"的本义是性急、不冷静，今组词多用本义，如急躁，烦躁，暴躁，浮躁，躁动，不骄不躁等。注意"急躁""烦躁""暴躁"不可写成"急燥""烦燥""暴燥"。

"燥"为火旁，意思是没有水分或水分很少，组词如干燥、枯燥、燥裂、燥热，等等。

枯燥，指单调或没有趣味。固定搭配，不能更换。燥热，指天气干燥炎热。如果把"燥"换成"躁"，就失去了这个意思。

"躁""燥"等字容易混淆，应从各自不同的偏旁上加以区分。"燥"是火旁，与天气炎热有关；"躁"是足字旁，表示与人的动作或性情有关。

辨清"意""义"的意义和用法

有人在博客上发表文章，名字叫"做人要讲意气"。但文中所言，是说做人不能光考虑自己，也要为别人着想，而要表达这个意思，就应该用"义气"一词。显然，作者把"意""义"两个字的字义混淆了。

必须正确理解"意"与"义"的字义及区别，才能正确使用这两个容易混淆的字。

意，从心从音，本义是心志、心意，引申为意思，组词如意见、本意等；也可以表示意料、料想，组词如意表、意料等；还可以表示心愿、愿望，组词如意愿、情意等。

义，本义是指正义、合乎道德的行为或道理。《现代汉语词典》释义为意义、道理，组词如义不容辞、义务、情义、义气、义赛，等等。

"义"和"意"的字义有相近之处，使用时要格外小心。特别是"本义"和"本意"，"含义"和"含意"，"情义"和

第二篇　中国的第五大发明——汉字

"情意"，"义气"和"意气"词义差别极为细微，并需要考虑语境。

"情深意长"是"情意"的拆开形式，"情意"指对人的感情。"情深义长"是"情义"的拆开形式，"情义"指亲属、同志、朋友间相互应有的感情，多少包含一点义务的意味。二者的区别极为微妙。

"义气"是指由于私人关系而甘于承担风险或牺牲自己利益的气概，或有这种气概和感情；而"意气"则表示意志和气概，也可以表示志趣和性格或表示由于主观和偏激而产生的情绪。由此可知，在表达"考虑他人利益"时，只能用"义气"而不能用"意气"。

过"坎儿"与跨"门槛"

某日报纸发一篇文章，题目是"千七过不去的槛儿？"细读文章，原来作者是说，1700点成为股市很难翻越的一道"坎"。可是，作者却莫名其妙地使用了"槛"字。

坎，从土，欠声，本义是坑、穴，引申指自然形成或人工修筑的台阶状东西，如土坎儿、田坎儿。"坎儿"指最要紧的地方或时机；当口儿，也比喻麻烦、坏运气或被迫的处境，如今年是她的坎儿。"坎肩"是一种不带袖子的上衣（多指夹的、棉的、毛线织的），古时也称半臂，南方多称背心。"坎坷"指道路、土地坑洼不平的地方，喻指挫折、不得志。

槛，本读 jiàn，意思是囚车、囚牢，此义后由"监"承担。所以"槛"读 jiàn 时仅表示"兽笼、囚笼"和"栏杆"二义。王勃的名诗"槛外长江空自流"中的"槛"就读此音。

当"槛"读 kǎn，意思是门框下面挨着地面的横木（或长石），即"门槛"，也称"门限"。"槛""坎"同音不同义，"门槛"不可写作"门坎"。

"一炷香"而非"一柱香"

《云居寺除夕"第一柱香"起价 660》

这是某报上一则新闻的标题。这里的"一柱香"应为"一炷香"，作者明显混淆了这一组同音字。

"炷"是形声字，从火、主声，本作"主"，本义是灯芯，后引申指点燃、烧（香），如"炷香"。"炷"后来借用作量词，用于点着的线香，如俗语中常用"一炷香的工夫"来表示时间长短，谚语则有"人争一口气，佛争一炷香"。

"柱"从木，主声，本义是屋柱，即在建筑物中起支撑作用的直立的构件，如梁柱、支柱、柱子、柱石等；又喻指形状像柱子或作用重要如柱子的东西，如水柱、花柱、脊柱、柱臣、顶梁柱、擎天柱、偷梁换柱、中流砥柱。

"柱"是名词，指柱子或像柱子一样的东西，它不能当量词用。"炷"字从火，作量词时专用于表示线香的数量，因此"一炷香"中的"炷"是不可以换成"柱"的。另外，也不可把"一炷香"误为"一注香"。

"驻扎"不仅仅是"住下"

据路透社报道，在日本自卫队住扎的伊拉克萨马沃市发生了一起爆炸事件，爆炸在一个居民区的路上炸出了一个直径为 20 厘米的坑，目前没有人员伤亡的报道。

这是某网站一则新闻中的一段话。

文中的"住扎"显然是"驻扎"之误。"住""驻"因音同义近致误。

驻,形声字,从马,主声,本义是马停下不走,后引申指(人)停留在某一个地方,如驻足,驻颜(容貌不衰老)。"驻"也特指部队或外勤工作人员住在执行职务的地方;部门、单位派出的机构设在某地,如驻防、驻地、驻军、驻守、驻扎、驻屯、常驻、留驻等。

住,形声字,从人,主声,本指停住、止住,如住嘴、住手、雨住了;后多指居住、住宿,如住宅、住处、住户、住址、住院、住校、住了一夜等。"住"还有一个较为常见的用法,就是作补语,用在动词后表示牢固、稳当、停顿、静止等义,如拿住、抓住、记住、愣住、刹住、问住了,等等。"住"作补语时,还常与"得""不"等连用,表示力量够得上(或够不上),如沉得住气、经得住考验、架不住、忍不住,等等。

"驻扎"一般专指部队驻留、安营扎寨。而"住"用于普通意义上的居住、止住,因此"驻扎"是不可以改为"住扎"的。

针砭那些"针贬"者

《×××三登广告针贬时政 疾呼暂停统"独"争议》:某公司荣誉董事长×××今天再度透过刊登媒体广告方式,针贬时政。……他呼吁,台湾应该要暂停统"独"争议,停办"独立公投",全力发展经济,以及处理两岸问题。

该文作者将"针砭"一律写成"针贬",显然是没有掌握"砭"字的含义。"砭"与"贬"读音相近,含义也有相似之处,但同中有异,不可胡乱使用。

"砭"即石砭,古代治病用的石针,也作动词,指用石针扎皮肉治病,引申为刺骨或规劝之义。砭骨,即刺入骨髓,形容人非常冷或疼痛的感觉非常强烈;针砭,即以针刺穴位治病,比喻指出错误,劝人改正,如针砭时弊。

"贬"的本义是减损、减少,封建时代多指官职的降低,如贬职、贬黜、贬官、贬谪、贬斥等。"贬"还可以表示降低之义,一般指价值方面,如货币贬值等。现代汉语中,"贬"还有另一个常用义,即指出缺点,给予不好的评价,如褒贬、贬低、贬义、贬称、贬斥、贬抑,等等。

"砭"与"贬"都有指出缺点、错误的意思,不同点在于,"砭"指出缺点、问题的目的是期望能得到改正;"贬"即"贬低",它只有指出缺点、不足,给予不好的评价之义,与"褒"相对。所以说"砭""贬"二字是不可混淆的。况且"针贬"一说也解释不通,因此病例中的"针贬时政"应改为"针砭时政"。

"岔路口"不是"交叉"的路口

《秩序混乱,交通拥堵的××路与×××路四叉路口》:这么几辆人力三轮车扎堆往路中间一停,再加上不时有出租车在街心等客、人流、车流密集的老城区××与×××路的四叉路口就显得秩序混乱,交通拥堵。

例文是某报中一则图片新闻的说明文字。文中"四叉路口"的说法是不对的,应为"四岔路口"。

"岔"是一个会意字,从山从分,本

义是山脉分歧的地方，后亦泛指道路、河流等的分支，如岔路、岔道、岔流、三岔路口、大沟小岔。"岔"作动词，表示离开原来的方向而偏到一边儿，也比喻转移话题或错开时间、避免冲突，如打岔、把话题岔开。这里的"打岔"和"岔开"很容易被误为"打叉"和"叉开"。

"叉"是一个多音字，字义比较丰富。"叉"读 chā 时，指一端有两个以上的长齿而另一端有柄的器具，如刀叉、钢叉、叉烧；也作动词，指用叉子取东西，如叉鱼。"叉"读 chá，意思是挡住、卡住，如一辆车叉在了路口。"叉"读 chǎ，意为交错、分开成叉形，如叉着腿。"叉"又读 chà，见排叉儿，劈叉等词。

"岔""叉"的混用多见于"交叉""岔路"等词。"叉"有交错之义，表示几个方向不同的线条或线路互相穿过时，用"叉"；表示由主路分出来的歧路时，则应用"岔"。所以说病例中将"四岔路口"写成"四叉路口"是不对的。

"玻璃碴儿"与"面包渣"

《受伤醉汉左腕被玻璃渣刺伤 上手术台打起鼾声》：一名醉酒男子撞到一环路某诊所的玻璃柜台上，左腕被玻璃渣刺伤，被 120 送至新华医院急诊室缝合时，他居然在手术台上呼呼大睡，打起了鼾声。

这是某报一则新闻中的内容。文中的"渣"用得不对，应为"碴"。

碴，读 chá，作名词时指小碎块，如冰碴，玻璃碴，碗碴子；也指器物破口上的残缺部分，如露着两块白木碴儿；还指嫌隙或争执的口实，如两人有碴儿，找碴

儿。"碴"做动词指皮肤被碎玻璃、瓷片等划破，如碎玻璃碴了手。

渣，读 zhā，本义是物质经提炼或使用后的残留部分，如渣子，豆腐渣；也当碎屑讲，如面包渣儿，煤渣，等等。煤渣是固定词，指煤燃烧后剩下的东西，不可错写为"煤碴"。

"碴"与"渣"字形相似，字义接近，都可表示"碎屑"，它们的区别主要在于：首先是形旁不同。"碴"的形旁是"石"，本指硬物上的破口；"渣"形旁是"氵"，本指物质提炼后的渣滓；其次是指示对象不同。"碴"一般指质地坚硬、有尖角的块状碎物，如冰碴儿，玻璃碴儿；"渣"则多指棱角不明显的细屑物，如饼干渣，面包渣，煤渣等。所以，病例说的是破碎的玻璃片，显然应该用"碴"。

可以"重叠"，不可"更叠"

"迭""叠"读音相同、含义接近，"迭"又曾是"叠"的简化字，因此很多人都会把这两个字混淆。事实上，国家语委在 1986 年 10 月重新公布的《简化字总表》中，又重新调整了两个字的用法。"迭"不再作"叠"的简化字，这两个字各自分担不同的义项，因此不可以混用。

"叠"是一个会意字，金文字形像物体叠放在"俎"上，本义是一层加上一层、重复。如重叠、叠合、交叠、叠加、叠嶂、叠石为山、叠床架屋、层林叠翠等词中的"叠"用的都是本义。"叠"又指折叠，即将衣被、纸张等物体用对折或交叠的方法减少长度或宽度，如叠被子、把信叠好放进信封。

"迭"，形声字，从辵、失声，本义

是交替、轮流，组词如更迭；又引申指屡次、反复，如迭出、迭次、迭起，等等；又同"及"，如忙不迭，叫苦不迭。

"叠"的重复之义与"迭"的交替之义有某种相近之处，这是造成二字误用的主要原因。但是，"叠"更多的是表示空间位置上的层层重复，而"迭"则多表示时间上的轮替。因而政权交替、岁月轮转应使用"更迭"，事物重复当用"重叠"。

容易弄错的"泻"与"泄"

《驻阿英军高烧、腹泄和呕吐不止发病原因仍是谜》

"泄"与"泻"有着相似的释义，但具体用法并不完全一致，常会被误用。病例中的"腹泄"一词无疑就犯了这样的错误。

泻，本义是倾泻、急速地流，如流泻、一泻千里；又引申指腹泻（拉稀屎），如泻肚、泻药、止泻、上吐下泻。

泄，指液体或气体排出，如排泄、泄洪、泄流、泄漏、水泄不通；又当泄露讲，如泄密、泄底、泄题，等等；还可解释为尽情地释放情绪，如发泄、泄愤、泄恨、宣泄等。

作为动词，"泄""泻"相比，"泄"重结果，如泄洪；"泻"重过程，描述一种状态，如流泻。从作用的对象看，"泄"指向气体或液体，也可指向无形的情绪；而"泻"主要指向液体事物。"宣泄"不可误为"宣泻"，因为"泻"不能指向情绪。

"泄"有排泄之义，因此很容易与"泻"的引申义混淆。其实这两个字的用法是有区别的。"泄"意为排出、漏出，

"排泄"则指生物把体内的废物排出体外，它一般指正常的、少量的、可以为人所控制的。"腹泻"的"泻"指拉肚子，这是一种病态的表现，多由感染、中毒或生理性紊乱等原因而引起的。所以说"腹泻""泻肚""泻药"等词语中的"泻"是不可以换成"泄"的。

心中为"忿"，爆发为"愤"

各业界联盟以及网络公司都对新起草的法规所规定的内容感到忿慨。贸易联盟委员会说，他们将利用十月份才开始实施的《欧洲人权法案》对新起草的法律发起挑战。

病例中的"忿慨"应为"愤慨"，"愤""忿"二字因音同义近致误。

愤，部首是"忄"，指因为不满而感情激动、发怒，如气愤、愤恨、愤怒、愤世嫉俗。

忿，从心、分声，本义是生气、怨恨，组词如不忿，气不忿儿，忿然作色等。

"愤""忿"含义相似，在表示因不满而产生的恼怒和激动情绪一义时，这两个字是可以通用的，如"愤愤不平"也可以写作"忿忿不平"。不过，它们在感情的侧重点和程度上都有区别。"忿"侧重指内心的不平、急躁和怨恨，程度较轻，如气不忿儿，指看到不平的事，心中不服气。"愤"所表达的感情则比较强烈，常因正义引起，多为爆发式的，并且表现出来，如愤慨、悲愤、愤然离去、群情激愤等。根据病例的文意，文中的"忿慨"应改为"愤慨"，况且"忿慨"一说也不存在。在该用"忿"的地方用"愤"，就

会把不满的情绪严重化，从而造成表意错误。

"愤"与"忿"混淆，更常见的是把"气不忿"误为"气不愤"，这一点要多加注意。

"竿"与"杆"的差别在哪里

《竹杆敲地声声急》：有一种声音，时常会在心中磕响，那是竹杆敲地的声响，"当当当，当当当……"多么有节律，多么有韵味。由远到近，再由近到远，盲者手握竹杆，匆匆行走在街上。

这是某网站一篇散文中的内容。文题和正文中多次出现"竹杆"的说法，实在有些滑稽。既是"竹"制，又何以成"杆"？此处"杆""竿"二字明显因义近致误。

"竿"是一个典型的形声字，从竹、干声，本义即竹竿，由竹子的主干制成，组词如竹竿，竿子，钓鱼竿，日上三竿，立竿见影，一竿子到底等。可见"竹竿"取"竿"本义，不可写作"竹杆"。

"杆"有两种读音，一读 gān，指有一定用途的细长的木头或类似的东西（多直立在地上，上端较细），如旗杆、电线杆、杆塔、桅杆、杆子、杠杆、撑杆等。"杆"又读 gǎn，指器物上像棍子的细长部分（包括中空的），如笔杆、枪杆、秤杆等。"烟袋杆"中的"杆"正取此义。不可想当然认为"烟袋杆"有的是用竹子做的就写成"烟袋竿"。

此外与"竿"有关的一些词语如"钓鱼竿""日上三竿""立竿见影""一竿子到底"也常常被写错。"钓鱼竿"也叫"钓竿"，最初多由竹子制成，因此用

"竿"不用"杆"。"日上三竿"的意思是太阳距地平线有三竹竿来高（约为上午八九点），形容时间不早了，也形容起床晚。"立竿见影"指在阳光下竖起竹竿，立刻就看到影子，比喻立见成效。"日上三竿""立竿见影"和"一竿子到底"都是成语，有一定的典故，说法固定，因此这里的"竿"都不能换成"杆"。

莫要混淆"浑"和"混"

《权相宇宋承宪拍摄〈宿命〉不用替身浑身是伤》

这是某网站一则娱乐新闻的标题。题中的"混身是伤"一说着实令人喷饭。"浑""混"音同义近，但并非完全等同，所以不可混淆。

"浑"指水污浊不清，如浑水，把水搅浑；也形容人糊涂、不明事理，如浑人、浑话、浑浑噩噩等；也可形容天然的，如浑朴、浑厚、浑金璞玉。"浑"还可作副词用，意为全、满，如浑身、浑然、浑圆、浑似等。

"混"是多音多义字，读 hún 时，指水混浊、人糊涂，同"浑"。

"混"又读 hùn，主要作动词用，当掺杂讲，如混合、混杂、混淆、混为一谈；当蒙混讲，如混充、鱼目混珠；当苟且地生活讲，如混日子、混世、胡混、混了好几年，等等。

"浑"与"混"的含义比较接近，二字在表示"水污浊不清、糊涂不明事理"之义时，可以通用，如"浑蛋"也作"混蛋"，"浑水摸鱼"也作"混水摸鱼"。

但是"混"没有天然、全、满等释义，所以"浑身""浑朴"等词语中的

"浑"是不可以换成"混"的，病例明显用字错误。而"浑"没有掺杂，蒙混，苟过之义，所以"混杂""混充""鱼目混珠"等词中的"混"不可换成"浑"字。

该拣哪个"拣""捡"字用

这些外版书大多又破又旧，他们捡了半天，总算捡出几本品相还算好的，赶紧给王老师送了过去。

例句中的"捡"用错了，应为"拣"。"捡""拣"二字音同义近，极易误用。

拣，形声字，从手、柬声，本义是挑选、选择，如挑拣、拣择、拣选、挑肥拣瘦、拣要紧的说，等等。

捡，指拾取，强调清理或意外获得，如捡拾、捡钱包、捡破烂儿、捡了芝麻丢了西瓜、捡漏等。

"拣""捡"都含有拿的意思，但是"拣"强调主观的选择，"捡"则强调客观的拾取，弄清这一点，就不会混淆这两个字了。另外，不少人把"捡漏"误为"拣漏"，这是不对的。"捡漏"有三个义项，一是检修房顶漏雨的地方，二是只抓把柄，三是指捡别人丢弃的东西或得到意外的好处。这个"捡"不能换成"拣"，因为"捡漏"没有挑选的余地，所以只能用"捡"。

辨析"缴枪"与"交枪"

《疯狂失误迫使雄鹿交枪 艾维称挖大坑自作自受》：雄鹿在布拉德利中心以77：101输给奇才，结束了一场拙劣的表演。赛后小K教练也指出，雄鹿球员虽然在比赛最后并没有放弃，但是球队在比赛开始阶段过多的传球失误迫使雄鹿早早地交出了主动权。

例文标题"交枪"一词中的"交"使用不当，应用"缴"。

"缴"本指系在箭上的生丝绳，用以射鸟。"缴"后作"交"的假借字，因此有交出一义。"缴"和"交"都包含交出之义，因此有时候比较容易混淆。区分这两个近义字，只需记住"缴"字含义的特别之处即可。

"缴"表示交纳、交出之义时，特指履行义务或被迫交出。指履行义务而"交出"时，"缴""交"二字可通用，如"上交"同"上缴"，"交税"同"缴税"，"交费"同"缴费"，"交纳"同"缴纳"，等等。

但是，当"缴"特指被迫交出时，只能用"缴"，如"缴枪不杀"，不可写作"交枪不杀"。另外，"缴"还有迫使别人交出（多为武器）的意思，"交"则没有这种用法。如缴械、缴获、缴销、缴了敌人的枪等，这些词或短语中的"缴"都不可以换成"交"。

病例说的是雄鹿队在客观形势的迫使下不得不"交出了主动权"，显然标题中的"交枪"应改为"缴枪"。

不可"滥用""烂"字

《导师权利过大必然造成烂用职权》："一方面，导师权利过大必然造成烂用职权问题；另一方面，如果仅仅凭考试成绩录取又会出现'分高能低'的现象，就如高考。培养应该更注重能力而非分数，选拔有能力的学生，而非仅仅分高的学生，这是复试的目的。"

"滥""烂"易因音同义近致误。例文中的"烂用"显然是"滥用"的误写。

"滥"的本义是流水漫溢，如泛滥；引申指过度的、不加选择的、不加节制的，如滥权、滥情、滥用、粗制滥造、滥砍滥伐、宁缺毋滥等。"滥"还可形容空洞而不切实际的，如陈词滥调、滥套子等。

"烂"的本义是煮烂，如牛肉炖得很烂；后泛指物质因水分过多而松软，如稀烂、烂泥。"烂"可当腐败，变质讲，如腐烂、糜烂、溃烂、霉烂、烂香蕉等；也当破碎、破烂讲，如烂纸片、废铜烂铁、裤子穿烂了等。"烂"还可形容头绪混乱，如烂账、烂摊子、焦头烂额。"烂"又可指明亮、有光彩、色彩绚丽，如灿烂、绚烂、烂漫，等等。"烂"作副词，表示程度极深，如烂醉如泥、滚瓜烂熟。

"滥""烂"在字义上有一个共同点，即都包含质量差之义。它们的区别在于，"烂"主要指事物因性质上的变化而造成质量的降低，如破烂、腐烂、糜烂等；"滥"则强调事物因数量的过度增加而造成的质量差，如滥用修辞手法。

"烂用"一说属生造，根据病例的文意，文中的"烂用职权"显然应改为"滥用职权"。

风景可是"刹"不得的

本来是怀着极其兴奋的心情直奔东山岭而来的，但一坐上缆车，看到脚下的却是密密麻麻的坟冢，真有点儿大刹风景。

煞，读 shā，意为结束、收尾，如煞尾、煞笔；也当勒紧、扣紧讲，如煞车、煞一煞腰带。当表示削弱，消除，程度深之义时，"煞""杀"可以通用，如"杀价"同"煞价"，"杀风景"同"煞风景"，"气杀"同"气煞"，等等。

刹，读 shā 时，当止住讲，如刹车，刹把，刹住不正之风。在表示止住车或机器这个义项时，"刹""煞"通用，如刹车；但在止住某种风气的时候，二者不能通用，应该使用"刹"。

读 chà 时，"刹"是梵语"刹多罗"（ksetra）的简称，佛教中指寺庙，如古刹宝刹等。"刹那"也是一个外来词，它是梵语 ksana 的音译，表示极短的时间，瞬间，如一刹那。

"刹"与"煞"在表示止住、结束之义时，可以通用，如"刹车"也可写作"煞车"。

"煞风景"也作"杀风景"，意思是损坏了美好的景色，比喻在兴高采烈的场合使人扫兴。说"大煞风景"或"大杀风景"都可以，但不能说"大刹风景"，因为其中的"煞"意为削弱、消除，"刹"却是没有这个释义。

仔细考察"察"与"查"

"察"与"查"音同、义近，经常被人混淆，且组成的词语中不少也容易混淆，如"检查"与"检察"，"考查"与"考察"，"侦查"与"侦察"等。因此，需对二字做认真辨析。

察，本义指仔细看，可引申为看得清楚，如观察、察觉、察言观色、明察秋毫；又可引申为调查、检验，如洞察、审察、监察、明察暗访。

查，与"察"同音，本义已经不用，今可指检查，如查收、盘查、查户口；指调查、察访，如查访、查勘；指翻检着看，如查字典、查地图、查资料。

由上述内容可知，"察""查"不仅意

思相近，而且在意义上互有包含关系。区别二者含义、准确掌握其用法的关键在于，"察"常指在调查过程中仔细观看、认真思考、深入探究，带有"分析辨别性质"的行为；"查"常指有范围、有标准、有目的的调查，带有"审核性质"的行动。区分两个字，关键在于区分他们组成的词。

"检查"可指为发现问题而用心查看，如检查工作、检查身体；指翻检、查考书籍或文件等；指找出缺点和错误并做自我批评，如检查自己的错误；指口头或书面形式所做的检讨，如写检查。而"检察"可指检举核查、考察；特指国家法律监督机关（即检察院）依法定程序进行的法律监督活动，它的主体为国家司法机关。

"考查"指用一定的标准检查衡量某种行为、活动，如考查学生本学期的学业成绩，强调"一定的标准"。而"考察"指实地观察调查，如到各地考察工作；也可指细致深刻地观察，如勤于考察和思索，强调"实地调查"或"仔细考查"。

"侦查"指公安机关、检察机关、国家安全机关在刑事案件中，为确定犯罪事实和证实犯罪嫌疑人、被告人确实有罪而进行调查及采取有关的强制措施，如立案侦查、侦查案情，其主体为公安司法机关。而"侦察"指为了弄清敌情、地形及其他有关作战的情况而进行活动，如侦察机、侦察兵、火力侦察、侦察飞行，其属于军事用语。

"拖"与"托"的差别何在

某街道办在街边设置有一块牌子，上面写着"此为急救通道，切勿违章停车，否则车子将被托走"。如牌所示，违章停放的车子将被"托"走，显然"托"字应为"拖"。

"拖"字可指拉着某物体使之紧挨地面或另一物体表面移动，如拖车、拖地板；也可指某物在身体后面耷拉着，如拖着尾巴、拖着辫子；又可指延续、拖延，如拖拉、拖时间、把声音拖长；指牵连、牵制，如拖住对手、拖累。

"托"字义项较多：用作名词时，指托子，即物件下面起支撑作用的部分，或类似托子的物体，如茶托儿、枪托儿等。用作动词时，"托"指用手掌或其他东西向上支撑物体，如双手托着下巴、茶碟托着茶杯；也可当陪衬讲，如衬托、烘云托月；当委托讲，如托人办事、托儿所；当推托讲，如托词、托病；当依赖讲，如托您老人家的福、托庇祖荫。

"拖"与"托"音同（tuō），且因二者均为"扌"旁，且都与动作有关，故而容易混淆，但其用法仍存有差异。记住"托"是一种向上支撑的动作，而"拖"是一种平行动作。所以，"把车拖走""拖车""拖船"等词中的"拖"不可换成"托"。"拖"没有"委托"之义，所以"托运"不能写成"拖运"。

以言曰"召"，以手曰"招"

某新闻网新闻中心刊载来自某日报的一则新闻，标题为"招之即来 挥之即去？"，内容是质疑某工厂不依法用工，说招就招，说辞就辞。

标题里面有个"招之即来"，这个"招"用得对不对呢？

召，多音字，一读shào，作姓氏用。一读zhào，字义比较丰富。读zhào时，

"召"的基本字义是召唤，如召集、召唤、召见等；也可以表示招致、引来，如召幸等。特别需要注意的是，这里的"召"被很多人误读为zhāo（招）。

招，读为zhāo，其字义很丰富。表示挥动手或打手势叫人来，如招呼、招手、招集等；表示用广告或通知的方式使人来，如招收、招聘、招领、招兵买马等；也表示引来，如招徕、招灾、招揽、招致等；表示招惹或惹，如招惹、招人爱；还表示应接，如招待；还有承认自己的罪行之义，如招认、招供、不打自招；有时还与"着"的字义同。

关于"召"与"招"二字的区别，《说文》有着精辟的论述，即"以言曰召，以手曰招"。如果我们准确地把握这一点，一般不会再出错了。

实用中"召见""召唤""召集"中的"召"容易被错写成"招"。而"招考""招领""招抚""招集""招认""招灾"中的"招"容易被误写为"召"。

"招考"，指用公告的方式叫人来应考，"召"字没有用公告方式使人来的意思，所以不能写成"召考"。"召之即来，挥之即去"乃是成语，是说已经召唤就来，挥挥手叫去就去。其中"召"乃召唤的意思，不可以换成"招"。

区分"召集"与"招集"，"召集"，通知人们聚集在一起；"招集"，招呼人们聚集。

频频被人混淆的"致"与"至"

某机械制造厂在网站做广告，说本厂是"至力于食品加工领域的勤务兵"；某

有限公司在自己网站的公司简介中说"公司至力于服务电力、建筑、化工等事业"。两家公司都把"致力于"错成了"至力于"。

"至"与"致"，因为音同义近，极容易混淆，须做认真辨析。

致，读为zhì，有多个义项，表示送给、给予，如致电、致函等；表示集中（力量、意志）于某方面，如专心致志、致力等；表示达到、实现，如致富，学以致用；表示招致、引起，如致病。作连词表示以致，如致使、以致等。作名词表示情趣，如兴致、别致等。作形容词表示细密、精细，如精致、致密等。

至，读为zhì，作动词表示到，如自始至终、从古至今、至此为止等；表示至于，如甚至、以至等。作副词表示极、最，如至诚、至交、至理名言等。

"致力于"中的"致"表示集中力量于某一方面，而"至"则不能表达这个意思，所以"致力于"不能写成"至力于"。

"至于""至理名言""至诚""至高无上""至极"等词语中"至"容易被误用为"致"。"致"没有"极、最"之义，是辨析二字的一个要点。

如何区分"以致"和"以至"呢？"以致"，连词，用在下半句的开头，表示下文是上述援引所形成的结果（多指不好的结果），如，不学好以致坐牢。"以至"有两层意思，一是表示时间数量范围程度上的延伸，如，以至无穷；二是用在下半句的开头，表示由于上文所说情况很深而形成的结果。二者区分极为细微，需认真体味。

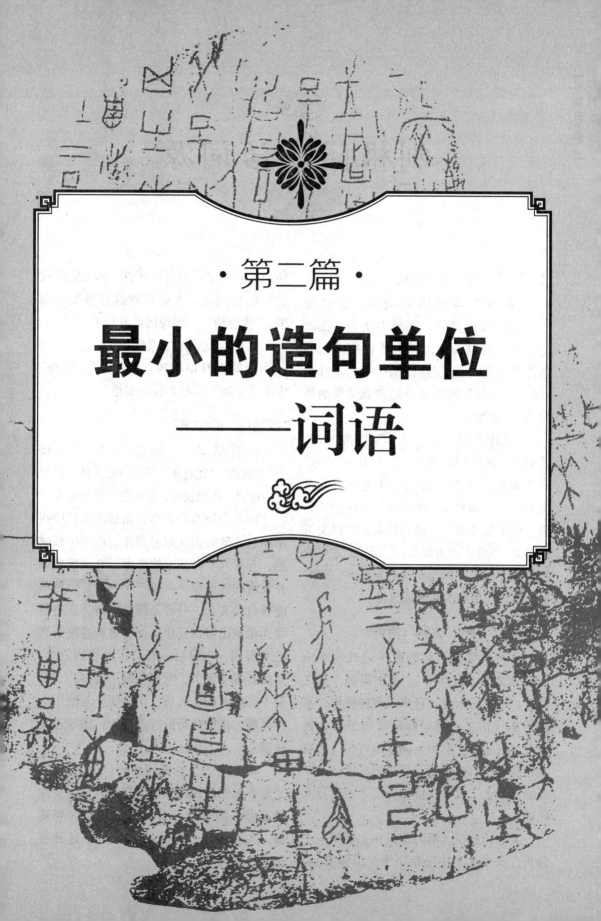

· 第二篇 ·

最小的造句单位
——词语

刨根问底话词源

"因缘""三昧"是外来词

"因缘"本是佛教词语，是梵文Hetupratyaya的意译。佛教中认为，在产生"果"的过程中，起主要直接作用的条件是"因"，起间接辅助作用的条件是"缘"。"因缘"的本义就是造成结果的各种条件和因素。

"三昧"经常和"三味"混为一谈，其实"三昧"和数词"三"无关。"三昧"是外来词语音译，《俱舍论》卷四将其定义为"心一境性"，即"心"专注于"一境"而不散乱的一种精神状态，所以又可意译为"定"。因为只有"入定"，才可取得正确的认识，做出明确的判断，"三昧"由此可借指事物的精要或真谛。

"太师椅"中的"太师"指谁？

有关太师椅名称的最早记载见于宋代张瑞义的《贵耳集》。书中提到"今之校椅，古之胡床也，自来只有栲栳样，宰执侍从皆用之。因秦师垣宰国忌所，偃仰，片时坠巾。京伊吴渊奉承时相，出意撰制荷叶托首四十柄，载赴国忌所，遗匠者顷刻添上。凡宰执侍从皆用之。遂号太师样"。

文中记载说，秦师垣坐在上校椅上一仰头，头巾无意中坠落下来。吴渊看到，便命人制作了一种荷叶托首，由工匠安在校椅的椅圈上，太师椅就这样被发明出来。"太师椅"一词也因此流传下来。

文中所提到的"秦师垣"，就是当时任太师的大奸臣秦桧。因而，"太师椅"中的"太师"指的是佞臣秦桧。

"何首乌"的由来

何首乌又名"野苗""交藤""夜合""地精""九真藤"等，以根入药，属名贵中药材。久服长筋，益精髓，延年益寿。

何首乌原本是人名，祖籍河南省顺州南和县。他的祖父原名田儿，由于生理缺陷，五十八岁时还未能娶妻。有一次在郊外发现两株蔓藤，虽离三尺有余，但藤茎能够自动交合、分开。田儿好奇，遂将蔓藤连根挖出带回家中。他将蔓藤连根研磨泡酒服用。七日后，有了讨老婆的欲念。又接着喝了十天，觉得年轻了许多，于是娶了寡妇曹氏。此后，田儿便经常服用这种蔓藤。借助此药的神奇药效，田家遂儿孙满堂，人丁兴旺。

田儿的子孙也服用此药，个个长寿。于是乡邻们便纷纷来田家找何首乌讨要此种蔓藤。因为找何首乌目的就是讨要蔓藤，久而久之，"何首乌"就成了这种蔓藤的代名词了。

"冠冕"并非皆"堂皇"

"冠冕堂皇"这一成语常用来形容外表庄严或正大而实际并不如此。在古代汉语中，"冠"的第一个意思是帽子。在古代，人们的身份地位不同，所戴的帽子也不一样。庶人戴的是用黑布制成的"缁布冠"，士大夫戴的是用黑缯制成的"玄冠"，而天子、诸侯、卿大夫戴得则是"冕"。"冕"是帽子当中最尊贵的，大致规格如下：上面是木板，木板外包麻布，上面是黑色，下面是红色。

由此可见，冠冕虽放在一起连用，但二者有严格区别。所以，只有帝王和官吏的帽子才"堂皇"，而普通人的"缁布冠"是无论如何也气派不起来的。

"乌纱帽"的由来和演变

在戏剧舞台上，凡是当官的，总要戴一顶"乌纱帽"。其由来是这样的："乌纱帽"也叫纱帽，其前身是古代男子裹头发用的幞头。北宋初年，有人将幞头改装为一种纱帽，皇帝对此大加称赞，因此便规定朝中官员都要戴这种纱帽，有时皇帝也会佩戴。这种纱帽两旁各有一根细长翅，由于翅有一尺多长，所以走起路来便会上下颤动。为了保护帽翅以免碰掉帽子，官员们都养成了小心翼翼走路的习惯。

到了明朝，官员们仍沿袭宋制戴纱帽，但皇帝已不再戴了。从明世宗时开始，人们将纱帽称之为"乌纱帽"，同时其双翅也做了一些变动：不但翅的长度缩短了，而且其宽窄也不相同；官阶越大，纱帽的双翅越窄，反之亦然。其形状和后世戏台上的乌纱帽基本一样。

清初顺治帝入关时，由于收留了许多明代降臣，而且为了笼络人心，允许不少地方官员仍穿明代朝服，戴明代乌纱帽。等到清室统治巩固，才下令将官员戴的乌纱帽改变为红缨帽。但人们仍习惯使用"乌纱帽"一词，久而久之，"乌纱帽"便成为官位的代称了。时至今日，我们仍将罢官现象称为"丢了乌纱帽"。

"万岁"原本不是指皇帝

日常生活中，人们常把"万岁"与皇帝联系起来。其实，"万岁"一词原本并不是指皇帝。西周时期，有关于"万年无疆""万寿"的记载，但它们并不是专对天子的赞称，而仅仅是一种行文的款式。战国时期到汉武帝之前，"万岁"一词时常出现，但并非是"皇帝"的意思，其用法可分为两类：一是说死期；二是表示欢呼之意。汉武帝时，"罢黜百家，独尊儒术"，"万岁"被儒家定于皇帝一人。从此，"万岁"成了皇帝的专用词。

"三呼万岁"原为"山呼万岁"

"山呼"一词，典出《汉书·武帝本纪》。据说，元丰元年春天，汉武帝登嵩山，场面浩荡，其随从的吏卒们听到山中隐隐传来三声高呼万岁的声音，于是武帝便视其为"祥瑞"，将"山呼万岁"定为了臣子朝见皇帝的礼仪。据《元史·礼乐志》载：凡朝见皇帝的臣子跪左膝，司仪官高喊"山呼"，众臣叩头应和说："万岁！"司仪官再喊"山呼"，臣子还得像前次一样。最后司仪官高喊："再山呼！"朝见的人再叩头，应和说："万万岁！"

这就是"山呼万岁"典故的由来，我们日常口中所说的"三呼万岁"其实是对"山呼万岁"一词的误解。

"青眼"与"白眼"的典故

"青眼"和"白眼"的典故，与"竹林七贤"之一阮籍有关。"青眼"指凝眸视之，表示尊重或喜爱；"白眼"指眼眸斜睨，表示轻视之意。

据《晋书·阮籍传》载：名士阮籍桀骜不驯。他的母亲去世了，很多人前来吊唁。阮籍见到遵守礼法的人，便用轻视的眼光看着他们。当嵇喜前来吊唁时，阮籍也用白眼球对着他。嵇喜见状，便扫兴而归。嵇喜的弟弟嵇康听说哥哥遭到阮籍的白眼，就带上了酒，腋下挟着张琴，来造访阮籍。阮籍十分高兴，立马迎了上去，凝眸视之，热情接待了他。这就是"青眼"和"白眼"典故的由来。现在人们常用"青眼有加"或"青睐"表示对人的赏识或喜爱，以"白眼"表示对人的厌恶之情。

"萧郎"为何指情郎？

唐代诗人崔郊在《赠婢》中有这样的诗句："侯门一入深如海，从此萧郎是路人"。在诗中，崔郊以"萧郎"自居。在古代诗词中"萧郎"泛指情郎，并非是指姓萧的男子。"萧郎"一词被当作"情郎"来用，有两种说法：

一种说法缘于汉代刘向《列仙传》中讲述的故事："萧史者，秦穆公时人也，善吹箫，能致白孔雀于庭。穆公有女字弄玉，好之。公遂以女妻焉。"后夫妻二人皆随凤凰飞去，秦人就为弄玉修建了凤女祠，祠中常有箫声传出。后来，人们用"弄玉"代指美女或仙女；用"萧史"借指情郎或佳偶，又称"萧郎"。

一种说法是，"萧郎"原指梁武帝萧衍。萧衍乃南朝梁的建立者，风流多才，

在历史上很有名气。后多以"萧郎"指代女子所爱恋的男子。

"慈母"本与"慈祥"无关

在古代中国，"慈母"是个专门的称谓。在《仪礼》中，对"慈母"的条件做了如下规定：第一，该女子是小妾身份，没有孩子或没生育男孩；第二，丈夫另外的妾去世并遗留下一个男孩；第三，丈夫需下达明确的收养指令，即命妾"以为子"，命子"以为母"。具备了这三个条件，才能称为"慈母"。知道了这些，在读到《仪礼·丧服》中的"慈母如母"时，才不会感到突兀；才能理解"慈母"不是生母而是养母；才能够明白"慈母"与"慈祥"本无关系。

随着词义的演变，"慈母"的内涵也在慢慢发生变化。在唐代，慈母已不再是一个专称。如李白诗中就有"曾参岂是杀人者，谗言三及慈母惊"的句子，显然，这里的"慈母"已不是《仪礼》中"慈母"的含义。

"中国"一词的演变

"中国"一词最早见于周代文献。据文献考证，"中国"一词共有五种用法：一指京师，即都城；二指天子直接统治的地区；三指中原地区；四指国内、内地；五指华夏或汉人居住的地区和建立的国家。由此可见，"中国"一词在古代是个地域概念。随着时间推移，这一地域概念经历了一个由小到大的扩展过程。西周时期，"中国"指西周人自己居住的关中、河洛地带；东周时，"中国"一词涵盖了整个黄河中下游地区；秦汉以来，又把中原王朝政权统辖范围之内的地区称为"中国"。

辛亥革命后，将"中国"作为"中华民国"的简称，中国一词也由地域概念变为一个专有名词。中华人民共和国成立后，"中国"成了"中华人民共和国"的简称。

"孺子牛"的由来

"孺子"本是古代人们对小孩子的书面称呼。"孺子牛"这一典故出自《左传》，讲的是齐景公的故事。据史料记载，齐景公晚年，非常宠爱小儿子荼。有一次，荼撒娇，要景公扮牛给他牵着玩。景公不顾自己是一国之君的身份，竟趴在地上，口衔绳子，让荼当牛骑。孰知，荼一不小心从"牛"背上跌下来，手中的绳子一下把齐景公的牙齿给折断了。

这就是"孺子牛"典故的由来，这一词本来只用于表示父母对子女的过分溺爱，后来，经鲁迅引用，"孺子牛"就变成了鞠躬尽瘁为人民的意思了。

"逐客令"的由来

"逐客令"中的"客"指客卿，是指在本国做官的外国人。"逐客令"本为驱逐客卿的命令，后来，这一词指主人不欢迎来客，用明说或暗示的方式，催客人赶快离去。这一典故说的是秦王嬴政的故事。

春秋战国时期，秦国有许多外国人在秦朝做官。有一个叫郑国的人以开渠灌溉的名义到秦国去做奸细。不久，郑国的身份就暴露了，于是秦国的宗室大臣就劝说秦王发《逐客令》，把诸侯各国的客卿一律驱逐出境。当时，李斯也在被驱逐之例，便写了著名的《谏逐客令》，劝谏秦王收回成命，后来秦王接纳了李斯的建议，废除了逐客的命令，恢复了李斯的职务。这就是"逐客令"一词的由来。

"罗浮梦"的由来

罗浮，山名，在今广东省境内。据《龙城录》载，隋文帝开皇年间，赵师雄游罗浮山。傍晚，他在林间小酒店旁偶遇一位美人。这位美人妆束雅淡，香气袭人。赵师雄与其交谈甚欢，便相约去酒店喝酒畅谈。喝酒的时候，美人身边的绿衣小童还在一旁歌舞助兴。赵师雄喝着喝着就睡着了。他睡了很久，直到东方天际发白，起来一看，发现自己不是在小酒店里，而是睡在一棵大梅花树下，树上有翠鸟鸣叫。此时，明月已落，三星渐退，好景不长，只落得一腔感伤罢了。

这就是"罗浮梦"的由来。后人常用这一词语感叹好景不长，人生如梦。也用"罗浮""罗浮美人""罗浮魂"等来咏梅花。

"五魁首"是"五经魁首"的简称

"五魁首"即五经之魁首。明代科举分五经取士，每经以第一名为经魁，故称"五经魁"，简称"五魁"。"五魁首"一词与一个有趣的民间故事有关：

相传，明成祖朱棣自以为才华横溢，便在一次科举考试中扮成举子的模样混入考场。他认为自己一定能夺得五经之魁，没想到发榜时才得了第五名，故十分气恼。朱棣一怒之下，便去质问主考官。主考官头也没抬地说："这个第五名还是勉强给你的呢！"等他抬头一看问话之人是当今皇上，便吓得浑身打颤。朱棣也怕传出去丢面子，便一句话没说扭头走了。

主考官既怕得罪皇上，又不能更改金榜，便想出了一个妙计，在榜文上加了

"第五名为前四名之魁首"的注解，意思是第五名才是第一名。

这就是"五魁首"典故的由来。后来，这一词逐渐成了喝酒划拳时的酒令。

"喝墨水"的由来

据载，北齐朝廷曾下过命令，在考试时对"成绩滥劣者"要罚喝墨水，喝多少，视滥劣程度而定。

梁武帝时，对喝墨水的数量作过明文规定，"差寥者，罚饮墨水一斗"，相当于今天的一大碗。在《隋书·仪礼志》中，也明文规定，士人应试时，凡书迹潦草凌乱的要罚饮墨水一升。甚至秀才，孝廉等会试时，如"文理孟浪，书写潜劣"，也要罚饮墨水。

喝墨水这一荒唐规定，在沿袭了几个朝代之后，便不再流行。后来，"喝墨水"一词也由贬义转化为褒义，常用来形容读书之人。

"古稀"的原意是"古来稀少"

《论语》中有"三十而立，四十而不惑"的句子，后来"而立""不惑"便成了三十、四十岁的代称。类似以雅语代俗语的做法，是人们表达特定感情的需要。现代汉语中通行的一套年龄称呼，除"而立""不惑"外，五十称"半百"，六十称"花甲"，七十称"古稀"，八十、九十称"耄耋"，百岁称"期颐"。

一般来说，雅称会给人带来美的感受，如"不惑"表现了自信的人生价值观，"期颐"则为长寿的象征，而"古稀"一词则带有强烈的悲观情绪，是古来稀少的意思。"古稀"一词源于杜甫《曲江二首》一诗，原句为"酒债寻常处处有，人

生七十古来稀"，诗中语言，带有强烈的感情色彩。杜甫生活在唐朝由盛而衰的年代，战争中生灵涂炭也是常有之事，致使壮年时代的他，身边多半的朋友已不在人世。因而，他才会有人生苦短、七十古稀的感叹。

"小品"的由来和演变

"小品"一词早在晋代就出现了，本属佛教用语。《世说新语·文学》中有"殷中军读小品"的句子。刘孝在句下标注："释氏《辨空经》有详者焉，有略者焉。详者为大品，略者为小品。"鸠摩罗什翻译《摩诃般若波罗蜜经》，将较详的二十七卷本称作《大品般若》，较略的十卷本称作《小品般若》。由此可见，"小品"与"大品"相对，指佛经的节本。因其篇幅短小，语言简约，便于诵读和传播，所以备受人们的青睐。

明代末期，一些文人为逃避政治祸患，嗜佛成风。随着"禅悦"之风的兴盛，文士们便将"小品"概念移植到文学之中。公元1611年，王纳谏编成《苏长公小品》，最早将"小品"视作文学概念。这时的小品大体上指散文体，篇幅短小，隽永新异。

我国喜剧小品起源于20世纪80年代初，它继承和发展了话剧、相声、二人转、小戏等剧目的优点。其特点是用"笑"和夸张的语言反映事物、折射真理，用一种"启发式"的形象思维激活人的感官，使人们从笑中受到感悟。

"匹夫"和"匹妇"

匹，原指数量。古代以两丈为一端，两端为一两，因而一两就是一匹，长四

丈。两而成匹，是相合的意思。按照这个意思来理解：夫，男子；妇，女子。两者也相合，因而也叫匹夫、匹妇。男女相合，普普通通，后来匹夫和匹妇，就专指没有爵位的平民，匹夫、匹妇就成了普通、平常人的代称。

段玉裁注《说文》中有："虽其半，亦得云匹……犹人言匹夫也"的句子，意思是说匹夫、匹妇拆离开来也可以单独使用，"匹妇"一词因用得少而渐渐被淘汰，于是"匹夫"就不单单指男，而是泛指普通、平常人了。如《韩非子·有度》："赏善不遗匹夫。"句中"匹夫"就泛指寻常之人。

买"东西"而非"南北"

日常生活中，"买东西"已经成了人们购物的代名词。"东西"之所代指物品，源于这样一个典故。

据说，朱熹在街上遇到好友盛温和，便打招呼道："你提着篮子去做什么？"盛温和答道："买东西。"因当时没有"东西"这一说法，因而朱熹一时不明白他要去买什么。后来，朱熹在盛温和的提醒下，才知道"东西"所指何物。原来古人用金、木、水、火、土代指西、东、北、南、中五个方位。"东"即"木"，代表一切植物；"西"为"金"，代表一切金属矿物；"南"属"火"，"北"乃"水"，"中"属"土"，代表一切有用的物质。

盛温和所说的买"东西"是诙谐说法，代指上街去买金木之类可装入篮子的物品，若说"南北"就不对了，因为篮子是不可以装水和火的。这就是人们为什么说买"东西"而非"南北"的缘故了。

"桃李"的由来

人们常用"桃李满天下"一词作为教师辛勤育人，培养众多学生的赞誉之辞。

把学生比作"桃李"源于这样一个典故：

春秋时期，魏国有个叫子质的人，他做官的时候，曾培养和保举过不少人。后来，子质获罪被罢官，只身一人跑到了北方。在那里，他遇到了一个叫子简的人，就向他发牢骚，埋怨自己培养的人不肯为他出力，以至于流落北方。子简听后，笑着对他说："春天种桃树和李树，到夏天可在树荫下纳凉休息，秋天还可吃到果实。但是，如果你春天种的是蒺藜，到夏天却不能利用它的叶子，而秋天它长出来的刺倒要扎伤人。所以，君子培养人才，就要像种树一样，应先选好对象，然后再培植啊！"这以后，人们就把培养人才称为"树人"；把培养出来的优秀人才称为"桃李"。

"借光"一词的由来

《战国策·秦策》记载，秦国将军甘藏曾对齐国使者苏代讲过这样一个故事：

传说在一个靠江边的村落里，姑娘们每晚都集中在一起做针线活儿。有一个姑娘家里很穷，连灯烛都买不起，别的姑娘以为她爱占小便宜，因而都不愿意让她来。这位姑娘说："我虽买不起红烛，但我每晚都比别人先来，把屋子打扫干净，把坐席铺设整齐，让大家一来就能舒适地做活，这对你们多少也有些方便。你们的灯反正是要点的，借给我一点光又有什么损失呢？"姑娘们觉得她的话有道理，便把她留下了。

这就是"借光"一词的由来。后来人们就把请求别人提供某种帮助和从别人那里分享荣誉称作"借光"。

倒霉最初写作"倒楣"

"倒霉"最初写作"倒楣",意思是将旗子放倒。该词出现在明朝后期。隋唐开科举考试之先河,明代也沿袭"科举取士"制度。因为科举是读书人入仕的主要途径,因而科场内的竞争也就越来越激烈。一般读书人想在科考中有所收获实属不易。为了讨个吉利,也为了给考生鼓舞士气,临考之前,考生的家人一般都会在自家门前竖起一根旗杆,人们称这根旗杆为"楣"。

依据当时惯例,揭榜之日,如果考生榜上有名,其家门的旗杆可以照竖不误;如果考生名落孙山,该考生的家人就会把自家的旗杆放倒撤去,叫作"倒楣"。

后来,人们在词语的运用中,逐渐把"倒楣"写成了"倒霉",或写成"倒眉"二字。

"胡说"乃胡人之说

"胡说"指没有根据或没有道理地乱说。东晋之后,"胡说"一词就已经出现。"胡说"其实就是指胡人之说。胡人即我国边远地区的少数民族,尽管文化落后,但军事力量却很强大。西晋末年,政治腐败,胡人乘机攻入中原,并将西晋统治者赶走。动荡时期,先后有鲜卑、匈奴、羯、氐、羌等五个少数民族主宰中原地区。

胡人的入侵,给中原地区带来了极大的混乱。先前汉族统治者尊崇儒家之学,说话、办事都以孔子的学说做依据。但是胡人还未接受过此类教育,因而说话、做事完全不以礼法为依据。因而,汉人就把乱说和没有根据的说话,称为"胡说"。

这就是"胡说"一词的由来。

"王八蛋"原为"忘八端"

"王八蛋"一词原为"忘八端"。古人将"孝、悌、忠、信、礼、义、廉、耻"称为"八端",此"八端"为做人之根本。"忘八端"是指忘记了"礼义廉耻孝悌忠信"这八种品德的人。

"王八蛋"是"忘八端"的谐音。"王八"的字面意思是"甲鱼"的俗语,但因民间有"雌龟偷蛇"的说法,因而"王八"一词的背后意思是指依靠妓女为生的男人,是一个带有侮辱性的词汇。因而"王八蛋"也成了一个骂人的词语。

"汗青"原指烘烤竹简的工序

"汗青"的原意是青竹出汗的工序,后来成为竹简的代名词。南宋诗人文天祥在《过零丁洋》诗中有"人生自古谁无死,留取丹心照汗青"诗句,因而"汗青"一词也代指史册。古时候,人们以竹简为书,即在竹简上镌刻事情或文章。制作竹简,首先要选上等青竹,然后将其削成长方形的竹片,再用火烘烤一片片的青竹,一方面是为了便于书写,另一方面也为干燥防虫。烘烤之时,本来新鲜湿润的青竹片,被烤得冒出了水珠,像出汗一样。这道烘烤青竹的工序就叫作"汗青"了。

"铜臭"的典故

据《后汉书·崔烈传》载,东汉后期,政治腐败,卖官鬻爵之风盛行。有个叫崔烈的人，曾任郡守、九卿，口碑还算不错。汉灵帝的时候，崔烈在当时风气的影响下，也随波逐流，花钱买了司徒的官职。崔烈虽位列三公，是一品大员，但声誉却大不如前了。有一天，就问他的儿子崔钧："我现在位居三公，人们对此有什么看法呀？"崔钧回答说："议论的人都说你这个官职带着铜钱的臭味。"崔烈听后很是惭愧。

这就是"铜臭"一词典故的由来。后人们用"铜臭"讽刺那些见利忘义、见钱眼开的拜金者，也指权钱交易、花钱买官的不正之风。

"捉刀"与"枪手"

曹操统一北方后，声威大振，各少数民族部落纷纷依附。北匈奴派使者送来了大批奇珍异宝，使者请求面见曹操。曹操觉得自己长得不够威严，会损害国家的形象，就叫外貌威武庄严的部下崔季珪穿上他的衣服，假扮他的身份接见使者，而曹操自己却拿着刀扮成护卫，站在崔季珪的坐榻旁边。等朝见完毕，曹操派人向匈奴使者打听他对魏王的印象。匈奴使者回答说："魏王看起来很有威严，确实不错，但是站在坐榻旁边的那个捉刀的人，才是真正的英雄啊。"

"捉刀"一词由此而来，后来代写文章叫"请人捉刀"，替人作文的人叫"捉刀人"。现在人们把替考的人叫作"枪手"，请人替考叫"请枪手"，与"请人捉刀"意思相同。

"梨园"的由来

梨园，原是唐代都城长安的一个地名，后因唐玄宗李隆基在此地教演艺人，因而"梨园"一词便与戏曲艺术联系在一起，成为艺术组织或艺人的代名词。

据载，唐玄宗曾选曲部伎，子弟三百，教于梨园。声有误者，帝必觉而正之。号"皇帝梨园子弟"。宫女数百亦为梨园弟子，居宜春北院。这就是"梨园"一词的由来。

皇帝梨园子弟由三部分人组成：一是太常寺中的坐部伎；二是宫女；三是民间艺人。这些人身份特殊，在宫廷娱乐中发挥了举足轻重的作用。

"跑龙套"的由来

"跑龙套"这一说法源自戏曲。在中国戏曲里，有一种角色，叫龙套。龙套是以整体出现的，一般以四人为一堂。在舞台上用一堂或两堂龙套，以表示人员众多，起烘托声势的作用。

龙套多数时间站着，叫"站文堂"。龙套有时要走动、快走、跑，有时编队、变换队形等等，这些动作就叫"跑龙套"。龙套在旧戏班里虽是杂行，但在舞台演出中却是不可缺少的部分。扮演龙套能多方面锻炼演员的表演能力，因而在科班里，学员入科后，启蒙的舞台锻炼，就是跑龙套。

在日常生活中，"跑龙套"是说不是主角和重要角色，只是打杂，办些不重要的杂事小事。用于说别人，也用于说自己。

"恶作剧"的由来

"恶作剧"是故意使他人陷入窘境，并在旁观赏他人尴尬、吃惊、惶恐等情绪表现，借此得到乐趣。

据《酉阳杂俎》载：唐朝时期，有个

叫韦生的读书人带着家眷要搬到汝州去。路上，他结交了一个僧人，二人交谈甚欢。傍晚时分，僧人指着前方说："不远处就是我所在的寺院，你不去看看吗？"韦生欣然答应，就让家眷先行，他二人在后面边走边谈。行至数十里，仍不见寺院形迹，韦生便怀疑僧人不怀好意，遂以弹弓射之。韦生连发五弹，每弹都能射中僧人后脑勺，但僧人还是毫发无损，只是说了句："郎君莫恶作剧。"韦生无奈，只好跟僧人到了寺庙。在那里，韦生受到了热情款待，他的妻子也安然无恙。这就是"恶作剧"一词的由来。

"马后炮"本非象棋术语

"马后炮"是象棋中的一种极厉害的杀招，但是比喻不及时的"马后炮"并非象棋术语，而是旧时戏剧界的一个隐语。"马"，谐音"码"。"马后"意思是把演出时间延长一些。与它配套的说法是"马前"，此"马"谐音"抹"，"抹前"即把演出内容去掉一些，提前结束。

"马后炮"一词最早见于元剧《隔江斗智》第二折："大哥需要计较此事，不要做了马后炮，弄得迟了。"这里"马后炮"是"码后炮"的谐音。这里的"马后"是不及时的意思，"炮"是动词"炮制"的谐音，即做或处理的意思。

日常生活中，人们更熟悉象棋术语"马后炮"，于是"马后炮"渐渐代替了"码后炮"，意义也就变成了"不及时的举动"的意思。

"跳槽"竟是青楼术语

"跳槽"原指风月场中男女另寻新欢的行为，后指更换工作的大众通行语。徐珂在《清稗类钞》中对"跳槽"一词给出了这样的解释："原指妓女而言，谓其琵琶别抱也，譬以马之就饮食，移就别槽耳。后则以言狎客，谓其去此适彼。"

"跳槽"这一词最早是说妓女的。一个妓女和某个嫖客好了一段时间后，又另觅新欢，如同马从一个槽换到了另外一个槽吃草。因此，这种另攀高枝的做法被称为"跳槽"。后来，这一词也被用到了嫖客身上。一个嫖客如果对某个妓女厌倦了，又另外找了一个，这种行为也可称为"跳槽"。

"纸老虎"的由来

"纸老虎"一词属民间俚语。在《水浒传》第二十五回中，武大郎捉奸在房，西门庆吓得钻到床底下，潘金莲责骂道："闲常时只如鸟嘴，卖弄杀好拳棒，急上场时便没些用。见个纸虎，也吓一跤！"这是目前可考关于"纸老虎"一词的最早记录。到19世纪中期，广东俚语也出现了"纸老虎"一说。英国来华传教士马礼逊编著的《广东省土话字汇》中就有paper tiger一词。现在人们常用"纸老虎"一词形容外强中干的人。

"吃醋"的典故

在男女两性关系方面如果产生嫉妒的情绪，甚至出现争吵、打架的现象，俗称"吃醋"或"拈酸吃醋"。现代生活中，有些人见别人受到表扬或奖励，心存嫉妒，眼红别人，也被戏称为"吃醋"。把"妒忌"与"食醋"联系在一起，还有一段有趣的故事。

据说，因房玄龄因辅佐有功，唐太宗想把几个美女赏赐给他做妾，但都被他婉言拒绝了。后来才知道房玄龄不肯接受美女是因为家有妒妻，因而命人将一壶"毒酒"送给房夫人，声称如不接受这几名美妾，便服毒酒自尽。房夫人不为所惧，接过毒酒一饮而尽。饮后才发现壶中装的是醋，而非毒酒。原来皇帝是以此来考验她，给她开了一个玩笑。这就是"吃醋"一词的由来。

"傻瓜"为何不叫"傻菜""傻豆"

人们习惯把不聪明的人叫"傻瓜"，而不以"傻菜"或"傻豆"来形容他们。这是因为"傻瓜"的"瓜"字是一个地名，而非蔬菜的意思。

在我国古代，秦岭地区有一个叫"瓜洲"的地方。在那里居住的姜姓人取族名为"瓜子族"。这一族人踏实肯干，受雇于人时，干活特别卖力，而且做活时不声不响，不挑三拣四。这样，人们便误认为他们"愚蠢"，进而便把这类的"愚蠢"之人叫作"瓜子"。

"傻瓜"一词便由"瓜子"一词演变而来，而后沿用至今。

"父母官"的由来

"父母官"一词来自两汉时期南阳郡的两位太守，一位叫召信臣，一位叫杜诗。据《汉书》记载，西汉元帝时，召信臣任南阳太守期间，关心百姓疾苦，兴修水利，筑坝开渠，灌溉良田，使郡内"水丰地沃"。他还禁止婚丧大办，严惩贪官，于是政治清平，百姓官吏无不敬爱，尊称他为"召父"。

又据《后汉书》记载，东汉南阳郡太守杜诗性节俭而政治清平。他善于运用谋略诛暴立威。他任职期间减徭轻赋，兴修水利，疏浚旧渠并发明"水排"。由于其政绩卓著，勤政爱民，南阳人就把他与召信臣相比，称之为"杜母"。于是就有了"前有召父，后有杜母"一说，也即"父母官"一词的由来。

"走狗"一词的出处

"走狗"一词最早可追溯到先秦时期，当时是指"猎犬"。如《晏子春秋·谏下二三》中有："景公走狗死，公令外共之棺，内给之祭。"

自汉代始，"走狗"一词内涵发生了变化。如《史记》记载："萧何功人，诸君走狗也。"此处的"走狗"很明显带有某种比喻意味，喻指追随主人、为人奔走卖力者。至宋元以后，"走狗"一词渐入百姓口语，并且带上了贬义色彩，逐渐演化为受主人豢养的爪牙、帮凶或无耻小人之辈的代名词。如清代蒲松龄《聊斋志异·田七郎》中："操杖隶皆绅家走狗。"

"走狗"一词，除了做名词外，还可以用作动词，指纵狗行猎。如汉代董仲舒《春秋繁露·五行相胜》中有："博戏斗鸡，走狗弄马。"

另外，"走狗"一词还可以做自称谦辞。

"尺牍""鱼雁"为何指书信

在纸张被发明之前，人们的书信常写在白绢上，白绢长约一尺左右，故称"尺素"。除了用绢、布写信外，人们还常把书信刻在竹、木片上。因为竹片称为"简"，木片称为"札"或"牍"，所以书信又称"书简"或"书牍"。写信用的竹木片长度和素绢一样，都取一尺，因而书信又称"尺牍"。

古有"鱼雁传书"一说。汉代乐府民歌《饮马长城窟行》，辞曰："客从远方来，遗我双鲤鱼。呼儿烹鲤鱼，中有尺素书。"由这首烹鱼得书的民歌，衍生出了鲤鱼传书的故事。相传，三国吴人葛玄与河伯书信往还，就令鲤鱼充信使。唐代，自贞观年间始，人们就用厚茧纸制信函，形若鲤鱼，两面俱画鳞甲，腹中可以藏书，名曰"鲤鱼函"，故书信也被称为"鱼书"。

相传，不但鲤鱼传书，大雁也传书。故信使又被雅称为"鱼雁""鸿鳞"。鸿雁传书的故事，典出汉书《苏武传》。据载，苏武出使匈奴，19年不得归。后汉匈通好，而匈奴却诡称苏武已死。汉使至匈奴，探得苏武还活着，往见单于，称天子射猎长安上林苑，得一雁，足系帛书，言武在某一泽中。单于闻言，惊视左右，只好向汉使谢罪。

这就是人们用"尺牍""鱼雁"代指书信的缘故。

"斧正"的出处

据《庄子·徐无鬼》载，春秋时代，楚国郢都有一个人，鼻尖上粘上了一块白土，怎么擦洗也擦洗不掉，于是便请石匠帮忙。石匠左右端详了一会儿，便叫他站在一旁，并嘱咐他无论发生什么情况都不要动弹，说着便举起手中的斧头，飞快地从他鼻尖上掠过。那人只听见耳边一阵风声，摸摸鼻子，一点也没有损伤，而鼻尖上的白土已经被削掉了。

后来，人们借用这个故事，在请人修改文章的时候，用"斧正"一词表示对修改者的尊敬。

"刹那"源自印度梵语

"刹那"源自古代印度梵语。梵文不仅是印度的古典语言，也是佛教的经典语言。根据古代《僧只律》的解释："一刹那为一念，二十念为一瞬，二十瞬为一弹指，二十弹指为一罗预，二十罗预为一须臾，一日一夜为三十须臾。"按照现在的标准时间算下来，一刹那只有 0.018 秒。

"刹那"一词传入我国后，在口语中具体长度逐渐淡化，人们仅用"刹那"形容短暂的时间，相当于"一瞬间"的意思。

百姓为何叫"布衣"

"布衣"即麻布衣服，借指平民百姓。在中国古代，盛产各种麻类，用麻织布历史悠久，因而麻布的价格相对便宜。那时候，棉花产量少，价格也高，棉布衣服只有大富大贵的显赫人家才穿得起。至于丝绸，更是普通百姓望尘莫及的奢侈品，因而普通百姓只能穿最廉价的麻布衣服了。

汉代的桓宽在《盐铁论·散不足》中对布衣做了这样的解释："古者庶人耋老而后衣丝，其馀则麻枲而已，故命曰布衣。"在古代，老百姓要到八九十岁才能穿丝绸衣服，在这以前，只能穿麻衣。因而普通老百姓就被称为"布衣"了。

"胡同"的由来

胡同，也叫"里弄"或"巷"，是指城镇或乡村里主要街道之间的、比较小的街道。胡同，是元朝的产物，蒙古人把元大都的街巷叫作胡同。

据说，在蒙古语里胡同是水井的意思。之所以这样说，是因为：第一，元大都的中轴线是傍水而划的，大都的皇宫也是傍"海"而建的，其他的街、坊和居住小区，在设计和规划的时候，也是"因井而成巷"的；第二，胡同的名字大都与井密切相关。

胡同和井，在元大都时代都有了"市"的意思。在古代汉语里就有"市井"一词，即因井而成市。《析津志·钟楼》中有："楼有八隅四井之号，盖东西南北街道最为宽广"的句子，在这里，井指大街的意思，因而胡同也就有了"市"的含义。

"十里洋场"的由来

十里洋场，指的是新中国成立前的旧上海。新中国成立前的旧上海有"东方巴黎"之称，那里洋人横行，洋货充斥，到处都充斥着浓郁的西洋风情。

"十里洋场"一词原写作"十里洋泾"，指上海租借地洋泾浜。在上海故城北门外一里余，有一条洋泾浜。它是黄浦江的支流，英法租界的界河。它的北面为英租界，南面为法租界，美租界则在虹口。西方侵略者在各自的租界里，修桥铺路，建茶楼酒肆、舞厅会馆等灯红酒绿之场所。于是，人们就把"十里洋泾"的"泾"字改为"场"字。因为"洋场"更具双关含义，它既指租界地洋泾浜，又指洋人肆意掠夺与花天酒地的场所。

后来，人们把这一词语的外延扩大了，于是，"十里洋场"一词就代指整个旧上海地区。这就是"十里洋场"一词的由来。

"断背""断臂"与"断袖"

影片《断背山》讲的是两个男性相恋的故事。人们在争议影片题材的同时，也对其中文译名有所争议。

此影片英文名是 Brokeback Mountain，直译为"断背山"。因在美国境内有其真实地名，因而有人主张将影片直译为《断背山》。这一名称贴近影片英文标题，是最忠实的译法，符合地名翻译规则。

在汉语中有兄弟如手足的比喻。主张将影片译为《断臂山》是因为在剧中一主人公意外身亡，另一主人公如同失去兄弟、如同断臂一样。但在古语中表示失去兄弟的词语是"断手"而非"断臂"。"断臂"一词是女子贞洁守身的意思。如《新五代史·杂传序》中就有王凝的妻子李氏自断其臂以示贞洁的故事。由此看来，此影片译成《断臂山》不妥。

"断袖"一词，典出《汉书》，讲的是汉哀帝和其幸臣董贤的故事。一次，董贤枕着哀帝的袖子睡着了，哀帝因怕惊动他，便挥剑割断了自己的衣袖。后来人们就用"断袖"和"断袖之谊"表示男性的同性之恋。主张将影片译成《断袖山》正是源于这一典故。

"金龟婿"的由来

"金龟婿"一词最早可以追溯到唐朝，见于李商隐的《为有》诗："无端嫁得金龟婿，辜负香衾事早朝。"龟作为吉祥长寿的象征，被古人广泛地应用于不同的领域，如以龟论官，战国时"大将之旗以龟为饰"，汉代规定"大将军黄金印龟纽"，唐代武则天按官品高低分为金龟袋、银龟袋、铜龟袋，这就是"无端嫁得金龟婿"典故的由来。

据《新唐书·车服志》载，唐初，内外官五品以上，皆佩鱼符、鱼袋，以"明贵贱，应召命"。鱼符以不同的材质制成，

"亲王以金，庶官以铜，皆题其位、姓名。"装鱼符的鱼袋也是"三品以上饰以金，五品以上饰以银"。到了武后天授元年改内外官所佩鱼符为龟符，鱼袋为龟袋。规定三品以上龟袋用金饰，四品用银饰，五品用铜饰。可见，金龟既可指用金制成的龟符，还可指以金作饰的龟袋。但无论所指为何，均是亲王或三品以上官员。后世遂以金龟婿代指身份高贵的女婿。但在现代汉语中，其"贵"的含义正在逐渐减弱，而"富"的含义却有逐日加强之势。

何谓"红白喜事"？

对"红白喜事"一词，《现代汉语词典》是这样解释的：男女结婚是喜事，高寿的人病逝的丧事叫喜丧，统称红白喜事。有时也说红白事。泛指婚丧。

结婚叫作喜事自不必说。白事指丧葬之事，为什么也称为喜事呢？据《清稗类钞》"丧祭类"载："喜丧"，"人家之有丧，哀事也，方追悼之不暇，何有于喜。而俗有所谓喜丧者，则以死者之福寿兼备为可喜也。"喜丧，就是生前福寿双全，死时寿终正寝。这一说法和"五福"之一的"善终"有相同之意。

正是因为老人去世被看作"白喜事"，所以在丧葬活动中，人们才常用"唱挽歌"的形势来悼念逝者。

为何说"马上"，而不说"羊上""牛上"？

现代汉语中，"马上"一词是"立刻、迅速"之意，是一个时间副词。在古代，"马上"是一个方位词，就是"马背上"的意思。

古代构词法中，"名词+方位词"这一结构是有限制的，即前面的名词性成分一般不能是有生命的动物类名词。如可以说"树上""墙上"而不能说"牛上""羊上"，应该说"牛背上""羊背上"。马作为历史久远的役使动物，其工具性特征异常突出，因而可以直接和"上"结合成"马上"一词，代表"马背上"的意思。

后来，"马上"一词逐渐由方位词语演化成表示"立刻"的时间副词。这是因为在古代，马是最便捷、最迅速的交通工具，比较紧急的公文都用驿马传递。因而"马上"一词有时候就代指"驿马"这种传递方式。随着这一用法的频繁使用，"马上"这一方位短语就逐渐演变为时间副词了。

老鼠为何称"耗子"

五代时期，局势动荡，战争频繁。为满足自己私欲，统治者变本加厉地搜刮百姓。他们搜肠刮肚，给苛捐杂税巧立了许多名目。据《旧五代史·食货志》载，赋税除正项之外，还有许多附加税，如百姓吃盐要交盐税，酿酒要交酤税，养蚕要交蚕税。不仅如此，附加税之外还有附加，名为"雀鼠耗"，即鸟雀和老鼠损耗的部分。官府规定：每缴粮食一石，加损耗两斗。连丝、棉、绸等一些雀鼠不吃的东西，也要加"雀鼠耗"，规定每缴银十两加耗半两。到后汉隐帝时，"雀鼠耗"由纳粮一石加耗两斗，增至加耗四斗，百姓生活更加雪上加霜。

苦不堪言的百姓不敢公开抱怨皇帝，便将一肚子怨气发泄到老鼠身上，咒骂老鼠是"耗子"。这一说法，流传至今。

"智囊"的由来

"智囊"一词，始见《史记》。据《史记·樗里子甘茂列传》载，樗里子滑稽多智，秦人号曰智囊。《汉书·晁错传》中也载有："（晁错）以其辩得幸太子，太子家号曰'智囊'。由此可见，"智囊"一词与智慧有关。

但是，为什么用"智囊"来形容足智多谋的人呢？原来，"智囊"一词最初只是对足智多谋而又患有瘿疾之人的称呼。古有"瘿为智囊"的说法，《大唐新语》中就有唐王德俭"瘿而多智，时人号曰'智囊'"一说。唐朝颜师古注也有："言其（晁错）一身所有皆是智算，若囊橐之盛物也。"

这就是"智囊"一词典故的由来。后来，人们就用这一词语形容足智多谋，专为别人出谋划策的人。

"收官"源自围棋术语

"收官"原是围棋中的一个重要术语。一局棋，大致可分为布局、中盘、收官三个阶段。当中盘战结束后，双方占领的地域基本明确。此时，双方交界地的空缺处仍可以下子。这时双方继续下子，占领空地，这就叫"收官"。

"官子"一词源于明代棋谱《官子谱》，意思是"肯定的、最稳当的落子方法。"官"的这一用法，在北方方言中仍广泛使用，如："这次我赢他官定了"意思是这次我肯定赢他的意思。后来《官子谱》流入日本，"官子"一词的意思也发生了改变，用以表示一盘棋终局阶段在局部地方比较确定的下法。"官"字也被赋予"最后、终局阶段"的意思了。今天我们用"收官"一词表示某活动或事物发展的最后时期，也用来比喻对某事的后期处理。

"碰瓷"原是八旗子弟发明的

碰瓷，属北京方言，泛指一些投机取巧，敲诈勒索的行为，多发生于交通场所。据说，"碰瓷"是清朝末年的一些没落的八旗子弟"发明"的。这些人平日里常手捧一件"名贵"瓷器（当然是赝品），行走于街头闹市。然后瞅准机会，故意让行驶的马车不小心"碰"他一下，他手中的瓷器随即落地摔碎，于是瓷器主人就"义正词严"地借机敲诈车主。久而久之，人们就将这种行为称为"碰瓷"。

"碰瓷"是民间的一种说法，实际上就是诈骗违法犯罪的一种表现形式。随着"碰瓷"一词的流行，人们又将"碰瓷"的实施者称为"瓷瓶"。在一些大城市出现了以"碰瓷"谋生的人，称为"职业碰瓷党"。随着人们防范意识的增强和打击力度的加大，"碰瓷"这一违法犯罪行为一定会得到有效的遏止。

"卖相"探源

"卖相"一词是从苏州方言中的"相貌"和浙江方言中的"望相"中演化而来的。上海方言主要受苏州话的影响，苏州话中的"貌相"用上海方言说出来，就是"卖相"的读音，因而可以说"貌相"一词是"卖相"一词的最初来源。

"卖相"的另一个来源是浙江方言。在浙江方言中有"望相"一词，如宁波方言中"望"与"貌"音近。上海是移民城市，因而其方言也受南北方言的影响而逐渐发生变化。因而"望相"一词在很多上海人口中变成"卖相"也不足为奇。

"卖相"一词还有第三个来源。上海素有"东方巴黎"之称，是一个商业、娱乐业都很发达的城市。辛亥革命后，大批旧官僚和文人墨客涌入上海，更加刺激了娱乐业的繁荣。娱乐界的艺人都很注重自己的相貌，因为长相好又善于交际的人更容易走红。因而，"卖相"一词便应运产生了。在汉语中，"卖"本来就有显示或夸耀之意，因而"卖相"一词更能烘托出语义。

"卖相"一词，其实就是相貌的意思，但在使用中要注意两点：第一，"卖相"一词用于自嘲、戏谑，常用于非正式场合，不可在正式场合滥用；第二，"卖相"一词已不经常使用，可能会随着时间的流逝而退出历史舞台。

"红头文件"由来已久

"红头文件"是老百姓对"各级政府机关（多指中央一级）下发的带有大红字标题和红色印章的文件"的俗称。

南北朝时期，我国就有红头文件了。据《周书·苏绰传》载："绰始制文案程式，朱出墨入，及计账户籍之法。""朱出墨入"是指朝廷发出的文书是用朱（红色）标，下面上呈的文书是用墨（黑色）标，二者界限严明。

我们今天使用的公文程式是遵循苏绰之法制定的。由此计算，"红头文件"已经有千年的历史了。

"卿卿"一词的由来

西晋时期的王戎，是"竹林七贤"之一，年轻时常与嵇康等人游乐于山林之中，吟诗作赋，十分清高。中年以后，王戎步入仕途，因伐吴有功，晋爵安丰县候。惠帝时，他累官至尚书令、司徒，位列三公。官位的提升，助长了其贪婪的本性。任职期间，他广积财富，其田产遍布诸州。

据《世说新语·惑溺》载，每至夜深人静时，王戎夫妻二人就关紧房门，在烛光下反复计算家财和每日收入。数钱数到高兴时，他妻子就称他为"卿"。"卿"在西晋以前，是君对臣、长辈对晚辈的爱称；妻子对丈夫称"卿"是有悖伦理的，因而王戎对妻子说："妇人卿婿，于礼为不敬，后勿复尔。"妻子反驳道："亲卿爱卿，是以卿卿，我不卿卿，谁当卿卿？"

此语开了"卿卿"叠用的先河，后人便把叠用的"卿卿"用来表示对心爱之人的亲昵称呼，演化出"卿卿我我"和"反误了卿卿性命"等词语。

"狗不离"，还是"狗不理"？

天津狗不理包子因其用料考究、馅香油多等特点而闻名全国。说起这风味小吃，还有一段有趣的故事。

据说，清朝有个叫高贵友的人，在天津三岔河口的闹市开了一家"德聚号"包子铺。这里的包子味美可口，吸引了食客，生意很是兴隆。高贵友出身贫寒，又是家里的独子，父母为了让他远离灾难，便按当地风俗，给他起了个贱名叫"狗不理"，意思是说连狗都不去理，妖魔鬼怪自然也不会去理他了，这样就可以驱邪避灾，长命百岁。熟悉他的顾客，都喜欢用"狗不理"这一名字称呼他。久而久之，他便索性将"德聚号包子铺"更名为"狗不理包子铺"了。

这就是"狗不理"包子的来历。至于主张将"狗不理"改为"狗不离",则是从侧面反映了这一地方小吃带给人非同寻常的味觉享受!

"书签"探源

"书签"这一词语最早出现在唐朝,如杜甫在《题柏大兄弟山居屋壁》中就有"笔架沾窗雨,书签映隙曛"的诗句。"书签"这一实物是伴随着卷轴装书而来的。古人为了区别书的内容和取阅方便,便在书轴的一端系上标有书名和卷次的小牌子,这便是最初的"书签",亦有"牙签"之称。

唐代末期,卷轴装书逐渐被蝴蝶装、线装等书籍取代。这些装帧形式都是由多张单页和前后封皮构成,这时的"书签"就成为封皮上粘贴的题写书名的纸条或绢条了。这时的书签被称为"浮签",区别于卷轴装书用的"挂签"。

清末,精、平装书盛行并取代了线装书的地位。其书名可以直接印在封皮上,因而不需要再粘贴标签。于是,人们把"夹在书里,作为阅读标记的小薄片"称为"书签"。我们现在所说的"书签"也多是这个意义。

除此之外,书签有时还用来代指书籍。不过这一用法多在古代盛行。

"驸马"原本是官职

"驸"最早的意思指的就是马,三匹马拉一辆车,左右两边的马称为"驸"。汉武帝时始设"驸马都尉"这一官职。驸马都尉负责掌管皇帝外出时的从车之马,俸禄两千石。担任这一官职的人多是宗室外戚及诸公子孙。

三国时期,魏国的何晏因与公主结婚,被授予驸马都尉之职。晋代的杜预与司马懿(晋宣帝)的女儿婚配,也拜为驸马都尉。再后来王济与司马炎(晋武帝)之女常山公主完婚,也被封为驸马都尉。魏晋之后,皇帝的女婿照例加驸马都尉称号,简称"驸马"。此后,驸马已不再是一个实际的官职,而成为皇帝女婿的专用名词了。到了清朝,驸马改称"额驸",但含义和"驸马"基本相同。

"杜撰"就是"姓杜的人撰写"

北宋时期,有一个叫杜默的文人。他熟读经史,喜欢作诗。但其在吟诗作文时却不讲韵律,喜欢随意发挥。有一次,他的好友欧阳修等人为其设宴饯行。席间,吟诗作对,热闹非凡。杜默随口吟了一首答谢诗:"一片灵台挂明月,万丈词焰飞长虹;乞取一勺丹凤水,活取久旱泥蟠龙。"此诗后两句重复了一个"取"字,因而犯了写诗禁忌。别人指出这一错误,杜默坚持不改,声称写诗贵在意境,而不能因形害意。

因为他作诗不讲章法,所以写出的东西诗不像诗,文不像文,给人不伦不类的感觉。当人们看到不像样的诗文就脱口而出:"这是杜默撰写的。"后来这句话逐渐简化为"杜撰"二字。再后来,"杜撰"就被引申为不真实地、没有根据地编造的意思了。

"巨无霸"的由来

"巨无霸"也写作"巨毋霸",这一词原为一个人名,后用来比喻庞然大物。

在《后汉书·光武帝本纪》有关于这人的详细记载："时有长人巨无霸，长一丈，大十围，以为垒尉；又驱诸猛兽虎豹犀象之属，以助威武。自秦、汉出师之盛，未尝有也。"这就是"巨无霸"的由来。

明清时期，"巨无霸"一词已不再局限人名，也可用来比喻具体的庞然大物。现在"巨无霸"一词的外延有所扩大，表意也随之丰富。只要某事物具有实力雄厚、技术领先、技术超群等，都可以用"巨无霸"誉之。另外，"巨无霸"一词也可以做形容词，用以形容事物数量多、规模大。

"行头"一词的由来

"行头"一词是指戏曲演员演出时用的服装道具。在戏曲界，"行头"一词泛称一切戏曲演出用具。清·李斗《扬州画舫录》曰："戏具谓之行头。行头分衣、盔、杂、把四箱。"

衣箱，分大衣箱、二衣箱、三衣箱。大衣箱包括各种长短袍服，还要兼管玉带、朝珠等物；二衣箱包括各种武装人员的装束，如箭衣、马褂等。三衣箱即演员所穿内衣、厚底靴等物及一些塑形用品。盔头箱，主要是盔、帽、冠、巾四种，此外还有演员头上所戴的网子、水纱、雉尾翎等装饰物。杂箱，指彩匣子、水锅和梳头桌等这类器物。把箱，也就是各种兵器、布景、文房四宝等物。

一套完整的行头，在演出时均有一定的使用章程和规范，如衣箱上的十蟒十靠都必须按上五色和下五色的顺序摆放；后场桌上的道具必须根据戏码的变换而变换，以保证演员穿、扎、戴、挂、拿，有条不紊地进行。

狭义的行头特指戏曲服装。现人们也用"行头"一词戏称一般衣服。

"科班"是什么班?

科班本义是指旧时学、演结合的戏剧班子。戏曲除官办的梨园、教坊之外，大多都是采取口传心授的方法，或拜师学艺，或艺学家传。随着戏曲的成熟和发展，这两种授徒模式在规模和作用上渐渐显露出其局限性，既不便于培养全面手，又不能随时付诸演出实践，难以适应舞台艺术的平衡发展，于是采用以班带班方式培养演员的大小班和专门培养童伶的科班便相继出现。

戏班以演戏为主，科班则以学戏为主。科，即品类、等级之意，自汉以来，学子经科试以定次第等级。因此旧时投师学艺也称为入某一科，同年入学者为同科。考入或经人介绍加入某一学戏的班子的某一科，即称为进班入科，亦可称加入某一科班。科班这一组织形式曾培养了大量艺术人才，其性质虽仍为师徒相传，但却形成了一套严格的教学方法，许多知名的戏曲演员大多出身科班。

现人们常用"科班出身"一词形容受过正规教育，有一定知识和技能的人。

"票友"一词的由来

票友是戏曲界的行话，意思是指会唱戏而不以唱戏为生的戏曲爱好者，即对戏曲、曲艺非职业演员、乐师等的通称。

"票友"一词的由来，说法不一。有些学者认为，因以前没有收音机、录音机等设备，戏曲爱好者想学唱戏，只能买票去剧场观摩，因此叫票友；另一种说法是清代八旗子弟凭清廷所发"龙票"，赴各地演唱鼓词，不取报酬，为清廷宣传，人们便称这些唱鼓词的八旗子弟为票友。论者莫衷一是，但票友系指戏曲业余演唱者这一特定含义并没有根本分歧。

如果票友转成专业演员，戏曲界则称之为"下海'。这一专门术语，到了20世纪八九十年代，成了使用频率极高的现代语汇，表示经商，而"下海"的原本含义反倒被淡化了。

"板眼"指什么？

"板眼"是我国传统音乐和传统戏曲唱腔的节拍。每一小节中的强拍，多以鼓板敲击按拍，称"板"；次强拍及弱拍，则以鼓签或手指按拍，称"眼"。这种节拍的强弱关系就称为"板眼"。

板眼中，节拍为2/4的叫一板一眼；节拍为4/4的叫一板三眼；节拍为3/4的叫一板两眼。在演唱中，如果演唱者节奏感差，强弱不分明，不是抢板就是滑板，便是掉板了。

现在人们常用"板眼"一词形容人说话，做事很有条理，也指唱歌有节奏。

"半夜三更"是几时？

中国实行十二时辰制，即为夜半、鸡鸣、平旦、日出、食时、隅中、日中、日昳、晡时、日入、黄昏、人定。又用十二地支来配名，以夜半23：00点至1：00为子时，1：00～3：00为丑时，3：00～5：00为寅时，依次递推。

中国古代又把黄昏到次日清晨均分为五个时段，称为"五更"，每更长约两个小时。转换成现代时间，五更时间大概是：一更，19：00～21：00；二更，21：00～23：00；三更，23：00～1：00；

四更，1：00～3：00；五更，3：00～5：00。每到一个更次，巡夜人便敲锣擎梆报时，即"打更"。

由此可见，古人所说的"半夜三更"指的是子时，也就是十二时辰的第一个时辰，也就是现在的晚上23：00～1：00这一时间段。现在人们常用"半夜三更"指深夜。

"马路"溯源

"马路"是指由碎石铺设而成，中间略高，路面光滑平坦的道路。这一设计是苏格兰人约翰·马卡丹发明的。

18世纪中期，英国发生了工业革命，工业的发展迫切需要改善英国当时的交通运输状况，尤其是陆路交通。为适应形势发展的需要，苏格兰人约翰·马卡丹就发明设计了上面所说的"马路"。

"马路"的出现为英国迅速发展的工业和贸易提供了便利条件。人们为了纪念其发明者约翰·马卡丹，就将这种路命名为"马路"。

"黎民"和"百姓"是一个意思吗？

在现代汉语中，"黎民百姓"指普通老百姓。但在古代，"黎民"和"百姓"是两个不同的概念。

相传，几千年前，黄河流域有黄帝族、炎帝族、夷族和九黎族等四个较大部落。后来，黄帝族、炎帝族、夷族结成部落联盟，共同战胜了九黎族。这个部落联盟大约由100个氏族构成，因此统称"百姓"，而在战争中抓到的九黎族俘虏就称作"黎民"。

西周时期，"百姓"一词是贵族的通称。这时的黎民包括自由民、农奴、奴隶，与百姓形成了互相对立的两大阶级。

春秋末期，随着宗族世袭制的瓦解，百姓的地位逐渐降低，他们中的大部分人最后也降到黎民的行列中来。因此，后来就将黎民与百姓统一称谓了。

女墙和女子有关系吗？

"女墙"一词包含着窥视之义，是仿照女子"睥睨"之形态，在城墙上筑起的墙垛。后来，这一词逐渐演变成建筑专用术语，特指房屋外墙高出屋面的矮墙。

《释名·释宫室》载："城上垣，曰睥睨，亦曰女墙，言其卑小比之于城。"意思是古代女子，地位卑微，所以就用来形容城墙上面呈凹凸形的小墙。宋《营造法式》上有"言其卑小，比之于城若女子之于丈夫"的解释，意思是说女墙和城墙相比，就如同女子之于丈夫，前者娇小，后者伟岸。

女墙是起拦护和瞭望作用的。据《古今论》载："女墙者，城上小墙也，一名睥睨，言于城上窥人也。"李渔在《闲情偶记·居室部》中是这样解释女墙作用的：古时女子大多久锁深闺，故砌墙防其外出，而女墙高不过肩，又可使其窥视墙外之风景。由此可见，无论是名字来由，还是其使用功能，女墙都和女子有千丝万缕的联系。

"五味子"是哪五味？

五味子，俗称山花椒，古医书称为荎蕏、玄及、会及，被《神农本草经》列为上品。其皮和果实有强烈香气，可做调味用，也可用来酿酒，果实多汁，酸而涩，根和种子可作药，有滋补壮力之功效，药用价值极高。

五味子为多年生落叶藤本植物，属木兰科，植株可供观赏。《中国药典》2000年版将五味子和南五味子分别收载为两个品种。五味子特指北五味子的干燥成熟果实，而南五味子特指华中五味子的干燥成熟果实。

据《新修本草》载，五味子皮肉甘酸，核中辛苦，有咸味，辛、甘、酸、苦、咸五味皆备，故有五味子之名。

华表的由来

"华表"又名"擎天柱"，是古代人们用以标志或纪念性的建筑物。古籍中有"尧设诽谤木，今之华表木也"的记载。据说，尧在位期间，为征集民众意见，便在交通要道上树立起木柱，其上安放一块横木，称为"诽谤木"，让老百姓将他们的意见写在诽谤木上，以体现君王纳谏的诚意。后来，民众表达心声的诽谤木就慢慢由"华表"一词代替。

汉代时，华表多为木制，顶上立有白鹤，到了明代逐渐用石柱代替了木柱，顶上承露盘中所置之物也由怪兽"犼"代替了"白鹤"。犼是传说中一种极具灵性的动物，它每天蹲在华表上密切关注皇帝的行踪，以便时刻提醒皇帝勤于政事、体察民情。这一寓意，既体现了古代劳动人民对皇帝寄存的美好愿望，同时也流露出了他们对统治阶级的不满情绪。

七日一周为何叫"星期"？

古巴比伦信奉神灵，因而人们便建造七星坛祭祀星神。七星坛分7层，每层有一个星神，从上到下依此为日、月、火、水、木、金、土7个神。7神每周各主管一天，因此每天祭祀1个神，每天都以 1 个神来命名：太阳神沙马什主管星期日，称日耀日；月神辛主管星期一，称月耀日；火星神涅尔伽主管星期二，称火耀日；水星神纳布主管星期三，称水耀日；木星神马尔都克主管星期四，称木耀日；金星神伊什塔尔主管星期五，称金耀日；土星神尼努尔达主管星期六，称土耀日。

这便是"七日一周"称为"星期"的由来。明朝末年，基督教传入我国，星期制也随之在我国传播开来。

"下榻"的由来

外国领导人来我国访问时，住到某某宾馆或饭店，媒体总用"下榻"这个词。"下"的意思是放下，"榻"指长而矮的床。"下榻"的字面意思是把床放下来，实际的意思是"留下高贵的客人住宿"。

关于"下榻"一词的由来还有一个有趣的小故事。《后汉书》记载，徐稚是东汉时期豫章郡的高士。他知识渊博，品德高尚，有才华又有骨气。虽然家里很穷，却不接受朝廷的征召，过着躬耕自给的生活。当时的人们对他非常敬仰。豫章郡太守陈蕃为官清廉，不愿与有权势的人交往，但是对徐稚这样的高士十分敬重。

传说，陈蕃第一次请徐稚到家中，两个人从治国安邦，谈到风土人情，从治学严谨，谈到友人交往，越谈越投机，从上午谈到下午，从下午谈到晚上。后来，陈蕃为了接待徐稚，在家里专门准备了一张床。徐稚来了，便款待酒食，晚上把专用床放下来留徐稚留宿。徐稚走了，他就把专用床挂起来。

王勃在《滕王阁序》中写道："人杰地灵，徐孺下陈蕃之榻。"其中徐儒说的就是徐稚。后人从这个故事中提炼出"下榻"一词，表示留下高贵的客人住宿。

"想当然"的出处

"想当然"的意思是凭主观推断，认为事情大概是或应该是这样。这种说法最初出自孔融之口。

公元 203 年，曹操同儿子曹丕率军攻占袁绍的老巢邺城，袁绍的眷属无不吓得哭作一团。曹丕见袁绍的儿媳甄氏十分漂亮，就想占为己有。曹操成全了儿子。孔融知道后就写信给曹操，说当年周武王伐纣后，把商纣王的宠妃妲己赏给周公。曹操没有看过有关的记载，也没有察觉孔融在讽刺自己，遇到博学的孔融时，特地问他这件事出自何处。孔融说："不是出自什么记载，只要以今人的做法去推测古人，就知道一定会这样，想当然耳！"

陈善《扪虱新话》记载，苏东坡参加科举考试，写了篇文章《行赏忠厚之至论》。他为了说明奖赏宁可过宽，处罚则应慎重，杜撰了一个皋陶要杀人，尧劝他宽恕的典故。考官梅尧臣和欧阳修见他写得文采飞扬，也没有管典故有没有依据，就把他列为第二名。后来，梅尧臣问他："你这个典故出自何处？"苏东坡笑道："想当然耳！"

"绯闻"如何产生？

"绯闻"这个词出现的时间并不长，将其用在风流韵事，始于蔡元培先生。蔡元培先生是我国近代杰出的教育家，他于 1917 年从欧洲回国后即任北京大学校长。他倡导自由、兼容并包的思想，把北大办得有声有色。他聘请老师没有政治偏见，不管是留着辫子穿着长袍的满清遗老，还是留学归来的洋派学者都得到了他的尊敬。那时的北大可谓人才济济，生气勃勃。

翻译家林琴南却指责蔡元培乱聘教师，把孔孟的教导全忘了，以难登大雅之堂的土语为文学。蔡元培写公开信坚持自己的办学主张："教员关键是要有学问，洋的土的留辫子的甚至有嫖娼、喜作'绯艳'诗词者，只要不搞政治和引学生堕落，教学生学问有何不可？你林琴南翻译了《茶花女》。若有人说你有同妓女通奸作品，不可谈论伦理，不是很可笑吗？"公开信发表后，"绯艳"一词流传开来，后来又发展出"绯艳的新闻"，简称"绯闻"。

特别强调一下，"绯"字只有 fēi（非）一个读音，但人们几乎众口一词把它读为 fěi（匪），真是大错特错。"绯"字很简单，字义为红色。《说文新附》上说："绯，帛赤色也。"组词有绯红，绯闻。

"座右铭"的由来

"座右铭"的起源有几种不同的说法。

《荀子·宥坐》记载：孔子观于鲁桓公之庙，有欹器焉。孔子问于守庙者曰："此为何器？"守庙者曰："此盖为宥坐之器。"孔子曰："吾闻宥坐之器者，虚则欹，中则正，满则覆。"孔子顾谓弟子曰："注水焉！"弟子挹水而注之，中而正，满而覆，虚而欹。孔子喟然而叹曰："吁！恶有满而不覆者哉！""欹器"也叫"宥坐之器"，"宥"通"右"，"宥坐"即放在座位右边。后世的"座右铭"由此引申而来。

《文选·崔瑗》吕延济题注："瑗兄璋为人所杀，瑗遂手刃其仇，亡命，蒙赦而出，作此铭以自戒，尝置座右，故曰座右铭也。"座右铭由来于此。座右铭的铭文比其他铭文更为简短，有的只是一两句话或格言，置于座位的旁边，用以自警。

宋朝时有个叫吴介的人很喜欢史书。史书中记载的可以吸取经验教训的事，他都抄下来，放在座位的右边，称之为"座右铭"。时间长了，他家连墙上、窗上都贴满了警句、格言。以后这种做法慢慢地传开了。"座右铭"的内容也不仅仅是可以借鉴的往事，形式也不仅仅是限于放在座位的右边了。

新兴词汇知多少

何谓"闷骚"？

"闷骚"英语是"man show"，最早出现于中国港台地区，而现在"闷骚"成为年轻群体中的流行词汇。"闷骚"本来是个贬义词，现在人们用来指那些外表冷静，沉默而实际富有思想和内涵的人。有此称的人群经常喜怒不形于色，但是在特定的场合或环境中，往往会表现得出人意料。

"闷骚"是一种迂回的表演，因含蓄而上升了一个境界，是一种假正经和低调的放肆。他们表面上看起来很矜持，其实骨子里热情如火。后来"90后"对人最坏的评价是"闷"，最好的评价是"闷骚"。现在这个词的运用也越来越多了。"闷骚"人的"闷"只是一种无奈的伪装，当他们处于一个属于自己的小天地时，就可以揭开这个假面具，让"骚"的本能得到释放。这个词的意义和人们对它的喜好也正是由这个社会的年轻人决定的。

"愿景"是什么景？

"愿景"中的"愿"就是"愿望"，总的意思就是"所向往的前景"。"愿景"就是人们通过努力想要达到自己心里所希望的那个目标，可以看到最终希望的美景。"愿景"就是个人、组织甚至一个国家所持有的一种意象或者景象。

"愿景"是一种希望看见的景色。该词一开始在港台地区使用。后收录于《现代汉语大词典》第5版。"愿景"已经成为企业中的一种必需的职业期许，企业领导者树立了自己的"愿景"，然后让员工们得到一种发展的设想与空间，从而加强团队的稳定性和奋斗力。人只有在有希望的前提下才能有动力去前进，这个"愿景"就是人们发展的动力和目标。

"劲爆"是什么意思？

前些年，肯德基推出了一款新的快餐食品——劲爆鸡米花。此后，"劲爆"一词很快流行起来。比如，劲爆音乐、劲爆游戏、劲爆DJ等，尤其是在IT业和娱乐业很受欢迎。可能是因为从事这两类职业的都是前卫人士，乐于使用新潮词汇。

不久，媒体把"劲爆"的意思大大拓展了。比如，"整个活动从下午持续到晚上，场面相当劲爆。"再比如"这种劲爆的打扮常常让路人忍不住多看两眼。"可见，劲爆的含义有：疯狂的，气氛热烈的；（打扮）标新立异的，与众不同的。总之，与劲爆相关的事物往往是时尚而前卫的，给人新鲜感和刺激感。

第二篇 最小的造句单位——词语

从"哈日"到"哈盘"

现在，网上"哈"词是越来越多了。"哈"是源于台湾青少年文化的流行用语，是"非常想要得到"的意思。"哈"的对象一般指的是某一国家、地区的流行文化现象。比如"哈韩""哈华""哈日"等等。此外"哈"的对象，还可以是人或物。对象是人的，如"哈哈"（哈利·波特）；对象是物的，如"哈猫"（动画猫）"哈电"（电子产品）等等。

如今，在北京中关村的电子市场中也出现了一群人，被称为"哈盘族"。这类人群必然是非常喜欢光盘的了。因为这些喜欢光盘的消费者在挑选购买光盘的时候，常常手拿光盘，向着盘片表面呵气，然后再仔细查看是否有防伪标记，并且"呵""哈"谐音，"哈盘"一族故此得名。

"掉链子"是怎么回事？

北京话中有一句精妙的调侃——掉链子。在影视作品中也经常出现这句话："关键时刻你就掉链子。"

骑过自行车的人都理解"掉链子"的扫兴和苦衷。三五个好友脚踏自行车，一起去上学或购物的时候，突然"咔嚓"一声，你的自行车蹬不动了。低头一下，原来是沾满油污的链子掉了下来。看着朋友们一路洒下欢声笑语，很快远去。自己却要下车挂链条，本来高昂的情绪一落千丈。北京有成千上万的人骑自行车上班上学，很多人经历过"掉链子"的尴尬、着急和无奈，于是展开联想，用"掉链子"调侃人们做事情正在兴头上，却突然卡壳，做不下去，甚至失败或夭折。

比如某人本来想在酒席上谈妥一个项目，结果被灌了个酩酊大醉，于是他的同事就说他："掉链子了！还谈什么生意？"

"炒鱿鱼"何以成了解雇的代名词

"炒鱿鱼"的意思是工作被辞退、解雇、开除。为什么"炒鱿鱼"成了解雇的代名词呢？要搞清这个问题，我们还得从旧社会讲起。那个时代，外地人在广东或香港打工，雇主一般都提供食宿，但是雇用人的被褥都是自带的。被解雇的人是没有任何地方可以申诉的，一听到老板的通知，便只好卷起铺盖走人。所以人们对开除和解雇这类词十分敏感甚至恐惧，觉得它太刺耳，于是有些人便用"卷铺盖"来代替。

广东有一道名菜是"炒鱿鱼"。人们发现，在烹炒鱿鱼时，每块鱼片都由平直的形状，慢慢卷起来成为圆筒状，这和卷起的铺盖外形差不多，而且卷的过程也很相像。人们由此产生了联想，就用"炒鱿鱼"代替"卷铺盖"，表示被解雇和开除的意思。这个说法沿用至今。在现今社会老板要轻易地炒别人的鱿鱼就不那么简单了，因为职工工作的权利是受法律保护的。如今，"炒鱿鱼"除了被辞退的意思外，也有的是个人因为不想在原单位干了而提出辞职的，这时就可以说"我炒了老板鱿鱼啦"。

名人缘何叫"大腕"？

改革开放以来，"大腕"这个词已经成为普通话的通用词语。1996年修订的《现代汉语词典》收录了这个词条，解释为："（大腕儿）指有名气，有实力的人（多指文艺界）。"括号中的"大腕儿"说明这个词应该读儿化音。冯小刚执导的电影《大腕》对这个词的走俏起到了推波助澜的作用。在当今社会，大腕已经不局限于文艺界，各个领域的名人都可以称为大腕，比如足球大腕，房地产大腕等等。另外，"大腕"含有顶尖、著名的意思，可以作为名词的修辞成分，比如大腕导演、大腕作家等等。"大腕"还可以说成"腕儿"。有人成了名人，可以说"成腕儿了"。

"大腕"的前身是"大万"或"大蔓"。"万"和"蔓"本是江湖黑话对"姓"的代称。比如通报姓名叫"报万儿"，出人头地叫"扬名立万"。"大蔓"指江湖上大的姓氏，引申为有实力的名人。"大wànr"演变出名人的意义以后，无论是写做"万"还是"蔓"，都与意义毫无联系。而"大wànr"所表示的人物，正是具有某种大手腕的实力人物，这种意义使人们觉得wànr音似乎应该是手腕之"腕"，于是"大wànr"一词最终定型为"大腕"。

"秀"和 show 意义相通

现在，社会上流行一连串的秀，有脱口秀、服装秀、婚纱秀等等。这个"秀"是来自台湾的一个词语，它的英文是"show"。

"show"是表演、演出的意思，但是后来流行出来的"秀"有时表示的不是真的表演，而是因为本身表现出的虚假近似于表演。随着这个词的使用，"秀"的语义也发生了很多的变化，一开始它的意思是"表演、演出"，后来是"表演的，演出的"，最后衍生出一批关于"秀"的词语。这些词的出现并非是偶然，因为随着

改革开放以及两岸文化的交流，人们对外来文化接受甚快，尤其是年轻人，他们不断接收到这些新鲜的词，并不断地创新。所以"秀"也逐步被人们所用。

"炒作"如何炒？

"炒作"现在成为一个热门词汇。"炒作"一词是指在最短的时间内，以最佳的创意和最低的成本，而最终实现的最大化收益的传播效应。也就是为了提高自己的知名度，而夸大宣传。

现在的"炒作"是一种新型的传播模式，"炒"字在我国的解释是"把食物和其他东西放在锅里加热翻动使其变熟"，由此引申出来的就是将一些东西经过加工，然后变成另一种东西，并且作用增大。"炒作"这个词正是如此，在一些需要炒作的对象中，加上配料和调味，然后变成一道美味。就像人们在热闹的街上放广播、贴大字报一样。"炒作"是一种智慧的体现，在这个信息和知识爆炸、文化多元的时代，"炒作"提供了一个平台将诸多元素进行整合，让这个行业具备可持续性发展，从而做大共同市场，最后创造更大的价值。

"嘉年华"是什么？

在欧洲，"嘉年华"是一个传统的节日。它最初是欧美"Carnival"音译来的，也就是狂欢节，和中国的"庙会"意思相仿。"嘉年华"后来也泛指一些庆祝宴会和公众娱乐盛会等。

由于英语 Carnival 很难用汉语准确地进行表达，所以就使用了"狂欢节"这种比较直观的说法。后来它传到香港，香港人才将它译为"嘉年华"，这样看起来显

得文雅。到了改革开放时期，"嘉年华"随着香港与内地的交往也传到内地，并逐渐在全国风靡。

"嘉年华"从最初的一个传统的节日，发展为今天的各种形式的盛会，全国各地有各种各样的嘉年华会。它之所以能风靡，就是因为它代表着美好和幸福，快乐和自由。"嘉年华"是一个充满快乐，挑战，创新和个性的节目，这样的精神正好符合现代人的思想。

"草根"的新义

"草根"直译自英文的"grassroots"，其本义为"乡村的"。现在流行的"草根"已经超出本义，而萌发出一系列新义，如"普通人的、平民的、大众的、民间的"。有人认为它具有两层含义：一种是指和政府或者领导人相对的势力，另外一种是指和社会主流和精英相对的弱势群体。随之还衍生出一些与它连用的新词汇，如草根工业、草根文化、草根势力等等。由这些新的词汇的数量的增多可以看出草根一词具有巨大的渗透力和亲和力。

我们可以将草看作为一个社会，而草的根是社会的底层。在现实生活中，"群众、平民"也是在社会底层，位置上与草根是一致的。此外，"草根"的生命力旺盛，"群众、平民"的力量也是强大的，有与"草根"一样顽强的生命力。可见，"草根"一词的存在具有强大的社会基础。

"白领""蓝领"及其他

"白领"是指有较高的教育背景和工作经验的、从事脑力劳动的阶层，是西方社会对企业中不需做大量体力劳动的工作人员的统称，又称白领阶层。这些"白领"的工作条件比较整洁，穿着整齐，衣领洁白，包括技术人员、管理人员、办事员等等。"白领"现如今已经成了一个独立的职业阶层，并呈现出一些显著的特征，他们是追求高质量且多样化的生活，关注自己的职业发展，具有社会责任感的一类人群。

"蓝领"是指从事技术性体力劳动，大部分穿制服工作的工人阶层。随着社会分工的发展，除了"白领""蓝领"之外，出现了"灰领""粉领""金领"等说法。"灰领"是指既具有较强的知识水平，又具有比较强的动手操作能力的工作人员。他们是既受过高等教育，又有实际操作能力的人。"粉领"是指从事妇女占优势的职业的人员，比如护士、秘书等。"金领"是指社会的精英，一般年龄在25岁至45岁之间，受过良好的教育，也有一定的工作经验、技能以及一定社会关系资源的人。

另一种"黑名单"

"黑名单"在战胜时期用得较多，一般指反统治者把一些革命人士列为一个名单，从而方便进行政治迫害。后来，这个词慢慢就改变了意思。

这个词起源于世界著名的英国的牛津和剑桥等大学。在中世纪初，这些学校规定把一些行为不端的学生的姓名、行为列案记录在黑皮书上，谁的名字上了黑皮书，他就会在相当一段时间内名誉扫地。后来，"黑名单"这个词被许多行业运用，比如国际组织、政府机关、各行各业把一些违法者、违规者以及违约者列入"黑名单"。

这个词逐渐流行，它可以约束人们的行为，也可以惩罚那些违规者。

"另类"是哪一类？

"另类"一词的出现已经有一段时间了，它对人们的影响也很大。在人们的印象中，另类是指那些随性而来，想干什么就干什么，想穿什么就穿什么的年轻人。他们与众不同，新潮怪异，那就是"另类"。由此也引申出很多的新词，比如：另类电影、另类文字、另类服饰等等。

"另类"是一种人性的释放，也是指非传统的，反主流的文化。这是一个译于英语的新词，本义就是"另一种"或者是"另一类"，简称为"另类"。"另类"是当代的一种伴生物，是主流生活的边缘，也是对自由的一种追求。

千姿百态的"情结"

"情结"字典里的解释为"心中的感情纠葛；深藏心底的感情"。如：化解不开的情结。其实情结是一个心理学用词，是指藏在人们内心深处神秘的、强烈而无意识的冲动。"结"在我国象征着力量、和谐、充满温暖的人间情谊。有"永结同心""结发夫妻"等等的词都用到"结"。它还可以比喻心情的烦躁，指心中的那种看不见的心理疙瘩。

"情结"一词是 Theodor Ziehen 于 1898 年所创的。它也被看作是观念、情感、意象的综合体。在 20 世纪 80 年代改革开放初期，西方的一些思想不断传入，当时一个著名的心理学家弗洛伊德的著作产生了很大的影响。而出自他的著作的"情结"一词也被广泛流传，并且它的词义也不断在发生改变，从一开始对人的感情变成现在对世界万物的眷恋之情。

"怪圈"探源

曾经有一则提醒："高额返券只是商家玩的数字游戏，消费者要抵御返券式打折，避免陷入循环购物的'怪圈'。"这个"怪圈"是如今用得比较火的词，是个很时尚的词。

有一个"麦田怪圈"的神秘现象吸引着人们的眼球，在 20 世纪 80 年代初，英国人在汉普郡和威斯特一带的麦田屡屡发现怪圈，所以，正式将怪圈命名"麦田圈"。关于"麦田怪圈"的起因有很多的说法：磁场说、外星人制造说，还有异端说等。但是最近媒体频繁使用的"怪圈"这个词与麦田怪圈没有任何关系。在 1984 年四川人民出版社出版的一套"走向未来"丛书中，有一篇提到"怪圈"这个词，并且指明了它的意思。书中说"所谓怪圈就是指这样一种现象，我们在某个系统中逐步上升，结果却意外地发现又回到原来开始的地方"。从此以后，人们运用这个"怪圈"来代表那些恶性循环的难以摆脱的怪现象。

"水门事件"引领的"门"族词

"××门"最近在网上频繁出现，这个词来源于 20 世纪 70 年代发生在美国的"水门事件"。在 1972 年 6 月 17 日的凌晨，有五个神秘的特务潜在美国华盛顿特区的水门大厦民主党总部，结果被警方抓获，他们是为了更换以前放置的窃听器。这个事件就称为"水门事件"。这个事件发生以后，借用它的名字引出了一系列关于"××门"的词。比如"档案门"是指克林顿在第一任总统任期内非法调用共和党政府官员的档案事件；此外还有"拉链门""伊朗门""情报门"。

英语中表示丑闻事件的词是"××gate"大多是指外国的事件，后来汉语借来引申出一系列"××门"的词语，如"安全门"指石油企业爆炸事件；还有娱乐圈中被传为笑谈的"拉票门""艳照门"等等。

"嘻哈"源起何处？

嘻哈是一种来自非洲原始部落的生活状态，是在一些非裔及拉丁裔青年之间兴起的，他们为了丰富娱乐活动，自由组织创新了一些活动。其中包括四个元素：饶舌（Rapping），打碟（DJing），涂鸦（Graffiti），街舞（Breaking）。

20世纪90年代，"嘻哈"文化传向亚洲，流行于韩国、日本还有我国台湾地区等地方，并不断地推向大陆，逐渐在大陆的年轻人中流行起来，并且成为一种时尚。这种"嘻哈"由开始的说唱、街舞、涂鸦逐渐发展到现在的滑板、街头篮球等运动。"嘻哈"一族在穿着方面也具有自己的特色，宽大的 T 恤，拖沓的牛仔裤，成为年轻人的时尚而流行。所以"嘻哈"已经成为个性的代名词，代表了追求自由、表现自我的思想。

"深喉"，扼住了谁的咽喉

在美国发生的"水门事件"中，"深喉"用来指匿名知情人，为记者提供重要资料的人，也指深藏在政府内部的泄密者。在汉语中，也有与"深喉"意思相近的词，那就是"线人"，它一般指警方安排在犯罪集团内部的卧底。后来，"深喉"的引申义在网上广为流传，是指在任何一个领域里，深藏在暗处的揭秘者或者那些造谣者。娱乐圈里的"深喉"是明星经纪人、媒体记者，还有明星本人。

正是有了"深喉"的存在，那些搞破坏的人才能相对安分守己一些，并且使得一些反腐败、反贪官的人似乎可以清闲了。并且，"深喉"正处于增长的趋势，但是这些"深喉"们的生存存在很多问题，因为他们扼住了一些人的咽喉，所以保护"深喉"成为一个社会问题。

变"愤青"为"奋青"

"愤青"一词最早起源于德语，是"愤怒青年"的简称。这个词是在 1970 出现的，当时是指一般对社会现状不满，而急于改变现实的青年。同时专指一类盲目指责社会、政府、国家，或极度爱国，以扭曲、激进的言辞表达想法的人群。近年来中国国际地位的稳步提升，民族意识高涨，随之也产生了一些比较激进的民族主义者。

在中国内地，"愤青"是指"文革"时下乡的部分知青，由于心理上的落差造就了他们的愤怒心理。发展到现在，"愤青"的意思逐渐在改变，是指那些对社会持批判态度的人，那些与他们的思维价值观不同的都是他们"愤"的目标。后来又出现了另外一个词"奋青"，指奋进的青年，这个词被人们接受并开始流传。

第三只眼看"第三只眼"

在我国古代有个有名的"三只眼"，那就是二郎神杨戬了，他的第三只眼能够看透万物的根源，识别怪物。人们认为这个第三只眼是上天赐给的，所以人们也称他为"天眼"。

人们都崇拜这个"第三只眼"，总觉得它是一种神的力量。在社会迅速发展的今天，新的现象不断地出现，而人们能够认识到的往往只能是事物的现象，无法看透事物的本质。人们总感慨对这个社会一知半解，希望自己能够有一只慧眼来看清这个世界。那就需要我们有"第三只眼"了。

这个"第三只眼"有很多种，一种是人们经过自己的智慧发明的仪器设备，那就是具有监控功能的电子设备，它可以观察到人们仅凭两只眼睛无法捕捉到的真相。还有一种是智慧之眼，就是一些人们从另外一个角度客观、全面地看问题。所以媒体中常常出现"第三只眼看……"的说法。

我们每个人都要擦亮我们智慧的"第三只眼"。

"亲力亲为"源于 DIY

DIY 是英文 Do It Yourself 的缩写，又译为"自己动手做"，DIY 原本是个名词短语，往往被当作形容词使用，意指"自助的"。它是一个源于西方的词，是人们对一些事情亲自动手，既满足了需求，又节省了开支。慢慢地，这个 DIY 已经在年轻人中间流行起来，也逐渐成为一种娱乐活动和流行趋势。比如拼布 DIY，美食 DIY，发型 DIY 等等。

亲力亲为的意思就是"亲自动手做，不依靠别人的帮忙"。这个 DIY 与它的意思相近，而 DIY 被人们广泛运用，使得大家对 DIY 理解更深刻。香港人为了让 DIY 本土化，就又将其翻译为"亲力亲为"，从此"亲力亲为"一词也逐渐地在中国以及全世界的华人圈普遍使用开了。

BoBo 与"波波族"

BoBo 一词源于美国一名编辑 David Brooks，根据其观察所得而写成的一本书 *BoBo's in Paradise*，是 Bourgeois（布尔乔亚）及 Bohemian（波希米亚）两词合并而成。它译为汉语便是"波波族"。

BoBo 是 21 世纪的精英一族，把追求心灵满足作为工作的动力，并努力把理想转成产品。这群精英族，同时拥有 20 世纪 70 年代的被视为波希米亚人的嬉皮及 80 年代的被视为布尔乔亚的雅痞特质。在新词不断涌现的现在，"波波"也逐渐被人们关注，词典里把它解释为那些拥有较高学历、收入丰厚、追求生活享受、崇尚自由解放、积极进取的具有较强独立意识的一类人。随着社会的发展，"波波"这个词的用法也逐渐在改变，并被人们使用。

汉语中的"OK"

OK 是一个英语词，但是它在中国也逐渐流行起来，成为一个时尚的常用词，到处可以听到、看到。在我国，人们用"OK"是表示同意，认可和赞同，它让人显得亲切、随和。但是，这个"OK"的来源可能知道的人不多，它本是一个人名的缩写。

据说，美国以前有一位邮政工人，他叫作"欧贝德·克利"，他的名字的开头字母分别是 O 和 K。他每天要处理很多邮件，并且在上面签上自己的名字，表示已经验收，由于每天的签收量太大，他为了减轻劳动，就在邮件上签他名字的缩写"OK"。后来很多人很赞同他的这种做法，并加以运用，不论签收者叫什么都签

"OK"。最后，这个词随着发展变成了一句流行语。下面有几种汉语 OK 的意思：

第一种，它用作感叹词，表示对别人的赞扬，相当于"棒极了"。

第二种，表示"好"，需要注意的是，英语中的 OK 表示的"好"是作为"同意"来讲的，而汉语中的 OK 表示的"好"是"质量好"。比如说：有一则广告是：本店黄金确实 OK！

第三种，汉语的 OK 还可以表示"正常"的意思。比如说：你的血压 OK 吗？

第四种，还有一个现在流行的"卡拉 OK"，而现在人们为了方便就把卡拉省去了，只说 OK。

第五种，在用于否定的时候表示"不满""不同意"，可以在"OK"前面加个不字。词语在语用中是动态的，汉语"OK"的各种用法以及意义的引申是语言发展的结果。

"拍拍垃圾"与"狗仔队"

"拍拍拉齐""拍拍垃圾""狗仔队"这三个词的意思相近，是指那些千方百计追逐名人，偷拍他们的隐私生活，挖掘他们的私人秘密来换取报酬的记者。

最初，在电影《甜蜜生活》中有一个名叫 Paparazzi 的角色，是一个专门拍摄名人隐私的记者。从此"Paparazzi"就成为那些专门挖掘名人私人生活的代名词，而"拍拍拉齐"是一个音译词，后来又被改译为"拍拍垃圾"。后来"Paparazzi"一词传入香港后，香港人改称 Paparazzi 为 Puppy（小狗），随后该词就逐渐演化成了"狗仔队"。"狗仔队"一词逐渐传至台湾、大陆等中文地区。

现在，常用的是"狗仔队"，因为它能够更形象地描述那些追踪名人隐私的人。

"猎头"：寻觅高级经理人才

"猎头"一词属于舶来词，原意为割取敌人的头作为战利品的人，现在指物色人才的人。"猎头"的"猎"是指猎取，亦可以引申为搜寻、搜索；而"头"是指头领、头目。这样合在一起就是指猎夺人才的人，即专门发现、甄选和提供高级人才的人。在国外，这是一种十分流行的人才招聘方式，中国香港和台湾地区把它翻译为"猎头"，后来这种说法传入大陆（内地）。

"猎头"与一般的企业招聘人才的方式有很大的不同，"猎头"们只盯在高学历、高职位、高价位的人身上，它搜寻的是那些受教育程度高、实践经验丰富、业绩表现出色的专业的管理人才。这样，"猎头"可以理解为人才中介，通俗一点就是"挖墙脚"。

走入"混搭"时代

现在"混搭"变成了一种时尚和流行，不知不觉地进入了我们的生活。最初混搭的流行来源于时装界，有本时尚杂志 *ZIPPER* 当时写道："新世纪的全球时尚似乎产生了迷茫，什么是新的趋势呢？于是随意配搭成了无师自通的时装潮流。"当时的这种新风格，后来被称为"混搭"，并且混搭风潮似乎愈演愈烈。这种混搭打破了传统的单一和固定性，体现了一种自由个性，正是迎合了现在这个时代。

"混搭"也逐渐被运用到各个领域，衍生出"混搭饮食""混搭建筑""混搭文化"等等。"混搭"也就是将原本不同类的元素混在一起，形成了一种新的"和谐体"，而且表达了不一般的效果。现在"混搭"代表了当代人的一种生活方式和一种生活态度，也传达了现代人的自由和无拘无束。

"族"与"一族"

现在"××族"已经成为人们常用的词语，比如说"上班族""高三族"等等，在以前的字典里是没有这些词语的。族字短语最初起源于日语，然后传到中国台湾，并逐渐传到大陆，并在大陆的媒体里广泛使用。具有某种共同特征的人都可以称之为"××族"，如"化妆族"是指那些平时注重化妆的女性。

"××一族"的"一族"也是日语汉字，一方面指的是同族；一方面指全家。它比"××族"所指的范围更大，不仅指一类人，还可以指具有某种特征的一类事物。这两个词在中国大陆很受欢迎，并被认可。

"新人类"和"新新人类"

现代社会高速发展，在多元化社会的影响下，年轻人的思维活跃，与他们的父辈大不相同。因此描述这些年轻人的词也涌现了不少，如"新人类"和"新新人类"。

其中"新人类"也应属"另类"一流，是一种有别于传统意义上的人类，是比"另类"更时尚的一族。他们是思维最活跃、个性最独立、行为最新潮、事业最具发展潜质的一群，也是年轻的一群。但是这个词的热潮也慢慢消退，被一个新的词取代——"新新人类"。

"新新人类"初期是台湾的流行语，有"新潮""年轻""不同于旧时代的人们"的意思。"新新人类"一般是指出生在20世纪80年代以后的青年人，他们生活在物质及文化丰富的新时代，追求一切可触及的新生事物，喜欢刺激与冒险，倡导新生活，新文化，新运动等。因此"新新人类"就成为现代年轻人的代名词。

谁是"宅男""宅女"？

宅男、宅女等用语是台湾地区因特网文化兴盛后产生的一个特定用语，它来源于日本的"御宅族"，流传到中国后演化了。

"宅男""宅女"简单的解释就是窝在家里的男人或女人。他们大部分是20岁左右的青年人，喜欢待在家里干自己喜欢的事。这些人具有一些共同的特征：他们一般是独身，依赖于网络，沉迷于某事不能自拔，为人低调、内敛、孤僻。他们也大多是上班族，白天上班个个都是聪明能干，节假日就成了"宅人"了。现在这个"宅"在年轻人中不断盛行，逐渐地成为一种生活方式，也是一种自我调节的手段。

"熟女"和"剩女"

随着社会的进步，新词也不断地涌现，而描述女性的词也不断增多。如熟女、剩女等。"熟女"是一个来源于日本的词，指那些30岁到40多岁的成熟女性。熟女具有独特的特征，她们经济独立，人格独立，精神独立，具有坚强的内心，而且举止文明，打扮也得体，这些熟女们具有独特的魅力。"剩女"是指那些大龄女青年，她们被称作"单身派"，也叫作三高女。日本人则称之为"被男人扔掉的女人"，也可以称为"3S女人"：Single（单身）、Seventies（大多数生于20

世纪 70 年代）、Stuck（被卡住了），这些人一般具有高学历和高收入，条件优越。

随着网络的发展，各方思想的汇聚，人们的思想也不断地扩展，所以女性也具有了不同的价值观、人生观，由此也产生了各种各样的"×女"们。在这样的影响下女性会引领多元的时尚生活。

引领时尚的"潮人"

现在的社会中存在着一批混在时尚圈里，追求时尚的人，人们习惯把他们叫作"潮人"。"潮人"是以年轻人为主，他们穿衣打扮时尚、新颖、个性，并且对国际品牌非常熟悉；除此之外他们的行为新潮，大胆奔放，追求自由。就是这样的一帮人引领着我们走入时尚。他们不仅穿着时尚，而且还不断地发明新的词汇，比如"扫货"意思是购物，"败"意思是买到手，"范儿"是指某种感觉等的新词。

"潮人"按着不同的标准有着不同的分类，如按照关注方向的不同分为音乐潮人、影视潮人、环保潮人等；根据地域不同可以分为日本潮人、纽约潮人、香港潮人等。正是这些追求潮流、追求个性的潮人风刮到全球，他们对时尚内涵有着自己的文化品位，在他们的影响下，大众对潮流也有着自己的认识，并不断地随潮而动。

"写真"演变记

现代的女性很注重自己的形象，她们渴望自己能够永葆青春。那么写真就是她们喜欢的一种方式，因此，写真逐渐流行起来。

"写真"，在汉语中的本义是画人物的肖像，它是中国肖像画的传统名称。绘写人像要求形神相似，所以叫作"写真"。如今流行的"写真"，却是来源于日语。在日语中，"写真"具有两层意思，一是指摄影；二是指照片。随后，它传入中国并且很快被中国人所接纳，并演变成一种时尚。

一开始"写真"出现于娱乐圈的杂志中，是明星们的专利，后来被大众们使用。一些新新人类具有时尚性，喜欢接受新的东西，而这个"写真"符合这些新人类的情趣和取向。现在"写真"又被赋予了新的意思，即"如实描绘实物"，也就是纪实。有一栏节目叫作《主持人心曲大写真》，内容就是主持人描述他们的经历。

"攻略"的来龙去脉

随着电影《东京攻略》的上映，攻略这个词也逐渐融入汉语中。"攻略"一词是源自汉语，生长于日本，再流向汉语的一个典型例子。在汉语中有个成语"攻城略地"，日语的"攻略"正是它的缩写。"攻略"的本义就是"攻城略地"的意思，就是指攻占城池，夺取土地。但是日语中的攻略却不仅仅是这个意思，它有了新的引申义，就是用于电子游戏、电脑游戏的"攻略"的意思。

现在有些游戏内容非常繁杂，设置了很多的机关，很难通关。所以有人先对游戏进行识破、通关，并将其中的奥秘写出来，编成"攻略"。这几年流行的"攻略"大多是这个意思，媒体上也经常使用，它的意思可以概括为：通盘的计划、指导和方法。比如衍生出一些新词：商场攻略、律师攻略、口语攻略、旅游攻略等等。

"恶搞"："搞"而不"恶"

这几年媒体中的新词不断增多，其中"恶搞"也不断地被人们拿来运用，比如：

恶搞音乐、恶搞影片等等。恶搞文化，又称作"Kuso"文化，是一种经典的网上文化，最初由日本的游戏界传入中国台湾地区，成了台湾 BBS 网络上一种特殊的文化。这种新文化经由网络传到香港，继而传到大陆。

随着这个词的流行，它的语义也不断地丰富，有"搞笑、好笑"的意思。其实这个"恶搞"里的"恶"不是传统意义上的意思，它并不是恶意，只是表示程度，意思接近于"很"。类似于这样的词还有"恶补""恶战"等等，这些都是用来表达一种轻微否定的意思，它丰富了词义。"恶搞"也正是这种用法，它是指人们通过极端的方式来制造笑料让人高兴。

看来"恶搞"并不是恶意的，它虽然刻意用某种方式来搞，但是有一定的底线。它只是来释放一定的社会情绪，而不是扰乱秩序、无约束的"恶搞"。

请别"烧包"过度

"烧包"是中国北方的方言辞语，经常见于北京话、天津话、东北话、洛阳话等。"烧包"的意思是"有点钱总想花出去"。人们总喜欢讽刺别人说"烧包"，这显然就是一个贬义词，是讽刺人因有钱不知道干什么好，想炫耀的心理。北京人还会把那些爱摆阔显摆自己的人叫"烧包"。

现在这个词语已经变成一个高频流行词语，它的意思也在改变，由原来的贬义转为中性。如今的烧包是一种时尚，一种潮流，是对各种超前消费、个性消费的肯定。现在的烧包族以年轻人为主，他们追求时尚、前卫、超前消费，这就吸引了更多的人加入烧包一族。但是随着"烧包"的升温，也不断地出现一些"烧包干部""烧包思想家"，这样的现象就不正常了。更有甚者，在资源开采利用上也有"烧包"行为。

"烧包"是一种时尚、一种新的追求，但是"烧包"不应过度。

"忽悠"：从东北走向全国

我们还记得在某年春节晚会上，小品《卖拐》的男演员，他连蒙带骗，一忽悠就把拐卖出去了。这个"忽悠"在人们看来就是欺骗的意思。其实"忽悠"具有两层含义，第一层是指一种飘忽不定的状态或心态；第二种是北方一带的俗语，尤其在东北盛行，"忽悠"本应写作"胡诱"，胡乱诱导的意思，即利用语言，巧设陷阱引人上钩，叫人上当。

后来，"忽悠"亮相于各种新闻媒体中，并在人群中逐渐蔓延。人们在各种场合使用着这个词，它就是给人们摆迷魂阵，使人神魂颠倒，忽忽悠悠的，然后落入别人的"套"中。现在这个词是个中性的词，并成为一种流行语。已经从东北方言转向全国人民的口中。"忽悠"已经普及，但是千万别天马行空地"忽悠"。

大事小事皆"速配"

"速配"字面意思就是迅速地搭配，是闽南方言，台湾将它解释为"合适、适合"。一开始是指一些电视征婚节目，当场配对。那些给男女搭桥的节目逐渐增多，也使用"速配"作为广告词，具有一语双关的效果。随着这样一类节目的流行，"速配"一词也逐渐成为一种时尚。当它传向内地时，一般都不表示本义，而是表示"根据男女条件迅速配对"的意义。

现在人们生活在快节奏的社会里，一切都是迅速的，吃快餐、上速成班，没时间恋爱，就上电视婚介来个速配等。随着这种趋势的不断扩大，"速配"就变成了一种追求目标，变成一种时尚和一种流行趋势。人们恨不得所有的事都"速配"。

高楼万丈压"房奴"

现在，人们最关心的一个问题就是高房价，由高房价引出来的就是"房奴"。"房奴"是指那些抵押贷款购房，在未来的 20 到 30 年中每年用占可支配收入的 40% 至 50% 甚至更高的比例偿还贷款本息的房贷族。这样就会造成居民家庭生活的长期压力，也会影响他们的消费水平。除此之外，"房奴"们也承受着重大的精神压力，担心失业、生病，不敢娱乐、旅游。"房奴"身上压着房子，被银行套着，成了房子的奴隶。

现在，我国的房价一路飙升，大部分人都承担不起房子的高价，只能通过贷款来买房子。随着媒体的广泛传播，"房奴"也逐渐流行。除了"房奴"，还有"卡奴""网奴""车奴"等等。"房奴"形象地描述了那些因贷款买房人的苦楚，就像房子的奴隶。

形象鲜活的"抓狂"

现在，各个报纸上常见"抓狂"一词，它是从台湾传到大陆的，并且逐渐被大陆的人们广泛使用。它有三层意思：一是指非常愤怒或者郁闷，但却又无处发泄，憋得快要发疯的状态；二是狂热、欣喜若狂，对某一事物的狂热追捧；三是失去控制，失去理智，情绪极其不稳定。"抓狂"不仅可以指人，还可以指物。

"抓狂"大量地出现于体育、影视、生活等众多领域，它之所以能在社会上流行，是因为这个词给人们以丰富的想象。用"愤怒""生气""烦躁"等词都不能够形象地表达那时的心情，用起来显得平淡、枯燥。而"抓狂"显得生动、鲜活、具有形象感，能够充分地表达那种让人无法忍受的状况，并且人们也可以从字面意思想象出该词要表达的意思和情景。

"桥段"：来自电影圈的新词

"桥段"已经是个电影从业人员耳熟能详的惯用语，但是它不算是电影学的正式术语。专业的电影书籍、影评人士和电影工作者一般都不这样说，甚至也没有这样的概念。"桥段"是指电影中两个大段落之间的小段落，起过渡作用。正如文章中的过渡段。这个词在报纸、电影和网络等媒体中广泛使用，一些主持人在介绍和评价某部影片时常常使用。但是"桥段"并不仅仅用于电影界，在一些戏剧、小品、舞蹈等文艺作品中也经常出现。

电影诞生已经一百多年了，电影作品数不胜数，而一部新电影几乎不可能完全不触及桥段。重要的是使用桥段的数量以及合理性。所以如何使用桥段，才是真正彰显一部影片价值的关键。随着"桥段"这个词的广泛使用，它将从影视界传播向其他各个领域。

火爆的"井喷"

"井喷"是一个石油工业的用语，但是它现在不仅仅是个专业用语，而且有了新的比喻义，其使用范围也逐渐扩大。我们可以看到"井喷"具有一个显著的特点就是出人意料，突然爆发。

因此，"井喷"经常指股市行情的巨幅上涨，用这个词有一定的原因：其一就是井喷式的情景和股市上涨的曲线是十分相似的，都是从最低点直冲最高点；其二就是突然爆发，出人意料的特点也是相似的。除此之外，"井喷"还可以用于旅游市场的火爆，汽车市场的销量，邮市、期货市场等。可见，"井喷"已经用于很多行业和领域，并且它的词义还在不断地演变。

"打包"的新义新用

"打包"字面意思是"用纸、布、麻袋、稻草等包装物品"，而后"打包"的意思出现了变化，逐渐地用于人们的生活。"打包"由最初的行业用语变为一般用语。一开始是吃饭"打包"，就是将剩下没有吃完的饭菜打包带回家。

现在，"打包"不仅用于日常生活，而且进入了很多的领域，尤其在经济、信息产业方面。现在的"打包"没有使用具体的工具，只是用"打包"来表示那些"将打包的对象组合在一起"；并且"打包"的对象已经从过去有形的物体变成了现在无形的东西。"打包"的意思也变成了"组合""捆绑""整合"。这与我们现在快速的生活节奏有关系，通过"打包"能够给人们带来方便和实惠，是符合现在社会发展规律的。因此，"打包"这个词迅速地流传，并运用于各个领域。

"霸"族新词

近年来又有一批新词流传广泛，那就是"×霸"。有两种，一类指的是人，如"鱼霸""菜霸""路霸"等；还有一类指的是物，如"词霸""洁霸"等等。当初以武力、权势治天下称为"霸道"，在"霸占""恶霸"等词中"霸"是指横行霸道，不讲道理的意思，大都带有贬义。但是，后来"霸"字的贬义被人们渐渐忽略了，从中衍生出新的意思。

现在，人们使用的"×霸"字是"超过别人"的意思，比如在产品中的"霸"是突出自己产品质量好，功能全，比其他的产品都好。由于市场经济的竞争激烈，相互之间攀比的心理也很强，所以这个词也逐渐被人们接受并广泛使用。在这个个性张扬的时代，"霸"字正体现了时代的特性。

"热"族新词

新词随着社会的发展而不断涌现，"热"是个常见的词，没什么稀奇，但是近年来，有大批的"热"族词出现。现在有两种：一是动词前面加"热"，能够加强动作的程度，如"热播""热销""热售"等；二是在名词前面加个"热"，是表示很受人们欢迎，并具有时尚的色彩，如"热舞""热线"等。

现在年轻人喜欢的一种流行舞叫作"热舞"，跳舞时表现性感，并具有诱惑力。现在夏天人们喜欢穿的一种弹力短牛仔裤叫作"热裤"，这些"热"正是表现了年轻人的青春活力和朝气。这些"热"词不断普及的同时，一些"热"词的内涵也不断发生变化。如"热线"指的是能够迅速接通的电话。现在又有一个"热钱"，是指游资，也就是套利资本。这些就是现在时尚的"热"族新词。

从"知识分子"到"知道分子"

在 19 世纪末至 20 世纪初，受西

方学的影响，"知识分子"这个词初见于世，"知识分子"是指那些具有较高文化水平的人，他们是主要以创造、积累、传播、管理及应用科学文化知识的脑力劳动者。而现在又出现了一个新的名词"知道分子"，这个词是指拥有各种不同方面的知识，但对每一样都不是很精通，只是泛泛地知道关于这方面的基础知识和信息。他们的知识面是横向的，开放的。

在网络开放时代，"知道分子"越来越多，他们也是一定条件下的产物。主要是由于现代信息更新较快，又有网络媒体的传播，人们对知识只能是大概了解。并且随着社会的进步，"知道分子"的队伍也不断地壮大，许多知识分子也以"知道分子"自居。但是这些"知道分子"的流行也引起人们的担心，有人为此还又提出一个新词"智识分子"，希望这类人能够更加完善。

人山人海的"海选"

随着湖南卫视《超级女声》节目的热播，"海选"这个词开始风靡全国。超女就是从全国报名的所有选手中选出少数进入复赛，而报名的人数数量巨大，有10万多。人们就把这种"选秀"的方式叫作"海选"。在超女的影响下，全国各地纷纷推出一些规模各异的"海选"节目。

实际上，"海选"一词早就存在，它是中国农民创造的一种直接选举方式，用四个字就是"村官直选"。这种选举方式是吉林省梨树县梨树乡北老壕村在1986年换届选举时首创的，因而该县又被称为"海选"故乡。"海选"一词早已在全国开始使用，只是在超女的影响下，它的知名度更高了。并且，"海选"还沿用到了其他的选择、竞争的场合，凡是大范围的选举或者选拔都被称为"海选"。

公之于众——"晒"

现在的"晒"是一种时尚，你可以到网上晒任何东西，如结婚照、化妆品、衣服、工资等等，可以把你生活中的所有展示给大家，和别人一起分享。这个"晒"是来源于2006年网上流行的"晒工资"的潮流，从此这些"晒"就在网上、报纸杂志等媒体上引起了无数人的关注。

我国南方有种"晒梅"的传统，但是随着网络的普及，"晒"有了自己新的发展空间。比如"晒工资"，就是那些对自己工资不满的人，借助网络和别人一起骂老板，以泄怨气。这样"晒"就从"把事物放在太阳底下，去除潮气"发展成了"把自己的工资情况公之于世，以泄怨气"。现在，网络上人们可以将自己生活中的任何东西拿来"晒"，"晒"成为人们的一种乐趣。现在的生活不断地更新，新的事物、词语也不断出现，"晒"正是体现了一种旧观念的改变。

从"凝聚力"到"亲和力"

"凝聚力"原本是个化学术语。后来它用于团体、组织甚至社会，意思是指一个群体的成员之间为实现共同的目标而团结协作的力量。"凝聚力"在媒体上的使用也是非常频繁，但是现在又悄悄流行起一个新的近义词叫"亲和力"。"亲和力"一开始是属于化学领域的，它是特指一种原子与另外一种原子之间的关联特性，但现在多用于人际关系领域，若一个人对另一个人很友好，通常就形容这个人具有亲和力。

"亲和力"的培养需要三个条件：尊重他人、乐于助人、心存感激。光看"亲和力"这三个字，都是具有"亲切、亲热、亲密、和气、和谐"的意思，这个"亲和力"让人有种亲近的感觉，比起"凝聚力"更有形象感，更具有影响力。人们要都具有"亲和力"，那小到一个团体，大到一个国家都是和谐的、平安的，这样自然就具有凝聚力了。

你被"套牢"了吗？

在股市中流行一个词叫"套牢"，是指进行股票交易时所遭遇的交易风险。"套牢"的本义是指环状物牢牢地将某物拴系。股票市场的两种"套牢"，一种是多头套牢，指的是投资者预计股价将会上涨，但在跟进后股价却一直呈下跌趋势的现象。另一种是空头套牢，指的是投资者预计股价将下跌，在把所有股票卖出后，股价却一直上涨的现象。由于大陆股票交易没有实行卖空制度，所以股票空头套牢在大陆市场并不存在。

在股市里，这样"套牢"的现象是经常出现的，在邮市、房市方面也都有此类现象。股民们被"套牢"的不仅是钱，还有心理。

现如今，"套牢"一词还被广泛运用于生活中，意思就是"束缚""蒙骗"等，比如说：被厨房套牢，被情套牢等。现在的社会新事物不断涌现，诱惑也就增多了，人们一不小心就会被"套牢"了。现在人生有三套：票子、房子、孩子，人人都在被套着和即将被套，因此人人都想要

问别人："你被'套牢'了吗？"

多头与空头

"多头"是期货交易所中的投机方式之一。它是指投资者对股市看好，预计股价将会看涨，于是趁低价时买进股票，待股票上涨至某一价位时再卖出，以获取差额收益的行为。人们通常把股价长期保持上涨趋势的股票市场称为"多头市场"。多头市场股价变化的主要特征是一连串的大涨小跌。

"空头"是期货交易所中投机的另一方式。它是投资者和股票商认为现时股价虽然较高，但对股市前景不看好，预计股价将会下跌，于是把借来的股票及时卖出，等到股价跌至某一价位时再买进，以获取差额收益的行为。人们通常把股价长期呈下跌趋势的股票市场称为空头市场，空头市场股价变化的特征是一连串的大跌小涨。

牛市与熊市

"牛市"也称多头市场，指证券市场行情普遍看涨，延续时间较长的大升市。正是因为股票市场上买入者多于卖出者，所以股市行情看涨，这样的股市称为牛市。一旦整个上升趋势确立以后，每次的回调都是买入的好机会，这些都是主力刻意砸盘的动作，每个股民应该逢急跌买入，坚定持有，等待升值！

"熊市"也称空头市场，指股市行情萎靡不振，交易萎缩，指数一路下跌的态势。在延续时间相对较长的大跌形势下，一旦整个下降趋势确立以后，每次的反弹都是抛盘的好机会，这些都是主力出货的行为。每次短期操作都是正确的决定。股

民要做的就是遇到反弹就卖出，离开市场，等待转机！

何谓"涨停"？

"涨停"是指除上市首日之外，股票（含 A、B 股）、基金类证券在一个交易日内的交易价格相对上一交易日收市价格的涨跌幅度不得超过 10%，ST 股票不超过 5%。这个涨跌停板制度是源于国外早期证券市场，它是为了防止交易价格的暴涨暴跌，抑制过度的投机现象，对每只证券当天价格的涨跌幅度提出限制的一种交易制度。我国股票涨跌停板后并不是完全停止交易，在涨跌停的价位或在这之内价格的交易还是可以继续进行的。

我国的涨停板是为了防止股票价格出现过大的非理性变动，防止消息的不对称造成股票价格大幅波动，从而保护中小投资者的利益。

何谓"割肉"？

"割肉"是指高价买进股票后，大幅度地下跌，股民们为了避免继续损失，就低价赔本卖出股票的行为。止损是割肉的一种，提前设立好止损价位，防止更大的损失，是短线投资者应灵活运用的方法，新股民使用可防止深度套牢。

何谓"蓝筹股"？

"蓝筹股"是指长期稳定增长的、大型的、传统工业股或者金融股。这些"蓝筹股"在所属行业中占着重要支配性地位，并且有着优良的业绩、稳定的收益、大规模的股本、优厚的红利、稳健的股价走势和良好的市场形象等。在香港股市中，最有名的"蓝筹股"是全球最大商业银行之一的"汇丰控股"。

"蓝筹"一词来源于西方赌场。在西方赌场中，有三种颜色的筹码，其中蓝色筹码最值钱，红色筹码次之，白色筹码最差。后来股票市场中投资者把这些行话套用到股票上。拥有"蓝筹股"的公司一定担当着产业领袖的角色，是产业价值链和产业配套分工体系的主干和总体力量，不管是在规模上，还是在技术水平以及管理水平上都是这个行业的代表。

"LZ"指的是谁？

"LZ"是"楼主"拼音前面的一个字母的组合。"楼主"就是在论坛里发帖的人，他发的这个帖子叫"主题帖"，简称"主帖"，大家写在后面的回复叫"跟帖"。当回帖逐渐增多的时候，就好像盖起来一座楼一样，而"楼主"是楼的最上面一层，并且是该顶楼的所有者（即发帖人），因此也就叫作"楼主"。

另外一层网络用语的意思是"老子"，"老子"在四川话中用得相对较多，它属于第一人称"我"，目的是侮辱对方，指自己是对方的"老子"（就是爸爸）。这个词在网上传播得非常广泛，许多网民在生气时用来发泄，是一种脏话。

什么是"沙发"？什么是"板凳"？

"沙发"是指论坛上第一个回帖人的位置。

"沙发"应该是来自 mop 论坛的，这个论坛有个功能是可以查看自己发过的帖子，所以有时候一些人看到很长的有趣的帖子时，就会在后面回个帖，这样以后要再找这个就很容易了。起初就是说"发个帖子留个记号"，后来碰到长帖，就说

"搬个沙发来慢慢看"。

当时正好在mop兴起了"抢楼"风，抢楼的时候因为也需要随便说句什么，也有用"搬个沙发"等这种词来抢楼的。后来其中兴起了一种"抢1楼"的风气，就是第一个回复。抢楼的时候如果说的太多，楼就会给别人抢走，所以往往抢1楼就只用一两个字，因此"搬个沙发"被简写为"沙发"。而把抢到第一楼的行为称为"沙发被我坐了"简称"坐沙发"。2楼就是"板凳"，3楼就是"地板"。

"拍砖"是什么意思?

"拍砖"在现代网络中就是骂人，还是有自己的特点的骂。网友们不断地发帖、回帖是维持论坛存在和发展的条件。随着发帖回帖的增多，就具有很多的类型和方式，其中大多数都是心平气和地灌水，但是偶尔也有一个表达不同看法的回帖。当看到与自己看法不同的帖子后进行反击，这就形成了讨论或者争论。这就是所谓的"拍砖"。

"灌水""潜水"是何意?

"灌水"的原意是指向容器里面注水，随着互联网的发展，在电子论坛BBS出现后，又多了一个"向论坛中大量发无意义的帖子"的行为，这个行为就称为"灌水"。"灌水"的英文叫作"add water"，这个词与美国前任总统里根有关系。一开始在美国传开，接着传到中国台湾地区，译成中文便是"灌水"。

"潜水"的原意是为进行水下查勘、打捞、修理和水下工程等作业而在携带或不携带专业工具的情况下进入水面以下的活动。后来"潜水"逐渐发展成为一项在水下的娱乐休闲运动，大众非常喜爱。在进入互联网时代后，随着网络的不断普及，"潜水"又被赋予了一层新的含义，就是指在他人不知情的情况下，隐秘地观看共享信息或留言，而不主动表露自己身份、发布信息和回复他人信息的行为。

你是"大虾"还是"菜鸟"?

"大虾"是指那些善于应用网络，具有一定网络技术水平的人。实际上就是大侠的意思，"大虾"是大侠的谐音。"大虾"不同于黑客，不具有攻击性；一般来说"大虾"的网龄都比较长，当新手遇到问题时，这些"大虾"们会出来帮忙。它是相对于"菜鸟"的一个词。

"菜鸟"本义是用于做菜的鸟类，把它用在人的身上，表示某人在某方面应用水平比较低。如在教学方面的低水平者会被他人戏称为"菜鸟教师"。网上见到的"菜鸟"是"计算机初学者"的意思。"菜鸟"一词是从台湾的闽南语演变而来，"菜鸟"就是相当于"菜鸟仔"，也就是生手的意思。也是对某件事情操作不熟练的代称。引申到人，"菜鸟"就是那些对于某些事务操作不熟悉或是刚刚进入某些圈子的人。

你有几个"马甲"?

为了让网络上认识你的人猜不到你是谁，在常用的用户名外再注册其他ID，这种网络行为叫"穿马甲"。一个现实人在同一论坛注册多于2个（含2个）ID并同时使用时，常用的或知名度较高的那个ID一般称为主ID，其他ID称为马甲ID，简称"马甲"。一般论坛明令禁止使用马甲闹事这种现象，管理员等特权阶级是可以查到你的 IP 并查封的。

什么是"斑竹"和"板斧"？

"斑竹"本来是一种竹子。后来在网络的论坛上"斑竹"就指"版主"。当初，人们为了能快速回帖，因为最初使用智能 ABC 的人较多，直接键入 BZ 或 banzhu 之后出来的就是"斑竹"，于是久而久之成了一种约定俗成。"版主"是网络时代的特殊产物，他的职责就是一边清理脏、乱、差的帖子，一边对一些好帖进行表扬，从而对该论坛上的各种言论实行有效的管理，促使论坛健康向上地发展。

"板斧"古代的时候指的是一种古兵器，斧刃较通常所用的斧子平宽。在网络中"板斧"是指论坛板块的副管理员，就是副版主。"板斧"是随"斑竹"而来的。副版主协助版主共同管理论坛。

"下载"与"上传"

"下载"是通过网络传输文件，把互联网或其他电子计算机上的信息保存到本地电脑上的一种网络活动。

"上传"就是将个人计算机上的信息传递到中央计算机系统上，让网络上的人都能看到。一般人们都是将制作好的网页、文字、图片等发布到互联网上，这一过程称为上传。"上传"可以说是"下载"的反义词。

正因为有了"上传"和"下载"，人们才能够看到自己感兴趣的和把一些有趣的东西和别人分享，这样人们才能享受到网络给予人们的巨大乐趣。

黑客

"黑客"一词最早出现于 20 世纪 50 年代。它源自英文 hacker，在美国的电脑界是带有褒义的。最早的黑客出现于麻省理工学院和贝尔实验室。"黑客"起初是指那些对计算机有狂热兴趣和执着追求的人，他们不断地研究计算机和网络知识，并且从中发现计算机和网络中存在的漏洞，喜欢挑战高难度的网络系统并从中找到漏洞，然后向管理员提出解决和修补漏洞的方法。

但是，到了今天，黑客一词已被用于泛指那些专门利用电脑网络搞破坏或恶作剧的人，这些人应该叫作 cracker，可以翻译成"骇客"，但是这些人的出现玷污了"黑客"一词，使人们把黑客和骇客混为一谈。现在，黑客已经不是少数现象了，网络上现在出现了很多由一些志同道合的人组织起来的黑客组织，他们已经发展成网络上的一个独特的群体。

红客

"红客"一词来源于黑客。现在的"黑客"被分为：红客、白客、灰客。红客则是一些拥有很高的技术但又不与那些破坏者为伍的人。他们是网络上维护正义的"侠客"。在中国，红色具有特殊的含义，它代表着正义、进步、强大等等。红客同时也是一种精神，它是一种热爱祖国、坚持正义、开拓进取的精神。"红客"就是既具备这种精神又热爱着计算机技术的人。他们通常是利用自己掌握的技术去维护国内网络的安全，并对外来的进攻进行还击。

"红客"起源于 1999 年的"五八事件"。在美国轰炸了中国驻贝尔格莱德大使馆后，"红客"们为了表达爱国主义和民族主义情绪，建立了一个联盟名为"红客大联盟"，他们利用自己的技能向美国网站发起了攻击。

闪客

"闪客"是网络的一个新词，就是指能够制作 Flash 和使用 Flash 的人。1997年 Flash 开始出现在中国，Flash 是一个技术门槛比较低，开发成本也比较低的软件。"闪客"这个词源起于"闪客帝国"的个人网站。如今"闪客"一词已经深入人心，与"黑客""博客"等概念一起构成了风起云涌的网络亚文化浪潮。

Flash 是一个制作动画的软件，随着网络技术的发展，它的功能也随之增强。这样，一些动画爱好者们的兴趣不断提高，也逐渐加入创作者的行列中。一开始，一些 Flash 动画制作者出于爱好制作一些动画，一般都是一段 MTV 或是悲伤的故事或是一段幽默故事。他们把这些动画放到网上，深受人们喜爱，由此这种网络分享形式也就慢慢流行起来。到后来，"闪客"逐渐形成一种潮流。

博客

现在是网络时代，人们对网络的利用也在迅速增多。这就有一个新词"博客"出现，它可以译为网络日志，就是一种通常由个人管理、不定期张贴新的文章的网站。中文"博客"一词，源于英文单词Blog/Blogger。虽然在早些时候大陆对该概念的译名不尽相同，但目前已统一叫作"博客"。该词最早是在 2002 年 8 月 8 日由著名的网络评论家王俊秀和方兴东共同撰文提出来的。

"博客"（Blog）以网络为载体，能够迅速方便地发布自己的个人心得，能及时轻松地与他人进行交流，并且还能通过他人的"博客"收集到丰富多彩的内容。通过这个"博客"人们可以将自己的个性展示出来。现在大部分的"博客"内容是以文字为主，还有一些有着艺术、摄影、视频、音乐、播客等各种主题。"博客"是社会网络媒体的一部分。并且目前很多"博客"都能够提供许多的模板功能，这使得不同的"博客"各具特色。

播客

"播客"这个词是苹果电脑的"iPod"与广播"broadcast"的合成词，又被称作"有声博客"。一些爱好者可以利用"播客"将自己制作的"节目"上传到网上与广大网友分享。2004 年下半年开始在互联网上流行的"播客"是用来发布音频文件，后来"播客"的发展方向是从声音播客转向视频播客。

"播客"是数字广播技术的一种，起初是将一个"iPodder"软件与一些便携播放器相结合而实现的。Podcasting 录制的是网络广播或者一些音频文件，网友可将网上的广播节目下载到自己的 MP3 播放器中随身收听，可以享受随时随地的自由收听。更有意义的是，人们可以把自己制作的节目传到网上与广大网友分享。这样的"播客"给现代的人们带来许多乐趣和方便，并且掀起了当今互联网新一轮的网媒狂潮。

威客

"威客"的英文是 Witkey，是智慧 wit、钥匙 key 两个单词组成，是指那些通过自己的智慧、知识、能力、经验在互联网上赚得报酬的人。在互联网加速发展的形势下，各种创新的概念和应用也不断地出现，在这样的背景下，利用互联网对知识进行管理引起了学者们的关注，这样"威客"就出现了。该概念最先是由刘锋在中国科学院研究生院提出的。

越来越多的"威客"类网站的出现，为有知识的个人创造了一个销售自己的知识产品的平台和机会，也为个人的知识（资源）买卖带来商机。因此随着"威客"时代的来临，无形的"知识商品"和服务在网络上成为一种时尚，个人的知识资源不仅是一种力量也是一种财富。"威客"给人们带来了许多的机会，并且体现了一种灵活的就业方式，也同时提高了互联网的使用价值。

测客

现在互联网创造了越来越多的新词汇，比如博客、播客、闪客、黑客、红客、测客等。"测客"一词同博客、播客、闪客、黑客、红客等一样，都是指有某些兴趣爱好或从事互联网相关工作的时尚的年青一代。测客和博客相类似，博客们习惯在网上写日记，让朋友们来看来了解他们，但是测客喜欢在网上出一些题目，来测试朋友和身边的人，从而了解朋友。简单地说，测客就是一类喜欢在网上出题来考大家的人。

"测客"也有许多的网站，如测客e族、测客中国、龙隐测客等，在这些网站中有很多的测试题，这些网站很受测客的推崇，越来越多的网友不断加入，并一起体验着互联网带来的乐趣。

人肉搜索

"人肉搜索"最早起源于猫扑网，它是指利用其他人来搜索自己搜不到的东西，与知识搜索的概念差不多，只是更强调搜索中的互动。有时候搜索引擎也不能对一些问题进行解答，当用户在搜索引擎中不能得到解答时，就会试图通过其他渠道，或者通过人与人的沟通交流来寻求答案。这里所讲的"人肉搜索"是区别于网络搜索之外的另一种搜索信息的方式。

"人肉搜索"是一种可怕的社会搜索，有时搜索错误，被搜索错的人将受到很大的伤害，给社会造成很大的影响。

容易混淆的词

"必须"和"必需"词性不同

"必须"和"必需"词义十分接近，稍有不慎就会用错，必须仔细辨析。看看下文用的对不对？

维生素和无机盐是人体必须的营养元素。

显然，作者搞混了。"必须"是副词，用在动词之前，表示在事理或情理上的必要，意思是"一定要"；"必需"是动词，多作定语和谓语，意思是"一定要有、必不可少的"。比如例句的正确说法是"维生素和无机盐是人体必需的营养元素"。如果要用"必须"，则应换成"维生素和无机盐是人体必须摄入的营养元素"之类的说法。

风云"变换"要不得

"变换"和"变幻"是时常被人们搞混误用的一对近义词，下文就是较为典型的误用：

无论国际风云如何变换，我国坚持和平共处的五项基本原则不变。

句中的"变换"一词用得不妥。"变换""变幻"虽然都有"变"的意思。同属于动词，但词义还存在着一定的差别。

"变换"指事物的一种形式或内容转换成另一种。"变幻"则指不规则地改变。

"变换"指事比较具体，后面一般要加宾语，如"变换位置""变换发型""变换角色"等。"变幻"强调的是事物变化无常、动荡不定，使人难以预测。"变幻"后一般不跟宾语，如"风云变幻""变幻莫测"等。可见例句中的"变换"改为"变幻"才更加妥帖。

总被混淆的"不耻"和"不齿"

在实用中，许多人把"不耻"与"不齿"混淆。对于这对极容易混淆的词语，我们要深入辨析。看下文：

某书中有这样一段话："当年哥白尼发表'地圆说'时，不也违背了整个主流科学界的认知，虽然今天看当年的那些主流科学界，可能有许多人非常不耻他们的行径，但相同的故事可能在任何一个年代里发生。"

"不耻"的意思是不以为有失体面、不以为耻（"耻"为意动用法），如不耻下问，不耻人后等。"不齿"中的"齿"原指牙齿，在这里用作动词，有提及、说到、列为同类的意思。"不齿"的意思就是不愿意提及，表示极端地鄙视，如，这种卑劣的做法为人所不齿。从例文的内容看，其中的"不耻"改为"不齿"才是正确的。

"不肖"有别于"不孝"

"不肖"和"不孝"不仅是同音词，词义上也有接近之处。故而，混淆误用的人不在少数。看下文：

这位姑娘的征婚启事很有个性，第一条就写着：对父母不肖者，免谈。

肖，似也，"不肖"原指"儿子不像父亲、不如父亲"。《史记·五帝本纪》："尧知子丹朱之不肖，不足授天下。"司马贞索隐引郑玄曰："言不如父也。""不肖"后引申为品行不好、没有出息（多用于子孙）。而"不孝"则指"对父母等长辈不孝顺"，比如旧时将三种最不孝敬父母的行为称为"三不孝"（分别是"陷亲不义""不求仕宦""无子绝祀"）。《孟子·离娄上》："不孝有三，无后为大。"

病句说的是不孝顺父母的人就没有"面试"的机会，用"不肖"说不通。而且"不肖"是形容词，也不能放在句中充当谓语的成分。因此例句中的"不肖"应改为"不孝"。

辨清"不只"与"不止"

《芬兰冰人遇酒即化　雷克南不只一次被列入黑名单》这已经不是雷克南第一次喝醉酒了，在短短一年半的时间里，这位芬兰小飞人已经两次因酗酒上了芬兰报纸的头版头条，在芬兰的某些酒馆里，雷克南这个名字甚至已经被列入了黑名单，因为他曾经在这里"闯祸"。

新闻标题中的"不只"使用错误，作者把它与"不止"混淆了。

不只：不但、不仅，如：河水不只可供灌溉，且可用来发电。不止：超出某个数目或范围，如：这种事情不止一次发生了。

"不止"含有超过，不仅限于某一范围之义。雷克南短短的一年半内就因酗酒而两次登上报纸头版头条，显然应该用"不止"。

注意"猜忌"与"猜疑"的差别

作为一对近义词"猜忌"和"猜疑"常常被人混淆，以致造成语言错误。看一个较为典型的病例：

《我国交通厅长进入事故多发期　多少钱决定多大权》……特别是这两件系统内部人人都可能猜忌的工程，"法院判决的结果果然证明张昆桐在其中拿了好处"。

"猜忌"的意思是怀疑别人对自己不利而心怀不满，"猜忌"的行为主体和指向对象都必须是人。"猜疑"指怀疑、起疑心，对人对事不放心，既可对人也可对事。另外，"猜忌"有"不满"或"忌恨"之意，而"猜疑"则没有这层意思。

例文说的是人们对某个"工程"中的问题心存怀疑，并没有说这其中的问题会对自己产生什么不利，显然从句意和使用对象上都不适合用"猜忌"这个词。句中的"猜忌"宜改为"猜疑"，与句意是相符的。

空旷"苍茫"，繁茂"苍莽"

由于读音相近，再加上对"苍茫"与"苍莽"理解不准，不少人会混淆两个词，造成语病，请看下文：

《北国森林公园——阿尔山的苍茫林海》……阿尔山是一片绿色的土地，这里植被完好，林木森森，花草遍野，森林覆盖率达63%；林间常见的野生植物有57科190属269种。

"苍茫"和"苍莽"都是形容词，都有辽远空阔，了无边际之义。但用法有一定的区别。"苍茫"侧重的是地域边际旷远而朦胧，人的视觉不是很清楚；一般用于平原、水域、沙漠、暮色等。"苍莽"在含义上侧重指广阔无边，"莽"原指密生的草，所以"苍莽"经常用于形容森林、山岭等环境的辽阔。例文所介绍的是一片"植被完好、林木森森、花草遍野"的森林公园，显然"苍莽"要比"苍茫"更加贴合语境。

强调频率用"常年"，强调时间用"长年"

《一朝荣誉 常年努力》：最高人民法院和司法部联合表彰了100个模范人民调解委员会，其中，崂山区王哥庄街道人民调解委员会榜上有名。多年来，王哥庄街道调委会以创建平安街镇、构建和谐社会为己任……较好地发挥了人民调解"第一道防线"作用。

例文标题中的"常年"用得不对，作者把它和"长年"混淆了。

"常年"和"长年"是人们非常容易搞混的一组近义词。《现代汉语词典》中对这两个词的解释是这样的："常年"，终年、长期；"长年"，一年到头、整年。我们分别从"常"和"长"这两个字上来推敲一下，就可以更明白这组词语的区别。"常"的意思是"经常"，"常年"就是指在一年或几年的这一时间段内，事情发生的频率比较高，如：常年帮助老人，常年出差，都是侧重指事情经常发生。"长"则表示"持久"，"长年"就是说一年到头、好多年都是如此，侧重指时间的长期性。概括地说，"常年"强调频率的"经常"，"长年"强调时间的"久长"。

所以，例文标题中的"常年"理应改

为"长年"。"长年"同时还与"一朝"形成对比，使标题显得严整对称，更有趣味。

用途不同的"沉静"和"沉寂"

在21世纪初，早已沉静多年的病原微生物给人类世界带来了不小的波澜。

这里的"沉静"用得不对。"沉静"是形容词，指环境安静，也用于形容人的性格沉稳、文静，或心情、神色等安详。如：夜幕下的小山村格外沉静；她是一个温柔而沉静的小姑娘。该词只能用于人或环境。"沉寂"有两层意思，一是指十分寂静，二是指消息全无。"沉寂"多用于环境和消息。

例句中显然是在说"病原微生物"很长时间以来没有消息，所以，用"沉静"不妥，宜改为"沉寂"。

"陈诉"委屈时，"陈述"退让

"陈述"和"陈诉"都有"说出来、告知"的意思，但各自表达方式和内容都不相同。不能认清这种区别，就会造成词语误用。看下文：

受害者母女二人在法庭上含泪陈述了犯罪嫌疑人令人发指的罪行。

"陈述"是指有条有理地陈说、叙述，"陈述"不限定所说的内容，运用范围较广，可以指向原因，事件，理由，意见，看法，经过等。例如：陈述个人经历；陈述技巧；陈述养生秘诀。"陈诉"则指详细列举、说明事实。"陈诉"所"诉"的主要是委屈、痛苦、冤情等其他不好的遭遇，以引起别人的同情或帮助。如老舍《四世同堂》："他们有什么委屈都去向李四妈陈诉，李四妈便马上督促李四爷去帮忙。"

显然，病例用"陈诉"更准确。

从哪里辨析"迟缓"与"弛缓"

由于理解不到位，不少人把"迟缓"混同于"弛缓"，如此一来，便会多有误用现象出现。下文就是一个典型病例：

考试成绩公布后，考生和家长们紧张的情绪才逐渐迟缓下来。

"迟缓"和"弛缓"都是同义复词，区别就在"迟"与"弛"上。"迟"即"缓"，意思都是"慢"，"迟缓"指缓慢、不迅速，如：老人的动作十分迟缓。"弛"的意思是"松开、松懈"，而"缓"也有放松、松弛之义，所以"弛缓"就是和缓，舒缓的意思，常用于心情、气氛、局势等。显然例句中的"迟缓"改为"弛缓"才对。

"充分""充足"有同有异

该市有关部门近日对生猪生产供应市场监测显示……生猪存栏量达180万头，其中母猪存栏量恢复到20万头，市场供应充分。

"充分"与"充足"词义接近，但同中有异，不能混用，例文中的"充分"就用得不对。

"充分"表示足够，一般用于抽象事物，如"理由不充分""准备工作不充分"等。"充足"意思是"多到能满足需要"，多用于具体事物，如光线充足；经费充足；时间充足；物资充足等。另外，"充分"还有尽量、完全之义，如：充分利用有利条件；充分调动人民的积极性，等等。而"充足"则没有这样的用法。

病例说的是生猪市场供应不匮乏，应当用"充足"。

"处治"与"处置"的微妙差别

日常生活中，由于没有认真辨析，把"处治"与"处置"混淆，犯下语言错误的人不少。看下文：

新来的助理小江勤快好学又有礼貌，遇到一些棘手的事情也总是能很妥善地处治好，所以得到了大家一致的认可。

"处治"含义单一，即指"处分、惩治"，对象一般是违法犯罪者。如郭沫若《孔雀胆》："那么殿下，请你处治我的谎报军情之罪。""处置"指"发落、惩治"时，同"处治"；但"处置"还有"安排、处理"之义，比如鲁迅《书信集·致王育和》："平复兄捐款，我不拟收回，希寄其夫人，听其自由处置。"而病例中用得正是"处置"的后一种意思，因此句中的"处治"应改成"处置"。

诗文可"传诵"，不能"传颂"

实用上，搞不清"传颂"与"传诵"区别的人很多。因此，使用两个词时误用现象很严重，下文就是较为典型的病例：

《岳阳楼记》是其传颂千古的名作……全文记叙、写景、抒情、议论融为一体，动静相生，明暗相衬，文辞简约，音节和谐，用排偶章法作景物对比，成为杂记中的创调。

"传颂"指辗转传布颂扬，如：人们传颂着这个感人的英雄事迹。"传诵"有辗转传布称道的意思，如传诵英雄事迹，这一点与"传颂"差别不大；但"传诵"还有辗转传布诵读之义，如"这些经典文章都被广泛地传诵"，专门用于修饰"诗文"，这层意思是"传颂"所没有的。例文中要传布的是"诗文",因此应改为"《岳阳楼记》是其传诵千古的名作。"

先后用"次序",状态用"秩序"

"次序"和"秩序"是汉语中最容易被混淆误用的一对词语,虽然二者有着本质的差别。看下文:

《讲究卫生遵守公共次序是公民的基本教育》:社会的文明程度高低从人们行为的两个方面就可以反映出来,一、人们是否讲究卫生;二、人们是否遵守公共次序。

"次序"指事物在空间或时间上排列的先后,如《水浒传》:"见空中数行塞雁,不依次序,高低乱飞。""秩序"则指有条理、不混乱,符合社会规范化状态,如"维持秩序""社会秩序"等。由此可知,凡牵涉到"规范化状态",都要使用"秩序",而不能使用"次序"。

"公共秩序"也称社会秩序,指为维护社会公共生活所必需的秩序。病例中的"公共次序"改为"公共秩序"才是正确的。

词义不同的"窜改"和"篡改"

"窜改""篡改"这一组词语被混用的情况也非常常见。下面例文使用的几处"窜改",都有问题。

《台湾外籍神父修女联署抗议日本窜改教科书》日本新教科书窜改"二次大战"有关南京大屠杀、慰安妇等重大史实,引起中国大陆、韩国相继提出严正抗议……台湾天主教男女修会联合会发动抗议联署,获得一千六百三十三名会员支持抗议联署。

"窜"有"改动(文字)"之义,如"点窜"(删减修改)、"窜定"(修补改订)、"窜益"(改动和增益)等等。"窜改"的意思就是对成语、古书、文件、文章等作文字上的改动,如郭沫若《关于大规模搜集民歌》:"书上有些比较可靠的民间歌谣,虽然不多,但很可贵。因为它是第一手的资料,不是经过窜改的。""篡"字释作"非法夺取","篡改"很明显是一个贬义词,指用作伪的手段改动原文或歪曲原意(经典、理论、政策、历史等)。日本肆意改动教科书,企图歪曲历史真相,自然应当用"篡改"一词。

褒义的"典范"与中性的"典型"

德国犹太医生组织是一家致力于医学伦理道德的组织,该组织正准备与以色列巴以兰大学和以色列医学组织合作,共同为新医生进行医术和伦理道德知识方面的培训,并计划建造一所图书馆,其中包括对历史上反面医学典范约瑟夫·门格勒做全面的介绍。

文中"反面医学典范"的说法不当。约瑟夫·门格勒,纳粹战犯,"二战"时奥斯维辛集中营的一名医师。他曾进行种族和血缘研究以及令人发指的活人人体实验,并将无数无辜的犹太人无情地扔进死亡的深渊。这个被人们称为"死神"的人,如何能够成为"典范"?

"典范"指"可以作为学习、仿效标准的人或事物","典范"是一个褒义词,凡是称为"典范"的都是正面的、合乎规范的,因此不能用在坏人、坏现象上面。"典范"容易和"典型"混淆。"典型"指的是"具有代表性的人物或事件",它属于中性词,用在褒贬语境中均可。"典范"强调"好的东西可以作为榜样、楷模（"范"字释义），"典型"侧重指"人或事情具有代表性"。很明显，例文的"典范"应改为"典型"。

用"发奋"还是用"发愤"

"发奋"与"发愤"读音相同，意思也十分相近，因此常被人混淆误用，看下面的病例：

《夏衍的两次发奋》……（夏衍说）："有一次吴晗、翦伯赞在谈明朝朱元璋的故事，我插了一句嘴，大概讲了一句外行话，被吴晗痛损了几句，说：'你还当文化部部长呢，这一点都不懂！'当时我觉得一方面惭愧，一方面发奋用功：每天抽出一个钟头念《二十四史》，看《资治通鉴》。"

"发奋"意思是振作起来，强调精神由萎靡不振向奋力自强转变的状态，如，发奋努力，发奋有为；"发愤"则指决心努力，强调由于精神受到某种刺激而产生的内在动力，如发愤图强。"发奋"适用范围广，既可以指个人，也可以指团体或国家；"发愤"只能指个人。夏衍决心"恶补"历史知识，原因是被行家嘲笑，受了刺激，感觉十分惭愧。而非一开始浑浑噩噩，经此事才振作起来用功。因此，文中的两个"发奋"都应改为"发愤"才对。

"发扬"和"发挥"的不同

在实际运用中，把"发扬"和"发挥"混淆误用的人大量存在，看下面的病例：

"文革"最大的特点就是把人性中的恶发扬到了极致。

"发扬"指发展和提倡（优良作风、传统等），如：发扬正气；发扬民主；发扬艰苦奋斗的精神；将奉献精神发扬光大等。"发扬"绝对是一个褒义词，它所指向的必须是经人们认可的事物。"发挥"有两层含义，一是把内在的性质或能力表现出来；二是指阐发，把意思或道理充分表达出来。

病例说将"人性中的恶"发扬到了极致，既不合"发扬"词义，感情色彩也不统一。而用"发挥"则能恰当表达文义，另外，"发挥"是一个中性词，用在这里也合适。

"发泄"什么，"宣泄"什么

不能辨析"发泄"和"宣泄"指事对象的差别，是很多人混淆误用这两个近义词的重要原因，看下文：

这时候，他们（海外游子）已经不单单是在看比赛，而是在发泄一种长久以来积压在内心深处怀念故国的思乡之情。

"发泄"，尽量发出，指事对象多为情欲或不满等负面情绪，主体一般是人，比如：发泄兽欲；发泄私愤。"宣泄"意为舒散吐露，泄露，也有排放泄出积水之义，比如：宣泄爱国激情；洪水宣泄无路。"宣泄"要比"发泄"的词义内涵丰富，适用范围也较大。

病句用"发泄"来描写海外游子内心深处怀念祖国和家乡的感情，显然不合适，应改为"宣泄"。

"法治"重在"治"，"法制"重在"制"

"法治"与"法制"是我们在中学政治课本上就能接触到的名词，不过人们在使用过程中还是经常将其混淆。看病句：

我们的祖国是一个法治健全、民主、

和谐的社会主义国家。

"法治"即依据法律来治理，与"人治"（非理性）相对。"法制"广义上是法律制度的简称，法制指的是统治阶级按照自己的意志，通过政权机关建立起来的法律制度，包括法律的制定、执行和遵守，是统治阶级实行专政的方法和工具。可以说，"法治"就是用"法制"去治理。只有"法制"，才有所谓"健全"或"疏漏"。理解了"法治"与"法制"的区别后，下面这些词组的含义就很好区分了。"法治社会"（依据法律来治理的社会），"法制社会"（有法律制度的社会）；"法治观念"（不依据人的主观意志而是根据法律制度来治理的观念）、"法制观念"（遵守法律法规的意识）。

谁的"反应"，向谁"反映"

"反应"和"反映"的使用频率很高，也是对经常被人混淆误用的词语。有必要对这对词语认真辨析，以求准确用词。看病例：

中国央行行长周小川9日表示，人民币走势反应了市场供求状况，这是一件好事。

"反应"一指化学变化，二指机体对外界环境的改变或刺激而产生的对应变化。"反映"一指把情况、意见等告诉上级或有关部门，二指反照，比喻把客观事物的本质表现出来。"反应"与"反映"的词义不同，词性也不同。前者是名词，表状态；后者是动词，表动作。人民币升值贬值是一个表面的现象，它的走势必然有其本质原因。所以例句应该改为"人民币走势反映了市场供求状况"。

宽的"范围"与窄的"领域"

"领域"与"范围"含义比较接近，因此常常被人混淆误用。其实，这两个词语还是有区别的。看病例：

他们的谈话领域很广，包括哲学、科学、政治等多个方面。

"范围"指"周围界限"，如：工作范围；活动范围；考试范围等。"领域"指"学术思想或社会活动的范围"，如：思想领域；自然科学领域等。这两个词语的区别主要有两点：1."领域"一词的使用范围比"范围"狭窄，它只能用在学术思想或社会活动方面；2."领域"的语气更加郑重，一般用在书面语或很正式的场合中。上文中语气比较随意，探讨的不能确定是严格的学术问题，把"领域"换成"范围"更恰当。

侧重点不同的"妨害"和"妨碍"

《"六食"妨碍健康》……吃零食、偏食、暴食、快食、烫食、咸食，直接妨碍人体对营养的摄取，从而对人体健康产生不利影响，应尽量避免。

例文摘自某网—健康生活版。标题"'六食'妨碍健康"很明显是一个只说了半截的句子，"妨碍"健康的什么呢？"健康的保持"还是"健康的维护"？"妨碍"应改为"妨害"才正确。

妨害：有害于，如：酗酒妨害健康。妨碍：使事情不能顺利进行；阻碍，如：自习室里要保持安静，不要妨碍其他同学学习。"妨害""妨碍"的区别在于："妨害"强调"害处"，后面一般接名词；"妨碍"强调"障碍"，后面需接动词或短语。例文正文中说："吃零食、偏食……直接妨碍人体对营养的摄取。"这里"妨碍"用得不错。但标题中说"妨碍健康"就不对了，应改为"'六食'妨害健康"或"'六食'妨碍健康的保持"等说法。

质的"飞跃"与空中"飞越"

按说，"飞跃"与"飞越"有着较大区别，本不该混淆。可在实用中，混淆误用的却不乏其人，看某网试车测评栏目刊载的一篇文章的标题：

《不平凡的路虎——可以飞跃黄河穿越山岭》

"飞跃"指事物从旧质到新质的转变，比喻突飞猛进，多用于比较抽象的事物，如鲁迅《三闲集·文艺与革命》："社会停滞着，文艺决不能独自飞跃"；也可指飞腾跳跃、腾空跳跃，如：小麻雀在树林中飞跃。"飞越"则指飞着从上空越过，词义十分明确，如：柯受良驾车飞越黄河。

"飞越"与"飞跃"区别明显，例文标题中的"飞跃"换成"飞越"才是正确的。

"废黜"与"废除"的对象不同

弘德殿上书房传来琅琅的读书声，同治帝几乎每天都这样苦读。……他早已知道自己是大清国的第十位皇帝，自己将来的任务就是治理国家，完成先皇临终遗命，收复失地，废黜屈辱条约，重振祖宗家业。

例文摘自网络小说《帝王系列：同治皇帝》。作者在这里混淆了一组词语——"废黜"与"废除"。

"废除"与"废黜"读音接近，都有"使原有的人、事物失去作用"之义，但

指示对象方面有较大的差别。"废黜"指罢免、革除（官职）或取消王位、废除特权地位等。如："杨孝政上书谏曰：'皇太子为小人所误，宜加训诲，不宜废黜。'"（《隋书·房陵王勇传》）"废除"则谓取消、废止，一般用于法令、法规、制度、条约等。如：废除奴隶制；废除现有的宪法；废除不平等条约等。

病例中的"废黜屈辱条约"显然应当改为"废除屈辱条约"。

落叶"纷纷"莫"纷纭"

记得一则日本著名禅师千利休的故事。那年秋天，千利休的儿子在院子里打扫落叶，千利休在旁边看见说：没有打扫好。……千利休走过去，摇动整个树干，一时间落叶纷纭，满地金黄。千利休说："打扫好了。"

作者介绍的这个故事告诉我们，要对自然形态始终保持一颗尊敬和欣赏的心。文中有一个"落叶纷纭"，这种说法不妥，"纷纭"宜改为"纷纷"。

"纷纭"指的是（言论、头绪、事情等）多而复杂，如：众说纷纭；思绪纷纭等。"纷纷"则指（往下落的东西、言论等）多而杂乱。如：纷纷暮雪下辕门，风掣红旗冻不翻。落叶纷纷；议论纷纷等。"纷纭"不能用来形容自然物体的落下，病句宜改为"一时间落叶纷纷，满地金黄"。

"肤浅"的见识，"浮浅"的性格

在使用的时候，不少人只注意到"肤浅"与"浮浅"含义的相似性，而忽略二词各有侧重，以致造成误写误用。看下文：

他这个人特别肤浅，整个一纨绔子弟，同事们没一个看得上他的。

"肤浅"意思是"局限于表面、不深刻"，侧重于指"学识、观点、认识、理解、体会"等的浅薄、不深刻。"浮浅"指"轻浮、浅薄"，侧重于指人性格不稳重、不踏实，缺乏内涵及修养。弄清了二者的区别，也就明白，例句用"肤浅"形容人的性格是不合适的，用"浮浅"显然更恰当。

认罪"伏法"还是"服法"

《前火箭状元认罪伏法 桑普森将服刑两个月赔30万》前NBA明星球员、前火箭状元拉尔夫·桑普森已经同意服刑两个月的时间，并且支付30万元的子女抚养费。桑普森愿意服刑并支付子女抚养费的协议是在法庭正式审判开始之前两天通过庭外和解而签订的……

选文引自某网站体育频道，其标题太过夸张，"服刑两个月"如何能说成是"认罪伏法"？很明显作者混淆了"伏法"与"服法"这一组词语。

伏法：罪犯被执行死刑。只能用于被执行死刑的罪犯身上，而不能用于被判非死刑的罪犯。如：《请家教为名绑架女大学生杀人碎尸 凶徒今伏法》……"湖北省武汉市中级人民法院依法对绑架犯沈洪保宣判死刑，将其押赴刑场，执行死刑。"（某网—刑事案件2007年7月27日）服法：服从法院判决。前例文标题中的"伏法"显然应改为"服法"。

"富裕""富余"，各有侧重

《首钢搬迁六万富裕人员再就业可享"优惠税收政策"》四月二十七日，针对首钢集团重工业基地迁出首都的计划出台及首钢六万余名富裕人员及下岗工人面临再就业问题，北京市石景山地方税务局落实再就业优惠税收政策，勉励首钢人勇于再就业，开创新生活。

这则新闻让人看了疑问重重。首先看标题，首钢有六万"富裕人员"？这"富裕"的标准如何界定？再看正文，"富裕人员"为何又要和下岗工人一起"面临再就业问题"？前后看两遍就会明白，原来是作者把"富裕""富余"这两个词混为一谈了。

"富裕"指（财物）充裕，"富余"意为足够而有剩余。"富裕"强调"富有"，一般只能指金钱财物；"富余"则侧重指"剩余"，指事对象比较宽泛，如时间、空间、人员、事物等等。例文中六万余名将与下岗工人一起面临再就业问题的人员，并非是"财物充裕"的人，而是在首钢集团搬迁后不再被企业所需要的"剩余"人员。所以，该文标题和正文中的"富裕"全部改为"富余"才是正确的。

三要点辨析"刚刚"与"刚才"

"刚刚"和"刚才"都含有"过去不久"的意思，很多人容易混淆。例如：

今天我大老远跑到了你们这儿，没想到一来就遇上了刚刚的事儿。

"刚刚"与"刚才"的区别可以从几方面看：首先，从词性上看，"刚刚"是副词，强调的是不太长的时间以前；"刚才"是表示时间的名词，指刚过去不太长的时间。其次，二者在句中的位置不同。"刚刚"必须用在动词之前，而"刚才"一般位于主语前，有时也位于主语后。再次，二者所强调的内容不同。"刚刚"是句子的主要信息，而"刚才"后面所引出的内容才是句子所要强调的主要信息。

从上面的分析我们可以知道，例句犯了将时间副词当作时间名词来使用的错误，属于词性的误用，应该把"刚刚"写作"刚才"。

何时用"工夫"，何处用"功夫"

"功"比"工"多了右旁"力"，二者含义多有不同，多数时候不会混淆。但是，由二字组成的"功夫"和"工夫"，却极容易被人混淆。

功夫，可指本领、造诣，如他的文章功夫很深，这个木匠有真功夫；也可指武术，如中国功夫；还可同"工夫"。

工夫，指占用的时间，如他不一会儿工夫就背会了这篇古文；指空闲时间，如没工夫搭理你；用于方言，指时候，如新中国成立前那工夫，他还是个毛头小孩。

辨析可知，"功夫"用来指人的本领，"工夫"则表示时间，二者不可混用。

"勾通""沟通"，感情不同

虽然只有一字之差，但"勾通"与"沟通"不但词义有别，而且感情色彩大不相同，所以不能混淆，否则就要出笑话了。看下文：

《吴建豪、安七炫组合进军歌坛 语言勾通靠英语》

"勾通"是一个贬义词，指暗中串通，如：他们狼狈为奸、里外勾通，干了不少伤天害理的事情。"沟通"原指开沟以使两水相通，后泛指使两方相通连，也指交流彼此的意见，属中性词。如：沟通南北的大运河；沟通思想；语言沟通等。例句使用"勾通"一词，不明就里的人还以为两人要干什么见不得人的事呢。所以，为了不引起误解，还是改为"语言沟通靠英语"的好。

性格"怪僻"非"怪癖"

因为"怪癖"和"怪僻"的读音相同、词义接近，所以常常被人混淆误用。看下面的病例：

寒山是个寺僧，怪僧，曾隐居天台山寒岩，因名寒山。寒山的诗写得很美，而脾性又十分怪癖，常常跑到各寺庙中望空噪骂，和尚们都说他疯了，他便傻笑而去。

"怪僻"与"怪癖"词性不同。"怪僻"是形容词，指古怪而罕见的（多用于形容人的性格、举止），如：张文的爷，是前清的举人，脾气极怪僻。"怪癖"是名词，指古怪的癖好，如：这是我从生下来就有的怪癖。

例文说的是寒山性格很怪异，以至于别人都说他疯了，显然应改为"脾性又十分怪僻"。

辨析"关于"和"对于"的要点

作为常用的一对关联词，"对于"和"关于"被混淆误用的现象很严重。看下文：

采访开始前，劳动与社会保障局的局长给了我一份《对于解决下岗职工再就业问题》的材料。

"关于"与"对于"的用法区别主要有以下几点：一是"关于"与"对于"的作用不同。"关于"表示关联、涉及的事物，侧重指明范围；"对于"表示对待关系，侧重指明对象。二是"关于"与"对于"组成的介词短语在句中的位置不同。"关于"组成的介词短语作状语，通常放在主语前面；而"对于"组成的介词短语作状语时，放在主语前后均可。"关于"组成的介词短语可以作标题，而"对于"组成的介词短语一般不能作标题。

因此例句中《对于解决下岗职工再就业问题》应改为《关于解决下岗职工再就业问题》。

具体的"贯串"，抽象的"贯穿"

"贯穿"和"贯串"是很容易被混淆的一对近义词，实际中误用现象颇为严重。看下文的病例：

辩证规律贯串于万事万物之间，这是我们所熟知的。

"贯串"与"贯穿"都是动词，都可以带宾语，它们都可以表示"穿过一种东西或一系列事物，从一端直通到另一端"。虽然如此，这两个词所指的对象还是有差别的，"贯串"侧重于贯连，强调一样东西把事物的各部分或把一系列事物贯连起来，所指对象较具体；而"贯穿"侧重于贯通，强调一样东西贯通事物的各部分或贯通一系列事物，所指对象较抽象。上文所述对象为抽象的"辩证规律"，所以应当使用"贯穿"。

多"合计"，少"核计"

在实际运用中，把"核计"与"合计"混淆的人不少。看下面的病例：

这件事情咱们几个人得好好核计一下，别太快做决定。

"核计"与"合计"虽然读音相同，但词义区别还是明显的。导致混淆误用，多半因为对词义不够理解。"合计"主要

有三个意思：一指"合在一起计算，共计"，如"四小组合计三十二人"。二指"盘算"，如"她心里老在合计这件事。"三指"共同商量"，如"大家合计这事儿该怎么办"。"核计"一词的含义比较单一，就是指"核查计算"，如"核计成本"。显而易见，病句中的"核计"应改为"合计"。

假"化装"，真"化妆"

我的手包里随时带着一个化装盒，里面只是一些化装基本用的东西，有假睫毛，黑色的眼线膏，眉影，还有一只粉色的唇膏。……"我从专业化装师那学到了很多东西，但我个人认为，只有自己才真正知道如何让自己更漂亮。"

例文摘自一篇题为《极尽奢侈 帕梅拉化装一天花九千英镑》的文章。文中的几个"化装"显然都应该改成"化妆"。

"化装"指演员为了适合所扮演的角色的形象而修饰容貌，或为了掩盖本来面目而改变自己的装束、容貌等。如：化装的道具有假发、镶牙、假胡子、眼镜等多种多样。又如：他在这出戏中将化装成一个少妇。"化妆"一般用于女子，指用脂粉、唇膏等化妆品使容颜看起来更漂亮。"化妆"侧重美容，只限于头面部；"化装"侧重假扮，包括整个形体。所以说这两个词的含义并不相同，不能混用。结合例文的上下文，文章标题和引句中的几个"化装"都应换作"化妆"才对。

"汇合"与"会合"，差异细微

报纸和网络文章中，搞不清"汇合"与"会合"区别，混淆误用二词的现象十分普遍。看下面的例文：

《彭帅西部银行赛亮相硬地 晏紫两周后汇合新搭档》……晏紫、甜甜将在两周之后前往美国与彭帅汇合，在温网中有上佳表现的新组合晏紫／彭帅也将继续配对征战北美，温网的初次磨合也让两人很有信心在美网中再创佳绩。

"汇合"和"会合"都有"聚集"之义，二者的主要区别在于，"汇合"多指水流的聚合或精神、思想等抽象事物的汇聚，如：小溪在此汇合；民众的意志汇合成巨大的力量；"会合"则包含了相会、见面之义，多用在人员或具体的事物方面，如：参会人员将在此地会合，一同出发。例文中说晏紫与新搭档彭帅集合、见面，理应用"会合"。

"豁然"开朗说"霍然"

"霍然"和"豁然"是经常被人混淆的一对词语，误用的根源在于对它们的理解不准确。看下面的病例：

读了新华网这段话，霍然开朗。到底是新华社办的网站，有水平，高人多。这段话说得非常清楚，其实房价的涨和跌与穷人、小老百姓没有关系，等着国家的经济适用房就可以了。所以我就等着了，谁叫我是穷人呢？

"霍然"有两层意思，一是表示突然、快速，如：霍然雾除，霍然云消。二是特指疾病迅速消除，如：病体霍然而愈。而"豁然"则形容开阔、通达、坦荡，如：豁然开朗；豁然醒悟。因此，例文说"读了新华网这段话，霍然开朗"，解释就是"……突然开朗起来。"这显然不太说得通，改为"豁然开朗"意思就很清楚了。

弄清"亟待"与"急待"的不同

"亟待"与"急待"是一对混淆误用率很高的词语。因此，有必要对它们详加辨析。看下面的病例：

《打工妹身患重病亟待治疗 老板同事捐款助其渡难关》

有人认为"亟待"和"急待"含义完全相同，只不过前者是书面语。其实，这一组近义词用法有一定的差别。"亟待""急待"都表示急迫待办，区别在于，"亟待"强调的是意义的重要性，常指较大的事件；"急待"则侧重指时间的紧迫性。"亟待"包含问题、状态已经严重到极点的意思，如：《中国事业单位改革 亟待回归"公共服务"本色》："（事业单位）机构臃肿，效率低下，已经难以适应目前中国市场经济的需要，严重制约了经济和社会的协调发展。"如果仅仅表示时间上的刻不容缓，应用"急待"。

如何区分"汲取""记取"与"吸取"

作为一组近义词，"汲取""吸取"和"记取"经常被人混淆误用，造成一定的语言错误，看下文病例：

孰料，仅仅不到两年的时间，最后他还是被车祸夺去了的生命。……我的这位朋友，如果他能汲取第一次车祸的教训，如果这一次他能不"酒后驾车"，他完全可以避免这次"杀身之祸"。

上文摘自某论坛一篇题为《生命的话题》的帖子。其中的"汲取"使用不当。

"汲取"和"记取"的主要区别在于，"汲取"强调在加工、提高的基础上吸取，一般用在营养、智慧、知识和他人或外部的经验上；"记取"强调的是"记"，是

"前车之鉴"，一般用于自身或内部的经验教训。所以说，例文中的"汲取"改成"记取"更妥帖。

"汲取"与"吸取"词义基本相同，只不过"吸取"在使用场合和搭配对象方面都要比"汲取"广泛。"汲取"主要用于比较文雅庄重的书面语中，常与抽象事物搭配；"吸取"则在书面语口头语中都可以使用，并且不论是抽象还是具体的事物都能够搭配。

"简直""几乎"有差别

不少人在使用中把"简直"和"几乎"搞混，因为他们没有注意到二词的真正区别。看下面病例：

我国渔场的面积，简直占世界渔场总面积的四分之一。

"简直"是副词，表示"完全如此"，强调等同，语气略带夸张，如：在你的眼中，他简直就是垃圾。"几乎"也是个副词，它的意思是"将近于"或"差不多"，强调很接近。对比可知，这两个词所表达的程度是不一样的。细读上文，其所强调的是"接近"，所以应当改用"几乎"。

"俭"朴不同于"简"朴

"俭朴"与"简朴"读音相同，含义接近，经常被人混淆误用。看下文：

她十分推崇海明威的"冰山风格"，主张行文简练、用字俭朴、剔除所有花哨无用的语句；创作时力争以最少、最贴切的语言来表达最丰富、最深刻的含义。

实际上，二者还是有区别的。"俭朴"侧重指生活用度俭省朴素、不浪费，如：周总理的生活一向很俭朴，一件大衣穿了十几年也不愿意换。"简朴"强调的是简单、朴素，除了表示生活作风外，还经常用于形容语言、文笔、器物风格等的简单质朴。如：这款轿车外表简朴、内置奢华贴心，深受许多低调商务人士的青睐。前面例句要说的是"文笔简练朴素"，用"简朴"才更妥帖。

何人"骄纵"，"娇纵"何人

有的父母对孩子呵护过度，骄纵溺爱，造成孩子操作能力的欠缺。

引句中"父母对孩子……骄纵溺爱"的说法不妥，作者显然是混淆了"骄纵""娇纵"这一组词语。

"骄纵"的意思是骄傲自大、放纵专横，骄纵的对象通常是自己；"娇纵"则指娇惯放纵，一般用于家长对孩子。"娇纵"是动词，后可接宾语，如：奶奶娇纵孙子。作为形容词的"骄纵"显然不具备这样的语法功能，只能用于诸如性格骄纵；骄纵惯了等说法。

因此，病句应改为"娇纵溺爱"。

何时"截止"，"截至"何时

综合外电1月31日报道，欧佩克官方新闻署31日称，截止1月27日当周欧佩克七种原油一揽子均价上涨1.25美元至42.67美元/桶，高于1月20日当周的41.42美元/桶。

如果根据句意，原油上涨现象于1月27日当天停止，以后将不会再出现任何变化。这种说法显然是不符现实的。错因就在作者误用了"截止"一词。

"截止"的意思是到一定的期限停止进行，如：此次征文投稿已于昨日截止。而"截至"意为截止到某个时候，如：截至2006年底，全国累计用于廉租住房制度的资金已逾七十亿元。"截止"表示（事情）到此为止，不再继续。"截至"表示到目前这个阶段事情如何（并未结束）。区分"截止"和"截至"有一个小窍门。"截止"后不加时间宾语，通常说"于××年×月截止"。"截至"后一定会出现时间宾语，如"截至×年×月"。原油价格浮动肯定不会到某一时间段就永远不变了，因此，句中"截止"应改为"截至"。

小"界线"与大"界限"

在实际运用中，不少人只看到"界限"与"界线"的词义相近之处，而忽略其差异，导致混淆误用时有发生。看下文：

以前男女生同桌，一闹别扭时，总爱在桌子上画上一条界限，美其名曰"三八线"，以示井水不犯河水。

"界限"与"界线"虽然有"分界"的意思，但具体用法上还有一定的区别。"界线"指两个地区分界的线或某些事物的边缘，也指不同事物的分界，所指比较具体，如：画了一条界线；房基地的界线必须划清。"界限"指不同事物的分界、分隔或划分等，指示范围比较笼统，如：中国拟取消户口界限。在运用中，当说到"不同事物的分界"时，一般使用"界限"而不用"界线"。病例中说的是画一条线，所以应当使用"界线"。

"精心"做事，怎能漫不"经心"

在实际运用中，有的人漫不经心，把"精心"和"经心"混淆，造成语言错误。看下文的病例：

我公司拥有大批优秀的设计施工管理

人员及经过长期培训的施工人员。精心设计，经心施工。完善服务，赢得了京城百姓的信任，并形成本公司以"回头客"为主体的客户网络。

精心：特别细心、用心，如精心准备、精心呵护。经心：留心、在意，如漫不经心、不经心地说。例文中的"设计"和"施工"都应该用"特别专心、周密细心"来表示，因此"经心"应改为"精心"。

"举荐"的少与"推荐"的多

《快来推荐陇原美景30多名读者热心举荐》……昨日，"甘肃省最值得外国人去的10个地方"评选的消息见报后，受到各方的热情关注和积极评价，广大读者纷纷通过本报开通的四种推荐方式，争先举荐他们心目中陇原大地最值得外国人去的地方。

文中的"举荐"一词用得不对，宜改为"推荐"。

"举荐"和"推荐"意思接近，但用法有别，"推荐"的适用范围要比"举荐"广。"推荐"指介绍好的人或事物希望被任用或接受，如：这是一本值得推荐的儿童读物；他推荐的人选，绝对错不了。"举荐"指向他人推荐人才，希望获得任用，如姚雪垠《李自成》："臣且愿趁此为陛下举荐贤材，为国效力。"可见，"举荐"只能用于人，"推荐"用于人或事物都可以。病例说的是介绍最值得游人去的旅游胜地，自然应用"推荐"。

快速"剧变"与大的"巨变"

因为"剧变"与"巨变"意思相近，所以把两个词混淆误用的现象颇多。看下文：

改革开放二十年，这个小山村如今也发生了剧变，再也不复往日贫穷落后的模样了。

"剧变"指剧烈的变化，强调变化"强烈而迅速"，如：东欧剧变；台风来袭，天气剧变。"巨变"指巨大的变化，强调"状态或面貌变化大"，如：一些韩国明星整形后相貌发生了巨变，完全没有了以前丑小鸭的影子。前文例句说的是小山村在这二十年间发生了非常大的变化，显然用"剧变"是不合适的，应该换成"巨变"。

"卷曲"不能代替特定的"蜷曲"

从词形词义上看，"卷曲"与"蜷曲"十分接近，所以总有人把二者混淆，造成一定的语言错误。看下面的病例：

他躺在床上卷曲着双腿，豆大的汗珠不时地冒出来，忍受着胃部的剧痛。

其实，这两个词的具体词义并不相同，不能混用。"卷曲"词义为弯曲、使弯曲。要准确理解这个词，得弄清"卷"的字义。"卷"指把东西弯转裹成圆筒形或可以卷成圆筒形的东西，如卷尺、烟卷、胶卷等。而"蜷曲"一般特指（人或动物的肢体）弯曲，如：她懒洋洋地蜷曲在沙发上等。由"蜷曲"一词的特指对象可知，前文句中的"卷曲"用得不对，改成"蜷曲"就可以了。

"扣压"何物，"扣押"何物

作为一对同音词，"扣压"和"扣押"被混淆误用的现象很严重。看下文：

电脑屏幕上，只见卢副连长手一挥，战士们立即分散向铁壳船围去。"报告连长，3名嫌疑人已抓获，扣压一批货物！"

扣压：将文件、意见等扣留下来不办理。如：内外诸衙门的报告，有对自己不利的也就扣压下来。扣押：拘禁、扣留、依法没收或占有。如扣押赃物、扣押人质；犯罪嫌疑人已被扣押。例文讲的是边防战士扣留犯罪分子的走私物品，无疑应该用"扣押"。

"拉拢"等于"笼络"吗

作为一对近义词，"拉拢"和"笼络"经常被人混淆误用。看下文：

很多人说周某某很能拉拢人心，果然不假。

虽然"拉拢"与"笼络"都有"为了对自己有利，用手段使别人向自己方面靠拢"之义，但两个词还是有区别的。"拉拢"所指对象是人，强调的是出于不正当的目的，把别人拉到自己一边来，含有"有求于人或有利用他人"的意味；而"笼络"所指对象是人心、感情等，常和"人心"搭配，强调的是以讨好等手段，争取别人的感情，使别人亲近自己，其词义比"拉拢"较轻。

辨清"利害"才"厉害"

作为一对同音词，"厉害"和"利害"经常被人们混淆误用。为避免这类语言错误，在此做一下辨析，先来看一则病例：

这件事情不但关系到个人的厉害，更关乎集体的荣誉。

在表示"严厉"之义时，"厉害"和"利害"可以通用。但不能因此认为两个词可以混用，因为它们另有区别。"厉害"还表示难以忍受或对付；剧烈、凶猛，如：跑完一千米，心就跳得厉害。此时，便不可换作"利害"。"利害"有利益和损害的意思。如：相信梁河县的人大代表在贱卖选票的时候也一定经历过一番周密的利害计算。此处也不可换作"厉害"。由此可知，病句应改为"关系到个人的利害"。

尊贵"莅临"，欢迎"光临"

有些人为了显示自己有学问，用词故意文一点，比如，该用"光临"时偏要用"莅临"，也不管合适不合适。看下文：

小叶书屋定于十一月一日正式营业，届时欢迎广大读者莅临。

其实，"光临"和"莅临"不能混淆。"莅临"意思是来到、来临，只能用于身份、地位比较尊贵的人；"莅临"同时具有很明确的目的性，后面一般要接宾语来说明"莅临"的目的，如：欢迎省教育厅领导莅临我校视察工作。"光临"是对他人来访的敬称。

光顾书店的顾客身份并不明确，顾客是来买书、看书还是闲逛也不得而知，所以说用"莅临"是不合适的，应该换成商家欢迎顾客的常用词——"光临"。

两处"联接"与"联结"成一体

作为词义区分细微的一对近义词，"联接"和"联结"极容易被混淆误用。实际中也确实是这样，看下面的病例：

湛江是联接我国西部和珠三角的战略要地。

文中"联接"的使用是不恰当的，应改为"联结"。"联接"动词，义同"连接"，意思是互相衔接或使连接，如：山岭联接；联接道路。"联结"动词，义同"连结"，意思是"结合（在一起）"，如：

开罗枢纽地，联结亚、非、欧。其区别要点在于，"联接"强调两个事物衔接，而"联结"强调联为一体。

"留传"与"流传"下来的各是什么

近义词"留传"和"流传"被混淆误用的现象很严重。这里深入辨析一下，帮助读者把二词区分开来。看病例：

其中，导演特别设计了一段孙中山与梅屋庄吉的踢踏舞表演，被问起这段舞蹈的用意时，导演品川能正解释："这段舞蹈有象征意义。百年前欧美文化影响上海，而踢踏舞是黑人解放时广为留传的舞蹈，它正好象征着解放。"

留传：遗留下来传给后世。流传：传下来或传播开。"留传"和"流传"的区别主要体现在这样几个方面。1. 侧重点不同，"留传"侧重于具体的物品；"流传"更多地用于信息或抽象的精神层面。2. 传播形式的不同，"留传"一般是主观刻意的行为；"流传"则主要是通过口头的语言、书面的文字随意、自然地传播。3. 传播范围的不同，"留传"一般是纵向的，如：老祖宗一代代留传下来的；"流传"范围更广，可以兼指纵向的时间、横向的空间上的传播，如：英雄的事迹广为流传。例文想说明的是踢踏舞在空间上的影响十分广泛，而不是强调"一代一代传递下来"，因此应改为"而踢踏舞是黑人解放时广为流传的舞蹈……"

首卖叫"面市"，首现称"面世"

在日常阅读中发现，把"面市"与"面世"混淆误用的事例屡见不鲜，因此有必要对二词详加辨析。先看一则病例：

《"越洋"面试即将面市》

"面市"与"面世"存在一定的区别。"面市"指（产品）开始供应市场；"面世"则指作品、产品问世，与世人见面。它们的区别在于，厂家生产出新产品以后，如果数量较少，只是先做一下公开的展示，并不出售，我们可以说"面世"；当新产品有足够的供应量，开始正式销售的时候，则应说"面市"。另外，"面世"还可以表示作品和其他不可出售的新事物，"面市"则没有这样的用法。如：新诗面世；1997年第一只克隆羊多莉面世了。

前文介绍的是远程面试系统建立后，海外留学生就进行越洋面试，这将有助于提高"海归"的就业成功率，减少求职成本。文章标题中的"面市"用得不对，"'越洋'面试"是一个新型的面试方式，怎么可能"面市"呢？应该说"面世"才对。

非法"牟取"与正常"谋取"

由于不能准确把握感情色彩，不少人把"牟取"和"谋取"混淆误用，造成表意不当。看下面的病例：

《农民弱势的制度性根源——权利贫困》……在资源约束的条件下，制度是农民牟取生存与发展的最可靠的保障，如果制度保障缺位，那么农民的生存状态当然是要大打折扣的。

"牟取"是一个贬义词，意思是采用不正当的手段获取（名利），如：非法牟取暴利。"谋取"是中性词，指"设法取得"。农民作为一个弱势群体希望在健全的制度下谋求生存和发展，怎么能说成"牟取"呢？应当换成"谋取"。

"偶然"少，"偶尔"多

很多人容易将"偶尔"和"偶然"相混淆。如下例：

这一天，校园内的师生都被这突如其来的偶尔事件所震骇。

"偶然"和"偶尔"都有副词词性，都表示"间或、有时候"的意思。但是，"偶尔"明显具有频率词属性，而"偶然"重在强调出乎意料。"偶然"和"偶尔"还都有形容词词性，此时，它们词义有明显区别，"偶然"表示事理上不一定要发生而发生的；超出一般规律的，比如偶然事故、偶然因素；"偶尔"表示偶然发生的，可以多次出现，比如：偶尔的事。两个词重要的区别在于"偶尔"只能修饰动词而不能修饰名词，"偶然"可以修饰名词。

所以，例句应该把"偶尔"改为"偶然"。

"披阅"不一定"批阅"

由于"批阅""披阅"读音相同，都有"阅读"之义，因此常常有人把二者混为一谈，造成语言错误。看下文：

为了做好这次大型演讲，沈先生批阅了无数的文献资料，认真准备翔实而确凿的材料，耗费了大量的心血。

"批阅"意思是阅读并加以批示或批改，如：批阅文件；批阅学生作业。"披阅"的"披"有"打开、散开"之义，如披露。"披阅"就是展卷阅读、翻看的意思，比"批阅"少了"批示或批改"之义。如明·李贽《与焦弱侯书》："山中寂寞无侣，时时取史册披阅，得与其人会觌，亦自快乐。"病句说的是沈先生准备演讲材料而阅读文献资料，文献资料是不可能"加以批示或批改"的，因此，句中的"批阅"应改为"披阅"。

不能用"品味"代替"品位"

"品味"与"品位"是混淆误用率较高的一对词语。因此有不要对它们详加辨析，以免出错。先看一则病例：

拥有一辆顶级跑车是所有男人的梦想，而这些打着名牌汽车头衔的手机有不少是限量版，价值不菲，昭显尊贵的品味。您，又看中了哪一台呢？

"品味"与"品位"音同形近，但含义各有不同。"品味"意思是品尝滋味、仔细体会，也可以指食物的风味。除了后一种释义外，"品味"一词基本用作动词，如：品味咖啡；品味隽永的美文。"品位"则是名词，它原指官阶、品级；也可指矿石中有用元素或有用矿物含量的百分率；现在最多的是用来表示品质、质量、档次或气质等。从病句句意来看，文章想说的是这些限量版手机品质高、有档次，男性使用会让人感觉很有尊贵的气质。而且动词"昭显"的宾语只能是一个名词。因此，句子应改为"昭显尊贵的品位"。

"歧异"一词无"歧义"

"歧异"和"歧义"是经常令别人搞混的一对词语。看下文病例：

王先生还举了一系列在社会或媒体上并不鲜见的例子——"必须制止制裁法轮功"，"讨厌歌功颂德的彭德怀"。这些都是常见的一些歧异句……有些广告，为了制造宣传效果，故意写歧异句，给消费者留下深刻印象，但实则造成了不良影响。

"歧异"指有分歧差异；不相同，"歧"即"异"，这是一个同义复词，如文化歧异、思想观点歧异。"歧义"是名词，指在语言文字方面出现两种或多种不同的意义，有两种或几种可能的解释。比如"咬死了猎人的狼狗"这句话，既可以解释为"猎人被狼狗咬死了"，也可以理解为"猎人的狼狗被别的动物咬死了"。根据病例的语意，显然应将"歧异"更改为"歧义"。

正常的"企求"与卑贱的"乞求"

一是部分贫困生产生了心安理得的心理，认为学校帮他是应该的，把家庭的贫穷当作企求施舍的资本。

如例句所示，"企求"与"乞求"也是常常被人们随意混用的一组近义词，下面我们来看看它们之间的区别在什么地方。"企求"表示的是渴望得到什么东西的一种心理，如她为学生呕心沥血，从不企求什么。母亲无所企求，一心扑在这个家上。"乞求"意思是请求别人给予，如乞求施舍、乞求宽恕。"企求"侧重于心理状态，没有具体所指；"乞求"则表示一个动作，含有低三下四的意味，一般后面需跟宾语，说明"乞求"的东西。所以说这两个词不能当作同义词来换用，例句中"企求施舍"应改作"乞求施舍"。

招领"启事"非"启示"

在实际运用中，因搞不清"启示"与"启事"的差异而混淆误用的现象十分严重。看下面这则来自某大学网上新闻中心发布的"启示"：

《××大学第五附属医院招聘启示》……现因业务发展需要，公开招聘相关专业技术人员……

"启事"指的是为了公开声明某事而刊登出来或贴在墙壁上的文字，如：招领启事；寻人启事；征稿启事。"启示"则是启发开导，使有所领悟的意思。比如马龙·白兰度主演的一部经典影片——《现代启示录》，便通过剖析最黑暗、最卑劣的人性来启发人们去思考去领悟故事的真谛。通过辨析可知，例文中的"启示"应当改为"启事"。

"起用"人，"启用"物

"起用"与"启用"也是较容易被混淆误用的两个词语。看下文：

据人民网报道，中国驻韩国大使馆领事部今天在首尔举行新址起用仪式，中国驻韩使馆大使宁赋魁及韩国外交通商部、华侨侨领等约80人出席。

"起用"用于人，一指重新任用已经退职、免职的官员，二指提拔使用。如美拟起用萨达姆时代军官；起用新人。"启用"的意思是开始使用，用于物，如启用新设备；启用印章。引文说的是开始使用中国驻韩大使馆领事部新地址，应该用"启用"。

"驱除"人和物，"祛除"病与邪

经常被人混淆的"驱除"和"祛除"其实用法有别，注意到区别点就不会再搞错了。看下面的病例：

《开运：巧手制作驱除病魔的护身符》……这种驱除病魔的护身符不仅可以自己使用，也可以送给你的家人或好朋友呢！

"驱除"指赶走、除掉，适用于具体的人或事物，如驱除蚊蝇、驱除杂念。

"祛除"则指除去疾病、疑惧或迷信的邪祟等，其对象主要是影响身心健康的不良因素，如祛除风寒、祛除紧张心理、祛除邪魔。可见例句中的"驱除"显然换成"祛除"才对。

没有"权力"，也有"权利"

加拿大房客的权力和义务须知：1. 房客的权力：（1）房客有权留客住宿（非牟利的）（2）……2. 房客的义务：（1）应按照所签协议要求按时缴纳房租（2）……（摘自某留学网住宿篇）

"权力"与"权利"是很容易混淆的一组词语。例中"权力"应为"权利"之误。

"权力"指的是政治上的强制力量或职权范围内的支配力量，如：立法权力；公安机关有依法逮捕犯罪嫌疑人的权力。"权利"表示公民或法人依法行使的权利和享受的利益。"权力"与"权利"的区别从语素的不同上就可以看出来。"权力"侧重"政治上的强制力量"，"权利"侧重"利益"。"权利"常与"义务"相对，意思比较好懂。"权力"具有强制性、单向性、相互依赖性、工具性等基本特征，是由地位和职责带来的；而"权利"则是由法律赋予的。

"溶化"与"融化"的不同

近义词"溶化"和"融化"是很容易被人们混淆误用，认真辨析一下，厘清它们的词义与用法，以免再犯语言错误。看下文：

《石油天然气丰富 可开辟经济新航线 冰雪溶化 北极变能源宝库》在全球暖化影响下，北极冰雪不断溶化，逐渐成为各国争夺石油、渔业、钻石及开辟航线的新区域，其中地图上细小得毫不起眼的汉斯岛，近年已引起加拿大和丹麦出动国旗和军舰互相争逐。

"溶化"即溶解，指固体或液体物质分子均匀分布于一种液体中，如：砂糖在水里很快就溶化了。"溶"字形旁是"水"，所以包含"溶"字词语都与水或其他液体有关，如溶解，溶剂，溶液。"融"字的本义是"炊气上升"，后引申为化解调和。"融"字在现代汉语中主要有两种用法，一是指冰、雪等由冻结变为液态，如：昨夜的降雪已经全部融化；冰激凌在太阳下一点点地融化；二是用于调和、和谐之义，如融洽、融畅、其乐融融等。由此可知，例文应改为"北极冰雪不断融化"。

"神志"不清，无关"神智"

"神智"和"神志"也是人们比较容易混淆的一组词语。下文例句中的这个"神智"就用错了。

注射剂十分灵效，立竿见影，病人立刻止住了疼痛，恢复了神智。

"神智"即精神与智慧。如北齐·刘昼《新论?知人》："故明哲之相士，听之於未闻，察之於未形，而鉴其神智，识其才能，可谓知人矣。""神志"则指知觉和理智，如：神志不清；神志模糊，就是指人的知觉和意识不清醒，陷入昏迷、半昏迷状态。"神智"侧重于"智慧"只能是增加或减少，不可能"丢失"后再恢复；"神志"侧重于"感知"。病句说"病人……恢复了神智。"根据句意，应改为"病人……恢复了神志"。

数目"实足"，信心"十足"

《再造一个国门又何妨? 蒋立升意气风发信心实足》……虽然目前"门将"是辽足整体布局中相对薄弱的一环，但是蒋导还是意气风发地表示，自己很有信心在任期之内把一号门将马东波塑造成国门级别的选手。

"实足"和"十足"都有"充足"之义，但词义侧重点和使用对象并不相同。例文标题中的这个"实足"用得不对。

"实足"指确实足数的，侧重指数目的实际情况，一般与数量或年龄搭配。如与会者实足二百二十人、校长今年实足六十五岁。"十足"指达到充足的程度或完全的地步，如：威风十足、干劲十足、十足的理由。例文说的是某人很有信心做某事，自然应当说成"信心十足"。

宽松的"试验"与严密的"实验"

在实际应用中，把"试验"和"实验"混淆误用的现象很普遍，辨析二词之前，先看一则病例：

张华这次物理试验考试不及格。

"实验"有两个义项，一是为了检验某种科学理论或假设而进行的某种操作或从事某种活动，二是指实验的工作，如：基础知识扎实，实验技能较差。"试验"是指为了察看某事的结果或某事物的性能而从事某种活动，含有试试、试行的意思，如：我国发射的第一艘试验飞船在完成了空间飞行试验任务。对假设或已有的理论进行操作验证叫"实验"。对新发明、生产的仪器、设备、武器装备等进行试运行检验叫"试验"。"实验"一般用于科学领域，而"试验"适用领域较广。

词性不同的"势利"和"势力"

作为一对同音词,"势利"与"势力"时不时会被人混淆,其实,它们的词性、词义均不相同。下面例句就混淆了"势利"和"势力"。

据气象中心预测,台风"拉尼娜"的影响势利范围还将继续扩大。

"势利"是形容词,形容以地位、财产等分别对待人的恶劣表现或作风,如《醒世恒言》:那白行简的儿子叫作白长吉,是个凶恶势利之徒。见逞叔家道穷了,就要赖他的婚姻,将妹子另配安陵富家。"势力"是名词,指政治、经济、军事等方面的力量。"势力范围"即指"势力所能达到、控制的区域",可用于比喻义。通过辨析可知,例文中的"势利范围"应改为"势力范围"。

自己努力"逃生",他人帮助"得救"

词义基本相同的"逃生"和"得救"经常被混淆误用,报纸杂志也不例外。看某晚报上刊登的一条新闻标题:

《印尼渔民被困一周 严重脱水奇迹逃生》

这个标题中的"逃生"一词用错了。"逃生"意思是逃出危险的环境以求生存,该词的重点在"逃",这个字表示是一种主观能动性的活动。而上文中的渔民已经被困一周,严重脱水,身体不支,文章中也明确写道"后被救援人员救出",因此"逃生"是不合适的。"得救"意思是得到救助,脱离险境,这个词强调的是被救,获救者是被动的。因此,将上述标题中的"逃生"改为"得救"更贴切。

"体裁"是形式,"题材"是内容

该剧体裁新颖,情节曲折,贴近生活,真实生动,已经把感情这部分内容演绎到了极限,感人至深,令人回味,发人深思,是本年度大为看好的超级情感家庭伦理大戏。

"体裁"与"题材"经常被人们混淆,实际上两个词语的含义完全没有联系。"体裁"指的是文学作品的表现形式,可用多种标准来划分。如根据结构可分为诗歌、散文、小说、戏剧等;根据韵律可分为韵文和散文等等。"题材"则指构成文学和艺术作品的材料,即作品中具体描写的生活事件或生活现象。如:题材新颖;历史题材;访谈的题材。根据病例的内容,文中的"体裁新颖"显然应改为"题材新颖"。

"体型"分胖瘦,"体形"有美丑

教练介绍说,游泳是帮助燃烧身体多余脂肪、塑造优美体型的最佳运动之一。

"体型"与"体形"二词常常被人们混为一谈,事实上这两个词是有区别的。例句中的"体型"就属于误用。

体型:人体的类型(主要指各部分之间的比例),如:瘦长体型;矮胖体型;正常体型;特殊体型。而"体形"主要指的是人或动物身体的形状,也可以指机器等的形状。如:体形纤瘦;体形匀称。"体型"无所谓"优美",只有"体形"才能说丰满、苗条、优美、迷人等。可见,例句应改为"游泳是……塑造优美体形的最佳运动之一"。

"通讯""通信"差别大

"通讯"与"通信"这组词语经常被

人们混为一谈。使用时一定要注意二者的区别，以免误用。看一则病例：

《我国研制发射尼日利亚通讯卫星定点成功》综合新华社电：5月22日北京时间8时22分零5秒，我国研制发射的尼日利亚通信卫星一号经过五次变轨，成功定点在东经42°赤道上空。

"通讯"指的是一种详尽、形象而生动地报道人物、事件的新闻体裁，通讯的类型有：人物通讯、事件通讯、工作通讯、文艺通讯等。"通信"的概念有狭义和广义之分。狭义的"通信"就是通过书信来交流信息、反映情况，如写信时在信封上所写的地址就叫"通信地址"；广义的"通信"指沟通、交流信息，无论采取何种手段传递信息，都可以叫作"通信"。比如利用电波、光波等电子技术将语言、文字、图像等信息从一地传递到另一地，即为"通信"。"通信卫星"则指用于通信目的的人造地球卫星，它能够把来自一个地面站的信号转发或发射给其他的地面站。而"通讯卫星"的说法是不存在的，例文标题中应与正文统一，改作"通信卫星"。

细微之处辨别"凸显"与"突显"

"凸显"与"突显"是被混淆误用极为严重的一对词语。辨析二者之前，先看一则病例：

市场规范化的问题日益突显出来。

"凸显"是个动词，意思是清楚地显露，如：草地上凸显一座花坛。"突显"也是动词，意思是突出地显露，如：胳膊上突显青筋。这两个词词义区分极为微妙，"凸显"强调的是"原本存在的事物

更加清晰化"，而"突显"强调的是原先看不到的事物突然地或突出地显露，辨析的要点在于观察事物原先的状态。由此可知，前文中的"突显"应该改为"凸显"。

"推托"找借口，"推脱"图干净

在运用中，不少人甚至是报纸杂志的编辑都会把"推托"和"推脱"混淆误用。现对二词进行辨析，看下文：

《大庆联谊案股民仍不服 申银万国推托掉大多责任》

这是某周刊的一则新闻标题。题中"推托"使用不当。

"推托"意思是借故拒绝，即委婉表示不接受，推托的对象往往是别人让自己做而自己不愿意做的事，如：她以加班为理由，推托掉了这场无聊的聚会。"推脱"是指推卸、推辞，使与自己无关，推脱的对象多是责任、问题，如：推脱责任。由此可知，例文标题应该用"推脱"才对。

"枉顾"的敬意与"罔顾"的猖獗

《郝龙斌：阿扁应不至如此昏庸》：台北市长郝龙斌19日表示……"行政院"选择非假日举行路跑，未顾及交通繁忙，实在是枉顾台北市民的权益。但陈水扁却态度蛮横地说，"我就是要跑，够胆就把我抓起来"。

该文中，作者混淆了一组词语——"枉顾"和"罔顾"。这组词语虽然读音相同，但词义并不一样，不能混用。

"枉顾"是敬辞，意思是屈尊看望，用于对方来访自己，如：承蒙先生枉顾，寒舍蓬荜生辉。"罔"字文言色彩较浓，含义之一是无，没有，"置若罔闻"中的"罔"用的就是这个释义。"罔顾"也就是

不顾的意思。这篇新闻想说的是行政院路跑不顾及市民利益，显然应该用"罔顾"。

处境"危难"，形势"危急"

在互联网上"危难"与"危急"被混淆的现象很严重，为避免误用，做如下辨析。先看病例：

恶狼一步步逼近，正在危难之际，远处传来一声枪响。

"危急"是个形容词，意思是危险而紧急，如，形势危急。"危难"是个名词，意思是危险和灾难，如：陷于危难之中。认真揣摩，可知"危急"强调的是形势，"危难"强调的是处境。前文明显强调形势，当改用"危急"。另外，"正在……之际"这样的结构中应用动词短语或形容词短语，不应用名词短语。

被严重混淆的"委曲"和"委屈"

无论是纸质媒体还是在网络上，"委曲"与"委屈"被混淆误用的现象都很常见。看下面的病例：

一种无法形容的眼神，充满了怨恨、仇视、委曲和不解——从一个 11 岁的女孩子眼里直勾勾地射向他，令他心如针刺，无法摆脱。

"委曲"含义比较丰富，一指（曲调、河流、道路等）弯弯曲曲、曲折延伸，如婉转委曲；委曲的羊肠小道；二指事情的原委和底细，如告知这其中的委曲；三指文辞曲折含蓄，如《暗香》一词委曲清婉；还可指屈身折节，如委曲从俗。"委屈"比较常用，它的意思是受到不应该有的指责或待遇，心里很难受；或指亏待别人、让人受到委屈，如真是对不起，委屈你了。根据例句句意，应该用"委屈"

才对。

我"无愧"他"不愧"

这是一个伟大政党的清醒和自觉。它告诉人们：与时俱进、日益成熟的中国共产党无愧于我们事业的领导核心。

例句摘自《新世纪的伟大启航》。句中的"无愧于"用得不妥，作者混淆了"无愧"和"不愧"这两个词语。

"无愧"意思是没有什么对不起别人之处、没有可以惭愧的地方，通常用到自己身上，如问心无愧。"不愧"意思是当得起某种称号，称得上，通常用到对他人的称赞上，如：不愧是人民的子弟兵。病句想说的是中国共产党完全可以担当得起人民的领导核心，而不是重在说明共产党对于"领导核心"有没有惭愧的地方。所以说句中的"无愧"一词用错了，例句宜改为"……共产党不愧为我们事业的领导核心"。

"无理"之事，"无礼"之行

不少人把"无礼"与"无理"搞混，造成词语的误用和理解的困难。看一则病例：

如何应对因需求没被满足而无礼取闹的孩子

无礼：缺乏对人的尊重，没有礼貌，如："和鸾大声喝道：'你们这些作乱的人，休得无礼。'"（许地山《缀网劳蛛》）

无理：没有道理、毫无理由，如：无理要求；无理取闹。

"无礼"强调的是人的素质和行为，既可以作形容词，也可以作动宾词组充当句子的谓语成分。"无理"侧重于某一具体事情，一般只能作形容词。

煤气可"泄漏",但不能"泄露"

虽然词义和用法存在差别,但同音词"泄露"与"泄漏"还是经常被人混淆误用。看下文:

我处值班室接到美兰公安分局指挥中心通报,在沿江五西路我校老北门外发生煤气泄露事件,要求派出警力协助处置。

"泄露"指的是不应该让人知道的事情被别人知道了,如泄露机密;泄露风声;天机不可泄露。其所指对象多是事情、消息或秘密等无形的东西。"泄漏"则指液体或气体漏出,如汽油大量泄漏;天然气泄漏,其所指对象为液体或气体等物质。由此可知,病例中的"泄露"显然应该换作"泄漏"。

"行迹"不可疑,"形迹"才可疑

《认为乘客行迹可疑 美航班战机护送下返航》……8月23日,一架美国西北航空公司的飞机在荷兰阿姆斯特丹斯希普霍尔国际机场起飞后不久便被迫返航,荷兰警方随后拘捕了机上的12名乘客,原因是他们"行迹可疑"。

"行迹"指行动的踪迹,如:这就是那个行迹不定而久未抓获的犯罪嫌疑人张某。"形迹"则指举止和神色,如那人东张西望,神色慌张,形迹十分可疑。

"行迹"表示的是一个动态的过程,一个比较长的路线;"形迹"则表示相对固定的一个空间范围内,人的举止和神态。

荷兰警方拘捕的这12名乘客的可疑之处在什么地方,下文有交待:"有消息透露称,有几名乘客在飞机上一直在查看所携带的塑料袋,还频频抽出手机,并且试图相互递送手机。还有部分人在警告灯未关闭的情况下便擅自解开安全带。"可以看出,这些"危险乘客"的可疑在于他们奇怪的举止和神色,所以说,文中"行迹可疑"的说法是错误的。因此,例文标题和正文中的"行迹可疑"当写作"形迹可疑"。

"学历"不等于"学力"

"学历"与"学力"是非常容易混淆的一组词语,下面例句就完全用颠倒了。

他虽然没有什么学力,但是通过这些年的刻苦努力,终于自学成才,具备了相当高的学历。

"学历"意思是学习的经历,指曾在哪些学校肄业或毕业。人们通常所讲的"学历",指的是某人在正规教育机构中最后也是最高层次的学习经历(以获得合法学历证书为凭证)。"学力"则指在学问上达到的程度。比如国家高等院校硕士研究生招生就规定具有同等学力的考生也可报考。"同等学力"即指以自学、高职高专、成人教育等方式达到与大学本科毕业生相同的知识水平。可以看出,"学力"可以通过自学等方式提高,"学历"却必须是由正规、合法的教育机构来认证。因此,例句中的这两个词语前后互相调换一下就对了。

"一起"与"一齐"的时空差别

由于不太注意的缘故,人们混淆"一齐"和"一起"的现象很严重。看病例:

为商量这件事,今天早上,舅舅乘车,叔叔坐船,一起来到我家。

"一齐"是个副词,表示同时,侧重指时间上的共同性,强调从人或事物的每个个体出发；"一起"也是副词，表示一同，侧重指动作、事情发生在同一个场所，强调从整体出发，动作常在同一时间同一地点发生的。

例文强调的是"舅舅"和"叔叔"同时到来，况且，他们分别从不同的地方、采用不同的出行方式，所以不宜用"一起"，应改为"一齐"。

不相干的"意谓"和"意味"

在具体应用中，把"意谓"与"意味"相混淆而导致误用的现象非常普遍。看下文：

韩国的变化，对日本鹰派来说，这意谓着当韩国不再当"前线"，日本自己就要成为"前线"，这当然不是他们愿意的事，如何在东北亚边缘寻找新的"前线"，遂成了美日鹰派的目标，而中国台湾地区也就在这样的战略思维下"中选"。

"意味"作动词时表示包含了某种意思，如：生产效率的提高意味着劳动力的节省。"意味"作名词时指包含的某种情调、趣味或含蓄的意思，如：意味深长；意味无穷；细细体会字里行间的意味。

"谓"同"说"，"意谓"即意思是说，如"无厘头"原本只是一个地域性词语，流行于广东佛山一带，意谓一个人言行无目的无中心，粗俗随意，莫名其妙。

病例说的是韩国发生的一些变化，对日本鹰派来说包含着其他的意思，即自己要代替韩国成为"前线"。根据文意，句中的"意谓"改为"意味"才是正确的。

顾忌而"隐讳"，含蓄而"隐晦"

……不过，对于为数不多性格倔强的元老来说，他们不会放弃为中国足球说话的机会。与会元老马克坚、金志扬和高丰文都在会上提出了意见。其中高丰文的话语也是隐讳地指责了足协。……也许这点弦外音也是昨天务虚会上唯一让足协感到不够圆满的地方。

读完这段话，读者都会感觉很别扭。"性格倔强"的高丰文既然"不会放弃为中国足球说话的机会""指责了足协"，并且让"足协感到不够圆满"，那怎么会说是"隐讳"呢？文意的自相矛盾原因就出在其中错用的"隐讳"一词。

"隐讳"与"隐晦"的区别一定要注意分清。"隐讳"指有所顾忌而隐瞒不说；"隐晦"则指表达含蓄、意思不明显。从例句的上下文来看，明显应该将"隐讳"改为"隐晦"。

追求"营利"，才能"盈利"

说也奇怪，本来不该混淆的"盈利"和"营利"，在实际中却存在大量的误用现象。看下文的病例：

《国土部：土地储备机构不能以盈利为目的》……土地储备机构的定位不能以盈利为目的，要积极服务于政府土地宏观调控。

"营利"指的是谋求利润，谋求私利，如：此地的新书坊，大都以营利为目的。"盈利"作动词时指获得利润，如：每月固定盈利12%左右；作名词时即指利润，如：每天的盈利都很少。"营利"带有强烈的目的性和主观色彩；"盈利"则侧重指一种自然的结果。依据病例的语境，文中的"盈利"改为"营利"更贴切。

"优遇"和"优裕"不是一回事

在实际运用中，不少人不太注意"优

遇"与"优裕"的区别，导致一定程度的混淆误用，看下文病例：

没有优遇的财力和人力资源，想要创办一个学校可不那么容易。

"优遇"是动词，意思是优待。如："世宗采用签入军籍，每月发给钱米的办法来优遇女真民户。"

"优裕"是形容词，指富裕、丰足，多用于财物、人力，如：他们的生活当然并不优裕，可是男俭女勤，也不至于怎样竭蹶。再如：但在兵力优裕的条件下，使用次要力量于外线……病句要表达的意思是创办学校需要丰足的资金和人力资源，用"优遇"显然是不对的，应改为"优裕"。

"原形"毕露非"原型"

"原形"与"原型"音同义不同，容易被人混淆误用，在这对它们进行辨析，希望对读者有所帮助。看下文：

中央电视台最近热播的电视剧《亮剑》，其中主角李云龙的原形就是湖北红安籍将军王近山。

"原形"有两层意思，一是指原来的形状，如：《地球最老古树重现原形 类似现代棕榈树》；二指本来面目（含贬义），如：原形毕露；打回原形。而"原型"的意思是原来的类型或模型，特指叙事性文艺作品中塑造人物形象所依据的现实生活中的人。病句应改为"李云龙的原型就是湖北红安籍将军王近山。"

"缘于"何因，"源于"何处

在阅读中，经常发现有人把"缘于"和"源于"混淆，为避免混用，这里做一下辨析。看下文病例：

《湖湘文化缘于炎黄文化和神农文化》：湖南考古发掘和先秦文献中许多史实记载的惊人暗合，人们对湖湘文化的历史长河产生了再认识：湖湘文化不仅源自几千年前，而且缘于炎黄文化和炎帝神农文化。

"缘于"的意思是鉴于、起因于、原因在于，多指事物产生、存在或发展的原因。如：女儿的成功缘于从小设计人生。"源于"指起源于、源自于、来源于，用于说明主体产生、存在和发展的条件、基础，如：艺术源于生活。从病例的内容来看，文中的"缘于"显然用错了，应改为"源于"。

词义迥异的"振动"与"震动"

"振动"和"震动"是经常被人混淆误用的一对词语，下文就是一则典型病例：

晚上看电视连续剧《卡尔·马克思的青年时代》……马克思的热情和燕妮的崇高使我从内心深处受到振动。

"振动"与"震动"词义完全不一样。"振动"是一个物理概念，指的是物体通过一个中心位置，不断地做反复运动，有一定的时间规律和周期，也叫振荡，如：自由振动；振动电机；振动控制系统。"震动"含义有二，一是颤动或使颤动，如：轰轰的春雷震动了山谷；二指使人心里不平静，如：消息震动了所有的学生。由此可知，例句应改为"……使我内心深处受到震动。"

"正轨大学"不"正规"

在实际中，不少人把"正轨"与"正规"混淆误用。因此，有必要对这两个词进行辨析。看下文：

招聘启事上写了，要求正轨大学毕业，本科以上文凭，月薪面议。

"正轨"是形容词，意思是符合正式规定的或符合一般公认的标准的，含有权威、模范的意思，因此人们常把它与"假冒伪劣"等联系起来，作为完全对立的两个方面。而"正规大学"一般指经教育部批准注册、在教育部有备案的全日制高等学校。它是相对民办、函授、成人、远程教育等教学方式而言的。

"正轨"是名词，指正常的发展道路，如：走上正轨；纳入正轨。

显然"正轨大学"是说不通的，根据句意，应将其改为"正规大学"。

"指使"干坏事，"支使"做实事

作为一对近义词，"指使"与"支使"被人混淆误用的现象十分普遍。看下文：

新来的这个伙计愚笨不堪，指使他做的事儿没有一件能让人满意的，主人家和其他的工人没有一个喜欢他的。

"指使"和"支使"虽然都有派人做某事之义，但是词语的感情色彩、具体含义和用法都不尽相同。"指使"是一个贬义词，指煽动某人去做某事，"指使"的主体常常是出于不可告人的目的背地里派别人做某事，所"指使"去做的事情通常也是不好的事情。如秦桧指使他人诬告岳飞。

"支使"是中性词，指差遣、分派别人去做某事，多用于具体的事情。如《红楼梦》："只是你从今别进这屋子了，横竖有人伏侍你，再别来支使我，我仍然还伏侍老太太去。"根据病例的语境，将"指使"改为"支使"才准确。

各有侧重的"终生"与"终身"

"终生""终身"是一组比较难辨析的近义词，人们在使用的时候经常搞混。看下面的病例：

驾车撞人后千万不可逃逸，否则就会被终生禁驾！胡灼、熊准、蒋立良等9人因驾车肇事后逃逸，交警部门昨日吊销了他们的驾证，并规定9人终生不得重新领取驾证。

"终生"与"终身"不是异形词，但两个词的含义又十分接近，它们的区别究竟在什么地方？我们可以这样来理解。"终生"指的是一个人从出生到去世的这段时间（婴幼儿期可忽略），如：哺乳期妈妈的饮食影响宝宝终生；儿时读经，终生受益；"终身"的"身"可以解释成"身份"，"终身"即指具有某种身份后直到去世的这段时间，如：终身总统；剥夺政治权利终身；终身大事。现在我们就可以明白，前面例文中的"终生"用得是不对的，应改为"终身"。

容易用错的词

"报刊" 羞于与 "杂志" 并列

她订阅了许多报刊、杂志,《万象》《三联生活周刊》等喜爱的杂志更是每期必看。

生活中,像例文这样把"报刊""杂志"并列使用的现象比比皆是,但是,我们不得不遗憾地说,这样使用是错误的。

因为,"报刊"即"报纸和杂志(期刊)的总称",因此用了"报刊"就没有必要再列举"杂志"。例文可以改为"她订阅了许多报纸和杂志……"

时空错位说 "此间"

哈尔滨市道里公安分局还做出决定:受理此案的抚顺派出所民警停止执行公务30天,此间岗位津贴扣发……

该句明显将"此间"误解为"在此期间",犯了望文生义的错误。

"此间",《现代汉语词典》中解释为"自己所在的地方;此地",如此间功课并不多,只六小时,二小时须编讲义,但无人可谈,寂寞极矣。"此间"表示的是一个空间概念,而病句想要表述的则是时间范围,因此须将"此间"改为"在此期间"。

莫把谦辞 "厕身" 用到别人身上

细心的读者不难发现,把谦辞"厕身"用到别人身上的现象并不少见,有必要加以纠正。看下文病例:

在《汉语大词典》从胎孕到分娩的艰辛漫长的历程中,作为首席学术顾问的吕(叔湘)先生始终厕身其间,过问其事,起着举足轻重的作用。

"厕"有混杂在其中之义。"厕身"是一个谦辞,用于说明自己参与某件事情、加入某个行列,也作"侧身"。"厕身"作为一种谦虚的说法,只能用于自身。例文提及的吕叔湘先生是当代语言学界的一代宗师,一生都在从事汉语语言教学和语言研究。吕叔湘担任《汉语大词典》的学术顾问,绝对是当之无愧的,说他"厕身其间",这不是明摆着贬低别人吗?例文中已有"过问其事",所以"厕身其间"完全可以删去。

与此类似,诸如"忝列""鄙人"等自谦之词,都不要用到他人身上,以免引起误会。

不可自用的敬辞 "垂询"

在阅读时,经常会发现有人把敬辞"垂询"用在自己身上,这就犯了使用对象错误的毛病。看下面病例：

活动策划案初步拟好后，我们特意去政教处垂询各位老师的意见，目的就是要把这次的活动办好。

"垂询"同"垂问"，表示别人（多指长辈或上级）对自己的询问，含尊敬对方之意，如：欢迎前来垂询。晚辈对长辈、下级对上级、平辈或同级之间都不宜使用"垂询"或"垂问"。例句中的"垂询"宜改为"征询"。"征询"的意思是"征求询问（意见）"，正好符合例句的语境。

只能"悼亡"亡妻，不可"悼亡"他人

具有特定指向的"悼亡"一词，近年有被泛用的趋势，应该再作强调，以免误用。看下文病例：

李辉先生《笔墨碎片》中有篇文章，题为《读诗犹忆散宜生》，是写聂绀弩先生的。文章开始引了聂老1985年的《悼胡风》诗，接着说："聂绀弩的诗中，这首悼亡诗给人印象最为深刻。"

《辞源》对"悼亡"的解释："晋潘岳妻死，赋《悼亡》诗三首，后因称丧妻为悼亡。"所以，既不能把妻子悼念死去的丈夫说成"悼亡"，更不能把一个人对已故朋友的悼念说成"悼亡"，"悼亡"只能指丈夫悼念死去的妻子。

受害者怎会"喋血"街头

某报纸登了一则报道，标题是：

受伤男子喋血街头 延误救治命丧黄泉

看完报道后我们知道，是受伤男子"血流如注"，"命丧黄泉"的也是受伤男子，怎么"喋血街头"的还是他呢？这里的"喋血"一词用法有误。

喋血，形容血流遍地（杀人很多）。"喋"，原本作"蹀"，蹀者，足蹈也。大开杀戒之后，踏着别人的鲜血才称之为"蹀（喋）血"。在各种典籍上，"喋血"是个常用词语。岳飞的《五岳祠盟论》中有这样的句子："北逾沙漠，喋血虏廷，尽屠夷族。"在现代，鲁迅先生在《破恶声论》中也用到了这个词："下民无不乐平和，而在上者乃爱喋血，驱之出战，丧人民元。"从古至今，"喋血"都是"杀人很多致使血流遍地"的意思。

很多人容易犯和例句一样的错误，将"喋血"误用为"流血"。例句中"喋血"的主体不应该是"受伤男子"，而应该是刺伤他的"某店主"。所以，"受伤男子喋血街头"的说法，显然词不达意。标题可以将"喋血街头"改成"血溅街头"或者"卧血街头"等。

"府上"不能乱用

有人不解词义，竟把敬辞"府上"用到反面人物身上，还有人把这个词用到自己身上，以致该词误用率居高不下。看病例：

在某电视连续剧中，当毛泽东得知廖承志等人被国民党反动派逮捕时，愤怒地说道："一定要把他们救出来，哪怕是打到蒋介石府上！"

"府上"是敬辞，称对方的住所或老家。"府上""贵府"之类的说法都表示对对方的尊敬。病句竟然敬称敌人的老巢为"府上"，令人莫名惊诧，料为编剧失误所致，当改"府上"为"老窝"或"老巢"。

注意"官方"泛用错误

如今，"官方"一词有被泛用化的趋

势，因此有必要提醒读者，以免误用。看病例：

消费者向部分商场人员询问，答案属于私下行为，不是家乐福的官方行为。

词典对"官方"的解释是政府方面，如：官方消息。家乐福是一家企业，不可能拥有行政权力，其行为能算得上"官方"行为吗？在词典对"官方"重新做出解释之前，最好不要这样使用。与之类似，媒体称球队、大企业都叫"官方"，它们发布的消息也一概称为"官方"消息。如此有误用词语，误导读者之嫌。

三岁以后莫"孩提"

某晨报有一篇文章说："今年64岁的宋庆芳，从13岁起就喜欢抓蝈蝈，得名'老顽童'。退休后的他又仿佛回到了孩提时代，整天抓蝈蝈，编笼子。"

《现代汉语词典》对"孩提"的解释是："孩提"指儿童、幼儿。"孩提"也作"孩抱"和"提孩"，是一种年龄段的称谓，特指2～3岁的儿童，幼儿时期，如：孩提之童。颜师古注："婴儿始孩，人所提挈，故曰孩提也。孩者，小儿也。""提"的意思是指那些走路还不稳、需要大人牵带照看的幼儿。

上文中的宋庆芳从13岁起就喜欢抓蝈蝈，这已经进入了少年时代，不再是"孩提时代"了。

生者子孙，怎可称"后裔"

当前，"后裔"一词被误用的现象颇为严重，所犯错误基本上都属于对象误用。看下文病例：

这次来访的嘉宾多为20世纪五六十年代出国的老华侨和他们的后裔。

"后裔"特指已经死去的人的子孙，如冰心《晚晴集·我的故乡》："上面仿佛还讲我们谢家是从江西迁来的，是晋朝谢安的后裔。"病例中，"老华侨"能来访问，说明他们肯定都还健在，那么称他们的子孙为"后裔"就很不恰当了。病句中的"后裔"宜改为"儿孙""后辈"之类的词语。

"惠赠"他人，贻笑大方

"惠赠"一词常常被人误用，如随处可见的"本店×周年店庆，大礼惠赠新老顾客""消费满500元，本店将惠赠精美礼品一份"等。下面这篇摘自某网站网上的文章就用错了"惠赠"这个词语。

格塞塞大使进一步表示，"咖啡是埃塞俄比亚惠赠全世界的礼物，我们衷心希望把我们的咖啡介绍给中国朋友。"

"惠赠"是个敬辞，指对方赠予自己物品，如：多谢恩师惠赠《汪曾祺全集》一套。"惠赠"一词，是受赠者对赠予者表达尊敬，千万不能搞颠倒。病例中，作者用"惠赠"来表示"埃塞俄比亚大使"将自己国家的特产送给别人，显然不妥。句中"惠赠"宜改为"敬赠""赠予""馈赠"等词语。

理想怎能"化为"现实

清末学者龚自珍一阕"我劝天公重抖擞，不拘一格降人才"已然化为现实。

"化为"的意思是变成。该词语一般是指事物向坏的方面转化，并且结果通常是消失掉，如：化为泡影；化为乌有。在例句中，作者说的是龚自珍"我劝天公重抖擞，不拘一格降人才"的理想向好的方面变化，同时其结果也从原来所没有的变为"现实"的。所以。"化为"的使用是不当的，可将其改为"成为"之类的词语。

大词小用说"惊悉"

惊悉您得了感冒，现馈赠鲜花一束，希望您早日康复！

病句中使用"惊悉"一词犯了大词小用的错误。

"惊悉"属于书面语，意思是得知某一重大的恶性变故后，感到很震惊。能够让人"惊悉"的消息应该是影响大局的军事或政治事件，或者是亲朋好友的死亡消息。比如："刘备惊悉曹军将至，亲率数十骑出城查探，果然望见曹军旌旗，只得仓促应战。"叶剑英获悉张发奎将军逝世后即致电其家属："惊悉向华将军逝世，不胜哀悼。乡情旧谊，时所萦怀。特电致信，尚希节哀。"病句中的消息只是感冒而已，用"惊悉"一词有些夸张，可以用"听说""得知"等词替换。

"惊悉"的消息一定是负面的恶性的消息，而且是出于意料之外的消息，所以会感到震惊。这是正确使用"惊悉"一词的要点。

"可望"接好不接坏

《国防部：向伊派兵将以维持治安为主》：他们表示，整个治安处于不稳定，袭击事件也逐渐组织化，而且当地治安可望继续处于不稳定状况。

由于没能正确理解词义，上文例句中"可望"一词用得极为不妥。

"可望"意为可以指望、有希望，如：百姓期盼的'工资多涨点，物价少涨点'

可望在未来一年实现。"可望"一般都用于好的事物，或者至少也是说话者主观盼望出现的事物。病例中"治安状况的不稳定"既不是好现象，更不可能是当地人民盼望的局面，因此"可望"一词用在句中是不合适的，宜改为"可能"之类的词语。"可望"一词后接"不好的现象"，是使用该词最容易犯的错误。

夸赞别人，怎可"不吝口舌"

在惜时如金的新闻发布会上，刘副司长今天不仅大赞其美味，当了一回钓鱼台国宾馆西点师傅的"义务宣传员"，而且不吝口舌，把芳菲苑会场之舒适、会议伙食之可口通通夸了一番。

其中"口舌"这个词语用得不对，完全与语境不符。

"口舌"有两种含义，一指因说话而引起的误会或纠纷，如：口舌是非；二指劝说、争辩、交涉时说的话，如：他费了很多口舌才最终说服他们。病例说的是刘副司长大力夸赞别人，用"不吝口舌"来表示显然与"口舌"一词词义不合，所以应做修改。

"劳燕"怎能"双飞"

"劳燕"是误用率较高的词语之一，不少人不明白这个词语的特定含义，随意使用，导致表述不当。看病例：

这两位老艺术家共同走过了五十年的人生岁月，劳燕双飞，琴瑟和鸣，互敬互爱的婚姻生活令人羡慕不已。

"劳燕分飞"出自古乐府《东飞伯劳歌》："东飞伯劳西飞燕，黄姑织女时相见。""劳燕"是伯劳和燕子两种鸟类的代称，后人用"劳燕分飞"来比喻人分离。

"劳燕"指夫妻分离，并非比翼鸟。所以，前文例句用"劳燕双飞"来比喻夫妻之间感情和谐，无疑是望文生义，可考虑改成"比翼齐飞"。有人把"劳燕"用到朋友身上，这样是不对的，该词只能用到夫妻身上。

不可滥用"滥觞"

互联网时代，信息滥觞带来的弊端难以细数。

把"滥觞"一词误解为"泛滥"，是误用该词最主要的原因，上文即是如此。

"滥觞"是一个古语词，意思是江河发源处的水很少，只能浮起酒杯，比喻事物的起源、发端。如：中国文化大抵滥觞于殷代。望文生义地将"滥觞"当作事物、思想不受限制地流行，只能导致语义不明。依病句的句意，直接将"滥觞"改为"泛滥"即可。

"恋栈"有特指，不可随便用

由于不注意"恋栈"的特定含义，不少人把它简单理解为"留恋"，造成严重语言错误。看病例：

歌王恋栈，举办大赛定上海

文章说的是歌王多明戈新世纪演唱会在上海大剧院演出成功后，剧院艺术总监向多明戈建议，把下届"多明戈声乐大赛"也放在上海举办，多明戈答应了。也许多明戈对上海有特殊的情感，或颇有留恋，但无论如何，也不适合用"恋栈"一词。"恋栈"原指马对马棚依恋之情，现用以说明做官之人对官位的依恋。现在该词仅仅针对留恋官位而言。所以，不能把对某地或某事物的留恋叫"恋栈"。

随便给人"净身"好可怕

"昨日的净身活动由人体艺术模特组委会主办。""围观者也不管净身是不是件神圣的事，只是好奇而坚决地在冷风中等了2小时，就为看'美女沐浴'！""11时左右，人体模特选手们到达净身处，男女选手分两组分别沐浴。""参加昨日净身活动的选手们却并不紧张，经过多天训练，他们从人群中穿过到达净身处时也神色坦然。"

这些让读者看了毛骨悚然的句子就出自某早报上的一篇新闻。该文作者毫不吝惜，在文中前后共用了十几个"净身"，等读者从地上捡起眼镜仔细看完后才明白，原来讲的是某"人体艺术模特组委会"搞的一次所谓的"泉边沐浴、净化身心"的活动。看来作者是把"净身"当作"净化身心"的缩略语了，真是让人啼笑皆非。

"净身"之"净"，原为佛教用语，指破除俗世情欲，无所沾染。如净食，净国，六根清净等。"净身"也指男子被割去生殖器中的睾丸，如：忠贤本市井无赖，中年净身，夤入内地。

"亲生"姐妹用不得

近些年来"亲生"一词被误用的现象极为严重。到处可见"亲生兄弟""亲生姐妹"之类的字样。其实，"亲生"指的是自己生养的和生养自己的，父母生养子女，谓之"亲生子女"或"亲生父母"。看病例：

《16岁少女恨父母偏心用围巾勒死亲生妹妹》……其辩护人在庭审时提出，"被告人与被害人是亲生姐妹，且自小共同生活，平日没有积怨……"

"亲生"指的是自己所生育的或生育自己的，换言之，"亲生"只能用于父母和孩子之间，如：亲生女儿、亲生爹娘。例文说"亲生妹妹"，是说"姐姐生育了妹妹"还是说"妹妹生育了姐姐"呢？显然是很荒谬可笑的。作者自然不会存心闹笑话，大概是没搞清这个词语的特定指向。例文如果把"亲生妹妹"直接写作"亲妹妹"，就没有差错了。

双向"任免"与单向"任命"不同

就在交行即将引入跨国银行巨头作为战略投资者的关键时刻，中央任免了交通银行的新一届领导班子。

"任免"表示任命和免职。"任免"包含着两个意思正好相反的行为，因此能够做其宾语的，必须是表示集合概念的词，如"任免领导干部"就表示"领导干部"中既有任命的，也有免职的。但例句中"任命"的宾语"新一届领导班子"相对于例句中的"交通银行来说"，是一个非集合概念，它是唯一的，不能在接受任命的同时又接受免职，"任免"用得不妥。从全句的语境来看，可把"任免"改为"任命"。

心怀妄想才会"染指"

因为不了解"染指"一词的来源，搞不清它的感情色彩，而导致误解误用的现象时有发生。看下文：

毫无疑问，火箭队若想染指总冠军，没有姚明是根本不可能的，火箭队的"灵丹妙药"只可能是姚明，问题是该怎样来发挥"药效"，让姚明融入火箭队的战术体系中。

文中的这个"染指"用得很滑稽。NBA哪支球队不想夺得年度总冠军？总冠军是对职业篮球球队和球员的最大肯定，是所有NBA球员梦寐以求的荣誉，如何能用"染指"来表示？

"染指"这个词语历史比较悠久，它源于春秋时的一个故事，在《左传·宣公四年》中有记载。春秋时，郑灵公设宴请大臣们吃甲鱼，故意不给子公吃。子公又难堪又生气，索性走到盛甲鱼的大鼎旁，把手指伸进去蘸上汤，放在嘴里舔了舔就大摇大摆地走了。后来，人们就用"染指"来比喻插手去获得不应得的利益。"染指"一词是个贬义词，例文说"（火箭队）想染指总冠军"，显然不是作者的原意，如果将文中的"染指"改为"问鼎"，文意自然就通畅明了了。

"问鼎"尚未夺冠

《聂卫平问鼎中国电视快棋赛》：30日，聂卫平九段以三又四分之一子击败马晓春九段，夺得1993年"CCTV杯"中国电视快棋赛冠军。

从这句话的内容上来看，作者是把标题中"问鼎"的含义与"夺得冠军"的意思等同起来了，而实际上"夺冠"与"问鼎"不是一个概念。应将标题中"问鼎"改成"夺魁"或"夺冠"。

"问鼎"一词，据《现代汉语词典》解释："春秋时，楚子（楚庄王）北伐，陈兵于洛水。周定王派遣王孙满慰劳楚师，楚子向王孙满询问周朝的传国之宝九鼎的大小和轻重。楚子问鼎，有夺取周王朝天下的意思。"后用"问鼎"指图谋夺取政权或在体育比赛中获得决赛权等。显然这里是取后者意。"获得决赛权"是指争取到参加冠亚军角逐比赛的资格，而实际的冠军结果还未确定。可见，"问鼎"的意思是还未夺取冠军。而文中则明确说明"夺得……冠军"，因此标题中的"问鼎"用得不恰当，属于概念的错用。

"物化"不是对物质的追求

在报章网络上，误解误用"物化"的现象很严重，特在此辨析该词，希望对读者有所助益。看病例：

在这个严重物化、欲望化的消费时代中，守护与开放好这一沉潜的诗性人文资源，依据它提供的原理创造出一种诗化新文明，就是在江南重新发现中国诗性文化的根本目的。

"物化"一词由庄子创造，庄子认为人应当泯除一切事物之间的差别，达到物我同化、万物一齐的精神境界。《庄子》中有一句"圣人之生也天行，其死也物化"。后来人们便用"物化"来指代死亡。如：这些20世纪30年代的预言家们，只有少数人至今健在，不少人已经物化。病例想表达的是现代社会人们过于重视金钱、物质方面的享受，作者将"物化"与"欲望化"并列，明显是没有理解"物化"的正确含义。

我们"下榻"，丢人现眼

在实际运用中，经常见到有人把"下榻"用到自己身上，如此误用，皆因没有搞清这个词语的特定指向。看病例：

此次新加坡之行，我们下榻在泛太平洋酒店。

"榻"指古代一种狭长而较矮的床形坐具，亦泛指床。"下榻"原指"放下床"，以示对客人的尊敬。后来这个词语

就逐渐演变为"客人住宿"之义。如《杨振宁今携夫人把家还 下榻宾馆精心准备喜迎老乡》。"下榻"一词不适合用于自身，病例中"我们下榻在泛太平洋酒店"宜改为"我们入住泛太平洋酒店"。

英年早逝，未得"享年"

不少人使用"享年"一词时，忽视其特定的指事对象，造成语言错误。看下文：

《岳麓山上，数风流人物》……讨袁运动结束后，蔡锷赴日就医，不久病逝，享年34岁。青草如碧的岳麓山留住了他的青春，铭刻着这位少壮革命家的皇皇业绩。

"享年"指死去的人活的寿命，这个词语一般只用于高寿的老人（70岁以上），如《红楼梦》："听见贾母喉间略一响动，脸变笑容，竟是去了。享年八十三岁。"蔡锷因病去世的时候，才34岁，用现在的话可以说是"英年早逝"，因此不适合用"享年"。句中的"享年34岁"宜改为"年仅34岁"。

自己"笑纳"，是个笑话

"笑纳"一词有特定的使用对象，绝对不能自己"笑纳"别人的礼物。但遗憾的是，实际运用中用错对象的现象并不少见。看下文：

某电视剧中有这样一个情节：老百姓将尉迟敬德和秦琼的画像贴在门上当门神。尉迟敬德很激动，将一幅画像送给李世民，李世民说："那朕就笑纳了。"

"笑纳"是客套话，用于请别人收下自己的礼物。比如：些微薄礼，不成敬意，请笑纳。送礼的人在送出礼物时可以说"请笑纳"，但是收礼的人不能用这个

词表示自己收下礼物。因此李世民应该说："那朕就收下了。"

自卑感不可"油然"而生

《老夫少妻》……郁金香见过商女两次，听老曹说过无数次了。先存了一份敬畏，近距离相见时，乡下女人的自卑感油然生起。

"油然"一词有着比较鲜明的色彩，一般应该用于美好的事物。不考虑其色彩随便使用，是导致该词误用的根源，上文就犯了如此错误。

"油然"形容思想感情自然而然地产生。"油然而生"的感情一般都是美好的，比如"敬佩""自豪"等等。例如：门户方张，和气充满，入其门油然生敬。病例中说"自卑感油然生起"，显然不太妥当。

不能"针对"很多事物

而今，"针对"一词有被泛用化的趋势，应当引起注意，以免造成语言错误。看下文：

针对比较典型的15起交通事故，进行了集体"会诊"。

"针对"的意思是"对准"，如：针对儿童心理特点进行教育。"针对"一词带有比喻性，意思是像针尖一样对准。所以，"针对"的对象应该具体、单一。例文中，"针对"却指向"15起交通事故"，显然是不恰当，应做适当修改。

还有不少人把"针对"与"面对"混淆。比如我们经常看到的"针对……的实际"之类的表述，就混淆了这两个词语。

亡妻男子不是"未亡人"

"未亡人"是个专用于女性的词语，但是，经常有人把它用到男性身上。例如，下文作者就犯了这样的错误：

十几年前妻子重病不治，吴先生成了未亡人。他再未娶妻，也许是心疼年幼的女儿，也许是无法忘记已经去世的爱妻，独自一人把孩子抚养长大。

"未亡人"不能仅从字面意思上解释为"仍活在世上的人"，它有着特殊的含义。"未亡人"出自《左传·成公九年》："穆姜出于房，再拜曰：'大夫勤辱，不忘先君以及嗣君，施及未亡人。先君犹有望也！'"杜预注："妇人夫死，自称未亡人。"原来，"未亡人"是旧时寡妇的自称，现在则泛指寡妇，或特指某一已故者的遗孀。

不是跟谁都能"忘年交"

在阅读中，发现不少人忽视"忘年交"的特定含义，随意使用造成表述不当，看病例：

刘翔和杨利伟在北京曾一起吃过一顿饭，英雄会英雄，两位"飞人"相谈甚欢，结为忘年交。……（刘翔）："杨大哥是我们国家第一个遨游过太空的英雄，和他交流感想，再合适不过了。"

"忘年交"指的是年龄差别较大、辈分不同而交情深厚的朋友，通常用于青年人和老年人之间。如：因画马而成为"忘年交"，康有为曾帮徐悲鸿私奔。康徐二人相差近四十岁，用"忘年交"就很恰当。刘翔和杨利伟若是"忘年交"，刘翔就绝不会"不恭敬"地叫杨利伟"杨大哥"，而是得称杨为"杨大叔"或"杨大爷"了。

随便"泼冷水"要不得

早恋是令很多家长和老师头疼的问

题。某报纸针对这个问题，专门请到了专家为家长做了讲座。但是，在报道的引言部分，出现了例句这样的话：

在题为"如何应对孩子早恋"的讲座上，博士给家长们泼了一盆冷水。

像文章的作者一样，很多人都把"泼冷水"简单理解为"让人清醒"的意思。其实，"泼冷水"虽然有让人头脑清醒之意，但这是以打击、挫伤他人热情为前提的。也就是说，它侧重强调打击人的热情。家长对孩子的成长付出了很多努力，对孩子早恋的问题更是忧心，这里用"泼冷水"一词很不恰当，可以改用"给了一付清醒剂"。

不可乱抛"橄榄枝"

《刘璇自曝央视已抛出橄榄枝 争取2008当裁判》

这是某网站体育频道一篇文章的标题，文章讲的是刘璇自爆央视有意聘用其做体育节目主持人，并表示自己对此十分憧憬。此处"橄榄枝"一词的用法令人百思不得其解，难道刘璇和央视曾有嫌隙？显然不是如此，错因还在于作者不理解该词的含义。

"橄榄枝"的典故出自《圣经》。诺亚放出鸽子来试探大地洪水灾害的情况，鸽子第一次去时洪水依然滔滔，无法落地，只得返回。七天后鸽子再次被放出，晚上回来时衔着一片橄榄叶，诺亚由此获知地上的洪水已退。后来，人们便把橄榄枝作为和平的象征。双方交战，若一方求和，便可说是"伸出橄榄枝"。

"我带着橄榄枝和自由战士的枪来到这里，请不要让橄榄枝从我手中滑落。"这是巴勒斯坦前民族权利机构主席亚西尔·阿拉法特1974年在联合国大会上发表的名言。他的这句名言可以很好地帮助我们理解"橄榄枝"的正确含义。

除了"战争"范畴外，"橄榄枝"一词现在还可以表示一般情况下愿意化解矛盾、谋求和解。前面所引标题中的"橄榄枝"显然用得不对。

"登高必自卑"不是"自卑"

东西感到脊背发凉，这就是登高而自卑的况味。孟子说，"孔子登东山而小鲁，登泰山而小天下"，东西这里是在实际生活的神谕下，忆起当年可能有的无知和轻狂而小自己了。（注：东西为一小说家）

引句节选自《登高必自卑》一文。文章前半部分讲了小说家东西从大师（纳博科夫）的作品中感觉到了自己的渺小。作者用了"登高必自卑"这一成语和"登泰山而小天下"等诗句来说明人的视点愈高，就不至于自大狂妄，从而对人生和万物都会有新的领悟。其中"登高必自卑"这个成语的使用可谓典型的望文生义了。

"登高必自卑"出自《中庸》："君子之道，譬如远行，必自迩；譬如登高，必自卑。""登高必自卑，行远必自迩"的意思是登高山须从低处开始，走远路要从近处开始，比喻做事要踏踏实实、循序渐进。这里的"自卑"不能理解成"认为自己能力不如别人"，自，从；卑，低、下；"自卑"即"从低处开始"。

"潘多拉盒子"里没装好东西

音乐不断，精彩无限，接下来让我们打开潘多拉盒子，童趣的、魔幻的、绚丽的、惊奇的……音乐世界将会让大家的视听尽情畅游哦！

例句选自某杂志中一篇题为《张韶涵带你聆听〈潘多拉〉》的文章。作者理解错了"潘多拉盒子"的意思。

"潘多拉盒子"是一则古希腊经典神话故事。潘多拉是宙斯创造的第一个女人，创造她的目的是报复人类。潘多拉被创造出来之后，宙斯派遣使神汉密斯说："放入你狡诈、欺骗、耍赖、偷窃的个性吧！"汉密斯出主意说："叫这个女人潘多拉（Pandora）吧，是诸神送给人类的礼物。"古希腊语中，"潘"是所有的意思，"多拉"则是礼物。宙斯把她送给伊皮米修斯，在举行婚礼时，宙斯命令众神各将一份礼物放在一个盒子里送给潘多拉。潘多拉忍不住好奇心打开盒子，将礼物释放，这里面包含了幸福、瘟疫、忧伤、友情、灾祸、爱情等等，潘多拉慌忙把盒子关上，但是已经太迟了，唯独关上了希望。其寓意就是不管在何种困境，希望是人类唯一的安慰。人们常用潘多拉盒子比喻给人带来痛苦的根源。作者要表达的意思显然与此相反，他误认为潘多拉的盒子里面是神奇的美好的东西。

"毕其功于一役"不是"一鼓作气"

很多人将"毕其功于一役"误解为"竭尽全力、一鼓作气"的意思，如此望文生义，必然会导致成语误用。下文就是典型病例：

我们不要被眼前这几十吨重的庞然大物所吓倒，只要大家齐心协力，毕其功于一役，就一定能把这部机器装上车。

"毕其功于一役"意思是一次行动就完成了本来应该分几步做的事，比喻一举而全功告成；也可形容急于求成。如吾国治民生主义者，发达最先，睹其祸害于未萌，试可举政治革命、社会革命毕其功于一役。还视欧美，彼且瞠乎后也。

病句应当把"毕其功于一役"换为"一鼓作气"。

只有坏人才会"极尽……能事"

某篇文章中有这样一句：监狱的领导根据苗海忠的特殊情况，对他极尽培养之能事，给他创造了发挥才能的机会。

"极尽……能事"，指采取一切可以采用的手段做坏事，来达到某一目的，如极尽造谣污蔑之能事；极尽威逼利诱之能事。而例句讲的是，苗海忠在服刑期间，监狱的领导本着"治病救人"的精神，对他进行教育，丝毫没有贬损之意，所以，不应该用这个结构。具体改法应该是：监狱的领导根据苗海忠的特殊情况，对他做到仁至义尽，给他创造了发挥才能的机会。

第二篇 最小的造句单位——词语

生造词语不应该

拼出来的"挤站"

这个被人生造出来的"挤站",现今在报章网络上频频露面,有必要把它揪出来,以纯洁我们的语言。看病例:

《黄河翻船山西和河南联手营救落水者 19 人获救》……隐约灯火中,岸上人员发现河面倒扣的船体上挤站着一群人,经过确认,确定船体上有 11 个人。

病例想说的是船体上挤满了站立着的人,不能因此就拼接出一个"挤站"来。文中"船体上挤站着一群人"可以考虑改为"船体上站满了挤成一团的人"。比这种用法更常见的是,许多人把"到车站往车上挤"称为"挤站",比如"广州火车站挤站必备"。虽然读者能够理解这种说法,但现代汉语里毕竟没有"挤站"一词,还是改掉的好。

有"家父""家母",没有"家妻""家夫"

为支持我集邮,太太有一句脍炙人口的名言:"为家父而读书,为家母而学医,为家夫而集邮,我都成焦裕禄了——心中装着全体人民,唯独没有我自己!"

文中这个"家夫"显然是作者受"家父""家母"等词语的影响而生造出来的。

"家"是对别人谦称自己亲属中长辈或同辈中年长者的用词,如"家祖""家翁""家父""家母""家慈"等。谦辞"家"不能用在平辈或晚辈身上,如"家夫""家妻""家女"之类的说法都是不存在的。当在某些场合或写文章确实有必要谦称自己的丈夫时,可以说"拙夫"。但例句的语境并不适合用"拙夫"这个文绉绉的称呼,不如直接换成最通俗的"老公",这样才较贴切。

"暴赚""劲赚"为哪般

在这个商业化的时代,人们赚钱着了迷,以致生造出不少与赚钱有关的词语,如"劲赚""暴赚"等等。虽然说起来人们也能理解,但却是不合语法规范的。看病例:

另外,辣妹重组已令经理人公司劲赚(折合人民币)400 万元,但维多利亚以不签约做要挟,迫使其他辣妹飞往美国录音。

"劲赚"怎么讲?从文意来看,作者是想说辣妹组合为公司赚钱又猛又快。但是,翻遍词典,也找不到"劲赚"一词。"劲赚"的写法显然不对,属于生造词,当作适当修改。与此类似,"暴赚"也常出现在人们的文章里。这里提醒大家,为了纯洁我们的语言,应当把这些生造词驱除出去。

毛躁之人出"毛燥"

在现代汉语中，并没有"毛燥"这个词，但是打开网页，可以看到使用这个词的人很多。如下例：

当秀发缺少营养，秀发可能会变得脆弱并毛燥。

这里的"毛燥"是生造出来的词语。句子的本义是想说头发如果缺乏营养，会干枯、发黄、不柔顺，发干会由平滑变得有毛刺。因此，作者将干燥和有毛刺压缩在一起，组成了"毛燥"一词。所以，句中的"毛燥"应该做适当的修改。

貌似有理的"恩育"

也许是受到"恩赐""恩准"等词语的影响，有人生造出"恩育"并加以使用。下文就是使用该词的典型病例。

老人们的慈祥，照耀着所有的晚辈，恩育所有的晚辈。

"恩赐"，原指帝王赏赐臣下；"恩准"原指帝王准许臣民的请求。"恩"与其他语素组合成动词，表示帝王降恩于民的某种行为，是中国古代社会特有的用法。现在这种用法已经比较少见，流传下来的一些词语的特性也发生了变化，比如"恩赐"现在泛指因怜悯而施舍，含有贬义；"恩典"可泛指批准，带有诙谐意味。现代汉语中，"恩"字基本都是和其他语素组合成名词，如"恩惠""恩情""恩人""恩怨"等。因此不宜再生造出"恩育"这样的词语，否则很容易让人联想到"恩赐""恩准"等词语，从而误解文句的感情色彩。病句中的"恩育所有的晚辈"宜做适当修改，另外句中"老人们的慈祥，照耀着……"一说也不妥当。句中的"照耀"建议改为"温暖"。

"亲身经历"不能缩为"身历"

有人把"亲身经历"压缩成"身历"使用，也有人跟着使用。但是，我们不得不强调，这是一个生造词。看病例：

《百岁老奶奶 身历三世纪（寿星秘诀）》：在广西巴马县的甲篆乡坡月村有一个经历了三个世纪的百岁老人——黄妈伦。

文题中的"身历"倒也不难理解，应由"亲身经历"缩减而来。但是这种简称并不合规范。汉语中没有"身历"这个词语，不能随意生造。这里的"身历"完全可以用"亲历"代替。"亲历"即"亲身经历"，如鲁迅《三闲集·〈小彼得〉译本序》："读者恐怕大多数都未曾亲历。"

顺道而来的非法"道义感"

有些人把生造出来的"道义感"当作正常的词语使用，这是不对的。看病例：

改版后的《天涯》力图成为一份具有道义感、人民性与创造力的文学文化刊物，致力于历史转型期的精神解放和精神建设……

"道义感"显然是由"正义感""使命感""责任感""优越感""自卑感"等词语类推而来。"××感"的格式一般用来表示具有某种思想意识或心理状态，但绝不可滥用。"道义"谓道德和正义，如沙汀《困兽记》："这就是没有爱情的结婚的结果啦！一点道义上的保障都没有。""道义感"的说法是不存在的，病例中的"道义感"可改为"正义感"。

莫名其妙"东郭狼"

有人依据典故，造出"东郭狼"这个莫名其妙的说法，导致语义令人费解。下文是某晚报登出的一则社会新闻的标题，其中就使用了这个生造出来的词。

轻信邻居"东郭狼"——肖某救女心切送钱给骗子。

很多人都知道《东郭先生和狼》这篇寓言，其出处是明代马中锡的《中山狼传》。中山狼被猎人追赶，东郭先生为了救中山狼，把狼装进自己的书袋里，并欺骗猎人。结果猎人走后，东郭先生反而差点被狼所害。从此人们用东郭先生泛指对坏人讲仁慈的人，比喻不分善恶、滥施仁慈。故事中只有"东郭先生"和"中山狼"，没有"东郭狼"。作者可能想表达与东郭先生演对手戏的那只狼，所以生造出"东郭狼"一词，虽然能让人想到东郭先生和狼的故事，但是这个词把人和狼混为一谈有点不伦不类。应该把"东郭狼"改为"中山狼"。

讲不通的"思想观"

生造出来的"思想观"得到一部分人的认可，经常出现在网络报纸上。但要明确指出的是，这是一个生造词，不合语法规范。看病例：

《从〈史记·货殖列传〉看司马迁进步的经济思想观》：这篇思想深刻、文采斑斓的经济学方面的文章，对西汉以前大量的经济活动进行了总结，集中体现了司马迁的经济思想观。

"思想观"的说法并不少见，它大约是由"人生观""价值观""世界观"等词语"类推"而来。"人生观"指对人生的看法，即对人类生存的目的、价值和意义的看法。"价值观"指对经济、政治、道德、金钱等所持有的总的看法。"世界观"指人们对世界的总的根本的看法。那么，"思想观"莫非就是指人们对思想的看法吗？这种说法和原地绕一个圈儿有什么区别呢？"思想观"一说绝对不成立，它是没有意义的表述。病例中的"经济思想观"可改为"经济思想观念"或"经济观"。

别的想法不作"别有所想"

在报纸网络上，生造词"别有所想"并不少见。看下文病例：

近日，读到知名经济学家张五常先生的两篇短文，却让我别有所想。……五常先生就得出结论："无论科学、文艺，中国人没一样比得上欧洲。"我不想批评张五常教授在史实和例证方面的过分简陋，也不想批评张五常教授长他人志气、灭自己威风或者崇洋媚外之类。我只想说，张五常教授谈论文化问题虽然热忱可嘉，但方法失之偏误，值得商榷。

"别有所想"很容易让人联想到"别有用心"和"另有所图"。但这两个词语显然和例文的内容没有任何关系。例文说的是，对于张五常的一些观点"我"持有不同的看法。这里的"别有所想"明显是为了简洁地表达文意而生造出来的，不合语言规范。文中"却让我别有所想"建议改为"我却不敢苟同"。

"不忍卒睹"，鱼目混珠

生造词语的现象屡见不鲜，很多人更是想当然地使用自造的词语。如下例：

江城一公司遭抢劫，现场不忍卒睹。

例句中的"不忍卒睹"是个生造词语，作者本意是想说现场很混乱，让人不忍心去看。生造这个词的根据就是"不忍卒读"。"不忍卒读"意思是不忍心读完。

常用来形容文章内容悲惨动人。例句的作者"不忍心去看"就直接写上"不忍卒睹"，反而没有更深地去了解"不忍卒读"的意思。"卒"的意思是尽、完，"不忍卒睹"应该是不忍心看完，这与例句想要表达的意思不符，所以应该将"不忍卒睹"改成"惨不忍睹"。

提到"不忍卒读"，需要指出，人们对这个成语误解误用的现象很严重，通常的错误是把它理解为"文章写得不好，不愿看下去"。

自相矛盾的"含苞怒放"

某报的"天下游"一栏刊登了两幅早梅照片。其中一张照片画的是盛开的梅花，还有几只鸭子在河面上游着，真有点"春江水暖鸭先知"的诗情画意。可是照片下方的文字说明却有点含糊：

河边梅花含苞怒放。

查阅词典，"含苞"的"含"有"怀藏未露"之意，"含苞"就是"裹着花苞没有完全开放的花"，因此，"含苞"是花还未开。而"怒放"的"怒"有"气势强盛"的意思，"怒放"意即开放，花朵盛开的样子。可见，"怒放"是指花已经完全盛开。"含苞"与"怒放"正是不同花期的不同状态，一个未开，一个盛开，这两种景象怎能同时出现？所以。病例当作适当修改。

解释不通的"何其人也"

在阅读中经常发现有人把"何许人也"改造成"何其人也"使用，把人搞得一头雾水。看下文病例：

汤贵仁先生何其人也？

"何其"是多么的意思，带有不以为然的口气，比如：何其糊涂；何其相似。"何其多"形容很多，比如：明日复明日，明日何其多。"何其"在语法上根本无法与"人"组词。"何许"是何处的意思，放在疑问句的开头，比如：何许人也。"何许人也"原意是"什么地方的人"，后来也指什么人。如中国的年轻人过惯了西方的情人节，却不知道牛郎织女为何许人也。

病例想表达的意思是汤贵仁先生是什么人，因此应该把"何其人也"改为"何许人也"。

旅游不能拆解为"旅一次游"

在报纸网络上，"旅一次游"这样的错误说法并不少见，下面引文便是其中一例。

……我特别想去那边去旅一次游。

这种"拆词法"很不合规范，而且从语法上来看也是说不通的。"旅游"即"旅行游览"。"跳舞"可以说"跳一次舞"，因为"舞"是名词，可以作动词"跳"的宾语。"旅游"是一个同义复合词，"旅"和"游"均为动词，"旅一次游"同"行一次走"一样，都是无法解释的生造现象。病例中的"旅一次游"应改为"旅游一次"。

注水词语"幽上一默"

在实践中，"幽上一默"的说法十分常见，但是，从语法规范上讲，这些说法都是错误的。看病例：

《幽上一默》苏联教育家斯维特洛夫说："教育最主要的也是第一位的助手，就是幽默。"在课堂上，幽默，绝大多数是临场发挥，不要择时择地，只要是发生了一些必须处理的事情，适当地幽上它一默，就能使事情化"干戈"为"玉帛"。

"幽默"是英文单词"humour"的音译，意为"诙谐风趣而又意味深长"。如巴金《〈沉落集〉序》："没有含蓄，没有幽默，没有技巧，而且也没有宽容。""幽默"是音译外来词，它在语音、语义上都是不可分割的整体。既不可单说"幽""默"，也不能在"幽默"二字中间插入其他的成分。病例中的"适当地幽上它一默"应改为"适当地幽默一下"，文题也应做适当修改。

来历不明的"与天比翼"

某晚报"湖湘文苑"专版刊登了一篇文笔优美的文章，题目叫作《交给大自然诵读》。文章描绘了四川阿坝松潘高原美丽的自然风光，以及与之相融合的藏族文化。然而在描写松潘高原的山高时，文章这样写道：

山的高便显出了天的低。于是人便也兀自地高大了起来，以为可以与天比翼。

显然，这里作者的意思是在用天衬托松潘高原的"高大"，登上山顶的人们也觉得高大起来，以为自己与天一般高。但与天一般高是"与天比翼"吗？"比翼"多用于比喻"夫妻相伴不离"，如"在天愿作比翼鸟"。作者的本意是要表达人站在高山上与天相比，觉得高度平等，并不是要让天长出翅膀与自己共飞翔。之所以创造出来个"与天比翼"，可能是作者把天当作可比翼的鸟了。因此，这里应该说是"与天比高"，毛泽东的词《沁园春·雪》中有一句："欲与天公试比高"也是此意。

约定俗成的四字结构
——成语

成语典故

"安步当车"的典故

战国时期，有一次，齐宣王召见贤士颜斶，说："颜斶，你过来"。不料颜斶却说："大王，你过来！"左右的大臣见颜斶口出狂言，都说："大王是君主，而你是臣民，怎可放肆？"颜斶说："如果我走到大王面前去，说明我仰慕权势；如果大王走过来，说明他礼贤下士。与其让我仰慕权势，还不如让大王礼贤下士。"

齐宣王恼怒地说："到底是君王尊贵，还是士人尊贵？"颜斶回答："当然是士人尊贵！秦王曾经下过一道命令：有谁敢在贤士的墓地砍柴，处死刑！他还下了一道命令：有谁能砍下齐王的脑袋，就封他为万户侯，赏金千金。可见，一个活着的君主的头，竟然连一个死了的士人的坟墓都不如啊。"齐宣王无言以对。

大臣们忙来解围："我们大王拥有千乘之国，东西南北谁敢不服？"颜斶驳斥道："大禹时代，诸侯有万国之多。因为他尊重士人。到了商汤时代，诸侯有三千之多。如今，称孤道寡的就有二十四个。由此看来，重视士人与否是得失的关键，所以君主要以不经常向人请教为羞耻，以不向地位低的人学习而惭愧。"宣王听到这里，才觉得自己理亏，竟然拜颜斶为

师，并保证他饮食有肉吃，出门必有车乘。颜斶婉拒后说："晚食以当肉，安步以当车，无罪以当贵。"

这就是成语"安步当车"的由来。"安步当车"的意思是慢慢地步行，就当是坐车，比喻不贪图富贵，安于清贫。

"不三不四"为何指行为不端的人

"不三不四"意思是不像这也不像那，指不正派或不规范。在形容人时多指人的品行不正派。

"不三不四"指品行不端的人，源于中国古代的易经思想。在易经中，每个卦都分六个爻，俗称六爻卦，意思是事物发展的六个阶段。第三爻与第四爻处在六爻的中间位置，在易经中象征正道和大道，不三不四说明一个人或一件事物不是在正道或大道上。因而，用"不三不四"形容人时，就是说这人不务正业，不走正路的意思。如施耐庵在《水浒全传》第七回中有"这伙人不三不四，又不肯近前来，莫不要攧洒家"的句子。在这里，"不三不四"一词就是用来形容一伙地痞无赖的。

"大千世界"有多大？

《长阿含经》《智度论》等佛教经籍称，以须弥山为中心，以铁围山为外郭，

为一个小世界。一千个小世界为"小千世界",一千个"小千世界"为"中千世界",一千个"中千世界"为"大千世界"。后用"大千世界"来指广大无边的生存空间。

什么是"五体投地"？

"五体投地"是佛教礼法之一。据《大唐西域记》载,印度所行之礼敬法共有九种,其第九种即五体投地,是最恭敬的礼拜方式。其后佛教亦沿用此一礼法,并以之表礼敬之最上者。

所谓五体,指两手、两膝、头顶等,亦称五轮。其行礼之法,先以右膝着地,次下左膝,再次两肘着地,两掌舒展过额,其后头顶着地,良久一拜。

"五体投地"除表示实际行礼之外,一般用来表示对他人极度敬重推崇之意。

"庖丁解牛"的典故

战国时期,有位姓丁的厨师善于杀牛。有一次,他为梁惠王展示杀牛的技艺。其杀牛的动作合乎舞乐的节拍,操刀剥牛时发出的声音也如同乐曲一样很有节奏。梁惠王惊叹于他的高超技术,便询问原因。庖丁解释道:"我杀牛崇尚自然规律,而不单单是对技术的追求。我刚开始宰牛的时候,所见的是整头牛,不知从何处下手。三年后,我对牛的肌理结构已经很熟悉了,因而能够依着牛体结构从容下刀。这时,我不是用眼睛而是用精神去和牛接触,所见的也不是整头牛了。我用的这把刀已经19年了,解牛无数,刀刃仍像刚从磨刀石上磨出来一样。这是因为我按照牛的身体结构在其空隙中操刀宰牛的缘故啊!"

这一成语比喻经过反复实践,掌握了事物的客观规律,做事得心应手,运用自如。

"乘人之危"的由来

"乘人之危"的意思是趁别人危难之时去要挟或打击。这一成语源于《后汉书·盖勋传》。

东汉时,盖勋因为人正直,才华出众,被举为孝廉,任汉阳郡长史。盖勋所在的郡属凉州刺史梁鹄管辖,而梁鹄又是盖勋的朋友。

当时,受凉州刺史管辖的武威太守横行霸道,属官苏正和就依法查办了他。梁鹄怕此举会连累自己,焦虑不安,打算找盖勋商量万全之策。因盖勋和苏正和是死对头,属下就劝盖勋来个公报私仇,借此杀了苏正和。盖勋断然拒绝道:"为个人的私事杀害良臣,是不忠的表现;趁别人危难的时候去害人家,是不仁的行为。"当梁鹄前来征求意见时,盖勋竭力劝阻,打消了梁鹄杀人灭口的想法。事后,苏正和登门道谢,盖勋不见,让人传话说:"吾为梁使君谋,不为苏正和也。"

"大义灭亲"的典故

"大义灭亲"的意思是为了维护正义,对犯罪的亲属不徇私情,使其受到应得的惩罚。这个成语出自《左传·隐公四年》。

卫庄公在位期间,十分宠爱小儿子州吁,养成了他残忍暴戾的性格。大夫石碏多次规劝庄公,收效甚微。石碏之子石厚与州吁关系甚好,二人狼狈为奸,祸害百姓,搞得卫国鸡犬不宁。

庄公死后,桓公即位。州吁见桓公懦弱无为,便杀之夺位。为了安抚民心,他便通过石厚向石碏请教安定君位之策。石碏为除掉祸根，设计使二人前往陈国。他写下血书，请求陈国借此机会将二贼处死。鉴于石厚乃石碏亲子，为慎重起见，陈国请卫国自己来问罪。

卫国众臣替石厚求情道："州吁首恶应杀，石厚从犯可免。"石碏正色道："州吁罪，皆我不肖子酿成，从轻发落他，难道使我徇私情，抛大义吗？"于是派家臣到陈国斩杀了石厚。

石碏为国大义灭亲之事，史学家左丘明记之，被后人传颂至今。

"得意忘形"说的是谁？

"得意忘形"一词是说高兴得忘记了自身形体的存在，常用来形容人因为高兴而控制不住自己的情绪，失去常态。这一典故说的是贤士阮籍的故事。

阮籍，"竹林七贤"之一，是魏晋时期的一位著名诗人。他很有才能，也希望在政治上有所作为，但他对执政的司马氏集团心存不满，又不敢明白地表示自己的见解和主张，于是便采取了明哲保身的态度。他或闭门读书，或纵情于山水，时而酣醉不醒，时而缄口不言。他常与好友嵇康、向秀等人，聚集在竹林之下，闲谈、狂饮、作诗、弹琴，高兴时就纵声狂笑，不高兴时就放声大哭，世人称之为"竹林七贤"。在这七人当中，阮籍最为疯癫，在喝醉的时候，常常哭笑无常。因此，史书用"当其得意，忽忘形骸"两句来对其进行评述。

"浮以大白"指罚酒

"浮以大白"这一词语与饮酒有关。浮，即违反酒令被罚饮酒；白就是罚酒用的酒杯。"浮以大白"原指罚饮一大杯酒，后指满饮一大杯酒。

这一成语出自汉代刘向的《说苑·善说》：有一次，魏文侯设宴与诸大夫饮酒，命公乘不仁为"觞政"，也就是监督人们饮酒，执行罚酒命令。魏文侯说："如果有人没有把杯中酒喝完，就罚他喝一满杯。"众大夫碍于魏文侯的权势，喝酒时都一饮而尽。轮到魏文侯喝酒时，他喝了一会儿就不想喝了，可杯中还有好多酒。公乘不仁便对魏文侯说："国家之所以灭亡，是因为政令不通。您命大夫饮酒不剩，自己也要遵照执行啊！"魏文侯觉得有理，就将杯中酒一饮而尽，并将公乘不仁请至上座。

"鬼斧神工"的故事

春秋时期，鲁国有个叫梓庆的工匠。他擅长制作各种器物，尤擅长砍削一种叫镶的乐器。有一次，他用木头削了一支镶。这支镶做工考究，外表精美，人们都惊叹这样的手艺出自鬼神之手而不是人力所能达到的。

鲁国国君听说这件事情后，特意召见梓庆，问他用什么办法做成了这支镶。梓庆回答道："我哪有什么高超的技术！只是，我准备做镶时，便诚心斋戒，让心情平静。斋戒三天，不再怀有庆贺、赏赐、封官的思想；斋戒五天，便不把非议、褒贬放在心上；斋戒七天，心思便不再为外物所动，达到了忘我的境界。这时，我再入山林，观察树木的天然态势，选取适合制镶的材料，构思镶的形态结构。当这一切准备就绪后，我才开始动手加工制造，因而能够得心应手，一气呵成。我是用自己的纯真本性融合木料的自然之性，才制造了如此精巧的器物啊。

这就是"鬼斧神工"典故的由来。这则成语的意思是精巧的工艺就像是鬼神用斧头做的一样，形容人的技艺高超。注意，很多人把这个成语用于自然景物，这是错误的。

苏轼取笑"河东狮吼"

北宋时期，苏轼因"乌台诗案"被贬到黄州任团练副使，不期遇上陈慥（自称龙丘居室），两人系成为好友。陈慥好宾客，家里养着一群歌伎，客人来了，就以歌舞宴客助兴。但陈慥之妻柳氏，性情暴躁喜妒，每当陈慥欢歌宴舞之时，就醋性大发，遂大喊大叫，弄得陈慥很是尴尬。于是苏轼就写了一首诗取笑陈慥：

龙丘居士亦可怜，谈空说有夜不眠。

忽闻河东狮子吼，拄杖落手心茫然。

这就是"河东狮吼"的由来。河东是柳氏的郡望，暗指柳氏。"狮子吼"一语源于佛教，意指降服异教邪说的佛理。陈慥喜谈佛论禅，但却惧内。苏轼熟知禅林典故，故以"河东狮吼"譬喻柳氏的凶悍形象。后来这一故事被宋代的洪迈写进《容斋三笔》中，遂广为流传。"河东狮吼"比喻妇人凶悍，大吵大闹，至今仍是凶悍妻子的代名词。

何为"授受不亲"？

在上古时代，男女交际自由，进入宗法社会后，女性逐渐沦为男性的附庸。至战国时期，儒家经典规定的贵族家礼，强调男女隔离与疏远，严防非夫妇关系的两性有过多的接触，不允许女子与非自己丈夫的任何男子发生爱情与性关系。在家庭内部，也严格区别男女，即使递东西也不允许。《礼记·曲礼》中规定了很多限制妇女言行的礼仪。如：男女不杂坐，不同施枷，不同巾栉，不亲授；嫂叔不通问等。

自宋代以后，士大夫之家，男女之分更为严格。市井小民等下层社会，虽宽松得多，但也深受这种思想的影响。

《孟子·离娄上》有："男女授受不亲，礼也。"授：给予；受：接受。旧指男女不能互相亲手递送或接受物品，指儒家束缚男女的礼教。这种封建礼教，将妇女囚禁于一个狭小的天地，不仅限制压抑和摧残了女性对理想异性的爱慕之情，而且扭曲她们的思想、感情与欲望，使其自觉变成封建道德力量的驯服工具。

"画虎类犬"的由来

东汉名将马援因屡建奇功被封为伏波将军。在一次征讨途中，他听说两个侄子平常喜欢议论他人是非，又与一些豪侠交往甚密。马援担心之余，写信警告他们。

信中说："我一生痛恨议论他人的长短，希望你们听到有人议论别人的过失，能够像听到议论自己父母那样，只可听，不可参与议论。我希望你们向龙伯高学习，他是一个厚道、谨慎、恭谦之人，虽职位不高，但我很尊敬他，希望你们仿效他；而那位杜季良是个侠肝义胆的人，虽能够与人同甘共苦，但交友广泛，良莠不齐。我虽然也尊敬他，但不希望你们仿效他。如果你们向龙伯高学习，即使学不成，尚且还能成为一个谨慎之人，就像是刻一只天鹅不成，尚可成为一只鸭子；如果你们向杜季良学而学不成，就会成为一个轻浮浪荡者，就好比画一只虎画得不像，却画成一只狗。"

第三篇 约定俗成的四字结构——成语

这就是"画虎类犬"故事的由来，这一成语比喻模仿得不好，适得其反，成为人们的笑柄。

"狡兔三窟"的典故

"狡兔三窟"表意是说狡猾的兔子有多处洞穴，比喻人要多些掩蔽措施和应变办法，以保护自己。这一典故出自《战国策·齐策四》中的《冯煖客孟尝君》。

齐国孟尝君门下有个叫冯煖的食客。此人足智多谋聪明善辩，被孟尝君派往薛地收债。冯煖问孟尝君："收债之后买些什么东西回来？"孟尝君答道："你看我缺少什么就买什么好了。"冯煖到了薛地后，见欠债者都是贫苦百姓，于是就以孟尝君的名义宣布债款一笔勾销，并当众将债务契约全部烧毁。冯煖回来对孟尝君说，他见相国家里什么都不缺，于是就以相国的名义将债券全烧了，为其买了"仁义"回来。孟尝君听后很不高兴，但又无法公开指责冯煖。

一年后，孟尝君被齐王免除了相位，只好退居薛地生活。薛地百姓听说孟尝君要来薛地的消息后，纷纷扶老携幼夹道欢迎他。孟尝君此时才恍然大悟，冯煖为他买的仁义价值所在，于是连连感谢冯煖。冯煖说："狡兔三窟，仅得免其死耳。今有一窟，未得高枕而卧也。"意思是狡兔三窟才免去死亡的危险，你只有一处安身之所，不能高枕无忧啊！这就是"狡兔三窟"的来历。

"金屋藏娇"，一段佳话

据《汉武故事》记载，汉武帝刘彻原本不是太子，做太子的是其兄长刘荣。长公主刘嫖想把自己的女儿陈阿娇许给太子，以期女儿日后成为皇后。但这一意图遭到了刘荣母亲的拒绝，于是，长公主把目标转向了刘彻。

一日，长公主问刘彻："彻儿长大了要讨媳妇吗？"刘彻说："要啊。"长公主于是指着左右宫女侍女百多人问刘彻想要哪个，刘彻说都不要。最后长公主指着女儿陈阿娇问："那阿娇好不好呢？"刘彻说："好啊！如果能娶阿娇做妻子，我会造一座金屋子给她住。"这就是"金屋藏娇"的由来，本义是一个男子对自己之原配许下的诺言，是对婚后幸福生活的憧憬和承诺。"金屋藏娇"本可以成就一段佳话，但是汉武帝的有始无终使得这一传诵千年的婚姻传奇最终以"长门怨"的悲剧收场。

"举案齐眉"的典故

据《后汉书·梁鸿传》载，梁鸿年轻时家里很穷，由于刻苦好学，后来很有学问。但他不愿意做官，一直隐居乡里，依靠自己的劳动，过着俭朴的生活。

后来，梁鸿娶了同县孟家之女孟光后，便隐居在灞陵的深山里。夫妻二人共同劳动，互助互爱，彼此都很有礼貌。据说，梁鸿每天劳作完毕，回到家里，妻子总是把饭和菜准备好，放在托盘里，双手捧着，举得齐自己的眉毛那样高，恭恭敬敬地送到梁鸿面前去，梁鸿也以同样的姿势接过来。如此之后，两人才开始吃饭。

这就是"举案齐眉"典故的由来，原意指送饭时把托盘举得跟眉毛一样高。后形容夫妻感情深厚，互相尊敬。

"乐极生悲"的出处

"乐极生悲"原写为"乐极则悲"，出自《史记·滑稽列传》，意思是高兴到极点，就会发生使人悲伤的事。这一成语源于这样一个故事：

战国时期，有一年楚军攻打齐国，齐威王派大臣淳于髡去赵国求救。淳于髡从赵国请来10万大军，吓退了楚军。齐威王十分高兴，于是摆设酒宴为淳于髡庆功。席间，齐威王问："先生要喝多少酒才会醉？"淳于髡答道："我喝一斗酒也醉，喝一石酒也醉。"齐威王不解其意，淳于髡解释说自己在不同场合、不同情势下酒量是不一样的。他进一步总结说："喝酒到了极点，就会因酒醉而乱了礼节；人如果快乐到了极点，就可能要发生悲伤之事。"听完这席话后，齐威王知道淳于髡是在借机规劝自己不可贪杯误事，于是打消了一醉方休的念头，并改掉了彻夜饮酒的恶习。

"瞒天过海"典出何处

据《永乐大典·薛仁贵征辽事略》载，贞观十七年，唐太宗率军去平定辽东。一天，大军来到海边，只见海面波涛汹涌，一眼望不到边。唐太宗顿时慌了手脚，迟迟不愿过海。这时，壮士薛仁贵想出了一个办法：他瞒着皇帝命人在海边建了一座大型的建筑，里面设施齐备，有各种娱乐设施，人置于其中，犹如行走于闹市之间。之后，他又让谋士将唐太宗骗至这艘"船"上。太宗不知是计，在里面倒也悠然自得。就这样，整艘大"船"转眼就来到了对岸。当太宗出"船"上岸时，才发现自己已经渡过了大海。

这就是"瞒天过海"典故的由来，后人们就用这一成语代指一种示假隐真的疑兵计谋。

"瓜田李下"的故事

古乐府《君子行》中有"瓜田不纳履，李下不整冠"的诗句。"瓜田李下"一词便是由这两句诗引申而来的，比喻容易发生嫌疑的地方。

据《北史·袁聿修传》载，袁聿修为官清廉，在任期间没要过别人的丝毫之物，故有"清郎"之称。有一次好友要送他一匹白绸，他婉拒道："瓜田李下，古人所慎。愿得此心，不贻厚责。"这就是"瓜田李下"避嫌的故事。

唐代书法家柳公权也有一个"瓜田李下"避嫌的故事：唐文宗时，郭宁因送两个女儿入宫而被派往邮宁做官，此事招来人们非议。文宗不解其故，便来询问柳公权。柳公权说："议论的人都以为郭宁是因为进献两个女儿入宫，才得到这个官职的。瓜田李下的嫌疑，人们哪能都分辨得清呢？"在这里柳公权是比喻皇帝的做法很容易使人产生怀疑。

"呕心沥血"的出处

"呕心沥血"这一成语由"呕心"和"沥血"两个典故组合而成。前者是诗人李贺的故事，后者出自韩愈的诗歌。据《新唐书·李贺传》载，诗人李贺才华横溢，因仕途受阻，便将苦闷之情倾注在诗歌的创作上。他每次外出，都让书童背一个袋子，有灵感了，便写成诗句放入袋中，回家后再重新整理、提炼。其母亲心疼儿子，便说："你非要把心呕出来才肯罢休啊！"这就是"呕心"这一典故的由来。"沥血"是韩愈《归彭城》诗中的句子。诗中"刳肝以为纸，沥血以书辞"便是"沥血"这一典故的由来。

后来人们常用"呕心沥血"比喻极度劳心苦思。多用于文艺创作或研究。亦指倾吐真情或怀抱真诚。

"难兄难弟"说的是谁?

东汉时期,颍川有个叫陈寔的人。他办事公道,廉洁奉公,深受百姓爱戴。受父亲熏陶,陈寔的两个儿子陈纪(字元方)和陈谌(字季方)也是品行修为极高之人。父子三人一起被当地百姓奉为楷模。

有一天,元方的儿子长文和季方的儿子孝先为谁的父亲功德高尚而争论了起来,两个孩子都说自己的父亲功德高,争来争去没有结果,于是请祖父陈寔做最后裁定。陈寔想了一会儿,对两个孙子说:"元方难为兄,季方难为弟。他俩的功德都很高,难以分出上下啊!"得到这样的答案,两个孩子满意而去。

"难兄难弟"原意是说兄弟俩才德都好,难分高下。后来此成语多用作贬义,比喻同样坏的两个人或处于同样困境中的两个人。

"期期艾艾"的典故

"期期艾艾"这一成语说的是两位将军的故事。"期期"与汉朝将军周昌有关,"艾艾"则与三国时期魏国将军邓艾有关。

据《史记·张丞相列传》载,汉初,有位叫周昌的将军,他性情耿直,敢于直言,但他口吃,因而说话很费劲。有一次,刘邦想废掉太子刘盈,改立如意为太子。听到这一消息,周昌就向皇帝谏言道:"臣口不能言,然臣期期知其不可。陛下虽欲废太子臣期期不奉诏。"意思是说,我不善言辞,但知此事不能这么办,如陛下想废太子,我就不服从您的命令了。因

其口吃,因而把本不需重叠的"期"字说成了"期期"。这就是"期期"典故的由来。

据《世说新语》载,三国时期,魏国将军邓艾口吃,但其思维敏捷,屡建奇功,因而被封为"邓侯"。邓艾在自称名字时,常常说成"艾艾"。有一次,晋文王和他开玩笑说:"你老说'艾……艾',究竟是几个艾呀?"邓艾回答道:"'凤呵,凤呵'本来就是一个凤。"邓艾的回答,不仅为自己解除了尴尬,还一语双关地抬高了自己。这就是"艾艾"典故的由来。

后来,人们把两个故事联系起来,用"期期艾艾"这一成语来形容口吃的人说话不流利。

"奇货可居"的由来

"奇货可居"是指把少有的货物囤积起来,等待高价出售。也比喻拿某种专长或独占的东西作为资本,等待时机,以捞取名利地位。这个成语出自《史记·吕不韦列传》。

战国时期,大商人吕不韦到赵国都城邯郸做生意。一个偶然的机会,吕不韦遇到秦昭王的孙子,太子安国君的儿子——异人。当时异人正在赵国做人质,贫困潦倒,苦不堪言。了解到这一情况,吕不韦意识到,在异人的身上投资会换来难以计算的利润,不禁自语道:"此奇货可居也。"意思是把异人当作珍奇的物品贮藏起来,等候机会,以获得丰厚回报。

在吕不韦的帮助下,异人顺利回国,并得到华阳夫人的信任,收其为嗣子。秦昭王死后,安国君即位,史称孝文王,立异人为太子。孝文王死后,太子异人即

位，即庄襄王。庄襄王为感激吕不韦拥立之恩，拜吕不韦为丞相，封文信侯，并把河南洛阳一带的十二个县作为封地，以十万户的租税作为俸禄一并赐予吕不韦。一时之间，吕不韦成为秦国权倾朝野的重臣。

"倾国倾城"的出处

倾国倾城，原指因女色而亡国，后多形容妇女容貌艳丽动人，倾倒众生。《诗经·小雅》中有"赫赫宗周，褒姒灭之"的诗句，说的是周幽王宠幸绝代佳人褒姒，荒废朝政而亡国的历史故事。这就是"倾国倾城"的原意，后来这一词语演变为褒义。

西汉乐师李延年曾在汉武帝面前歌曰："北方有佳人，绝世而独立，一顾倾人城，再顾倾人国。宁不知倾城与倾国，佳人难再得。"这位佳人就是他的妹妹，武帝闻此曲后，遂纳其妹为妃，即史上所称的"李夫人"。李夫人貌美如花，通音律，善歌舞，很受武帝宠爱。李夫人病故后，汉武帝很长一段时间都对其念念不忘。这就是"倾国倾城"这一成语的来历。

"取而代之"的典故

项羽少年时期，既不用心读书，也不努力学习剑术。叔父项梁对他的表现很是不满，于是对其进行了严厉的斥责。项羽反驳道："读书不过是记个姓名而已，剑术学得再好，也只能是一个人作战，不值得学习。我要学习率领万人作战的本事！"听了这话，叔父心里很高兴，便改教项羽学习兵法。

一天，秦始皇出巡时被项羽和项梁在路上遇到。项羽见秦始皇的车驾浩浩荡荡，威仪非凡，顿生羡慕之心，于是对叔父项梁说："我将来一定可以取代他。"

这便是"取而代之"的由来。原意指夺取别人的地位而由自己代替，现也用来比喻以某一事物代替另一事物。

"曲院风荷"源于康熙写别字

"曲院风荷"原为"麯院风荷"，是杭州西湖十景之一，名满天下。明代田汝成的《西湖游览记》中有这样的记载："麯院，宋时取金沙涧之水造麯，以酿官酒。其地多荷花，世称'麯院风荷'是也。"

在简化字使用之前，"曲"和"麯"是两个不同的字，不可以通用。"麯院风荷"之所以演变为"曲院风荷"源于康熙皇帝的一个别字。据说，康熙南巡时候，因不知"麯院风荷"来历，便提笔写了"曲院风荷"四个大字，并刻字立碑。文武大臣碍于皇帝权威未敢当面指出，因此这一错误便被掩盖了下来。

乾隆皇帝为了掩盖这一错误，便作了一首诗刻在碑阴之上，诗中有这样两句："莫惊误字传新谤，恶旨崇情大禹同。"意思是说："你们不要以为写错了字而胡乱议论，要知道，康熙皇帝与大禹一样，是讨厌美酒而崇尚节制情欲的啊！"辩解虽巧妙，但也不能掩盖康熙写别字的事实。

"弱水三千"探源

古时许多浅而湍急的河流不能用舟船而只能用皮筏过渡，古人认为是由于水羸弱而不能载舟，因此把这样的河流称为弱水。继而，古文学中逐渐用弱水来泛指险而遥远的河流，比较有名的是苏轼的《金山妙高台》中有句：蓬莱不可到，弱水三万里。《红楼梦》中弱水引申为爱河情海。林黛玉口中弱水三千的意思："任凭弱水三千，我只取一瓢饮"成为男女之间信誓旦旦的爱情表白。

"三生有幸"的趣闻

唐朝和尚圆泽是位得道的禅师，与俗家弟子李源是至交好友。一日两人乘舟外出，见有位孕妇在河边汲水。圆泽对李源说："此人姓王，是我下辈子的亲娘，我要给她做儿子去了。三天后你来王家看我，我会对你一笑作为证明。13年后的中秋夜，请你到杭州天竺寺外，我一定来与你见面。"当晚，圆泽圆寂，王家的婴儿也呱呱坠地。三天后李源去看婴儿，婴儿果然对他微笑。13年后，李源赶赴杭州，于中秋月夜去赴圆泽前世订下的约会。到了寺门外时，忽然看到一牧童骑牛而来，口中唱着："三生石上旧精魂，赏月吟风莫要论。惭愧情人远相访，此身虽异性长存。"

这就是"三生有幸"的来历。三生乃佛家术语，盖指前生、今生、来生。"三生有幸"是说三世都有幸运，形容极为难得的好机遇，是结交新朋友时常说的一句礼貌用语。

"三教九流"指哪些人？

"三教九流"是古代中国对人的地位和职业名称划分的等级。"三教"指的是儒教、佛教、道教。最初的"九流"指的是先秦的九个学术流派，即儒家、道家、阴阳家、法家、名家、墨家、纵横家、杂家、农家。后来"九流"逐渐被用来代称社会上的各种行业。"九流"可细分为上九流、中九流和下九流，但说法不尽相同。上九流指帝王、圣贤、隐士、童仙、文人、武士、农、工、商；中九流指举子、医生、相命、丹青、书生、琴棋、僧、道、尼；下九流是师爷、衙差、升秤、媒婆、走卒、时妖、盗、窃、娼。

"三教九流"的称谓在最初并非贬义，自《春秋谷梁序》中把"九流"和"异端"并列后，加之佛教、道教的迷信色彩日浓，"三教九流"就泛指形形色色的各类人物了，其含义也有贬义了。

"身无长物"的典故

"身无长物"这一典故说的是王恭让席的故事。据《世说新语·德行》载：

南宋有个叫王恭的人，远行之后回到家里。同族的一个叫王忱的人前去拜访他，看到他坐的席子很漂亮，便对王恭说："你从外面回来，一定有多余的席子，能否送我一张呢？"王恭听了沉默不语。等王忱走后，王恭就把自己坐的那块席子撤下来给王忱送了过去。后来王忱听说此事后，便对王恭说："我以为你有多余的席子，所以才向你讨要的。"王恭回答道："您还不是很了解我，我除了这张席子，就再没有多余的东西了。"

这就是"身无长物"典故的由来，这一成语形容贫穷，除了自身外再没有多余的东西。有些人望文生义，常误用来形容人没有特长。

"尸位素餐"溯源

"尸位素餐"这一成语比喻空占着职位而不做事，无功受禄白吃白喝的人。这一成语源于上古时期一种神圣的祭祀仪式——尸祭。

"尸"的本义并不是指死人的尸体，而是祭神仪式中神的象征。上古时期，人们普遍信奉鬼神，但鬼神是虚无缥缈的。人们为了表达对鬼神的尊敬，在祭祀时就按照一定的条件，挑选一个人出来，让其在祭祀过程中代表鬼神或死去的祖先。人们把这人当鬼神或祖先加以祭拜，并供奉食物和美酒，供其享用。这个人就叫作"尸"。祭祀仪式结束后，这个人就不再具有"尸"的神圣地位。

据《汉书·朱云传》载，朱云因朝中大臣终日碌碌无为，便感叹道："今朝廷大臣，上不能匡主，下亡以益民，皆尸位素餐。"素者，空也，无才无德，食人之禄，故曰素餐。朝中大臣无道艺之业，默坐朝廷，上不能辅佐皇帝，下不能辅佐百姓，故曰尸位。"尸位素餐"常用来讽刺那些做官而无所作为的人。

"食指大动"的由来

郑灵公即位不久，楚国向其进献了一只鼋。灵公便令人烹煮作羹，准备与众人一起分享。恰巧公子宋与公子归生来到殿前。公子宋食指大动，便对公子归生说："我每次食指大动都能尝到珍奇美味，今日肯定有好东西吃。"及至入殿见厨师正解割大鼋，二人便相视而笑。灵公很奇怪，便问缘由，归生据实相告。灵公听后不悦，决意借此捉弄公子宋。鼋羹煮好后，灵公便将之赐予重臣，唯独没有赐食给公子宋。宋大怒，便用食指伸入鼎中蘸食鼋羹后拂袖而去。见公子宋如此嚣张，灵公暴跳如雷，扬言杀宋。公子宋听说灵公要杀他，便联合归生先杀死灵公，报了未赐鼋羹之仇。此事虽起于口腹之欲，却最终导致了杀戮。

这便是"食指大动"背后的故事，原

指有美味可吃的预兆，后形容看到有好吃的东西而贪婪的样子。

"螳臂当车"的寓言

春秋时，卫灵公想请贤士颜阖做太子蒯聩的老师。颜阖听说蒯聩是个品行不端之人，于是便去拜访蘧伯玉，请教教好太子之法。蘧伯玉听他说明来意后，便劝他放弃努力。他说："汝不知夫螳蜋（同螂）乎？怒其臂以当车辙，不知其不胜任也，是其才之美者也。戒之，慎之！"意思是说，螳螂鼓起双臂来阻挡前进的车轮子，它不知道自己是力不胜任的，而是认为自己的这种举动是好的，是有益的。颜阖啊！您的意图是好的，但您的作为像螳臂当车一样，您要慎重呀！

这就是"螳臂当车"的故事。后来，人们用这一成语比喻做凭自己的力量做不到的事情，必然失败。

"螳螂捕蝉，黄雀在后"的典故

"螳螂捕蝉，黄雀在后"是说螳螂正要捉蝉，不知黄雀在它后面正要吃它。比喻目光短浅，只想到算计别人，没想到别人在算计他。

据刘向的《说苑·正谏》载，春秋时期，吴王准备攻打楚国，这一计划遭到了大臣的反对。吴王恼怒，便下令道："敢有谏者，死！"

宫中有个侍卫，为了劝谏吴王，便每日怀揣弹弓在王宫后花园转来转去，即使露水打湿了鞋子也不离开，接连三天都是如此。吴王很奇怪，问道："这是为何？"侍卫答道："树上有一只蝉，它一面唱歌，一面吸饮露水，却不知一只螳螂在向它逼近；螳螂想捕蝉，但不知黄雀在其后；而当黄雀正准备啄螳螂时，它又怎知我的弹丸已对准它了呢？它们三个都只顾眼前利益而看不到后边的灾祸。"吴王听后很受启发，随后取消了这次军事行动。

这就是"螳螂捕蝉，黄雀在后"的典故。这一词语提醒人们不要只顾眼前利益而不考虑后患。

"同病相怜"的故事

古时候，有个叫张翊的人购置了一个很漂亮的卧榻。他很想在外人面前炫耀一下，但卧榻放在卧室，外人无缘见到。所以，他就假装生病，好让亲朋好友来看望他。这样一来，人们自然而然就会在看他的同时夸赞他的卧榻。

无独有偶，张翊的一个朋友，添置了一双袜子，也想借此显示一下。于是，他就故意把裤管拉得老高，并将双脚交叉放在膝上。张翊看到朋友的这一举动，当然知道他心里想些什么。

这位朋友假装关心地问："你得了什么病啊？"张翊笑吟吟地说："我和你犯了同样的病。"

这就是"同病相怜"典故的由来。后来，人们就用这一成语比喻因有同样的遭遇或痛苦而互相同情慰藉。

"兔死狗烹"的典故

春秋时期，越王勾践被吴王夫差打败，于是向吴求降，成为吴王的奴仆。后勾践终于骗得吴王信任，被释放回国。在大臣范蠡和文种的辅佐帮助下，越王勾践积蓄力量，十年后一举灭掉了吴国。

范蠡深知勾践心胸狭窄，只可与之共患难而不能与之同富贵。于是在完成灭吴大任后，离开越国，过起了隐居生活。范

蠡离开后，因惦记好友文种安危，便托人带信给他说："飞鸟尽，良弓藏，狡兔死，走狗烹。您怎么还不赶快逃走呢？"

文种终因没听范蠡之劝而被勾践杀害，这就是兔死狗烹典故的由来。这一成语既可用于统治者残杀功臣良将，又可用于普通朋友之间过河拆桥的恶行。

"网开三面"的典故

汤乃商朝开国国君，以仁义享誉四方。有一次，汤外出巡查时看见一个猎人四面设网，并祷告说："从天上坠落的，从地上生出的，从四方来的，都到我的网里来吧！"汤说："真这样的话，禽兽就被杀光了。汤要猎人收起三面的网，只在一面设网，重新教猎人祷告说："禽兽啊！想向左去的向左去，想向右去的向右去，想向高处去的向高处去，想向低处去的向低处去，我只捕取那些触犯天命的。"诸侯听说这件事，都说："商汤的恩德已经到极点了，甚至施到了禽兽身上。"于是纷纷前来归顺。

这就是"网开三面"的典故，原指法令宽大，恩泽遍施，后喻从宽处理，给犯罪者一条弃旧图新的出路。

什么是"掩鼻之计"？

战国时期，魏王给楚怀王送了一位美女。这位美女容貌秀丽，身材姣好，很讨楚怀王欢心。楚怀王的夫人郑袖因妒生恨，决定用计除掉这个美人。她假意顺承楚怀王之意，投美人之所好，取得了楚怀王的感激和美人的信任。

一天，郑袖对美人说："大王喜欢你的美貌，但不喜欢你的鼻子。以后你同大王一起时，要掩住你的鼻子。"美人信以

为真，再次见到楚怀王时，就依照郑袖之言遮住了鼻子。楚怀王不解，便向郑袖询问原因。郑袖答道："美人是讨厌您身上的臭味，所以才捂住了鼻子。"楚怀王大怒，下令将美女的鼻子割掉以示惩罚。美人失去了鼻子，美貌全无，郑袖又重新得到了怀王的恩宠。

这就是郑袖妒妇害美，诱妾掩鼻的典故。这一成语比喻因内心妒忌而设计去陷害别人。

"夜郎自大"的由来

汉朝的时候，在西南方有个名叫夜郎的小国家，它虽是一个独立的国家，可是国土很小，人口也少，地盘仅相当于汉朝的一个郡。夜郎国地处西南边陲，闭塞的地理环境断绝了其与外界的联系，于是夜郎国王便想当然地认为自己的国家是天下第一的国家。

有一次，汉朝派使者出使西南，使者一行到了滇国、夜郎等地。在滇国时，滇王问："汉朝与我国相比，哪个大？"使者答道："汉朝略胜一筹。"后来使者到了夜郎国，夜郎国王问了同样的问题。于是使者告诉他，夜郎的地域仅相当于汉朝的一个郡，但这一说法并没有得到夜郎国王的认可。后来，汉武帝为征讨南方，便又派使者带礼物出使夜郎国，并将其改为汉的一个郡县。

这就是"夜郎自大"典故的由来。后来人们用这一成语比喻学识浅薄又妄自尊大的人。

"逐鹿中原"的由来

鹿是一种奔跑极快的动物，狩猎者往往将其视为围捕的对象，因而常被用来比喻帝位、政权等。"逐鹿中原"指群雄并起，争夺天下。

《史记·淮阴侯列传》中有："秦失其鹿，天下共逐之，高材疾足者先登焉。"据说，当年刘邦、项羽争夺天下时，群雄并起，战事频繁，曾以"逐鹿"取决胜负。后刘邦扫灭群雄，终于一统天下，"逐鹿中原"之说便由此传开，而"鹿"自那时起便成为胜利和竞争的象征。

"胸有成竹"的出处

"胸有成竹"原指画竹子要在心里有一幅竹子的形象。后比喻在做事之前已经拿定主意。苏轼在《文与可画筼筜谷偃竹记》中有"故画竹，必先得成竹于胸中"的句子，说的是北宋画家文同画竹子的典故。

北宋画家文同，喜画竹，为了画出竹子的传神形态，便在自家周围种了各种各样的竹子。他经常去竹林观察竹子的生长变化情况，琢磨竹枝的长短粗细，叶子的形态、颜色，每当有新的感受就回到书房，把心中的印象画在纸上。久而久之，竹子的形态便深深地印在他的心中。他画竹时，只要凝神提笔，竹子的各式形象就立刻浮现在眼前。所以每次画竹，他都显得从容自信，画出的竹子，无不逼真传神。这就是"胸有成竹"典故的由来。

"一诺千金"说的是谁？

"一诺千金"是说许下的一个诺言有千金的价值。比喻说话算数，极有信用。这一典故说的是秦末楚国人季布的故事。

楚国人季布，性情耿直，为人侠义豪爽。只要是他答应过的事情，无论有多大困难，都设法办到，因而受到大家

第三篇 约定俗成的四字结构——成语

的赞扬。当时楚国流传着这样一个谚语："得黄金百斤，不如得季布一诺。"这就是"一诺千金"的由来。楚汉相争时，季布是项羽的部下，曾几次献策，使刘邦的军队吃了败仗。刘邦称帝后，对此事念念不忘，于是下令通缉季布。人们因敬慕季布的为人，便都在暗中帮助他，才使其幸免于难。后来，刘邦在夏侯婴的劝说下撤销了对季布的通缉，还封季布做了郎中，不久又改任，使其做了河东太守。

"约法三章"的具体内容

公元前206年，刘邦率军攻入关中，抵达灞上。秦王子婴出城投降，标志着秦朝灭亡。刘邦进城后，下令将秦朝的宫殿和府库封存保护起来，大军随即撤回灞上。刘邦把关中父老、豪杰召集起来，向他们宣布道："秦朝的严刑酷法，把大家害苦了，应全部废除。现在我和众位约定，不论是谁，都要遵守三条法律。这三条是：杀人者要处死，伤人者要抵罪，盗窃者也要判刑！"人们都表示拥护这三条法令。接着，刘邦又派出大批人员，到各县、各乡去宣传这三条法令。百姓们听了，都热烈拥护，并纷纷取了牛羊酒食来慰劳刘邦的军队。由于坚决执行约法三章，刘邦得到了百姓的信任和支持，最后取得天下，建立了西汉王朝。

这就是"约法三章"的典故。现这一成语泛指订立简单的条款，以资遵守。

"乱七八糟"的由来

"乱七八糟"一词与历史上两次战乱有关。"乱七"即"七国之乱"。汉景帝时期，诸侯势力严重地威胁了中央政权，于是景帝采纳了晁错的意见，在诸侯王中推

行"削藩"政策。这一举动激起了诸王的不满。于是，吴、楚等七国诸侯王打着"诛晁错、清君侧"的旗号，发动了叛乱，史称"七国之乱"。

"八糟"即"八王之乱"。司马炎建晋后，把皇室弟子分封为诸侯王。他死后，继位的惠帝弱智无能，大权落在了其外公杨骏的手里。而司马炎的妻子贾后不满杨骏独揽大权，便设计将他杀死，请汝南王辅佐惠帝。后因不满汝南王专政，贾后便又密诏将其杀掉。赵王司马伦趁机发动政变，自立为王。司马伦的作为引起了其他诸侯王的不满，于是他们便联合起来将其杀死。后来其他几王又相互残杀，陆续参与了这场战乱，史称"八王之乱"。

后来，人们便用"乱七八糟"这一成语来形容秩序混乱、毫无头绪的场景。

"五花八门"指什么

"五花八门"原指"五行阵"和"八门阵"。后比喻变化多端或花样繁多，也指各行各业。

"五行阵"和"八门阵"是古代战术中变幻莫测的阵势。五行指金、木、水、火、土。古人认为，构成各种物质的种种元素即是五行。加之五行又代表红、黄、蓝、白、黑五种色素，混合在一起可变成多种颜色，能够使人眼花缭乱。"八门阵"也称八卦阵，这个阵势，原来是按照八卦的次第列为阵势的，八八可变成六十四卦，常使对方军队陷入迷离莫测的境况之中。

在古时候，"五花八门"也指几种职业。"五花"中，金菊花指卖茶花的女人；木棉花指上街为人治病的郎中；水仙花指

酒楼上的歌女；火棘花指玩杂耍的人；土牛花指挑夫。八门分别是：一门巾，占卦之人；二门皮，卖草药之人；三门彩，变戏法之人；四门挂，江湖卖艺之人；五门平，说书评弹之人；六门团，街头卖唱之人；七门调，搭篷扎纸之人；八门聊，高台唱戏之人。

"高抬贵手"好看戏

旧时乡下演戏，往往先由乡绅们出钱，包下戏班子在祠堂庙宇中演出，然后他们再向百姓卖票赚钱，人们凭票进场看戏。

戏场入口往往由一个五大三粗的壮汉把门收票。无人进场时，壮汉双腿跨在门槛上，双手挺在门框上，以防无票之人溜进戏场。有些穷苦人家的孩子很想看戏，但又无钱买票。于是有的孩子便趁无人时向壮汉哀求说："叔叔，请您把胳膊抬高一点吧！"在壮汉默许的情况下趁势从其胳肢窝下钻进去看戏。

后来，文人便把"请抬高胳膊"雅化为"高抬贵手"，意思就是请人"开恩"，推而广之，便应用于各种场合的求情。

"三长两短"指棺材

"三长两短"指意外的灾祸或者危险的事情，借指人的死亡。有学者认为，三长两短指的是未盖上盖儿的棺材，因为棺材是由三块长木板、两块短木板构成的匣子结构。据《礼记·檀弓上》记载，古时棺木不用钉子，是用皮条把棺材底与盖捆合在一起。横的方向捆三道，纵的方向捆两道。横的方向木板长，纵的方向木板短，"三长两短"即源于此。

后来，人们用钉子钉棺盖，因而捆棺材的皮条也就弃之不用，但"三长两短"这一词语却流传至今，在现代生活中广泛使用。

"半老徐娘"说的是谁？

"徐娘半老"指尚有风韵的中年妇女。这一成语源自南朝梁元帝萧绎之妃徐昭佩的故事。徐昭佩和萧绎感情不和，曾以"半面妆"取笑萧绎的"独眼"缺陷。她还嗜酒，常常喝醉，遇元帝入房，辄吐于衣中。因而，元帝便更加冷落她。受到冷落的徐妃便红杏出墙，四处寻找情人。她先结识了风流道士智远，后又看上了朝中美男季江。徐妃当时虽已半老，但扔招引季江与之通奸，季江叹气道："柏直狗虽老犹能猎，萧溧阳马虽老犹骏，徐娘虽老犹尚多情。"萧绎为此很生气，便找借口逼其自尽。徐妃无奈，便投井而死，其风流生涯也就这样以悲剧告终。

"六亲不认"指哪六亲？

"六亲不认"这一词语形容不重天伦，不通人情世故。有时也指对谁都不讲情面的意思。

日常生活中，我们所说的"六亲"泛指亲属，但在古代，"六亲"有其特定的内容。关于"六亲"的说法不一，具有代表性的有以下三种：

第一种，据《左传》载，六亲指父子、兄弟、姑姐（父亲的姐妹）、甥舅、婚媾（妻的家属）及姻娅（夫的家属）；

第二种，据《老子》载，六亲指父子、兄弟、夫妇；

第三种，据《汉书·贾谊传》载，六亲指父、母、兄、弟、妻、子。

相对于前两种说法，后人是比较赞同

第三种说法的，因为此种说法无论是在血缘关系中，还是在姻亲关系中都是一个人最亲近的关系。

"两袖清风"的出处

"两袖清风"一词最早出现在元代。元代文学家魏初的《送杨季海》一诗中就有"交亲零落鬓如丝，两袖清风一束诗"的句子。但这一成语的出处，流传最广的说法是出自明代廉吏于谦的《入京诗》："绢帕蘑菇并线香，本资民用反为殃。清风两袖朝天去，免得闾阎话短长。"

据说于谦为官时，正值宦官王振专权之际，不少朝臣送礼巴结他，以求庇护，但于谦从来都不馈赠一物。于谦任河南巡抚时，一次奉诏入京，登程前夕，友人劝他带些金银财宝送给王振，于谦一口拒绝。友人又说，值钱的东西不送，送点线香、蘑菇、手帕之类的土特产也好。于谦坦然一笑，站起身来两袖一甩说："此次进京，如同以往一样，唯有两袖清风而已。"说罢，便吟诵了这首流传千古的《入京诗》。

"两袖清风"原意是说两袖中除清风外，别无所有。比喻做官廉洁，也比喻穷得一无所有。

"大红大紫"与官运亨通的关系

人们常用"红得发紫"一词形容某人极受信任、重视，有如日中天之意，也表示古代极受皇帝宠爱的人。红和紫本是两种颜色，之所以有如此指代意义，与中国古代服色文化及其演变密切相关。

"红"在古代称为"朱"，被视为正色，而"紫"是间色（即杂色）。在唐代以前，间色是不被人看重的，而紫色更是被视为一种惑人的邪恶色彩。但从审美角度看，紫色给人典雅华丽之感，因而被认为是"间色之好者"，并深受人们喜爱，甚至成为君主专用之服色。到了汉代，官服虽然仍为黑色，但官服上的一些饰件却以紫为贵了。及至隋唐，紫色正式进入官服的服色序列，地位甚至超过了红色。

唐宋两代规定，三品以上服紫。在唐代，三品以下五品以上服朱。由此我们可以看出，在我国古代官服颜色为红已是官高位重的标志，而官服颜色由红到紫则意味着职位的进一步提升，所以人们就用"大红大紫"来比喻官运亨通了。

"靡靡之音"与商纣王

商朝末期，纣王宠爱美女妲己，对其言听计从。妲己喜欢歌舞，纣王便令乐师创作使人精神萎靡的音乐和下流的舞蹈，在宫中朝歌暮舞，通宵达旦。从此，纣王便荒于朝政，沉溺于声色犬马之中。最后，日益衰落的商朝终于被周所灭。商纣王逃至鹿台自焚，妲己也自缢而死。

据说，武王伐纣时，乐师延抢琴东走，投濮水而死。自此，水中常有琴鼓丝竹之音传出。后卫灵公在濮上偶得此音，便命乐师涓谱写弹奏之。未及弹完，师旷厉声制止道："此为亡国之音，不可听。夜有鬼神之声，世间必有冤情。"卫灵公不听劝阻，听之任之，生活也日益腐化堕落。

这就是"靡靡之音"这一典故的由来。原指柔弱，使人精神萎靡不振的音乐。现指含低级趣味、反映腐朽颓废情调的乐曲。

"一窍不通"的典故

"一窍不通"是说心脏没有一窍是贯通的。比喻一点儿也不懂，形容人愚蠢或糊涂。这一典故说的是商纣王的故事。商朝末期，纣王宠爱妃子妲己，终日饮酒作乐，不理朝政。纣王的叔父比干是个忠臣，他由于多次劝谏纣王而招致妲己的怨恨。于是妲己便对纣王献计说："大王！如果比干真的是一个忠臣的话，你为什么不叫他把自己胸膛剖开，把他的心肝拿出来献给您呢？"纣王听了妲己的话，就立刻下令赐比干剖胸而死。

后来，此事被记在《吕氏春秋》一书中。孔子听说了这件事，便感叹说："如果纣王的心通了一窍，就不会做出如此糊涂之事了！"这就是"一窍不通"典故的由来。

"冒天下之大不韪"的出处

"冒天下之大不韪"意思是干天下人都认为不对的事。比喻不顾舆论的谴责而去干坏事。这一成语源自春秋时的一场战争。公元前712年，同为周宗室姬姓的郑国与息国之间产生矛盾，实力弱小的息国因一时之愤竟派兵攻打强大的郑国，结果大败而归。公元前682年，息国被楚国所灭。

对这次战事，《左传》评价说息国犯了"五不韪"，所以要失败。"五不韪"即不度德、不量力、不亲亲、不征词、不察有罪。不度德，是指不估计自己的威德是否比对方高，不权衡自己是否按德的标准来处理邦交事务；不量力，是指不衡量自己的力量是否比对方的强；不亲亲，指的是两国国君出于同姓，本是亲属而不亲爱；不征词，指的是对双方争执的言辞不分析是非曲直；不察有罪，指的是认识不到自己的错误。

"江郎才尽"说的是谁？

江郎，指南北朝时期的文学家江淹。他年轻的时候才思敏捷，能诗善画，是一位鼎鼎有名的文学家。可是随着年龄的增长，他的文章非但没有进步，而且退步不少。

针对这个现象，还有个传说加以解释：据说，有一天，江淹在凉亭里睡觉，做了一个梦。梦中有一个叫郭璞的人对他说："我有一支笔放在你那里已经很多年了，现在应该还给我了吧。"江淹摸了摸怀里，果然掏出一支五色笔来，于是他就把笔还给郭璞。从此以后，江淹就再也写不出美妙的文章了。为此，人们都说江郎的才华已经用尽了。

这就是"江郎才尽"的典故，原指江淹少有文名，晚年诗文无佳句。后比喻文思日渐衰竭，本领渐尽。

"信口"与"雌黄"

"信口雌黄"比喻随口乱讲、妄发议论、掩盖事实真相，是个贬义词。"信口"即随口，形容出言不假思索。"雌黄"原本是一种矿物，其晶体多呈柠檬黄色，可用来制成颜料或做褪色剂。

古人写字多用黄颜色的纸，在抄书或校书时一旦遇到有错字误书处，往往要用雌黄将错误处涂掉，然后改写。后来，人们就把用雌黄涂改、修正错误字句的动作称为"雌黄"，并将其义引申为评论和修改别人的诗文这一行为。

西晋时期，人们开始把"信口"与"雌黄"联系在一起。《晋书·王衍传》载，王衍喜老庄之学，常在人前夸夸其谈。但他的玄妙空虚理论常常前后矛盾、漏洞百出。当别人提出疑问或指出错误时，他却毫不在乎，往往不假思索地随口更改，然后又神情自若、滔滔不绝地讲下去。于是人们就把他的这种行为称为"口中雌黄"。这就是"信口雌黄"典故的由来。

"望洋兴叹"和"贻笑大方"的典故

"望洋兴叹"原指在伟大事物面前感叹自己的渺小。现多比喻做事时因力不胜任或没有条件而感到无可奈何。"贻笑大方"是指被内行人笑话，含被动语义。

这两个成语典故，源自同一个故事。据《庄子·秋水》载，秋日里，山洪按时令而至。于是，大川小流的水都汇入了黄河。河神觉得河面波涛汹涌的样子很是壮观，于是欣喜异常，认为天下一切美好的事物都聚集在他这里了。河神在得意洋洋中顺流而下，一直来到了北海边。面对茫茫大海，河神第一次感到了自己的微不足道，于是便面对海神仰首慨叹道："世间有这样的说法，'听到了上百条道理，便认为天下再没有谁能比得上自己的'，说的就是我这样的人了。我还曾听说过孔丘懂得的东西太少、伯夷的高义不值得看重的话语，开始我不敢相信；如今我亲眼看到了海神你这样的浩瀚无边，我才相信他们说的是真话。我要不来你这里，可就危险了，将来必会因自己的自以为是而被真正的大家所笑话了"。

这就是"望洋兴叹"和"贻笑大方"典故的由来。

"韦编三绝"的典故

"韦编三绝"是孔子勤读《易》书的一则典故。据《史记·孔子世家》载，孔子晚年，对《周易》产生了极大的兴趣。《周易》分《经》和《传》两部分，由当时不多见的文字写成，语言晦涩难懂，读起来很是费力。但孔子不辞劳苦，下决心将之读通弄懂。为了研究这部书，孔子不知将其翻阅了多少遍，以至于把串连竹简的牛皮带子也磨断了几次，不得不多次换上新的再次使用。即使如此，孔子还谦虚地说："假如让我多活几年，我就可以完全掌握《易》的文与质了。"这就是"韦编三绝"的来历。韦，就是熟牛皮。古代用竹片写书，再用皮条编缀成册。三，指多次。绝，断。原意说孔子勤读《易》书，致使编缀的皮条多次断开。后用来比喻勤奋读书。

"望门投止"的典故

据《后汉书·张俭传》载，张俭曾出任山阳东部督邮（官名，代表太守督察县乡，宣达教令，兼司狱讼捕亡等事）一职。当时，有一个专权的宦官侯览是山阳防东人，其家人依仗侯览的权势在防东横行霸道，欺压百姓。为此，张俭写信告发了侯览及其家人，但这封信没到皇帝手中就被侯览扣下了。于是，侯览便视张俭为仇敌。事后，侯览指使人向朝廷告密，说张俭私结党羽，图谋不轨。官府立即下令逮捕张俭。张俭见官府捉拿自己，便匆匆逃亡，看到谁家可以避难，就投在人家门下。当地老百姓知道张俭为人正直，便都愿意冒险收留他。

这就是"望门投止"的典故，原意指在窘迫中见有人家就去投宿。比喻情况急迫，来不及选择存身的地方。

"尾生之信"，凄美的故事

《史记·苏秦列传》和《庄子·盗跖》中，都讲了"尾生抱柱"的故事：春秋时期，有一个叫尾生的青年，与他心仪的姑娘相约于桥下会面，但姑娘因故未能赴约。后来天降大雨，河中涨起了洪水，而他仍恪守信约，坚持不走，抱着桥中石柱，直至溺死。水退后，姑娘匆匆赶来，见此情景悲痛不已，也殉情而死。

据《西安府志》记载，这座桥就在陕西蓝田县的兰峪水上，叫作"蓝桥"。从此之后，人们把相爱的男女一方失约，而另一方殉情叫作"魂断蓝桥"。《国策·燕策》曾写道："信如尾生，廉如伯夷，孝如曾参，三者天下之高行也。"赞颂了其坚守信约的精神。"尾生之信"比喻诚实守信，也有只知道守约，而不懂得权衡利害关系之意。

"三人成虎"的典故

战国时期，各国互相攻伐，为了使大家遵守信约，通常的做法就是将太子交给对方作人质。

魏国大臣庞葱，将要陪魏太子到赵国去作人质，临行前对魏王说："如果有人说街市上出现了老虎，大王您相信吗？"魏王说："我不相信。"庞葱又问："如果第二个人也说街市上出现了老虎，大王您相信吗？"魏王道："我有些将信将疑了。"庞葱又说："如果第三个人也这样说，大王相信吗？"魏王道："我当然会相信。"庞葱就说："街市上不会有老虎，这是显而易见的，可是经过三个人一说，好像就真的有了老虎了。现在赵国国都远离魏国国都，议论我的人会很多。希望大王明察才好。"魏王道："一切我自己知道。"等到庞葱陪太子回国后，魏王果真不信任他了。

这就是"三人成虎"的典故。后来这一成语用来比喻有时谣言可以掩盖真相。但是，在实际运用中，不少人把它误解为"团结起来力量大"，这是要不得的。

"明镜高悬"的由来

"明镜高悬"比喻官员执法严明，判案公正。也比喻目光敏锐，见多识广，能明察秋毫。

"明镜高悬"这一典故源自《西京杂记》。据说，秦始皇得到了一面宽四尺，高五尺九寸的铜镜。此镜能照见人的五脏六腑，并能照出人心中的邪念。因为此镜出于秦地，故被称为"秦镜"。秦始皇得到这面宝镜后，常用它来照宫中人，一旦发现了谁心存邪念，就严厉惩处。后来，许多当官的人为了标榜自己的清正廉明，便在公堂之上挂起"秦镜高悬"的匾额。后来"秦镜"被改为"明镜"，"秦镜高悬"便演变为"明镜高悬"了。

"小时了了"的典故

孔融是孔子的第二十世孙。他幼时聪慧，擅长辞令。十岁时，他随父亲到洛阳。时任司隶校尉的李元礼名气很大。到他家去的人，除了他的亲戚，就是那些才智出众、有清高声誉的人。如果不是这些人造访，守门人是不予通报的。孔融很想拜见李元礼，便来到他家门前，对守门人说："我是李府君的亲戚。"守门人通报后就让他进去了。李元礼问："您和我有什么亲戚关系？"孔融答道："我的祖先孔子曾经拜您的祖先老子为师，所以我和您是世代友好往来的亲戚关系。"李元礼及其宾客对他的话感到很惊奇！太中大夫陈韪后来才到，别人把孔融说的话转给他听。陈韪道："小时候聪明，长大了未必有才华。"孔融反驳道："我想您小的时候一定很聪明了！"陈韪听了非常窘迫。这便是"小时了了，大未必佳"的典故，指人不能因少年时聪明而断定他日后定有作为。

"雪中送炭"的典故

"雪中送炭"意思是在下雪天给人送炭取暖。比喻在别人急需帮助时给予物质上或精神上的帮助。

历史上，宋太宗赵炅是"雪中送炭"第一人。据《宋史》载，淳化四年，为表现京城的祥和气氛和自己的仁君形象，宋太宗在二月壬戌这天下令"赐京城高年帛，百岁者一人加赐涂金带"。恰巧这天雨雪交加，天气异常寒冷，因此，宋太宗立即宣布，派遣"中使"再赐京城"孤老贫穷人千钱米炭"。在这样寒冷的天气中，孤寡老人有了米炭，就等于有了生活的希望。于是从宋太宗开始，"雪中送炭"的故事便流传开来，这便是这一典故的由来。

"九霄云外"有多高？

在中国词语中，凡形容极高、极大、极广、极远的事物，几乎都是用"九"来形容的。例如，比喻天很高，便称"九天""九霄""九重天"；地很大，便称"九州""九垓"，等等。

传说，天有九霄，即神霄、青霄、碧霄、丹霄、景霄、玉霄、琅霄、紫霄、太霄。九霄之中，以神霄最高。"九霄云外"指在九重天的外面。比喻无限高远的地方或远得无影无踪。

"一发"能系"千钧"吗？

《汉书·枚乘传》中有"夫以一缕之任，系千钧之重，上悬无极之高，下垂不测之渊，虽甚愚之人，犹知哀其将绝也"的句子。唐代文学家韩愈在《与孟尚书书》中用"其危如一发引千钧"来比喻唐宪宗信奉佛教，不守儒道的危机局面。这两个例子都是用"千钧一发"的比喻意义而非字面意思。

钧是我国古代的重量单位，三十斤为一钧，千钧即三万斤。因此，一根头发是无论如何也不能系起千钧重物的。人们用"千钧"是表达器物之重或力量之大的意思，"千钧一发"是比喻情况万分危急或异常要紧的形象之说。

"图穷匕见"的典故

"图穷匕见"是说图到尽头的时候露出了里面的匕首。比喻事情发展到最后，真相或本意显露了出来。这一典故说的是荆轲刺秦王的故事。

战国末期，秦国实力强盛，灭掉韩、赵两国后，又向燕国进军。为了扭转局势，燕太子丹决定派荆轲去行刺秦王。为了接近秦王，荆轲带了两样东西：一是从秦国叛逃到燕国的将领樊於期的头颅；二是燕国督亢地区的地图，里面藏有锋利的匕首，以备行刺之用。

荆轲见到秦王，将樊於期的首级和地图一并呈上。秦王见到仇人的头颅，又听说燕国欲献大片土地，便命荆轲打开地图指给他看。当地图全部展开时，露出了藏在里面的匕首。荆轲乘机抓起匕首刺向秦王，但行刺未中，荆轲最后被护驾的卫兵杀死。

"弹冠相庆"的典故

"弹冠相庆"原指弹去帽子上的灰尘，准备做官。后比喻一个人做了官，同伙就互相庆贺将有官可做，多用于贬义。也指坏人得意的样子。

西汉时期，有一个叫王吉的官员，字子阳，故称其为王阳。王阳有一位叫贡禹的朋友，二人既是同乡，也是至交。他们常一起为官，一起谢归。王阳做谏官时，因谏言中肯而深受皇帝喜欢。汉元帝时，王吉又被召去当谏议大夫，贡禹听到这个消息后很高兴，就把自己的官帽取出，弹去灰尘，准备戴用。果然没多久贡禹也被任命为谏议大夫，于是就有了"王阳在位，贡公弹冠"的典故。

"芒刺在背"的出处

"芒刺在背"是说像有细刺扎在背上一样。形容内心惶恐，坐立不安。据《汉书·霍光传》载，汉武帝死后，他的小儿子刘弗陵即位。按照武帝遗诏，由大将军霍光、御史大夫桑弘羊等人辅政，掌握朝中军政大权。弗陵早逝，因没有子嗣，霍光便把武帝的孙子刘贺立为皇帝。后来，霍光发现刘贺生活放荡不羁，就将其废掉，改立武帝的曾孙刘询为帝。

刘询即位后第一件事便是去谒见祖庙，霍光则坐在马车一侧陪侍。刘询惧怕霍光的权势，又见其身材高大，面容严峻，顿时内心惶恐不安，感觉就像有芒刺在背上那样难受。

这就是"芒刺在背"典故的由来。

"袒腹晒书"的典故

"袒腹晒书"这一典故说的是郝隆的故事。据《世说新语·排调》载，西晋时期，大司马桓温手下的参军郝隆饱学多才，但没有得到重用。于是他辞去参军的职务回故乡隐居。每年的七月初七当地有晒衣服的风俗，郝隆见富裕人家暴晒绫罗绸缎，就仰卧太阳下，露出腹部。有人问他："你这是干什么呢？"郝隆答道："我晒我腹中之书"。

这就是"袒腹晒书"典故的由来。现在，人们多用这一词语比喻人腹中装书，很有学问。

"洗耳恭听"的由来

"洗耳恭听"是恭恭敬敬地听别人讲话，是请人讲话时的客气话。据《巢县志》载：尧在位时，想把帝位让给许由。许由虽有旷世之才，却无意涉足政治。

当他听说尧欲将帝位禅让给他时，便避而不见，四处云游。一日，他在水池边遇见饮牛的巢父，就将此事诉与之听，巢父批评他"浮游于世，贪求圣名"，既然不想做官就应该躲进山林，这样四处躲避只是为了贪求自己的好名声罢了。许由听后自惭不已，立即用池中清水洗耳、拭双目，表示愿听从巢父忠告。

人们为颂扬许由知错就改的美德，遂将那个池子取名为"洗耳池"，成语"洗耳恭听"的典故也由此产生。

"梦笔生花"是谁的梦？

"梦笔生花"这一成语比喻写作能力大有进步，也可用来形容文章写得很出色。关于这一成语典故，有两种不同的版本：

一种说法是，"梦笔生花"说的是江淹的故事。据说，朝廷幕僚江淹因故被贬到吴兴县当县令。一天晚上，他夜宿城西孤山，睡梦中，见神人授他一支五彩神笔，自此文思泉涌，名声大振。晚年的时候，他又梦见一个自称郭璞的人对他说："我有一支五色彩笔留在你这里多年了，请归还给我吧！"江淹就从怀中取出神笔，还给了那人。此后，他写的文章就文思逐渐衰竭，日渐失色。

另一种说法是，"梦笔生花"说的是诗仙李白的故事。据《开元天宝遗事·梦笔头生花》载，"李太白少时，梦所用之笔头上生花，后天才赡逸，名闻天下"。

"成规"为何要"墨守"？

在诸子百家中，墨家主张"兼爱、非攻"。这一主张，使得墨家子弟将防守技术推向了极致。有一次，楚国要攻打宋国。公输盘为此特意设计了一种攻城用的云梯。墨子听到这一消息后，急忙赶到楚国去劝阻。他用自己高超的防守技术打败了公输盘，令楚王打消了攻打宋国的企图。因墨子善守，墨家的防守技术也被世人广为推崇。这就是"墨守"的来历。

"成规"是说墨家内部等级和制度森严。对于规定，墨家子弟要严格遵守，不能逾越，否则便会被驱逐出门。此外，墨者必须绝对服从命令。

"墨守"和"成规"本是墨家两大特点。但在后来演变中"守"已不指守城，而多指守旧。"墨守成规"也用来做思想保守，守着老规矩不肯改变的贬义词了。

"人浮于事"原本是好事

"人浮于事"原为"人浮于食"，指人的才德高过所得俸禄的等级。现指工作中人员过多或人多事少。《礼记·坊记》中有"君子辞贵不辞贱，辞富不辞贫，则乱

益亡。故君子与其使食浮于人也，宁使人浮于食"的句子。古代以粮食的石数计算俸禄，所以称之为"食"。"浮"指超过。这句话的意思是说，俸禄和职位超过了自己的能力和奉献，就无异于贪污；自己的能力和贡献超过了俸禄和职位，就可称得上廉洁。因此，古时候的君子宁肯让自己能力超过俸禄，也不愿俸禄超过自己的贡献和能力。这就是"人浮于食"的由来。后来，"人浮于食"变成了"人浮于事"，意思也随之改变，现一般用来比喻人员配置过多，或者岗位职责不明晰，工作效率低下的病态组织机构。

"臭味相投"原非贬义

"臭味相投"原指脾气、爱好等各方面一致，现指有坏思想，坏作风的人在志趣、习惯等各方面都相同，彼此合得来，用于贬义。但从词源上看，这一词并不单指坏的。

"臭"在古代还读为"xiù"，意思是"气味的总称"。在《易·系词上》有"同心之言，其臭如兰"之语，在这里"臭"指香气。"臭味"一词语出《左传·襄公八年》："今譬于草木，寡君在君，君之臭味也"，在这里"臭味"指同类，绝无贬责之意。《史记·六家》中有"至两汉以还，则全录当时《纪》《传》，而上下通达，臭味相投"的句子，在这里"臭味"指的是同类的文史典籍，与污秽无关。

因为"臭"在现代的意思有了变化，所以"臭味相投"的意思也就随之改变。在古代，需要根据语境判断"臭味相投"所含褒贬之义，现在这一词语只含贬义，需谨慎使用。

"天之骄子"原指匈奴

"天子骄子"原意是老天爷的宠儿，指条件极其优越，特别幸运的人，也指非常勇敢或有特殊贡献的人。

据《汉书·匈奴传》载，公元前90年，匈奴入侵，占领五原、酒泉等地。汉武帝派大将李广利等率军反击匈奴，不料出师不利，李广利战败被俘。获胜的匈奴单于给汉武帝写了一封信，信中说："南有大汉，北有强胡。胡者，天之骄子也！"

匈奴人自称"天之骄子"意思是匈奴为天所骄宠，故极其强盛。鉴于匈奴的强大，汉武帝只好采取和谈的方式才平息事端。这就是"天之骄子"一词的由来。

"炙手可热"的本义

"炙手可热"原意指手摸上去感觉很烫，使人接近不得。常用来比喻一些人权势大，气焰盛，使人不敢接近。这一成语，源于这样一个故事：

唐玄宗李隆基年轻时候很有作为，但后来却纵情声色，贪图享受，致使政治日益腐败，民不聊生。公元745年，他封杨玉环为贵妃，杨氏一家也因此鸡犬升天，贵不可言。李林甫死后，唐玄宗任用杨国忠为相，将朝廷大事交由杨国忠全权处理。一时间，杨家兄妹权倾朝野，把整个朝廷搞得乌烟瘴气。

一次，杨贵妃等人到江边野宴，其阵容浩荡，轰动一时。诗人杜甫对此极其愤慨，便写下了《丽人行》一诗，诗中"炙手可热势绝伦，慎莫近前丞相嗔"两句，大胆揭露讽刺了杨家兄妹生活的奢侈和权势的显赫。

这就是"炙手可热"典故的由来，多有嚣张跋扈之意。现媒体常用之形容一切"受欢迎"的事物，其实是对其本义的误用。

"梅开二度"的出处

"梅开二度"来自传统戏曲剧目《二度梅》，而此戏曲乃取材于同名故事的古典小说。《二度梅》主人公梅良玉父亲被奸臣陷害，他侥幸被人救出并送到其父好友陈日升家中寄居。陈视梅良玉如同己出，常带他在花园的梅树边拜祭故友。梅良玉也不辜负陈日升的厚爱，发誓要苦读诗书，决心考取功名，出人头地，将来好为父亲报仇。一日，盛开的梅花被夜晚的风雨吹打得凋谢了。陈日升带梅良玉诚恳地再拜，祈求让梅花重开。诚心感动天地，结果真的满园芬芳，梅开二度！这是个吉兆，梅良玉最终学成进京，中了状元，还和陈日升的女儿结为夫妻。

如此可见，"梅开二度"原本表达的意思是好事再现，并没有不健康的义项，更没有"男女再度欢好"的意思。

"平易近人"有演变

"平易近人"原写作"平易近民"，指政令平和易行，百姓归附的意思。据《史记·周公世家》载：西周初，周公的儿子伯禽封于鲁，姜子牙封于齐，周公仍在朝辅佐王室。三年后，伯禽入朝汇报政务，周公说："为什么来得这么晚？"伯禽说："变革礼俗，三年后方能见效，因此来晚了。"姜子牙到齐地后，五个月就来汇报政务，周公说："为什么来得这么快？"姜子牙说："我简化了君臣礼仪，一切按照当地风俗去做，所以这样快。周公听了叹道："鲁国后世必会臣服于齐国。政治如果不简要平易，民众就不愿接近。平易近民，民众才会归附。"这就是"平易近民"典故的由来。

到了唐朝，为避唐太宗李世民讳，凡言"民"处皆改为"人"，"平易近民"就改为了"平易近人"，这样一改，意思也变为态度平和，容易使人接近的意思了。这一词语也指文字浅显，容易理解。

"青鸟传书"的典故

据《山海经》记载：青鸟乃力大健飞之猛禽，共三只。它们是西王母的随从和使者，不但为西王母觅取食物，还能飞越千山万水为其传递信息。每次西王母驾临之前，总有青鸟先来传书报信。据说有一年的七月七日，汉武帝在承华殿前斋戒，看到一只青色的鸟儿从西方飞来，停在承华殿上。汉武帝见此甚为惊奇，便向东方朔询问缘由。东方朔告诉他这只鸟叫青鸟，是西王母的使者，现在专门为报信而来，西王母很快就要来了。不久，西王母果真到此，应验了东方朔的推断。

此后，人们就用"青鸟"代指使者或传递书信的人，用"青鸟传书"指代信件往来。

"五福临门"是哪五福？

"五福"一词，源于《尚书·洪范》，指的是：一福长寿、二福富贵、三福康宁、四福好德、五福善终。长寿是命不夭折且福寿绵长；富贵是钱财富足且地位尊贵；康宁是身体健康且心灵安宁；好德是生性仁善且宽厚宁静；善终是寿终正寝，去世前没遭横祸，身体没有病痛，心里没有牵挂和烦恼，安详而且自在地离开人间。

五福当中，最重要的是第四福——"好德"。德是福的原因和根本，福是德的结果和表现。"好德"才能够布施行善，才能广积善缘，才可以培植其他四福不断增长。五福临门，才能成就美好人生。因此人们常常用"五福临门"表达美好的祝愿。

"浑沦吞枣"的由来

"浑沦吞枣"又写作"鹘仑吞枣"，今天我们常用"囫囵吞枣"一词代替二者。浑沦、鹘仑、囫囵，读音相近，意思相通，都是"整个儿"的意思。"浑沦吞枣"是说把枣整个咽下去，多指在学习上食而不化，不加分析思考地笼统接受。

这一成语源于这样一个故事：古时候，有一个人买了一堆水果，便坐在路口大吃起来。这时候有个过路的医生看见了，便对他说："梨不能多吃！这东西对人的牙齿虽有好处，但吃多了会伤脾胃。"这人就问："那么，红枣呢？"医生回答道："红枣倒是补脾，可惜又伤牙齿，也不宜多吃。"这个人左右为难，不知该怎么才好。想了一会，他自言自语道："这样吧，我吃梨只用牙齿嚼，不吞到肚子里去，吃红枣不用牙齿嚼，整个儿吞下去。"这便是"浑沦吞枣"的由来。

"归遗细君"，善辩的东方朔

西汉时期，汉武帝杀了几头牲口准备分给群臣吃。还未等汉武帝开口赏赐，东方朔就亲自拔剑割了一块肉回家。汉武帝不悦，令其自责。东方朔开口说道："受皇帝恩赐而不等圣上开口赏赐就割肉是很无礼的表现，但是拔剑割肉，显得我多有魄力啊；肉虽然是我自己割的，但只割了一小块，显得我多廉洁啊；把肉拿回家留给妻子吃，显得我是多么仁爱啊！”汉武帝听后笑着说："令君自责，乃更自誉。"这就是"归遗细君"的典故，东方朔凭借自己的能言善辩令汉武帝转怒为笑，显示了其"性诙谐，善词赋"的个性特点。后人用"归遗细君"形容夫妻情深。

名士王猛"扪虱而谈"

晋代名士王猛，年少时家贫，但是喜欢读书，尤其喜好兵书。王猛才能卓越，胸怀大志，不屑于琐碎事务，人们都轻视他，但王猛却悠然自得，隐居于华阴。

公元325年，桓温北伐入关，王猛便披着粗布衣服去拜访他，边摸着虱子边谈论国家大事，旁若无人。这便是"扪虱而谈"的由来。原意是一面捉着虱子，一面谈话。形容谈吐从容，无所畏惧。王猛这种狂放不羁的行为与魏晋南北朝时期"士风"有很大关系。当时士人，颇有个性，或隐逸、或狂放，性格不一而足。

虢国夫人"素面朝天"

据《杨太真外传》中记载：杨贵妃得宠于唐玄宗，杨氏一家也因此受官封爵，贵不可言，其大姐被封为韩国夫人，三姐被封为虢国夫人，八姐被封为秦国夫人。

三夫人并承恩泽，出入宫掖，势倾朝野，公主以下皆持礼相待。杨氏姐妹中，属虢国夫人最为貌美、自信。她自恃长相出众，常常不施脂粉，便直接去朝见天子。针对这一现象，唐朝诗人张祜在《集灵台》一诗中给予了形象的描述：

虢国夫人承主恩，平明骑马入宫门。

却嫌脂粉污颜色，淡扫蛾眉朝至尊。

这就是"素面朝天"这一成语的由来。"素面朝天"原意指妇女不施脂粉，入朝觐见天子。现在多指女人既美貌又自信，不需要化妆就敢出头露面，带有"清水出芙蓉，天然去雕饰"的意味。

冯小怜"玉体横陈"

玉体横陈指漂亮的女人身体横卧着。这一成语源自北齐后主高纬之妃冯小怜的故事。冯小怜原是北齐皇后穆黄花的侍女，有姿色，擅琵琶，工歌舞。穆皇后失宠后，后主临幸冯氏，晋封淑妃，从此获得专宠，旋封为左皇后。冯氏坐则与后主同席，出则与后主并驾齐驱。在与大臣商议国事的时候，高纬也让小怜腻在自己怀里或把她放在膝上，此举令大臣们分外尴尬。更为荒唐的是：高纬认为像小怜这样的美人，如果自己一个人独享，未免暴殄天物。于是他让小怜不穿衣服、躺在隆基堂上，以千金一观的票价，让大臣们来欣赏冯氏的曼妙身材。

这就是"玉体横陈"典故的由来。后来北齐被北周所灭，高纬终因自己的荒淫无度而成了亡国之君。

"曾子杀人"谣言四起

《战国策》中记载了这样一段故事：孔子的弟子曾子拜别老母，离开家乡，到费国去。其间，费国有个和曾子同姓同名的人杀了人。于是，就有人给曾母报信说："曾子杀人了！"当时曾母正在织布，听到这一消息，头也不抬地说："我儿不会杀人。"说完继续织布。过了一会，又有人来说："曾子杀人了！"曾母依旧不理睬，继续织她的布。过了不久又跑来一个人，告诉曾母说："曾子杀人了！"听到第三个人的报告，曾母害怕了，立即丢下手中的梭子，越墙逃走了。

后来，人们用"曾子杀人"比喻谣言的危害。谣言四起，小则混淆视听，毁人名誉；大则影响一方安定，破坏社会和谐。日常生活中，我们要以实践为标准衡量认识的正确与否，决不能单凭自己的主观想象或别人的意见就妄下论断。

"招摇过市"的本义

"招摇"最初是北斗第七颗星的名字，后用来代指北斗。古人将北斗七星画于旗帜之上，称为"招摇"。除招摇旗外，军队还有朱雀旗、玄武旗、青龙旗、白虎旗，分别代表南、北、东、西四个方向，用以确定布阵和行军的方向。据《礼记》载：行军之时，前朱雀后玄武，左青龙右白虎，招摇在上。可见，"招摇"旗地位高于其他四旗，是行军的重要参照物。于是"招摇"一词就成了一种宏大场面的象征。在后来的词义演变中，这一词成了贬义词。《史记·孔子世家》载："灵公与夫人同车，宦者雍渠参乘，出，使孔子为次乘，招摇市过之。"招摇，即张扬炫耀；市，即闹市，指人多的地方。后人用"招摇过市"指在公开场合大摇大摆显示声势，引人注意。

"著作等身"的由来

"著作等身"形容著述极多，叠起来能跟作者的身高相等。这一词语是由"等身书"一词演化而来。据《宋史·贾黄中传》载：北宋初期，有个叫贾黄中的人，自幼聪明好学。五岁时，父亲就让他每天读很多的书。他每天读的书，等同于他的身高，这就是"等身书"的由来。"等身书"后来演化为"著作等身"，用以比喻人著作颇丰，如清朝的钱泳在《履园丛话·兰泉司寇》中就有"谦恭下士，著作等身"的词语。

"众志成城"的由来

"众志成城"意思是说万众一心，像坚固的城墙一样不可摧毁。比喻团结一致，力量无比强大。这一成语源自民间谚语，最早出现于《国语·周语下》。据载，周景王在位期间，为了个人利益，准备做两件大事，即铸造大钱和大钟。

面对这两大劳民伤财之事，司乐大夫伶州鸠引用谚语"众心成城，众口铄金"来劝说景王。他说："老百姓共同喜欢的东西，很少有不能实现的；而他们共同厌恶的东西，也很少有不废灭的。编钟的声音强调和谐，如果百姓怨恨，就没有和谐的音律了。"但是景王不听他的劝解，一意孤行。三年间，既铸了大钱，也造了大钟。结果是，景王在第二年就死于心疾，周王朝也随即爆发了长达五年之久的内乱。

这就是"众心成城"的由来。后来"众心成城"多写作"众志成城"，于是"众志成城"就成了现代汉语的规范用法。

容易误用混淆的成语

"白云苍狗"不是"白驹过隙"

古人说得好，时间就好像白云苍狗，转瞬即逝。虚度年华，老来后悔莫及啊。

许多人把"白云苍狗"混同于"白驹过隙"，导致该词的误用，上文即是如此。

"白云苍狗"原作"白衣苍狗"，出自杜甫《可叹》一诗："天上浮云似白衣，斯须改变如苍狗。"天上的浮云像白色的衣裳，顷刻之间又变成了苍狗，比喻世事变幻无常。如自从先严弃养，接着便是戊戌政变。到现在换了多少花样，真所谓白云苍狗了。

"白云苍狗"与时间急遽流逝是没有关系的，病句应换作"白驹过隙"。

总被混淆的"不孚众望""不负众望"

"不孚众望"与"不负众望"一字之差，意思迥然相反，常常被人们混淆。注意辨析，以免误用。看下面病例：

在十四届亚运会女子100米蛙泳比赛中，名将罗雪娟不孚众望，以1分06秒84的成绩刷新了亚洲纪录，并且为中国队再添一金。

不孚众望：孚，信服；不为大家所信服。不负众望：负，辜负、对不起；没有让大家失望。与它词义相近的是"深孚众望"。罗雪娟在蛙泳赛中刷新纪录，为中国队再夺一金，说明她没有令大家失望，怎么能说"不被大家信服"呢？例句应改为"名将罗雪娟不负众望"。

词义总被搞反的"不刊之论"

该文立意浅陋、语句不通、章法混乱，根本就是不刊之论，总编看了啼笑皆非，直接扔在了一边。

"不刊之论"这一成语常常被误解为"不能予以刊登的文章"，引句即属此例。错误的根源在于不理解其中"刊"字的含义，结果可谓失之毫厘，谬以千里。

原来，这里的"刊"非"刊登"，而是"削除、删改"的意思。古人把字写在竹简上，有错误的话只能削去。后来便用"不刊之论"比喻正确的、不能改动或不可磨灭的言论，也用来形容文章布局用字精当、无懈可击。若将"不刊"理解成"不能刊登"，意思便完全相反了。病句可改为"根本无法予以刊登"。

怎能"整天""不学无术"

真正一流的hacker并非整天不学无术，而是会热衷追求某种特殊嗜好，比如研究电话、铁道（模型或者真的）、科幻小说，无线电，或者是计算机。也因此后来才有所谓的computer hacker出现，意指计算机高手。

句中"整天不学无术"的说法不对，"不学无术"实际上是一个联合式词组，而非因果关系的动宾短语，因此该成语之前不能用"整天"来修饰。

不学无术：学，学问；术，技术、本领；没有学问，没有本领。从成语的释义中我们可以看出，"不学"与"无术"词义相近，属于联合关系。如果把这里的"学"理解成"学习"，把"不学无术"理解成"不学习技术"，那就大大偏离了成语的正确含义。所以说，在"不学无术"前加上"整天""整年""经常"之类的词语都是不正确的。

例句可以改成"真正一流的 hacker 并非不学无术"或"真正一流的 hacker 并非整天无所事事"。

屡屡被人误解的"不瘟不火"

与往年相比，今年"金九银十"的含金量似乎有所下降，九月车市整体温和增长，十月的表现也不瘟不火。

文中用"不瘟不火"来表示销售情况不够火爆，完全不理解该成语的含义。

"不瘟不火"指的是戏曲表演既不沉闷乏味，也不急促，一般用来夸赞演员的演技高超，能够将角色把握得恰如其分。病句可以改成"十月的表现也比较平淡"。

"不瘟不火"的"瘟"特指戏剧表演沉闷乏味，不能想当然地写成"不温不火"。"火"在这里的意思是急促，不能理解成"不发火"，比如"面对流言，他不瘟不火。"同样是望文生义。

"不知所云"，原因何在

陈晨因病休学大半年，第一天回到学校听英语老师讲课时，竟然完全不知所云，看来真的是落了太多的功课，只能重修一年了。

句中的"不知所云"望文生义，如果学生真的听课不知所云，那应该是老师讲得不好，而不是学生的理解能力存在问题。

"不知所云"原是诸葛亮《出师表》中的一句话："临表涕泣，不知所云。"不知所云：不知道说的是什么。形容语言紊乱或空洞。它指的是"说话人或写作者的表达有问题"，但常常被误解为"听者没有理解"。例句可以说成"听英语老师讲课时，完全是云里雾里，一点儿也听不懂。"

把"不知所云"当作"耳旁风"来用也是不正确的。来看这样一个句子："小家伙特别顽劣，听妈妈训话从来都是不知所云，左耳进，右耳出。"

"不足为训"，无关教训

你不要总是耿耿于怀，毕竟只是一个小错误，不足为训。大家依然对你充满期待。

"不足为训"乍一看好像是"不足以成为教训"的意思，其实不然。

误解该成语的关键是不理解"训"的含义。"训"除了常用的"教导、训诫"外，还有两个释义。一是"词义解释"（训诂）；二是"准则、典范"。"不足为训"中的"训"即解释为"法则、典范"，这个成语的意思是：不值得作为效法的准则或榜样。如"一些学生进入高三后便给自己强加压力，每天埋头苦读十四五个小时，精神可嘉，不过这种做法不足为训。"

"不足为训"的近义词是"不足为法"，均含贬义，表否定。

"不以为然""不以为意"差别大

因为"不以为然"与"不以为意"一字之差，所以经常被人混淆误用。其实，这两个词的意思相去甚远，现结合病例进行辨析。

中韩不满参拜神社，日相小泉不以为然。

句中"不以为然"应为"不以为意"之误。"不以为然"意思是不认为是对的，表示不同意（多含轻视意）。而"不以为意"则指不把它放在心上，表示不重视，不认真对待。"不以为然"侧重于"不同意"；"不以为意"侧重于"不关心""不重视"。可见例句应改为"日相小泉不以为意。"

"不可收拾"与"一发而不可收"

在阅读中，经常见到有人在"一发而不可收"这句惯用语后加一"拾"字，把它与"不可收拾"混淆，变褒为贬，造成严重语病。看下文：

《人生若只如初见》之后，安意如便一发而不可收拾，一年左右的时间相继出版了《当时只道是寻常》《思无邪》《陌上花开缓缓归》《惜春记》四本书，本本畅销。

"不可收拾"是指事情严重到无法挽回，不可救药的地步。而"一发而不可收"则指行为不受控制或无法停住，形容对发生的气势难以控制。

例句的意思很显然，说的是畅销书作家安意如自从《人生若只如出见》大卖后，便不可抑止，短短一年写出多本畅销书来。显然，应改为"安意如便一发而不可收。"

"侧目而视"为哪般

某报纸登的一篇文章中有这么一句话：

阳春三月，杭州西湖迎来了越来越多的游客，一位年逾花甲的杭州老人在西子湖畔展示"真功夫"，引来行人侧目而视。

在文字的旁边还配有图片，上面是一位老者在练功，过路行人侧过脸观看。

老人的"真功夫"吸引了众人的目光，使得人们的视线不约而同地发生了转移，这说明老人的"功夫"算得上"绝活儿"，使路人称奇。然而文中却用了"侧目而视"一词，以形容行人观看的神态，显然是不合适的。

"侧目而视"的意思是不敢从正面看，斜着眼睛看，形容畏惧而又愤怒的神色。文中说的是行人侧脸观看老人练功，年逾花甲的老人专心致志地在一旁练功，怎能让一旁观看的路人产生畏惧感呢？而"愤怒"之色更是无从谈起。因此，"侧目而视"一词用在此处是不当的。

"侧目而视"是不敢正视，只是斜着眼睛看。但是，许多人不解此义，仅按字面意思把"侧目而视"误解为侧过脸去看，导致该词被严重误用。

"曾几何时"是何时

曾几何时喝酒成了贯彻骑士精神、落实个人英雄主义的主要措施在社会上广为流传了？……曾几何时，喝酒不是为了味蕾，而是为了精神。

"曾几何时"的误用非常常见，常被误解为"过去""很久以前""不知道何时"等意思，均属望文生义。

"曾几何时"出自唐代韩愈的《东都

遇春》："尔来曾几时，白发忽满镜。"诗中的"曾几时"显然是"才多长时间"的意思，后来衍化为"曾几何时"：几何，若干、多少；才有多少时候，指没过多久。"曾几何时"一般用来感叹人、事在不长的时间内发生较大的变化，含有较浓的感情色彩。病句中的"曾几何时"可直接说成"不知什么时候起"。

"差强人意"，到底满意不满意

中国队的排名则在前30名之外，并首次与获奖无缘……如此差强人意的成绩，国人不禁要问：中国田径怎么了？

病句误将"差强人意"作"不尽如人意"解了。

"差强人意"经常被用错，错误的原因主要在于不理解"差"一字的含义。"差"是一个多音多义字，在"差强人意"一词中，"差"字义为"稍微、尚且、比较"；"强"原意是振奋。"差强人意"的正确含义是大体上还能使人满意。该词常常被人们误解为"不能令人满意"，病句即属于这种情况，可以改成"如此不尽如人意的成绩"。

对"岁月蹉跎"误解多

将"岁月蹉跎"错误地理解成了"时光飞逝、岁月无情"，是人们经常误用该词的主要原因。看下文：

56年，弹指一挥间；56年，岁月蹉跎光阴似箭。56年前，她们是少女婀娜含苞欲放；56年前，他们正当少年踌躇满志。而如今，他（她）们岁染尘霜两鬓花白。

"岁月蹉跎"出自晋代阮籍《咏怀》诗："娱乐未终极，白日忽蹉跎。"意思是时间白白地过去，虚度光阴。例文想表达

的是光阴似箭、一去不复返，曾经风华正茂的运动健儿，如今已是两鬓斑白的老人。因此用"岁月蹉跎"明显是错误的，应该改为"岁月飞逝"或"光阴荏苒"。

"岁月蹉跎"也作"蹉跎岁月"，它还常被误认为是"岁月艰难沧桑"，比如"历经蹉跎岁月，你老且壮，正追求新的希望……"这样用也是对"蹉跎"的误解。

"豆蔻年华"，到底是多大

"豆蔻年华"有其特指的年龄段，但现在不少人用它泛指女子年轻的时候。看病例：

这些女同志当初在豆蔻年华就干起了列车押运。

"豆蔻年华"一词应是杜牧的创造，他在七言《赠别》中写道："娉娉袅袅十三余，豆蔻梢头二月初。春风十里扬州路，卷上珠帘总不如。"这是诗人落魄扬州时所作，所赠之人是一个十三四岁的雏妓。二月初的豆蔻花正值嫩叶卷芽、含苞待放的时期，杜牧用之比喻十三四岁的少女，十分形象生动。后人便用"豆蔻年华"指代女子十三四岁的美好时光。病句中形容列车押运员的年轻，可以用"风华正茂"一词。

"登堂入室"不是进入室内

《有些鲜花不宜登堂入室》……中国室内环境监测中心提出，有些花卉是不宜放在居室中的。

这是又一个望文生义的典型例子。新闻标题将"登堂入室"错解为"进入室内"了。

古代宫室，前为堂，后为室。登上厅

堂，又进入内室，比喻学问或技能由浅入深，循序渐进，达到更高的水平，也比喻学艺深得师传。"皆黄门登堂入室者，实自足以名家。"（宋·吴炯《五总志》）

像病句作者这样把"登堂入室"作"进入室内"解，是十分常见的语言错误。病句应改为"有些鲜花不宜室养"或"不宜在室内种植"。

另外，"登堂入室"者的水平是高是低也是一个让人迷惑的问题。这个成语出自《论语·先进》："子曰：'由也升堂矣，未入于室也。'"由此可知，"升堂"指达到比入门更高的水平，"入室"则到更高一级的水平，因而"登堂入室"者达到了很高的水平。

"对簿公堂"不是当庭对质

已经炒了一年多的《可可西里》被指抄袭纪录片《我和藏羚羊》一事终于有了最新进展。昨天上午，两片导演在朝阳法院第三法庭上对簿公堂，一个说对方抄袭，一个说对方在炒作，互不相让。

"对簿公堂"的误用是典型的望文生义，诸多报纸杂志都将其当作"到法庭对质"来使用。媒体的误导作用是明显的，现在很多人都不明白该成语的正确含义了。

"对簿"是"对质"的意思吗？翻一下成语词典即能纠正这一谬误。簿，文状、起诉书之类；对簿，受审问；公堂，旧指官吏审理案件的地方。"对簿公堂"的意思是在法庭上受审讯。所以"对簿公堂"是不能简单理解为"打官司"，更不能误解为"当庭对质"。例句可改为"两片导演在朝阳法院第三法庭上当庭对质"。

"犯而不校"是知错不改吗

望文生义，用"犯而不校"表示知错不改，是人们使用该词时常犯的错误。看下文：

一个人在工作中难免有一些缺点和错误，只要认真改正就行，不能犯而不校。

犯而不校：犯，触犯；校，计较；受到别人的触犯或无礼也不计较。出自《论语·泰伯》："以能问于不能，以多问于寡；有若无，实若虚，犯而不校。""犯而不校"表示的是一种豁达的胸襟，与"以牙还牙""小肚鸡肠"相对。例句若想用一词语表示犯了错误也不改正，可以说"知错不改""一误再误""执迷不悟"等。

"狗尾续貂"，续的何物

单从字面上看，"狗尾续貂"可有两理解，一、在狗尾上续貂；二、狗尾续在貂上。只因为"续"字既可当"接续"讲，又可当"连接在"讲。只有明白"狗尾续貂"的由来，才能准确理解其义。"狗尾续貂"原指封任官爵太滥。古代皇帝的侍从官员用貂尾作为帽子的装饰，任用官员太滥，貂尾不够，就用狗尾代替。比喻拿不好的东西接到好的东西后面，显得好坏不相称（一般指文艺作品）。

由此可知在用"狗尾续貂"一词时不能望文生义，错解为"在狗尾后续貂"，这样意思就变成"在不好的东西后加一点好的东西"了，与成语原意背道而驰。看下文：

得到先生为拙作所写的读后感，真是狗尾续貂，令我十分高兴。

句中的"狗尾续貂"正是犯了上文所述错误，本想恭维先生，反倒羞辱了人家。

另外注意，不可把"狗尾续貂"理解成"多此一举"。

"黄发垂髫"者，是老还是少

现实中，不少人将"黄发垂髫"误解为"黄毛丫头"之意，从而闹出笑话。看下文：

我突然想起黄发垂髫初懂事理时，有一回和母亲走亲戚。

"黄发垂髫"出自东晋陶渊明的《桃花源记》："土地平旷，屋舍俨然，有良田、美池、桑竹之属。……黄发垂髫，并怡然自乐。""黄发"指老人（老人发白，白久则黄），"垂髫"指小孩子（头发扎起向下垂着）。"黄发垂髫"意即老人与小孩。

由此可见，病句用词是错误的，可以改为"我突然想起年幼初懂事理之时。"

上当受骗，才去"火中取栗"

今年初上海鲜牛奶市场燃起竞相降价的烽火，销售价格甚至低于成本，这对消费者来说倒正好可以火中取栗。

这里的"火中取栗"一词用得很有意思。从句意看，作者的意思是商家大打价格战，"鹬蚌相争，渔人得利"，最终是消费者得到了最大的实惠。这种用法显然是曲解了词义。

"火中取栗"的故事出自17世纪法国寓言诗人拉·封丹的寓言《猴子与猫》，猴子骗猫取火中的栗子，栗子让猴子吃了，猫却把脚上的毛烧掉了。所以人们便用"火中取栗"来比喻受人利用，冒险出力，自己却一无所得。"火中取栗"的要点有二，一是冒险为别人出力，二是上当受骗。许多人想当然地把"火中取栗"的

行动者当作"得利者"，完全搞反了词义，"火中取栗"的行动者应该是"出力上当的受骗者"。

病句可以修改为"这对消费者来说倒正好可以从中受惠。"

"火中取栗"的近义词是"代人受过""为人作嫁"；反义词是"坐享其成"。

"敬谢不敏"是感谢不及吗

在实践中，把"敬谢不敏"当作"致谢不及时"加以使用的为数不少。如此望文生义，是导致误用该词的主要原因。下文就是一例：

没想到我们离家的日子里，年老的母亲病后都是远房的表姐在体贴照顾。我们敬谢不敏，心里充满了愧意。

"敬谢不敏"在成语词典中的解释是这样的：谢，推辞；不敏，不聪明、没有才能；恭敬地表示能力不够或不能接受，多作推辞做某事的婉辞。

原来，"敬谢不敏"是无能为力、力所不及的意思，与"不及时感谢"之意是八竿子也打不到一块的。病句可以直接说成"我们没有及时地感谢人家，心里充满了愧意"。

与假期无关的"久假不归"

有些人单单从字面意义理解"久假不归"一词，把它误解成"长期请假不归"。如此必然会犯语言错误。看下文：

班长的座位已经空了半个多月，他久假不归，家里一定出了什么事情了。

久假不归：假，借；归，归还；原指假借仁义的名义而不真正实行，（孟子："久假而不归，恶知其非有也？"）现指长期借用而不归还。"久假不归"中的"假"

不是"请假"，"归"也不是"回来"，作者用成语原想使句子简洁，结果反而弄巧成拙，不如直接说"他请了这么长的假还没有回来"。说到"久假不归"，还有一个有意思的典故。王安石作文喜好"运古偷撷"，一向幽默的钱钟书嘲笑说，王写文章也大有变法之气，挪移前人妙句，以致生出"代为保管，久假不归之下策"（见《谈艺录》）。如此诙谐的说法，令人忍俊不禁。

望文生义，误解"具体而微"

乐趣，看来是件具体而微的小事，但却反映了人的情操，并反过来影响了人的道德。

作者误将"具体而微"理解成了具体微小的意思了。

"具体而微"的意思是内容大体具备而形状或规模较小，近似于"麻雀虽小，五脏俱全"。例如：所居有池五六亩，竹数千竿，乔木数十株，台榭舟桥，具体而微。（唐·白居易《醉吟先生传》）其中"具体"的含义是具备大体的内容，而非"详细、不抽象"的意思。该成语引起很多人误解的原因就出在作者不理解"具体"的含义。

一伙人可否"狼狈为奸"

这一伙人，狼狈为奸，干尽坏事，终于受到了法律的制裁。

"狼狈为奸"比喻互相勾结干坏事。"狼"和"狈"是两种动物。典故源自唐代段成式《酉阳杂俎》，狼的前腿长，后腿短；狈则相反，前腿短，后腿长。狈每次出去都必须依靠狼，把它的前腿搭在狼的后腿上才能行动，否则就会寸步难行。狼很凶残，狈的大脑很灵活，它们常合伙伤害牲畜。有一次，狼和狈走到一个人家的羊圈外面，虽然里面有许多只羊，但是羊圈既高又坚固，于是它们想出了一个好主意：让狼骑在狈的脖子上，再由狈用两条长的后腿直立起来，把狼驮得很高，然后，狼就用它两条长长的前脚，攀住羊圈，把羊叼走。

"狼狈为奸"的适用的范围是两个人，比如，他们两人在一起狼狈为奸，欺压百姓。例句中指一伙人干坏事应该用"朋比为奸"（形容坏人结成集团干坏事）。

"屡试不爽"，是成还是败

很多人都把"屡试不爽"中的"不爽"理解为"不畅快"，这是完全错误的，也是导致"屡试不爽"被误用的主要原因。看下文：

来北京已有近半年的时间，他参加了大大小小几十次招聘会，面试也不计其数了，却屡试不爽，到现在也没有找到合适的工作，想到未来，心灰意冷。

参加面试屡试不爽，主人公还何来"心灰意冷"，应该"满面春光"才是啊？显然作者是误解了"屡试不爽"一词。

"差错、失误、违背"是"爽"的释义之一，除了"屡试不爽"外，相同释义的还有"女也不爽"（《诗·卫风·氓》）、"爽信"、"爽约"、"毫厘不爽"等。明白了"爽"的含义后，理解"屡试不爽"就很容易了，它的意思就是"屡次试验都没有差错"。病句中将"屡试不爽"误解成"总是失败"，导致句意完全相反，应改为"屡战屡败"。

被严重滥用的"美轮美奂"

"美轮美奂"是现代汉语中，使用出

错率最高的词汇之一。出错的原因在于忽视其特定的修饰对象而滥用。下文就是一例：

今年春节晚会最感人最震撼的亮点是，21个盲人表演的美轮美奂的《千手观音》，将传说中的千手千眼观音演绎得如此的精致典雅，让所有观众击节赞叹。

"美轮美奂"语出《礼记·檀弓下》："晋献文子成室，晋大夫发焉。张老曰：'美哉轮焉！美哉奂焉！'"东汉学者郑玄注解："轮，轮囷，古代圆形谷仓，形容高大；奂，众多，鲜明，形容畅亮。"后来便用"美轮美奂"来形容房屋宏伟壮观、富丽堂皇。这个成语只能用于描述建筑，不能因为其中有两个"美"便移为他用。例句中的"美轮美奂"可改为"精彩绝伦"。

不少人常常把"美轮美奂"写成"美仑美奂"，前"轮"言高大，后"仑"言"思、条理、伦次"，意思毫无联系，不可错写。还有文章生造出一个"美奂美仑"，更令人匪夷所思。

"目无全牛"无涉全局观念

"目无全牛"这一成语常常被误用，问题还是出在望文生义，当成了"没有全局观念"。

在向高考冲刺的紧张阶段，备考复习缺乏通盘考虑，目无全牛，顾此失彼，这是许多高三同学复习收获不大的重要原因。

《庄子·养生主》中写道："始臣之解牛之时，所见无非牛者；三年之后，未尝见全牛也。"意思是一个杀牛的人最初杀牛，眼睛看见的是整个的牛，三年以后，技术纯熟了，动刀时只看到皮骨结构，而看不到全牛。后来人们便用"目无全牛"

来比喻技术熟练到了得心应手的境界。病句可改为"备考复习缺乏通盘考虑，顾此失彼……"

"目无全牛"的近义词有：庖丁解牛、得心应手、游刃有余。

"七月流火"到底是什么天气

某高校校长在台湾新党来访之际，致欢迎词说："七月流火，但充满热情的岂止是天气，今天我们全校师生以火一般的热情在这里欢迎郁慕明先生一行。"

校长此语一出，"充满热情"的果真不只是天气了，一场轩然大波随即掀起，各方人士展开激烈的讨论。攻之者认为他的用法望文生义；辩之者则语此乃"灵活变通""与时俱进"，不应"吹毛求疵"。校长的用典到底有没有错误呢？我们先来了解一下"七月流火"的正确含义。

"七月流火"，语出《诗经·国风·豳风·七月》："七月流火，九月授衣。"这里的"七月"，是夏历七月，正值"暑渐退而秋将至"的时节。"流火"则是天上的大火星向下降落之意。"七月流火"的意思就是夏去秋来，天气渐渐转凉。将"七月流火"理解成"火热的七月"，用来形容盛夏酷热，实属望文生义，过于牵强了。现代汉语习用很多古语词，用时应该掌握词语的典故和约定俗成的含义，不可随意改之，以讹传讹。

上班族能不能"轻车简从"

成语"轻车简从"有特定的使用对象和较为固定的适用范围，不能正确理解这一点，就会导致语言错误。看下文：

平时上下班时，我经常使用的是SAFRO的公文包式的摄影包……而在平时"扫街"时，我多带一个小的 MEKKO 的小挎包，放上一支旁轴和一个小数码，轻车简从，非常方便。

"轻车简从"指的是古代的君王或官吏在出外巡行时，只带轻便的行装和少数的人员，目的在于方便暗中探访民情。现在一般用来形容领导干部抚恤民情，不铺张浪费。如"邓小平生活简朴，外出轻车简从，不搞排场，不吃请，不扰民，不给地方添麻烦"。一般人外出时行装简便，不宜用"轻车简从"来表示。例文可改为"……轻松出发，非常方便。"

"请君入瓮"非为"捉鳖"

由于对成语"请君入瓮"的词源和词义不够明确，有些人把它混同于"瓮中捉鳖"，造成语言错误。看下文：

警察们布下了天罗地网，只待请君入瓮了。

"请君入瓮"的故事发生在唐朝，女皇武则天怀疑周兴要造反，便令酷吏来俊臣前去审问，周兴当时还未知情。来俊臣怕他不招，就想了一个办法，他装模作样地问周兴说："犯人要是死活不肯认罪该怎么办呢？"周兴得意洋洋道："那还不简单，拿个大瓮，把犯人装进去，四周点上炭火烤，还有什么事情他不会承认呢？"来俊臣于是命人搬来大瓮，周围点火，对周兴说道："奉命审问老兄，请老兄快入瓮吧！"周兴吓得面色惨白，慌忙倒地磕头认罪。（见于《资治通鉴·唐纪》）后来，人们便用"请君入瓮"来比喻用某人整治别人的办法来整治他自己，其词义近似于"以其人之道，还治其人之身"。显然，例句中的"请君入瓮"换成"瓮中捉鳖"更合适一些。

"求全责备"不是批评指责

不能求全责备于带头大哥，他也警告了"要调整"。但他不能预先知道国家要调印花税。他不是制定政策的人。一介股民嘛。

这是某网友对《要不要跟着"带头大哥"炒股？》一则新闻发表的评论。作者显然将这里的"责备"从字面意思上理解成"批评指责"了。

求全责备：求、责：要求；全、备：完备，完美。对人或对事要求完美无缺。其中的"责备"与"求全"的含义是一样的，都是要求完美的意思。病句将"求全责备"理解成"因为追求过好的结果，所以批评责怪"，这种用法是错误的。可改成"不应苛责带头大哥"。

"师心自用"好不好

从字面意思看，"师心自用"很容易当成"将老师所传授的知识为自己所用"，下面例句就犯了这样的错误。

俗话说，师傅领进门，修行在个人。我们学习也是一样的道理，重要的是能够举一反三，师心自用，这样才能融会贯通，学深学透。

"师心自用"出自北齐·颜之推的《颜氏家训·勉学》："见有闭门读书，师心自是，稠人广座，谬误差失者多矣。"这里的"师"不是指老师，而是意动用法，即"以什么为师"。师心自用：师心，以心为师，这里指只相信自己；自用，按自己的主观意图行事；形容自以为是，不肯接受别人的正确意见。"师心自用"含有贬义，其近义词有：刚愎自用、妄自尊大、固步自封、固执己见。

第三篇 约定俗成的四字结构——成语

例句将其当作"善于学习借鉴，为我所用"是不正确的，可修改为"重要的是能够举一反三，触类旁通"。

"始作俑者"，当为什么人

我的妻子李玉莹其实也是这本书的始作俑者，当然义不容辞，特别为此书写了一篇文章，用她感性的文字来描述我在芝加哥和哈佛的教授生活。

"始作俑者"语出《孟子·梁惠王上》："仲尼曰：'始作俑者，其无后乎。'为其象人而用之也。"俑，古代殉葬用的木制或陶制的俑人。孔子认为，王孙贵族流行殉葬，即使是用以人的形象做成的俑人来代替活人也是不人道的行为。所以孔子说，第一个发明用俑人来殉葬的家伙就应该断子绝孙！后来人们便将"始作俑者"引为成语，比喻第一个做某项坏事的人或某种恶劣风气的创始人。"始作俑者"一词出世至今，就是一个十足的贬义词。但如今被人们误用的情况非常常见，经常错解成第一个做某事或完成某项任务的人，甚至当成"第一个吃螃蟹的英雄"来理解，真是谬以千里。

"首当其冲"非首先

"首当其冲"是一个经常被误用的词语，在众多的误用病例中，最多的是把它当成为"首先"而加以使用。

例一：沈致远先生现为美国杜邦公司中心研究院院士，主业是从事高温超导电子学研究……他的业余爱好十分广泛，首当其冲的是博览群书，爱思考，勤写作。

再如：农民赖泽民首当其冲，办了全省第一家私营缲丝厂。

"首当其冲"解释为首先受到攻击或遭受灾难，并非单纯的"首先、第一"的意思。理解这个成语的关键在于"当"和"冲"两个字。"当"是面对、向着的意思，"冲"是交通要冲的意思。正面对着交通要冲，当然最先受到冲击或承受灾难。看一下正确的用法："高家是北门一带的首富，不免首当其冲，所以还是早早避开的好。"

"首当其冲"中"冲"的释义是"要冲"，不能望文生义地理解为"冲锋陷阵"，用来表示打仗、游行、救人时勇于冲在最前沿的人也是不恰当的。

迟疑不定的"首鼠两端"

很多人用词时，把表示"迟疑不决或动摇不定"的"首鼠两端"当成"言行前后不一致"使用，造成严重的语病。下面是较为典型的例子。

这所学校向家长发了一封关于收取学费的公开信，言"切实减轻群众负担"，可实际收费额却步步攀升。首鼠两端，堪称奇文。

同一起跑线上的两个人为什么现在出现这么大的差距？本质原因就在于，一个言而无信，首鼠两端；另一个却是一诺千金，说到做到。

"首鼠两端"的故事出自《史记·魏其武安侯列传》。老鼠生性多疑，出洞时一进一退，不能自决。"首鼠两端"的意思就是在两者之间迟疑不决或动摇不定。两例中想表达的都是言行前后不一致，因此应做适当修改。

"首鼠两端"也可说成"首施两端"。"首施、首鼠，迟疑也。"（朱谋玮《骈雅·释训》）

"万人空巷"，人到哪里去了

《大宅门》的播放真可以称得上是万人空巷，不仅火爆老北京，就连在上海，也打破了央视一套近几年来的收视纪录。

"万人空巷"这个成语的误用频率相当高，许多报纸杂志常常将其当成"人们从街上跑到家里"的意思来使用。因为这种错误的导向作用，某年参加高考的学生在面对试卷上的一道关于该成语理解的题目时，不假思索地选择了错误的答案，结果丢失了宝贵的3分。

例句想说明的是人们为了看电视都闭门不出，导致街巷空无一人。所犯错误依然是望文生义。

"巷"相对于"街"而言，指的是比较狭窄的里弄（居民住宅间的小过道），理解了这个字的意思就可以明白成语的正确含义了。"万人空巷"：空巷，街道里弄里的人全部走空，指家家户户的人都从巷里出来了，来到大街或广场上；多用来形容庆祝、欢迎等盛况。

"望其项背"赶得上

在使用"望其项背"时，把它混同于"望尘莫及"。这种望文生义的现象十分普遍，务必注意。

成都五牛俱乐部一二三线球队请的主教练及外援都是清一色的德国人，其雄厚财力令其他甲B球队望其项背。

"望其项背"出自清代汪琬的《与周处士书》："言论之超卓雄伟，真有与诗书六艺相表里者，非后世能文章家所得望其肩项也。"意思是其言论精妙绝伦，后代文人无法超越。"望其项背"意为能够看得见前面人的颈项和脊背，表示可以追得

上或赶得上。

例句想要表达的是"成都五牛队实力很强，其他甲B球队无法相比"，用了"望其项背"后，意思就变成了"其他甲B球队可以赶得上"了，可修改为"无法望其项背"或"望尘莫及"。

再快也不能用"文不加点"

在实用中，不少人以为"文不加点"中的"点"是标点。这种理解是错误的，属于望文生义。看下文：

他略加思索，便提起笔来，文不加点地写下去。

"点"在这里表示涂改，以为"点"就是指标点符号，必然会造成误用。

"文不加点"出自汉祢衡的《鹦鹉赋序》："衡因为赋，笔不停辍，文不加点。"形容作者文思敏捷，写文章一气呵成，无须修改。"文不加点"中的"点"是涂抹修改文字的意思，不能当作"标点"来解释。

"无以复加"含贬义

在使用"无以复加"这个成语时不少人忽视其感情色彩，以致造成贬词褒用的语言错误。看病例：

《一个共产党人的凝重与广阔》：在太旧公路建设的三年里，这种不顾身体忘我拼搏更是发展到了无以复加的地步……

无以复加：无法再增加，形容程度严重到了极点。"无以复加"含有贬义，多用于不好的事物或情况，如痛苦无以复加；看客的麻木不仁已经无以复加。病例中的"不顾身体忘我拼搏"应该是一种值得肯定和褒扬的行为，明显不适合用"无以复加"来说明程度。文中的"无以复加"宜改为"废寝忘食"。

"一饭千金"是说奢侈浪费吗

在众多误用"一饭千金"的病例中，作者多把这个词误解为"奢侈浪费"，属于典型的望文生义。看一则例文：

现在不少大款，认为钱是自己赚来的，怎么花谁也管不了，常常挥金如土，一饭千金，他们还觉得这才叫有派，这才叫潇洒。

"一饭千金"的典故出于《史记·淮阴侯列传》："信钓于城下，诸漂母漂，有一母见信饥，饭信，竟漂数十日。"又："信至国，如所从食漂母，赐千金。"韩信未得志时境况十分凄苦，总是饿着肚子。有一位漂絮的老妈妈在自己生活并不宽裕的情况下接济韩信，给他饭吃。后来，韩信显贵，被封为楚王，便以美食重金报答当年帮助他的那位老妈妈。于是，人们就用"一饭千金"来比喻厚厚地回报对自己有恩的人。

例句用"一饭千金"来表示奢侈浪费的作风，完全不对，当作修改。

"罪不容诛"，该不该杀

在使用"罪不容诛"的时候，不少人把它当作"罪不至死"。这就将成语的含义完全弄反了。看下文：

他虽然设计骗财，导致乡民损失不少钱物，但是罪不容诛，你们也不能把人往死里打呀，应该把他送到公安局处置才是。

罪不容诛：诛，把罪人杀死；罪恶极大，杀了也抵不了所犯的罪恶。其出处是《汉书·游侠传序》："况于郭解之伦，以匹夫之细，窃杀生之权，其罪已不容诛矣。"

病句作者把"罪不容诛"误解为"罪

行还没有到达被杀的程度"。所以，当把该词替换为"罪不该死"。

"罪不容诛"是贬义词，其近义词有：十恶不赦、罪该万死、死有余辜等。

"坐地分赃"与就地分赃

不少人把"坐地分赃"理解为在"现场分赃"而加以使用，这种理解和使用都是错误的。看下文：

四名共同作案的盗窃分子，正在坐地分赃时，被及时赶到的警察擒获。

随着语言的发展，有一些成语的原意早已不存在，只保留了引申义或比喻义。"坐地分赃"这一成语即属于这种类型，它的原意是"坐在地上分取赃物"，现在只用其引申义，即指"匪首、窝主等不亲自去作案而坐等分取同伙偷盗来的赃物"，且只能用于贬义。

所以，句中的"坐地分赃"这一成语用的是不对的，可以改成"就地分赃"。

应该鄙视"坐而论道"者

很多人看到"坐而论道"，想当然地把它当作褒义词用，事实上，它是个贬义词。看下文：

回想当年，恩师坐而论道，我们如沐春风，最朴素的话语，听来也有醍醐灌顶之感。

"坐而论道"的意思是坐着空谈大道理，只是口头说说，并不付诸行动。这个成语出自《抱朴子·用刑》："通人扬子云亦以为肉刑宜复也，但废之来久矣，坐而论道者，未以为急耳。"这个成语是属贬义词，与之意思相近的词有：纸上谈兵、夸夸其谈、徒托空言。

例句中"坐而论道"一词的用法纯

属望文生义，可改为"谈笑风生"之类的成语。

不是啥花都能"国色天香"

把有特定指向的"国色天香"一词泛用，是人们常犯的语言错误。看下面的病例：

各种花卉，争奇斗妍；若用国色天香来形容，实不为过。

"国色天香"原指颜色和香气不同于一般花卉的牡丹花，不用于"各种花卉"。出自唐朝李浚《摭异记》："国色朝酣酒，天香夜染衣。"宋朝范成大《与至先兄游诸园看牡丹三日行遍》诗："欲知国色天香句，须是倚阑烧烛看。"

"国色天香"是专门用来形容牡丹的，例句用来形容各种花卉就错了，可以改为"万紫千红"。

是"明日黄花"还是"昨日黄花"

把"明日黄花"误为"昨日黄花"的现象数不胜数，"昨日黄花"甚至大有"取而代之"的势头。有人辩解："昨天的黄花到今天枯萎了，正好用来形容过时的东西。"事实上，这完全是想当然的说法。这种望文生义、随意改词的做法，缺乏严谨的治学态度，更不利于汉语词汇的规范化。看病例：

《歌手魔羯：王蓉杨臣刚刀郎将成为昨日黄花》……歌手魔羯作为"2005 级"的新现实主义网络歌手，面对上述骂战，不紧不慢发出言论，声音不高却震耳欲聋：杨臣刚、王蓉、刀郎都将成为昨日黄花。

"明日黄花"语出宋·苏轼《九日次韵王巩》诗："相逢不用忙归去，明日黄花蝶也愁。"该诗作于九月九日重阳节，

"明日"即指重阳节后；"黄花"指菊花。古人有重阳节赏菊花的习俗，过了重阳节再赏花，兴致必然减少，连蝴蝶都会不喜欢。"明日黄花"本是苏轼抒发迟暮不遇之感慨，后来多被人们用来比喻过时的事物或消息，比如宋代的胡继宗在《书言故事·花木类》中说过："过时之物，曰明日黄花。"

我们都知道，情人节前一两天的玫瑰花价格会不同程度地上涨，甚至飙升数十倍。因为这花是"应景之物"，佳节来临前，"身价"肯定会提高。而一旦过了情人节，玫瑰花的价格也跌落回了原位。从这里我们就很好理解，"昨日黄花"是紧俏货，"明日黄花"才是过时的东西。把"明日黄花"改成"昨日黄花"，既不合据，又有悖逻辑，必须予以纠正。

误解多多的"如坐春风"

"如坐春风"也作"如沐春风"，被误用的现象十分普遍，而且错误的形式也是多种多样。看下面的句子：

春节前夕，党和政府的送温暖活动，使失业人员如坐春风，深受感动。

Rain 四度抵台如沐春风 人气依旧居高不下

《李嘉欣庞维仁再约会如沐春风》：她闻言则咧嘴而笑，未有作答，表现却如沐春风。

这几处，对"如坐（沐）春风"的使用都是错误。之所以会如此，皆因为使用者没有真正理解这个成语。"如坐春风"意思是像坐在春风中间，比喻同品德高尚且有学识的人相处并受到熏陶，犹言和高人相处，就像受到春风的吹拂一般。主要用到教育方面，上面几处均与教育无关。

注意，成语中的"春风"不再是本义，而是比喻义。所以"如坐春风"与景物无关，不可拿来形容自然风光。

"功亏一篑"与"前功尽弃"各有侧重

作为一对近义词，"前功尽弃"与"功亏一篑"经常被人混淆误用。为避免类似的语言错误，有必要对它们进行辨析。看下文：

这次试验眼看就要成功了，要坚持下去，千万不能松动，否则前功尽弃，实在可惜。

"功亏一篑"与"前功尽弃"意义虽然相近但也有细微的差别。这两个成语都有"最后未能完成，以前的努力白费了"的意思。两者的区别在于"功亏一篑"表示还差一点点就能成功；"前功尽弃"这个成语本身并未指明很快就能成功，而是强调以前的功劳全部废弃。比如，炸城的工事也遭到了好几次的顿挫……每遭一次顿挫，总要使前功尽弃，又来重起炉灶。例句中提到"眼看就要成功了"，因此使

用"功亏一篑"更能体现出成功在即的意思。

"胸无城府"不是贬义词

成语"胸无城府"很容易被当作贬义词使用，下文例句就犯了这样的错误。

在当今改革大潮中，有一些人身居要职，却胸无城府，思想僵化，不思改革，甚至阻挠改革潮流。

城府：城市和官署，比喻难于揣测的深远用心；胸无城府：形容待人接物坦率真诚，心口如一，不用心机。"尧俞厚重言寡，遇人不设城府，人自不忍欺。"（《宋史·傅尧俞传》）简单地说，"胸无城府"就是指坦率天真。如"史湘云胸无城府，心直口快，家计困难也掩不住她的天真烂漫。"该成语常常被人误解为"大脑简单、目光短浅、缺乏谋略"之意。病句中的"胸无城府"宜改为"鼠目寸光"。

有人可能是受"宰相肚里能撑船"的影响，把"胸无城府"理解成"心胸狭隘、没有容人之心"的意思，谬矣。

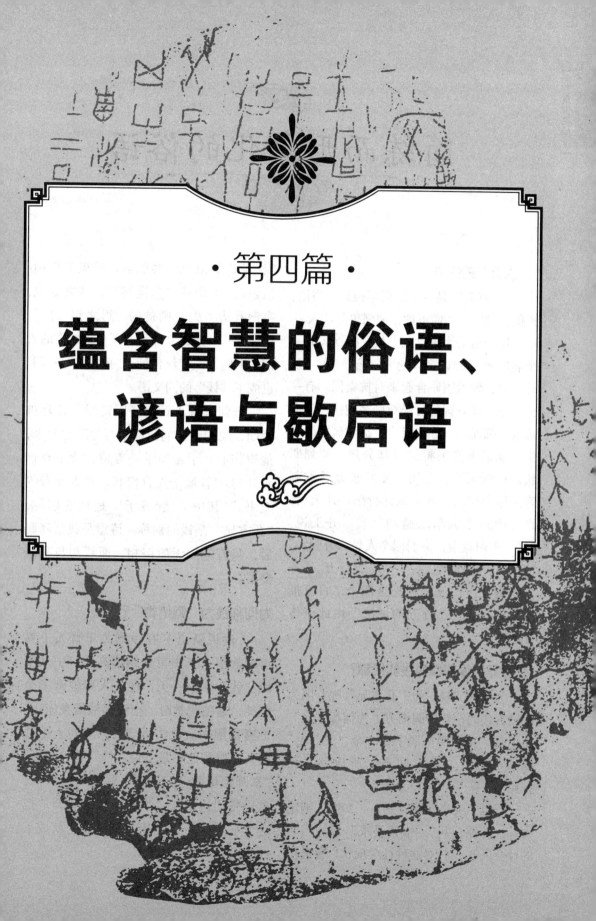

· 第四篇 ·

蕴含智慧的俗语、谚语与歇后语

简练而形象化的俗语

"二百五" 的由来

"二百五" 是一个使用率很高的俗语，指傻头傻脑，不懂事理，倔强鲁莽的人。

这个俗语由来已久。战国时期，有一个名叫苏秦的说客，他号召齐、楚、燕、韩、赵、魏六国联合起来对抗秦国。有一天，苏秦在齐国的时候被刺客刺伤，生命垂危。临死前，苏秦想出了捉拿刺客的计策。他请求齐王将他五马分尸，罗列罪状，布告天下，并用一千两黄金悬赏刺客。苏秦死后，齐王依计行事。几天后，果然有四个人前来邀功领赏。齐王说："这一千两黄金，你们四个人怎么分呢？"四人异口同声地说："一人二百五。"齐王大喝一声："来人！把这四个二百五推出去斩首。""二百五的说法"由此流传开来。

"孔方兄" 缘何成为钱的代称？

为何称"钱"为"孔方兄"呢？因为我国古代的铜钱外圆内方。为何称"兄"，而不称"弟"呢？钱字由"金、戈、戈"组成，"戈""哥"同音，所以称"孔方兄"。

晋惠帝元康年间（291~299），纲纪大坏，贿赂成风。"惟钱是求"成为当时的社会风气。针对这种社会现状，鲁褒作《钱神论》以讥讽钱能通神使鬼的作用。《钱神论》说钱"为世神宝，亲之如兄，字曰孔方。失之则贫弱，得之则富昌"。这篇文章一出，立即引起了愤世嫉俗的人们的共鸣，被广泛传诵。"孔方兄"一词，也成了"钱"的同义语。

宋朝大诗人黄庭坚因得罪了朝廷被降职，他的亲友们便渐渐与他疏远起来，他很伤心，于是写了一首诗，诗中有这样两句："管城子无食肉相，孔方兄有绝交书。"其中，"管城子"是笔的别称，"孔方兄"是钱的别称。诗意是我被降职后，只有笔墨无庸俗相，而钱却与我绝交了。

为何称钱为 "阿堵物"？

《世说新语》有一则关于晋人王夷甫的故事。王夷甫自诩清高，口中从不说"钱"字。一天，他夫人跟他开了个玩笑，趁他睡觉时，把很多钱堆在床边。王夷甫醒来后没法下床，只好叫人把钱移开，但是他还是不说"钱"字，而说："举却阿堵物。""阿堵"是当时的口语，意思是"这个"。"举却阿堵物"即"把这个东西拿走"。从此"阿堵物"就成了钱的代称。

"没良心"的来源

从前，有一个手艺高明的王木匠，60多岁了还没有家小。邻村一个叫张金的年轻人登门拜师，表示愿意侍奉王木匠一辈子，为他养老送终。

一年之后，张金觉得已经把王木匠的手艺全学会了，就借口回家探亲，结果一去不返。王木匠又伤心又气愤，幸亏留了一手绝活没有传给张金。他用这个绝活做了一个木头人，让木头人帮自己拉锯刨木，做家务。消息很快传了出去，人们对王木匠的手艺惊叹不已。张金得知后，买了很多礼物看望师父，请求师父教他做木头人。王木匠让他照着木头人的模样自己做。张金暗喜，他仔细地量了木头人各部分的尺寸。木头人做好了，和王木匠做的一模一样，但是不会动。王木匠说："你量的尺寸丝毫不差，可惜没有量心。没量心，木头人怎么会动呢？""没量心"语义双关，暗骂张金心术不正。

于是"没量心"的说法一传十，十传百，后人把"没量心"谐音为"没良心"，用来责骂那些没安好心的人和行为。

"拍马屁"原是一种风俗

内蒙古、青海等地生产马匹，牧民们用马解决行路、运输等问题，常以拥有骏马为荣。因为如果马长得肥壮，两股之间必然隆起，所以见到骏马总喜欢拍着马屁股称赞一番。人们牵着马相遇时，常常拍着对方马的屁股，摸摸马膘，随口夸上几句"好马"以博得马主人的欢心。蒙古族好骑手遇到烈性马，也会拍拍马屁股，使马感到舒服，然后纵身跃上马背。可见，"拍马屁"原是一种风俗，并无贬义。

蒙古族是马上民族，元朝的官员大多是武将出身。好马是权力、身份和地位的象征。因此下级对上级最好的称赞就是夸他的马好。下级见了上级常常一边拍着马屁股，一边夸上级的马是宝马良驹。上级听了心里一高兴，也许就会提拔下级。后来，人们把阿谀奉承的行为称为"拍马屁"，含有贬义。

为什么拍马屁也叫"溜须"？

现代常常把"溜须"和"拍马"连用，形容那些献媚取宠的行为。"溜须"这个词来源于一段笑话。

相传，宋真宗时期，宰相丁谓是靠献媚取宠爬上高位的。有一次，他与老宰相寇准一起吃饭。丁谓看到寇准的胡须上粘了一些饭粒，于是亲自上前为寇准溜须拂拭，并对其胡须加以称赞。他以为这样就会赢得寇准的欢心，没想到寇准为官清廉，刚正不阿，根本不吃这一套。寇准深知此人心术不正，讥讽道："难道天下还有溜须的宰相吗？""溜须"一词从此流传下来。

"摆架子"的由来

清人顾铁卿在《清嘉录》中有这样一段记载："杂耍诸戏来自四方，各献所长，以娱游客之目。如立竿百仞……两人裸体相扑，谓之'摆架子'。"可见，"摆架子"指的是古代"相扑"这种杂技。"相扑"在中国已经失传，日本人把它继承过去，成了他们的"国技"。

两个彪形大汉赤裸身体（只有私处用布条遮盖），叉开双脚，微俯上身，虎视眈眈地瞪着对方。那架势确实吓人。后来人们用"摆架子"比喻装腔作势显威风。

"迷魂汤"的来历

传说，人死之后，灵魂要到孟婆庄报到，把生前的善、恶、功、过在轮回簿上登记一番，然后投胎转世。投胎时间一到，灵魂由黑白无常押至孟婆庄。孟婆庄好不气派，雕栏画栋、红砖碧瓦、珠帘低垂。灵魂到了门口，有老妪殷勤迎入门内。三位千娇百媚的丽人孟姜、孟庸、孟弋姗姗而出，丫鬟用玉瓯备茶，三位美人含羞劝饮。美人红袖雪肤，佳茗香气袭人，怎不让人意醉魂迷？于是举瓯一饮而尽，可是还没来得及回味茗香，瓯底已现浑泥，面前的美人化为骷髅，庄园变成荒野。这一迷一吓使灵魂对前生经历的一切，都失去记忆。这时，灵魂已成了再世的婴儿呱呱坠地了。

"灌迷魂汤"讽刺人们用甜言蜜语迷惑对方，以求得到好处。灌汤者殷勤备至，喝汤者甘之如饴，可谓一个愿打一个愿挨。

"穿小鞋"趣谈

"穿小鞋"指受人（多为有职权者）暗中刁难、约束或限制。为什么"穿小鞋"能作这样的解释呢？清人李光庭所著的《乡言解颐》道出了原委。穿鞋最要紧的是合脚。鞋太紧了，穿鞋时就得借助鞋拔子。没有鞋拔子，提不上后跟，就只能趿拉着。趿拉着鞋必然不能平步青云，只能原地踏步。别人穿着合脚的鞋早就登高致远了。因此，吴中有俗语："给我小鞋穿，给你个提不上。"

"穿小鞋"是领导为打击报复下级采取某种冠冕堂皇的举措的一种刁难手段的说法。需要注意的是，只有上级可以给下级"穿小鞋"。

"刮地皮"的由来

"刮地皮"比喻搜刮民脂民膏。这个俗语大概始于清中叶。清代学者胡式钰《窀存》中记载：百姓啼饥号寒，野地里饿殍枕藉，是什么原因造成的？是天灾吗？不是。乃是贪官污吏搜刮民脂民膏以自润的结果。老百姓称之为"刮地皮"。

有人曾经问胡式钰："刮地皮的'刮'是提手旁的'括'吗？"胡式钰答道："不是。民脂民膏光用手取，能搜光吗？所以，用'刀'旁的'刮'才能刮光。"正如俗语所说"匪来如梳，兵来如篦，官来如剃"。

"长舌妇"是种什么人

"长舌妇"指的是背地里议论别人，好搬弄是非的女人。很多人认为"长舌妇"最初指的是秦桧的妻子王氏。其实，"长舌妇"的说法源自《诗经》。

《诗经·大雅·瞻卬》："懿厥哲妇，为枭为鸱。妇有长舌，维厉之阶。乱匪降自天，生自妇人……"这是把"心机多"而"言无善"的褒姒比作猫头鹰。

东汉郑玄对"长舌"的解释是"喻多言语"。唐代孔颖达的解释是"以舌动而为言，故谓多言为长舌。"

平时人们所说的"长舌妇"并不像褒姒那样祸国殃民，泛指心术不正而多嘴多舌的女人。

"咸水妹"得名一说

"咸水妹"是一个粤语词，专指旧时接待外国人的妓女。吴趼人《二十年目睹之怪现状》第五十七回写道："花县农民阿来被老子骂了几句，逃到香港码头上，忽然看见一个咸水妹。"从书中的描写来看，"咸水妹"似乎是很阔气的。那位阿来不过为一个"咸水妹"拎了一下皮包，这个"咸水妹"就先"给他三个毫子"，又"在一个小皮夹里取出五个金元来给他"，接着"又在衣袋里随意抓了十来个毫子给他"。

清人张心泰在《粤游小志·妓女》中记载："又有疍户（散居于闽粤沿海、以船为家的渔民）为海娼者，人呼咸水妹。""疍户"是水上的贱民，做妓女似乎是她们天生的命运。其实，也有从外地被拐骗贩卖去的女子，假称是疍户，充当起了咸水妹。咸水妹虽操贱业，但是人格和良心并未泯灭。她们只是想活下去却没有办法的寻常女人。

"东道主"的出处

"东道主"一词泛指接待或宴客的主人，通用于国际交往中，特别是国际体育赛事中。这个词由来已久，最初见于《左传·僖公三十年》："若舍郑以为东道主，行李之往来，共其乏困，君亦无所害。"意思是，秦国在西，郑国在东，所以郑国相对秦国来说自称"东道主"，即东路上的主人，可以随时供应秦使往来所需物品。

为什么郑国甘愿做秦国的东道主呢？因为当时晋国和秦国联合包围了郑国之都。郑国老臣烛之武决心利用秦国和晋国的矛盾分化对方，以退敌军。他趁着天黑，让人用绳子把他从城墙上吊下去，私下去游说秦穆公："如果郑国灭亡了，对贵国一点好处都没有。郑国和贵国之间隔着晋国。贵国难以越过晋国控制郑国，到头来得到好处的是晋国。晋国的实力强大

一分，秦国的实力就相对削弱一分！如果您能保全郑国，作为东路上的主人，你们的使者往来如果缺少什么，郑国一定供应。"秦穆公觉得有道理，于是和郑国签订了和约。晋文公无可奈何，只好退兵。

"替罪羊"的由来

"替罪羊"的由来有三个典故。

其一：《圣经·旧约》中记载，上帝为了考验亚伯拉罕，叫他把自己的儿子以撒杀了献给上帝。当亚伯拉罕拿着刀子准备杀死儿子的时候，天使出现了，并阻止说："现在我知道你敬畏上帝了，前面林子里有一只羊，你可以用它代替你儿子，献给上帝。"于是亚伯拉罕把树林中的羊抓来杀了。

其二：《圣经·新约》中说耶稣为了救赎世人的罪恶，宁愿钉死在十字架上，作为"祭品"献给天主。据说这是仿效古犹太人在向主求恩免罪时，往往杀一只羔羊代替自己做祭品，因此教会称耶稣为"赎罪羔羊"。

还有一种说法源自我国。《孟子·梁惠王上》记载，梁惠王看到有人要用一头牛来"衅钟"（新钟铸成时宰杀牲畜，取血涂钟的仪式）。他不忍心看到牛恐惧战栗的样子，而命用羊代替牛。于是，有了替罪羊的说法。

"狐狸精"，淫荡女人的代名词

狐狸是狡猾的动物，关于狐狸设计骗人害人的故事很多。因此人们认为狐狸修行之后可成精。"狐狸精"之说始于晋代。葛洪《抱朴子》谓狐狸满三百岁，化为人形。笔记小说集《西京杂记》中有古冢白狐化为老人入人梦中的故事。干宝的《搜

神记》引道人云："狐者，先古之淫妇，其名曰阿紫。"

唐朝的《太平广记》中《狐神》记载："唐初以来，百姓皆事狐神，当时有谚曰：'无狐魅，不成村。'""狐魅"即"狐狸精"。清朝的《聊斋志异》《阅微草堂笔记》塑造了很多狐狸精的形象。小说中的狐狸精，大多能幻化成美貌女子，能摄取财物，预卜祸福，并且作为色情的象征，魅惑异性。因此，民间将性感而具有诱惑力的女性称为"狐狸精"，古代则谓之"狐媚子"。

"走后门"的由来

"走后门"指通过不正当手段以求达到某种目的。

传说，宋徽宗经常出没于烟花柳巷。他听说汴京城有一个能歌善舞，多才多艺的名妓李师师，于是去见她，结果一见之下为之倾倒。为了经常能和李师师幽会，而不被人发现，他命人修了一条地道，一直通到李师师住处的后门。据说梁山好汉归顺朝廷，也是通过李师师的"后门"打通关节，接受招安的。

关于"走后门"还有一个故事。宋哲宗死后，宋徽宗继位。宰相蔡京排斥旧吏，并禁止其子女出仕，甚至连其诗文都不准流传，因此引起人们强烈的不满。宋朝的艺人们编了一个名叫"走后门"的戏，讽刺蔡京的行为。戏的内容是：一个县官升堂办案，一个老和尚要求离县到外地去，但是他的度牒是先帝年间发的。县官下令收缴度牒，并不再让他当和尚。这时，师爷在县官耳边悄悄说："黄员外为了报答老爷上次办事的恩德，特奉送白银一千两，可这些银子都是先帝年间铸造

的，那怎么办好呢？"县官说："那就从后门搬进来吧。"从那时起，"走后门"一语就流传开了。

"出风头"的由来

"出风头"的意思是故意引起别人注意，含贬义。这个俗语最初说的是上海滩的妓女。上海滩四马路有一座"青莲阁"，游手好闲的纨绔子弟整天在那里胡混。每天下午三四点钟，那里一片车水马龙，丝竹管乐。最引人注目的是打扮得花枝招展、扭捏作态的妓女们坐着马车在四马路上绕着黄浦滩兜圈子。她们把这种招摇过市，卖弄风骚的行为叫"出风头"。爱赶时髦的阔小姐、阔少爷也喜欢雇辆马车，出风头。就这样，"出风头"成了上海滩的一道风景。后来，人们用"出风头"指那些华而不实、招摇过市、沽名钓誉的行为，一直延续至今。

"碰钉子"的由来

人们常把求人办事遭到拒绝或受到斥责叫作"碰钉子"。碰钉子的由来有二。

一种说法是，封建时代的衙门和官宦人家的大门上都有"门钉"，老百姓常常在这种地方受制于人，进门难、办事难。因此，人们把被拒之门外的情况称为"碰钉子"，或者说"碰了一鼻子灰"。元剧《西厢记》中有这样一句："我撞钉子，将贼兵探知。"可见，元朝已经有"撞钉子"的说法了。

还有一种说法，"碰钉子"是青洪帮中洪门的切口（隐语行话）。"碰到钉字"，意思是遇见对头了。"钉子"与"钉字"谐音而且意思相同，后来以讹传讹，"碰钉子"一词就流传开来了。

"搞名堂" 原为 "搞明堂"

当人们看到别人做出有神秘色彩的行动时，常说 "搞什么名堂"。其实 "搞名堂" 是 "搞明堂" 的讹传。"明堂" 是古代帝王会见诸侯、接见长者的地方，一般都高大宽敞。

汉武帝刘彻游泰山的时候见到一处上古时代的明堂遗址，突发奇想，决定在遗址上建一座新的明堂。可是，当时并没有可参考的明堂建筑，文武百官都不知道明堂如何建造。这时，有一个叫公玉带的人善于投机，他利用汉武帝一心想建明堂的心理，伪造了一幅富丽堂皇的黄帝时的明堂图。其他人也提出了自己的方案，围绕明堂如何建造的问题争论不休。最后，汉武帝采纳了公玉带的图样。

后来，唐朝武则天也动了造明堂的念头。大臣刘允沦写了《明堂赋》讽喻这一劳民伤财的举动。武则天看后觉得言之有理，取消了造明堂的念头。"搞明堂" 这个词由此流传下来。人们将 "搞明堂" 讹传为 "搞名堂"。

拌嘴为何叫 "抬杠"

在北方，发生争执拌嘴，又叫 "抬杠"。为什么叫抬杠呢？元宵节有各种庙会，其中有一种奇特的 "抬杠会"，有些地方叫 "撞官会" "甩会" "太平颤" 等。抬杠会上，众人抬着一个巨大的杠杆，杠杆翘起的一端安放着一只椅子。一个身穿红袍，头戴纱翅帽的丑官坐在高高的椅子上。这个丑官没有固定的台词，他即兴回答观众提出的各种稀奇古怪的问题，然后引发争辩，逗得大家哄堂大笑。

后来，人们管类似这种故意找碴的拌嘴叫作 "抬杠"。"抬杠" 不同于胡搅蛮缠的吵架，而是有逻辑性的。因此 "抬杠" 的人必须善于思考，并且有刨根问底的精神。

"敲门砖" 的由来

"敲门砖" 一词出自《留青日札摘抄》。古代科举考试，要考八股文，应考的人把八股文的套路练熟，以便派上用场。如果没有考中，就说撞太岁；如果考中了，八股文就没用了，就像用来敲门的砖一样，进了门就扔掉。后来，人们用 "敲门砖" 比喻用来达到目的的手段，达到目的后就抛弃。

现在人们常把大学文凭或各种证件叫作 "敲门砖"，凭借较高的学历和证件进入较好的企业或事业单位。

"戴高帽" 的由来

"戴高帽" 源自唐代李延寿著的《北史·熊安生传》中的一个故事。北齐有一个叫宗道晖的人，平时喜欢戴一顶很高的帽子，脚上穿一双很大的木屐。每当他谒见上级官员的时候，总是向上仰着头，举起双手，然后跪拜，一直把头叩到木屐上，极力讨好上级。

后来，人们把吹捧别人、恭维别人的行为叫给别人 "戴高帽"，把妄自尊大，吹牛自夸的行为叫作 "好戴高帽"。

"耳边风" 的由来

家长批评孩子不听话时常说："说过多少次了，你就当耳边风，" "耳边风" 比喻对事情漠不关心，丝毫不往心里去。这种说法源自汉代赵晔《吴越春秋·吴王寿梦传》："富贵之于我，如秋风之过耳。"

吴王寿梦有四个儿子，诸樊、余祭、余昧、季札。季札品德最贤良，而且很有才能。因此寿梦最宠爱小儿子季札，决定改变长子继承制，把王位传给季札，但是季札坚决推辞。寿梦只好把王位传给诸樊，但是留下遗愿希望把王位传给季札。寿梦死后，诸樊继承了王位，并与余祭、余昧立下誓约，王位由兄弟依次相传，务必让季札继位。诸樊死后传位给余祭，余祭死后传位给余昧。余昧死后依照誓约传位给季札，但是季札坚决拒绝，他说："荣华富贵对我来说，就像秋风过耳，没什么值得留恋的。"

吃肉为何叫"打牙祭"？

"打牙祭"原指每逢月初、月中吃一顿有荤菜的饭，后来泛指吃肉。这个俗语反映的是四川人的祭祀习俗，在四川地区使用得非常广泛。其来源有三种说法：

一说，旧时厨师供的祖师爷是易牙，每逢初一、十五，要用肉向易牙祈祷，称为"祷牙祭"，后来讹传为"打牙祭"；

二说，旧时祭神、祭祖的第二天，衙门供职人员可以分吃祭肉，故称祭肉为"衙祭肉"，后来讹传为"牙祭肉"；

三说，"牙祭"本是古时军营中的一种制度。古时主将、主帅所居住的营帐前，往往竖有以象牙作为装饰的大旗，称为"牙旗"。每逢农历的初二、十六日，便要杀牲畜来祭牙旗，称为"牙祭"。祭牙旗的牲畜肉称为"牙祭肉"。"牙祭肉"往往由将士们分而食之，称为"吃牙祭肉"。

"眼中钉"的由来

人们非常仇恨某人的时候，常说他是"眼中钉"。这个词源于一个有趣的故事。

后唐明宗的时候，有一个叫赵在礼的人任宋州节度使，掌握军政大权。他仗着自己官高权大，便肆意欺压百姓，搜刮民财。宋州百姓对他恨之入骨。后来，他通过行贿调到水兴做官，宋州百姓听说后互相庆贺说："赵在礼走了，真是咱们的福气，好像眼里拔掉了一根钉子。"没想到，这话传到赵在礼耳中，他火冒三丈，立即上奏皇帝，请求继续留在宋州。皇帝以为他深得民心，就答应了他的请求。结果，宋州百姓遭殃了，赵在礼让每人交一千大钱作为"拔钉钱"，不然就打入大牢。老百姓只好忍气吞声。

"敲竹杠"的由来

人们把寻找借口向别人敲诈钱财叫作"敲竹杠"。这种说法源于清朝末年，当时帝国主义商船向中国走私大量鸦片，林则徐推行禁烟政策，并在广州海面派出官船查禁鸦片。有一次，官船截住了一艘走私船，一个官员抽着旱烟上了商船，在监督手下搜查的时候，无意中在船篙上敲了一下烟袋锅。这个动作吓坏了走私鸦片的商人，因为他把鸦片藏在了船篙里。他以为官员发现了秘密，于是趁人不注意塞给官员一笔钱。官员心领神会，放走了走私船。

关于"敲竹杠"的起源，还有一种说法：四川地区有钱人进山拜佛时乘坐一种竹竿做的简易轿子，由人抬上山。走到半山腰，抬竹竿的人就敲竹竿要求加钱，否则就不抬，坐轿子的人只好加钱。

"风凉话"的出处

"风凉话"的意思是"不负责任的冷言冷语"。这种说法源自唐朝。

《旧唐书》中记载了这样一件事。在一个骄阳似火的盛夏，唐文宗和几个大臣聚集在大明宫吟诗。唐文宗首先吟道："人皆苦炎势，我爱夏日长。"各大臣争相吟诗附和，唐文宗独爱柳公权的两句："熏风自南来，殿阁生微凉。""风凉话"正是由此而来。身为帝王不问民间疾苦，独自享受风凉，难免招人诟病。

宋代苏轼为它续上四句诗："一为居所移，苦乐永相忘。愿言均此施，清阴分四方。"意思是劝谏君王恩施天下。

"吹牛皮"一词的由来

为什么说大话叫"吹牛皮"呢？"吹牛皮"的说法源自黄河上游地区。古代黄河流经甘肃、宁夏、陕西境内时沿途水急滩险多泥沙，木船很难行驶。沿岸居民用皮筏代舟。皮筏是用整张羊皮或牛皮制成的。整张皮经过处理之后，缝制成袋状，留一个小孔，等到用的时候，就往里面吹气。

古代没有打气筒，要把皮筏灌满气，只能用嘴吹。牛皮筏子体积大，一个人很难吹起来，需要几个肺活量大的人轮流吹才行。如果有人说他能把牛皮筏子吹起来，当地人听了不会相信，都会认为他是在说大话。因此，当地人常常对那些喜欢炫耀的人说："你要真有本事，就去吹牛皮好了！"渐渐地，"吹牛皮"成了说大话的代名词。

"三只手"为何是小偷的代名词？

北宋，东京汴梁有一个赫赫有名的神偷，他偷东西的技术堪称一绝，但是没有人知道他的真实姓名。平常的小偷，偷东西的时候用一枚磨得锋利无比的铜钱割开别人的腰包，俗称"跑明钱"。这位神偷却不用任何工具，只要擦身而过，就能神不知鬼不觉地把别人的东西据为己有。

有一次，他在同行面前炫耀自己的技巧，把双手高举过头，在众目睽睽之下，一挨身就把别人身上的银子掏了出来。众人目瞪口呆，根本看不出他如何做到的，好像他身上长着第三只手。于是，人们送给一个绰号"三只手"。至今，人们还把小偷小摸叫作"三只手"。

"卖关子"的由来

"卖关子"语出《新唐书·李逢吉传》，原指收受贿赂。李逢吉是皇亲国戚，他倚权仗势，卖官鬻爵，纠集了张又新、李仲言、李续子等八个佞臣。这八个人之下又聚集了十六个趋炎附势的小人。一般官员有事想见李逢吉必须先过这些人的关口。要想过他们的关口，必须先行贿赂。这些佞臣定下了规矩，求什么事该送多少钱"明码标价"。买通了关子，事情就好办了。正直的官员和老百姓对他们无可奈何，将其称为"八关十六子"。

到了近代，"卖关子"的词义发生了变化，指戏曲评说中布置悬念，其目的是吊人的胃口。后来，泛指说话时故弄玄虚，弄得对方急不可耐。

"两面派"的由来

元朝末年，朱元璋起义军在黄河以北和元军展开了拉锯战。这让当地的老百姓苦不堪言，因为不管哪方的军队过来，都要在门板上贴上欢迎的标语。

豫北怀庆府的人想出了一个简便易行的办法，在一块木牌的一面写上欢迎元军的"保境安民"，在另一面写上"驱除鞑虏，恢复中华"。哪方军队来了，就翻出欢迎哪方的标语。这样既省钱又方便。但是，没想到这种做法为他们招来了祸患。

有一次，朱元璋的大将常遇春率军进驻怀庆府，看到家家门口上的木牌都写着欢迎的标语，非常高兴。可是，一阵大风刮来，木牌被风吹得翻了过来，反面全是欢迎元军的标语。常遇春非常生气，把挂着两面木牌的人家全部抄斩。

后来，"两面牌"演变成了"两面派"，指口是心非，善于伪装的人。

"跌份儿"的由来

生活中，人们常说这样很"跌份儿"，那样"够份儿"。"份儿"这个词源于旧时戏剧界、服务业和市井小民中。

旧社会的戏班、澡堂、妓院等行业是不发工资的，收入按份子计算。比如，总收入分为一百份，可能班主得十份，挂头牌的得十份，照顾雅座的得三份，跑龙套的、挎刀的各得几份，而端茶的、扫地的、烧火的可能分不到一份。这就有了"够份儿""跌份儿"的说法。"跌份儿"就是降薪降职，"拔份儿"就是增加工资，提高地位。这时，"份儿"就不仅涉及经济利益，而且牵扯到脸面和身价。"跌份儿"就是丢人现眼，有失身份。同样的意思，也可以说成"掉价儿"。

"闭门羹"的由来

如果登门拜访遭到拒绝，人们就会说吃了"闭门羹"。"闭门羹"一词出自唐代冯贽《云仙杂记》所引《常新录》的一段话："史凤，宣城妓也。待客以等差……下列不相见，以闭门羹待之。"这位名叫史凤的妓女有沉鱼落雁之貌，而且琴棋书画无不精通。方圆百里的贵胄公子都渴望一睹芳容。但是，史凤重才不重金，她把前来求见的人按照品貌才学分为三六九等。不学无术之徒统统被拒之门外。那些公子哥对她怀恨在心，于是造谣中伤史凤。史凤想堵上他们的臭嘴，不愿接待下等客人时，就款待一碗羹，以表婉拒。后来，客人见到羹，就心领神会，知趣地离开。

如今，人们用"闭门羹"泛指拒绝客人进门，回避不见。有时，也指拜访他人时，主人不在。

"狗腿子"的由来

"狗"在汉语文化中名声不太好。带"狗"字的词往往含有贬义，比如"走狗""狗仗人势""狗嘴里吐不出象牙""狗眼看人低"等等。"狗腿子"同样是骂人的话，指给有势力的人奔走服务，帮他们干坏事的人。

传说，有个大官的腿断了，一个奴才极尽阿谀奉承之能，主动要求截下自己的腿为主人接上。主人问："那你的腿怎么办呢？"奴才说："可以用狗腿接上。"主人又问："那狗的腿怎么办呢？"奴才说："用泥巴捏上一条。"从此以后，狗撒尿的时候，就抬起一条后腿，因为它怕尿冲掉泥巴捏的假腿。"狗腿子"就是这么来的。

矮子看戏，随人叫好

"矮子看戏，随人叫好"，形容那些不懂装懂，随声附和的人。这个俗语出自宋代黎靖德编辑的《朱子语类》："矮人看戏，随人说妍（美好）。"

古时候，农村有演"草台戏"的风俗，即在露天场地搭一个台子，台子不太高，大家都挤在台子前面站着看。有个矮子也去看戏，他去得比较晚，只能站在后面。前面的人都比他高，挡住了他的视线。矮子根本看不到台上在演什么，只听到观众不断发出叫好声，他也随声附和，跟着大声叫好。

后来，人们用"矮子看戏，随人叫好"比喻那些没有主见，人云亦云的人，与"应声虫"的意思类似。

不管三七二十一

"不管三七二十一"是指不顾一切，不问情由的鲁莽行动。这种说法源于原始时期先民的计数方法。那时人们像孩子一样掰着手指头数数，一个人有两只手，每只手有五个手指，两只手有十根手指。因此人们对"二""五""十"这三个数特别熟悉。五减二得三，五加二得七。在人们印象中，三是少，七是多。数三只要一只手，数七需要两只手。三代表吉利，七象征凶险。因此，人们说"不管三七"，意思是"不管多少""不管好歹"。

后来，人们在这种说法后面加上了"三七"的乘积，"三七二十一"这句俗语就流传开了。

不打不相识

"不打不相识"的意思是经过交手，经过了解，才能真正认识对方，更好地结交。这个俗语出自明朝施耐庵著的《水浒传》。

《水浒传》第三十八回写到，宋江、戴宗、李逵三人在江边的酒馆喝酒。吃喝间，宋江嫌鱼汤不好喝，于是李逵向江边的渔人要鱼，渔人说："要等主人来，才敢开舱。"性急的李逵说："等什么鸟主人，

俺自己来拿！"结果他没有抓着鱼，反而把鱼放跑了。绰号"浪里白条"的渔人张顺见李逵无理取闹，便和他交起手来。两人从船上打到江里，张顺水性极好，把李逵按在水里，李逵被呛得晕头转向，连声叫苦。这时戴宗过来解围，对张顺喊道："足下先救了我这位兄弟，快上来见见宋江！"。原来，张顺认得戴宗，并且景仰宋江的大名。张顺听戴宗一喊，急忙将李逵托上水面，游到江边，向宋江施礼。

戴宗向张顺介绍说："这位是俺弟兄，名叫李逵。"

张顺道："原来是李大哥，只是不曾相识！"

戴宗说："你们两个今天可做好兄弟了。常言说：不打一场不会相识。"几个人听了，哈哈大笑起来。

不怕官，只怕管

"不怕官，只怕管"指直接管的人要比官更有权威，也指在人管辖之下，一切只能听命于他。

这个俗语出自《水浒传》第一回。王进是八十万禁卫军枪棒教头，他的父亲王升年轻时曾经和小流氓高俅比棒，一棒就把高俅打翻在地，几个月卧床不起。高俅一直怀恨在心。十几年过去了，王升已经死了，高俅却因为蹴鞠踢得好，得到宋徽宗的赏识，升为殿帅府太尉。

高俅第一天上任，就发现王进请病假未来参见，于是大怒，喝令左右拿下王进，"大力与我打这厮"。众牙将苦苦相劝，才得免。王进认出了高俅，出衙门后叹道："俺的性命今天难保了！他今天发迹，得做殿帅太尉，正待要报仇。我不想正属他管。

自古道：'不怕官，只怕管'，俺如何与他争得？怎生奈何是好？"回家之后，他连夜带着老母，投奔边镇延安府去了。

不见棺材不掉泪

"不见棺材不掉泪"讽喻有些人做事不听劝阻，一意孤行，最后遭到挫折和失败，才幡然醒悟，但是造成的损失和危害已经无法挽回。另外，它还比喻某些坏人作恶多端，无法无天，然而"自作孽不可活"，等到最后自食苦果，才开始痛改前非。

古时候，扬州有一个姓李的无赖，平时横行乡里，敲诈勒索，无恶不作。乡亲们对他又恨又怕。父母妻儿劝他改恶从善，他却满不在乎地说："老子谁也不怕，谁也不服！"有一次，他闯进邻居吴某家调戏其妻子，被吴某抓个正着。两个人打起来，李某抓起一把斧子砍死了吴某。"杀人偿命"，李某被官府抓起来，判了死刑。李某的妻子买通了狱卒带着儿子来看他。李某泪流满面，连说自己罪有应得，并告诫孩子千万不要走自己的老路。人之将死其言也善，然而后悔已经太晚了。于是，他的妻子说："你是不见棺材不掉泪啊！"

不到黄河心不死

"不到黄河心不死"与"不见棺材不掉泪"的意思相近，比喻不到无路可走的境地绝不死心。

黄河是中华文明的发源地。中华民族的始祖在黄河流域繁衍生息，因此黄河在华夏儿女的心目中占有重要的地位。汉语中很多俗语都与黄河有关，比如"不到黄河心不死"，"跳进黄河洗不清"。

据梁启超考证，"不到黄河心不死"

这个俗语与古诗《公无渡河》有关。传说，一个白发狂夫执意渡河，不顾妻子劝阻，结果溺水而亡。有人为此感慨，作了一首诗："公无渡河，公竟渡河，堕河而死，将奈公何！"古人把黄河称为"河"，后人根据这首诗提炼出了"不到黄河心不死"这个俗语。

不是冤家不聚头

"不是冤家不聚头"形容仇人难以避免相见，有矛盾的人总是聚在一起。事实上，正是因为是仇人，才会相见。这与佛教的因果理论有关系。前世是冤家，有一段孽缘，今生必然相见。这个俗语来源于一个民间传说。

传说，岳飞的前世是佛祖头顶上的护法神鸟——大鹏金翅明王。而秦桧的老婆王氏则是女土蝠（二十八星宿之一）。一日佛祖正在大雷音寺讲法，莲台下听经的女土蝠放了一个臭屁。这下惹恼了大鹏金翅鸟，它飞下来啄死了女土蝠。女土蝠的灵光下界到东土投胎，成为王门之女，后来嫁给秦桧。大鹏金翅鸟因啄死女土蝠被佛祖责罚，降落人间投胎成为岳飞。女土蝠为了报前世之仇，联合秦桧以莫须有的罪名加害岳飞。民间说他们"不是冤家不聚头"。

饱汉不知饿汉饥

"饱汉不知饿汉饥"形容生活安逸的人不能体会饥寒交迫的人的生活疾苦。后来，泛指所处环境不一样的人，体会和感受也不一样。

这个俗语源自战国时期著名思想家庄子。庄子生活清贫，却拒绝了楚威王的高薪礼聘，不愿意做官。他经常周游列国，有一次来到齐国，遇到很多饥民。庄子十分可怜他们，那些饥民向他讨要食物。庄子苦笑说："我自己已经一连七天没有进食了，哪有食物给你们呢？"其中一个饥民说："路过这里的人很多，但是他们都睁一只眼闭一只眼，好像什么都没看到，只有先生您可怜我们。可是话说回来，假如先生不是饿了七天，就不会知道饥饿的苦楚了！"

半路杀出个程咬金

"半路杀出个程咬金"常用来形容一件事被无端干扰而惨遭失败，通常出乎意料。这个俗语源自《说唐全传》。

隋朝末年，天下大乱，各地反抗不断。尤俊达打算抢劫隋炀帝的皇杠（皇帝派人押运的银子，装在中空的竹杠里，因此叫皇杠）。他到处召集武艺高强的帮手，后来找到了程咬金。程咬金为了赡养年迈的母亲，靠在市场上卖竹耙子为生。尤俊达为了取得程咬金的信任，把他母亲接到自己家里奉养，然后带程咬金去劫皇杠。程咬金身手不凡，当押运银子的车辆走到半路，程咬金就从路旁冲出，凭借三斧头的功夫把押运官员打得抱头鼠窜。一连三次抢劫皇杠成功，程咬金在江湖上声名鹊起。"半路杀出个程咬金"由此流传开来。

帮人帮到地头，送佛送到西天

"帮人帮到地头"和"送佛送到西天"意思都是帮人要帮到底，不要半途而废，但是起源并不相同。

"帮人帮到地头"起源于农业劳动。收割庄稼的时候，经常一人一垄或一人两垄，年轻力壮手脚麻利的人先到地头，而年老体弱的人往往会落在后面。先到地头

的人就会回头帮助收割慢的人。有些人帮一会儿就不帮了，还得到一个帮人的名声。人们对这种人常说："帮人要帮到地头嘛。"这种说法经过演变，被应用到各种需要帮忙的情况中。

"送佛送到西天"源于佛事活动。古代送佛仪式非常隆重繁杂，要准备清茶和蔬菜瓜果。送佛路上要一拜再拜，并且口中念念有词："烈火炎炎，南天不要去；冰雪飒飒，北天不要去，极乐乃故乡，只可回西天！"西天路途遥远，送佛的人又怕佛中途返回，于是给佛带足斋饭干粮，送以纸糊的车马、猎犬，并再次念叨："佛啊，佛啊，你家在极乐之国！佛啊，佛啊，中道不可以晕车！"因此有"送佛送到西天"的说法。

此一时，彼一时

"此一时，彼一时"的意思是时势不同，做事的标准也应不同，应以发展的眼光处理变化的事物，具体问题具体分析。这句俗语源自《三国演义》第二回，原为"彼一时，此一时也"。

东汉末年，朝廷派朱俊攻打韩忠率领的黄巾军残部。韩忠被困城中，粮草断绝，于是提出投降，但是朱俊不答应。这时刘备说："高祖之所以能得天下，就是因为能招降纳顺，你为什么拒绝韩忠呢？"朱俊说："彼一时，此一时也。"他认为那时天下大乱，民无定主，高祖招降可以壮大自己的势力，而现在天下统一，黄巾军造反。如果答应韩忠的请求，就起不到杀一儆百的作用。想造反的人就会更加肆无忌惮，因为失利的时候还有投降这条后路可走。因此，招降不可行。

第四篇 蕴含智慧的俗语、谚语与歇后语

吃不穷，穿不穷，算计不到一世穷

古代，两对成婚不久的小夫妻搬到同一条巷子居住。左边的开了一家油店，右边的开了一家盐店，两家的日常收入差不多。三年后，两家出现了贫富差距。卖油的成了有钱人，卖盐的却借了不少外债。原来卖盐的夫妻，挣到钱后，总是大手大脚地花钱，从来不想着攒钱。而卖油的夫妻却精打细算，每天把盈余清点好，留够家用后全部存起来，因此越来越富有。

人们根据这件事总结出了俗语："吃不穷，穿不穷，算计不到一世穷"。意思是，有了正当而牢固的收入，正常的吃喝穿戴方面的消费本来不会出现任何困难，但是如果没有计划，不会算计，就会受穷。

当官不与民做主，不如回家卖红薯

"当官不与民做主，不如回家卖红薯。"这句俗语原是豫剧《七品芝麻官》中的一句台词。它的由来有一段趣话。

"文化大革命"一开始，著名豫剧演员牛得草头上就被加了九个反动头衔，什么"反动权威""反党分子""反革命修正主义分子"，等等。他被抓进监狱，判刑三年。

老牛演芝麻官演了十多年，进了监狱，他还是每天想着如何演好芝麻官。他想戏想得入了迷，一句台词脱口而出："当官不与民做主，不如回家卖豆腐。"他想，有朝一日，再演"芝麻官"一定将这句话加进去。

在监狱里，上顿下顿就靠红薯打发肚子。这天，到了吃饭的时候，吃的又是红薯。老牛又想起那句台词。老百姓只能吃红薯充饥，逢年过节也吃不上几口豆腐。于是，他把台词改为："当官不与民做主，不如回家卖红薯！"当他再演芝麻官的时候，这句台词很受欢迎，被人们广为流传。

打破砂锅问到底

"打破砂锅问到底"，这是人们常挂在嘴边的一句口头禅，比喻追究事情的根底。"打破砂锅"和"问到底"有什么关系呢？

砂锅即用陶土和沙烧制成的锅，用作熬制中药或冬季煲汤的器具，这种锅极易破碎，而且一碎就会一裂到底。"打破砂锅问到底"原本写作"打破砂锅璺到底"，璺读作 wèn。因为和"问"同音，所以就改用问字了。璺就是砂锅上的裂纹，砂锅磕坏了以后就会有裂纹一直延伸到砂锅的最下面。

宋代黄庭坚的《拙轩颂》中有这样几句："觅巧了不可得，拙从何来？打破沙盆一问，狂子因此眼开，弄巧成拙，为蛇画足，何况头上安头，屋下安屋，毕竟巧者有余，拙者不足。"

店里有人好吃饭，朝里无人莫做官

"店里有人好吃饭"的本义是，如果客栈旅店里有自己认识的人，即使身上没有带钱，也不至于饿肚子或露宿街头，常用来形容有熟人好办事。

"朝里无人莫做官"的含义说法不一。古代七品以上的官员都是朝廷提拔的。如果在朝廷中有自己的亲朋好友帮助疏通，就可能青云直上，飞黄腾达。因此，也说"朝里有人好做官"，意思和"店里有人好吃饭"类似。

另一种说法是，当皇帝无能，奸臣当

权，朝里没有正直之人的时候，最好不要做官。因为这时做官，如果为官清廉，就会遭到奸臣的排挤，甚至置你于死地。如果你和奸臣沆瀣一气，就会毁了自己的一世英名。这句俗语表达了人们对腐败统治的不满和绝望。

狗嘴里吐不出象牙

象牙是稀有名贵之物，用象牙雕琢的物品是珍贵的装饰品。人们常用"狗嘴里吐不出象牙"比喻坏人嘴里说不出好话。"狗嘴"和"象牙"有什么关系呢？这句俗语源自一个民间传说。

从前，有一个商人从事象牙贩运生意。象牙产自南国，路途遥远，而且经常遇到强盗，非常危险。但是，象牙价钱高，利润大。商人为了赚钱宁可冒生命危险。为了保障安全，商人养了一条狼狗。一次路上遇到强盗，这条狗冲上去把强盗咬伤，救了主人。商人更加善待这条狗，与狗同吃同住，狗也更加忠诚，多次出生入死。但是，时间久了，狗也觉得很辛苦，于是对主人说："沿途这么危险，咱们不去南国贩运不行吗？"主人问："那去哪里弄象牙？"狗说："我想办法给你吐出来。"于是，狗蹲在屋子里龇牙咧嘴，努力了半天，什么也没有吐出来。商人说："狗就是狗，狗嘴里是吐不出象牙的！"

寡妇门前是非多

"寡妇门前是非多"意思是，寡妇的特殊身份，既容易招惹不怀好意的人，也容易招人猜疑。

封建礼教要求妇女"三从四德""从一而终"，因此有"烈女不嫁二夫"的说法。如果寡妇与男人来往，即使是正常的交往，也会招人非议，产生"是非"。寡妇有口难辩，永远得不到解脱。

传说，有个女子成婚不到两年，丈夫就去世了。守寡之后，婆家对她看管很严。有一次，一个长工不小心把水洒在她身上，两个人说了几句话，不巧被婆婆看到了。结果，婆婆说她不守妇道，到处都是关于她的风言风语，连下人都在背后讥笑她。这个年轻的寡妇百口莫辩，只好在深夜跳井自杀了。可见，封建礼教真的能吃人。如今的寡妇完全有权利追求自己的幸福和情感归宿。

挂羊头卖狗肉

"挂羊头卖狗肉"比喻以好的名义做招牌，实际上兜售低劣的货，讽刺表里不一的欺骗行为。这句俗语出自《晏子春秋》中的一个典故。

春秋时期，齐灵公喜欢让后宫的妃嫔和宫女们穿男装，上行下效，齐国女人都流行穿男装。于是，齐灵公下了一道命令：凡是被发现穿男装的女人，一律剥光衣服示众，还要惩罚她家里的男人。可是，每当官兵上街巡逻，那些女人顶多是惊叫着跑开，女人穿男装的现象丝毫没有改变。齐灵公为此很烦恼。

后来，晏婴对齐灵公说："君王您让宫内的女人穿男装，而禁止宫外的女人穿男装，这就好像在门前悬挂着羊头，实际上卖的是狗肉一样。如果您禁止宫内的女人穿男装，外面的人就不敢穿了。"齐灵公采纳了他的意见，几个月后，齐国女人就没有穿男装的了。

好女不着嫁时衣

"好女不着嫁时衣"意思是好的女子

结婚之后就不再穿出嫁时穿的衣服了。这句俗语与过去的社会风气有关。

旧时女子地位低下，有的女子到了十六七岁就不断向父母要钱，积攒起来。到了出嫁的时候，她就用这些钱添置衣服嫁妆，以便到了婆家夸耀，从而提高自己在婆家的地位。但是，大多数人认为女子如果能勤俭持家，就能过上富裕的生活。婚后的日子是漫长的，陪嫁再多，也不够吃一辈子。日子过得好与坏也不在几件衣服上，因此为了抵制拼命置办嫁衣的风气，人们认为好女子结婚之后，就不应该穿出嫁时的衣服，而应该把它压在箱底，勤俭持家过日子。

好汉不吃眼前亏

"好汉不吃眼前亏"的意思是聪明人应该能屈能伸，暂时躲过眼前的不利处境，以图东山再起。这个俗语的由来与韩信有关。

有一天，韩信在淮阴遇到一群恶少。带头的是个年轻的屠户，他侮辱韩信说："韩信，你也配带剑吗？别以为你的个子比我高大，我就怕你！其实，你是个连妇人都不如的胆小鬼。"他仗着自己人多势众，继续说："不服气的话我们打个赌：假如你不怕死，那就用剑刺我；不然，就从我的胯下钻过去。"他说完，就张开双腿等着韩信钻。韩信注视了他一会，俯下身子从他的胯下爬了过去。人们都讥笑他，以为韩信真的胆子很小。

后来，韩信得到萧何的赏识，投奔刘邦，当上了大将军。如果韩信当初杀死那个小混混，杀人偿命，韩信也不会当上大将军，更不会帮助刘邦攻打项羽，统一天下。这就是"好汉不吃眼前亏"的由来。

这个俗语告诉我们，大丈夫能忍天下之难忍，才能成天下难成之事。

鸡毛蒜皮

人们常用"鸡毛蒜皮"比喻无关紧要的琐事或毫无价值的东西。那么，为什么把"鸡毛"和"蒜片"联系起来，而不说"鹅毛葱皮"呢？这个俗语起源一个有趣的故事。

从前，有两个做小买卖的人，一个是卖鸡的，一个是卖蒜的。他们是东西邻居。卖鸡的整天杀鸡，家里鸡毛满地；卖蒜的整天剥蒜皮，家里蒜皮乱飞。刮东风的时候，卖鸡家的鸡毛常刮到卖蒜的家去；刮西风的时候，卖蒜家的蒜皮常刮到卖鸡的家里。两家常常为此争吵。有一次，卖蒜的打了卖鸡的一扁担，卖鸡的捅了卖蒜的一刀子。后来，双方扭打着告到县衙。县官觉得为了鸡毛蒜皮的小事儿而伤人打官司实在不值。为了教育两家，县官判道："鸡毛蒜皮，何值一提？各打十板，回去反省吧！"从此，"鸡毛蒜皮"这个俗语就流传下来了。

家有一老，犹如一宝

相传，古代某个朝代的律法规定，老人活到六十岁就要被活埋，违令者诛九族。当时的宰相是出名的大孝子，他的父亲到了花甲之年，他实在不忍心活埋老父，于是在后花园挖了一个地窖，把父亲藏在那里，对外宣称老父因病去世。

这年春天，皇宫里出现了五只奇怪的小动物。它们长着银灰色的皮毛，一双小眼睛放着贼光，还有一条长长的尾巴。它们肆无忌惮地上蹿下跳，毁坏了很多粮食和物品。满朝文武中竟无一人能说出此物是什么。于是龙颜大怒，下令如三日之内不铲除此物，将诛杀文武百官。

宰相回家后，心情十分沉重，给父亲送饭时，就把那五只怪物的事儿全盘说出。老太爷说："不过是五只老鼠，你去抓两只狸猫，上朝时把它们藏在衣袖里。"

第二天，宰相依计行事，很快就把五只怪物抓住了。皇帝大悦，询问宰相缘由。宰相跪在皇帝面前，把老父藏在地窖中的事儿说出，并说老父早年在他国居住过，见过此物。天子听后，立即宣旨，将活埋六十岁以上老者的律法取消，每年从国库中拨出银两，专门奖励老有所为的老人。

从此，人们就说"家有一老，犹如一宝；有了疑难，问问便晓"。意思是说，老年人见多识广，能够帮人们解答很多疑惑。

嫁鸡随鸡，嫁狗随狗

"嫁鸡随鸡，嫁狗随狗"意思是，女人出嫁后，不管丈夫好坏，都要永远跟随，这是封建礼教对妇女的迫害。

为什么不说"嫁牛随牛，嫁马随马"呢？从文化角度来解释，古今构造词和成语都取自身边最熟悉的事物。鸡和狗是人类最早驯化的家禽和家畜。鸡可司晨，狗可看门，它们是非常重要的家禽和家畜。

事实上，这个俗语是从"嫁乞随乞，嫁叟随叟"演化而来的，意思是一个女人即使是嫁给乞丐或年纪大的人也要跟随一辈子。后来，这种说法演变为"嫁鸡随鸡，嫁狗随狗"。

姜还是老的辣

"姜还是老的辣"，意思是老年人有经验，有办法，足智多谋，难以对付，也比

喻刚直不阿。这个俗语出自《宋史》。

宋高宗在临安建立南宋政权之后，宠信奸臣秦桧。秦桧暗通金国，极力主张投降，打击抗金将领和主张抗金的官员。当时，朝廷中有一个名叫晏敦复的资格很老的大臣。他性格刚直，不畏强暴，两个月内向宋高宗启奏34次，为爱国将领仗义执言，弹劾秦桧等一伙奸臣。奸诈的秦桧也怕他三分，于是想尽办法让他屈服。一天，秦桧派亲信劝说晏敦复："如果你屈服，重要官职旦夕可至。"晏敦复断然拒绝了，慷慨激昂地说："况吾姜桂之性，到老愈辣，岂能为自身而误国家？"晏敦复以姜桂之性自喻，敢于与邪恶势力做斗争，不愧为一块老姜。

说曹操，曹操到

人们常用"说曹操，曹操到"来形容人或事来得非常及时或凑巧。这个俗语还真的跟历史上的曹操有关系。

东汉末年，汉室摇摇欲坠。先是董卓带兵入洛阳，废少帝，立汉献帝，后来董卓被王允所杀。董卓的部将李傕、郭汜率军入长安，杀王允，软禁献帝。献帝在李、郭火拼时，曾一度脱险，但是李、郭合兵后，继续追拿献帝。在献帝走投无路的时候，有人向献帝举荐曹操。然而，献帝的信使还没派出，李、郭的军队已经杀到。在千钧一发之际，曹操手下的大将夏侯惇率军保驾，将李郭联军击溃。曹操迎献帝到许都，开始"兵天子以令诸侯"。后来人们用"说曹操，曹操到"来形容曹操护驾及时。

癞狗扶不上墙

"癞狗扶不上墙"比喻没出息的人，

无论怎样帮他，也没有办法让他长进。

从前有个叫杨勾的人，擅长养狗和驯狗。他的狗是善于追逐奔跑的猎物，专门卖给喜欢打猎的公子哥。这些富家少爷价钱给得相当高，很快杨勾就成了当地的富翁。

杨勾驯狗，不但训练狗的奔跑速度，而且训练狗跳越障碍的能力。他利用狗急能跳墙的特性，先用骨头诱惑狗跳过矮墙，然后逼狗跳过高墙。凡是能跳过高墙的狗都是好狗，跳不过去的就是癞狗。为了训练癞狗，当癞狗跳墙的时候，杨勾总是扶上一把，但是有的癞狗扶也扶不上去。于是，杨勾说："癞狗扶不上墙。"

看他训狗的人记住了这句话，后来人们常说没出息的人"癞狗扶不上墙"。

靠山吃山，靠水吃水

人们常说"靠山吃山，靠水吃水"，水可以喝，但是山怎么吃呢？其实，这句俗语的意思是，依山而住，可以从山上得到生活来源，山上有木柴、野生的果实和药材，还有各种飞禽走兽；依水而住，可以从水中得到生活来源，水中有鱼盐之利，也可以靠渡船和航运为生。

"山"和"水"是人类赖以生存的宝库。人们只要好好开发利用身边的自然资源，就能解决温饱问题。但是，在开发利用的同时，也要讲究可持续发展，避免过度开发。如果对山滥砍滥伐，对水涸泽而渔，那么迟早会"山穷水尽"。因此，在享受山水之利的同时，还要懂得养护的道理。

这一俗语的使用并不局限于"山"和"水"，而是用山水指代身边的资源。

拿人家的手短，吃人家的嘴软

"拿人家的手短，吃人家的嘴软"意思是，得到别人的小恩小惠，不得不在涉及是非曲直的问题上，昧着良心偏袒一方。

春秋战国时期，鲁国的相国公仪休特别喜欢吃鱼。全国的人都争相买鱼巴结他，但是他却拒不接受。他的弟子问道："先生爱吃鱼，为什么不肯接受别人赠送的鱼呢？"

公仪休说："如果接受了别人的鱼，到了紧要关头，一定会迁就别人，歪曲法律。执法犯法，就有被罢黜的危险。那时候，即使再喜欢吃鱼也不会有人送给我了，而我自己也没有能力去买鱼了。如果我不接受鱼，就不会被免职，就能够靠自己的薪俸来买鱼吃。"

于此可见，拿人家的，吃人家的，只是一种诱饵，如果你上钩，必然弄得自己手短、嘴软，被别人牵着鼻子走。

哪壶不开提哪壶

"哪壶不开提哪壶"是人们常说的一句俗语，本义是提凉壶，让人喝凉水，引申为说不该说的话，做不该做的事。

相传，一对父子俩开了个小茶馆，生意很红火。县太爷是个贪财好利的官儿，每天在小茶馆白吃白喝，一个人独占一桌，嘴里还骂骂咧咧的。父子俩惹不起他，只好忍气吞声。这天，老掌柜病倒了，便由他儿子应付生意。他给县太爷敬茶，县太爷皱着眉吧嗒嘴，说："这水没开，茶没味啊！"小掌柜说："老爷！茶是为您准备的上等龙井，水是滚烫的开水，怎么能没味呢？"过了几天，县太爷来得少了，又过了几天县太爷不来了。老掌柜病好之后，便问儿子："县太爷怎么不来了？"儿子笑着说："我给他沏茶，哪壶不开提哪壶！"

从那时起，这句话就四处传开了。

前不栽桑，后不栽柳，院中不栽鬼拍手

古代，家里种树有讲究，最忌讳的是门前栽桑，屋后栽柳，院中栽杨。因此，俗语说："前不栽桑，后不栽柳，院中不栽鬼拍手。"所谓"鬼拍手"就是杨树，又称"呱嗒手"。因为，晚上刮风的时候，杨树叶子哗哗地响，让人恐惧心烦，而且为盗贼遮音，因此院中不栽杨树。为什么门前屋后不栽桑树和柳树呢？因为"桑"与"丧"谐音，"柳"与"流"谐音。门前栽桑，有丧事进门之嫌；屋后栽柳，有金银财宝流走之嫌。

据考证，这个俗语应该起源于汉代之后。因为，秦墓出土的竹简上记载着门前栽桑的文字。可见，当时并不忌讳门前栽桑。当时的人们重视养蚕，到处都种植桑树，并以"桑梓"代称故乡。

这个俗语反映了人们求吉利的心理，是一种迷信的说法。"院中不栽鬼拍手"是为了安静，倒有一些道理。

清官难断家务事

"清官难断家务事"意思是家庭中的事情烦琐复杂，清官也无法判明是非。明代冯梦龙的《古今小说·滕大尹鬼断家私》中就用"常言道"引用这句话。可见，这个俗语由来已久，相传源自宋代的一个故事。

宋代，有一个县令叫赵秉公，他清正廉洁，断案公平。有一次，一个同窗好友对他说："我乡有一个张姓老汉，家有两个儿子，因为家务事两个儿子想分家，张家有宅院两处，田地二十亩，你说这家怎么分？"赵秉公说："这有何难？两个儿子一人一处宅院，一人十亩田地。"好友说："这样分不合理，因为大儿子有三子，二儿子只有一子，这样分岂不是偏向二儿子？"赵秉公说："那就按儿子分宅院，按孙子分田地，一人五亩，老大得十五亩，老二得五亩。"好友又说："可是这样一来，张老汉却没地方住了。"张秉公说："照此说来，还是不分为好。"好友笑道："刚才我问了三问，你断了三个结果。都说你是清官，可见清官难断家务事啊！"

三下五除二

"三下五除二"表示做事迅速、利落。

这句俗语与中国算盘有关。算盘是中国古代一种有效的计算工具，能够帮助人们快速地进行计算。人们借助于简单、易记的口诀，就可在算盘上进行一系列运算。"三下五除二"是珠算中最基本的加法口诀之一。因而"三下五除二"这条基本口诀便产生了"迅速、快捷"的意思。

四菜一汤

明朝洪武年间，天灾降临，百姓生活艰苦，而达官贵人却仍旧花天酒地。朱元璋决定整治一番。

到了皇后生日那天，满朝文武都来庆贺。皇宫里摆了十多桌酒席，可是一共只有四道菜。第一道菜是萝卜，朱元璋说："萝卜乃百味药也，俗语说'萝卜进了城，药铺关了门'。愿众爱卿吃了这碗菜后，百姓都说'官府进了城，坏事出了门'。"第二道菜是韭菜，朱元璋说："愿众爱卿吃了韭菜，能够长治久安得人心！"第三道菜是两碗青菜，朱元璋说："吃朝廷的俸

禄，为百姓办事，要像这两碗青菜一样，两袖清风。"最后，朱元璋指着一碗葱花豆腐汤说："小葱豆腐一清二白，愿众爱卿公正廉明如日月，吾朝江山保得牢。"

宴后，朱元璋宣布："今后请客，最多只能'四菜一汤'。皇后的筵席就是榜样，若有违反者，严惩不贷！"

快刀斩乱麻

"快刀斩乱麻"比喻做事果断，遇到复杂的问题，能采取坚决有效的措施。

北齐开国皇帝高洋年幼时其貌不扬，沉默寡言。他到15岁还整天留着鼻涕，不知道擦拭，因此被人们看作是智障人士，经常被兄弟们嘲笑捉弄。其实，他大智若愚，聪慧过人。

他的父亲高欢任东魏丞相时，想测试几个儿子的智力，给每个儿子发上一堆乱麻，让他们尽快解开。大儿子一根根慢慢抽，越抽越乱，小儿子将乱麻分成两半然后再分开。高洋却抽出一把腰刀，几刀下去将丝团砍成数段，道："乱者须斩！"他这一举动，让父亲刮目相看。从此，汉语中添加了"快刀斩乱麻"这个新俗语。

老死不相往来

"老死不相往来"形容彼此之间一直不发生联系，直到老死，互相都不往来。

这个俗语出自《老子》："邻国相望，鸡犬之声相闻，民至老死，不相往来。"大意是说：相邻的两个国家彼此可以望见，两国鸡狗的叫声都可以听见，两国的百姓各自吃自己的食物，穿自己的衣服，按照自己的风俗生活，并愉快地从事自己的行业，直到老死都不互相往来。这是老子理想的小国寡民的社会。

从当今社会的情况和历史教训来看，这种思想显然是行不通的。国际化、全球化的趋势越来越明显，任何一个国家都不可能独立于全球化趋势之外，闭关锁国只会导致落后挨打。对于个人来说，也是如此，必须融入社会中才能实现自己的价值，脱离社会将无法生存。

癞蛤蟆想吃天鹅肉

人们常用"癞蛤蟆想吃天鹅肉"比喻盲目的追求和愚蠢可笑的幻想。这个俗语用拟人的修辞手法把奇丑无比的癞蛤蟆和美丽高贵的白天鹅联系起来，告诫人们应该把志向和客观条件相结合。

这个俗语由来已久，清代曹雪芹《红楼梦》第十一回中就引用了这句话。贾瑞在宁国府见过王熙凤之后，日思夜想，屡次求见。王熙凤嫌弃他贫寒无势，气愤之极，于是向平儿说起此事。"平儿说道：'癞蛤蟆想吃天鹅肉'，没人伦的混账东西，起这样念头，叫他不得好死！"曹雪芹借用这一俗语讽刺贾瑞想调戏王熙凤是痴人说梦，异想天开。

男大当婚，女大当嫁

"男大当婚，女大当嫁"是一句常用的俗语，意思是男人长到一定的年龄，就应娶妻生子，女子长到一定的年龄就应嫁人成家。从生理上来说，那男女长大成人之后，就应该谈婚论嫁了。早在3000多年前，《诗经·周南》中就表达了类似的观点："所贵婚姻以时。"

这句俗语过去也作"男大须婚，女大须嫁"，出自明代罗贯中所著《三国演义》第五十四回："国太曰：'男大须婚，女大须嫁，古今常理。'"只有男女组成家庭，繁衍生息，人类才得以代代传承，从而开展生产实践活动。

能者多劳

"能者多劳"是一个常用的俗语，意思是有才能的人就多做一些事情，多劳累一些，含有恭维、赞许之意。这个俗语源自《庄子·列御寇》："巧者劳而智者忧，无能者无所求，饱食而遨游。"

《红楼梦》中第十五回，馒头庵老尼净虚包揽诉讼，求王熙凤帮忙。当时，王熙凤协理宁国府的事务已经忙得不可开交，但是净虚以话相激，她就答应下来。净虚奉承说："这点子事，在别人跟前就忙得不知怎样，若是在奶奶的跟前，再添上些也不够奶奶发挥的。只是俗语说的'能者多劳'。"这句俗语既刻画了善于察言观色的老尼形象，又反映了王熙凤争强好胜，喜欢听奉承话的性格。

舍不得孩子套不住狼

人们谈到做一件事需要付出很大的代价时，常说："舍不得孩子套不住狼。"意思是，为了捉住狼，应该舍得牺牲孩子的性命，比喻为了获得某种利益，就要舍得牺牲成本。难道人们为了逮住狼，真的用孩子当诱饵吗？其实，这句俗语的本来面目是"舍不得鞋子，套不住狼"。

住在山林附近的人家常常遭狼祸害，为了保障安全，人们想尽办法捉狼，最有效的办法是套狼。为了引狼上套，常常在套前放一双鞋子。狼看到鞋子，就以为有人在，当它继续往前走的时候，就会陷入套中。在我国不少地方的方言中"鞋子"的发音与"孩子"相同，因此"舍不得鞋子套不住狼"讹传为"舍不得孩子套不住狼"。

三个臭皮匠，顶个诸葛亮

"三个臭皮匠，顶个诸葛亮"，这是人们常说的一句俗语，意思是臭皮匠虽然没什么智慧，但是三个人加起来，办法就多了，而且能够胜过诸葛亮。

这个俗语的由来有很多版本。一种说法是：过去鞋子上有两道突出的"梁"用以缝缀鞋面。鞋面上的"梁"是用猪革包上缝成的。皮匠手艺拙劣，缝一道鞋梁需要三个人合作。因此说"三个臭皮匠合做一个猪革梁"，后来"猪革梁"讹传为"诸葛亮"。

还有一种说法，"三个臭皮匠"原本是"三个臭裨将"。"裨将"是偏将、副将，相当于现在的参谋。三个臭裨将的智谋集中起来，甚至抵得上一个诸葛亮。后来，讹传成"三个臭皮匠，顶个诸葛亮"。

三寸不烂之舌

人们常用"三寸不烂之舌"形容一个人能言善辩，极有口才，意思是别看它只有三寸，可厉害呢！这个俗语出自《史记·平原君列传》。

公元前257年，秦军包围了赵国都城邯郸。一个名叫毛遂的人自己推荐自己跟随平原君到楚国去请求援兵。平原君与楚平王会谈那天，毛遂按着剑，一边威胁楚王，一边义正词严地分析了楚、秦两国的关系，说明赵国派使臣来缔约联合抗秦，乃是为了救助楚国，而不只是为了赵国自己。楚王觉得毛遂说得有理，与平原君一起举行了缔约仪式。

平原君带着一行人回到赵国后，感慨道："毛先生以三寸不烂之舌，强于百万之师。"从此，毛遂受到了平原君的重用，被奉为上宾。

上梁不正，下梁歪

"上梁不正，下梁歪"比喻上行下效，上级领导行为不正，下面跟随的人也跟着做坏事。这句俗语出自晋代杨泉的《物理论》："上不正，下参差。"其本义是，盖房时，上面的梁如果没有放正，下面的梁参考上梁摆放，必然就放歪了。

关于这个问题，早在春秋时期的孔子就曾经谈论过。季康子问政于孔子。孔子对曰："政者，正也。子帅以正，孰敢不正？""政"即"端正"，自身的行为端正，下面的人谁敢不端正呢？如果自身的行为不端正，又怎么能端正别人呢？可见，儒学的政治思想强调领导人的表率作用，这与我党推行的廉政建设思想一致。

太岁头上动土

古代，人们把木星称作"岁星"，也叫太岁。古人认为太岁是一个凶恶的煞神，太岁经过的方位为凶方。如果在太岁出现的方位破土动工，就会冲撞太岁，发生灾祸。因此，人们常说"竟敢在太岁头上动土？"比喻触犯那些超出自己能力之外的人或事。

唐朝志怪小说《广异记》记载了这样一个故事。有个叫晁良正的人，不怕鬼神，看到大家都害怕太岁，他不以为然。于是，他决定以身犯忌，看看太岁能拿自己怎么样？晁良正拿着铁锹到太岁地上掘土。第一年，没有任何灾祸降临。第二年，他又去找太岁地掘土，结果平安无事。到了第四年，太岁动怒了，决定吓唬吓唬晁良正。他化身成一团肉状的东西躲在晁良正要掘土的地方。晁良正掘土的时候，突然掘出这个奇怪的肉东西，但是他

一点都不害怕，狠狠拍了它几下，打得太岁连连求饶，说自己是太岁。于是，晁良正把它拾起来，丢在河里。太岁哀叹："此强人时运正旺，真是无可奈何呀！"看来凶神恶煞的太岁也欺软怕硬。

天打五雷轰

人们在发誓或诅咒的时候常说"天打五雷轰"，形容遭到非常可怕的报应。有些人证明自己是清白的，常起誓说："如果是我做的，就天打五雷轰。"有些泼妇骂人时说："这种丧尽天良的人，会遭天打五雷轰。"

什么是天打五雷轰呢？难道天上打五个雷吗？原来，古代人们把金木水火土五种死法谓之五雷。刀砍死叫作"金雷"，木棍打死叫作"木雷"，水淹死叫作"水雷"，火烧死叫作"火雷"，土墙压死叫作"土雷"。此外，人们通常认为被雷击死的人，一定是罪大恶极的。

天高皇帝远

北宋末年，浙江台州、温州一带发生旱灾，饿死了很多百姓。那时，政府机构庞大，京官和地方官员特别多，政府开支特别大。这些开支全都转嫁到百姓身上。即使遇到灾荒，官府照样横征暴敛，交不上苛捐杂税，就严刑催逼。台州、温州的百姓活不下去了，纷纷起义造反，起义军的旗子上写着反诗："天高皇帝远，民少相公多。一日三遍打，不反待如何？"

反诗的意思是，高高在上的皇帝不了解下情，中央政权的力量达不到边缘地区，那里的官员胡作非为。那么多的官员（相公）骑在百姓头上剥削，为了催交赋税一天打我三次，再不造反还等待什么？

后来，"天高皇帝远"比喻僻远地区，不遵守法纪的恶势力胡作非为，也指机构离领导机关远，遇事自作主张，不受约束。

贪多嚼不烂

"贪多嚼不烂"形容在学习和工作中一味只求数量，不能理解事物的真正含义。这个俗语由来已久，出自明代凌濛初的《二刻拍案惊奇》卷五："而今孩子何在？正是贪多嚼不烂了。"

在《红楼梦》第九回中也有这句俗语。贾宝玉起来要去上学，袭人服侍他梳洗，然后劝他好好读书："读书是很好的事情，不然就潦倒一辈子了。只是念书的时节想着书，不念的时节想着家。别和他们玩闹，碰见老爷不是好玩的。虽说是发奋图强，那功课宁可少些，一则贪多嚼不烂，二则身子也要保重。"宝玉有口无心地答应她，到了学校又闹得沸反盈天。

无事不登三宝殿

"无事不登三宝殿"比喻没有事不会登门造访，只要登门，必是有事相求。"三宝殿"指的是寺庙的佛殿，人们没事儿的时候不会去求神拜佛，有事相求时才会去。有的人求美好的姻缘，有的人求多福多寿，有的人求疾病康复，有的人求生儿育女，有的人求财源滚滚，有的人求考试中举。

"三宝"指的是"佛""法""僧"。"佛"指觉悟人生的真相，进而教导他人的佛教教主；"法"为根据佛陀所悟而向人宣说的教法、真理；"僧"指修学教法的僧团，三者都是令众生得度的重要因缘，因此，佛、法、僧称为三宝。

明代兰陵笑笑生的《金瓶梅词话》中有这样一段话："小媳妇无事不登三宝殿，奉本县正宅衙内分付，敬来说咱宅上有一位奶奶要嫁人，讲说亲事。"

先下手为强，后下手遭殃

"先下手为强，后下手遭殃"比喻抢先行动，就能掌握优势，成为强者，与"先发制人"同义。这句话出自《北史·元胄列传》。

北周赵王招预谋篡位，他为丞相杨坚摆下鸿门宴，不准带侍从进入。北周大将军元胄看出赵王招居心叵测，便强行进入。酒过三巡，赵王招用佩刀刺瓜递给杨坚吃，想杀死杨坚。元胄看出他的用心，对杨坚说："相府有事，请丞相回府！"他趁机对杨坚耳语："赶快离开这里！赵王招要行刺！"杨坚惊道："他没有兵马，如何造反呢？"元胄说："兵马都是他们家的，他是先下手为强啊！"说着，保护杨坚顺利回到相府。后来，杨坚杀了赵王招，做了皇帝，称隋文帝。元胄升为右卫大将军。人们根据这个故事总结出"先下手为强，后下手遭殃"这个俗语。

元朝关汉卿的杂剧《单刀会》中有这样的台词："我想来先下手为强，后下手遭殃。"

县官不如现管

"县官不如现管"的意思是遇到问题找高层领导，不如找直接负责人。这个俗语源自宋代一个故事。

某县衙门口贴出一张告示，农历三月进行乡试，金秋进行大考。但此时县太爷恰好生病，只好将乡试报名的美差委托给心腹主簿单淦。单淦是个唯利是图的人，那些豪门子弟为了博得功名，纷纷向他行贿。那些没有钱的寒门士子，可怜十年苦读却连报名的机会都没有。

有一天，一个后生赶来报名应试。单淦见此人身穿绸缎，挺胸凸肚，一看就是富家子弟，心想又是给我送财的人来了。谁知那人丝毫没有行贿的意思。单淦面露不悦，合上花名册便再也不搭理那个人了。那人赶忙问："今天为什么不报名了？"单淦大声吼道："滚！真是枉读诗书不知礼，哪里还配应什么试？"

原来，那位富家子弟是县太爷的小舅子，他闯进县太爷家中号啕大哭起来。县太爷问明缘由后，便叹气道："真是县官不如现管呀！"由此，这句俗语就流传下来了。

新官上任三把火

"新官上任三把火"这个俗语源自《三国演义》。诸葛亮应刘备三顾茅庐之请，出山担任刘备的军师之后，在短短的时间内，三次使用火攻战胜了曹操。第一次火烧博望坡，使夏侯惇率领的十万曹兵溃不成军；第二次火烧新野，使曹洪、曹仁率领的十万军马几乎全军覆没；第三次火烧赤壁，百万曹兵惨败。人们把这三次火攻称为诸葛亮上任的三把火，后来传为"新官上任三把火"。

这个俗语含有多重意思，首先，可以表示新官上任热情高，干劲足。另一层意思是，新官上任为了表示自己能够胜任这个职位，往往会做两三件对百姓有益的事情，此后做不做就难说了。"三把火"比喻开头三件事轰轰烈烈，有声有色。此外，还可以表示新官上任故作声势，装样子吓唬人，树立权威。

一日夫妻，百日恩

"一日夫妻，百日恩"意思是两个人一旦结为夫妻，就有经久不衰的恩情。这个俗语也作"一夜夫妻，百日恩义"，告诫人们应该珍惜夫妻之间的深情。

"一日夫妻，百日恩"出自明代兰陵笑笑生的《金瓶梅词话》。第七十三回中有这样一段话："常言'一日夫妻，百日恩'，相随百步也有徘徊之意，一个热突突人儿，指头儿似的少了一个，如何不想不疼不思念的！"

一问三不知

"一问三不知"的意思是对事情的发生、过程和结尾都不清楚，问什么都不知道。

这个俗语出自《左传》。公元前468年，晋国的荀瑶率兵攻打郑国，齐国为了遏制晋国，派陈成子带兵援郑。有个名叫荀寅的部将报告陈成子说："有一个从晋军来的人告诉我说，晋军打算出动一千辆战车来袭击我军的营门，要把齐军全部消灭。"陈成子听了，骂他说："出发前国君命令我说：'不要追赶零星的士卒，不要害怕大批的人马。'晋军即使出动超过一千辆的战车，我也不能避而不战。你竟然讲出壮他人威风，灭自己志气的话。回国以后，我要把你的话报告国君。"

荀寅自知失言，于是感慨道："君子之谋也，始、中、终皆举之，而后入焉。今我三不知而入之，不亦难乎？"此话意思是说：聪明人谋划一件事情，对事情的开始、发展、结果这三方面都要考虑到，然后才向上报告。现在我对这三方面都不知道就向上报告，怎么能有好结果呢？

"一问三不知"就是从这段话中总结出来的，现在泛指对情况不了解。

一客不烦二主

"一客不烦二主"的意思是到别人家里做客已经麻烦主人了，既然已经麻烦一家了，就不要去麻烦第二家了。比喻求人求到底，不再打别人的主意。

这句俗语源自《西游记》。孙悟空到东海龙宫里找武器，龙王送他很多兵器，他都没看上，偏偏看中13500斤的定海神针。孙悟空使出手段把它变成绣花针塞入耳朵内。可是，有了这如意金箍棒后，他还缺一件盔甲，于是向龙王索要。龙王说没有。孙悟空就说："一客不烦二主，若没有，我也定不出此门。"龙王说："烦上仙再转一海，或者有之。"孙悟空说："走三家不如坐一家，千万求告一副。"老龙王只好把其他三位龙王叫来，凑了一副盔甲，才把孙悟空打发走。

英雄难过美人关

自古英雄皆好色，过关斩将的英雄遇到美人，往往会拜倒在石榴裙下。因此，人们常常利用美色对付敌人，谋取利益，达成愿望。

"英雄难过美人关"这句俗语由来已久。商纣王宠爱美人妲己，丢了江山；周幽王为了赚得美人褒姒一笑，烽火戏诸侯；勾践献上美人西施，灭了吴王夫差；王允献上美人貂蝉，使吕布杀死董卓；庄妃送芳泽，大明英雄洪承畴降清；吴三桂为了陈圆圆冲冠一怒，卖国求荣。除了这些有名的案例之外，很多高官显贵、巨商富贾凭借权势寻花问柳，难免中了美人计，最后用"英雄难过美人关"为自己解嘲。

"美人计"出自《六韬·文伐》："养其乱臣以迷之，进美女淫声以惑之。"意思是，对于难以征服的敌人，可以用糖衣炮弹使其丧失战斗力。人们由此总结出"英雄难过美人关"这一俗语。

有钱不买半年闲

人们常说"有钱不买半年闲"，意思是就算再有钱，也不该购买闲置半年的东西，因为那样不仅浪费，而且占用了家里的财产，如果有什么急需，就拿不出更多的钱应急。

老百姓生活清苦，劳作三年才能有一些积蓄，要置办一些东西不容易。没有钱的时候，想买也买不起，有了钱也要精打细算。如果花钱买当下用不着的东西，还不如把钱存起来，得到一些利息。

有钱能使鬼推磨

"有钱能使鬼推磨"的意思是钱能通鬼神，形容有了钱，什么事儿都能办到。

这句俗语出自南朝刘义庆的《幽明录·新鬼》。有一个新鬼，瘦弱不堪。他遇到一个胖鬼，很是羡慕，于是就问他怎么才能变得富态起来。那个胖鬼告诉他，只要到人间作祟，人们一害怕，就会供奉东西给他吃。瘦鬼高高兴兴来到人间，他冒冒失失闯入一户人家，见到厨房中有一口磨，抢步上前就推了起来。不巧，这家人很穷，自己都缺吃少穿，有哪有食物供奉他呢？主人听到响动，到厨房查看，空无一人，而磨在转，便感叹道："天都可怜我，派鬼来帮我推磨了。"结果，瘦鬼推了半天，不仅没捞到半点吃的，还累得半死。

这个故事的原意是瘦鬼"作怪觅食"。

第四篇　蕴含智慧的俗语、谚语与歇后语

但是，从另一个角度来看，就是瘦鬼为了得到利益而为人推磨。

有钱走遍天下，无钱寸步难行

人们在感叹钱的重要作用时常说："有钱走遍天下，无钱寸步难行。"意思是说，钱是生活中的通行证，形容官场腐败。这个俗语最早见于唐代人著作的《朝野金载》。

唐朝的礼部尚书掌管人才选拔和官吏的升迁，权力很大。有一个姓郑的礼部尚书负责选拔官员。他利用这个机会卖官鬻爵。那些有钱人用重金贿赂他，很快就能得到肥缺。没钱的候选人，一等就是数年。有一个穷候选官实在等得不耐烦了，他咽不下这口气。有一天，他在脚上绑了一百多个铜钱，一走一晃地去见郑尚书。郑尚书奇怪地问他："为何脚上系这么多钱？"那人说："有钱走遍天下，无钱寸步难行！我是因为寸步难行才系上它的。"郑尚书听后，恼羞成怒，把那人的候选资格也取消了。

有眼不识泰山

"有眼不识泰山"意思是没有眼光，小看了行家里手或地位高的人。这个俗语源于鲁班的一个故事。

春秋时代著名的木匠鲁班，曾收过很多徒弟。他对徒弟的要求很高，每过一段时间就淘汰几个没有进步的人。有一个名叫泰山的人在鲁班门下学艺多时，可是长进不大，结果被鲁班辞掉了。

几年之后，鲁班在集市闲逛，看到一个货摊摆着很多做工精良的竹制品。这些竹制品造型精美，很受欢迎。鲁班很想结识制作这些竹制品的能工巧匠，人们告诉

他这是鲁班的徒弟泰山制作的。原来，泰山被辞退后，发愤图强，潜心研究竹制品，终于做出了一番成就。鲁班感慨道："我真是有眼不识泰山呀！"

有眼不识荆山玉

"有眼不识荆山玉"讽刺没有眼光，不识人才或不识真理的人。这个俗语出自《后汉书》。

楚国有一个识玉的高手叫卞和。他在荆山找到了一块璞（中间有玉的石头），便把它献给楚厉王。楚厉王的玉工嫉妒其才能，说那只是一块普通的石头。楚厉王大怒，让人砍掉卞和的左膝盖。几年后，楚厉王驾崩，楚武王继位。卞和再次进献宝玉，楚武王的玉工同样说卞和是个骗子，那只是一块石头。楚武王让人砍掉卞和的右膝盖。又过了几年，楚武王驾崩，楚文王继位。卞和抱着璞玉在荆山下痛哭，一个大臣路过，了解事情的经过后，问他："你是因为残疾了才如此痛哭吧？"卞和回答："我是为世人有眼不识荆山玉而哭！"大臣向楚文王报告了此事。楚文王让人剖开璞，里面果然有一块上等的美玉，于是重赏了卞和，并把这块玉命名为"和氏璧"。这块璧就是成语"完璧归赵"中的那块璧。

后来，这个俗语讹传为"有眼不识金镶玉"。

远水不救近火

"远水不救近火"比喻慢的办法救不了急。这个俗语出自《韩非子·说林上》。

战国时期，鲁国鲁穆公当政时，喜欢结交远方的晋国和楚国，而对邻国齐国却没有友好的表示。他的大臣犁钥劝谏鲁

穆公："如果有人掉进河里，派人去遥远的越国请越国人救人，虽然越国人善于游泳，可是等到越国人赶来，落水者肯定救不活了。如果这里发生火灾，派人去遥远的大海取水，虽然海水取之不尽，但是等到海水取来，房屋已经烧成灰烬。虽然晋国和楚国强大，但是远水就不了近火。一旦我国遇到危难，他们来不及救援，而齐国离我国很近，如果鲁国有难，它能不救吗？"鲁穆公觉得有道理，开始与齐国搞好外交关系。

有缘千里来相会

"有缘千里来相会"形容两个有缘分的人，不管相隔多远都会相遇。这个俗语源自一个有趣的传说。

从前，一个小姐去庙里还愿，回家后发现丢了一支簪子。这支簪子是传家之宝，小姐为此郁郁寡欢。老爷为了安慰女儿，贴出告示：若有人能归还此簪，赏白银五百两。

一个年轻的商人驮着一只猿猴来到庙外，看到告示，心想"不知何人有此福气"。离开时，猿猴递给他一支簪子，正是告示上描述的那支。商人喜出望外，揭了告示。老爷兑现了诺言，又见商人一表人才，有意把女儿许配给他。商人立即表示愿意入赘。于是，择日完婚，大办酒席。不料猿猴在厨房偷吃东西，商人一怒之下把它打死了。

这段姻缘是猿和簪撮合的，小姐让商人把猿猴牵来，以谢大媒。商人只好把猿猴被杀的事说了。小姐听后非常气愤，认为商人是一个忘恩负义之人，说："我们是有猿千里来相会，无猿对面不相逢。"然后，把商人赶出了家门。

"猿"与"缘"谐音，后来人们把这个俗语说成了"有缘千里来相会，无缘对面不相逢"。

羊毛出在羊身上

"羊毛出在羊身上"比喻表面上给了别人一些好处，实际上这好处已经附加在别人付出的代价里了。这个俗语源自一个寓言故事。

一个牧羊人靠卖羊毛为生。开始时，他只在每年春天给羊剪一次毛，后来为了追求更多的利润，他改为一年春秋两季给羊剪两次毛。这样一来，他的收入就翻了一番。又过了一段时间，贪婪的牧羊人想一年四季给羊剪四次毛。群羊实在受不了了，抗议道："宁可死去，也不剪四次毛。"于是，牧羊人安慰羊说："为了让你们温暖过冬，我给你们每只羊发一个毛坎肩。"羊接受了这个条件，并为此感谢牧羊人。聪明的老黄牛看透了牧羊人的把戏，说："你发的毛坎肩是羊毛织的，而羊毛出在羊身上。"

外来的和尚会念经

"外来的和尚会念经"比喻从外面来的人或物受到重视，被认为有才能或好，有讽刺意味。这个俗语源自一个民间传说。

离五台山不远的马王寺本来是个福神庙，香火不旺。后来，从峨眉山来了一个净空和尚，他主张把福神换成菩萨。没想到，这么一改，很多善男信女前来参拜，并传言马王寺的菩萨有求必应。当地一个大财主为久病在床的妻子许愿，如果妻子康复，他将布施一万两白银，一千两黄金。没多久，他的妻子真的康复了。财主如数向马王寺布施钱财。

净空主张扩建寺院，重塑菩萨金身。寺院建成，准备为菩萨开光的时候，净空认为马王寺原有的和尚修为差，不配在开光大典上念经，他从峨眉山请来了自己的师兄弟。马王寺原有的和尚说："这太不公平了，难道只有外来的和尚会念经吗？"

"外来的和尚会念经"这句俗语从此广为流传。

胸中自有雄兵百万

"胸中自有雄兵百万"，语出《五朝名臣言行录》卷七引《名臣传》："无以延州为意，今小范老子腹中自有数万兵甲，不比大范老子可欺也。"

"小范老子"指的是范仲淹，大范老子指的是范雍。宋仁宗庆历初年，范仲淹主张改革，推行新政，但是遭到保守派反对，新政推行了一年就失败了。他被贬为陕西路安抚使。当时，西夏政权多次兴兵犯境。范仲淹到达延安后，着力训练军队，养精蓄锐。西夏人听到这个消息后说："不要再打延安的主意了，这个范仲淹胸中藏有百万甲兵，不像范雍那样好欺负呀！"

后来，人们用这个俗语比喻有雄才大略。

照葫芦画瓢

"照葫芦画瓢"的意思是只会模仿别人，毫无创新精神。

这个俗语源自北宋年间的一个典故。《宋史》中记载了这样一个故事。一位名叫陶谷的翰林学士想到外地做官，就托人在宋太祖赵匡胤面前推荐自己。没想到赵匡胤说："陶谷起草文书总是照抄前人旧

本，只不过改编而已。"这话传到陶谷的耳朵里，他大失所望。他兢兢业业地起草文书，到头来却落得这样的评价，不觉心灰意懒。他写了一首自嘲诗："官职须由生处有，才能哪管用时无；堪矣翰林陶学士，年年依样画葫芦。""照葫芦画瓢"就是由"依样画葫芦"演化而来。

"照葫芦画瓢"也比喻事情简单，不需要花费很大的力气，就能办到。葫芦成熟后，切成两半，挖去中间的瓤，就是农家使用的"瓢"，可以用来舀水或淘米。"瓢"是用葫芦做的。照着葫芦画瓢当然很容易。

丈二和尚摸不着头脑

一件事来得很突然，一时搞不清怎么回事，人们就会说"丈二和尚摸不着头脑"。古时人的身高为七八尺，举起手来也不过是一丈，而和尚的身高是一丈二尺，所以说平常人很难摸到他的头脑。

这个俗语来源于一个有趣的故事。

苏州西园寺里有一座结构奇特的罗汉堂。这座罗汉堂是由一个身材魁梧的和尚亲手设计建造的。人们不知道这个和尚的法号，就根据他的身材特点叫他"丈二和尚"。丈二和尚施工时没有图纸，也不提前告诉大家怎么做。他边干边指挥，东歪西扭，干到哪儿就让大家跟到哪儿。匠人们总是云里雾里，也不便多问。丈二和尚让干什么，他们就干什么。

等到竣工的时候，一座造型奇特的"八卦"式建筑出现在大家面前。大家对丈二和尚赞叹不已。原来丈二和尚早就胸有成竹。"丈二和尚摸不着头脑"就由此而来。

谚语，妙不可言的现成话

不鸣则已，一鸣惊人

"不鸣则已，一鸣惊人"比喻平时没有突出的表现，一下子做出惊人的成绩。这个谚语出自《史记·滑稽列传》。

淳于髡为人滑稽，擅长讽谏。齐威王喜欢彻夜宴饮，不理朝政，把政事委托给卿大夫。上行下效，文武百官全都荒淫放纵。各国都来侵犯，国家危在旦夕。齐王身边近臣都不敢进谏。淳于髡讽谏齐威王，说："都城中有只大鸟，落在了大王的庭院里，三年不飞又不叫，大王知道这只鸟是怎么一回事吗？"齐威王明白他所指何事，于是说："此鸟不飞则已，一飞冲天；不鸣则已，一鸣惊人。"他诏令全国七十二个县的长官全来入朝奏事，奖赏一人，诛杀一人；又发兵御敌，诸侯十分惊恐，都把侵占的土地归还齐国。从此，齐威王成了诸侯国的霸主。

不为五斗米折腰

"不为五斗米折腰"的意思是不为蝇头小利屈身事人，比喻为人清高，有骨气。这个谚语最初是陶渊明说的。

陶渊明曾任彭泽县令。有一天，浔阳郡的督邮来检查公务。这个督邮是一个粗俗贪婪的人，每年两次以巡视为名向辖县索要贿赂，每次都是满载而归，否则就栽赃陷害。县吏对陶渊明说："当束带迎之。"意思是，应当穿戴整齐、备好礼品、恭恭敬敬地去迎接督邮。陶渊明叹道："我岂能为五斗米向乡里小儿折腰。"意思是，我怎能为了县令五斗米的薪俸，就低声下气去向这些小人贿赂献殷勤。说完，封好官印，辞职归乡。此后，他一面读书为文，一面躬耕垄亩，过起了隐居的生活。

不管黑猫白猫，抓住老鼠就是好猫

改革开放初期，现代化建设的总设计师邓小平提出了著名的猫论，即"不管黑猫白猫，抓住老鼠就是好猫"。意思是，不管猫的颜色是黑是白，能抓住老鼠的才是有本事的猫。旨在说明，做事重要的是看效果，如果达不到目的，再好听的言论也无济于事。

其实，这句话脱胎于谚语："黄狸黑狸，得鼠者雄。"蒲松龄在《聊斋志异·秀才驱鬼》中引用过这句谚语，可见这种说法在明清之前已经流行。

徐秀才不愿意当官，就改学道术为人驱鬼。一个朝廷大员请他驱鬼，用好酒好菜招待他，闭口不谈驱鬼的事情。到了晚上，一个兽头人身的怪物来舔食剩菜剩饭。徐秀才吓得拼命狂叫，结果吓跑了那

第四篇 蕴含智慧的俗语、谚语与歇后语

怪物。后来，那怪物再也没出现。蒲松龄感叹道："黄狸黑狸，得鼠者雄。此非空言也。"

不孝有三，无后为大

人们常说"不孝有三，无后为大"。意思是，断绝子孙后代是最为不孝的行为。古人把传宗接代看得极重。如果没有后代，就愧对祖宗。

这句谚语最早出自《孟子·离娄上》，原文是："不孝有三，无后为大，舜不告而娶，为无后也，君子以为犹告也。"《十三经注疏》中在"无后为大"下面有注云："于礼有不孝者三，事谓阿意曲从，陷亲不义，一不孝也；家贫亲老，不为禄仕，二不孝也；不娶无子，绝先祖祀，三不孝也。三者之中无后为大。"有三种行为被称为不孝，第一种是顺从父母之意，父母有错而不加以提醒劝说，使他们陷于不义；第二种是家境贫寒，父母年迈，却不去谋取官位以赡养父母；第三种是不娶妻生子，断绝后代，无人继承香火。其中，以不娶妻生子断绝后代最为不孝。

不入虎穴，焉得虎子

"不入虎穴，焉得虎子"比喻不亲历险境，不经过艰苦的努力，就达不到目的，也比喻任务艰巨，不冒生命危险就难以成功。这个谚语源自东汉时期的一个典故。

东汉初年，匈奴对东汉政权构成威胁。朝廷派班超联络西域各国共同抵抗匈奴。班超率领36名随从来到鄯善国。鄯善国也想摆脱匈奴的压迫，刚开始对班超一行非常欢迎，但是没多久就怠慢起来，冷落班超一行人。班超发现匈奴也派了使者笼络鄯善国王，于是对同行的人说："我们的处境很危险，匈奴使者才来几天，鄯善国王就对我们这么冷淡，再过些时候他很可能把我们绑起来送给匈奴。你们说怎么办？"大家想听班超的意见，于是他继续说："不入虎穴，焉得虎子。唯一的办法就是把匈奴使者杀了，这样鄯善国王才会归顺汉朝。在班超的指挥下，他们杀了匈奴使者一百余人，把鄯善国王争取了过来。

百闻不如一见

"百闻不如一见"意思是听一百次，还不如亲眼见到一次可靠，比喻亲自调查的重要性。这个谚语出自《汉书·赵充国传》。

西汉宣帝时，西北的羌人多次侵犯边境，边境百姓苦不堪言。汉宣帝决定征讨羌人，老将赵充国主动请战。汉宣帝问他："你需要多少兵马？"赵充国说："百闻不如一见，很难算计好在遥远的地方要用多少兵。我想亲自去那里看看，做好攻守计划，画好作战地图，再向陛下奏明。"宣帝答应了他的请求。于是，赵充国率领一队人马来到边境，捉到不少俘虏。他从俘虏口中得知羌人的兵力，又通过观察地形，研究出屯兵把守、整治边境的策略。不久，他就回朝搬兵，平定了羌人的侵扰。

百尺竿头，更进一步

"百尺竿头，更进一步"，又作"百尺竿头，复进一步"。这句谚语出自宋代释道原所撰《景德传灯录》。意思是说，道行、造诣虽深，但仍需修炼提高。比喻虽已达到很高的境地，但不能满足，仍需进一步努力。

宋代，长沙有一座著名的禅寺招贤寺。寺中有一位修为很高的僧人叫景岑，人们称他为招贤大师。他能深入浅出地讲解深奥的佛法，因此听讲的人很多，他的名气越来越大。有一天，招贤大师被请到一座寺庙讲法。有一个对佛法深有体悟的人听他讲完之后，向他发问："像您这样精通佛法的大师，是不是修行到了最高境界？"

招贤大师随口说出一个偈子："百丈竿头不动人，虽然得入未为真，百尺竿头须进步，十方世界是全身。"

百足之虫，死而不僵

"百足之虫，死而不僵"比喻某些人或事物虽衰亡，但影响仍然存在。百足之虫，指的是马陆，马陆全身三十多个环节，上百只足，身体被切断后仍能蠕动。这个谚语出自三国时期魏国曹冏所著《六代论》。

魏国初建之时，急需稳定大局，巩固政权。为此，曹冏便上书魏王曹操，说："有句老话说：'百足之虫，至死不僵'，扶之者众也。"意思是说，有一种有一百只脚的虫子，它死以后在较长的时间内仍不会僵硬。这是由于支撑着它的力量很多啊。曹冏引用这句古语的目的，是劝告曹操要大力扶植自己的势力，广泛招揽人才，巩固自己的统治。

后来人们便把"百足之虫，死而不僵"引申为成语，用来比喻被镇压的反动势力，如不彻底肃清余孽，还会遗患无穷。

半部论语治天下

《论语》是孔子言论的汇编，是重要的儒家经典。"半部论语治天下"是说古人对论语非常推崇，认为只要掌握半部论语，就能治理天下，强调儒家经典的重要。这个谚语出自宋代罗大经所著《鹤林玉露》。

公元967年，是宋太祖乾德五年。赵匡胤对乾德这个年号很得意，宰相赵普大拍马屁，把那五年发生的几件好事都归功于这个年号。一个极有学问的翰林学士卢多逊不动声色地说："可惜，乾德是伪蜀用过的年号。"赵匡胤恼羞成怒，大骂赵普不学无术。赵普受此奇耻大辱，开始发愤读书，但是他的书匣中只有一部《论语》。

赵匡胤死后，宋太宗赵匡义继位。赵普仍然担任宰相。赵匡义听说赵普只读一部《论语》，就问他："这是真的吗？"赵普回答："臣平生所知，诚不出此，昔以其半辅太祖定天下，今欲以其半辅陛下致太平。"

冰冻三尺，非一日之寒

"冰冻三尺非一日之寒"字面意义是冰冻了三尺，并不是一天的寒冷所能达到的效果。比喻一种情况的出现不是一蹴而就的，而是经过长时间的积累和酝酿的。

这句谚语出自东汉王充《论衡·状留篇》中的句子："河冰结合，非一日之寒；积土成山，非斯须之作。"意思是，河水结成厚冰，不是一天的严寒所能完成的；泥土堆积成高山，也不是短时间能达到的。后来，人们从中总结出"冰冻三尺，非一日之寒"来形容事情的发生、发展，不是偶然的。

乘兴而来，败兴而归

"乘兴而来，败兴而归"的意思是一个人凭着一时的兴趣高高兴兴而来，没有兴趣就返回。这个谚语源于《晋书·王徽之传》。

王徽之是东晋时的大书法家王羲之的儿子，他生性高傲，行为豪放不拘，天天游山玩水，饮酒吟诗。有一年冬天，鹅毛大雪接连下了几天。一天夜晚，雪停了，天空中出现了一轮明月。王徽之推开窗户，看到四周白雪皑皑，美丽空灵。他觉得此情此景，如能听到朋友戴逵弹琴，那就更有趣了。

于是，王徽之马上叫仆人备船，连夜前往，也不考虑戴逵住在剡溪，路途遥远。小船整整行驶了一夜，拂晓时才到了剡溪。王徽之却突然要仆人撑船回去。仆人感到莫名其妙，诧异地问他为什么不去见戴逵。他淡淡地一笑，说："本乘兴而来，兴尽而返，何必见安道（戴逵的字）耶？"

成由勤俭败由奢

"成由勤俭败由奢"又作"成由勤俭破由奢"，意思是勤俭导致成功，奢华导致破败。这个谚语最早出自《韩非子·十过》。秦穆公有一次问由余："古代君主使国家兴盛和覆亡的原因是什么？"由余回答说："由于勤俭而使国家兴盛，由于奢侈而使国家覆亡。"

后来，唐代诗人李商隐又根据这个典故写了一首《咏史》诗：

历览前贤国与家，成由勤俭破由奢。

何须琥珀方为枕，岂得珍珠始是车。

运去不逢青海马，力穷难拔蜀山蛇。

几人曾预南薰曲，终古苍梧哭翠华。

这首诗的前两句，就是总结历史经验，指出历代君主治理国家的教训，勤俭导致成功，奢侈则招致破败。

此地无银三百两

"此地无银三百两"比喻想要隐瞒掩饰，结果掩饰的行为恰恰暴露了要隐瞒的事实。这个谚语源自一个流传很广的故事。

从前，有个人叫张三，他偶然得到了三百两银子，心里很高兴，但是他怕这么多钱被别人偷走，感觉放在哪儿都不安全。后来，他趁夜黑人静，把银子埋在地里。可是，他还是不放心，害怕别人发现这里埋了银子。他想了想，终于想出一个办法。他在埋银子的地方立了一个牌子，牌子上写着"此地无银三百两"七个大字。他感到这样就很安全了，便回家睡觉了。

第二天，邻居王二路过那里，看到"此地无银三百两"的牌子，心想"没有银子，何必立个牌子呢？"于是决定挖一挖，果然挖到了三百两银子。王二看到白花花的银子很高兴，可是又担心张三怀疑是他偷的。他灵机一动，自作聪明地在木牌上写道"隔壁王二不曾偷"七个大字。

初生牛犊不怕虎

"初生牛犊不怕虎"本义是刚生下来的小牛不怕老虎。比喻青年人没有顾虑，朝气蓬勃，敢作敢为。有时也用来比喻有些人狂妄自大，不自量力。这个谚语由来已久，罗贯中在《三国演义》中引用了这句俗语。

东汉末年，刘备在汉中称王，下令关羽北取襄阳，进军樊城。曹操派大将于禁为征南将军，以勇将庞德为先锋，领兵前往樊城救援。庞德让兵士抬着一口棺材，走在队伍的前面，表示要与关羽决一死战。关羽应战，两人大战百余回合，不分胜负，两军各自鸣金收兵。关羽回到营寨，对关平说："庞德的刀法非常娴熟，真不愧为曹营勇将啊！"关平说："俗话说：'初生牛犊不怕虎'，对他不能轻视啊！"

关羽觉得靠武力一时难以战胜庞德，于是派人掘开汉水大堤，水淹曹军。于禁投降，而庞德却不肯屈服。于是，关羽下令杀了庞德。

乘长风破万里浪

"乘长风破万里浪"比喻一个人志向远大，勇往直前，也用来比喻某件事进展顺利，发展迅速。这句谚语出自《南史·宗悫传》。

南朝宋文帝时，宗悫曾任振武将军。他从小就胆识过人。相传，他哥哥宗泌结婚那天晚上，家里来了一伙强盗。家里人都非常恐慌，只有年少的宗悫临危不惧，他挺身而出，凭借自己的勇气和智慧将强盗击退。有一次，宗悫的叔父问他："你长大后想做什么呢？"宗悫回答："乘长风破万里浪！"这句豪言壮语把在场的大人都震住了。

唐代诗人李白在《行路难》中引用了这种说法："长风破浪会有时，直挂云帆济沧海。"这两句诗也被人们广为传诵。后来，又引申为成语"乘风破浪"。

尺有所短，寸有所长

"尺有所短，寸有所长"比喻各有长处，也各有短处，彼此都有可取之处。这个谚语出自战国时期楚国屈原所著《楚辞·卜居》。

屈原被楚王流放之后，非常烦闷。一天，他遇到一个算命先生，就请他占卜："是宁肯说真话而得罪君王呢，还是为了富贵而口是心非呢？是宁肯坚贞不屈呢，还是献媚讨好奸佞之徒呢？是宁肯和天鹅一起高飞呢？还是跟鸡鸭们去争食呢？"算命先生回答说："夫尺有所短，寸有所长，物有所不足，智有所不明，数有所不逮，神有所不通。"意思是说，算卦也有不准的时候，神明也有不灵的时候，先生的疑问我没法解答。其实，这是屈原假借问卜之事抒发自己的忧愤之情。

从善如登，从恶如崩

"从善如登，从恶如崩"字面意思是学好如登山，学坏如山崩，比喻学好很难，学坏很容易。这句谚语出自《国语·周语下》。

春秋末期，礼崩乐坏，天下大乱。周敬王时一个名叫朝的王子叛乱，周敬王逃到了成周。流亡大臣打算在成周筑城作为临时的国都。卫国的大夫彪傒觉得不妥，他说："谚曰：'从善如登，从恶如崩。'昔孔甲乱夏，四世而陨；玄王勤商，十有四世而兴。帝甲乱之，七世而陨。雕稷勤周，十有五世而兴，幽王乱之，十有四世矣。守府之谓多，胡可兴也？"意思是说，王朝的建立很艰难，王朝的毁灭很容易。周朝从周幽王开始衰败，已经14代了，难道还有谁挽救得了吗？

成也萧何，败也萧何

"成也萧何，败也萧何"意思是韩信成事由于萧何，败事也由于萧何。比喻事情的成功和失败都是由这一个人造成的。

《史记·淮阴侯列传》记载，韩信起初只是刘邦手下一个小军官，他觉得得不到重用，就弃官而去。刘邦的亲信萧何认为韩信是不可多得的将才，于是骑马连夜把他追回，并向刘邦推荐说："如果您真的要夺取天下，就非用韩信不可。"

韩信经由萧何举荐，被刘邦任为大将军，立下汗马功劳。汉朝建立之后，韩信私下与赵国相陈稀相约谋反，不幸走漏了消息。萧何假称叛军已败，陈稀已死，邀请韩信进宫贺喜。韩信哪里想到当初推荐自己的萧何会杀害自己。韩信刚入宫门，就被事先埋伏好的武士一拥而上，捆绑起来，在长乐宫斩首。

民间因此有了"成也萧何，败也萧何"的说法。

城门失火，殃及池鱼

"城门失火，殃及池鱼"比喻祸事的蔓延，使无辜的人遭受牵连。这个谚语的由来有多种说法。

《风俗通》记载了一个故事：宋国城门起了大火，救火的人都去舀取池子里的水，去浇灭城门大火。结果，池子里的水都被淘干了，所有的鱼都干死了。

《吕氏春秋·必已》记载了另一个故事：宋国有一个叫桓魁的人得到了一颗宝珠，宋国国君想占为已有。桓魁骗他说："宝珠扔到鱼池里了。"宋君下令汲干鱼池的水，结果宝珠没找到，池里的鱼全干死了。于是人们便说："宋君亡珠，殃及池鱼。"

这则谚语告诉人们，事物之间的联系是复杂的，切不可孤立地看问题，而应全面地进行考察。

聪明反被聪明误

"聪明反被聪明误"是用来讽刺那些自作聪明，钻营取巧的人，结果往往事与愿违，弄巧成拙，反而害了自己。这个谚语的由来有两种说法。

一种说法源自苏轼的《洗儿》诗：

人皆养子望聪明，我被聪明误一生。

惟愿孩儿愚且鲁，无灾无难到公卿。

后来，人们根据"我被聪明误一生"总结出"聪明反被聪明误"。

另一种说法源自南宋崔敦诗的杂记集《刍言》。崔敦诗记载了一种全身通黑的墨鱼，它为了自身安全，在遇到危险时立即吐出墨汁，将周围的水弄黑，掩护自己，然后趁机逃脱。这确实是一种聪明的手段，但是它的天敌和渔人恰恰能利用这一点发现它的行踪，从而捉住它。所以，人们说墨鱼是"聪明反被聪明误"。

大意失荆州

人们常用"大意失荆州"比喻因粗心大意，骄傲轻敌，导致失败，造成不可挽回的损失。这个谚语源自三国时期的典故。

三国时期，荆州是三国交界处，地理位置非常重要。刘备几经周折才达到"刘备借荆州——有去无还"的目的。诸葛亮派关羽镇守荆州。曹操联络孙权联手对付关羽。孙权早有占据荆州之意，派吕蒙驻扎陆口，伺机行动。关羽知道吕蒙善于用兵，于是加强防范。后来，吕蒙假装生病，回朝修养。关羽中计，放松了荆州的城防，把大部分兵力调出去对付曹操。吕蒙乘虚而入，很快攻下了荆州。不久，关羽退走麦城，作战失利后，被吴军俘获。

这个谚语可用来劝诫他人不要"大意失荆州"，也可以用来为自己的失误作辩解，"我这是'大意失荆州'啊！"

淡泊以明志，宁静以致远

很多人把"淡泊以明志，宁静以致远"作为座右铭。这句话的意思是看轻世俗的名利，才能明确自己的志向；身心安宁恬静，才能实现远大的理想。"淡泊"也写作"淡薄"或"澹泊"。

这个谚语源自西汉淮南王刘安所编《淮南子》："是故非淡薄无以明德，非宁静无以致远，非宽大无以兼覆。"后来，三国时期的诸葛亮在自家草堂门口贴一副对联："淡泊以明志，宁静而致远。"

诸葛亮在《诫子书》中也写了这句话："非澹泊无以明志，非宁静无以致远。夫学须静也，才须学也，非学无以广才，非志无以成学。淫慢不能励精，险躁则不能治性。"从诸葛亮的一生来看，他实践了远离世俗名利的处世方式。

得何足喜，失何足忧

"得何足喜，失何足忧"的意思是想得到的东西得到了，没什么值得喜悦的；失掉了，也没什么值得忧伤的。这句谚语告诫我们不要患得患失，不要被得失影响自己的心情。这句话出自《三国演义》第十四回。

刘备虽然有远大抱负，但是没有自己的领地。他虽然很想得到徐州，但是陶谦三让徐州时，出于某些原因，他没有接受。在糜竺和徐州百姓的恳求下，刘备当了徐州牧。后来，中了曹操之计，他又失去了徐州。当众人为徐州失守而不知如何是好时，刘备说："得何足喜，失何足忧！"

读书破万卷，下笔如有神

"读书破万卷，下笔如有神"是唐代大诗人杜甫的名句，出自《奉赠韦左丞相二十二韵》。意思是说，读书多了，写文章就像有神仙相助一样。

杜甫自幼好学，博览群书。公元747年，杜甫前往京城应试。当时，权臣李林甫操纵大考，徇私舞弊。很多有才华的人落榜了，杜甫也是如此。于是，杜甫写了一首诗，寄给左丞相韦济，希望得到他的举荐。诗中写了自己的经历和抱负，其中有这样几句："甫昔少年日，早充观国宾。读书破万卷，下笔如有神。"意思是，我年少时就参加乡试，取得好成绩，被推举进京。我学习用功，博览群书，动笔的时候好像有神仙助我写出好文章。后两句诗被人们广为传诵，成了谚语。

对牛弹琴，牛不入耳

"对牛弹琴，牛不入耳"形容说话不看对象就无法交流，也用来比喻对不讲道理的人讲道理，白费口舌。也许你认为这只是比喻的说法，其实，历史上还真有人对牛弹琴。

宋代释惟白所著《建中靖国续灯录》第二十二回记载了这样一个故事。南朝齐时，有一个叫公明仪的琴师。《清角之操》是他最得意的作品，自以为无论谁听了都会感动得落泪。有一次，他看到一头牛在吃草，觉得自己的琴声能够让牛感动，于是坐在旁边专心弹起得意之作。虽然他弹得很好，把自己都感动得流泪了，但那头牛却毫无反应，只顾埋头吃草。公明仪感叹道："对牛弹琴，牛不入耳。"

多行不义必自毙

"多行不义必自毙"意思是不义的事情干多了，必然会自取灭亡。这句谚语出自《左传·隐公元年》。

春秋时期，郑国君主庄公不被母亲姜氏喜爱，他的弟弟共叔段却得到姜氏的宠爱。共叔段与姜氏合谋，竭力扩充自己的封地，并大肆修建都城，预谋夺取王位。郑庄公的大臣祭仲，对庄公说："君王要及早安排啊，共叔段修筑的都城太大了，不合法度，很可能成为国家的隐患！"庄公却道："多行不义必自毙，你姑且等着瞧吧！"

共叔段不停地修筑城池、屯田积兵，并让其母亲姜氏里应外合，准备攻下郑国国都。庄公早有防备，等到共叔段发动进攻时，出奇兵攻打他的封地。长期受共叔段压迫的百姓和士兵反戈相击。共叔段很快就兵败自杀了。谚语"多行不义必自毙"便出自此。

得饶人处且饶人

"得饶人处且饶人"意思是一个人应该宽容大度，该退让时就主动退让，要给别人留有余地，不要把事做绝。这个谚语出自宋代俞文豹所著的《常谈出处》。

曾经有个道士擅长下棋，与朋友对弈，从来没遇到过对手。后来，他与别人下棋，总是让对方先走一步，结果还是没有人能赢得了他。这个道士决定去京城寻找真正的高手。他一路走来，一路拼杀，所向无敌。到了京城，把当时的国手也打败了。

这个道士老了以后，反省自己的过去，非常后悔。因为他下棋时，逞强好胜，得罪了不少人。于是他写了一首诗："烂柯真诀妙通神，一局曾经几度春。自出洞来无敌手，得饶人处且饶人。"从此，他有意给别人留面子，不让别人输得太惨，他也因此赢得别人的尊重。

刀枪入库，马放南山

"刀枪入库，马放南山"本义是把兵器放入库房保存起来，把战马放到山坡上，不再作为军用，比喻天下太平，不再用兵。也用来形容缺少危机感，一种松懈的状态。这句谚语由来已久，出自《尚书·武成》。

商纣王残暴无道，以致天下百姓怨声载道。周武王出兵东征讨伐纣王，两军在牧野交战，纣王的军队纷纷倒戈。周武王铲除了商纣王的势力，建立了新政权。为了天下太平，周武王"乃偃武修文，归马于华山之阳，放牛于桃林之野"，将兵车、盔甲放入府库，倒挂干戈，提倡文教。

当局者迷，旁观者清

"当局者迷，旁观者清"是指当事人被碰到的事情搞糊涂了，旁观的人却看得很清楚。这句谚语出自《旧唐书·元行冲传》。

唐初名相魏徵整理修订了《类礼》（即《礼记》），大臣羹光建议把它作为经书（即儒家经典著作）。唐太宗同意了，并让元行冲加上注解。然而，右丞相张说认为已有西汉戴圣编纂的《礼记》，没有必要改用魏徵修订的本子。元行冲用主客对话的形式写了一篇《释疑》表明自己的观点。客人问："戴圣编纂的本子和魏徵修订的本子哪个好？"主人说："戴圣编纂的本子从西汉到现在经过很多人修订、注解，自相矛盾之处很多，因此魏徵才重新整理，没想到墨守成规的人会反对！"客人说："是啊，当局称迷，旁观见审。"意思是，就像下棋一样，下的人糊涂，旁观的人却看得清楚。后来，这句话演变为"当局者迷，旁观者清"。

当断不断，反受其乱

"当断不断，反受其乱"意思是应该做出决断时却优柔寡断，最后往往会产生祸乱，给自己带来灾难。这个谚语出自《史记·齐悼惠王世家》。

汉高祖驾崩后，皇后吕雉把持朝政，封自己的兄弟子侄到各地为王，提拔吕禄为上将军，吕产为相国。吕雉死后，吕禄、吕产妄图篡权谋反。这个消息被吕禄的女儿知道了，她立即把消息泄露给丈夫刘章。刘章让哥哥刘襄偷袭长安。不料，此事又被吕后安排在刘襄身边的相国召平发现，他以保护刘襄为名，包围了刘襄。刘襄的心腹魏勃假装支持召平，对他说："刘襄要造反，现在你包围了刘襄占据了很大优势，我一定要协助你不让他的阴谋得逞。"召平听信了他的话，把军权交给他。魏勃一接管军队，立即捉拿召平。召平哀叹道："嗟乎！道家之言'当断不断，反受其乱'，乃是也。"于是拔剑自刎。

当一天和尚撞一天钟

"当一天和尚撞一天钟"形容一些人生活懒惰，得过且过，含贬义。这个谚语来源于一个小故事。

一个游手好闲的年轻人整天无所事事，没有人愿意和他交往。有一天，他来到一个寺庙，看到那些和尚念经拜佛，不用干活，就有饭吃，他很羡慕，于是请求主持收自己为徒。主持看他很虔诚，就答应了他的要求，给他剃度。他按照佛家的规矩穿上僧衣与众师兄一起念经拜佛。开始的时候，他觉得很有意思，然而不久懒惰的习性就发作了，早上懒得起床。主持派他去撞钟，他却抱着钟杵睡着了。主持很不高兴，想把他赶走。他着急地说："求师父留下我吧！我当一天和尚撞一天钟还不行吗？"

防民之口，甚于防川

"防民之口，甚于防川"意思是阻止人民批评时政的危害，比堵塞河川引起的水患还要严重。这个谚语出自《国语·周语上》。

西周末年，周厉王在位，他实行残暴的统治，霸占了一切湖泊、河流，不准人民利用这些自然资源谋生，引起了平民的愤慨。他们公开指责厉王无道。

厉王大怒，将那些公开指责自己的人逮捕杀害。从此，再也没有人批评时政了，熟人在路上相遇时，只能彼此用眼睛互相望一望而已。厉王得意洋洋地说："我自有办法让百姓不敢诽谤我。"召公劝谏说："防民之口，甚于防川；川雍而溃，伤人必多。民亦如之。是故为川者，决之使导；为民者，宣之使言……"周厉王不听召公的劝告，继续实行暴政。过了三年，人民就举行了一次大规模的起义，史称"国人暴动"。周厉王逃出了都城。中国历史由此进入东周时期，即春秋战国时期。

风马牛不相及

"风马牛不相及"这个谚语的本义是齐楚两国相去很远，即使马牛走失，也不会跑到对方境内。比喻事物彼此毫不相干。这个谚语出自《左传·僖公四年》。

鲁僖公四年的春天，齐桓公凭借各诸侯国的军队进攻蔡国，蔡国溃败后，接着又进攻楚国。楚成王派屈完为使者，对

第四篇　蕴含智慧的俗语、谚语与歇后语

齐军说："你们居住在北方，我们楚国在遥远的南方，相去很远，即使马和牛与同类相诱而互相追逐，也跑不到对方的境内去，没想到你们竟然进入我们楚国的领地。这是为什么？"

"风"的意思是"放逸、走失"。这里是形容齐楚两地相去甚远，马、牛不会走失至对方境内。还有一种解释，兽类雌雄相诱叫"风"。那么"风马牛不相及"的意思是发情的牛和马不会追逐到对方的境内。

覆巢无完卵

"覆巢无完卵"意思是翻倒的鸟窝里不会有完好的卵。比喻灭门大祸，没有人能够幸免于难。也比喻整体毁灭，个体也不能幸存。这个谚语出自南朝宋刘义庆《世说新语·言语》。

东汉末年，孔融任北海太守。当时，曹操对各地名门望族采取镇压政策，引起豪门的反抗。孔融是孔子的后世子孙，也是北方的世家大族，不可避免地遭到曹操的迫害。孔融被捕，全家人都非常害怕。当时孔融的儿子大的才九岁，小的八岁。两个孩子在玩游戏，一点也没有恐惧的样子。孔融对前来逮捕他的官差说："希望惩罚只限于我自己，两个孩子能保全吗？"这时，孩子们停止了游戏，从容地上前说："大人，岂见覆巢之下复有完卵乎？"果然，兄弟俩也被捕入狱。

福无双至，祸不单行

"福无双至，祸不单行"指幸运的事不会连续到来，不幸的事却会接踵而至。这句话出自汉代刘向《说苑·权谋》："福不双至，祸必重来也。"后来，逐渐演变

为"福无双至，祸不单行"。这句谚语是人们对生活经验的总结，好事不会接二连三地到来，坏事却会接二连三地到来。当接二连三地发生灾祸或不幸时，人们常说这句话。

这个谚语在《水浒传》《西游记》等古典小说中被广泛使用。比如，《水浒传》第三十七回："宋江听罢，扯定两个公人说道："却是苦也！正是'福无双至，祸不单行。'""

恭敬不如从命

人们在接受馈赠的时候，常说"恭敬不如从命"。意思是对别人表示恭敬，不如表示顺从。这个谚语源自这样一个故事。

从前，有个新过门的媳妇很能干，却不得到婆婆的称赞。她觉得要想取悦婆婆，除了分担家务之外，还应对婆婆表示顺从，满足婆婆的需要。一年冬天，婆婆对儿媳妇说："我真想马上喝道新鲜的竹笋汤。"儿媳妇爽快地答应了："好吧，我尽快给您煮。"丈夫把她拉到一边问她："现在是寒冬腊月，你去哪儿弄竹笋呢？"媳妇说："我想让老人家高兴，就答应了。现在正犯愁呢。"他们的话被婆婆听到了，她对儿媳产生了好感，当即表示不想吃竹笋了，以后也不再给儿媳出难题了。这件事传出去之后，当地就流传了"恭敬不如从命"这一谚语。

顾左右而言他

"顾左右而言他"意思是看着两旁的人，说别的话。形容无话对答，有意避开本题，用别的话搪塞过去。这句谚语出自《孟子·梁惠王下》。

齐宣王喜欢穷兵黩武，聚敛财物，上大夫封悦请孟子劝告齐宣王。孟子问齐宣王："如果有人去楚国时，把他的妻子儿女托付给朋友照看，回来的时候，他的妻子儿女却受冻挨饿，那么他应该怎么对待他的朋友呢？"齐宣王回答："怒斥他一顿，然后和他断交。"孟子又问："如果掌管刑罚的长官不能管好他的下属，那又该怎么办呢？"齐宣王回答："撤掉他的官职。"孟子话锋一转，问道："那么，如果君主没有把国家治理好该怎么办？"齐宣王回避这个问题，顾左右而言他。

好事不出门，坏事传千里

人们常说"好事不出门，坏事传千里"，为什么坏事比好事传得快呢？这句谚语反映了人们的嫉妒心理和诋毁心理。这个谚语源自宋代。

相传，宋太祖赵匡胤年轻时行侠仗义。有一次，他在太原一个道观发现一个年轻美貌的姑娘在哭哭啼啼。原来，她被强盗绑架到这里，道士慑于强盗的威胁，不敢放她。赵匡胤大怒，一棒把菱花窗格打烂，说道："强盗若问起，就说赵某抢去了。"说完，他千里迢迢把姑娘送回家乡蒲州，沿途与歹徒打斗，历尽艰险。到了蒲州，姑娘的父母分外高兴，对他千恩万谢。可是，当赵匡胤回到太原之后，街头巷尾都在议论他劫掠美貌姑娘的事情。赵匡胤感叹道："真是好事不出门，坏事传千里啊！"后人用这句话比喻人心不古，喜传恶，不喜扬善。

画鬼容易画人难

"画鬼容易画人难"比喻凭空瞎说很容易，实实在在地干一番事业却需要真本事。这个谚语出自《韩非子·外储说左上》。

战国时期，齐王想找人替自己画一张像，找了很多人都不如意。后来，找到齐国最有名的画工来为自己画像，画工说他画不好人，只会画别人没有见过的鬼怪。齐王感到很奇怪，齐国最有名的画工，怎么会画不好人呢？画工解释说："画人最难，画狗和马也不容易，鬼怪最容易画。因为它本身就没有固定的形状，谁也没有见过，所以最容易画。"齐王听后，对画工说："你就画个鬼怪来瞧瞧。"画工只用了一会儿的时间，就画了一个面目狰狞、张牙舞爪的鬼怪。齐王看后，不禁毛骨悚然，深有感悟地说："真是画鬼容易画人难啊！"

化干戈为玉帛

"化干戈为玉帛"比喻变战争为和平，或变争斗为友好。这句谚语源自《淮南子·原道训》。

从前，夏部落的首领鲧建造了三仞（八尺为一仞）高的城池来保卫自己，结果诸侯都想离开他，别的部落对夏虎视眈眈。后来，禹当了首领，发现这样做会使天下百姓叛离自己，于是拆毁了城墙，填平了护城河，把财产分给大家，毁掉了兵器，用道德来教导人民。于是别的部落也愿意臣服，大家都各尽其职。禹在涂山开首领大会时，来进献玉帛珍宝的首领上万。玉指宝玉，帛为丝织品，二者都是进贡之上品。

人们从中总结出"化干戈为玉帛"这一谚语。后来，"化干戈为玉帛"引申为重修于好，相互礼尚往来。

海内存知己，天涯若比邻

"海内存知己，天涯若比邻"是唐朝诗人王勃的千古名句。后来，这句诗被人们用来形容万水千山也隔不断绵绵情意。人们分别的时候常说这句话来彼此慰藉。

王勃有一位姓杜的朋友。一天，这位朋友愁容满面地告诉王勃自己被任命为蜀州少府，那里是穷乡僻壤，然而上命难违，因此闷闷不乐。王勃想到马上要和好友分开了，心里很不是滋味，他有感而发，作了一首诗《送杜少府之任蜀州》：

城阙辅三秦，风烟望五津。

与君离别意，同是宦游人。

海内存知己，天涯若比邻。

无为在歧路，儿女共沾巾。

其中"海内存知己，天涯若比邻"被人们广为传诵。

狐死必首丘

"狐死必首丘"意思是说，狐狸死的时候，头一定朝着自己生长的那个山丘，用来形容人们怀念自己的故乡。这个谚语出自战国时期楚国的爱国诗人屈原所作的《楚辞》九章之一《哀郢》。原文为："鸟飞反故乡兮，狐死必首丘。"屈原因遭人忌妒与陷害，得不到楚王的信任，被放逐到外地。他在被放逐的困苦生活中，时刻惦记着楚国的安危，时刻想念着家乡。

郭沫若在历史剧《蔡文姬》中引用了这句话。东汉末年，蔡邕的女儿蔡文姬博学多才，精通音乐。她不幸被匈奴俘虏，做了匈奴人的妻子，并生有两个儿子。曹操统一中原后，用重金把蔡文姬赎回来，然而匈奴人只让蔡文姬一个人回国，留下她的两个儿子。离别之际，蔡文姬说："狐死必首丘，一个人至死都会怀念自己的家乡。"

后来者居上

"后来者居上"意思是资历浅的人地位反而比资格老的人高，泛指后来的人或事物超过了先前的。这个谚语出自《史记·汲郑列传》。

汉武帝时期，汲黯为官公正廉洁，生性坦率，敢于直言劝谏皇帝，有时让汉武帝下不来台。汉武帝敬重他的为人，但是也没有提拔他。有一次，他得罪了汉武帝，于是汉武帝派他去边远的东海郡做官，他在那里政绩显著。汉武帝又将他调回宫中，但是他本性不改，汉武帝重新冷落他。

汲黯是一位两朝老臣，汉武帝还没即位的时候，他就已经是在现在的职位了。由于他一直没有得到提拔，原来在他手下的人，有的与他平起平坐，有的比他官职还高。有一次，汲黯对汉武帝感慨道："陛下用群臣，如积薪耳，后来者居上。"

疾风知劲草

"疾风知劲草"本义是只有经过猛烈大风的考验，才能知道什么样的草是强劲的。比喻在危难时，才显出谁的意志最坚强，经得住考验。这个谚语出自《东观汉记·王霸传》。

西汉末年，皇族刘秀率兵起义，有个名叫王霸的带领一批人来投奔刘秀，受到了刘秀的欢迎。不久，王霸因父亲年老体弱，回家侍奉老父。后来，刘秀率军又路过王霸老家的时候，特地去看望他。王霸深受感动，请求父亲让他离家追随刘秀。他父亲深明大义，准许他跟随刘秀。

此后，起义军内部互相残杀，刘秀怕遭到杀害，率军到河北去招抚各州郡归顺。招抚工作很不顺利，处境非常危险。刘秀的部下纷纷离开，只有王霸忠诚地跟着刘秀。刘秀感慨地对他说："颍川从我者皆逝，而子独留，始验疾风知劲草。"

刘秀称帝后，封王霸为优淮陵侯、偏将军、讨房将军。

既来之，则安之

"既来之，则安之"本义是既然把他们招抚来了，就要把他们安顿下来，后来也表示既然来到一个地方，就要安心在这里待下去。这个谚语出自《论语·季氏》。

冉有和季路是孔子的学生，也是季康的家臣。孔子为季康攻打颛臾的事责问他们。他们为自己辩护说："季康大夫非要攻打，和我们有什么关系呢？"孔子说："作为季康的家臣，他要做错事，你们不去帮他避免，还要家臣做什么呢？"冉有觉得委屈，说："老师，颛臾挨着季康的领地，如果季康现在不去夺取，将来会后患无穷啊！"这时，孔子说："夫如是，故远人不服，则修文德以来之。既来之，则安之。"意思是，如果远方的百姓不归顺自己，就要用文治教化使他们投奔自己。如果远方的百姓投奔自己，那么就要使他们安定下来。

既生瑜，何生亮

"既生瑜，何生亮"出自《三国演义》，是罗贯中为了抬高诸葛亮而编造的。历史上的周瑜与诸葛亮没有交集。

在《三国演义》中，诸葛亮三气周瑜，把他气死了。第一次是赤壁之战，诸葛亮设计火攻曹营，大获全胜。此后，周瑜想夺取南郡，不料被曹军射伤，而南郡反而被诸葛亮坐收渔利。第二次，周瑜用美人计骗刘备到江东做人质，想以此换荆州。结果，诸葛亮将计就计，使东吴"赔了夫人又折兵"。周瑜气得箭创复发。第三次，周瑜以攻打西川为名，实际想夺取荆州，计谋被诸葛亮识破。周瑜箭创再次复发，他仰天长叹曰："既生瑜，何生亮！"连叫数声而亡。

后来，人们用这句话感叹自己的才华比不上别人。

家贫思贤妻，国乱思良相

"家贫思贤妻，国乱思良相"意思是说家里最贫穷的时候，希望有贤惠的妻子主持家计；国家混乱的时候，希望有才能的人来辅佐。这句谚语出自《史记·魏世家》。后人常用来形容越是困难的时候，用人越要慎重。

魏文侯问他的门客李克说："常言说'家贫思贤妻，国乱思良相。'魏成子和翟璜都很有才干，你认为谁做相国好一些？"李克说："您之所以犹豫不决，是因为平时考察得不够。判断一个人的标准是要看他平时和哪些人亲近，富裕时要看和哪些人交朋友，当官了要看他举荐了哪些人，退休了要看他对待某些事的态度，贫穷时要看他哪些钱不屑于拿。有了这五方面，就能知道谁更合适了。"魏文侯说："我知道谁能做相国了。"他宣布魏成子为相国。

箭在弦上，不得不发

"箭在弦上，不得不发"原意是箭已搭在弦上，不得不发射。人们用来形容形势紧急，到了不得不采取行动的时候。这句谚语出自《太平御览》，原话为"矢在弦上，不得不发"。

东汉末年，"建安七子"之一的陈琳是袁绍手下的书记官。当时，群雄逐鹿，袁绍和曹操实力相当，而曹操挟天子以令诸侯，势力越来越大。袁绍视曹操为心腹之患，欲除之而后快，于是命陈琳写了一篇《为袁绍檄豫州》的檄文。陈琳在文章中历数曹操的罪状，言辞犀利，咄咄逼人。后来，曹操统一了北方，陈琳投到曹操帐下。曹操为檄文的事责问陈琳，陈琳说："当时的情形您是知道的，我是袁绍的部下，就好像一支箭已经搭在了弦上，不得不发出去。"曹操是爱才之人，就没有追究，反而对他礼遇有加。

姜太公在此，百无禁忌

人们为了居住舒适，在建房或搬进新居的时候，常常在门上或房梁上贴上红纸条"姜太公在此，百无禁忌"，图个吉利。这句谚语源自一个神话传说。

相传，姜太公奉元始天尊之命造"封神榜"一册，使诸神各安其位。在姜太公封神之后，各神都很满意。只有姜太公的老婆扫帚星没有封到神，颇为不满。有一天，扫帚星又吵着要封神。姜太公无奈地说："瘟神一样，一个妇道人家整天吵着封神像什么话！"说来也怪，从那天起，扫帚星走到哪里，哪里就会莫名其妙地死很多人，人们都躲着扫帚星。姜太公忽然想起那天随口一说，没想到却给她封了个瘟神。于是，姜太公提笔写了"姜太公在此，百无禁忌"几个字，让百姓把它贴到大门口，这样瘟神就不敢进门了。后来，

人们说某某是"扫帚星"，意思就是他会带来霉运。

精诚所至，金石为开

"精诚所至，金石为开"意思是至诚所达到的地方，像金石那样坚硬的东西也能被打动。比喻只要专心诚意地去做一件事，什么疑难问题都能解决。这个谚语源自李广射石的故事。《西京杂记》中记载了这个故事。

西汉时期，有个著名将领叫李广，他精于骑马射箭，被称为"飞将军"。有一天，他走在山路上，看到草丛中有一个庞然大物。他以为是一只老虎，急忙拉弓，对准老虎一下射了过去。他想，这一箭就能要了它的命。没想到，老虎一动不动。他走过去一看，原来那是一块大石头。再看那支箭，连箭羽都没入石头里了。后来，这个故事广为流传，大家认为这不只因为李广力气大，更重要的是他全神贯注，以必胜的信心制服对方，所以才能出现奇迹。

西汉学者扬雄评论道："如果诚心诚意，即使像金石那样坚硬的东西也会被感动的。""精诚所至，金石为开"这一谚语便由此流传下来。

近水楼台先得月

"近水楼台先得月"比喻由于地处近便而获得优先的机会，也作"近水楼台"。这句谚语出自宋代苏麟的一首诗。这首诗的由来还有一段故事。

北宋宝元年间，范仲淹在陕西任经略安抚招讨副使。他训练官兵，纪律严明，方法得当。他属下的官兵在他培养下，各方面素质都有所提高。后来，范仲淹又因

故被贬到杭州做知州。他和以前的部下交情很深，离任后还经常推荐陕西的僚属官兵。有一个叫苏麟的巡检因公外出，没有得到提拔。看到同事们一个个升了官，他对老上司很有意见，于是写了一首诗，其中两句是："近水楼台先得月，向阳花木易为春。"范仲淹看后，明白了他的意思，于是根据他的能力，给他安排了一个合适的职务。

拒人于千里之外

"拒人于千里之外"形容态度冷淡、傲慢，使人不容易亲近，也形容坚决地拒绝别人，毫无商量的余地。这句谚语出自《孟子·公孙丑》。

战国时期，鲁平公准备任用孟子的学生乐正子主持国政。孟子喜出望外，他的另一个学生公孙丑很不服气，问孟子："乐正子真的很有才能吗？"孟子知道公孙丑的意思，回答道："不是，论本领，你确实比他强。"公孙丑又问："那么，是因为他考虑问题很全面吗？"孟子回答："不，也不如你。"公孙丑继续问："难道是因为他的见闻和知识比我多吗？"孟子回答："也不是。"最后，公孙丑问："那么，老师为什么那么高兴呢？"孟子趁机教导他："他的长处是对人很好，他不会拒人于千里之外，很多人聚集在他身边，因此能治理好国家。"公孙丑听后自愧不如。

解铃还须系铃人

"解铃还须系铃人"意思是说，当初系铃的人才是解开铃铛的最佳人选。比喻解决问题的最好办法是找到问题的根源，由谁引起的还由谁解决。这句谚语出自明代瞿汝稷的《指月录·法灯》。

南唐高僧法眼禅师和法灯禅师一起住在金陵（今南京）清凉寺。法灯禅师管事不多，寺里的和尚都瞧不起他，但是法眼却知道他深藏不露。有一天，法眼与弟子们谈论佛法，提出了一个问题："系在老虎脖子上的铃铛，谁能把它解下来？"弟子们想来想去，也想不出一个好办法。这时，法灯禅师路过。法眼就请他来回答。法灯不假思索地说："系者解之。"法眼听后很满意，对弟子说："你们可别小看他啊！"从那时起，这个谚语就流传下来了。

近朱者赤，近墨者黑

"近朱者赤，近墨者黑"原意是靠着朱砂的变红，靠着墨的变黑。比喻客观环境对人有很大影响，接近好人可以使人变好，接近坏人可以使人变坏。

这句谚语出自晋代傅玄所著《太子少傅箴》。原文为："夫金木无常，方园应行，亦有隐括，习与性行。故近朱者赤，近墨者黑；声和则响清，形正则影直。"这是古人根据生活经验总结出的谚语。自古以来人们就非常重视环境的影响，因此还有"居必择乡，游必就士"的说法。孟母为了给孟轲一个适合成长的居住环境，曾经三次搬家，由"近墓"，搬至"市旁"，最后在"学宫之旁"定居下来。孟子之所以能成为"亚圣"与小时候的居住环境有很大关系。

兼听则明，偏信则暗

"兼听则明，偏信则暗"意思是同时听取各方面的意见，才能正确认识事物；只相信单方面的话，必然会犯片面性的错误。

这句谚语源自汉代王符所著《潜夫

论·明暗》:"君之所以明者,兼听也;其所以暗者,偏信也。是故人君通必兼听,则圣日广矣;庸说偏信,则愚日甚矣。"唐代魏徵从中提炼出"兼听则明,偏信则暗"的说法。《资治通鉴》记载唐太宗贞观二年:"上问魏徵曰:'人主何为而明,何为而暗?'对曰:'兼听则明,偏信则暗。'"魏徵是历史上著名的谏臣,以敢于直言劝谏著称。他用这句话劝诫唐太宗兼听广纳,使下情得以上通。

从此,这句话流传下来。它告诫人们办事要广泛听取意见,不要听信于一个人,才能把事情办好。

疾风扫落叶

"疾风扫落叶"原意是风力很强劲,一下子就把树叶刮下来了。比喻军队力量强大、行动迅速,敌人不堪一击。这句谚语出自《资治通鉴·晋纪》。

前秦皇帝苻坚实行严厉统治,加强前秦的军事实力,统一了北方黄河流域,并占领了东晋的部分土地。他秣马厉兵,打算一举消灭偏居南方一隅的东晋王朝。一些大臣劝他不可轻举妄动。然而,苻坚却坚定地说:"我有百万雄兵,投鞭可以截断江流,较其强弱之势,犹疾风之扫落叶耳。"于是,举兵南下。

秦军与晋军在淝水交战,晋军大都督谢玄希望秦军后退一点,以便让晋军渡过淝水进行决战。苻坚想趁晋军渡河时发动袭击,于是同意后退。但是,后续部队不知道怎么回事,刚一后退,就有人喊:"秦军败了!"秦军秩序大乱。晋军趁机渡水攻击,大败秦军。逃跑的秦军看到草木,听到风声鹤唳,都以为是晋军。这也是"风声鹤唳,草木皆兵"的由来。

己所不欲,勿施于人

"己所不欲,勿施于人"意思是自己所不喜欢的事,不要强加给别人。这是儒家"忠恕"思想中"恕"的理论,是儒家文化的精华。

这句话出自《论语·颜渊》。原文为:"仲弓问仁。子曰:'出门如见大宾,使民如承大祭。己所不欲,勿施于人。在邦无怨,在家无怨。'仲弓曰:'雍虽不敏,请事斯语矣!'"

仲弓问孔子什么是仁。孔子回答说:"平时出门要像去见贵宾一样庄重,役使百姓要像举行祭祀大典一样,自己不喜欢的,不要强加给别人。诸侯国中没有人对自己怨恨,卿大夫的封地也没有人对自己怨恨。"仲弓说"我虽然不才,但也要按照您说的话去做。"

君子之交淡如水

"君子之交淡如水"意思是君子之间建立在道义基础上的友情高雅纯净,清淡如水。这句谚语出自《庄子·山木》。原文为:"且君子之交淡如水,小人之交甘若醴;君子淡以亲,小人甘以绝。"意思是,品德高尚的人与道德低下的人交往方式不同,结果也不同。君子之交表面淡泊,实际真诚,有牢不可破的基础,经得起利益的考验;小人之交,表面上亲昵,其实没有真诚的友谊,当然不会长久。

关于这个谚语还有一个传说。薛仁贵早年生活清苦,多亏朋友王茂生夫妇的接济,才得以维持生活。后来,薛仁贵跟随唐太宗李世民参了军，他救驾有功，回朝后被封为"平辽王"。这时，平民百姓王茂生送来两坛美酒。兵士把酒坛打开，却发现里面是清水。薛仁贵喝了三碗清水，说："这两坛清水胜过美酒，这就叫君子之交淡如水。"

举头三尺有神明

"举头三尺有神明"，也作"头顶三尺有神明"或"抬头三尺有神灵"。意思是，无论你在什么地方做任何事，你头上三尺地方都有神明看得清清楚楚，所以任何人不要以为没有人在旁边就做坏事。这句话是叫我们时时刻刻检讨自己的起心动念、所作所为，要止恶行善。

古代人信仰神灵，如果遇到不如意的事情，就会到相应的庙里求神拜佛。这里"举"是指向上的意思，案是指摆放香火的供桌。原意是指神明在供桌上面三尺的地方看着你，如果你虔诚祈祷供奉的话，神明会显灵帮助你。后来引申为，老天自有公道，不管你做什么，都不能欺瞒神灵。后来，衍生出另外一种说法："举头三尺有青天。人可欺，天不可欺。"

九子不葬父，一女打荆棺

"九子不葬父，一女打荆棺"意思是子不如女，也形容办事人多，互相推诿，导致人多不做事的结果。这句谚语在民间流传广泛，源自一个哀婉动人的故事。

很久以前，在长江边上住着一户人家。这家有九个儿子，一个女儿。父亲死后，九个儿子谁都不愿意出钱买棺材。小女儿见状非常悲痛，但是她没有钱，买不起棺材。于是，她上山去割荆条，用一根根荆条编成了一具棺材。她的手指被荆条割破，鲜血染红了荆条。她怕把荆条棺埋在土里会腐烂，于是用尽力气把棺材推到险峻的峡壁上。这个可怜的女孩因为体力耗尽，坠江而死。由此，"九子不葬父，一女打荆棺"的说法就被人们一代代流传下来。

今朝有酒今朝醉

"今朝有酒今朝醉"的意思是，今天有酒喝，今天就开怀畅饮，直到喝醉。这里比喻过一天算一天，也形容人消极颓废，只顾一时快乐，没有长远打算。

这句话出自唐朝罗隐的《自遣》诗：

得即高歌失即休，
多愁多恨亦悠悠。
今朝有酒今朝醉，
明日愁来明日愁。

这首诗是唐代诗人罗隐在第十次考进士不中，感到前程渺茫，堕落愤懑之时所发的牢骚，表达了诗人消极遁世，悲观厌世的情绪。罗隐从小聪明好学，熟读经书，胸怀大志，一心想用自己的学识报效国家，做一番大事业。然而，天不遂人愿，他屡试不中，没有机会施展自己的抱负。经受一连串打击之后，他心灰意懒，无心于功名利禄，在杭州过起了隐居生活。这首诗就是他当时心情的写照。后来，"今朝有酒今朝醉"成了人们经常使用的谚语，用来比喻腐朽没落的生活。

惊弓之鸟

"惊弓之鸟"原意是被弓箭吓怕了的鸟不容易安定，比喻曾经受到惊吓的人碰到一点动静就非常害怕。这个成语出自《战国策·楚策四》。

战国时，魏国有一个叫更羸的射箭能手。有一天，更羸跟随魏王外出打猎，看见有一只大雁从头顶上飞过。只见更羸拿起弓，却不搭箭，只拉了一下弦，大雁就从半空中应声掉了下来。

魏王大吃一惊，感叹道："射箭的技艺竟能达到如此的境界！"更羸回答："其实这是一只受伤的大雁。"魏王奇怪地问："你怎么知道？"更羸回答："这只大雁飞得慢，叫得悲。飞得慢是因为它身上的箭伤在作痛，叫得悲是因为它离开同伴已很久了。当听到弓弦声响后，它害怕再次被箭射中，于是就拼命往高处飞。一使劲，尚未愈合的伤口又裂开了，疼痛难忍，就从空中掉了下来。"

苛政猛于虎

"苛政猛于虎"意思是残酷压迫剥削人民的政策比老虎还要凶恶暴虐。这句话出自《礼记·檀弓下》。

有一次，孔子和他的弟子从泰山旁边经过，看到一位妇人在坟边大哭，悲痛欲绝。孔子让子路过去询问那个妇人。子路问道："你哭得这么凄惨，一定有什么特别伤心的事吧？"妇人回答："没错。之前，我的公公在这儿被老虎吃掉，后来，我的丈夫又被老虎吃掉，如今我的儿子也被老虎吃掉了！"孔子问："那为什么不离开呢？"妇人回答："这里没有苛政。"孔子对弟子说："你们要记住啊！苛政猛于虎。"这个小故事表达了儒家提倡仁政的政治主张。

后来，唐朝柳宗元写了一篇《捕蛇者说》，引用了孔子这句话，表达了同样的意思。

开门揖盗，自招其祸

"开门揖盗，自招其祸"意思是，遇到强盗，不但不抵御，反而打开门请强盗进来，比喻引进坏人，招致祸患。这个谚语出自《三国志·吴书·吴主传》。

三国时期，吴国的创建者孙策遭到暗算，重伤而死。临死前，他把吴国的大权交给弟弟孙权。孙权那时才18岁，他为哥哥的死日夜啼哭，无法处理朝政。大臣们苦苦劝说，也没用。谋士张昭对孙权说："现在天下大乱，豺狼当道，国内人心不稳。如果你只顾悲啼，不理国事，这好比大开着房门，拱着手把强盗请进来，必将自取其祸。"孙权觉得他说得对，马上换了朝服，登朝理事，整顿国防，加强军队，重视工商业。在他的治理下，吴国稳定发展起来。

良药苦口利于病，忠言逆耳利于行

"良药苦口利于病，忠言逆耳利于行"意思是，苦口的药虽然很难让人吞咽，但却有利于疾病康复，逆耳的话虽有点伤人，但却对人的行为有好处。现在常用来教育人们正确对待别人的意见和批评，勇于接受批评。这个谚语出自《史记·留侯世家》。

公元前207年，刘邦率兵进入秦宫，看到数不胜数的珍宝，美貌如花的宫女，准备在宫里享受一番。樊哙看出了刘邦的心意，就劝诫说："秦宫中的奢华享乐，正是导致秦朝灭亡的原因啊！请沛公赶快回到灞上！"刘邦对樊哙的话不以为然，张良继续劝说刘邦："秦王无道，百姓造反，沛公才得以顺利到达这里。可是您刚到这里就想享乐。常言道：'良药苦口利于病，忠言逆耳利于行'，望沛公听樊哙的忠言。"刘邦听后觉得羞愧，立即下令封存所有府库，关闭宫门，回到灞上。

梁园虽好，非久恋之乡

"梁园虽好，非久恋之乡"，也作"梁园虽好，不是久恋之家"，意思是他乡虽好，不宜久居，也比喻眼下虽然顺心，却非长久之计。这句谚语源自西汉时期。梁孝王刘武有一个大花园，人称梁园。梁园造型奇特，有各种奇花异草，风景非常秀丽。梁孝王喜欢结交四方宾客，他经常在梁园宴客。司马相如、枚乘等历史名人曾为园中客。客人们在梁园流连忘返，但是梁园毕竟不是自己的家呀！

《水浒传》中多次出现这句谚语。火烧瓦罐寺之后，鲁智深、史进二人道："梁园虽好，不是久恋之家，俺二人只好撒开。"武松血溅鸳鸯楼之后逃出孟州城，说了几乎一模一样的话："梁园虽好，不是久恋之家，只可撒开。"从引文来看，这句话与客居和归乡情绪无关，只表达了"不可久留"的意思。

留得青山在，不怕没柴烧

"留得青山在，不怕没柴烧"是一句流传广泛的谚语，比喻不要为一时的挫折而悲观失望，只要存有一点希望，就有东山再起的可能性。这句谚语源自一个传说。

相传，一座山脚下住着兄弟俩，大哥叫青山，弟弟叫红山。老汉快去世时，把世代相传的山林留给兄弟俩，把东岗分给了青山，把西岗分给了红山。

红山很勤快，整天辛辛苦苦地烧木炭，日子过得很富裕，但三五年后，树都被他伐光了，他只好去东岗投奔哥哥。青山先把不成材的树木砍了烧炭，然后种上新苗。三五年后，岗上树苗长大了，因此哥哥一直有柴烧。哥哥语重心长地告诫弟弟："你吃山不养山，终究会山穷水尽；先养山后吃山，才会山清水秀啊！"

后来，人们都称赞青山说："留得青山在，不怕没柴烧。"

路遥知马力，日久见人心

"路遥知马力，日久见人心"意思是路途遥远才能知道马的力气大小，日子长了才能看出人心的好坏。人们常用来形容真正的友谊是经得住时间考验的。这个谚语出自元杂剧《争报恩》。

故事讲的是徐姓兄弟三人，老三早逝，留下寡妇颜氏和五个孩子。分家时，老大和老二欺负颜氏是寡妇，把老仆阿寄夫妻分给颜氏。阿寄心想一定要帮孤儿寡母出口气，于是向颜氏讨了十多两银子，开始做生意。一年多的时间，他赚回了一千两银子。所谓"路遥知马力，日久见人心"。颜氏得到阿寄的帮助，十年之后，成了富甲一方的财主。她把家财拿出一部分给阿寄的儿子。两家子弟亲如一家。

落花有意，流水无情

"落花有意，流水无情"常用来形容单相思，一方有意，一方无情。这句谚语出自宋代释惟白所著《续传灯录·温州龙翔竹庵士珪禅师》："落花有意随流水，流水无心恋落花。"

南宋初年禅宗士珪禅师在温州雁荡一带宣讲佛法，讲到用心参禅的重要性时，他说："凡人看世界，只会用眼，然而，通过眼睛得到的信息是局部的。体悟佛性需要用整个的心灵去感悟，这种体悟就不是用眼睛所能看到的。"如果把人的"眼见"等间接功能比喻为落花，将人的真心权且比喻为"水"。用"眼见"去体察人的真心，这就好比是"落花有意随流水"，然而一般情况下，难以体察到这种整体性特征，这就好比"流水无情恋落花"一样。他用落花流水的比喻，浅显地道出了心灵对事物感知的大道理，也道出了凡人看世界，只会用眼，不会用心的禅理。后来，人们用这句话来形容单相思。

浪子回头金不换

"浪子回头金不换"指不走正道的人改邪归正后，其前途是不可限量的。这句谚语源自明朝的一个故事。

明朝，有个年轻人名叫天宝，他整日花天酒地，很快花光了家财，沦为乞丐。一个寒冬之夜，他冻僵在路旁。一个员外救了他，并让他做女儿腊梅的教书先生。天宝恶习不改，竟然调戏腊梅。员外不动声色地让天宝给苏州的表兄带一封信，并给他20两银子做盘缠。天宝到了苏州四处打听也没找到员外表兄的住址，他打开那封信，只见信上写着四句话："当年路旁一冻丐，今日竟敢戏腊梅；一孔桥边无表兄，花尽银钱不用回！"

天宝羞愧难当，决定重新做人，他白天给人干活，晚上读书。三年后，他进京赶考，一举中了举人。天宝回去向员外请罪，还了员外20两银子，并在那封信后面又添了四句："三年表兄未找成，恩人堂前还白银；浪子回头金不换，衣锦还乡做贤人。"

后来，人们经常用"浪子回头金不换"来教导那些因一时糊涂而失足的青年人。

鲁班门前弄大斧

"鲁班门前弄大斧"出自明代梅之焕的诗。鲁班是木匠的祖师爷，在他面前弄大斧，比喻自不量力，在行家面前卖弄本领，留为笑柄。

相传，唐代大诗人李白去世后，葬在安徽省当涂县境内的采石矶上。很多文人墨客慕名前往祭奠，有些喜欢卖弄之士在墓旁留下几句诗，然而，这些诗写得都不怎么样。明代进士梅之焕也去祭奠李白，他看到那些人的题诗之后，心想这些拙劣诗句的作者，有什么脸在诗仙李白面前舞文弄墨呢？于是在旁边写下这样一首诗："采石江边一堆土，李白之名高千古；来来往往一首诗，鲁班门前弄大斧。"后来，"鲁班门前弄大斧"这句话被人们广泛使用。

老龟烹不烂，移祸于枯桑

"老龟烹不烂，移祸于枯桑"比喻有罪过的人安然无事，嫁祸于无辜的人。这句谚语出自南北朝时期刘敬叔所著《异苑》中的一个故事。

三国时期，有人捉住一只大龟，献给孙权。据说这是一只千年老龟，吃了可以延年益寿。于是，孙权让人把老龟煮了吃。令人吃惊的是，经过三天三夜的大火，烧了一万车木柴，老龟还没有煮烂。博闻强识的诸葛恪想了个主意："千年的老龟只怕要用千年的桑树木来煮，才能煮烂。"健康城外有一棵千年桑树。那天晚上路过的人听见桑树在哭泣，并且自言自语："你这个老乌龟，你不小心被人抓住，那是你寿辰已到，为什么要牵连我呢？"第二天，老桑树的叶子全部落光。不久，来了一伙士兵把老桑树劈成木柴。用这些木柴一煮，老乌龟果然烂了。

累累若丧家之狗

"累累若丧家之狗"意思是像无家可归的狗一样疲惫，比喻无处投奔、到处乱窜的人，也比喻失去靠山、无处投奔的坏人。这句谚语出自《史记·孔子世家》。

春秋时期，孔子带着弟子周游列国，宣扬自己的仁政思想和政治主张。然而，当时诸侯国纷争不断，强者称霸。孔子的理论得不到采纳。有一天，孔子和弟子们在郑国走散了。子贡问路人："你们有没有看到孔子？"有个郑国人回答说："东门有个人，他的脑门像尧帝，颈子像皋陶大法官，自腰以下比大禹皇帝短三寸，累累若丧家之狗，不知是不是你的老师孔子。"子贡在东门找到了孔子，并把郑人的描述对老师说了一遍。孔子苦笑道："说我像古代贤人，那也未必；说我像丧家之狗，说得太对了！"

老马识途

"老马识途"意思是老马认识曾经走过的道路，比喻有经验的人熟悉情况，能在某个方面起指引的作用。这句成语出自《韩非子·说林上》。

春秋时期，管仲跟从齐桓公北伐孤竹国。孤竹国虽然是一个小国，但是城池坚固，粮草充足。齐桓公的大军在春天出发，直到冬天才把它征服。回来的时候，人困马乏，北方的道路已经被冰雪覆盖，很难找到道路的踪迹。由于没有熟悉地理的向导带路，大军被困在山谷里，找不到

出路。足智多谋的管仲说："老马的智慧可以利用啊！据说老马的记忆力很强，可以找到来时的道路。"于是，解开数十匹老马的缰绳，让老马在军前自由奔跑。大军跟随老马在雪地上踏出的痕迹前进，顺利回到齐国。从此，民间流传了"老马识途"的说法。

明知山有虎，偏向虎山行

"明知山有虎，偏向虎山行"意思是明明知道山中有老虎，还要进山。比喻做事勇敢，奋不顾身，勇往直前。这句谚语源自《水浒传》中武松打虎的故事。

武松来到景阳岗前的一家小酒店。小酒店的酒叫"三碗不过岗"，意思是喝三碗酒就醉了，过不了景阳冈了，但是武松喝了18碗酒，还想继续赶路。店里的伙计告诉他山上有老虎，最好等明天结伴而行。武松却不以为意，独自向山中走去。走了一会儿，酒劲上涌，他在石板上打起盹来。一阵狂风吹来，只见乱树后面跳出一只吊睛白额大虎。武松反应极快，挺身与老虎激战，最后把老虎打死了。这件事迅速传遍景阳冈，猎户们把武松称作"打虎英雄"。"明知山有虎，偏向虎山行"就由此而来。

磨刀不误砍柴工

"磨刀不误砍柴工"意思是磨刀虽然花费时间，但不耽误砍柴。比喻事先做好充分准备，好像耽误了时间，其实能加快工作进度。这句谚语源自一个传说。

相传，一个恶霸看上了一个年轻美貌的姑娘，想占有她。姑娘无奈之下，逃到外乡。一个老太太看她可怜，把她带到自己家中。姑娘希望老太太做主，给她找个

善良人家。老太太乐得合不拢嘴，她自己就有两个儿子，大儿子忠厚善良，二儿子尖酸刻薄。她想把姑娘许配给大儿子，又怕二儿子不愿意，于是想了个主意：让兄弟俩第二天上山砍柴，谁砍得柴多，姑娘就嫁给谁。二宝天不亮就上山了，但是他忘了磨斧头，到天黑才打了半担柴。大宝有心让着弟弟，花了很多时间磨斧子，但是他的斧子很锋利，没多久就砍了两担。按照约定，老太太把姑娘许配给了大儿子。

谋事在人，成事在天

"谋事在人，成事在天"意思是自己已经尽力而为，至于能否达到目的，那就要看时运如何了。它告诉我们，在做事情的时候，一定要学会正确对待，正确处理过程与结果的关系。人的主观努力不能违背客观规律，人事必须与天命相结合，才能有所成就。

这句谚语出自明代罗贯中所著《三国演义》，在第一百零三回"上方谷司马受困，五丈原诸葛禳星"中，孔明叹曰："谋事在人，成事在天。不可强也！"后人有诗叹曰："谷口风狂烈焰飘，何期骤雨降青霄。武侯妙计如能就，安得山河属晋朝！"

盲人骑瞎马，夜半临深池

"盲人骑瞎马，夜半临深池"意思是盲人骑着瞎马，在伸手不见五指的半夜，来到很深的水池边，比喻非常危险。这句话也用来形容没有目标，没有方向地乱闯瞎撞，会使自己深陷危险的境地。这个谚语出自《世说新语·排调》。

东晋著名画家顾恺之不但精通绘画，而且擅长辞赋。他经常和桓玄、殷仲堪等人谈论辞赋。这天，他们以"危语"相

约，即每人说一句话比喻很危险的形势。桓玄说："矛头淅米剑头炊。"意思是用矛头淘米，用箭头拨火。殷仲堪说："百岁老翁攀枯枝。"顾恺之说："井上辘轳卧婴儿。"这时，殷仲堪手下一位参军说："盲人骑瞎马，夜半临深池。"殷仲堪说："这确实太危险了！"顾恺之等人不禁发笑。原来殷仲堪有一只眼睛失明，他对"盲人""瞎马"等词很敏感。

民以食为天

"民以食为天"意思是百姓把粮食看作赖以生存的基础，比喻粮食和农业对民众的重要性。这句谚语出自《汉书·郦食其传》。

秦朝灭亡后，刘邦和项羽争霸。刘邦联合各地的反项羽力量，据守荥阳、成皋。荥阳西北有座敖山，山上有座小城，因为城内有许多专门储存粮食的仓库，所以称为敖仓。这是当时关东最大的一个粮仓。

在项羽猛烈的攻击下，刘邦打算后撤，把成皋以东让给项羽。谋士郦食其说："王者以民为天，而民以食为天。楚军不知道守护粟仓而东去，这是上天帮助汉王成功的好机会啊！如果我们放弃成皋，退守巩、洛，把这样重要的粮仓拱手让给敌人，这对当前的局面是非常不利的啊！希望你迅速组织兵力，固守荥阳，保住敖仓，一定会改变目前不利的局势。"刘邦依计而行，终于取得了胜利。

猛虎不如群狐

"猛虎不如群狐"比喻集体力量大于任何个人力量。这个谚语出自《资治通鉴·晋安帝十三年》。

南北朝时期，南宋皇帝刘裕手下有一名大将叫王镇恶，他智勇双全，能征善战，在北方有很多朋友。这年，刘裕率兵北伐，一路所向披靡，其中王镇恶功不可没。突然，朝廷内发生了重大问题，需要刘裕亲自回去解决。刘裕把兵权交给儿子。这时，大将沈田子告诫刘裕："你最好把王镇恶带走，你儿子控制不了他。他是一只猛虎，如果有叛变之心，局势将不可控制。"刘裕说："你们十几员大将都是我的心腹，怕什么？俗话说：'猛虎不如群狐'嘛！"其实，王镇恶并没有叛变之心，是沈田子多虑了。刘裕走后，沈田子等大将处处防范限制王镇恶，最终害死了他。王镇恶死后，北伐军队遭到惨败，沈田子等人也阵亡了。

嫩草怕霜霜怕日，恶人还被恶人磨

"嫩草怕霜霜怕日，恶人还被恶人磨"比喻你欺侮别人，还会被比你更恶的人欺侮。这句谚语出自吴睿所著《飞龙全传》。

赵匡胤的一匹宝马被团练教头韩通的公子抢去了。韩通仗着自己武艺高强，常在外淫人妻女，诈人钱财。他把刘员外的一所住宅硬生生占为己有，收了一二百亩土地，又豢养了一些乡兵，横行乡里。赵匡胤打听到他的住处，便去叫阵。他三拳两脚就把韩通打得跪地求饶。正如俗谚说的："嫩草怕霜霜怕日，恶人还被恶人磨。"赵匡胤命他把庄子归还原主，快快离开此地。韩通只得依了，遣散徒众，抱头鼠窜而去。

宁为玉碎，不为瓦全

"宁为玉碎，不为瓦全"意思是宁做玉器被打碎，不做陶器得保全。比喻宁愿为正义而死，决不苟且偷生。人们常用这句话来形容保全自己完整人格的决心。这句谚语出自《北齐书·元景安传》。

北魏丞相高欢掌握了兵权，立东魏孝静帝元善见，自称大丞相。高欢死后，高洋于公元550年废孝静帝，自立为王，并于次年毒死元善见和他的三个儿子。他害怕元氏后人叛变，听信谗言，把元氏宗族40多家，700多口全部杀光，并扬言杀光他的远房宗族。元氏宗亲无不惶恐。北魏将军元景安主张改姓高氏以保全自己的姓名。陈留王元景皓表示："安有弃其本族而从人姓者乎！大丈夫宁可玉碎，不能瓦全。"他宁愿被杀头也不愿改元姓高，后被元景安告密，遭到高洋的杀害。

宁为鸡口，不为牛后

"宁为鸡口，不为牛后"意思是宁愿做小而洁的鸡嘴，而不愿做大而臭的牛肛门。比喻宁在局面小的地方自主，不愿在局面大的地方听人支配。这句谚语出自《战国策·韩策一》。

战国中期，秦国的势力迅速壮大。几个弱小国家联合起来抗秦，称为"合纵"；一些弱小国家投靠秦国，进攻其他国家，称为"连横"。由此产生了一批说客，他们奔走各国，说服各国君主听从自己的主张。

苏秦是主张"合纵"的代表人物，他劝说韩宣惠公参加合纵国，联合抗秦："韩国以如此强大的实力，却向秦国割地求和，难道您不怕天下人笑话吗？有一句俗语叫'宁为鸡口，不为牛后'，您以臣子的身份侍奉秦国，跟做牛后有什么区别呢？"韩宣惠公无可辩驳，决心加入合纵抗秦的行列。

宁为太平犬，莫作乱离人

"宁为太平犬，莫作乱离人"意思是宁可做太平盛世的狗，也不做战乱时代的人，用来表示生逢乱世的痛苦心情，以及对太平盛世的怀念。这句谚语出自元代施惠所著杂剧《拜月亭》第十九出："子不能庇父，君无可保臣。宁为太平犬，莫作乱离人。"

金朝受到北番侵略，战事逼近中都。王尚书出使在外，他的夫人和女儿瑞兰在仓皇逃离时都失散了。瑞兰路遇穷秀才蒋世隆，结伴同行。碰巧，蒋世隆的妹妹瑞莲路遇王夫人，被认为义女。

瑞兰和世隆日久生情，不幸世隆病倒了。这时候王尚书平番得胜回朝，找到女儿。瑞兰央求父亲同意她嫁给蒋世隆，王尚书认为门第不当，撇下害病的蒋世隆，带走了女儿。他们在驿站遇见了王夫人和瑞莲，一同进京。

后来，王尚书做了宰相，一心要把女儿瑞兰嫁给新科状元，瑞兰不愿意，新科状元也当面拒绝。义女蒋瑞莲却认出新科状元就是自己的哥哥蒋世隆，于是有情人终成眷属。

人穷志短，马瘦毛长

"人穷志短，马瘦毛长"比喻人境遇穷困，就会显得精神不振的样子。谚语出自宋代释普济《五灯会元·五祖法演禅师》："问祖意教意，是同是别，师曰人贫智短，马瘦毛长。"原意是人在穷困的时候思维不敏捷，后来演变为"人穷志短，马瘦毛长"。

《警世通言·赵春儿重旺曹家庄》中引用了这句话。曹可成是个监生，挥金如土。他为妓女赵春儿赎身，并娶她为妻。没过多久，曹可成就把家产挥霍一空，过着吃了上顿没下顿的日子。他叹道："人穷志短，马瘦毛长！"于是聚集十来个村童，教书度日。一天半夜，春儿醒来，看到曹可成哭泣不止。原来往日和他一样的监生都补授了官职，他却没钱打理。春儿见他真的悔悟，于是将埋在地下的千余两银子挖出，让他去打点。曹可成先当了一个小官，很快升至知府，重振曹家庄。

驽马并麒麟，寒鸦配鸾凤

"驽马并麒麟，寒鸦配鸾凤"比喻两种事物或两个人才差距很大，不能相提并论。这个谚语出自《三国演义》。

三国时期，刘备得到徐庶的辅佐，势力越来越大。曹操为了限制刘备，设计把徐庶的母亲"请"到许都。徐庶是有名的孝子，只好去曹营探望母亲。离别刘备的时候，徐庶向他推荐卧龙岗的诸葛亮。刘备问他："这个人和先生您的才能相比如何呢？"徐庶说："我和他相比，就像驽马和麒麟，寒鸦和鸾凤相比。这个人是经天纬地之才！您若能屈尊枉驾求见他，必能得此人辅佐，那么平定天下就是迟早的事了。"刘备听了此言非常高兴，由此有了"三顾茅庐"的故事。后人称赞徐庶推荐诸葛的诗："片言却似春雷震，能使南阳起卧龙。"

赔了夫人又折兵

"赔了夫人又折兵"比喻机关算尽，想占点便宜，结果弄巧成拙，鸡飞蛋打。这个谚语出自《三国演义》。

孙权和刘备联合对抗曹操，火烧赤壁之后，刘备占据了荆州。孙权和周瑜认为荆州应该归东吴，决定夺回荆州。这时，刘备的妻子甘夫人去世。周瑜假意把孙权的妹妹孙尚香许给刘备，让他到东吴提亲。诸葛亮识破了周瑜的计谋，并将计就计，答应了这门亲事。到了东吴之后，大肆宣扬，弄得东吴上上下下都知道孙权的妹妹许给了刘备。刘备讨得乔国老和吴国太的欢心。吴国太真的做主把女儿嫁给刘备。孙权是孝子，只好顺着母亲。

成亲之后，刘备和孙夫人不辞而别。周瑜马上派人追赶，诸葛亮知道周瑜要来追赶，沿途设下埋伏，使周瑜损失很多兵士。诸葛亮让兵士高喊："周郎妙计安天下，赔了夫人又折兵！"

皮之不存，毛将焉附

"皮之不存，毛将焉附"意思是，皮都没有了，毛往哪里依附呢？比喻事物失去了借以生存的基础，就不能存在。这句谚语出自《左传·僖公十四年》。

春秋时，晋国发生内乱，公子夷吾逃到秦国。他对秦王许下诺言，如果秦国能帮他回国即位，他就割五座城池作为报酬。在秦国帮助下，他回国即位，即晋惠公。但是，他没有履行诺言。秦国也没有难为他。

后来，晋国闹饥荒，向秦国求助。秦国不计前嫌，卖给晋国很多粮食。过了一年，秦国也闹饥荒，向晋国求助。晋惠公却不想帮忙。晋大夫庆郑说："第一次失信于秦国，秦国不予计较，这次如果不知恩图报，就会激怒秦国。"大夫虢射却说："上次我们没有割城给秦国，已经和秦国决裂。这次就算卖粮给秦国，也不能弥补两国的裂痕。这好比没有皮了，毛就无处

附着，干脆毛也不要了，还是别卖粮食给秦国了。"晋惠公采纳了虢射的意见。后来，秦晋交兵，晋惠公被俘。

扶不起的刘阿斗

这句谚语源自三国时期蜀后主刘禅的故事。

刘备死后，儿子刘禅继位。刘禅庸碌无能，在位前期，主要依靠诸葛亮治理国政。自诸葛亮死后，刘禅更加昏庸无道，贪图享乐，不理朝政，宦官黄皓开始专权，蜀国逐渐衰败。公元263年，魏国大举伐蜀，刘禅投降，举家迁往洛阳。司马昭没有杀他，而是封他为安乐公，并赐他美宅美婢。

一天，司马昭设宴款待刘禅君臣，并以蜀国歌舞助兴。蜀国旧臣听到熟悉的歌声，无不恸哭，而刘禅却若无其事。司马昭故意问他是否思念成都。刘禅回答："此间乐，不思蜀。"这就是乐不思蜀的由来。司马昭看他这副尊容，就不再管他了。刘禅小名叫"阿斗"，因此人们说那些懦弱无能，无法使他振作的人是"扶不起的刘阿斗"。

千里之行，始于足下

"千里之行，始于足下"出自《老子》第六十四章："合抱之木，生于毫末；九层之台，起于累土；千里之行，始于足下。"意思是说，合抱粗的大树，是由细小的萌芽成长起来的；九层高的土台，是由一堆堆的泥土筑成的；千里之遥的形成，是从脚下第一步开始的。比喻事物发展有个过程，必须从头开始，逐步积累，才能取得成功。

后来，"千里之行，始于足下"成了

人们经常用到的谚语，告诫人们无论做什么事，都要有坚强的意志，从小事做起，才能成就大事业。

千羊之皮，不如一狐之腋

"千羊之皮，不如一狐之腋"意思是，一千只羊的皮，也不如一只狐狸腋下的毛皮贵重。狐狸腋下的毛皮洁白柔软，面积很小，所以奇贵无比。这句谚语出自《管子》。后来人们把这句话用作数量和质量的比较，而侧重点在于质量。

春秋时期，齐桓公成为霸主。他想吞并代国，向管仲问计。管仲说："千羊之皮，不如一狐之腋。"齐桓公问："这和攻取代国有关系吗？"管仲回答："代国出产狐狸皮，狐狸腋下的白毛非常稀有，只要大王派人去代国出高价收购白狐皮，代国人一定会进山捕捉狐狸，就不会有人愿意当兵打仗了。代国人无意攻伐，那么不用兴师动众，代国就会俯首称臣。"齐桓公采纳了管仲的计策，果然代国人拼命捕猎狐狸，导致田园荒芜，军队散乱。齐国不费吹灰之力就收服了代国。

骑虎者势不得下

"骑虎者势不得下"意思是骑在虎背上，不能下来，比喻做事过程中遇到非常危险的状况，却欲罢不能。这句谚语出自《资治通鉴·后唐庄宗同光三年》。

后唐庄宗有个大臣叫郭崇韬，他刚正不阿，敢于进谏，经常纠正皇帝的错误。庄宗宠幸宦官，那些宦官仗势欺人，无恶不作。郭崇韬对庄宗的儿子说："您将来继位，应该把这些宦官赶走，专用读书明礼的正经人。"这话传入宦官们耳朵里，他们对郭崇韬恨之入骨。有人对郭崇韬说："俗

话说'骑虎者势不得下'，现在皇帝忌恨你，宦官们咒骂你，你怎么办呢？"郭崇韬打算辞去官职。又有人对他说："不能辞呀！俗话是'蛟龙失水，蝼蚁足以制之。'你今天辞了，明天就大祸临头了。"郭崇韬只好干下去。同光三年，郭崇韬奉命平定四川叛乱。宦官趁机进谗言，皇后派亲信把郭崇韬杀了。十年后，后唐灭亡了。

墙倒众人推

"墙倒众人推"意思是乘人之危、趁火打劫，比喻一个人一旦失去原有的地位，或遭遇失败，周围的人就会趁机攻击他。《红楼梦》中引用了这句谚语。

平儿指责管事的媳妇不该小看了探春，众人把责任推到赵姨娘身上，平儿批评她们说："罢了，好奶奶们，墙倒众人推，那赵姨娘原有些颠倒，着三不着两，有了事就都赖他。"平儿的意思是赵姨娘一旦失势，大家就趁机欺负她。

曲突徙薪亡恩泽，焦头烂额为上客

"曲突徙薪亡恩泽，焦头烂额为上客"意思是人们要居安思危，防患于未然，然而提出忠告的人往往得不到理解和善待。这句谚语出自《汉书·霍光传》。

当初，霍光族人骄横奢侈，茂陵徐生上书说："霍家太兴盛了，陛下既然很宠爱霍家，就应该加以抑制，不使它灭亡。"上书三次，皇上只回答说知道了。后来，霍家叛乱，告发霍家的人都受到封赏，却没有徐生的份儿。有人为徐生上书说，有一个过访主人的客人，看到烟囱是直的，旁边还堆积着柴草，便对主人说："把烟囱改为拐弯的，使柴草远离烟囱。不然的话，将会发生火灾。"主人置之不理。不

久，家里果然失火，邻居们一同来救火，把火扑灭了。于是，主人置办酒席，答谢邻人。烧得焦头烂额的人坐在上位，却没请当初让"曲突"的那个人。有人对主人说："当初如果听了那位客人的话，就不会有火患，也不用摆设酒席。现在评论功劳，为什么提'曲突徙薪'建议的人没有受到恩惠，而被烧伤的人却成了上客呢？"主人这才醒悟去邀请那位客人。

囚人梦赦，渴人梦浆

"囚人梦赦，渴人梦浆"意思是日有所思，夜有所梦。《喻世明言·范巨卿鸡黍生死交》中引用了这个成语。

汉明帝时，秀才张劭去洛阳应举，途中遇到同样去应举的范巨卿。范巨卿得了重病，张劭为了照顾他错过了试期，于是二人结为兄弟，这天正是重阳，巨卿说："明年此日，我一定到贤弟家登堂拜母。"张劭说："我定将宰鸡蒸黍等你。"

转眼又到重阳，张劭早早起来宰鸡蒸黍，然而一直等到天黑，范巨卿也没来。张劭大哭道："范巨卿一定是死了，怪不得我总是梦到他死了呢。"他母亲劝他说："古人说：'囚人梦赦，渴人梦浆'，你念念在心，才会做这种梦。"张劭决定去看范巨卿，千里迢迢来到楚地，范巨卿果然已经死了半月了。原来，他事忙，忘了日期，到了重阳，自知失约，于是自杀了。张劭痛失良友，觉得生无可恋，也自杀了。

求人不如求己

"求人不如求己"意思是央求别人，不如依靠自己。这句话源自《论语·卫灵公》："君子求诸己，小人求诸人。"

宋代张端义所著《贵耳集》中有这

样一个故事：南宋孝宗皇帝对金国俯首称臣，威信扫地。一天，孝宗带着随从到天竺寺游玩，辉僧随侍一旁。孝宗看到大殿里观世音菩萨手里拿着一串念珠，于是问道："观世音已经成佛，难道还要念佛吗？"辉僧回答："念佛是佛家的常课。"孝宗又问："他念的是哪个佛？"辉僧回答："他在念'南无观世音菩萨'。"孝宗笑道："难道还有自己念自己的道理？"辉僧说："这叫'求人不如求己'啊。"和尚在巧妙地告诉孝宗要依靠自己的力量富国强兵。

庆父不死，鲁难未已

"庆父不死，鲁难未已"，意思是如果不除去庆父，鲁国的灾难就不会停止。比喻不清楚内乱的罪魁祸首，国家就得不到安宁。这句谚语出自《左传·闵公元年》。

鲁庄公有三个弟弟：庆父、叔牙、季友。庆父最为专横，并拉拢叔牙为党，一直蓄谋争夺君位，并与其嫂——鲁庄公的夫人哀姜私通。鲁庄公病逝，姬般继位。庆父很不甘心，便与哀姜密谋，派人暗杀般。庆父立姬开为鲁闵公。齐国的仲孙到鲁国吊唁回去后，曾叹息："不去庆父，鲁难未已。"

果然，鲁闵公二年，庆父又派人杀了闵公，想自己当国君。季友趁乱领着鲁庄公的另一个儿子姬申逃到邾国，声讨庆父，要求国人杀庆父，立姬申。国人响应，庆父畏惧，逃到莒国。姬申得立，季友买通莒国押回了庆父，庆父于途自缢。

穷当益坚，老当益壮

"穷当益坚，老当益壮"意思是处境越穷困，意志应当越坚定，年纪虽老而志气更旺盛，干劲更足。形容有志之士应该排除一切困难，干出一番事业。这句谚语出自《后汉书·马援传》："丈夫为志，穷当益坚，老当益壮。"

马援是东汉著名军事家，曾任伏波将军，镇压起义，封安息侯。他善于相马，曾在边郡从事田牧。他懂得经营之道，渐渐富裕起来，拥有家畜数千头，谷数万斛，依附他的人很多。他常常对宾客说："丈夫为志，穷当益坚，老当益壮。"后来，这句话被人们广为传诵，成为励志谚语。

青出于蓝，而胜于蓝

"青出于蓝，而胜于蓝"出自战国时著名思想家荀况所著《荀子·劝学》篇："学不可以已，青，取之于蓝，而青于蓝。冰，水为之，而寒于水。"意思是，靛青从蓼蓝中提炼出来，而颜色比蓼蓝还深；冰由水凝结而成，但比水还要冷。比喻学生如果努力学习，用功研究学问，可以比他的老师还有成就。

荀子这个比喻通俗易懂，经常为后人所用，后来泛指后辈超过前辈。

亲者所痛，仇者所快

"亲者所痛，仇者所快"意思是让亲人伤心，让仇人高兴，形容某种举动只利于敌人，不利于自己。这句谚语出自东汉朱浮的《为幽州牧与彭宠书》。

朱浮和彭宠都为东汉政权的建立立下了汗马功劳。刘秀称帝后，封朱浮为幽州牧，彭宠为渔阳太守，归朱浮管辖。彭宠对自己居于朱浮之下很不满意，处处与朱浮作对。朱浮把情况报告给刘秀，刘秀召彭宠进京。彭宠知道详情之后，拒不奉诏，并发兵进攻朱浮。于是朱浮写了一封信劝说彭宠，分析利害，指出必败的结局。信中说："凡举事，无为亲厚者所痛，而为见仇者所快。"

巧妇难为无米之炊

"巧妇难为无米之炊"原为"巧妇安能做无面汤饼"，出自宋朝陆游的《老学庵笔记》。形容一件事如果连基本的条件都达不到，即使你有再大的本领也是枉然。

宋朝有一个叫晏景初的大官，经常出游。有一次，他带了很多侍从去郊外游玩。玩了一天，他和侍从打算在附近的庙里住一晚上。庙里的方丈说："我们这个庙太小，房子也不宽敞，又很破旧。您是贵客，我们这里实在容不下。"晏景初说："你是个很有办法的人，一定能想出让我们住下的办法。"方丈无奈地说："巧妇安能做无面汤饼乎？"最终也没有答应，晏景初只好连夜赶回去。后来，人们常用"巧妇难为无米之炊"比喻事情难办。

人心不足蛇吞象

"蛇吞象"的说法由来已久，《山海经》里有一种巴蛇，身长30米，能一口吞掉大象，三年以后才把骨头吐出来。屈原《天问》中也有一句"一蛇吞象，其大如何"。后人根据这种说法编了一个蛇吞象的故事。

相传，一个叫阿象的猎户在路边捡了一条奄奄一息的小蛇，带回家喂养。过了几年，小蛇长成了大蟒蛇，并且具有神通。蟒蛇很感激阿象，让他提出一些愿望，帮他实现。阿象得到一些好处之后，就一再索取。他成了拥有亿万家财的富翁之后，又想当官；当官之后，又想当宰相；当了宰相，又想当皇帝；当了皇帝，又想长生不死。他听说吃了蟒蛇的心就可以长生不死，于是又向蟒蛇提出要求。蟒蛇张开大嘴，让他取。他伸手去取的时候，蟒蛇一口把他吞了。因此，人们用"人心不足蛇吞象"来形容人贪心不足，必然会招致灾祸。

若要人不知，除非己莫为

"若要人不知，除非己莫为"意思是，做了什么事要想让人不知道，除非一开始就没做。形容做事或说话最终是瞒不住人的，通常指一些不好的事。这个谚语源于前秦皇帝苻坚的故事。

苻坚为了巩固政权，招贤纳士，励精图治。一次，他召集几个大臣举行秘密会议，决定大赦天下。他让一个官员起草诏书。这名官员准备动笔的时候，一只大苍蝇落在笔端，挥之不去。直到他写完，那只大苍蝇才飞走。这件机密大事还没公布，京城已经人人皆知了。苻坚非常生气，立即命人调查。结果传来一个奇怪的消息，一个穿着黑色衣服的小男孩在街上散步大赦的消息，他的声音犹如苍蝇一样。苻坚知道这是谣言，但也放弃了继续追查的念头。他感慨道："若要人不知，除非己莫为。"

人非圣贤，孰能无过

"人非圣贤，孰能无过"意思是，一般人不是圣人或贤人，谁能不犯错误呢？用来安慰那些犯一点错误就深感自责的人，有时也被一些犯了错误的人作辩解之词。这句谚语源自《左传·宣公二年》："人谁无过，过而能改，善莫大焉。"

春秋时期，晋灵公十分残暴。一次，

他因为熊掌炖得不透，就将厨师杀害。大臣赵盾和士季知道此事后进宫劝谏，晋灵公态度冷淡，不以为然。士季说："人谁无过，过而能改，善莫大焉。"晋灵公并没有认识到自己的错误，残暴如故。最后这个穷凶极恶的晋灵公被一个名叫赵穿的人杀死。

清朝汤斌引用此语在《汤子遗书》中说："人非圣贤，孰能无过？"后来，这句话广为流传。

人过留名，雁过留声

"人过留名，雁过留声"意思是大雁飞过某地还要叫几声，留下点影响，因而人生在世应该建功立业，留名青史。比喻人的一生不能虚度，应做些有益于后人之事。这句谚语出自《新五代史》。

五代时，有个叫王彦章的人，认为人生在世应该建功立业，死后应该流芳百世，让人铭记不忘。他虽然是一个武夫，却常用此语教导别人。他常说："豹死留皮，人死留名。"后人根据这句话引申出"人过留名，雁过留声"的谚语。

人无远虑，必有近忧

"人无远虑，必有近忧"意思是如果没有长远打算，只顾眼前利益，很快就会招致祸患。比喻做事应该把眼光放长远一些，事前应该进行深远的谋划。这句谚语出自《论语·卫灵公》："子曰：'人无远虑，必有近忧。'"《三国演义》中引用了这句话。

三国时期，东吴都督吕蒙建议修筑船坞，遭到很多大臣的反对。吕蒙解释说："打起仗来有时顺利，有时不顺利。如果有了船坞，就可以御敌于城墙之外，从

第四篇 蕴含智慧的俗语、谚语与歇后语

容布阵了。"孙权说："人无远虑，必有近忧。还是吕蒙办事有远见。"于是，东吴很快筑成了濡须坞。后来，曹操进攻东吴时，东吴凭借船坞的优势大获全胜。

世情看冷暖，人面逐高低

"世情看冷暖，人面逐高低"，意思是人的脸色好坏因对方的地位高低而不同，社会人情从人的态度的冷淡或热情可以看出来。这句谚语出自元杂剧《白兔记》第十出："他宿世是夫妻，何须苦折离？世情看冷暖，人面逐高低。"

《白兔记》讲的是五代后汉开国皇帝刘知远的故事。刘知远在李文奎家当佣工。李文奎见他睡时有蛇穿其七窍，断定他日后必定大贵，于是将女儿李三娘许配给他。刘知远与李三娘结婚后不久便去分州投军。刘知远因屡立战功，官至九州安抚。

三娘在家受尽兄嫂折磨，因劳累过度，在磨房产下一子，用嘴咬断脐带，故取名"咬脐郎"。她托窦公将儿子送给知远抚养。15年后，刘知远命儿子回乡探母。咬脐郎因追赶一只白兔，与正在井边汲水的母亲相遇。咬脐郎回去报知父亲，于是一家人团聚。

人不可貌相，海水不可斗量

"人不可貌相，海水不可斗量"意思是，不能用斗来衡量海水的多少，也不能仅凭一个人的外貌就断定他的才能或身份，形容看人要看本质，不能以貌取人。这句谚语出自《醒世恒言·卖油郎独占花魁》。

秦重是一个卖油的穷小子，他喜欢上了名妓花魁娘子。花魁娘子容貌美丽，被老鸨看作摇钱树，要十两银子才得一夜之

欢。秦重想："假如一天攒一分银子，一年可攒三两六分，不过三年这事就可办。"于是，他节衣缩食，拼命攒钱，一年多就攒了一大包碎银子。他到银铺兑银。银匠见钱眼开，心想："人不可貌相，海水不可斗量。"尽数一秤，刚好16两。秦重几乎把一年的积蓄花光才得以亲近花魁娘子一次。花魁娘子觉得他是可以托付一生的男人，终于跳出妓院火坑，嫁给秦重。

人怕出名猪怕壮

"人怕出名猪怕壮"意思是说，猪壮了就该宰了，人出名了就容易招致麻烦。这句谚语由来已久，是古谚"人惧名，豕惧壮"的通俗说法。这个谚语与神医华佗有关。

三国时期，魏国大将张辽的儿子玩耍时摔断了腿骨，被乡下郎中接错骨之后落下了残疾。一个仆人推荐华佗，于是张辽的夫人请华佗给儿子治病。他先让少爷吃了麻醉散，然后把接错的骨踹断重接。经过一个月的疗养，少爷的腿完好如初。张辽位高言贵，经过他的宣传，华佗声名远扬。后来，他为关羽刮骨疗毒，名声传遍中原。最后，曹操头疼，请华佗医治。华佗说："你脑中有一粒沙，须开颅取沙。"曹操多疑，认为华佗受人指使要杀害他，于是把华佗关入大牢。最后华佗被害死在狱中。人们说，华佗是死在他太出名上，就像猪长肥了就会被宰掉一样。

人无千日好，花无百日红

"人无千日好，花无百日红"比喻好景不长，或友情难以持久。《水浒传》中曾引用这句谚语。

宋江杀了人，投奔柴进。柴进设宴

款待他。他起身去解手，不小心踏到一个火锹柄上，把锹里的炭火掀到武松脸上。武松一把揪住宋江，大喝："你是什么鸟人？赶来消遣我！"庄客慌忙道："不得无礼，这位是大官人最相待的客官。"武松说："'客官'、'客官'，我初来时也是'客官'，也曾相待甚厚。如今却听庄客搬口，便疏慢了我，正是'人无千日好，花无百日红'。"原来武松初到庄上的时候，柴进也款待他，但是他喝醉之后常打庄客。庄客在柴进面前说他的不是，柴进虽然不赶他走，但是怠慢了很多。

三过家门而不入

"三过家门而不入"说的是大禹治水的故事，出自《孟子·离娄下》。

尧的时候，洪水泛滥，百姓流离失所。尧派鲧治理洪水，鲧采用围堵的方法，结果没有制服洪水。尧认为自己失职，于是把帝位让给舜。舜看到鲧治水毫无进展，就将鲧杀死，然后让鲧的儿子禹接替治水的工作。禹改变了治水的方法，采用疏导的办法使洪水流入大海。几年之后，洪水终于被制服。在治水的过程中，禹兢兢业业，曾经三次路过家门却没有进去。后来，人们用"三过家门而不入"称赞这种专心工作，因公忘私的精神。

三句话不离本行

"三句话不离本行"意思是人们交谈的时候，通常喜欢谈论与自己职业相关的话题。这句谚语源自一个民间笑话。

从前，村庄里有四个能说会道的人：一个厨师，一个裁缝，一个车把式，一个使船的。谁家有什么事，都请他们去帮忙调解。

有一次，一家兄弟闹分家，每个人都想多分一份家产，分了几天也分不清，就请四个人去调解。四个人决定先到厨师家商量一下。

厨师说："咱们去了要快刀斩乱麻，别锅呀碗呀地分不清。"

裁缝说："咱们做事不能太偏了，要针过去，线也过去。"

赶车的说："这种事咱们又不是没管过，前有车，后有辙，别出大格就行了。"

使船的说："我看咱们别啰唆了，不如见风使舵，怎么顺手就怎么给他们划就得了。"

厨师的媳妇笑了起来："你们真是三句话不离本行呀，卖什么吆喝什么。"她说完，所有人都大笑起来，原来厨师的媳妇是做小买卖的。

从此，"三句话不离本行"这句谚语就流传开了。

三军易得，一将难求

"三军易得，一将难求"意思是征集成千的兵士很容易，但找一个好的将领却很难，形容良才难得。这句谚语出自《三国演义》，反映了珍惜人才的可贵思想。

张郃在攻打西川时，因轻敌中了张飞的计，丢掉了瓦口关，带着数十名随从返回汉中见曹洪。曹洪大怒，令手下将张郃推出去斩首。这时，郭淮劝道："三军易得，一将难求。张郃虽然有罪，乃魏王深爱者也，不可便诛。可再与五千兵径取葭萌关，牵动其各处之兵，汉中自安也。如不成功，二罪并罚。"郭淮的意思是，不能以部下偶然的失败，轻易处决，应给他一个立功赎罪的机会。曹洪觉得有理，采纳了他的意见。

第四篇 蕴含智慧的俗语、谚语与歇后语

三十六计，走为上计

"三十六计，走为上计"意思是，遇到强敌或陷于困境时，以离开回避为最好的策略。这是人们常用的一句谚语，最初应用在军事方面，后来延伸到其他领域。这句谚语出自《南齐书·王敬则传》："檀公三十六策，走是上计。"

檀公指的是南朝宋时期的大将檀道济。他足智多谋，善于用兵。有一次，他奉命讨伐北魏，经过长期战斗之后，后方粮草供应不上。他的军队陷入敌人的包围中，长期下去必将全军覆没。檀公让部下在晚上一斗一斗地量沙子，并高声喊："一石、两石、三石……"故意让俘虏的北魏士兵听到。天明的时候，又在成堆的沙子上盖上一层粮食，故意让俘虏看到堆积如山的粮食，然后把俘虏放回去。北魏将领听说檀公粮草充足，不敢轻易进攻。檀公在深夜悄悄突围。全军安全地退回根据地。因此王敬则说："檀公三十六策，走是上计。""三十六"是个概数，指计谋非常多。

三十年河东，三十年河西

从前，黄河河道不固定，经常会改道。某个地方原来在河的东面，若干年后，因黄河水流改道，这个地方会变为在河的西面。因此有了"三十年河东，三十年河西"这句谚语，人们用这句话比喻人事的盛衰更替，变化无常，难以预料。

关于这个谚语，还有一种解释。这句话出自一个故事，原本是"三十年河东，四十年河西"。郭子仪之孙郭铣由于挥霍无度，家产败尽，沿街乞讨来到河西庄，想起了乳母，便去寻访。他遇到一个农夫，他上前一打听竟然是乳母的儿子。到了他家，只见家宅广大，牛马成群。主人不忘旧情，便让郭铣在家管账，但是他对管账一窍不通，主人不禁叹息到："真是三十年河东享不尽荣华宝贵，四十年河西寄人篱下。"

山雨欲来风满楼

"山雨欲来风满楼"意思是下大雨之前先有大风吹来。比喻当重大事件发生时，到处都充满了紧张气氛。这句话出自唐代诗人许浑的《咸阳城西楼晚眺》。

一上高楼万里愁，蒹葭杨柳似汀洲。
溪云初起日沉阁，山雨欲来风满楼。
鸟下绿芜秦苑夕，蝉鸣黄叶汉宫秋。
行人莫问当年事，故国东来渭水流。

诗人当时任监察御史，他在一个秋天的傍晚独自登上咸阳城西楼观赏景致。一阵凉风刮过使景色萧瑟肃然。他想起家乡和自己半生的宦海生涯，忧愁情绪油然而生，文思泉涌。他将思乡和吊古融合起来，感情浓烈，比一般怀古诗、思乡诗，意境更为高远。其中"山雨欲来风满楼"意味无穷，成为不朽的名句。它既是现实的写照，又是社会重大变故的预言和征兆。

少壮不努力，老大徒伤悲

"少壮不努力，老大徒伤悲"意思是年轻的时候不努力，等到老的时候悲伤也没有用。提醒我们应该珍惜时间，不应该浪费时间。人们常用这句话鼓励年轻人努力学习，以免将来后悔。这句话出自汉乐府的《长歌行》：

青青园中葵，朝露待日晞。

阳春布德泽，万物生光辉。

常恐秋节至，焜黄华叶衰。

百川东到海，何日复西归？

少壮不努力，老大徒伤悲。

诗中最后两句是全诗的主旨所在。诗人用园中葵春天茂盛与秋天衰败的形象，来比喻人生少壮时的美好和老大时的凄惨，用河水东流不复返来比喻时间的流逝，都只是为了最后这两句警言。

神奇化腐朽，腐朽化神奇

"神奇化腐朽，腐朽化神奇"意思是，人世间很多事物，不管是好的，还是坏的，它们是相互转化的。这句话出自《庄子·知北游》。

智慧想弄明白人世间的道理，于是到北方游历。他遇到无所谓，就问："怎样才算真正明白道理呢？怎样才能和道理相处呢？如何才能得到道理呢？"无所谓默不作声，智慧只好继续前行，他遇到了狂屈，提出同样的问题。狂屈正准备说出来，可是话到嘴边又忘了。

智慧去请教黄帝，黄帝说："没有思想，没有考虑，才能懂得道理；没有地方，没有行动，才能和道理相处；没有路径，没有方法，才能得到道理。"

智慧又问："你能说出道理，无所谓和狂屈却说不出，到底谁才真正懂得道理呢？"

黄帝说："无所谓是真正懂得道理的，狂屈还差不多，我和你都是不懂道理的人。你要知道，真正的道理是说不出来的，能说出来的就已经不是道理了。"他又说："故万物一也，是其所美者为神奇，其所恶者为臭腐；臭腐复化为神奇，神奇复化为臭腐。"

生子当如孙仲谋

"生子当如孙仲谋"意思是，生的儿子要像孙权那样有谋略，用来形容求贤若渴的心情。这句话出自《三国志·吴书·吴主传》。

东汉末年，孙权雄踞江南一隅抵御曹操的进攻。孙权的军队谙习水战，大胜曹军。孙权亲自叫阵，曹军将士紧张起来。曹操说："这必是孙权想试探我军的实力。"他让军士原地待命。果然，孙权很快就返回了，返回时击鼓奏乐。曹操看到孙权的战船旌旗猎猎，军容整齐，感叹道："生子当如孙仲谋，刘景升儿豚犬耳。"这句话反映了曹操对人才的渴望。

士别三日，当刮目相待

"士别三日，当刮目相待"意思是，要用发展的眼光看待人才，不能用老眼光看人。这个谚语出自《三国志·吴志》。

东吴大将吕蒙，年少从戎，武艺高强，屡建奇功，深得孙权赏识，很快升为将军，可惜他目不识丁。一次，孙权劝他读书，吕蒙回答："军务繁忙，抽不出时间读书。"孙权说："难道你比我还忙吗？你要学会挤出时间读书。我不要求你成为才高八斗的学问家，仅仅希望你学一些基本的军事知识。从前你是一个兵士，不读书没什么，现在你是一个将军，就不能不读书了。"从此，吕蒙发愤读书。

鲁肃一直不把吕蒙放在眼里。有一次，他巡视吕蒙的防区，顺便去看望他。谈话间，他发现吕蒙变得有学问了。他赞叹说："你已经不是当年的吴下阿蒙了！"吕蒙回答："士别三日，即更刮目相待。"鲁肃改变了对他的看法，临死时还保举吕蒙当上了大都督。

士为知己者死，女为悦己者容

"士为知己者死，女为悦己者容"意思是，义士甘愿为赏识自己、栽培自己的人而死；女子为喜欢自己的人打扮自己。这句谚语出自《战国策·赵策一》。

晋国侠客豫让给范中行氏做大臣，但并未受到重用，于是他就投靠知伯，得到宠信。后来，韩、赵、魏三国瓜分了知伯的土地。其中赵襄子最痛恨知伯，把知伯的头盖骨拿来作饮器。豫让说："嗟乎！士为知己者死，女为悦己者容。吾其报知氏之雠（通"仇"）矣。"

他化装成一个受过刑的人，潜伏在厕所里伺机行刺，结果被赵襄子发现了。赵襄子认为他是一个义士，把他放了。豫让不甘心，他彻底毁容，再次行刺，结果又没有成功。赵襄子问他："你不是曾经侍奉过范中行氏吗？知伯灭了范中行氏，你不但不替范中行氏报仇，反而去臣事知伯。如今你为什么要替知伯报仇呢？"豫让回答说："当我侍奉范中行氏时，他们只把我当作普通的人看待，所以我也就用普通人的态度报答他们；而知伯把我当作国士看待，所以我也用国士的态度报答知伯。"豫让自知难以活命，请求赵襄子脱下龙袍让他刺三剑。赵襄子成全了他。豫让刺完之后，仰天长叹："我总算为知伯报了仇！"说完自杀而死。

瘦死的骆驼比马大

"瘦死的骆驼比马大"比喻富贵人家尽管没落了，日子还是比穷人家好过得多。在《红楼梦》中，曹雪芹引用了这句谚语。

刘姥姥到贾府求助，王熙凤给了她二十两银子。刘姥姥眉开眼笑地说："我们也是知道艰难的。但只俗语说的'瘦死的骆驼比马大'。凭他怎样，你老拔一根寒毛比我们的腰还壮哩。"刘姥姥说这句俗语虽然粗鄙不当，但正是乡下人的语言，恰恰刻画了"刘姥姥"这一形象。

树倒猢狲散

"树倒猢狲散"意思是树倒了，树上的猴子就散去。比喻作恶的头目一倒，帮凶们就一哄而散，各奔东西了。这个谚语出自宋代庞元英所著《谈薮·曹咏妻》。

宋高宗时，有个侍郎叫曹咏，他善于逢迎拍马，对秦桧百般讨好，所以官运亨通，当了大官。曹咏升官后，有很多人来巴结他，只有他的大舅子厉德新，不肯同流合污。对此，曹咏耿耿于怀。

宋孝宗即位后，那些依附秦桧的人纷纷倒台了，曹咏也被贬到了新州。厉德新写了一篇题为《树倒猢狲散》的赋寄给曹咏。文中将秦桧比作一棵大树，把曹咏等人比作树上的猴子。其中有一句是"只知背靠大树好乘凉，不知树倒猢狲散"。曹咏收到这篇文章后，气得半天说不出句话来。很快，这句话便传开了。直到现在，人们还用"树倒猢狲散"来比喻有权势的人一旦倒台，依附他的人便纷纷散伙。

水不激不跃，人不激不奋

"水不激不跃，人不激不奋"意思是要用激励的方法让人发愤图强，也比喻一个人在遭受重大创伤之后，才知道发愤努力。明代冯梦龙的《古今小说》中引用了这句话。

唐朝，博州有个叫马周的人，很有才华却得不到施展。他给博州刺史达奚做助教，屡屡遭到达奚责骂。他不甘心屈居低位，弃官来到京城。当时，中郎常何不识字，马周做了他的门客，帮他起草文书。正值唐太宗让官员直言得失。常让马周代笔。唐太宗看了他的奏章，知道不是他写的，问他从何处得来。常何只好如实回答。唐太宗立即召见马周，拜为监察御史。马周从此平步青云，很快官至吏部尚书。

达奚任满回京，得知吏部尚书是马周，惶恐不安。马周对他说："昔日刺史教训我是对的。况且'水不激不跃，人不激不奋'，没有您的责备，哪有我的今天呢？"他举荐达奚为京兆尹。

水至清则无鱼，人至察则无徒

"水至清则无鱼，人至察则无徒"意思是水太清了，鱼就无法生存，对别人太严格了，就没有伙伴。现在用来表示对人或物不可要求太高。这个谚语出自《汉书》。

西汉时，班超出使西域，联合数十个国家，遏制了匈奴对西域的控制。汉武帝封他为定远侯。班超对人要求苛刻，即使部下偶尔犯一点过错，他也从不宽恕，因而他的部下都很害怕他，不愿意在他手下效力。一个朋友劝他说："你听说过'水至清则无鱼，人至察则无徒'这句话吗？你对别人要求太严格了，你的部下整日战战兢兢，怎么能做好工作呢？还是对部下的小过失多一些谅解吧。"班超接纳了朋友的建议，从此部下对他又敬又爱。

水中月，镜中花

"水中月，镜中花"比喻美好的事物总是那样缥缈虚幻，让人趋之若鹜，最后却是水中捞月，镜中观花。形容一些事物的不切实际，和人们做事看问题的虚幻性。

这个谚语出自《红楼梦》中贾宝玉在太虚幻境中听众仙女弹唱的歌曲《枉凝眉》："一个是水中月，一个是镜中花。"歌词的意思是，一切不过是虚空一场，都是幻象，不是真实的。后来，"水中月，镜中花"常用来比喻虚幻的景象。

四海之内皆兄弟

"四海之内皆兄弟"意思是，全天下的人民都像兄弟一样。"四海"指天下，全国。这句谚语出自《论语·颜渊》："君子敬而无失，与人恭而有礼，四海之内，皆兄弟也。"

孔子有一个弟子叫司马牛，有一次他向孔子请教怎样做君子。孔子对他说："君子不忧愁，不畏惧。"司马牛不懂这话的意思，问道："不忧愁，不畏惧，就叫作君子吗？"孔子说："君子经常反省自己；所以内心毫无愧疚，还有什么可忧愁、可害怕的呢？"

司马牛辞别孔子后，见到了他的师兄子夏。他忧愁地说："人家都有兄弟，多快乐呀，唯独我没有。"子夏听了安慰他说："我听说过：'一个人死与生，要听从命运的安排，富贵则是由天来安排的。'君子对工作谨慎认真，不出差错；和人交往态度恭谨而合乎礼节。那么普天之下到处都是兄弟，君子何必担忧没有兄弟呢？"

死马当活马医

"死马当活马医"比喻明知事情已经无可救药，仍然做最后的努力，积极挽救，希望奇迹发生。也泛指做最后的尝试。这句谚语出自清代夏敬渠的《野叟曝言》。

相传，晋朝有一个叫窦固的大官，养了一匹日行千里的宝马。他非常喜欢这匹宝马，然而天有不测风云，宝马突然病死了。窦固非常伤心。郭璞听说此事后，对他说："我有办法把马救活。"窦固想，死马当作活马医嘛，让他试试看。于是，郭璞让几十个人去山上敲锣打鼓，撵出一个像猴子一样的动物。那只动物比猴子略大，眼放金光，灵动异常，它一见到死马，立即扑上去吸它的鼻孔。不一会儿，死马慢慢动了起来，最后一跃而起，仰头嘶鸣，与活着的时候一样精神抖擞。大家再寻找那只怪兽的时候，已经不见了踪影。

身在曹营心在汉

"身在曹营心在汉"出自《三国演义》。原意是指，三国时关羽身陷曹操阵营，心里想着刘备。身子虽然在对立的一方，但心里却想着自己原来所在的一方。比喻坚持节操，忠于故主。后来，引申为用心不专，身在此处，心思却跑到彼处。

曹操攻下徐州之后，想把关羽收入自己帐下，于是俘虏了刘备的两位夫人，迫使关羽来到许昌。曹操送给他很多金银、美女，并赐他"汉寿亭侯"的爵位。关羽全部交给两位嫂嫂处理。后来，曹操送他一匹日行千里的赤兔马，关羽大喜。曹操问他："我送给你金银、美女，你从没这么高兴过，一匹马何至于此呢？"关羽回答："有了它，我就能早日赶到兄长身边

了。"曹操听后，知道他身在曹营心在汉，不会为自己所动。

后来，关羽得知刘备在袁绍处，于是连夜护送两位嫂嫂，过五关，斩六将，回到刘备身边。

识时务者为俊杰

"识时务者为俊杰"意思是能认清时代潮流者，方可为英雄豪杰。此语出自《三国志·蜀志·诸葛亮传》。

诸葛亮在襄阳隆中一面耕种，一面读书。他读了大量诸子百家的著作，获得了丰富的政治、军事等方面的知识。他又注意研究当时的政治形势，逐步形成了一套政治见解。

当时，刘备寄居在荆州牧刘表之处，一心想寻找智谋超群的人辅佐自己匡扶汉室江山。当他得知襄阳司马徽很有名望时，就去拜访他。司马徽看出刘备的抱负，于是对他说："我这样平庸的书生文士对天下大势是认不清的。识时务者为俊杰，这里的卧龙和凤雏才是对你有用的人。"刘备忙问："卧龙和凤雏是谁？"司马徽回答："卧龙是诸葛亮，凤雏是庞统。"

树欲静而风不止

"树欲静而风不止"意思是，树想要静下来，风却不停地刮着。比喻事情不能如人的心愿。此语出自《韩诗外传》。

孔子带着弟子在游历的途中听到啼哭声，对弟子说："赶上去，赶上去，有贤人在哭泣。"他们走近一看，原来是皋鱼。孔子问他："难道先生有丧事吗？"皋鱼回答："我并没有丧事，只是我这一生犯了三个严重的错误。我年轻时一心

求学，等到我回家时，双亲已经去世，这是第一个过失；我一生自命清高，不愿侍奉昏庸的君主，以至蹉跎岁月，一事无成，这是第二个过失；我与一些交情深厚的朋友中途断绝了往来，这是第三个过失。树欲静而风不止，子欲养而亲不待。我要与世人永别了。"说完形同枯木，死去了。孔子对弟子说："你们要记住皋鱼说的话，它足以作为你们的借鉴了。"于是，13个弟子辞别孔子，回家奉养双亲去了。

杀鸡焉用牛刀

"杀鸡焉用牛刀"意思是杀鸡何必用宰牛的刀，比喻大材小用或小题大做。语出《论语·阳货》。

春秋时，孔子提倡以礼乐教化百姓。他的学生子游在武城做官时，提倡礼乐。孔子到武城听到乐器的弹奏和优雅的歌唱，认为在这样一块小地方施用礼乐的大道，是小题大做，于是对子游说："割鸡焉用牛刀！"子游解释说："君子学礼乐就能爱人，百姓学礼乐便于管理。"孔子对随行的弟子说："你们注意了，子游的话是对的，我刚才说'杀鸡焉用牛刀'只不过是玩笑话。"

十年树木，百年树人

"十年树木，百年树人"比喻培养人才是长久之计，也比喻培养人才很不容易。此语出自《管子·权修》："一年之计，莫如树谷；十年之计，莫如树木；终身之计，莫如树人。一树一获者谷也，一树十获者木也，一树百获者人也。"

这段话的意思是，谷子一年一熟，因此如果急于收获，最好种谷子，但是这种

收获也是最微薄的；树木十年以后可以成才，收获也多一些；要想取得更大的收获，最好是培养人才，然而人才难得，需要经年累月地培养，一旦培养成功，你就能得到长期的回报。

使心用心，反害自身

"使心用心，反害自身"意思是使坏心残害别人的人，最终会害了自己。这句话出自《醒世恒言·大树破义虎送亲》。

福建泉州人韦德自幼跟随父母在浙江绍兴做生意，娶妻单氏。韦德父母去世后，他和妻子决定回老家泉州，于是雇了一条船。船家张稍看到韦德有些钱财，又见单氏生得美丽，便起了歹心。

途中，他骗韦德没柴，要他一起上山砍柴。他趁韦德在地头捡柴之际，一斧头砍中其左肩，再一斧头砍在头上，眼见不活了。张稍跑回船上对单氏说韦德被老虎叼走了。单氏有些怀疑，执意要捡块尸骨回来。张稍只好带她进山，结果却跳出一只老虎，把张稍叼走。正是"使心用心，反害自身"。单氏惊魂未定，急忙往回跑，却听得韦德唤她。原来，韦德只是昏了过去，并没有死。他们回到船上，雇人撑船回泉州去了。

水则载舟，水则覆舟

"水则载舟，水则覆舟"意思是水既能使船安稳地行驶，也能把船打翻。后人常用水和船的关系比喻百姓和君王的关系。人民可以拥戴君主，保护其统治地位，也可以反对君主，推翻其统治。这句话出自《荀子·王制》："传曰：'君者舟也，庶人者水也，水则载舟，水则覆舟。'此之谓也。"

唐朝谏议大夫魏徵也曾用"水能载舟，亦能覆舟"的话劝谏唐太宗李世民。

生死有命，富贵在天

"生死有命，富贵在天"旧时指人的生死等一切际遇都由天命决定，个人无力改变命运。这是一种唯心的观点，常用来表示事势所至，人力不可挽回之意。有时也用来表示，一个人只管努力奋斗，而不问结果。此语出自《论语·颜渊》："商闻之矣，生死有命，富贵在天。"

清代曹雪芹所著《红楼梦》中引用了这句谚语，第四十五回中有这样一句："生死有命，富贵在天，也不是人力可强的。"

生于忧患，死于安乐

"生于忧患，死于安乐"意思是忧愁祸患可以使人生存，安逸享乐可以使人灭亡，常用来激励人奋发图强。这句话出自《孟子》，原文为：

"舜发于畎亩之中，傅说举于版筑之间，胶鬲举于鱼盐之中，管夷吾举于士，孙叔敖举于海，百里奚举于市。故天将降大任于斯人也，必先苦其心志，劳其筋骨，饿其体肤，空乏其身，行拂乱其所为，所以动心忍性，曾益其所不能。人恒过，然后能改；困于心，衡于虑，而后作；征于色，发于声，而后喻。入则无法家拂士，出则无敌国外患者，国恒亡。然后知生于忧患，而死于安乐也。"

孟子列举了历史上的圣贤，舜、傅说、胶鬲、管仲、孙叔敖、百里奚等人，都是经过艰苦磨炼，才担起重任做出成就的。对人来说是这样，对一个国家来说也是同样的道理，最后得出"生于忧患，死于安乐"的结论。

失之东隅，收之桑榆

"失之东隅，收之桑榆"原指在刚开始的时候有所失，但是最终又有所得。后喻在某一方面有所失败，但在另一方面有所成就。"东隅"是太阳升起的地方，有开始的意思；"桑榆"是指太阳下山的时候，余光还留在树上，有最终的意思。

这句谚语出自南朝宋范晔所著《后汉书·卷十七·冯异传第七》："玺书劳异曰：'赤眉破平，士吏劳苦，始虽垂翅回溪，终能奋翼黾池，可谓失之东隅，收之桑榆。方论功赏，以答大勋。'"这是汉光武帝刘秀奖励冯异时说的一句话，意思是你们打败赤眉，将士都很劳苦，开始虽然在回溪吃了败仗，但是最终在渑池一战取胜，有失有得，应论功行赏。

失之毫厘，谬以千里

"失之毫厘，谬以千里"意思是开始时期只相差一点点，但结果会相差千里。形容细微的失误，最终导致巨大的差错。这句谚语出自汉代戴德《大戴礼记·保傅》："正其本，万物理，失之毫厘，差之千里；故君子慎始也。"

《资治通鉴·汉记》中也有这句谚语。西汉名将赵充国奉命去西北地区平定叛乱。他曾建议汉宣帝让辛武贤驻守西北边境，结果皇帝派不懂军事的义渠安国带兵。一年，粮食大丰收，赵充国建议汉宣帝收购300万石粮食存起来，那样边境上的人看到军队粮食充足，即使想叛变，也不敢轻举妄动。但是，皇上只批了40万石。正是这两件事，导致西北地区的叛乱。他感叹说："真是失之毫厘，谬以千里啊！"他向汉宣帝提出了著名的《屯田策》，宣帝接受了他的主张，招抚叛军，达到了安邦定国的效果。

四体不勤，五谷不分

"四体不勤，五谷不分"指不参加劳动，不能辨别五谷。形容脱离生产劳动，缺乏生产知识。"四体"指人的两手两足；"五谷"通常指稻、黍、稷、麦、菽。这句话出自《论语·微子》。

子路跟随孔子出行，落在了后面，遇到一个老丈，用拐杖挑着除草的工具。子路问道："你看到夫子了吗？"老丈说："四体不勤，五谷不分，谁是夫子啊？"说完，便扶着拐杖去除草。子路拱着手恭敬地站在一旁。老丈留子路到他家住宿，杀了鸡，做了小米饭给他吃，又叫两个儿子出来与子路见面。

第二天，子路赶上孔子，把这件事告诉了孔子。孔子说："这是个隐士啊。"于是让子路返回去拜见他。子路到了那里，老丈已经走了。

生得其名，死得其所

"生得其名，死得其所"意思是人活着的时候得到了应该得到的好名声，死后名声也将为天下人传颂。这句谚语源自《三国演义》。

刘备得到徐庶的辅佐，势力日益扩大。曹操很是嫉妒，于是密谋把徐庶的母亲骗到曹营，软硬兼施逼她给徐庶写信，想把徐庶骗到许昌。徐母深明大义，对曹操的行为十分不满，断然拒绝写信。于是曹操伪造了一封信寄给徐庶。徐庶是孝子，立即告别刘备，来到许昌。徐母看到儿子为了小家舍"国"而来，非常生气，把徐庶痛骂一番，然后悬梁自尽了。

后人有《徐庶母赞》曰：

贤哉徐母，流芳千古。守节无亏，于家有补。

教子多方，处身自苦。气若丘山，义出肺腑。

赞美豫州，毁触魏武。不畏鼎镬，不惧刀斧。

唯恐后嗣，玷辱先祖。伏剑同流，断机堪伍。

生得其名，死得其所。贤哉徐母，流芳千古！

死者复生，生者不愧

"死者复生，生者不愧"意思是说，答应别人的事，即使这个人已经死了，也要履行自己的诺言。假如这个人复活过了，活着的人见了他也问心无愧。这句谚语出自《史记·赵世家》。

春秋时期，赵国国君赵主父有两个儿子，大儿子叫章，二儿子叫何。赵主父喜欢何，让他继承王位，让肥义辅佐他，封章为安阳君，让田不礼辅佐他。大臣李兑对肥义说："赵章结党营私，野心不小，田不礼为人残暴，这两个人迟早会是祸患。你身为相国，首当其冲，为何不称病告退，以免祸害呢？"肥义回答："我接受了赵主父的嘱托，不能背信弃义。俗话说'死者复生，生者不愧'，我不能临危逃脱。谢谢你的忠告！"很快，赵章和田不礼起兵叛乱，肥义被害，他的高风亮节在民间流传开来。

贪天之功为己有

"贪天之功为己有"意思是把本不属于自己的功劳据为己有。源自《史记·晋世家》，原文作"贪天之功，以为己功"。

晋献公死后，晋国陷入内乱。公子重耳在外流亡19年，才在秦国的支持下得以回国摄政。这期间，一直有数十位大臣跟随他。大队人马将渡黄河进入晋国时，大臣咎巳说："这19年的流浪生活中，我的过失很多，我自己都很清楚，何况您呢？您回国吧！我不敢伴您一起回去。"重耳把玉璧投入黄河中立誓说："如回国后，有福不与咎巳同享，河伯为证！"另一个大臣介子推笑道："公子能回国，是因为客观形势和天时造成的，咎巳却'贪天之功，以为己功'，要公子与他盟誓，这是卑鄙的行为啊，我不能像他这样，也不屑与这样的人在一起。"于是悄悄地走了，和母亲隐居在绵山中。

天下不如意，恒十居七八

"天下不如意，恒十居七八"意思是说，人的主观愿望和现实往往存在很大的差别。这句谚语源自羊祜的故事，在《三国演义》和《晋书·羊祜传》都有提及。

晋朝建立之初，朝廷派羊祜镇守襄阳，以应对东吴的进攻。他治理有方，深得民心。打猎时所得猎物，如果是东吴人先射中的，就命人送还，并表示歉意。如果行军路上割了东吴人的粮食，就加倍补偿。晋国人和东吴人都很爱戴他。吴主孙权死后，孙皓继位，他荒淫无道，百姓道路以目，举国上下危机四伏。羊祜看到伐吴的时机已到，请求晋帝出兵，但是朝廷没有同意。羊祜感叹道："天下不如意，恒十居七八。"从此郁郁寡欢，以至病死。襄阳人无不悲伤，在岘山建庙立碑纪念他。人们看到碑文每每涕泪交流，因此这块碑叫"堕泪碑"。"堕泪碑"至今尚在，是襄阳有名的名胜古迹。

天有不测风云，人有旦夕祸福

"天有不测风云，人有旦夕祸福"意思是天气变化莫测，人生变化无常，比喻有些灾祸的发生，事先是无法预料的。这句谚语出自《三国演义》。

曹操屯兵赤壁欲进攻东吴，周瑜与诸葛亮商量用火攻，可是当时季节已过，没有东南风，西北风一来不是引火烧身吗？周瑜眼见形势危急，却无计可施，急得生病了。诸葛亮去看他，周瑜说："人有旦夕祸福，谁又能保住不生病呢？"诸葛亮故作神秘地说："天有不测风云，人又怎能料得定呢？"周瑜连忙问有何药可治他的病。诸葛亮送他十六个字："欲破曹公，宜用火攻，万事俱备，只欠东风。"随后，诸葛亮在南屏山筑起"七星坛"作法，借来三日三夜东风，帮助周瑜顺利地实行火攻计策，打败了曹操。

谚语"万事俱备，只欠东风"也由此而来。

天知地知，你知我知

"天知地知，你知我知"意思是除了天地你我，没有别人知道。原意是说做事要光明磊落，即使你认为最隐秘的事，也会有人知道。后来，人们在谈论隐秘的事情时，常用此语订立攻守同盟。这句谚语源自东汉杨震的故事。

杨震为官清廉，刚直不阿。他当过荆州刺史，后来任莱州太守。他去莱州上任的时候，路过昌邑。昌邑县令王密是他任荆州刺史时举荐的官员。王密晚上悄悄拜访他，并带金十斤作为礼物，一来表示感谢，二来希望以后多加关照。杨震拒绝了这份礼物："故人知君，君不知故人，何也？"王密以为他害怕别人知道，说："暮夜无知者。"杨振生气地说："天知地知，你知我知，怎说无知？"王密带着礼物狼狈地回去了。

后人为了倡导杨震这种正直无私的作风，在昌邑（今山东省金乡县）筑了一个"四知台"。

天下兴亡，匹夫有责

"天下兴亡，匹夫有责"意思是每个人都应该有爱国的责任心，国家的兴盛或衰亡关乎每个普通人。这句话源自清朝顾炎武的《日知录·正始》："保天下者，匹夫之贱，与有责焉耳矣。"

后来，梁启超根据这个意思做了进一步引申，他在《饮冰室合集》中写道："今欲国耻之一洒，其在我辈之自新……夫我辈则多矣，欲尽人而自新，云胡可致？我勿问他人，问我而已。斯乃真顾亭林所谓天下兴亡，匹夫有责也。"因此，"天下兴亡，匹夫有责"的语义源于顾炎武，而八字成文的语型则出自梁启超。

桃李不言，下自成蹊

"桃李不言，下自成蹊"，也作"桃李不言，下自成行"，或"桃李无言，下自成蹊"。意思是桃树和李树虽不会说话，但是它们花朵艳丽，果实甜美，惹人喜爱，人们在它下面走来走去，走成了一条小路。比喻一个人诚恳真挚，德才兼备，严于律己，自然会受到人们的敬仰。也用来比喻只要有真才实学，终究会有施展的空间。这句话出自《史记·李将军列传》。

西汉大将李广长期与匈奴作战，立下了赫赫战功，但是他一点也不居功自傲。他与士兵同甘共苦，打起仗来，身先士卒。每次朝廷给他赏赐，他都把那些赏赐分给士兵们。士卒们便全力杀敌来回报他，致使他率领的军队所向无敌。司马迁在《史记》中对他赞叹道："余睹李将军悛悛如鄙人，口不能道辞。及死之日，天下知与不知，皆为尽哀。彼其忠实心诚信于士大夫也？谚曰：桃李不言，下自成蹊。此言虽小，可以谕大也。"

土相扶为墙，人相扶为王

"土相扶为墙，人相扶为王"意思是土与土凝结起来，就成了墙，人与人凝聚起来就形成核心力量，比喻人们只有互相帮助，同舟共济，才能做大事。这句谚语源自《北齐书·尉景传》。

北魏权臣高欢野心膨胀，一心想废除魏帝，自立为王。大将尉景看透了他的意图，有意投靠他。尉景有一匹日行千里的宝马。高欢非常喜爱，让人传话给尉景说自己特别喜欢那匹马。尉景故意不给他，说："谚语说：'土相扶为墙，人相扶为王'，我们应该互相帮助，我有一匹好马，你也不放过，你这样的心胸如何能干大事呢？"高欢听后，自愧不如，两个人由此成为至交。后来，高欢的儿子高洋废魏帝自立为北齐皇帝，尉景起了很大的作用。

天下高见，多有相合

"天下高见，多有相合"与"英雄所见略同"意思相同，是说天下高明的见解，大多都是相通的。这句谚语出自《三国演义》第五十九回。

马腾与黄奎两人密谋杀害曹操，不料黄奎泄密。曹操采取"将计就计"的策略轻而易举地消除了这次的阴谋。马腾的儿子马超与西凉太守韩遂联合攻打曹操。曹操设计渡河，使马超和韩遂腹背受敌。马超和韩遂只好割地请和以缓兵再战。曹操问谋士贾诩怎么处置。贾诩回答："兵不厌诈，可伪许之，然后用反间计，令韩、马相疑，则一鼓可破也。"曹操高兴地说："天下高见，多有相合。文和（贾诩字文和）之谋，正吾心中之事也。"

往者不可谏，来者犹可追

"往者不可谏，来者犹可追"意思是过去的不能挽回弥补，未来的还是能赶得上的。后多用作鼓励之辞。这句谚语出自《论语·微子》。

孔子到处宣传仁政。到楚国时，楚昭王和其他诸侯一样，没有采纳他的政治主张。一天，他坐着车从楚昭王那里出来，看到一个疯疯癫癫的人跟着他的车子走，一边走一边唱："凤兮凤兮，何德之哀！往者不可谏，来者犹可追。已而，已而！今之从政者殆而！"意思是说，凤啊，凤啊，你为何生在这个道德沦丧的时代？以前遇到一些不愉快的事就不用管它了，以后聪明一些还来得及！算了吧，算了吧，今天执政者都是一些阴险的人。

这个唱歌的人是楚国名士接舆，他为人清高，桀骜不驯。楚昭王请他到朝廷做事，他不加理会，人们叫他"狂人"。孔子停下车，还没下车，楚狂已经消失在人群中了。

为他人作嫁衣裳

"为他人作嫁衣裳"出自唐朝秦韬玉所作的一首题为《贫女》的诗。全诗如下：

蓬门未识绮罗香，拟托良媒益自伤。
谁爱风流高格调，共怜时世俭梳妆。

敢将十指夸针巧，不把双眉斗画长。
苦恨年年压金线，为他人作嫁衣裳。

诗的大意是：我是贫苦家庭出身，从未见识绫罗软香；也想托媒说亲，却因贫穷暗自悲伤。世人都爱追求时髦，谁能欣赏我的风流高雅，格调高雅呢？我敢在人前夸口，有善绣的巧手一双，却不涂脂画眉，与人斗艳争芳。我的亲事毫无指望，却年复一年地为别人缝制出嫁的衣裳。诗人借贫女表达了自己满腹经纶，却终年为人出谋献策，屈居门下，得不到赏识，就像贫女"为他人作嫁衣裳"一样。

后人常用这句话指空怀才华，却只能为他人效劳。现在多用来颂扬"甘为人梯"的精神。

卧寝之旁岂容他人安息

"卧寝之旁岂容他人安息"意思是自己睡觉的地方，绝不容许他人舒舒服服地大睡，比喻自己的势力范围内，不允许存在反对的势力。这句谚语出自《续资治通鉴长编》。

宋太祖赵匡胤统一北方之后，继续攻打南唐。南唐派宰相徐铉做说客劝说宋太祖退兵。徐铉拜见宋太祖后，说："南唐无罪，您出师无名。"太祖说："先生讲具体些吧。"徐铉说："南唐侍奉宋朝，如儿子孝敬父亲，一点过失也没有啊！为什么攻打它？"太祖笑着说："你把南唐比作宋朝的儿子，你说说看，父子变成两家，合不拢可以吗？"徐铉无话可说。

南唐危在旦夕，南唐主再次派徐铉游说。徐铉再三说南唐无罪，责备宋朝欺人太甚。宋太祖大怒，说："南唐确实无罪。但是天下一家，卧寝之旁岂容他人安息？"徐铉灰溜溜地走了。

屋漏更遭连夜雨，船迟又遇打头风

"屋漏更遭连年雨，船迟又遇打头风"比喻灾祸一个接着一个到来。这个古老的谚语散见于各种文本中。《醒世恒言》中有这样一个故事。

明朝天顺年间，一个叫马万群的吏部给事中，有个儿子叫马德称。德称自幼聪明，12岁中了秀才。不料马万群弹劾宦官王振，反被王振诬陷，削职为民，抄没家产。万群一气之下，暴病身亡，留下德称穷苦不堪，衣食无着。于是，他去杭州寻找表叔，结果亲戚故交一个也投不着，他只好借宿佛寺。家乡学官因他误了考试，把他的秀才头衔也削去了。正是"屋漏更遭连年雨，船迟又遇打头风"。好像老天故意捉弄他，干啥啥不顺：运粮的赵指挥请他做门馆先生，粮船沉没了；刘千户请他教儿子读书，儿子出痘死了；尤侍郎推荐他到陆总兵处帮忙，陆总兵打了败仗。

直到马德称32岁，新皇帝继位，王振失势，马万群平冤昭雪，马德称恢复秀才身份。从此，他一扫晦气，科场得意，殿试二甲。

无颜见江东父老

"无颜见江东父老"指因自己的失败而感到羞愧，再也没脸见家乡父老。这句话出自西汉司马迁所著《史记·项羽本纪》。

公元前203年，楚汉进行决战。项羽中了韩信的十面埋伏。项羽率领800多名壮士组成的骑兵队，趁着夜色突出重围。汉军将领灌婴立即率领五千骑兵追击。

项羽率军跑到了乌江边。乌江的亭长见到项羽过来，就对他说："您赶紧上船过江东去吧。江东地方虽小，也有一千多里土地、几十万人口，您还可以在那里称王。"项羽听后笑了一笑说："上天要灭亡我，我还渡乌江干什么！当初我与八千江东子弟渡江西进，现在我怎么能一个人回去呢？就算是江东父老同情我，立我为王，我还有什么面目去见他们？"说完，他将心爱的乌骓马送给亭长，又转身与汉军拼杀。项羽一人消灭了数百名汉军，最后在乌江边拔剑自刎。

为渊驱鱼，为丛驱雀

"为渊驱鱼，为丛驱雀"意思是把鱼赶到深渊里，把鸟雀赶到密林里。比喻统治者施行暴政，人心涣散，使百姓投向敌方。

这句谚语出自《孟子·离娄上》："为渊驱鱼者，獭也；为丛驱爵者，鹯也'（爵：同'雀'）。"意思是水獭想捉鱼吃，却把鱼赶到深渊去了；鹯鹰想捉麻雀吃，却把麻雀赶到丛林中去了。后来，人们用这两句话比喻不善于团结人或笼络人，把可以依靠的力量赶到敌人方面去。

物以类聚，人以群分

"物以类聚，人以群分"意思是说同类的东西常聚在一起，志同道合的人相聚成群，反之就分开。现在多比喻坏人相互勾结在一起。这句谚语出自《战国策·齐策三》。

战国时期，齐宣王让大夫淳于髡举荐人才。淳于髡一天之内接连向齐宣王推荐了七位贤士。齐宣王问淳于髡："寡人听说，人才是很难得的。如果一千年之内能找到一位贤人，那贤人就好像多得像肩并肩站着一样；如果一百年能出现一个圣人，那圣人就像脚跟挨着脚跟来到一样。现在，你一天之内就推荐了七位贤士，那贤士是不是太多了？"

淳于髡回答说："不能这样说。要知道，同类的鸟儿总聚在一起飞翔，同类的野兽总是聚在一起行动。人们要寻找柴胡、桔梗这类药材，如果到水泽洼地去找，恐怕永远也找不到；要是到梁文山的背面去找，那就可以成车地找到。这是因为天下同类的事物，总是要相聚在一起的。我淳于髡大概也算个贤士，所以让我举荐贤士，就如同在黄河里取水，在燧石中取火一样容易。我还要给您再推荐一些贤士，何止这七个！"

瓦罐不离井口破

"瓦罐不离井口破"出自元代无名氏《海门张仲村乐堂》。意思是汲水的瓦罐免不了打破在井台上。比喻长期干某行当的人往往就在某种行当中失败或丧生。

有一蓟州同知，取了两个夫人，大夫人张氏，二夫人王氏腊梅。大夫人带过来一仆人王六斤。二夫人腊梅见王六斤聪明，便让他到身边侍奉自己，两人便有了些不伶俐的勾当。一天晚上，腊梅见丈夫已经睡去，便又叫来王六斤，两人便去后花园亭子偷情，不料被他人发现，于是二人便打算给那人些东西以堵住其口。那人收了二夫人给的金钗，答应不说出此事，临走时对二夫人说"你两个有这等勾当，道不得瓦罐不离井口破，我去也。"现在人们常用此语比喻担着风险干事总有失手的时候。

温柔天下去得，刚强寸步难行

"温柔天下去得，刚强寸步难行"源自老子的理论。意思是用柔韧的办法走遍

天下没有问题，用刚烈的方式一步也行不通。

老子认为："天下莫柔弱于水，而攻坚强者莫之能胜，以其无以易之。弱之胜强，柔之胜刚，天下莫不知，莫能行。"说的是，遍天下再没有什么东西比水更柔弱了，而攻坚克强却没有什么东西可以胜过水。弱胜过强，柔胜过刚，是遍天下所有人都知道的道理，但是没有人能实行。所以有道的圣人们常说能够承担全国的屈辱，才可以成为一个国家的君主，能够承担全国的祸灾，才能成为全天下的君王。"现在人们仍常常用这种方法处理人际关系以及现实中的好多问题。

外举不避仇，内举不避亲

"外举不避仇，内举不避亲"出自《左传》。意思是推举人才，在外，不避开自己的仇人；在内，不避开自己的亲人。

晋平公在位时，平公让祁黄羊推举一位南阳县令。祁黄羊却推举了仇人解狐。平公听了很惊讶，问祁黄羊为什么会推举自己的仇人做县令？祁黄羊答道："您是问我谁担任县令这一职务合适，并没有问我谁是我的仇人。"于是，平公便任用了解狐，果然，解狐任职后为民众做了许多实事、好事，受到南阳民众的拥护。又一次，平公又请祁黄羊推荐一位军中尉，祁黄羊推荐了自己的儿子祁午。平公又很惊讶，问祁午为什么又推荐自己的儿子？祁黄羊坦然答道："您是要我推荐军中尉的合适人选，而没有问我儿子是谁。"平公又接受了祁黄羊的建议任用了祁午。结果祁午不负所望，干得也非常出色。祁黄羊也由此成了千古以来内举不避亲，外举不避仇的典范。

相马失之瘦，相士失之贫

"相马失之瘦，相士失之贫"源自人才使用方面的一个故事，语出司马迁《史记·滑稽列传》："相马失之瘦，相士失之贫"。意思是，人们往往由于看到好马比较瘦，而看不起它；往往由于有才能的人贫穷而怠慢他。

汉武帝时，有个东郭先生在京城候补官员，结果等了很久也没有得到一官半职，穷得衣食无着。数九寒冬，他不仅没有棉衣穿，连鞋子都掉了底，走在雪地上，留下一串脚印。别人都嘲笑他，他却说："这个世界上，还有谁看起来穿了鞋子，实际上脚踏实地的呢？"这句话是在讽刺那些身居高位却不踏实工作的人。后来，东郭先生终于做了大官，他做官后严于律己，奉公守法，勤奋俭朴。

小巫见大巫

"小巫见大巫"语出先秦时期庄周《庄子》。原意是小巫见到大巫，法术无可施展。后比喻相形之下，一个远远比不上另一个。

三国时期，东吴孙权身边的名将张纮，是个非常有才华的人，不但能写诗，还擅长作赋。他的同乡好友陈琳在魏国做官也很有文学才华，虽然各事其主，但相互仰慕，经常有书信来往，探讨作品。有一次，张纮看到了陈琳写的《武库赋》和《应机论》，非常欣赏，并马上写了一封信给陈琳。信上对陈琳文辞清新、见解独到的文章风格大加赞赏，并表示要好好地向他学习。陈琳回信说："我在河北，几乎与天下隔绝，这里写文章的人少，容易被人注意，所以不是我文笔好，是你太夸奖

我了。我和你及张昭两人相比，实在差得太多，就好比是小巫遇见大巫，法术便无法施展一般。"

笑骂由他笑骂，好官我自为之

"笑骂由他笑骂，好官我自为之"语出《宋史·邓绾传》。指为官声名很坏，任凭人们笑骂，还是泰然自若当自己的官。

北宋时期，宰相王安石推行了新法，邓绾为巴结王安石，便上书宋神宗赵顼，大肆吹捧王安石，称他就像伊尹、吕尚一样，推行青苗法、免役法深得人心。后来，王安石将邓绾推举给宋神宗，宋神宗任命他为集贤院校理。王安石除去宰相一职后，吕惠卿任宰相，邓绾又开始依附他。后来，吕惠卿被免，王安石恢复宰相，邓绾为讨好王安石，又弹劾吕惠卿。后来，邓绾被废除集贤院校理之职，同乡人在都城的都讥笑他，而邓绾却对他们的笑骂置之不理，曰："笑骂从汝，好官须我为之。"

心有灵犀一点通

"心有灵犀一点通"语出唐代李商隐《无题》。意思是身上没有彩凤那双可以飞翔的翅膀，心灵却像犀牛角一样，有一点白线可以相通。

唐代诗人李商隐借一首《无题》诗，诉说了自己的爱情遭遇。他同自己的爱人分处两地，不能相见。尽管没有在一起，两人不能相通，但他们在思想感情上却早已有了非常的默契。"心有灵犀一点通"现在仍常常被人引用，但早已不局限于爱情方面，多比喻双方对彼此的心思都能心领神会。

据古书记载，古代有一种犀牛的角，名叫通天犀。它有一条白色的线贯通首尾，被人们看作是灵异之物，所以被人称为"灵犀"。李商隐的"一点通"便是由此想象而来。

惺惺惜惺惺，好汉惜好汉

"惺惺惜惺惺，好汉惜好汉"意思是有才能的人喜欢有才能的人，好汉爱惜好汉，比喻同类的人互相爱惜。"惺惺"是聪明人的意思。

《水浒传》第十九回中引用了这句谚语。梁山泊的带头人本来是白衣秀士王伦，此人没有本事，而且嫉贤妒能。八十万禁军教头林冲当初投奔山寨的时候，就受尽了他的刁难，窝了一肚子气。后来，晁盖等七条好汉上山入伙，林冲告诉晁盖，王伦心怀狭小，恐怕容不下众豪杰。晁盖说："若是可容即容，不可容时，我等立时告退。"林冲道："此言差矣！古人道：'惺惺惜惺惺，好汉惜好汉。'量这一个泼男女，腌臢畜生终作何用？众豪杰且请宽心。"

王伦果然要打发晁盖等人下山，结果被林冲杀了。

行百里者半九十

"行百里者半九十"出自《战国策·秦策五》，意思是行一百里的路，走到九十里，也只算走了一半的路程。比喻越接近成功，越不能松懈，必须更为警惕，坚持到底，才能取得最后的胜利。

相传，秦王嬴政实行远交近攻的连横政策，几年下来统一的大局已定。他逐渐懈息下来，天天寻欢作乐。一天，一个老臣从百里之外赶到京城，他对嬴政说："我从家乡出发，赶了十天，走了九十里路程。一方面很累了，另一方面觉得咸阳很近了，就放松下来，结果又赶了十天，才走完最后十里路。"嬴政问道："老人家如此辛苦地来见我，一定有什么重要的事情吧？"老臣说："秦国统一大业马上就要完成了，这就像我走一百里路，已经走到九十里一样，我希望大王把以往的成功看作事业的一半，还有一半需要更大的努力去完成。"嬴政听后很受震动，从此不敢懈怠，把全部精力都放到统一大业上，很快就统一了中国。

性痴则智凝

"性痴则智凝"出自蒲松龄《阿宝》。意思是个性一往情深，则其心志专一。

粤西有个叫孙子楚的人，是个名士。生来六个手指，性格迂讷，口齿迟钝，别人骗他，就信以为真。一次有人戏弄他，叫他去向城里大商人家女儿阿宝求婚，他也信以为真。阿宝听说是他来求婚，便戏弄地说叫他断去手上的六指便应婚，孙子楚也信以为真，砍掉了自己的手指。媒婆把这事告诉了阿宝，阿宝开始大吃一惊，随后笑着说："请他再去了痴病。"孙子楚失望生病奄奄一息，病床上的孙子楚仍念念不忘阿宝，情愿做一只鹦鹉陪在阿宝身边，正想着忽然已经变成了鹦鹉。他便飞到了阿宝身边，阿宝感于孙子楚的痴情便嫁给了他，并带去了丰厚的嫁妆。

现钟不打去打铸钟

"现钟不打去打铸钟"比喻不利用现有的条件，而去另行多事。这句话出自《西游记》第六十八回。

唐僧师徒到了朱紫国，国王有病，出

榜招医。悟空见后，吹了口仙气，把皇榜塞进猪八戒的怀里。守榜的人扯住猪八戒说："你既接了皇榜，必有医国之手，快同我去见皇上。"八戒喝道："汝等不知，这榜是我师兄接了塞进我怀里的，若得此事明白，我与你寻他去。"众人说："说什么乱话，现钟不打去打铸钟，扯他去见皇上。"十几个人上前扯不动他，只好依他去见悟空。

悟空卖弄手段，用三根毫毛变作三根金线，从窗棂穿过系在国王的手腕上，唤作"悬丝诊脉"。诊脉之后，悟空说皇上患了一种叫作"双鸟失群"的病。他取大黄一两、巴豆一两、锅灰若干，龙马尿半盏，和成三颗药丸，名曰"乌金丹"，用无根水（雨水）给皇上服下之后，皇上的病果然好了。

夏虫不可以语冰

"夏虫不可以语冰"出自《庄子·秋水》。意思是不能和生长在夏天的虫谈论冰。

秋天到了，众多大川的水流汇入了黄河，黄河河面骤然变得宽阔起来，波涛汹涌。于是河神欣然自喜，认为天下一切美好的东西全都聚集在这里。于是，他顺流而下，到了北海。当他看到北海一望无尽的水面时，不禁大发感慨："俗语说'听了上百条道理，便认为天下再没有谁能比得上自己'的，说的就是我这样的人了。我还听说孔丘懂的东西太少、伯夷的高义不值得看重的话语，开始我不敢相信；如今亲眼看到了你是这样的浩渺博大、无边无际，要不是因为来到你的门前，真就危险了，我必定会永远受到修养极高的人的耻笑。"

见到大海之前的河伯就如活不到冬天的夏虫，永远无法理解"冰"是个什么东西。现在我们常用夏虫不可以语冰比喻时间局限人的见识，也比喻人的见识短浅。

项庄舞剑，意在沛公

"项庄舞剑，意在沛公"出自《史记·项羽本纪》。

刘邦与项羽都进攻咸阳（秦朝的都城），刘邦先攻破咸阳，并且据关自守，打算称王。项羽按捺不住自己胸中的怒火，誓要击破刘邦。刘邦从项羽季父项伯口中得知此事后，便极力拉拢项伯，还约为了亲家。项伯让刘邦亲自前到项羽处谢罪，项羽在鸿门设宴款待刘邦。项羽的亚父范增，一直主张杀掉刘邦，并在宴上多次示意项羽，可项羽犹豫不决，于是范增又使一计，让项庄舞剑助兴趁机杀掉刘备，项伯为保护刘邦，也拔剑起舞，掩护了刘邦。危急关头刘邦部下樊哙带剑拥盾闯入军门，怒目直视项羽。项羽爱此人之才，便问来者为何人，当得知为刘邦的参乘时，即命赐酒，樊哙立而饮之。又说了很多刘邦的好话。项羽无话可说，刘邦趁机一走了之。

后人便用"项庄舞剑，意在沛公"比喻说话和行动的真实意图别有所指。

挟天子以令诸侯

"挟天子以令诸侯"出自《后汉书·袁绍传》。意思是挟制着皇帝，用皇帝的名义发号施令。现比喻用领导的名义按自己的意思去指挥别人。

汉末三国英雄辈出，其中佼佼者莫过于后来三分天下的三雄曹刘孙。除此之外，群雄割据时袁绍也是顶尖人物。汉建安元年，张杨与董承挟持汉献帝从河东回到了残破不堪的首都洛阳。袁绍的大将沮授在得知这个消息后，建议袁绍将汉献帝迎至袁营可挟天子而令诸侯，然而，袁绍由于偏信了郭图的话未迎献帝。而另一方曹操那边却听从了谋士荀彧的建议，将汉献帝迎至许都，占据了挟天子的优势，袁绍得知后后悔已经晚了。在后来群雄争霸割据的战争中曹操利用这一优势终于占了三鼎立中的一足。自此"挟天子以令诸侯"便为人广为流传。

腰缠十万贯，骑鹤下扬州

"腰缠十万贯，骑鹤下扬州"常形容一些人痴心妄想。这句俗语出自《元代》陶宗仪的《说郛》。

宋朝的扬州是全国最富庶繁华的地方，扬州城处处有酒家瓦肆，夜夜有管弦歌声，因此人人都想去那里做官、发财、享乐。

一日，四个儒生聚在一起聊天。一个人道："我只想到扬州当刺史，别的什么都不需要了。"另一个说："其实不然，只要有钱，住哪儿不一样？我只想腰缠十万贯。"第三个说："唉！做大官，发大财又如何？人生如白驹过隙，太短暂了，死了就什么都没有了。我希望能成为神仙，长生不老。"第四个人说："你们说的都好，我都想要，我的志愿是'腰缠十万贯，骑鹤下扬州'。"大家听了，哈哈大笑。

一朝被蛇咬，十年怕井绳

"一朝被蛇咬，十年怕井绳"源于《聊斋志异》。

很久以前，凤山脚下一个小山村的庄户人家有两个女儿，大女儿叫大凤，小女儿叫小凤，姊妹两人长得如花似玉，人见人爱。一年夏天，姐妹俩正在堂屋草地上午睡的时候，一条大蛇爬到了她们身上，咬伤了妹妹小凤。后来，有人提供蜘蛛吸血祛毒的方法，小凤得救了。可是，从此小凤落下了个怕蛇的恐惧症，看到类似的蛇形的物体都非常恐惧，就是去井台打水看到辘轳上的井绳都以为是蛇。

这则典故的表面意思是一个人被毒蛇咬伤后一看到井绳便以为是蛇而害怕。比喻在某件事情上吃过苦头，以后一碰到类似的事情，就产生畏惧。现在是说由于一个人的心理因素，遭过一次挫折以后就变得胆小怕事。

一不做，二不休

"一不做二不休"出自唐代赵元一的《奉天录》。意思是不做则已，既然已经做了，就索性做到底。

唐德宗时期，安禄山起兵反叛，张光晟也起兵反叛，德宗仓皇出逃到奉天，兵变获得了暂时的成功，朱酢称帝。张光晟便依附了朱酢，做了节度使。一年，朱酢领兵进逼奉天，张光晟为副将，不料出师不利，只能退回到长安。第二年，唐军逼近长安，张光晟见朱酢大势已去，对自己当时背叛德宗深悔不已，便又通过唐将军李晟归降了朝廷，并暗中做内应助朱酢逃出长安。

此后，李晟每次举行宴会，总要邀请张光晟参加，并且奉为上宾。宾客们对此非常反感，有的当众发作，表示不愿与反贼同席。李晟只得把张光晟软禁起来，听候朝廷处理。不久，德宗下旨，认为张光晟罪不可赦，理应处死。张光晟临死前说:"传话后人:第一莫做,第二莫休。"这就是一直沿用至今的"一不做二不休"的来历。

一人得道,鸡犬升天

"一人得道,鸡犬升天"出自汉代王充《论衡·道虚》。

相传,西汉淮南王刘安,很少干正经事,只爱寻求仙丹灵药。他逢人便说:"有了仙丹就可以长生不老!"他派人进山访仙。果然,他从仙翁手里得到了一张仙方。后来,他谋反失败,汉武帝派人来逮捕他,正好他的仙丹炼成,于是刘安与家人服下丹药,成仙升天。剩下的仙丹,被门外的鸡犬抢着吃了。空中一阵鸡鸣狗叫,原来它们也上天成仙了!

谚语"一人得道,鸡犬升天"就是根据这个神话传说概括而来,历来为道教掌故之一。时过境迁,如今这句谚语含有贬义,比喻一人得势,与其有关者亦随之发迹。常用以讽刺官场上之裙带关系。

银样镴枪头

"银样镴枪头"形容一些人或事物中看不中用。"镴"是一种铅锡合金,质软,银白色,用这种金属制作的枪头只能当摆设,不能当武器用。这句谚语由来已久,清代沈起凤的《谐铎·恶钱》中引用了这句话。

有个姓卢的儒生,自幼习武。他无亲无故,流落到沙尼驿,在那里遇到一个武艺高强的大胡子。大胡子了解他的困境之后,把他带到家中,并把女儿许配给他,婚后伉俪情深。然而,卢生发现这家人是杀人越货的大响马,整日提心吊胆,于是和妻子商量逃离这个是非之地。家里到处

有人把守,他们只好硬闯。妻子取出流星锤,闯过了姐姐这一关。到了外堂,嫡母也被妻子打败。中堂,她的生母一枪挺来,卢生一挡,枪头就断了,原来生母有意放走他们,用的是银样镴枪头。最后,挡在门口的祖母,也被他们闯了过去。

两年后,大胡子一家被官兵围杀,只有卢妻的生母死里逃生。

有心栽花花不发,无心插柳柳成荫

"有心栽花花不发,无心插柳柳成荫"意思是,一心谋取成功却不能达成,随意办的事情却能收到意想不到的效果。这句谚语源自元代的一个故事。

有个叫魏鹏的官宦子弟,其父在浙江当官时将其与贾家女儿娉娉指腹为婚。后来,他的父亲死在任上,全家迁回老家襄阳。魏鹏长大后博览群书,可是屡试不第。魏母让他去浙江散散心,同时议定婚事。贾家对他招待周到,却不提婚事。魏鹏与贾娉娉日久生情,到了秋试的时候,恋恋不舍地离开贾家。考试的时候,他一心牵挂着情人,无心考试,随意写起来,结果竟然高中了。真是"有心栽花花不发,无心插柳柳成荫"。到了廷试的时候,他更加想着娉娉,无心寻章摘句,结果金榜题名,被委派为江浙儒学副提举。

与人方便,自己方便

"与人方便,自己方便"出自明代吴承恩著《西游记》。意思是给他人便利,他人也会给自己便利。

孙悟空受唐僧搭救后,便随唐僧一起西行取经。一日,师徒二人来到乌斯藏国高老庄,因天色已晚,二人决定找个人家借宿。悟空便前去探路,遇见高才,然而

高才就是不告诉悟空这是什么地方，悟空急了便道："施主莫恼，与人方便，自己方便，你就与我说说地名如何？我也可解得你的烦恼。"高才向悟空诉苦，说自己有三个女儿，老大唤香兰，老二名玉兰，老三叫翠兰。翠兰17岁时被一个妖精占了，求悟空帮忙降伏妖魔三女婿。悟空便答应了高才的请求，决定帮他降服妖精。悟空变成翠兰，降服了那个妖怪，即猪八戒。后来，猪八戒跟随唐僧师徒一起去西方取经。

欲加之罪，何患无辞

"欲加之罪，何患无辞"出自《左传·僖公十年》。意思是要想加罪于人，不愁找不到罪名。指随心所欲地诬陷人。

晋献公死后，夷吾继位，史称晋惠公。继位前他答应封地给里克等人。可晋惠公一继位，就后悔了。当初他之所以很慷慨地答应各方给那么多的土地是因为他还没继位，这些土地都不是他的，现在继位了，土地变成了自己的，自然就舍不得了。于是，晋惠公决定除掉里克，但因里克刚刚把他迎回国，杀了他，有点说不过去。郤芮为了讨好晋惠公便说他有办法，晋惠公便派他去处理。

郤芮到了里克家说："里克，你迎接惠公回国继位，功劳确实很大。尽管如此，但是您却杀了两个国君和一个大夫，这不是让做你国君的人太为难了吗？"里克回答说："不杀掉他们几个，国君哪里有机会回来继位。欲加之罪，何患无辞。"说完，用剑自杀而死。

鹬蚌相争，渔翁得利

"鹬蚌相争；渔翁得利"语出《战国策·燕策二》。

太阳照在大地上，一只大河蚌慢慢地爬上了河滩，张开扇壳悠闲地晒着太阳。在离它不远处的水草中，一只大鹬鸟也正在寻找着食物。它忽然看见了河蚌，决定把它当作美餐好好大吃一顿。

鹬鸟悄悄地走近河蚌，猛地用细长的嘴巴啄住了扇壳内的蚌肉，河蚌受到了袭击，急忙将坚硬的扇壳闭合，扇壳紧紧夹住了鹬的长嘴巴。鹬鸟想用尽全身力气拉出蚌肉来，河蚌却紧紧地夹住鹬的长嘴巴。就这样，鹬蚌之间展开了一场激烈的搏斗。鹬鸟和河蚌互不相让，死死地纠缠在一起。正在这时，一个老渔夫从河滩路过，看见鹬蚌相争，没有费多大力气，把两个一起抓住，高兴地走了。

后来，人们根据这个故事引申出"鹬蚌相争，渔翁得利"这个谚语，用来比喻双方不和，互相争斗，结果两败俱伤，让第三者占了便宜。

英雄所见略同

"英雄所见略同"意思是突出人物的见解大致相同，当两个人的意见不谋而合的时候，常用这个俗语。此语出自《三国志·蜀书·庞统传》裴松之注引《江表传》："天下智谋之士所见略同耳。"

三国时期，庞统在孙权手下郁郁不得志，于是投靠刘备。一次，刘备问他："当初我去东吴求援的时候，你正在孙权手下供职，听说你曾极力劝孙权扣留我，这是真的吗？"庞统毫无掩饰地说："千真万确。"刘备感慨道："当时情况危急，我只得联合东吴，差点身陷囹圄啊！这么看来天下智谋之士所见略同啊！当时诸葛先生也阻止我去，忧虑的也是这点。如今看来，那次确实冒险了，并非万全之策。"

英雄无用武之地

"英雄无用武之地"出自宋代司马光《资治通鉴·汉纪·献帝建安十三年》。比喻有才能却没地方或机会施展。

东汉末年，曹操取得了长江以北的大部分领土，开始南下攻打荆州。荆州刘备势单力孤，根本不是曹操的对手，于是，被迫逃跑至夏口。诸葛亮受刘备三顾茅庐之请，出山协助刘备。为打败曹操，诸葛亮便协同鲁肃一起前去东吴游说孙权联手抗曹。见到孙权之后，诸葛亮便以"激将法"游说孙权说："值天下大乱，公据江东。吾主聚众于南，与操逐鹿中原。今操已扫北，乘势南下，大破荆州，威震四海。吾主'英雄无用武之地'，故远遁于此。望公量力而为，若能合吴越之众，戮力拒之，事宜早决。否则，按兵束甲，俯首称臣，北面而事之。观公外似臣服，内实踌躇，当断不断，祸将至矣。"孙权听了诸葛亮的言论，便同意与刘备联手抗曹。

一日不见，如隔三秋

"一日不见，如隔三秋"出自《诗经·王风·采葛》。意思是一天不见，就好像过了三年。形容思念的心情非常迫切。

《王风》是周平王东迁洛邑以后的民间歌谣，当时战乱频繁、人民多流离失所，苦难深重。因此，其诗风大都带有离乱、哀怨和悲凉的气氛。《采葛》讲述的是一位采葛的姑娘。她常常外出采葛藤、青蒿和白艾，对象很难见到她。原作为"彼采葛兮，一日不见，如三月兮。彼采萧兮，一日不见，如三秋兮。彼采艾兮，一日不见，如三岁兮。"

这首诗反映出，在生活条件艰苦的情况下，劳动青年之间的爱情仍然那么坚贞、纯朴。现在人们仍常常用此语表达男女相思的真挚恋情。

一人立志，万夫莫夺

"一人立志，万夫莫夺"出自明代冯梦龙《醒世恒言》。形容志向坚定，别人很难改变。

唐朝天宝年间，福州有个叫勤自励的人，他与同县林潮音的感情很要好，二人从小就是青梅竹马、两小无猜。长大之后，两人结了婚。

婚后不长，勤自励便因武艺过人而去参加安南平叛军，一走就是十年，其间没有丝毫音讯。林潮音的父母劝她改嫁，可林潮音抱着"一人立志，万夫莫夺"的决心坚决不从。于是，林潮音便找来绳索打算到屋后的桑树林上吊自杀，自杀未遂，结果被一只老虎夺走。勤自励回家，听到岳父、岳母说妻子改嫁，便决定去杀掉妻子。途中恰巧碰到了被老虎夺走的妻子，便把凶恶的老虎杀死了，救出了林潮音，经过了重重磨难后的林潮音终于与勤自励团聚了。

有理言自壮，负屈声必高

"有理言自壮，负屈声必高"意思是，一个人如果有理，那么他说话就能气壮；一个人如果有冤屈，由于心理不平衡，又急于申冤，那么他说话的声音必然很高。这句话出自《警世通言·金令史美婢酬秀童》。

有个叫金满的令史负责管理县里的库房。一次他通宵值勤，不曾离开库房，却丢了四锭银子。知县责令他十日内补库。

金令史找遍房间也没有找到银子，他忽然想到那天只有他身边的小厮秀童进来过几次，于是让捕快拷问秀童。捕快对秀童严刑拷打，秀童就是不招，连声喊冤，直到昏厥过去。自古道："有理言自壮，负屈声必高。"金令史心下惨然。后来，有人告知银子是胡美偷的。金令史去搜捕，果然人赃并获。金令史委屈了秀童，就收他为子，并把美婢金杏许配给他。

一张一弛，文武之道

"文武之道，一张一弛"语出《礼记·杂记下》。意思是宽严相结合，是文王、武王治理国家的方法。现用来比喻生活的松紧和工作的劳逸要合理安排。

有一次，孔子叫他的学生子贡一起去观看祭礼。其间，孔子问子贡是否高兴？子贡回答说：全国的人都高兴若狂，子贡不知道他们为什么高兴？孔子说："张而不弛，文武不能也；弛而不张，文武弗为也；一张一弛，文武之道也。"意思是说一直把弓弦拉得很紧而不松弛一下，就是连周文王、周武王也无法办到；一直松弛而不紧张，同样是周文王、周武王也不愿意做的。只有有的时候紧张，有的时候放松，劳逸结合，宽严相济，才是周文王、周武王治国的办法。文王、武王就是用张弛结合之法治理国家，让人民有劳有逸，劳逸结合，使工作，生活有节奏地进行，达到了统治的盛世景象。

以眼还眼，以牙还牙

"以眼还眼，以牙还牙"语出《旧约全书·申命记》。原意为用瞪眼回击瞪眼，用牙齿咬人对付牙齿咬人。后来喻指对方使用什么手段，就用什么手段进行回击。

在现在人们还往往以"以其人之道还治其人之身"来代替这句话。

相传，在奴隶社会，有个名叫摩西的人，他宣称是受了上帝的命令，成了在埃及做奴隶的以色列人的领袖。为了更好地控制这些奴隶，他颁布了一系列的法律，当奴隶与奴隶发生争执事件时，如果其中一个人的眼睛瞎了，那另一个就要受到失去眼睛的惩罚；对于牙齿也是一样；腿也是，一个奴隶失去了腿，另一个要和他受到一样的痛苦。

月晕而风，础润而雨

"月晕而风，础润而雨"出自宋代苏洵《辨奸论》。意思是月晕出现，将要刮风；础石湿润，就要下雨。比喻从某些征兆可以推知将会发生的事情。

苏洵是北宋时期著名的文学家，他认为事情有它必定要达到的地步，道理有它本该如此的规律。只有天下那些心境静穆的人，才能够从微小的迹象中预知日后显著的结果。就像从前山涛见到王衍，便断定他日后会给天下百姓带来灾难；汾阳王郭子仪见到卢杞，便说："此人一旦得志，我的子孙就要被杀光了！"然而，虽然人世间的事情也是能够洞察和预测的，但却受到爱好和憎恶扰乱，利害得失往往影响人的判断。现在人们取他"月晕而风，础润而雨"的观点比喻从某些征兆可以推知将会发生的事情。

业精于勤，行成于思

"业精于勤荒于嬉"出自韩愈的《劝学解》。意思是说学业由于勤奋而精通，但它却荒废在嬉笑声中。有个很好的典故也是这个道理。

战国时期，有个名叫苏秦的人。他胸怀壮志，然而自己却学识非常浅薄，他跑了很多地方都没有得到重用。于是，他下定决心潜心苦读。常常是读书读到深夜，有时候他实在是疲倦得忍受不住，瞌睡也一个接一个，为了使自己能够清醒地继续读书，他就用锥子往自己的大腿上刺，驱走睡意，振作精神，继续学习，刺得鲜血直流。后来在他的勤奋之下终于成了著名的政治家。

大诗人韩愈常用此言来教诲他的学生，敦促他们勤奋学习，常年不懈。这是他对前人治学经验的总结，也是他自己多年治学和教学的宝贵经验的结晶。

有则改之，无则加勉

"有则改之，无则加勉"出自宋代朱熹《集注》。意思是对别人给自己指出的缺点错误，如果有，就改正；如果没有，就用来提醒自己不犯同样的错误。

儒家十分重视个人的道德修养，以求塑造成理想的人格。曾子是孔子的弟子之一，在社会变化十分剧烈的春秋时代，人们的思想信仰开始发生动摇，传统观念似乎已经在人们的头脑中出现危机。于是，曾子提出了"反省内求"的修养办法，不断检查自己的言行，使自己修养成完美的理想人格。后来，宋代朱熹在《集注》中说："曾子以此三者日省其身，有则改之，无则加勉，其自治诚切如此，可谓得为学之本矣。""有则改之，无则加勉"遂被广为流传至今。

运用之妙，存乎一心

"运用之妙，存乎一心"语出元代脱脱等《宋史·岳飞传》。原指在战争中指挥作战要灵活地运用战略战术，而其中的巧妙就是善于思考和判断。后也用来指其他事情。

1125 年，金兵在灭了辽国后，大举南侵，渡过黄河扑向宋都汴京。当时岳飞正在宗泽部下当偏将，他奉命率军迎战，多次挫败金兵，屡立战功。一次，宗泽送给岳飞一副古阵图，要他好好学习。岳飞婉转地说："阵而后战，兵法之常，运用之妙，存乎一心。"意思是摆好阵势以后出战，这是打仗的常规，但运用的巧妙灵活，全在于善于思考，战争的胜败与指挥员能否根据实际情况、机动灵活地指挥有很大的关系。

言必信，行必果

"言必信，行必果"出处《论语·子路》。意思是对他人说过的话就一定要做到，做事一定要有成果。

春秋末期，孔子的弟子子贡问孔子："什么样的人才可以被称得上为士（在孔子的学说中，士被赋予了管理国家的重任，孔子认为当时的士是周朝的希望）？"孔子回答他说："能够用廉耻之心约束自己，奉命出使各处并能圆满完成君主交给的任务可以被称为最好的士。"子贡继续问道："那么稍微次一等的士呢？"孔子又回答说："被人称为孝顺的人就是。"子贡再问："再次一等的呢？"孔子继续回答说："言必信，行必果，硁硁然小人哉！（即那些讲话算数，行动果断的人）"

燕雀安知鸿鹄之志

"燕雀安知鸿鹄之志"源自《史记·陈涉世家》，比喻平凡的人不知道英雄人物的志向。

陈涉，秦朝时阳城（今河南方城）人。年轻时跟别人一起在富贵人家做用人，他早已对秦王朝肆无忌惮地征调劳役，不断加重对老百姓的压迫和剥削的社会现实愤恨不平，决心摆脱压迫和剥削，改变目前的社会地位。

有一天，他们在田里干活，中间到田埂上休息，想起被剥削、压迫的现实，他怅然叹息了好长时间以后，对同伴们说："假如有朝一日我们中间有谁富贵了，可别忘记咱穷哥儿们。"同伴们讥笑他说："你现在还给人家耕地当牛马呢，哪里谈得上富贵啊！"陈涉长叹一声，说："燕雀哪里会懂得鸿鹄的凌云壮志呢！"

秦二世胡亥元年，陈涉终于与吴广一起发动了农民起义，推翻了秦朝的统治。建立了中国历史上第一个农民政权。

疑心生暗鬼

"疑心生暗鬼"出自宋·吕本中《师友杂志》。

有个人名叫涓蜀梁，生性愚笨、胆子又小。有一次，在一个有月亮的夜晚，他独自出门赶路，白蒙蒙的月光照着他，他的身子在地上投下了一个黑魆魆的影子。他走一步，那影子也跟着他前进一步。正在赶路的涓蜀梁无意间低下头，看见身边有个黑魆魆的人影，便以为是小鬼在紧紧地跟着他，然后他又抬起头来一看，看见自己头上的头发，飘呀飘的，便以为那一定是女鬼的头发，于是害怕起来，急忙拔腿就跑。他好不容易气喘吁吁地跑到家里，可是因为他跑得太快，透不过气来，憋死了。现在人们常常用此语喻指因为多疑而产生各种的幻觉和错误判断。

一蟹不如一蟹

"一蟹不如一蟹"语出宋·苏轼《艾子杂说》。比喻一个不如一个，越来越差。

北宋时期，有一个叫陶谷的人，他非常爱好吃螃蟹。有一次，陶谷奉朝廷派遣出使吴越。他到达吴越后，吴越王钱淑设宴款待他，因为陶谷喜欢吃螃蟹，所以忠懿王命人在宴席上摆上了江南的梭子蟹，这种蟹是个头又长又大的一种。陶谷也是精通美食的人，如今面对右手酒左手蟹的享受岂能放过。在品蟹之时，陶谷便问起江南蟹的种类。于是，钱淑便命人把其余蟹的种类——展示给陶谷看，从大到小，一共摆了十几种，个头都不如梭子蟹大，最后拿上来的是一种个头很小的蟛蜞。陶谷看过这些蟹后突然闪出一股灵感，要嘲讽一下钱淑，便说："真所谓一蟹不如一蟹。"喻指吴越的国王一代不如一代。后来，人们将其引为成语，常用来比喻一个不如一个，越来越差。

勇略震主者身危，功盖天下者不赏

"勇略震主者身危，功盖天下者不赏"出自宋代王辟的《渑水燕谈录》。意思是，臣子的胆识或功劳超过了君主，就会引起君主的不安，不但得不到奖赏，反而会引来杀身之祸。后用来形容一个人能力超过自己的上司，就会引起上司的不安或嫉妒。

宋朝大臣王沂公出使辽国，接待他的是辽国武将耶律祥。在酒宴中，耶律祥吹嘘自己功劳如何大，作战如何勇敢，还说皇帝赐给他一个"铁券"，上面写着永远不会加罪于他。王沂公决定挫一下他的傲气，对他说："我们大宋有一句谚语，'勇略震主者身危,功盖天下者不赏'。皇帝一定对你有了猜疑,才用'铁券'使你安心,不然你既是皇亲,又如此贤良,为什么要用'铁券'保你平安呢?"耶律祥觉得此话有理,顿时傲气全无。

知人知面不知心

"知人知面不知心"意思是认识一个人很容易,但是要真正了解一个人的内心却很困难。这句谚语由来已久,很多文学作品都引用了这句话。元代尚仲贤所著杂剧《单鞭夺槊》第二折:"哥也,知人知面不知心,你道无二心呵,他怎生背了刘武周,投降了俺来。"明代《增广贤文》:"画虎画皮难画骨,知人知面不知心。"

清朝曹雪芹《红楼梦》第十一回:"凤姐儿故意的把脚放迟了,见他远去了,心里暗忖道:"这才是'知人知面不知心'呢。那里有这样禽兽的人?"

糟糠之妻不下堂

"糟糠之妻不下堂"意思是不离弃曾经共患难的妻子。

东汉初年,刘秀起用西汉时期的侍中宋弘,并升他为"太中大夫"。

东汉初年,刘秀力量薄弱,被王郎一路追杀。战斗中,刘秀手下有个叫宋弘的大将不幸负伤。刘秀只好将宋弘托付给郑庄一户姓郑的人家养伤。郑家有一个女儿,对宋弘关怀备至。日子一长,两人建立了深厚的感情。宋弘伤好后,两人便结为夫妻。

后来宋弘屡立战功,终于帮刘秀得了天下。刘秀的姐姐守寡并看上了宋弘,刘秀想把姐姐嫁给宋弘,于是派人询问宋弘对"贵易交,富易妻"的看法,宋弘回答道:"贫贱之交不可忘,糟糠之妻不下堂。"刘秀深为宋弘的为人所感动,不仅没有责怪他,反而对他更加看重。从此,"糟糠之妻不下堂"的说法便流传下来。

栽下梧桐树,引来金凤凰

"栽下梧桐树,引来金凤凰",也作"家有梧桐树,引来金凤凰"。古代殷实之家常在院中栽梧桐,寄托美好的愿望。现在这句谚语常用来比喻优越的环境可以招来人才或投资者。

古人常把梧桐和凤凰联系在一起。《诗经·大雅·卷阿》:"凤凰鸣矣,于彼高冈。梧桐生矣,于彼朝阳。菶菶萋萋,雍雍喈喈。"这首诗说的是梧桐生长得茂盛,引得凤凰啼鸣。菶菶萋萋,是梧桐的丰茂;雍雍喈喈,是凤鸣之声。

《庄子·秋水篇》也说到梧桐。庄子见惠子时说:"南方有鸟,其名为鹓雏,子知之乎?夫鹓雏,发于南海而飞于北海,非梧桐不止……"这里的"鹓雏"就是凤凰的一种。他说凤凰从南海飞到北海,只有遇到梧桐才落下,可见梧桐的高贵。

宰相肚里能撑船

"宰相肚里能撑船"比喻一个人宽宏大量。这个谚语源自宋朝宰相王安石。

相传,王安石中年丧妻,后续娶一妾名姣娘,才貌出众。当时王安石整天忙于政治,无暇顾及姣娘,时间一长,姣娘便与仆人交好,王安石得知后并没有当面揭穿她。

一次,中秋与姣娘赏月饮酒时,王安石吟诗道:"日出东来还转东,乌鸦不叫竹竿捅,鲜花搂着棉蚕睡,撇下干姜门外听。"姣娘听出了诗中的意思,马上跪下

第四篇 蕴含智慧的俗语、谚语与歇后语

答道:"日出东来转正南,你说这话整一年。大人莫见小人怪,宰相肚里能撑船。"王安石听后仔细一想,觉得自己年已花甲,姣娘正值豆蔻年华,偷情之事不能全怪她,还是来个两全其美吧。于是非但没有责怪两人,还赠送银两让二人成亲。事情传开后,大家都夸赞王安石宽宏大量,从此,"宰相肚里能撑船"成为千古美谈。

醉翁之意不在酒

"醉翁之意不在酒"出自宋代欧阳修的《醉翁亭记》,原意是醉翁之意不在于酒,而在于山水之间的风景,喻指本意并不在此,而是另有所图。

北宋时期的杰出文学家欧阳修,酒量很小,常常是一喝就醉,所以号"醉翁"。当时,欧阳修任滁州太守。滁县西南有一座美丽的山,叫琅琊山。山上的泉水非常清甜,叫"酿泉"。有一个和尚就在泉旁边修了一座小亭子,欧阳修经常与他的朋友去亭内饮酒,所以欧阳修便称此亭子"醉翁亭"。

欧阳修酒量那么小,可又为什么总爱去小亭子饮酒呢?欧阳修写了一篇游记《醉翁亭记》称"醉翁之意不在酒,在乎山水之间也。山水之乐,得之心而寓之酒也。"醉翁的本意不在酒,而在于欣赏那里的山水风光。他是借喝酒的兴致,以获得欣赏山水的乐趣。

后人从这篇文章中提炼出来了这个谚语,流传至今。

张公吃酒李公醉

"张公吃酒李公醉"源出张鷟所著《朝野佥载》一书。

唐朝后期,武则天独揽朝政,改国号为周,篡夺了李姓的天下,她的儿子唐中宗李显也被废黜。武则天晚年时,宠信张易之、张昌宗兄弟,张易之被封为恒国公,张昌宗被封为邺公,专擅朝政。当时,武则天的儿子李显没有办法撼动武则天的地位,夺回李姓的天下。

在一次武则天设的饮酒宴会上,张易之、张昌宗兄弟成了座上饮酒的贵客,喝得兴高采烈,而坐在另一边的李显却由于怀有无限的心事,一个人闷闷不乐,独自喝闷酒,一会儿就醉了。

当时,民间便把张氏兄弟二人受宠,而李氏子嗣受冷落的现象在民谣里唱成了"张公吃酒李公醉",比喻一方占了便宜,一方徒有虚名。现在这个谚语也用来比喻由于误会而代人受过。

种瓜得瓜,种豆得豆

"种瓜得瓜、种豆得豆"意思是种什么,收什么,比喻做了什么事,得到什么样的结果。这个谚语出自明朝冯梦龙著的《古今小说》。

宋高宗年间,柳宣教考取了进士。他上任第一天,水月寺住持玉通禅师没有到场参拜,于是怀恨在心。后来,柳宣教利用一女子,引诱玉通禅师破了戒,玉通识破了柳宣教的诡计,随即圆寂。圆寂后的玉通投胎柳宣教家,名柳翠。长大后的柳翠不守妇道,风流韵事不断。这是玉通禅师在报复柳宣教。

玉通禅师生前好友月明,见玉通堕落风尘太久,便派法空和尚去点化他。法空去柳翠家化缘,为柳翠解说因果之事:"前为因,后为果;作者为因,受者为果。如同种瓜得瓜、种豆得豆一样,种是因,得是果。没有播种，怎么会有收成？好因得好果，恶因得恶果。"

柳翠听完这番因果论，茅塞顿开，于是皈依佛门。

坐吃山空，立吃地陷

"坐吃山空，立吃地陷"出自元朝秦简夫所著《东堂老》。

东平府富商赵国器担心自己死后儿子把家产挥霍一空，于是临终前便嘱托他的一个朋友李实照管他的儿子。

赵国器死后，他儿子扬州奴结交恶友柳隆卿与胡子传，并被他们引诱嫖妓败家。李实深知扬州奴会将家产败尽，便早已在扬州奴挥霍家产时，暗中将家产买下。家产挥霍一空的扬州奴终于沦为了乞丐，那两个恶友也都离开了他。扬州奴实在是没有了办法，便去投奔李实，向李实的妻子借了一贯钱，开始卖炭、卖菜维持生计，并且省吃俭用。李实见他确实有了悔过之心，在一次生日宴上，他便取出了当时赵国器给他的嘱托，并当众把事情的原委说了出来，后又把自己暗地买下的家产如数还给了扬州奴。

后来，人们便用"坐吃山空，立吃地陷"比喻只是消费而不从事生产，即使有堆积如山的财富，也要耗尽。

种花一年，看花十日

"种花一年，看花十日"出自《醒世恒言·灌园叟晚逢仙女》。

宋仁宗年间，有一个爱花如痴的老头，名叫秋先。他嗜花如命，为避免花草受损，轻易不让人入园。

一天，园中鲜花被城中一仗势欺人、奸诈刻薄的官家子弟张委践踏惨重。秋先气得呼天抢地，满地乱滚。众邻居扶起秋先，劝慰一番，议论道："自古道'种花一年，看花十日'，这些花不知费了多少辛苦，难怪他爱惜。"秋先心疼得茶饭不思，感动了花仙子。花仙子便施法令花又恢复原貌，且更加鲜艳。张委得知后，设计将秋先陷入大牢，独占了花园。他高兴地到园中察看，不见一朵鲜花，却被花仙子施法吹入粪窖淹死了。

秋先平冤释放后，以百花为食，谢绝烟火食物，数年后成仙，被天帝封为护花使者。

后人用"种花一年，看花十日"比喻劳动成果得来不易，劝人爱惜。

知音说与知音听，不是知音莫与弹

"知音说与知音听，不是知音莫与弹"出自《吕氏春秋》中俞伯牙与钟子期的故事。

俞伯牙善鼓琴，钟子期善听。一年中秋，俞伯牙乘舟到汉阳江口，借景起兴弹琴，与钟子期相遇。由于两人对琴曲的共同爱好，两人结为拜把之交，并相约来年中秋再会赏琴。

第二年中秋，俞伯牙如约而至，却迟迟不见子期。后来，得知子期已病故，坟墓就修在江边，为听俞伯牙的琴声。俞伯牙万分悲痛，便来到钟子期的坟前，凄楚地弹了一曲《高山》。弹罢，他挑断了琴弦，长叹一声，把心爱的瑶琴在青石上摔了个粉碎，悲伤地说："我唯一的知音已不在人世了，这琴还弹给谁听呢？"

两位"知音"的友谊感动了后人，人们便在他们相遇的地方，筑起了一座古琴台。直至今天，人们还常用"知音说与知音听，不是知音莫与弹"来形容朋友之间真挚而深切的情谊。

只要功夫深，铁杵磨成针

"只要功夫深，铁杵磨成针"比喻只要有决心，肯下功夫，多么难的事也能做成功。这句谚语出自宋代祝穆《方舆胜览·眉州·磨针溪》。

唐代大诗人李白，小时候在象耳山读书。一天，趁老师不在，他便悄悄溜出门去玩儿。他跑到一条小河边，见一位老婆婆正在石头上费力地磨着一根粗重的铁杵。李白很纳闷，便上前问道："老婆婆，您磨铁杵做什么？"老婆婆回答："我在磨针。"李白吃惊地问："铁杵这么粗大，怎么能磨成针呢？"老婆婆笑呵呵地说："只要天天磨，铁杵总能越磨越细，还怕磨不成针吗？"李白恍然大悟："对呀！只要有恒心，再难的事情也能做成功，读书不也是这样吗！"于是便立刻转身跑回了书屋。从此，他牢记"只要功夫深，铁杵磨成针"的道理，发奋读书，后来成了一位伟大的诗人。

智者千虑，必有一失；愚者千虑，必有一得

"智者千虑，必有一失；愚者千虑，必有一得"出自《晏子春秋》。

春秋时期，齐景公当政，晏婴任宰相，政绩相当突出。齐景公听说晏婴生活很清苦，便派人给晏婴送去大量钱财以示关怀，晏婴坚决不收。景公说："很多年前我的爷爷齐桓公对你的前辈宰相管仲也是这样的，人家大圣人、大政治家都没有说不要，你何必这样犟头倔脑呢？"晏婴答道："婴闻之，圣人千虑，必有一失；愚人千虑，必有一得。意者管仲之失，而婴之

得者耶？故再拜而不敢受命。"意思就是再聪明的人，也会有疏忽大意的时候；再愚笨的人，也会有考虑周全的时候。

这句谚语劝世人：智者们虽然有智，不要妄自尊大，愚者们虽然很愚，不必妄自菲薄，集思广益总比独断独行好，独立思考总比盲从盲信好。

众口铄金，积毁销骨

"众口铄金，积毁销骨"出自《史记·卷七十·张仪列传·第十》，原指众口所责，即使是坚如铁石之物，也可熔化；毁谤不止，令人难以生存，而遭毁灭。用来比喻舆论作用极大，众口一词，积非成是；流言可畏，能颠倒是非，置人于死地。

战国时期，张仪本来在秦国为相，为实现"连横"目标，到魏国做了相国，他极力劝说魏王归秦，排斥其余大臣"合纵"的主张。

一次，他感觉时机成熟，该回秦国时，便对魏王说起了"众口铄金，积毁销骨"的道理来："羽毛堆积多了能把船压沉，轻东西聚载多了能把车轴压断，众人的嘴巴可以使铁熔化，众多的坏话能把骨销毁。我说了这么多，一定会有人在大王面前讲我的不是。大王一旦听信了他们的话，定会责罚张仪。与其被大王责罚，不如现在就辞职离开魏国！"他随即脱身回到了秦国。

子系中山狼，得志便猖狂

"子系中山狼，得志便猖狂"语出无名氏《中山狼传》。

一只狼被猎人射伤后逃跑了，恰好碰到东郭先生赶着一头毛驴，背着一口袋书，到外地谋求官职。狼哀求东郭先生施救并

许诺要好好报答他。东郭先生虽然知道狼是害人的，但看到狼很可怜，便将狼装进书袋里救了它。然而，当狼逃过猎人追杀后，便露出真相，打算吃掉东郭先生。

这时，一位老农路过，东郭先生便求他评理。老农深知狼的凶恶本性，便施计将狼骗回口袋中，然后立即扎紧，并对东郭先生说："这种害人的野兽是不会改变本性的，你对狼讲仁慈，简直太糊涂了。"说罢，抢起锄头，把狼打死了。

"子系中山狼，得志便猖狂"鞭笞了那些忘恩负义的无耻之徒，并告诫人们不要不辨是非地滥施同情心。后来，人们便把忘恩负义的人叫作"中山狼"。

芝草无根，醴泉无源

这个谚语出自虞翻寄其弟的书信《与弟书》。虞翻原为汉将，三国时效力于吴。

当时，孙策取得会稽之后，虞翻便离开余姚（今浙江余姚），其长子虞容未跟随他外出进入仕途，而是与母亲及叔父留在了余姚。

虞翻在一次与其弟通信中，正值虞容到了谈婚论嫁的年纪，于是在信中托付他的弟弟为虞容物色一个适婚女子，在谈及对媳妇的要求时出此语"远求小姓，足以生子而已。天之福人不在贵族，芝草无根，醴泉无源"。意思是，用不着在名门望族中寻找，只要有生育能力就行了。有福之人不一定出生在贵族，而是上天赐与的，如同灵芝没有严密庞大的根系，清甜的泉水往往找不到它的源头。

现在，人们用"芝草无根，醴泉无源"比喻出类拔萃的人才由自身锻炼而成，绝不效仿别人。

说出前半截，"歇"去后半截的歇后语

八仙过海——各显神通

"八仙过海——各显神通"，也写作"八仙过海——各显其能"，比喻做事各有各的一套办法，也比喻各自拿出本领互相比赛。"八仙"指的是民间传说中道家的八位仙人：汉钟离、张果老、韩湘子、铁拐李、曹国舅、吕洞宾、蓝采和、何仙姑。

相传，八仙商定到海上一游，各凭道法渡海，不得乘舟。汉钟离率先把大芭蕉扇往海里一扔，袒胸露腹仰躺在扇子上，向远处漂去。何仙姑将荷花往水中一抛，顿时红光万丈，仙姑伫立荷花之上，随波漂游。随后，吕洞宾乘宝剑，张果老骑毛驴，铁拐李坐着葫芦，汉钟离让鱼儿搭起桥，韩湘子骑凤凰，蓝采和穿上有翅膀的鞋子，纷纷赶上。剩下曹国舅，只见他用避水犀宝带一挥，大海中间出现一条路，于是大步向前走去。

"八仙过海——各显神通"的歇后语由此在民间流传开了。

白娘子遇许仙——一见钟情

"白娘子遇许仙——一见钟情"指男女之间初次见面，就产生了爱情。这句歇后语源自《白蛇传》的故事。

白娘子是修行千年的蛇精，她与一条修行 500 年的青蛇姐妹相称。清明节，她们化作美丽的姑娘到西湖游玩。当姐妹来到断桥的时候，忽然下起雨来，她们赶紧找地方避雨。这时，迎面走来一位风度翩翩的书生，他拿着一把伞，步履从容，显得与众不同。白娘子痴痴地看着这位英俊的男子，连自己淋成了落汤鸡都浑然不觉。这位书生名叫许仙，他看到白娘子清丽脱俗，心中也是暗暗地喜欢。他见白娘子和小青淋湿了，赶紧把伞递给她们。许仙又问明二人的住处，并到湖边叫了一艘船，要送她们回家。后来，在小青的巧妙安排下，白娘子与许仙结为眷属。

包公断案——铁面无私

北宋时期，包拯曾任开封府知府，他不畏权贵，断案铁面无私的故事数不胜数。于是，人们从中总结出"包公办案——铁面无私"的歇后语。

包拯秉公执法，不畏权贵，被百姓称为"包公"。在戏曲中，黑脸包公是法律和正义的象征。包公不仅对别人铁面无私，对犯法的亲戚朋友也绝不徇私枉法。他的舅舅因为犯了法被抓到开封府，他也依法处置。有的亲戚想找他做靠山，结果碰了一鼻子灰。后来，亲戚朋友都了解了他的脾气，再也不敢为私事向他求情。

包拯为官清廉，一生节俭，临终没有给后代留下什么财产，只留下了一则家训。家训的全文是："后世子孙仕宦，有犯赃滥者，不得放归本家，亡殁之后不得葬于大茔之中，不从吾志非吾子孙。"意思是，后世子孙做官一定要清廉，否则终生不得进家门，死后也不能入包家祖坟。

比干宰相——无心

在神话小说《封神演义》中，狐狸精幻化的妲己专门挑唆纣王陷害忠良。宰相比干多次劝纣王疏远妲己，妲己怀恨在心。传说比干有一颗"七窍玲珑心"，也就是一颗天生有七个洞的珍奇心脏。因此妲己要求把他的心剖出来，供纣王观赏。比干因姜子牙的法术保护，剖出心脏后仍然不死。如果比干及时赶到姜子牙那里，还有办法活命。但是，剖心后若在路上遇见人卖无心菜，比干必须问他"人若是无心如何？"若卖菜人回答"人无心还活"，则比干可保不死；若卖菜人回答"人无心即死"，比干就会立即毙命。结果比干剖心后遇见卖菜妇人，询问后妇人回答"人无心即死"，比干登时口吐鲜血，一命呜呼。

后来，人们根据这个故事总结出"比干宰相——无心"这句歇后语，用来表示自己是无心之过，也用来比喻对某事没有兴趣。

伯乐的儿子相马——按图索骥

春秋时期，秦国有个叫孙阳的人擅长相马，人们称他为"伯乐"（"伯乐"本是天上的星宿，据说负责管理天马）。伯乐为了让更多的人学会相马，把自己多年积累的相马经验和知识写成了一本书，配上各种马的图像，书名叫《相马经》。

孙阳有个儿子，看了父亲写的《相马经》，觉得相马很容易，就拿着这本书到处找好马。他按照书上所绘的图形去找，发现有一只癞蛤蟆很像千里马，便高兴地把癞蛤蟆带回家，对父亲说："爸爸，我找到一匹千里马，只是蹄子稍差些。"父亲一看，哭笑不得，幽默地说："可惜这马太喜欢跳了，不能用来拉车。"接着感叹道："所谓按图索骥也。"

后人由此总结出歇后语"伯乐的儿子相马——按图索骥"，比喻墨守成规办事，也比喻按照线索去寻求。

蔡邕哭董卓——各有各的悲情

东汉末年，董卓专权，为了笼络人心，他让一些士大夫到朝中做官，蔡邕也在被邀请之列。蔡邕起初不肯赴任。董卓对他说："你要不来，诛你三族。"蔡邕惧于董卓权势，只好赴命。董卓很赏识蔡邕的才华，一月之内，连升三级，拜为侍中。蔡邕不觉生出知遇之感。

后来，王允用美人计，挑拨董卓和其义子吕布的关系，借吕布之手杀死董卓，并把董卓的尸体放在大街上示众。大家都为除去董卓感到高兴，只有蔡邕抱着董卓的尸体大哭。王允审问他："你是汉臣，却为贼哭，岂有此理？"蔡邕道："我虽然糊涂，但也不至于分不清是非？只因一时知遇之感，不觉为之一哭，自知罪大。如果大人能饶我不死，我一定潜心著述汉史以赎罪。"很多人为蔡邕求情，王允还是杀了他。

后人用"蔡邕哭董卓——各有各的悲

情"来比喻每个人各怀自己的伤心事，而这伤心事往往不被别人理解。

蔡桓公患病——讳疾忌医

"蔡桓公患病——讳疾忌医"源自《韩非子·喻老》中扁鹊见蔡桓公的故事，本义是隐瞒疾病，不愿医治，比喻怕人批评而掩饰自己的缺点和错误。

扁鹊去见蔡桓公，对他说："你有病了，现在病还在皮肤里，若不赶快医治，病情将会加重！"桓公说："我没病。"十天以后，扁鹊又去见桓公，说他的病已经发展到肌肉里，如果不治，还会加重。桓公不理睬他。又过了十天，扁鹊，说他的病已经转到肠胃里去了，再不医治，就会更加严重了。桓公仍不理睬他。又过了十天，扁鹊对他望了一望，转身就走。桓公觉得奇怪，于是派人去问他。

扁鹊说："病在皮肤里，肌肉里，肠胃里，不论是针灸还是服药，都还可以医治。病若是到了骨髓里，就没办法了。现在桓公的病已经深入骨髓，我也无法医治了。"五天以后，桓公浑身疼痛，派人去请扁鹊，扁鹊早已逃到秦国了。桓公很快就死了。

曹操败走华容道——不出所料

《三国演义》中，赤壁之战，吴蜀联军大败曹操。诸葛亮算定曹操必败走华容道，且夜观天象，曹操不当身亡，考虑到曹操于关羽有恩，于是派关羽把守华容道，留个人情与关羽做。

曹操败退时，来到一个岔路口，一条大道平坦宽敞，一条华容道泥泞不堪，而且有几处地方在冒烟。曹操说："虚则实之，实则虚之。"果然向华容道败退，并

在途中三次大笑诸葛亮智谋不足，未在险要处暗设伏兵。然而，一笑笑出赵云，多亏徐晃、张辽二人双敌赵云，才使曹操得以逃脱；二笑笑出张飞，张辽、徐晃二将抵挡张飞，使曹操再次脱险；三笑笑出了关云长，曹军已无力再战，曹操只得亲自哀求关羽放行，关羽念旧日恩情，放了曹操。

后人用"曹操败走华容道——不出所料"来形容那些意料之中的事情。

草船借箭——满载而归

《三国演义》中，周瑜妒忌诸葛亮，命他在十天内造好十万支箭。哪知诸葛亮只要三天，还立下军令状，完不成任务愿受处罚。

诸葛亮向鲁肃借了 20 只船，每只船上 30 个军士。船用青布幔子遮起来，还把一千多个草靶子，摆在船两边。第三天晚上，大雾弥漫，诸葛亮叫鲁肃上船一起去取箭。

当船靠近曹军时，诸葛亮命船一字摆开，让士兵擂鼓呐喊。曹操以为对方来进攻，但因雾大怕中埋伏，就派弓箭手朝江中放箭，雨点般的箭射在草靶子上。一会儿，诸葛亮又命船调过头来，让另一面受箭。到了早上，雾要散了，诸葛亮令船赶紧往回开。这时草靶子上插满了箭，超过了十万支。鲁肃把借箭的经过告诉周瑜时，周瑜感叹地说："诸葛亮神机妙算，我不如他。"

后人用"草船借箭——满载而归"比喻轻而易举地取得很大的收获。与这个故事相关的歇后语还有：

草船借箭——用的是疑兵计

草船借箭——神机妙算

草船借箭——有误（雾）

陈世美犯法——包办

陈世美本是家境贫寒的一介书生，与妻子秦香莲育有一儿一女。陈世美经过十年苦读，终于考中了状元，并被宋仁宗招为驸马。他贪图富贵，隐瞒了自己有妻室儿女的事实。秦香莲久无陈世美音讯，携子上京寻夫，但陈世美不肯与其相认，并派韩琪半夜追杀。韩琪不忍下手，母子三人才得以活命。

秦香莲遇到包拯，喊冤告状。包拯了解实情后，欲治陈世美之罪，却苦无实证。展昭到陈世美家乡寻得人证祺家夫妇，半途上祺大娘死于杀手刀下。包拯找到人证物证，欲定驸马之罪。公主与太后赶至阻挡，但包拯终将陈世美送上龙头铡。

人们根据这个故事总结出"陈世美犯法——包办"这个歇后语。"包办"原意是包拯惩办，引申为不管有什么事，全部包了。

程咬金的本事——三斧头的硬功夫

程咬金是唐朝开国名将，性格直爽，使一柄八卦宣花斧。《说唐》等历史演义小说中都对他的三板斧有所描写。

绿林好汉尤俊达想让程咬金入伙，就教他斧法，但是程咬金总学不会。后来，程咬金梦中有一位老人教会了他全套精妙斧法，醒来演练，只记得三招半，这就是所谓"程咬金三斧"。是哪三招半，说法很多，无非下劈、横抹、斜挑及击刺等几个关键动作。在打斗中，程咬金的前三斧半，威力无比，很多对手迅速被打败，但只要挺住不败，就能打得程咬金难以招架。

由此有了歇后语"程咬金的本事——三斧头的硬功夫"，意思是不能小看程咬金的三斧头。

楚霸王被困——四面楚歌

"楚霸王被困——四面楚歌"比喻陷入四面受敌，到了孤立无援的窘迫境地。这个歇后语源自《史记·项羽本纪》。

刘邦的汉军在垓下把项羽的军队包围起来。夜晚，项羽听到四周的汉军都在唱着楚地的歌谣，大惊失色地说："汉军把楚地都占领了吗？不然，为什么汉军中楚人这么多呢？"项羽连夜起来，到军帐中喝酒，慷慨激昂地唱起了悲壮的歌曲："力拔山兮气盖世，时不利兮骓不逝。骓不逝兮可奈何！虞兮虞兮奈若何！"唱了一遍又一遍，虞姬也同他一起唱。项羽泪流满面。

虞姬也唱了一曲表明自己与项羽同生共死的决心："汉兵已略地，四面楚歌声。大王意气尽，贱妾何聊生！"唱完拔剑自刎。项羽突围后来到乌江边，感到无颜面对江东父老，也拔剑自刎。

楚河汉界——一清二楚

"楚河汉界"来源于楚汉战争。

公元前203年，刘邦攻占成皋。项羽缺乏粮草，不宜久战，为了迫使刘邦投降，把俘虏来的刘邦的父亲拉至广武山上，要挟刘邦说："你若不及早投降，我就把你父亲下锅煮死。"刘邦故作镇静地说："当初咱二人共同反秦，在怀王面前誓盟结为弟兄，我的父亲就是你的父亲。如果你要煮咱们的父亲，别忘了给我一碗肉汤。"项羽听后更加恼怒，决定杀掉刘太公。这时，项伯劝项羽道："杀太公不是时候，也对楚军不利。"太公得以幸存。项羽被迫提出了"中分天下，割鸿沟以西为汉，以东为楚"的要求，从此就有了楚河汉界的说法。

至今，在荥阳（今郑州）广武山上还保留有两座遥遥相对的古城遗址，西边的叫汉王城，东边的叫霸王城。两城中间，有一条宽约300米的大沟，这就是人们平常所说的鸿沟，也是象棋盘上所标"楚河汉界"的依据。

后来人们用"楚河汉界——一清二楚"来表示划清界限，互不侵犯。

大观园里哭贾母——各有各的伤心处

《红楼梦》中贾母死后，贾府上下人人痛哭，但是各有各的伤心处。

真哭贾母的是鸳鸯，她是贾母的贴身丫鬟，与贾母朝夕相处，与贾母的感情不亚于宝玉等人，因此她哭得死去活来。等到众人散去后，她独守着贾母越哭越伤心，最后悬梁自尽了。

史湘云自幼父母双亡，贾母对她十分疼爱，并为她选了如意郎君。可惜好景不长，结婚后不久，丈夫得了肺痨，如今躺在病榻上奄奄一息。她直到出殡那天才从婆家赶来，想到自己悲惨的身世和眼下的痛苦，不禁悲从中来，伤心痛哭。

宝玉见宝钗和史湘云等姐妹身着孝服，不施粉黛，却显得比平时更有风韵。继而想到，如果黛玉在场，肯定更胜过众姐妹一筹，想到这里一阵心酸，泪如雨下。众人以为他感念贾母对他的疼爱才痛哭，纷纷劝解他。

后人由此总结出谚语"大观园里哭贾母——各有各的伤心处"，比喻表面上大家为同一件事而伤心，其实各怀心事。

大水冲了龙王庙——一家人不识一家人

"大水冲了龙王庙——一家人不识一家人"意思是说一家人或朋友，因为一些事情发生误会。这个歇后语源自一个民间传说。

相传，东海岸边有座龙王庙。离龙王庙不远的地方有块菜地。种菜的老头发现菜地里出了一件奇怪的事，他没有浇水，菜园子却已经浇好了。于是他决定查个究竟。

当晚，他躲在菜园里，发现原来是一只怪物藏在井中，每天晚上浇菜。一连三天都是这样。第四天夜里，他带了把剑，等那只怪物刚出井口时，一个箭步上去猛刺了几下。那只怪物一头栽入井中，顿时，井裂开了口子，大水喷涌。眨眼间，连龙王庙前也是一片汪洋。

龙王大怒，带领水兵前来与那怪物交战。怪物因寡不敌众，现了原形。原来它是龙王的三太子，因犯了天条，被贬出了东海。三太子本想在凡间做些好事，不料被老头刺了一剑，一怒之下，掀开海眼，淹了龙王庙。与龙王交战时，它不敢说出原委，造成一场误会。

后来，人们在议论这事时，都说"大水冲了龙王庙，一家人不识一家人"。

得陇望蜀——贪心不足

西汉末年，王莽政权被推翻，刘秀的势力逐渐强大，吞并了其他势力，建立了东汉王朝。但是，还有一些割据势力不肯归顺，其中有两个比较强大的势力，一个是割据巴蜀的公孙述，一个是称霸陇西的隗嚣。

公元32年，大将军岑彭随刘秀攻打

陇西，将隗嚣围困在陇西城内。隗嚣向公孙述求援，公孙述派一队人马去支援隗嚣，结果还没到陇西，就被岑彭围困在上邦。刘秀见一时难以攻破，就留了一封诏书给岑彭，自己先回京城洛阳了。诏书上写着："如果攻占了陇西和上邦，不必马上返回京城，在当地短暂休整后就率军南下攻打巴蜀的公孙述。你知道人总是不知足的，我也一样，既然已经得到了陇西，为什么不趁机收复巴蜀，早日结束割据的局面呢？"

后人，由此总结出"得陇望蜀——贪心不足"这句歇后语，比喻得寸进尺，贪得无厌。

东施效颦——愚蠢可笑

春秋时期，越国的西施是古代四大美女之一，一颦一笑都让人倾倒。《诗经》中记载，与西施同村的东施却是有名的丑女，人们见了她都躲着走。

有一天，西施心口疼，用手捂着胸口，皱着眉头。东施觉得她的样子很好看，心想自己如果这样做肯定也很好看，于是就模仿西施捂着胸口，皱着眉头，在村子里走来走去，一边走一边呻吟，装出痛苦的样子。村里人被她的样子吓了一跳，小孩被吓哭了，连狗都汪汪地叫起来。

人们觉得东施模仿西施的样子非常愚蠢，于是有了"东施效颦——愚蠢可笑"这句歇后语。

东吴杀关公——害人反害己

《三国演义》中，关羽大意失荆州之后，被孙权手下所杀。东吴上下沉浸在胜利的喜悦中时，谋士张昭说："我们恐怕高兴得太早了。刘关张是结义兄弟，我们杀了关羽，如果刘备举兵为他报仇，我们该怎么办呢？"孙权赶紧向张昭请教应对之计。张昭建议把关羽的头颅献给曹操，让刘备以为曹操杀了关羽，使刘备与曹操为敌，东吴坐收渔利。

曹操老奸巨猾，一眼就看穿了东吴的居心。他为关羽搭建了一座灵堂，让满朝文武祭奠，并派人给关羽刻了一个木头身子，三天后隆重下葬，其排场不亚于王侯的葬礼。刘备听到曹操厚葬关羽的消息后，对曹操的敌意少了几分，反而更加仇恨东吴。东吴嫁祸不成，不仅和刘备结了仇，还得罪了曹操这个劲敌。因此留下了"东吴杀关公——害人反害己"这句歇后语，比喻某件事表面上对自己有利，其实最终会为自己招来灾祸。

窦儿敦盗马——嫁祸于人

窦尔敦是清初山东一带的绿林好汉。一个叫黄三太的镖师与官府勾结，欺压百姓，窦尔墩看不惯他，和他相约比武，结果被他用暗器打伤。伤愈后，他索性建起一支队伍占山为王，公开与朝廷作对。

有一次，窦尔敦听说皇上要到围场打猎，由梁九公和黄三太负责护卫，忆起前仇，于是下山将御马盗去，并留下黄三太姓名。第二天，皇上得知御马被盗之后，勃然大怒，命手下将黄三太绑起来审问。黄三太遭人陷害，却一时查不出是什么人干的，黄三太被革职查办，不久病死在狱中。皇上又命黄三太的儿子黄天霸追回御马，否则满门抄斩。后来御马被追回，但是黄家也因此没落。人们由此总结出"窦尔敦盗御马——嫁祸于人"这句谚语，表示用计谋把祸害转嫁到别人身上。

范进中举——喜疯了

《范进中举》是清代吴敬梓所著《儒林外史》中的一篇。范进从20岁开始参加科举考试，直到40岁还没有考中。后来，他终于考中了举人，官府派人到范家报喜。刚开始范进还不相信，见到报帖后，才相信自己考中了。他把两手拍了一下，笑了一声，道："噫！好了！我中了！"说着，往后一跤跌倒，牙关咬紧，不省人事。范母慌了，忙将几口开水灌了过来。他爬将起来，又拍着手大笑道："噫！好！我中了！"笑着，不由分说，就往门外飞跑，把报录人和邻居都吓了一跳。走出大门不多路，一脚踹在塘里，挣起来，头发都跌散了，两手黄泥，淋淋漓漓一身的水。众人拉他不住，拍着笑着，一直走到集上去了。

后来，他的丈人胡屠夫打了他一巴掌，才把他打醒过来。后人用"范进中举——喜疯了"这句歇后语来形容遇到高兴事欣喜若狂的样子。

飞蛾扑火——无怨无悔

"飞蛾扑火——无怨无悔"意思是，明知做某件事不会有好结果，还那样做，就像飞蛾扑火一样，无怨无悔。

五代十国时期，后梁有个大学问家叫到溉，他的孙子到荩小小年纪就能吟诗作对。有一次，梁武帝命到荩赋诗一首，到荩很快就写成了。梁武帝开玩笑地问溉："你平时拿出来的诗词是不是你的孙子替你写的？"到溉以为皇上在责备他，跪下说："微臣平日拙作都是自己所写，并非孙儿代笔，请皇上明察！"梁武帝知道他误会自己的意思了，于是写了一首连珠诗：

研磨墨以腾文，笔飞毫以书信。如飞蛾之赴火，岂焚身之可吝。必耄年其已及，可假之于少荩。

连珠诗是一种诗体，前一句的最后一个字可以和后一句连起来读。梁武帝的意思是，人们做一件事就要无怨无悔地做下去，犹如飞蛾扑火，明知道会被烧死，还那么做。你虽然没有到文思枯竭的地步，但是已经老了，一些书写的事情可以让孙子代劳。

八公山上——草木皆兵

公元383年，前秦首领苻坚刚愎自用，亲自率80万大军攻打东晋。东晋宰相谢安封谢石为征讨大都督，谢玄为前锋都督在淮水抗击敌人。苻坚派他在襄阳俘虏的朱序诱降谢石，但是朱序却把自己知道的苻坚的兵力部署情况和作战策略告诉了谢石，还建议谢石趁前秦军队军心不稳，主力还未赶到时发动攻击，并答应做内应。

第二天，晋军突然发动攻击，秦军阵脚大乱，节节败退。苻坚在几名亲兵的保护下，逃到附近的寿阳城。《晋书·苻坚载记》："坚与苻融登城而望王师，见部阵齐整，将士精锐；又北望八公山上草木皆类人形，顾谓融曰：'此亦劲敌也，何谓少乎？'怃然有惧色。"后人用"八公山上——草木皆兵"形容极度惊恐，疑神疑鬼。

高俅当太尉——一步登天

高俅本是苏轼的书童，后来苏轼把他送给驸马王晋卿。《挥麈后录》中说，王晋卿派高俅给端王赵佶送篦子刀。碰巧，赵佶正在园中踢毬，高俅便站在一旁看，露出不以为然之色。赵佶问他："你也会踢吗？"高俅回答说能。于是二人对踢，高俅拿出全身本领，将毬踢得如鳔胶粘在身上一般。赵佶大喜，当即派人传话给王晋卿："谢谢你给的篦子刀，连同派来的人，我一起收下了。"于是高俅变成了端王赵佶的亲信。

不久，宋哲宗驾崩，端王继位，即宋徽宗。高俅被封为太尉，一跃进入了大宋王朝的官场，与当年相比，可谓一步登天。因此，人们用"高俅当太尉——一步登天"来形容官位提升很快，有小人得志的意思，含贬义。

公子重耳拾破烂——饱不忘饥

晋献公死后，晋国发生内乱，公子重耳带着一些拥护他的大臣在外流亡多年。后来，在秦穆公的帮助下得以回国。在准备渡过黄河时，负责拿行李的人把一些吃剩下的饭菜、旧衣服、旧鞋都搬上船。重耳不高兴地说："我这次回去就是一国之君了，要什么有什么，你还把这些东西搬上船干什么，还不赶紧扔掉！"其他人也随声附和。这时，一位叫狐偃的大臣，表示不回去了。重耳很吃惊，问他为什么。狐偃说："公子在患难之中，我们还有点用处。您现在重做国君，自然会有新人听使。我们就如这破旧衣物，还有何用？"重耳知道狐偃在告诫自己不应该忘记曾经的困难，于是亲自把扔掉的剩饭菜和旧衣服拿到船上带回晋国。

后人由此总结出"公子重耳拾破烂——饱不忘饥"这个歇后语，表示富贵之后不应忘记苦难的经历，告诫人们要忆苦思甜。

狗咬吕洞宾——不识好人心

吕洞宾有个同乡好友叫苟杳，家境十分贫寒。吕洞宾请他到自己家中居住。有一位姓林的客人想把妹妹许配给苟杳。吕洞宾怕耽误了苟杳的前程，本想推托，但见他动心了，就对他说："贤弟既然主意已定，我也不阻拦了，不过成亲之后，我要先陪新娘子睡三宿。"苟杳寄人篱下，只好答应。

苟杳好不容易熬过了三天，刚进洞房，林小姐就哭着说："郎君为何天黑而来，天明而去，三夜竟不上床同眠，只对灯读书？"苟杳这才明白，原来吕洞宾怕他贪欢，忘了读书，用此法来激励他。

几年后，苟杳金榜题名做了大官。吕家没落，吕洞宾和妻小度日艰难，于是去找苟杳借钱。苟杳热情招待他，可就是不提帮忙的事情。吕洞宾以为他忘恩负义，一气回了家。他刚迈进家门，却见院子里停着一个大棺材，他慌忙走进屋内。妻子正在号啕大哭，见他进门，吓得跳起来。原来，前天中午，有一大帮人抬着一口棺材进来，说吕洞宾在苟杳家病死了。

吕洞宾打开棺材一看，只见里面全是金银珠宝，上面还有一封信，写道："你让我妻守空房，我让你妻哭断肠。"

后来，人们根据这个故事编了"苟杳吕洞宾，不识好人心"这个歇后语，讹传为"狗咬吕洞宾，不识好人心"，用来指一方做了好事，另一方不领情。

管鲍之交——各为其主

春秋时期，齐国有一对好朋友，一个叫管仲，另一个叫鲍叔牙。齐国发生内乱，鲍叔牙带着公子小白逃到莒国，管仲则带着公子纠逃到鲁国。管仲想杀掉小白，可惜把箭射偏了。鲍叔牙和小白比管仲和纠先回到齐国，于是小白就当上了国王，即齐桓公。

齐桓公决定封鲍叔牙为宰相，鲍叔牙却对小白说："管仲各方面都比我强，应该请他来当宰相才对呀！"齐桓公说："管仲要杀我，你居然叫我请他来当宰相！"鲍叔牙却说："这不能怪他，他是为了帮他的主人纠才这么做的呀！"齐桓公听了鲍叔牙的话，请管仲当宰相，而管仲也真的把齐国治理得非常好。

鲍叔牙推荐管仲以后，自己甘愿做他的下属。天下的人不赞美管仲的才干，而赞美鲍叔牙能了解人。于是有了"管鲍之交——各为其主"这句歇后语，意思是朋友各自为自己的主人服务，并不影响朋友之间的友谊。

管宁割席——断交

三国时期，管宁和华歆是很要好的朋友，但是他们的志趣截然不同。管宁生活简朴，把金钱和功名看得很淡，华歆却醉心于功名利禄。

有一次，他们在院子里锄草，突然锄出一块金子来。管宁对金子视而不见，继续锄草。华歆却想把金子据为己有，但是看到管宁无动于衷，只好把金子扔了。

又有一次，两人跪在一张席子上读书。突然外面锣鼓喧天，管宁好像没听见一样继续读书，华歆扔下书本去看热闹。原来有一个大官坐着八抬大轿路过，前呼后拥，风光至极。华歆很是羡慕，回去把刚才的场面形容了一番，露出无限向往的神情。管宁看到华歆这副德行，忍无可

忍，用刀子把膝下的席子割为两半，说："道不同不相为谋，从今往后，我们不再是朋友，你好自为之吧！"

这就是"管宁割席"的典故，后人用"管宁割席——断交"这句歇后语来表示志趣不相投的两个人断绝关系。

关公战秦琼——乱了朝代

"关公战秦琼"源自民国时代的山东省主席韩复榘。山东的老百姓给他编造了许多笑话，"关公战秦琼"就是其中一个。

一日，韩主席闲极无聊，于是召唤名铁嘴前来："来段快书！"

说书人不敢怠慢："韩主席您今儿想听哪一段？"

"给俺来个关老爷战秦琼！"

"这俩人差了400年哪！"

"俺就是要听，你讲不讲？"

"讲……讲！"

"说起那关老爷出阵，赤面长须，青龙偃月刀，胯下那赤兔马……来将何人？这边那秦琼手按黄膘马迎上前来，丁丁丁咣咣咣……噼里啪啦，一场恶斗……"

说书人口沫横飞，韩主席总算满意了。"关公战秦琼"这一典故由此而来，专指不合逻辑生搬硬套的做法。于是"关公战秦琼——乱了朝代"这句歇后语，就流传了下来，用于讽刺那些瞎指挥的人。

关公单刀赴会——有胆有魄

公元215年，孙权令诸葛瑾找刘备索要荆州，刘备不答应，孙刘联盟面临破裂。鲁肃为了维护孙刘联盟，决定当面和关羽商谈，"各驻兵马百步上，但诸将军单刀俱会"。

关羽只身过江，与鲁肃会面。鲁肃迫

不及待地索要荆州。关公开始时以饮酒莫谈国事为由将话题岔开，谁知鲁肃步步紧逼。关公乃以刘备继承汉室土地为由拒绝归还。

周仓插话："天下土地，惟有德者居之，岂独是汝东吴当有耶？"关羽变色而起，从周仓手中夺过大刀，假装怒叱道："这是国家大事，休得多嘴，快快给我退出！"明叱周仓，实责鲁肃！接着，关公佯醉，右手提刀，左手挽住鲁肃手，说："今天饮酒，我已经醉了，莫要再提荆州之事，以免我这刀伤了故旧之情。改日我请你到荆州赴会，再作商议。"到了船边，关羽才放了鲁肃，拱手道谢而别。鲁肃半晌才缓过气来。

关羽只身到敌境，表现出了超群的胆魄，后来人们用"关公单刀赴会——有胆有魄"来形容不惧强敌的气魄。

汉高祖斩白蛇——一刀两断

相传，刘邦早年任沛县泗水亭长时奉命押送一批劳工去骊山为秦始皇修筑陵墓，途中许多劳工趁机脱逃。刘邦暗想即使到达骊山，劳工也都逃光了，无法交差。于是对劳工说："你们各自逃生去吧！我从此也逃亡去了。"劳工中有十几位壮士愿意追随他。

晚上，在逃往芒砀山泽的小路上，走到前面的人忽然惊叫一声，忙对刘邦说："前面有一大蛇挡道，请绕道而行吧！"刘邦朗声大笑道："区区一蛇，安敢挡吾道路？"他仗剑前行，果然一条白蛇横卧路中，一剑下去把白蛇斩为两段。

第二天早上，有人经过斩蛇之处，见一老妪痛哭不已，问道："你为什么痛哭？"老妇人道："我儿子本是白帝子，在

此化蛇挡道本是向赤帝子讨封而来，却被赤帝子杀了。"老妇人说完就不见踪影。刘邦经过楚汉争霸终于登上了帝王的宝座。

这个传说可能是刘邦为了证明自己天子的身份而编造的，但是"刘邦斩白蛇——一刀两断"这句歇后语却流传下来，表示坚决断绝和某人或某种状态的联系。

韩湘子出家——一去不回

韩湘子本是唐朝韩愈的侄子，自幼父母双亡，由韩愈夫妇抚养长大。他生性放荡不羁，不好读书，只好饮酒。一年，吕洞宾自荐到韩愈府上，自称"宫无上"（即吕）。韩愈见他博学多才，就让他教韩湘子读书。吕洞宾白天教韩湘子读书，晚上教他道教法术。时间一长，韩愈知道了，一气之下赶走了宫无上先生，还把韩湘子斥责了一顿。但是韩湘子已经迷上了修炼之术，他留下一封信，悄悄离家出走了。

韩湘子一去不返，20多年音讯全无。他到终南山找到吕洞宾，继续学习道术，成为八仙之一。后人用"韩湘子出家——一去不回"表示离家出走后，就不再回来。

韩信点兵——多多益善

秦朝末年，韩信是刘邦手下的大将。有一次，韩信率领1500名将士与楚军交战。楚军不敌，败退回营，汉军也死伤四五百人，于是，韩信整顿兵马也返回大本营。行至一个山坡，忽有楚军骑兵追来。韩信来到坡顶，看到楚军不足500骑，便急速点兵迎敌。他命令士兵3人一排，结果多出2名；接着命令士兵5人一排，结果多出3名；他又命令士兵7人一排，结果又多出2名。韩信马上算出：我

军有 1073 名勇士，敌人不足 500，我们居高临下，以众击寡，一定能打败敌人。于是士气大振，一时间旌旗摇动，鼓声喧天，交战不久，楚军大败而逃。

有一次刘邦问韩信："你要是带兵打仗，能指挥多少人？"韩信回答："多多益善。"于是人们总结出"韩信点兵——多多益善"这句歇后语，取后半句的意思表示越多越好。

韩信打赵国——背水一战

韩信攻打赵国，陈余迎敌。半夜，韩信派出 2000 轻骑从小路隐蔽前进，让他们在赵军离开营地后迅速冲入赵军营地，换上汉军旗号；又派一万军队背靠河水排列阵势来引诱赵军。

第二天，韩信率军发动进攻，双方展开激战。不一会，汉军假意败走，赵军全部离开营地，前来追击。这时，韩信命令主力部队出击，背水结阵的士兵因为没有退路，拼命杀敌。赵军无法取胜，正要回营，却看到营中已插遍了汉军旗帜，于是四散奔逃。汉军乘胜追击，打了个大胜仗。

这个故事演化成歇后语"韩信打赵国——背水一战"，意思是置之死地而后生，也比喻有决战性质的行动。

和尚戴着道士帽——闷瞪僧

清朝，少林寺有个和尚叫隆兴。他整天埋在书堆里，从来不主动找人说话。有时候一天连一句话都不说，一旦说起话来就满口之乎者也，所以渐渐地别人都不跟他说话了。

中岳庙有个和隆兴年纪相仿的道士，同样酷爱读书。两个人不知怎么就认识

了，而且非常谈得来，经常在一起切磋文章。

有一次，隆兴去拜访道士朋友，在一起谈论诗文，不知不觉到了傍晚。隆兴急忙告别道士，回到少林寺。匆忙之中，他错把道士的帽子当作僧帽戴上了，却浑然不觉。到了寺里，迎面走来几个师兄弟，他连忙行礼，师兄弟见他戴着道士帽，大笑起来。隆兴被他们笑得莫名其妙，方丈过来看到隆兴的样子，也笑了，摘下他的帽子说："和尚戴着道士帽，真个是闷瞪僧。"隆兴目瞪口呆地站在那里，口里喃喃地说："差矣！差矣！"

后人，根据这个故事总结出"和尚戴着道士帽——闷瞪僧"这句歇后语，表示稀里糊涂。

狐狸引着老虎走——狐假虎威

"狐假虎威"的故事出自《战国策·楚策一》。

楚宣王问群臣："听说北方诸侯都害怕楚令尹昭奚恤，果真是这样的吗？"江一回答说："老虎捕捉各种野兽来吃，有一天捉到一只狐狸。狐狸说：'您不敢吃我，上天派我做群兽的领袖，如果您吃掉我，就违背了上天的命令。您如果不相信我的话，我在前面走，您跟在我的后面，看看群兽见了我，有哪一个敢不逃跑的呢？'老虎信以为真，就和狐狸同行，群兽见了它们，都纷纷逃跑，老虎不明白群兽是害怕自己才逃跑的，却以为是害怕狐狸。现在大王的国土方圆 5000 里，大军百万，却由昭奚恤独揽大权。所以，北方诸侯害怕昭奚恤，其实是害怕大王的军队，这就像群兽害怕老虎一样啊。"

后人用"狐狸引着老虎走——狐假虎威"这句歇后语比喻依仗别人的势力欺压人，含贬义。

画蛇添足——多此一举

"画蛇添足"的故事出自《战国策·齐策二》。

楚国有个贵族，祭过祖宗以后，便把一壶祭酒赏给前来帮忙的门客。门客们互相商量说："这壶酒大家都来喝则不够，一个人喝则是足够的。让咱们各自在地上比赛画蛇，谁先画好，谁就喝这壶酒。"有一个人最先把蛇画好了。他端起酒壶正要喝，却得意扬扬地左手拿着酒壶，右手继续画蛇，说："我能够再给它添上几只脚呢！"可是没等他把脚画完，另一个人已把蛇画成了。那人把那壶酒抢过去，说："蛇本来是没有脚的，你怎么能给它添上脚呢？"说罢，便把壶中的酒喝了下去。那个给蛇画脚的人最终没有喝到酒。

蛇本来没有脚，画蛇添足是多此一举，后人用"画蛇添足——多此一举"这句歇后语来形容做多余的事，不能锦上添花反而弄巧成拙。

华佗开药方——手到病除

华佗是东汉末年的名医，很多疑难杂症他都能治好，人们叫他"神医"。

有一次，华佗在路上遇见一位患咽喉阻塞的病人，仔细诊视了病人，就对他说："你向路旁卖饼人家要三两萍齑，加半碗酸醋，调好后吃下去病自然会好。"病人按他的话，吃了萍齑和醋，立即吐出一条寄生虫，病就真的好了。

华佗善于区分不同病情，对症施治。一次，有两人来看病，他们都身热头痛，症状相同，但华佗的处方，却不一样，一用发汗药，一用泻下药，二人颇感奇怪，但服药后均告痊愈。

人们感叹华佗医术高明，流传下来"华佗开药方——手到病除"这句歇后语，表面意思是轻易地把病治好，也用来形容某人能力很强，能够轻松地解决问题。

黄飞虎反五关——稀奇（西岐）

《封神演义》中，黄飞虎是商纣王手下的大将，他的妹妹是商纣王的妃子。纣王的宠妃妲己乃狐狸精所化，她设计让纣王在摘星楼上调戏黄飞虎的妻子贾氏。贾氏宁死不从，跳楼自尽。黄妃闻讯赶来，指责纣王荒淫无耻，结果被恼羞成怒的纣王推下楼去。

消息很快传到宫外，黄飞虎一气之下，举义旗讨伐纣王。他亲率一千家将，偕同二弟、三子、四友一路杀过临潼、佳梦、穿云、青龙、氾水这五关，来到西岐投奔周武王。

黄飞虎起义军得到群臣的支持和各地奴隶、平民的拥护，一时声威大振，势不可当，在牧野首战大捷。公元前11世纪，黄飞虎统率三军攻入商朝国都朝歌。纣王自杀，商朝灭亡。

因"西岐"与"稀奇"谐音，后人用"黄飞虎反五关——稀奇（西岐）"这个歇后语来形容某事稀少新奇。

黄鹤楼上看翻船——幸灾乐祸

明朝初年，金陵有个叫沈万三的人富可敌国。一日，他的儿子沈少三登上黄鹤楼游玩。感觉无聊，看到楼下江上有一些打鱼的小船，心生一念，就叫下人抬来一箱子金箔。沈少三抓了一把金箔往江中抛去。船上的人们看到天上降金箔，争相划过来抢接。结果船碰船，有的小船被撞翻，有人落水了，大喊"救命"，可是其他人都在抢金箔，哪里顾得上救人，江边乱成一片。

沈少三在楼上看戏一般，拍手大笑，又向楼下洒金箔。旁边一游人劝告他："你不要站在黄鹤楼上看翻船，见死不救啊！"沈少三答道："死几庶民算什么，一人补偿纹银200两。"言罢，拂袖而去。

后人根据这个故事总结出歇后语"黄鹤楼上看翻船——幸灾乐祸"，比喻在别人遇到灾祸的时候感到高兴。

黄忠射箭——百发百中

黄忠号称三国时期第一神射手，现有歇后语"黄忠射箭——百发百中"形容其射箭之准。

黄忠本是长沙太守韩玄的部下。刘备派关羽攻打长沙，黄忠奉命迎战。二人打斗时，突然战马受惊，黄忠掉下马来。这时，关羽如果取他性命易如反掌，但是他觉得乘人之危不是好汉所为，放了黄忠一马。

韩玄命黄忠再次交战时用箭射死关羽，黄忠表面上答应了，但是他想报答关羽的不杀之恩。第二天，两人再次交锋，黄忠假装败走，关羽紧追不放。黄忠拿出弓箭对他虚放两箭。关羽只听到弓响，但没有箭射来，忍不住嘲笑黄忠徒有虚名。黄忠见关羽没有停止的意思，只好对着他的帽缨射了一箭。关羽急忙勒马，抬手一摸，帽缨掉了下来，自己却安然无事，这才知道黄忠的射术名不虚传，于是赶紧打马回营。

击鼓骂曹——当场指责

《三国演义》中，名士祢衡被孔融推荐给曹操，曹操明知祢衡性情高傲，却故意让他充当一名鼓吏来羞辱他。第二天，曹操大宴宾客，叫祢衡击鼓助兴。祢衡赤裸上身击鼓。曹操说："今日老夫大宴群僚，你却赤身裸体，真是太无礼了！"

祢衡说："欺君罔上才是无礼。赤身裸体方显得我祢衡是个清白之人。"

曹操问："你清白，谁污浊？"

"你曹操就是个混浊之人！你不识贤愚是眼浊，不纳忠言是耳浊，不读诗书是口浊，常怀篡逆是心浊。"祢衡一边击鼓，一边历数曹操的罪行。曹操知道他有求死之心，如果杀死他，反倒成全了他，而且会使自己落下杀害名士的罪名。他想到借刀杀人的计策，让他去荆州劝说刘表来降。结果被刘表识破，转送给江夏太守黄祖，不久祢衡被黄祖所杀。

后人用"击鼓骂曹"来形容当场指责，于是有了"击鼓骂曹——当场指责"这句歇后语。

贾宝玉的通灵玉——命根子

人们常用"贾宝玉的通灵玉——命根子"来形容那些十分珍贵的东西。

在《红楼梦》中，贾宝玉衔玉而生，那块玉叫"通灵玉"。贾宝玉第一次见林黛玉时，听说黛玉没有玉，顿时发起狂来，摘下通灵玉，摔在地上，骂道："什么稀罕物？人的高下不识，还说灵不灵呢！我也不要这讨厌的东西。"贾母说："孽障！你生气要打人骂人都可以，何苦摔那命根子！"

后来，贾宝玉把通灵玉丢了，变得神

魂颠倒，精神失常。袭人哭着说："谁不知道这玉是性命般的东西呢？真要丢了这块通灵玉，比丢了宝二爷还要厉害呢，我们这些人可就要粉身碎骨了。"贾府遍发寻物启事："如有人拾到送来者，情愿送银一万两；如有知人捡得，送信找得者，送银5000两。"但通灵玉仍没有找到。贾母叹息道："通灵玉是宝玉的命根子，因丢了，他才这么丧魂失魄的！"

贾宝玉结婚——不是心上人

《红楼梦》中，贾宝玉初见黛玉就感觉久别重逢，可谓一见钟情。后来，他们同住在贾母的暖阁中，朝夕相处，加上两人都淡泊名利，逐渐产生了爱情，便把对女性的爱移到黛玉一人身上。然而，宝玉的家长们看中了善于应酬，又懂得讨贾母欢心的薛宝钗，硬是瞒着贾宝玉，促成了二人的婚姻。洞房之夜，宝玉还以为新娘是黛玉，等到揭开盖头，定睛一看，却是宝钗。他悲恸欲绝，指着宝钗道："坐在那里的这一位美人儿是谁？"他发疯似的要去找林妹妹，与此同时，病弱不堪的林黛玉悲痛而死。宝玉得知黛玉的死讯痛不欲生，走进潇湘馆，喃喃诉说："林妹妹，林妹妹！好好儿的，是我害了你了！你别怨我，只是父母做主，并不是我负心！"

后人根据这个故事编了歇后语"贾宝玉结婚——不是心上人"，形容结婚对象并不理想。

蒋干过江——净干失着事

《三国演义》中，赤壁之战前，蒋干充当曹操之说客，企图劝说周瑜投降。当时，周瑜正担心蔡瑁和张允帮助曹军训练好水军，于是将计就计，摆下"群英会"，诱导蒋干盗走假的张、蔡二人的"投降书"，以反间计致使曹操错杀了二将。

然而周瑜破曹还是心有余而力不足，避难江东的庞统虽想出了连环计，但如何让庞统平安过江，又如何使曹操不生疑窦呢？正在周瑜为此发愁的时候，蒋干又来了。他把庞统引见给曹操，曹操轻信了名士庞统献的连环计，导致了战争的失败。

蒋干两次过江，两次中计。不仅葬送了曹魏的80万大军，连曹操本人也差点命丧黄泉。难怪后人说"蒋干过江——净干失着事"，用来形容那些成事不足，败事有余的人。

姜子牙的坐骑——四不像

在《封神演义》中，太师闻仲誓死效忠荒淫无道的商纣王，他请来四海九龙岛的四位道人征伐姜子牙。这四位道人分别骑着一匹怪兽，王魔骑的是狴犴，杨森骑的是狻猊，高友乾骑的是花斑豹，李兴霸骑的是狰狞。姜子牙军队的战马见到这些怪兽，都惊恐异常，翻滚在地。战士们纷纷跌下马来，连姜子牙也被怪兽撞下马鞍。

姜子牙无计可施，只好去找他的师父元始天尊。元始天尊让童子牵来一匹怪兽，这怪兽犄角像鹿，面部像马，蹄子像牛，尾巴像驴，整体看上去却似鹿非鹿，似马非马，似牛非牛，似驴非驴，因此叫作"四不像"。元始天尊说："这匹'四不像'样子虽然古怪，但威力很大，你就骑着它去会会那四个怪兽。"说完又送给他一支"打神鞭"。

姜子牙骑着四不像，很快消灭了四个

道人。后人根据这个故事编了"姜子牙的坐骑——四不像"这句歇后语，用来比喻某物不伦不类。

姜太公钓鱼——愿者上钩

姜太公，即姜子牙，他在得到周文王重用之前，隐居在陕西渭水边一个地方。姜太公常用无饵的直钩在离水面三尺高的地方钓鱼，口中念念有词："负命者上钩来！"一个打柴的见了，便对他说："像你这样钓鱼，100年也钓不到一条鱼的！"太公说："我不是为了钓到鱼，而是为了钓王与侯！"

到了80岁的时候，姜太公的大鱼终于上钩了。太公奇特的钓鱼方法，传到了文王那里。文王带着厚礼去聘请太公。文王激动地说："吾太公望子久矣。"

后来，姜尚辅佐文王，兴邦立国，还帮助文王的儿子武王姬发伐纣，建立周朝。现在"姜太公钓鱼——愿者上钩"这句歇后语引申为骗子设下陷阱等着，看看哪个傻瓜自己送上门来被骗。

焦赞和杨排风比武——处处挨打

这句歇后语源自京剧《雏凤凌空》。杨排风自幼父母双亡，五岁时被杨洪拣到府里。杨府上下都很照顾她，还教授她武艺，到了18岁已经练成一身过人的武艺。

辽兵进犯三关，杨八姐和杨九妹到三关助战，被困在双龙谷，孟良回朝搬兵，佘太君向朝廷保举杨排风领兵出征。杨六郎手下有个叫焦赞的人武艺高强，看到朝廷派来的大将是杨府的烧火丫头，心里很不服气。寇准看出焦赞的心思，说："如哪位将军不服，可与排风比武较量。"焦赞马上站了出来，他本以为取胜是轻而

易举的事，谁知二人大战半个时辰，焦赞被杨排风打了好几棍子，渐渐体力不支。杨排风看准时机，扬起一棍把焦赞打下马来。后来，杨排风震服三军，打败辽军。

后来，人们用这句歇后语形容双方较量时，处于劣势，只有被动挨打的份儿。

急时抱佛脚——来不及

相传，云南边境有个小国，国民信仰佛教。有个年轻人犯了法，按律当斩。他逃到一座寺庙，抱住大殿上佛像的脚，向佛祖哭诉，表示悔改，并愿意立即削发为僧，以赎罪。追捕的官差见他诚心悔过，便没有抓捕他，让他在寺里当和尚。百姓听说了这件事，便传开了这样一句话：平时不烧香，急来抱佛脚。

宋朝丞相王安石和一个朋友饮酒作对，王安石出上联：老欲依僧。朋友很快对上：急时抱佛。王安石说："我这上联加一个字，就是一句古诗：投老欲依僧。"朋友笑道："我这下联加一个字，就是一句俗修：急时抱佛脚。"说罢，两人哈哈大笑。

后人用"急时抱佛脚——来不及"这句歇后语比喻平时无准备而事急时仓促张罗。

晋国借路攻北虢——唇亡齿寒

春秋时期，晋献公想要扩充自己的实力和地盘，就找借口说邻近的虢国经常侵犯晋国的边境，要派兵灭了虢国。可是在晋国和虢国之间隔着一个虞国，讨伐虢国必须经过虞地。大夫荀息说："虞国国君是个贪图小利的人，只要我们送他美玉和宝马，他不会不答应借道的。"

虞国国君见到珍贵的礼物，满口答应下来。虞国大夫宫之奇听说后，阻止道："不行，不行，虞国和虢国相互依存，如果虢国灭了，我们虞国也就难保了。俗话说'唇亡齿寒'，没有嘴唇，牙齿也保不住啊！"虞公说："晋国是大国，现在送来美玉宝马和咱们交朋友，难道咱们借条道路让他们走走都不行吗？"宫之奇连声叹气，知道虞国离灭亡的日子不远了，于是就带着一家老小离开了虞国。

果然，晋国军队借道虞国，消灭虢国之后就灭了虞国。后人用"晋国借路攻北虢——唇亡齿寒"这句歇后语比喻利害密切相关的国际关系或人际关系。

晋襄公放败将——纵虎归山

春秋时期，秦军灭了滑国之后，遭到晋军的埋伏，大将孟明视等成了晋军的俘虏。晋襄公的后母怀嬴原是秦国的公主，对晋襄公说："秦国和我们是亲戚，杀了秦国的将领会伤了两国的和气，不如把他们放回去，让秦穆公处置吧！"于是，晋襄公把孟明视等败将放走了。

晋国大将先轸得知此事后，质问晋襄公说："将士们流血拼命才捉住他们，你凭妇人之言就把他们放走了，也不想想会留下多大的后患！"晋襄公急忙派人追赶，但是，孟明视等人已坐船离开。孟明视站在船头说："谢谢不杀之恩，如果我回去后没有被杀，三年后，一定回来'答谢'晋国。"秦穆公没有治他的罪，仍让他掌握兵权。三年后，孟明视果然带兵攻打晋国，攻占了好几座城池。

后人由此总结出歇后语"晋襄公放败将——纵虎归山"比喻把敌人放走留下祸根。

孔子拜师——不耻下问

在传统的三字经里有这么一段话："昔仲尼，师项橐，古圣贤，尚勤学。"意思是：昔日的孔子曾经拜一名叫项橐的小孩为师。

孔子带着他的几十名弟子来到宋国的一条十字路口，被一个小孩挡住了去路。孔子的弟子子路前去问："你为什么挡住我们走路啊？"小孩指着用土围的一个大圆圈说："这里是我建的一座城池，你们怎能过去呢？"孔子说："哪有把城池建在大路上的道理？你快让开，让我们好赶路呀。"

小孩说："哪有拆城让车的道理？"孔子一时不知如何是好。

小孩又说："如果你肯拜我为师，我就告诉您既不拆城，又可以通过的方法。"

孔子走到小孩面前，躬身施礼道："请老师赐教。"小孩笑了，说："您在城外叫门，我将城门打开，您不就过去啦？"孔子一听，恍然大悟："惭愧，惭愧，我不如孺子矣。"

《论语》中有"敏而好学，不耻下问"的句子。后人用"孔子拜师——不耻下问"这句歇后语劝诫人们向地位比自己低、学识比自己少的人请教。

孔明挥泪斩马谡——明正军纪

三国时期，诸葛亮派马谡镇守街亭。临行前，诸葛亮再三嘱咐马谡："街亭虽小，关系重大。它是通往汉中的咽喉。如果失掉街亭，我军必败。"并具体指示让他"靠山近水安营扎寨，谨慎小心，不得有误"。

马谡骄傲自大，不遵守诸葛亮的将令，驻扎的地方并无水源，地势也无险可守。他的部队很快被司马懿消灭掉了，街亭失守，亏得有赵云相救，马谡才得以逃脱。诸葛亮虽然非常喜欢马谡的才能，但因街亭失守使得蜀军的处境十分危险，而且马谡事先立有军令状：街亭失守，斩无赦。为严明军纪，诸葛亮下决心挥泪将马谡斩首，以示惩戒。诸葛亮因自己用人失当，请求降职三等。

后人用"孔明挥泪斩马谡——明正军纪"表示为了起到令行禁止的威慑作用，不得不对违纪的人进行惩罚。

孔明大摆空城计——化险为夷

《三国演义》中，诸葛亮因错用马谡而失掉街亭，魏将司马懿乘势引大军15万向诸葛亮所在的西城蜂拥而来。当时，诸葛亮身边没有大将，城里只有2500名士兵。众人听到司马懿带兵前来的消息都大惊失色。诸葛亮对众人说："大家不要惊慌，我略用计策，便可教司马懿退兵。"

诸葛亮传令，把所有的旌旗都藏起来，又叫士兵把四个城门打开。诸葛亮领着两个小书童，带上一张琴，到城楼上坐下，弹起琴来。司马懿看后，说："诸葛亮一生谨慎，不曾冒险。现在城门大开，里面必有埋伏，我军如果进去，正好中了他们的计。还是快快撤退吧！"于是各路兵马都退了回去。

后人由这个故事总结出"孔明大摆空城计——化险为夷"这句歇后语，指在危急处境下，掩饰空虚，骗过对方的高明策略。

孔明拜斗——自知要死了

诸葛亮遇到强大的对手司马懿，五次北伐，连连失利。为了完成统一大业，诸葛亮联合东吴攻打魏国，六出祁山，屯兵五丈原。吴国出兵不利，不久便大败而归。诸葛亮心力交瘁，听到这不幸的消息，昏倒在地，半晌才醒过来。

诸葛亮夜观天文，推算出自己命不久矣，于是在军帐中点上七星灯祈禳北斗。按诸葛亮的说法："若七日内主灯不灭，吾寿可增一纪。"司马懿仰观星象，知道诸葛亮将不久于人世，派夏侯霸领兵探之。蜀将魏延误认劫寨，匆匆奔至帐中报信，将主灯踏灭。诸葛亮掷剑叹曰："生死有命，不可挽也。"随后，嘱托后事，不久死于军中。司马懿见蜀军撤退，知道诸葛亮已死，起兵追赶。姜维命人把诸葛亮的偶像推出，吓退司马懿，蜀军顺利退回西川。

后人根据这个故事编了"孔明拜斗——自知要死了"这句歇后语。

孔子论弟子——一分为二

《列子·仲尼》中有这样一段对话。孔子的学生子夏问孔子："颜回的为人怎样？"孔子回答："颜回的仁义比我强。"子夏又问孔子："子贡的为人怎么样？"孔子回答："子贡的口才在我之上。"子夏接着问："子路的为人怎么样？"孔子说："子路的勇敢是我所不及的。"子夏再问："子张的为人怎么样？"孔子说："子张的庄重超过了我。"子夏疑惑地说："既然他们都比你强，那么他们为什么都愿意拜你为师呢？"孔子说："颜回仁义但不懂得变通；子贡口才好但不够谦虚；子路勇敢但不懂得退让；子张虽然庄重但与人和不来。他们为人的优点虽然是我不能及的，但是他们的缺点我是没有的，所以都愿意拜我为师，跟我学习。"

后人由这个故事引申出歇后语"孔子论弟子——一分为二",表示要全面地看待人的优点和缺点。

匡衡凿壁——借光

据《西京杂记》记载,西汉学者匡衡年轻时勤奋好学,但家境贫寒,没有蜡烛照明。邻家有灯烛,匡衡就把墙壁凿了一个洞引来邻家的光亮,让光亮照在书上来读。后来邻居发现此事,对他刻苦学习的精神非常赞赏,不但没责怪他,还经常资助他。

有个大户人家,家中有很多书。匡衡就到他家去做雇工,却不要报酬。主人感到很奇怪,问他为什么这样,他说:"我想借到你家所有的书,把它们读遍,就心满意足了。"主人听了,深为感叹,就把书借给他读。经过不断学习,匡衡终于成了大学问家,并做了汉元帝的丞相。

后人用"匡衡凿壁——借光"这句歇后语表达"借光"的意思,即请求别人提供某种帮助和从别人那里分享某种荣誉。

老黄忠下天荡山——一扫而平

《三国演义》中,刘备出兵取汉中时,老将黄忠不服老,坚决请求出战,竟攻下了曹操的粮库天荡山,获得大批粮草。此后,他又立下军令状,攻打定军山。

黄忠下了天荡山,来到定军山下多次挑战,但是曹将夏侯渊不肯迎战。后来,曹操亲率四十万大军来争夺汉中。夏侯渊急于立功,命夏侯尚出兵诱敌。黄忠让牙将陈式应战,结果被夏侯尚活捉。黄忠上阵,一个回合就活捉了夏侯尚,换回了陈式。夏侯渊不敢轻敌,按兵不动。

黄忠攻占了定军山西面的一座山头。夏侯渊派兵围住山头,想引他下山。但是,黄忠按兵不动,直到曹兵倦怠,黄忠一马当先冲下山来,直捣夏侯渊营寨,将夏侯渊砍死,趁势夺得定军山。

后人根据这个故事编了歇后语"老黄忠下天荡山——一扫而平"。

李逵骂宋江——过后赔不是

《水浒传》中,李逵和燕青投宿在刘太公庄上。李逵听说刘太公的女儿被梁山泊的宋江抢去了,怒气冲冲地返回山寨,拿了双斧,抢上堂来,要杀宋江。被众好汉拦住。李逵大骂宋江:"我闲常把你做好汉,你原来却是畜生!你做得这等好事!"问明缘由后,宋江说:"我宋江虽然称不上英雄好汉,但岂会做这种伤天害理之事。我们可以当面对质。若抢他女儿的人是我,我自己拿脖子受你板斧;如果不是我,你这家伙没上没下,该当何罪?"李逵大声说:"如果不是你,我就把这颗脑袋输给你!"

宋江一行来到刘太公庄上,刘太公见了宋江后说:"不是他。"李逵只好负荆请罪赔不是。后来,李逵和燕青打听到冒充宋江抢刘太公女儿的是牛头山的王江和董海,于是把这两个人杀了,救回了刘小姐。

后人用"李逵骂宋江——过后赔不是"这句歇后语表示冤枉别人之后赔礼道歉。

李义府为人——笑里藏刀

唐太宗时,李义府善于奉承拍马,深得皇帝宠幸。他表面上平易近人,公正廉洁,其实内心阴险,好猜忌,谁要不合他的心意,他就暗中陷害。

有一次，李义府听说监狱里有个女囚貌美如花，于是说通毕正义免了她的罪。结果女囚一出狱，就被李义府设计霸占了。后来有人为此告发了毕正义，道貌岸然的李义府装作对此事不知情的样子，对毕正义训斥一番。对告发者王某，李义府表面上不说什么，背后却进谗言，不久王某被罢了官，发配到边远地区。

时间一长，上至官吏，下至百姓，都知道李义府的为人。人们对他的评价就是笑里藏刀。后人用"李义府为人——笑里藏刀"这句歇后语形容外表对人和气，内心却阴险毒辣。

林冲误闯白虎堂——单刀直入

宋朝末年，高俅当上太尉之后，他的养子高衙内狗仗人势，专干奸污别人妻女的勾当。高衙内见到林冲的妻子气质高雅，貌美如花，几番调戏，都因林冲相护，未能得逞。于是他和高俅想出一条毒计。

一天，林冲花了1000两银子买了一把宝刀。高俅也有一把宝刀，他派人传林冲到太尉府内比刀。那人带林冲来到太尉府，穿了好几道门，来到一座厅堂前，让他在檐前等候。林冲只好耐心等待，等了半个时辰，还不见有人来，不禁心中生疑，把头探入帘中一看，大惊失色，原来这里是军机重地白虎堂。擅闯白虎堂者，轻则监禁，重则杀头。他刚要离开，却被高俅逮个正着，诬陷林冲行刺，矢口否认"比刀"一事。林冲有口难辩，被发配沧州。

后人用"林冲误闯白虎堂——单刀直入"比喻认定目标，勇猛精进，也比喻说话直截了当，不绕弯子。

林冲到了野猪林——绝处逢生

林冲被高俅陷害，发配沧州。高俅想置林冲于死地，买通了押解林冲的官差董超和薛霸，让其在途中杀掉林冲。到了野猪林，董薛二人把林冲绑在树上，恶狠狠地说："林教头，休怪我俩无情，俗话说'人为财死，鸟为食亡'。我俩拿了高太尉的银子，就得为他卖命。你若有什么冤屈，死后变成厉鬼尽可以找他算账！"林冲恍然大悟，无奈手脚被缚，空有一身本事，却动弹不得。

薛霸举棍对着林冲的脑袋劈下来。就在千钧一发之际，一只铁禅杖飞来，将薛霸的棍弹开。随即跳出一个胖和尚，原来是林冲在大相国寺结识的鲁智深。鲁智深唯恐高俅沿途加害林冲，一路暗地跟踪，救了林冲一命，并护送他到了沧州。

后人用"林冲到了野猪林——绝处逢生"比喻在危急关头出现转机。

林冲上梁山——官逼民反

董超和薛霸没有杀死林冲，高俅又指使心腹陆虞候到沧州刺杀林冲。林冲起初被派去看守天王庙，不久陆虞候与营官勾结，把林冲调到草料场。

这天，下起了鹅毛大雪，林冲感到饥肠辘辘，于是去买酒肉吃，回来时看到供他居住的茅草屋被大雪压塌了。他只好到附近的山神庙暂住。忽然，他看到草料场着火了，刚要去救火，却听到门外有人说话。他一听才明白，原来是陆虞候等人故意放火烧了草料场，想烧死林冲。林冲怒火中烧，想到自己逆来顺受，但是高俅父子欺人太甚。他冲出庙门，几下就结果了陆虞候等人。林冲知道高俅不会放过自己，官府也会四处追捕他，于是他在柴进的推荐下上了梁山。

歇后语"林冲上梁山——官逼民反"由此而来，比喻在反动统治者的残酷剥削和压迫下，人民无法生活，被迫造反。

林黛玉葬花——自叹命薄

《红楼梦》中，林黛玉肩上担着花锄，锄上挂着花囊，手内拿着花帚。春天落花满地，她把花瓣扫起来，装在花囊中，埋在土里，称为"花冢"。她一边掩埋落花，一边吟起了《葬花辞》，借落花悲叹自己的身世和遭遇：

花谢花飞花满天，红消香断有谁怜？
游丝软系飘春榭，落絮轻沾扑绣帘。

闺中女儿惜春暮，愁绪满怀无释处。
手把花锄出绣闺，忍踏落花来复去。

柳丝榆荚自芳菲，不管桃飘与李飞。
桃李明年能再发，明年闺中知有谁？

三月香巢已垒成，梁间燕子太无情！
明年花发虽可啄，却不道人去梁空巢也倾。

一年三百六十日，风刀霜剑严相逼，
明媚鲜妍能几时，一朝飘泊难寻觅。

花开易见落难寻，阶前闷杀葬花人，
独倚花锄泪暗洒，洒上空枝见血痕。

杜鹃无语正黄昏，荷锄归去掩重门。
青灯照壁人初睡，冷雨敲窗被未温。

怪奴底事倍伤神，半为怜春半恼春。
怜春忽至恼忽去，至又无言去不闻。

昨宵庭外悲歌发，知是花魂与鸟魂？
花魂鸟魂总难留，鸟自无言花自羞。

愿奴胁下生双翼，随花飞到天尽头。
天尽头，何处有香丘？

未若锦囊收艳骨，一抔净土掩风流。
质本洁来还洁去，强于污淖陷渠沟。

尔今死去侬收葬，未卜侬身何日丧？
侬今葬花人笑痴，他年葬侬知是谁？

试看春残花渐落，便是红颜老死时。
一朝春尽红颜老，花落人亡两不知！

后人根据黛玉葬花的故事总结出"林黛玉葬花——自叹命薄"这句歇后语。

刘备借荆州——有借无还

荆州原属于刘表，刘表死后，他的几个儿子投降了曹操。赤壁之战时，诸葛亮派张飞夺取荆州。鲁肃去讨荆州，诸葛亮说："刘皇叔和刘表是汉室宗亲，刘表虽死，刘琦还在。我主是他的叔父，帮他取回荆州，有何不对吗？"鲁肃只好说："好吧，如果刘琦公子不在了，城池就应该归还东吴。"诸葛亮点点头说："公子在的话，就要守着荆州，不在的话，再做商议吧。"

刘琦死后，鲁肃又去讨荆州，诸葛亮还是不肯归还，说："这样吧！我让我家主公写一个文书，暂借荆州，等我们得到西川，就归还荆州，你看怎么样？"鲁肃只好答应了。然而，刘备取得西川之后，仍不肯归还。东吴只好派兵偷袭，才夺回荆州。

后人用"刘备借荆州——有借无还"这句歇后语表示借了东西，却不归还。

刘备摔阿斗——收买人心

在《三国演义》中，曹操在新野被刘备打败后，非常生气，为雪新野之耻，率兵进攻樊城。刘备当时势力很小，难以抵挡，只好放弃樊城，向江陵退却。厮杀中，刘备与家小失散了。赵云找到甘夫人，把她交给张飞保护。他又去找糜夫人和刘备的儿子阿斗。经过一场生死搏斗，终于找到了，糜夫人身负重伤，怕连累赵云，把孩子托付给赵云，自己投井自尽了。

赵云带着阿斗血战长坂坡，突破曹军的围追堵截，终于冲出重围，追上刘备等人。赵云已经遍体鳞伤，他把阿斗递给刘备。刘备看着浑身是伤的赵云，感慨万分，接过阿斗摔在地上说："为了你这小子，差点损失我一员大将！"后人评论说刘备摔阿斗是假摔，为笼络人心而已，因此有了歇后语"刘备摔阿斗——收买人心"。

刘姥姥坐席——净出洋相

《红楼梦》中，刘姥姥是个农村老太太，祖上和贾家有些亲戚关系。

有一次，贾母摆了酒席，让刘姥姥来入席。凤姐处处作弄她，拿了一双四楞象牙镶金的筷子给刘姥姥。刘姥姥说道："这个叉巴子，比我们那里的铁锹还沉，哪里拿得动它？"凤姐对刘姥姥说，按照贾府的规矩，吃饭之前要先说一句话。于是，刘姥姥站起来，高声说："老刘，老刘，食量大如牛，吃个老母猪不抬头。"说完鼓着腮帮子，不吭声了。大家看了，笑岔了气。

凤姐故意放了一碗鸽子蛋给她吃。刘姥姥道："这里的鸡儿也俊，下的这蛋也小巧。"凤姐笑道："一两银子一个呢！"刘姥姥便伸筷子要夹，哪里夹得起来？偏又滑下来，滚在地下。刘姥姥叹道："一两银子也没听见个响声儿就没了！"

一顿饭下来，刘姥姥闹了很多笑话，贾府上下笑得肚子都疼了。"刘姥姥坐席——净出洋相"这句歇后语就由此而来。

梁红玉击鼓——贤内助

梁红玉是南宋抗金将领韩世忠的妻子。她击鼓助战的故事广为流传。

金国元帅金兀术率兵南下，攻占金陵之后向京口杀来。驻守京口的韩世忠有些担忧，梁红玉却鼓励他修筑战壕做好应战准备。金兀术和军师哈迷蚩到金山寺探听宋军虚实，被韩世忠的伏兵发现，二人仓皇逃走。梁红玉料定金兵后半夜会偷营劫寨，并向韩世忠献了诱敌深入、用伏兵歼敌的计谋。韩世忠大为赞赏，命梁红玉在帅船上击鼓指挥，一通鼓进，二通鼓退，三通鼓伏兵起。

后半夜，金军果然来袭，梁红玉击起一通鼓，宋军飞速迎敌。两军杀得难解难分，梁红玉擂起二通鼓，宋兵假装败退。金兵不知是计，穷追不舍。梁红玉看准时机，擂起三通鼓，早就埋伏起来的宋兵万箭齐发，使金兵死伤大半。金兀术慌忙传令退兵。

后人根据这个故事编了"梁红玉击鼓——贤内助"这个歇后语，用来指能干的妻子。

梁山上的军师——无（吴）用

《水浒传》中，吴用，字学究，山东济州郓城县东溪村人。他满腹经纶，通晓六韬三略，足智多谋，做事考虑周全，常以诸葛亮自比，道号"加亮先生"。

吴用让阮家兄弟和赤发鬼刘唐、白日鼠白胜等人假扮成枣贩子和卖酒的，在酒里下了迷药，没费多大力气，就从官兵手中抢了大名府梁中书给蔡京献寿的十万贯生辰纲。他为避免官府追缉而上梁山。到了梁山之后，他作为山寨掌管机密的军师，成了梁山好汉们的智囊，人称"智多星"。梁山几乎所有的军事行动都是由他一手策划的。

"吴用"与"无用"谐音，后人用"梁山上的军师——无（吴）用"来指某人或某物没有用处。

梁山伯与祝英台——生死相依

相传，祝家庄有个女子叫祝英台，女扮男装去杭州求学读书，途中遇到梁山伯，他也是去杭州求学的。二人情投意合，便结伴而行。他们同窗三载，一起读书，一起游玩，感情越来越好，然而梁山伯一直不知道祝英台是女儿身。

祝英台接到父亲的书信，催她速回。在梁山伯给祝英台送行的路上，祝英台多次给他暗示，梁山伯浑然不觉。回到家中的英台却发现自己被许配给马文才，英台不从，却无法抵抗强势的马太守。

在师母点醒之下，山伯前往英台家中拜访，得知英台已许配马文才，他黯然离开祝家，终因不堪悲伤而死去。马家迎娶祝英台，花轿途经梁山伯坟墓时，英台要求祭奠他。当她走到坟前时，坟墓突然裂开了，祝英台毫不犹豫地跳了进去。后来，人们看到两人化成翩翩彩蝶，在花间相依相伴。

后人根据这个故事编了歇后语"梁山伯与祝英台——生死相依"，来形容至死不渝的爱情。

六月飞雪花——怪事

元杂剧《窦娥冤》，又叫《六月雪》。讲的是山阴书生窦天章进京应考，没有盘缠，只好把七岁的女儿窦娥送给蔡婆当童养媳。窦娥长大后与蔡婆儿子成婚，婚后两年蔡子病死。

一天，蔡婆向赛卢医索债，被赛卢医骗至郊外谋害，为流氓张驴儿父子撞见。

赛卢医惊走后，张驴儿父子强迫蔡婆与窦娥招他父子入赘，遭到窦娥的坚决反抗。为了与窦娥成婚，张驴儿想害死蔡婆。蔡婆有病，想吃羊肚儿汤，张驴儿把毒药倒在羊肚儿汤里，蔡婆因呕让给张驴儿的父亲吃，把他父亲毒死了。

张驴儿买通官府，诬陷窦娥婆媳毒死其父。窦娥怕年迈的婆婆遭受严刑拷打，忍辱含恨认罪。行刑那天，窦娥发愿："我今日被奸人所害，蒙冤受死，死后上天将在六月里降下大雪，山阳县还会大旱三年……"窦娥刚被斩头，就真的下起了鹅毛大雪。

后来，窦天章考取进士，官至肃政廉访使，到山阴考察吏治。窦娥的鬼魂向她父亲诉冤，窦天章为窦娥洗刷了冤情。

人们由这个故事引出歇后语"六月飞雪花——怪事"来表示某事不合常理。

卢沟桥的狮子——数不清

卢沟桥建于金大定二十九年（1189），位于北京西南永定河上，全长266.5米。卢沟桥的最大特色是护栏上雕有大小不等、形态各异、数不胜数的石狮子。

相传，一个新到的宛平县令听说卢沟桥的狮子数不清，于是派了守城的士兵去数，结果每个人数的结果都不一样。县令决定亲自去数，他数了四遍，结果都不同。县令累得气喘吁吁，只好作罢。到了晚上，县令躺在床上琢磨：怎么数不清呢？莫非它们会到处乱跑？县令来到桥头一看，大惊失色，只见狮子在栏杆上跳来跳去。县令忍不住大叫："我说怎么数不清呢？原来你们是活的。"狮子见有人来了，马上回到自己的位置不动了。

民间有句歇后语说："卢沟桥的石狮

子——数不清"，明代《帝京景物略》也有卢沟桥的石狮子"数之辄不尽"的记载。1962年，有关部门专门搞了一次清点，清点出石狮子485个。但是，在1979年的复查中，又发现了17个，这样，石狮子的总数应为502个。今后是否还会发现，谁也不敢保证。

卢俊义上梁山——不请自来

卢俊义是《水浒传》中的人物，绰号"玉麒麟"，生在豪富之家，家世清白，为人谨慎。

宋江欲将其诓上山。军师吴用假扮算命先生为卢俊义算命，言其"不出百日之内，必有血光之灾：家私不能保守，死于刀剑之下"，劝其前往东南千里之外避灾，并在墙上题下"芦花丛里一扁舟，俊杰俄从此地游。义士若能知此理，反躬逃难可无忧"的藏头反诗。

卢俊义中计，欲前往泰安避祸。途经梁山时，被浪里白条张顺活捉。卢俊义不愿意落草为寇，宋江也未强迫。待其回到家中，其妻贾氏已与管家李固做了夫妻，诬陷其勾结叛匪。卢俊义屈打成招，被打入死牢。幸得梁山众好汉搭救，方免遭毒手。上得梁山后，坐上了第二把交椅。

后人根据这个故事编了歇后语"卢俊义上梁山——不请自来"。

刘备三顾茅庐——尽找明白人

《三国演义》中，刘备听徐庶和司马徽说诸葛亮很有才能，就和关羽、张飞带着礼物到隆中卧龙岗去请诸葛亮出山辅佐他。恰巧诸葛亮这天出去了，刘备只得失望地回去。不久，刘备又和关羽、张飞冒着大风雪第二次去请。不料诸葛亮又出外闲游去了。刘备只得留下一封信，表达自己对诸葛亮的敬佩和请他出来帮助自己匡扶汉室的意思。

过了一阵儿，刘备为了表示对诸葛亮的尊敬，斋戒三日，沐浴更衣，准备再去请诸葛亮。关羽说，诸葛亮也许是徒有一个虚名，未必有真才实学，不用去了。张飞却主张由他一个人去叫，如他不来，就用绳子把他捆来。刘备把二人责备了一顿，于是第三次访诸葛亮。到那儿时，诸葛亮正在睡觉。刘备不敢惊动他，一直站到诸葛亮自己醒来，才坐下谈话。诸葛亮见到刘备诚恳地请他帮助，就为他分析天下大势，并出山全力辅佐刘备以报知遇之恩。

后人根据这个故事编了歇后语"刘备三顾茅庐——尽找明白人"。

鲁智深出家——无牵无挂

《水浒传》中，鲁智深性格豪爽，爱打抱不平。一天，他喝酒时听到有人啼哭，原来是一对姓金的父女受到郑屠镇关西欺负，于是去找郑屠算账。来到郑屠的肉铺，他故意消遣郑屠，先要十斤瘦肉，又要十斤肥肉，又要十斤软骨，都让郑屠切碎了。郑屠忍无可忍，开始骂鲁智深。鲁智深大怒，把剁好的肉劈头盖脸扔过去。郑屠抓起剔骨尖刀，向鲁智深扎去。鲁智深一脚把他踢到，按住他打了三拳。一拳打在鼻子上，一拳打在眼眶际眉稍，一拳打在太阳穴，把镇关西打死了。官府发下告示捉拿鲁智深。鲁智深在金氏父女的帮助下，来到五台山做了和尚。

鲁智深做和尚的时候，既无父母，又无妻小，了无牵挂，因此人们编了个歇后语"鲁智深出家——无牵无挂"。

鲁智深倒拔垂杨柳——好大的力气

《水浒传》中，鲁智深为了替金氏父女出气三拳打死了镇关西之后，为了躲避官府，到五台山文殊院出家。因喝酒闹事，方丈又把他介绍到大相国寺看菜园子。菜园子附近住着一伙泼皮，他们常来菜园子偷菜，相国寺拿他们没办法。他们听说又换了个新人，便来闹事，没想到鲁智深把两个领头的踢到粪坑里，吓得他们跪地求饶。

第二天，泼皮们买些酒菜向鲁智深赔礼。大家正吃得高兴，听到门外大树上的乌鸦叫个不停。泼皮们说这叫声不吉利，便欲搬梯子拆掉鸟巢。鲁智深乘着酒性，将外衣一脱，右手向下，左手抓住树的上截，将腰跨一掀，竟然将碗口大的杨柳连根拔起了。众泼皮惊得目瞪口呆，忙跪在地上拜鲁智深为师。

后人根据这个故事编了歇后语"鲁智深倒拔垂杨柳——好大的力气"。

吕布戏貂蝉——上了别人的当

《三国演义》中，司徒王允想用美人计除去董卓，他先把义女貂蝉许给吕布为妻，后又把她送与董卓为妾。吕布见貂蝉被董卓霸去，心中愤愤不平。

一天，吕布随董卓上朝。他趁董卓和汉献帝谈话之机，退出宫来，溜进相府，去找貂蝉。貂蝉约吕布在凤仪亭相见。貂蝉哭诉："我本应侍奉将军，可是却被董卓侮辱。愿死于君前，以明我志。"说着就要投水自尽。吕布急忙拦腰抱住，好言劝慰，发誓娶她为妻。两个人依偎在一起。

董卓回相府，远远看见吕布、貂蝉搂抱在一起，画戟倚在一边。貂蝉见董卓来了，装出挣扎的样子。董卓大怒，拿起戟向吕布掷去，没有扎中，吕布逃走。从此，两人互相猜忌，王允用激将法让吕布杀死了董卓。

后人根据这个故事总结了歇后语"吕布戏貂蝉——上了别人的当"。

吕太后的筵席——不是好吃的

吕雉是刘邦的妻子，其为人阴险狡诈，心肠狠毒。刘邦死后，被尊为太后。吕太后独揽朝中大权，杀害了许多大臣。《史记·吕太后本纪》记载，孝惠帝二年，刘邦之长庶男齐悼惠王刘肥入朝。吕太后设宴招待他，想用毒酒把他杀了。刘肥假装喝醉，才得以幸免。后来，刘肥向吕后的亲生女儿鲁元公主献了城阳郡，才保住一条命。

一次，吕太后宴请百官，虽然筵席极为丰盛，但是百官吃得战战兢兢。不少人为了活命，不得不对她说很多恭维的话，因为稍有不对的地方就会被当场杀头。

后人由此编了歇后语"吕太后的筵席——不是好吃的"，类似的还有"吕太后的筵席——好狠"，"吕太后的筵席——好吃难消化"，等等，比喻表面上是请人吃饭，实际上暗藏阴谋，令人担惊受怕。

螺蛳壳嵌肉——恩爱夫妻

从前，有一对夫妻，丈夫是秀才，妻子是农妇，两人从来没有吵过架。乾隆皇帝听说了这件事，决定试试他们，命秀才三天之内和妻子大吵一场，否则就杀头。

秀才回到家，将一个饭碗摔个粉碎。妻子不声不响地把碎碗片收拾干净。第一天没吵成架。第二天，秀才将一畚箕垃圾倒在妻子最心爱的床单上。妻子默不作声地把床单洗刷干净。这次又没吵成。第三天，秀才搞来一篮子螺蛳壳，说："中午就吃这个。"妻子发现螺蛳壳都是空的，为难之际，看到菜板上的一块猪肉，灵机一动，把肉切成小块，塞进螺蛳壳里，做了一道菜。秀才发现这道菜非常好吃，心想这么贤惠的妻子，我怎么能和她吵架呢？第四天，秀才带着一碗嵌了肉的螺蛳壳谒见乾隆皇帝。乾隆皇帝听了秀才的陈述，亲自尝了一只，果然美味绝伦，不但没杀秀才，还把他妻子召来，大大奖赏了一番。

从此，御厨房菜谱便多了"螺蛳壳嵌肉"这道菜。人们根据这个故事，编成了歇后语"螺蛳壳嵌肉——恩爱夫妻"。

马陷小商河——有去无回

南宋初年，金国大将军金兀术大举进攻南宋，爱国将领岳飞浴血奋战，在郾城大获全胜，金军溃败而逃。金兀术恼羞成怒，重整旗鼓，又率12万大军攻打临颍。岳飞命大将杨再兴为先锋，率部迎敌。杨再兴走到小商河时，遇到金军大股骑兵。他毫无惧色，身先士卒，杀死金军2000余人，但是终因寡不敌众，被金军团团围住，乱箭射死。岳飞派张宪率大军赶到时，杨再兴已死。将士们悲愤交加，奋勇拼杀，金军仓皇而逃。

后人根据这个故事编了歇后语"马陷小商河——有去无回"，比喻兵败被杀。

梅香拜把子——都是奴才

"梅香"古代婢女常用的名字，"拜把子"即结为异姓兄弟或姐妹。古代等级森严，婢女只能和婢女拜把子，因此有歇后语"梅香拜把子——都是奴才"。

在《红楼梦》中，贾环是偏房赵姨娘的儿子，常常被人看不起。贾环发现小戏子芳官有盒蔷薇硝，一定要芳官分一半给他。芳官死活不肯给他，但是贾环纠缠不休，芳官只好包了一包和蔷薇硝很相似的茉莉粉把他打发走了。

赵姨娘知道后，气冲冲地找到芳官，大骂道："小娼妇养的！你只不过是我家用银子买来学戏的，最多也不过是娼妇粉头之流的人，我家那些三等奴才也比你高贵！"芳官委屈地说："姨奶奶也犯不着骂我，我又不是姨奶奶买来的，梅香拜把子——都是奴才，何必呢？"意思是说，赵姨娘在贾府也是奴才的地位。这话正好戳到赵姨娘的痛处，赵姨娘狠狠地打了芳官两个耳光。

煤山上的崇祯皇帝——挂起来了

公元1644年，李自成的起义军围攻京城。崇祯皇帝朱由检登上煤山（今北京市景山），远望城外连天烽火，只是哀声长叹，回宫后命太监将三个儿子分别送往外戚家避藏。

他哭着对周皇后说："你是国母，理应殉国。"周皇后自缢而亡。朱由检又赐死袁贵妃，随后召来15岁的长公主，流着泪说："你为什么要降生到帝王家来啊！"说完左袖掩面，右手拔出刀来砍中了她的左臂，她昏死了过去。朱由检又砍死了妃嫔数人。他咬破手指写下遗书，说自己所以有今天，都是被臣下所误，现在死了也无脸到地下见列祖列宗。他将血书藏入衣襟，登上煤山，自缢于寿皇亭。明朝告亡。

后人根据这段历史总结出歇后语"煤山上的崇祯皇帝——挂起来了"，表示将某物搁置起来。

孟尝君的门客——鸡鸣狗盗

战国时期，齐国的孟尝君养了很多奇人异士，号称宾客三千。

有一次，孟尝君率领众宾客出使秦国。秦昭王想让他当相国。大臣们劝秦王说："留下孟尝君对秦国是不利的，他出身王族，在齐国有封地，怎么会真心为秦国办事呢？"秦昭王觉得有理，就把孟尝君软禁起来。

孟尝君听说秦昭王有个宠妃，就派人去求她救助。妃子答应了，条件是拿一件银狐裘袍做报酬。这可叫孟尝君为难了，他只有一件银狐裘袍，已经献给了秦昭王。有一个门客说："我能把狐裘找来！"这个门客善于钻狗洞偷东西，他真的把狐裘偷出来。于是，妃子说服秦昭王放弃了杀孟尝君的念头，并准备送他回齐国。

孟尝君怕秦昭王反悔，连夜逃走，到了函谷关天还没亮。按秦国法规，函谷关每天鸡叫才开门。大家正犯愁时，只听见几声雄鸡啼鸣，接着群鸡响应。原来，孟尝君的另一个门客会学鸡叫。守关的士兵以为天亮了，打开关门，放他们出去。

秦昭王果然反悔了，当秦军追到函谷关时，孟尝君已经逃远了。歇后语"孟尝君的门客——鸡鸣狗盗"便由此而来，指微不足道的本领，或偷偷摸摸的行为，含贬义。

孟良杀焦赞——自家人害自家人

《杨家将演义》中，杨六郎命手下大将孟良去幽州望乡台将他父亲杨继业的骸骨带回来安葬。孟良领命而去。焦赞听说此事后，不服气，悄悄前往幽州，想抢那份功劳。

孟良半夜登上望乡台，果然看到装着杨老太公尸骨的香木匣。他把木匣裹了，背起就走。这时，一个人冲出来，大声问道："你在这里干什么勾当？"孟良以为是辽军要缉拿他，一斧劈去正中对方脑门。他趁着星光一看，竟然是焦赞。孟良叹道："我们都是为杨元帅干事，谁知我今天一时疏忽却伤了自家兄弟！"他遇到一个要回汴京的人，把装着骸骨的包袱和一些银两交给他，让他带给杨六郎，然后回到望乡台把焦赞的尸体掩埋后，拔剑自刎。

后人根据这个故事编了歇后语"孟良杀焦赞——自家人害自家人"，指自相残杀。

孟良摔葫芦——散伙

《杨家将演义》中，辽军摆下天门阵，阵内都是恶鬼、阴魂。宋军无人能破。杨六郎听说山东穆柯寨有降龙木，能辟邪散毒，就派孟良和焦赞去借。二人来到穆柯寨，忘了元帅的嘱托，想把降龙木偷到手，结果被女债主穆桂英捉住。穆桂英让女喽啰用鞋底各打了他们 200 下屁股，然后把他们送下山。

焦赞忽见孟良随身带的宝物火葫芦，于是让孟良放火烧山，趁她们救火的时候，上山偷降龙木。孟良觉得此计甚妙，于是打开葫芦嘴，摔出两个火球。两人见山中起火，心中暗暗高兴，谁知风向不对，山火向山下吹来。孟良和焦赞被火烧焦了胡须，只好垂头丧气地离开穆柯寨，另想办法。

后人根据这个故事编了歇后语"孟良摔葫芦——散伙"，也有"孟良摔葫芦——火啦"之说。

孟母三迁——望子成才

孟子小的时候，父亲早早地死去了，母亲守节没有改嫁。一开始，他们住在墓地旁边。孟子就和邻居的小孩一起学着大人跪拜、哭嚎的样子，玩起办理丧事的游戏。孟母看到了，说："这不是我的孩子应该住的地方！"孟母就带着孟子搬到市集，靠近杀猪宰羊的地方去住。到了市集，孟子又和邻居的小孩，学起商人做生意和屠宰猪羊的事。孟母知道了，又说："这个地方也不适合我的孩子居住！"于是，他们又搬家了。这一次，他们搬到了学校附近。每月夏历初一这个时候，官员到文庙，行礼跪拜，互相以礼相待，孟子见了——都学习记住。孟母高兴地说："这才是我儿子应该住的地方呀！"

人们用"孟母三迁"来表示人应该要接近好的人、事、物，才能学习到好的习惯！并从中衍生出"孟母三迁——望子成才"这句歇后语，表示父母为了孩子的成长煞费苦心。

猛张飞战马超——不相上下

这个歇后语源自《三国演义》第六十五回。

刘备进军西川时，刘璋与割据汉中的张鲁结盟，张鲁派大将马超率兵救西川。张飞听说马超武艺高强，立下军令状，要会会马超。

两军对垒，马超前来挑战，张飞刚要出战，被刘备叫住，让他避一避马超的锐气。马超叫骂了一上午，已经疲惫，张飞才冲到关前，大声喊道："你认得我燕人张翼德吗？"马超大笑道："谁认识你这无名小辈！"张飞大怒，举矛就刺过去，

马超举枪招架，两人大战一百回合，不分胜负。二人回阵休息了一会儿，张飞嫌头盔太重，扔掉头盔，只用头巾包了，再战马超，两人越战越勇，眼看天色已晚，还是不分胜负。于是，两军点起成百上千火把，挑灯夜战。张飞和马超又大战百来回合，还是不分胜负，只好作罢。

后人根据这个故事引编出歇后语"猛张飞战马超——不相上下"，比喻两人旗鼓相当。

猛张飞到了长坂桥——两眼圆睁，大喝大吼

《三国演义》中，曹操攻打樊城，刘备弃樊城而走，曹军紧追不放。张飞到长坂坡拦截曹军，看到桥东有一片茂密的树林，生出一计。他命随从隐藏到树林中往来奔跑，故意扬起尘土造成有埋伏的假象，他却独自一人，横矛站在长坂桥上。曹军追到长坂桥。张飞双眼圆睁，厉声大喊："燕人张飞在此，谁敢和我决一死战！"曹操下令不可轻敌，曹军个个吓得双腿发抖。张飞又大喝："战又不战，退又不退，是何意思？"这一声更加威猛，曹操身边的大将夏侯杰，吓得从马背上跌下来。曹操吓得掉头就走，部下见曹操跑了，也跟着逃跑，顿时人仰马翻，自相践踏，死伤不少。

后人用歇后语"猛张飞到了长坂桥——双眼圆睁，大吼大喝"来形容张飞的英勇无敌。

猛张飞使计谋——粗中有细

张飞攻打西川时途经巴郡，镇守巴郡的老将严颜闭关不出。张飞命军士叫阵三天也没有效果，就想出一条计策：命军士

装作打草砍柴的人，四处打听绕过巴郡的小路。严颜连日不见动静，派人出城打探消息。得知张飞要走小路，他高兴坏了，心想："张飞的粮草一定在后面，我可以趁机截他的粮草。"

严颜派兵在张飞要通过的地方布下埋伏，三更后，果然见张飞横枪纵马率队前行。等前面的部队走过，伏兵四起。正当他们要夺粮草的时候，一队人马赶到，只听张飞大喝一声："严颜老贼休走！"严颜一见张飞吓得措手不及，不出十个回合，就被张飞活捉了。原来前面经过的张飞是张飞派人假扮的。真正的张飞则在后面等着严颜来袭。

后人根据这个故事编了歇后语"猛张飞使计谋——粗中有细"，比喻一些粗心的人也有细心的一面。

南郭先生吹竽——滥竽充数

《韩非子·内储说上》中有这样一个故事：

齐宣王喜欢听人吹竽，而且一定要三百人一起吹。南郭先生听说齐宣王有这个癖好，觉得有机可乘，请求给齐宣王吹竽。齐宣王很高兴，不加考察，就把他编进了三百人的吹竽队伍中。官府给他的待遇和那几百人一样。

其实，南郭先生压根儿就不会吹竽。每逢演奏的时候，南郭先生就捧着竽混在队伍中，人家摇晃身体他也摇晃身体，人家摆头他也摆头，脸上装出一副很投入的样子。他就这样蒙混过关。

齐宣王死后，他的儿子齐湣王继位。齐湣王也喜欢听吹竽，但他喜欢听独奏，南郭先生无法蒙混，只好逃走了。

后来人们根据这个故事编了歇后语"南郭先生吹竽——滥竽充数"这个歇后语，比喻没有本领的人冒充有本领，次货冒充好货。

哪吒出世——怪胎

哪吒是民间传说中的神话人物。相传，陈塘关总兵李靖和妻子殷氏相亲相爱，他们生有两个儿子金吒和木吒。一家人其乐融融。然而，殷氏又怀了第三个孩子，本来是好事，可是怀胎已有三年，还未有生产的迹象。李靖忧心忡忡，怀疑夫人怀了个妖怪。

殷氏怀孕三年零六个月的时候，生下一个肉球。肉球放出一团红光。李靖认定妻子生了一个妖怪，挥剑向肉球砍去，肉球一分为二，从中跳出一个男孩。这个男孩遍体红光，明眸皓齿，非常可爱，一出世，就会说话走路。一位名叫太乙真人的道长来道贺，为孩儿取名哪吒，收为徒弟，当场赠他两件宝物：乾坤圈和浑天绫。

后人由这个故事引出歇后语"哪吒出世——怪胎"这个歇后语。

泥菩萨过河——自身难保

从前，一座庙里供奉着一个泥菩萨。这座庙年久失修，无人供奉香火。泥菩萨极其苦闷，每日无所事事。一天，他听到有人喊救命，急忙走下供台，向门外望去，原来有人掉进庙前的小河里了。泥菩萨以救人于危难为自己的职责，岂能坐视不管？他奋不顾身地跳进河里，可是还没等他游到落水人身边，泥菩萨已经化作一团泥，被河水冲走了。

后人根据这个故事编了歇后语"泥

菩萨过河——自身难保"，意思是说帮助别人要量力而行，如果自己都保护不了自己，还遑能帮助别人，最后没有好下场。

牛郎会织女——后会有期

相传，织女是王母娘娘的外孙女，牛郎是人间的一个看牛郎。有一天，老黄牛开口说话了，告诉他，织女要和别的仙女到银河去洗澡，叫牛郎取一件仙衣，织女找衣服的时候，再还给她，并要求和她结婚，她一定会答应。牛郎就照样做了。织女和牛郎结婚后，生了一男一女。王母娘娘知道了，便把织女捉了回去。

牛又告诉牛郎，他可把它的皮披在身上，追到天上去。牛郎挑了两个小孩，追到天上去时，王母娘娘拔下头上的发簪一划，形成一道天河，把这一对恩爱夫妻隔开了。他们天天隔河相望，哭声悲切，感动了王母娘娘，于是允许他们每年七月七日相会一次。相会时，由喜鹊为他们架桥。

"牛郎会织女——后会有期"这句歇后语由此而来，意思是虽然彼此分别，但是还有相见的日子。

庞统做知县——大材小用

赤壁大战后，庞统投靠了孙权，但是由于庞统长得太丑，孙权瞧不起他，没有给他官职做。诸葛亮给他写了一封推荐信，让他去找刘备。庞统见刘备时并没有把推荐信拿出来。刘备见他形貌丑陋，没有大才气度，就让他担任耒阳县令。到了耒阳后，庞统不理政事，整日喝酒。刘备听说后，派张飞前去问罪。

庞统让张飞坐在一边，把积压的公案取来一起处理，一会儿工夫就处理完了。所有原告对判决都很满意，连被告都心服

口服。张飞回去把所见所闻报告给刘备，刘备知道庞统是个深藏不露的能人，亲自招庞统到荆州，这才知道庞统是诸葛亮推荐的，于是拜他为副军师，协助诸葛亮处理政事。

人们根据庞统的经历总结了歇后语"庞统当知县——大材小用"，比喻人才使用不当，不能尽其才。

泼出去的水——收不回来

《封神演义》中有这样一段故事：

姜子牙的妻子马氏嫌他穷，没有本事，一气之下回娘家去了，并让人传话要断绝关系。姜子牙对她百般规劝，说有朝一日他定会得到富贵，但是马氏无论如何都不相信。姜子牙无可奈何，只好写了休书。

后来，姜太公终于取得周文王的信任和重用，又帮助周武王联合各诸侯攻灭商朝，建立西周王朝，成为开国功臣，被封于齐地。马氏见他又富贵又有地位，懊悔当初离开了他，便请求与他恢复夫妻关系。

姜子牙把一盆水倒在地上，冷冷地对她说："你当初嫌我贫穷，离我而去，如今我富贵了，你又想重归于好，这是不可能的。就好比倒在地上的水，难以再收回来了！"

后人由此总结出歇后语"泼出去的水——收不回来"。

骑驴看唱本——走着瞧

张果老原名张果，因其长寿，所以人称"张果老"。传说他是宇宙混沌时期的白蝙蝠，因受日月之精，化而为人，且长生不老。许多年逾古稀的老人回忆，童年

时见他，他就自称有好几百岁了。据说唐太宗、唐高宗知道以后，召他入宫，他都不愿意去。到了武则天时期，他不得已奉召出山，走到半路假装死去。到了唐玄宗时期，终于将他请到了宫内。唐玄宗有个女儿叫玉真公主，喜欢修道，唐玄宗便想将她嫁与张果，以求双修成仙。张果敲着渔鼓筒板唱道："娶妇得公主，平地升公府，人以可喜，我以可畏。"唱完大笑不止，然后掏出纸驴，吹了一口仙气，变成真驴，跨上驴背，倒骑而行。

后来人们根据张果老的故事编了歇后语"骑驴看唱本——走着瞧"，意思是等过一段时间再下结论。

骑驴扛布袋——弄巧成拙

从前，有个人自以为很聪明，其实很愚蠢。一天，他用一头瘦弱的驴子驮着一大袋子粮食去城里卖。邻居见状说："这头驴子多瘦啊！让它驮着这么多粮食，到不了城里，就累死了！"那人听了邻居的话不以为然。驴子驮着粮食走了一段路后，累得气喘吁吁，走得越来越慢。那人拿出鞭子抽打驴子，驴子痛得惨叫，仍然走得很慢。路人说："这头毛驴真可怜，驮着那么重的东西，还要被主人抽打！"那人听后，只好停下了，忽然他想到一个绝妙的办法，他骑到驴背上，然后把粮食扛到自己肩上。他以为这样就可以减轻驴的负担。于是得意扬扬地继续前行。结果，没走几步，那头驴就长鸣一声，瘫倒在地，累死了。

后人根据这个故事总结出歇后语"骑驴扛布袋——弄巧成拙"，比喻本想耍聪明，结果做了蠢事。

气死周瑜去吊孝——虚情假意

《三国演义》中诸葛亮三气周瑜，把周瑜气死了。诸葛亮为了保住孙刘联盟到吴国去吊孝。周瑜手下的大将对诸葛亮怀恨在心，都想杀掉他，幸亏有赵云保护，他们不敢下手。诸葛亮来到周瑜灵前，摆上祭品，跪在地上，一本正经地念起祭文。在祭文中，大赞周瑜的雄才大略和赫赫战功，显得非常悲痛。念完之后，竟伏地大哭，说："公瑾兄，你我虽然阴阳两隔，但你泉下有知，可以看到我的心啊！诸葛亮自此以后再也没有知音了！"在场的人都为此情此景所感动。

诸葛亮回程时，一个人拦住去路，原来是庞统。庞统笑着说："你刚刚气死了周瑜，现在又来猫哭耗子假慈悲，真是欺负我东吴没有能人了。"

后人根据这段故事总结了歇后语"气死周瑜去吊孝——虚情假意"，也可以说"诸葛亮哭周瑜——假慈悲"，说明某人办事只是做做样子，并非出自真心。

千里送鹅毛——礼轻情意重

唐朝贞观年间，西域回纥国是大唐的藩国。一次，回纥国为了表示对大唐的友好，便派使者缅伯高带了一批珍奇异宝去拜见唐王。在这批贡物中，最珍贵的要数一只罕见的珍禽——白天鹅。路上鹅毛弄脏了，缅伯高就在沔阳湖边打开笼子，让天鹅下湖洗洗羽毛，不料天鹅展翅飞去，缅伯高倒在湖边大哭一场。后来急中生智，他捡了根羽毛去长安进贡，并作了一首诗："天鹅贡唐朝，山重路更遥。沔阳河失宝，回纥情难抛。上奉唐天子，请罪缅伯高，物轻人意重，千里送鹅毛！"唐

第四编 蕴含智慧的俗语、谚语与歇后语

太宗见了那首诗，不但没有怪罪他，反而觉得缅伯高忠诚老实，重重赏赐了他。

后来"千里送鹅毛"传为佳话。现代人多以"千里送鹅毛——礼轻情意重"来表示礼物虽然微薄，但含有深厚的情谊。

黔驴的技能——就那么一蹄子

黔州（今四川彭水县）原本没有驴子，有个好事之人用船运载了一头驴进入黔州。运到后却没有什么用处，便把它放置在山下。老虎见到它身材巨大，把它当作神奇的东西，于是偷偷看它。

一天，驴子一声长鸣，老虎非常害怕，以为驴子将要咬自己，远远地逃走了。然而老虎渐渐地习惯了它的叫声，又靠近它但始终不敢和驴子搏击。慢慢地，老虎态度更为随便，开始冒犯它。驴非常愤怒，用蹄子踢老虎。老虎因此而欣喜，心想到："驴子的本领只不过如此罢了！"于是跳跃起来，大声吼叫，咬断驴的喉咙，吃完了它的肉，才离去。

后来，大家就把这只驴子在黔地被老虎吃掉的这个故事演变成"黔驴的技能——就那么一蹄子"这句歇后语，比喻人有限的一点本领已经用完。

秦桧杀岳飞——罪名莫须有

据《宋史·岳飞传》记载，南宋岳飞是抗金名将，被金国视为眼中钉。奸臣秦桧暗通金国，主张求和苟安。秦桧向宋高宗进谗言："岳飞居功自傲，他掌握重兵说不定什么时候，就会造反了！皇上你可要三思啊！而且金朝的使者也明确提出要议和就必须杀掉岳飞。"宋高宗听信秦桧的谗言，就阴谋杀害了岳飞。

秦桧夺了岳飞的兵权，然后给岳飞编造谋反的罪名。岳飞被捕，韩世忠不服，到秦桧府上找秦桧质问。秦桧说，岳飞儿子岳云给张宪的反动信，虽然找不到了，可是"其事体莫须有"。意思是"罪名难道没有吗？"韩世忠说："'莫须有'三字，何以服天下？"

"秦桧杀岳飞——罪名莫须有"这句歇后语由此而来，意思是凭空捏造的罪名。

秦琼的黄骠马——来头不小

秦琼是《隋唐演义》中的一员大将，有万夫不当之勇。他本领高强，却从不自傲，因而受到当地人的敬重。

话说，秦琼在济南府当差，受命来潞州办事，不幸染病于店中，所带盘费俱已耗尽。店家催他结账，无奈之中，他只好让店家把自己心爱的坐骑黄骠马卖了。

京剧《秦琼卖马》中有这样一段唱词："店主东带过了黄骠马，不由得秦叔宝两泪如麻。提起了此马来头大，兵部堂王大人相赠予咱，遭不幸困至天堂下，还你的店饭钱，无奈何只得来卖它。摆一摆手儿你就牵去了吧！但不知此马落在谁家？"

于是有了歇后语"秦琼的黄骠马——来头不小"，比喻某人或某物大有来头。

秦琼的杀手锏——家传

秦琼小时候，父亲被奸人害死。父亲去世时，留给他一件祖传兵器——金紫铜和一套五十六路秦家铜法。金紫铜由128斤镀金熟铜所铸，配上秦家铜法，可谓天下无双。特别是一招"撒手铜"，更是无人能敌。秦琼长大后，把五十六路秦家铜法练得炉火纯青。

一次，秦琼与华公义大战三十回合

不分胜负。秦琼假装败走，华公义不知是计，穷追不舍，举枪就刺秦琼后心。秦琼猛地转身，左手将枪架住，右手使出"撒手锏"，正中对方咽喉。华公义立即摔下马来，倒地毙命。因为"撒手锏"非常厉害，一招毙命，被讹传为"杀手锏"。

后人根据这个故事编出"秦琼的杀手锏——家传"这句歇后语，比喻在危急时拿出看家本领。

塞翁失马——焉知非福

"塞翁失马"的故事出自西汉淮南王刘安及其门客集体编纂的《淮南子》。

长城一带有位擅长推测吉凶的人。一次，他的马无缘无故跑到了胡人的地方。人们都为此来宽慰他。他的父亲却说："这怎么就不会是一种福气呢？"过了几个月，那匹马带着胡人的良马回来了。人们都前来祝贺他。那老人又说："这怎么就不能是一种灾祸呢？"

算卦人的家中有很多好马，他的儿子喜欢骑马，结果从马上掉下来摔断了大腿。人们都前来慰问他。他的父亲说："这怎么就不能变为一件福事呢？"过了一年，胡人大举入侵边塞，壮年男子都拿起武器去作战。靠近长城一带的人，死亡的占了十分之九。唯独这个人因为腿瘸的缘故免于征战，父子俩一同保全了性命。

"塞翁失马——焉知非福"这句歇后语由此而来，比喻虽然暂时遭受损失，却也许因此得到好处，也指坏事可能会转变为好事。

佘太君挂帅——马到成功

佘太君是妇孺皆知的"杨门女将"中的核心人物。她生长在一个爱国名将的家庭里，自幼受其父兄武略的影响，青年时候就成为一名性机敏、善骑射，文武双全的女将。嫁给杨继业之后，在杨府内组织男女仆人、丫鬟习武，仆人的武技和忠勇之气个个都不亚于边关的士兵。

杨门众将纷纷为国捐躯，连佘太君的孙子杨宗保也战死沙场。宋朝没有可以上阵的良将，佘太君请命上战场，为孙儿报仇。宋仁宗无奈，只好请佘太君挂帅出征。佘太君一到三关，宋军士气大振。佘太君用兵如神，将西夏大军一举歼灭。

后人由此编了歇后语"佘太君挂帅——马到成功"，比喻事情非常顺利。

佘太君要彩礼——没啥要啥

相传，佘太君的女儿八姐长得花容月貌。某天，杨八姐与九妹到郊外春游，恰遇皇帝宋仁宗也出宫春游，皇上看上杨八姐，派丞相寇准到杨府提亲。佘太君深知"伴君如伴虎"的道理，但是对方毕竟是皇上，她不好直接拒绝。

于是，佘太君对寇准说："既然皇上让您来提亲，那么彩礼应该特别点。我要一匹从南京到北京这么长的青蓝布；再要两面穿衣镜，但一面要能照到洞庭，一面能照到鄱阳。"寇准说，这未免太长、太大了。佘太君说："那看在丞相的面上就换一换，我要王母娘娘的金簪，太上老君的灵丹妙药，东海里的镇海珍珠，昭君脸上两行泪，褒姒娘娘三声笑……"没等佘太君说完，寇准说："老太君，我明白了，您是没啥要啥，我看皇上也拿不出来。"他离开杨府，把佘太君所要的彩礼讲给宋仁宗。宋仁宗大怒，并派人抢亲。佘太君上殿劝说，宋仁宗才回心转意。

后人根据这个故事编了歇后语"佘太君要彩礼——没啥要啥"。

司马遇文君——一见钟情

司马相如是西汉著名辞赋家，写有《子虚赋》《上林赋》。临邛县富翁卓王孙知道司马相如是有名的文人，便宴请了他，并邀请了很多有名望的人。

酒席上，众人谈笑风生，开怀畅饮。有人提议要司马相如弹奏一曲，于是司马相如弹奏了一曲《凤求凰》。卓王孙的女儿卓文君精通音律，听到琴声，就偷偷地躲在屏风后面看，被风度翩翩的司马相如所倾倒。司马相如隔着屏风看到了风姿绰约的卓文君，不禁怦然心动，回去以后，就买通了卓文君的仆人，送给卓文君一封求爱信。卓文君收到求爱信，激动不已，但她知道父亲不会同意这门亲事。便在一天晚上，偷偷地跑出来，投奔司马相如。两人连夜乘车回到司马相如的家乡成都。

于是便有了"司马遇文君——一见钟情"这句歇后语。

司马懿破八阵图——不懂装懂

《三国演义》中，司马懿率40万大军与诸葛亮在渭河之滨对阵。双方斗阵法，诸葛亮摆了一个八卦阵，问司马懿认不认识，司马懿虽然不认识，却不想认输，硬着头皮说认识。诸葛亮讥讽道："认识有什么用，敢不敢打呀？"司马懿生气地说："怎敢瞧不起我？认识就敢打。"

八卦阵是诸葛亮用奇门遁甲创设的阵法，分成生、伤、休、杜、景、死、惊、开八门，变化万端，可挡十万精兵。司马懿让三个将领从生门杀入，从休门杀出，再从开门杀入，结果三个将领被活捉。诸葛亮不杀他们，而让部下脱下他们的衣服，涂黑他们的脸，放出阵去。司马懿恼羞成怒，下令攻阵。诸葛亮趁机从两侧偷袭魏军，结果魏军三面受敌，被打得落花流水。

后人用这个歇后语形容那些不懂装懂的人。

司马昭之心——路人皆知

三国后期，魏国军政大权落入司马氏手中。司马懿死后，大儿子司马师不久废除了曹芳，另立13岁的曹髦为帝，权势比司马懿更大，但没有多久，就病死了。司马师在病重的时候，便把一切权力交给了弟弟司马昭。

司马昭总揽大权后，野心更大，总想取代曹髦。年轻的曹髦知道自己即便做"傀儡"皇帝也休想当长。一天，曹髦把跟随自己的心腹大臣找来，对他们说："司马昭之心，路人皆知也。我不能白白忍受被推翻的耻辱，我要你们同我一道去讨伐他。"于是曹髦亲自率领左右仆从、侍卫数百人去袭击司马昭。谁知大臣中早有人把这消息报告了司马昭。司马昭立即派兵阻截，把曹髦杀掉了。

后来，人们用"司马昭之心，路人皆知"来说明阴谋家的野心非常明显，已为人所共知。

死诸葛吓跑活仲达——生不如死

蜀汉时期，诸葛亮北伐曹魏，在对阵五丈原时，诸葛亮病逝。病逝前，诸葛亮决定撤军，他预见到曹魏军队不会让他们轻易而退，便在临死前对撤军计划作了周密的安排。诸葛亮病逝后，诸葛亮部下杨仪、姜维等人便开始整治军容撤退回蜀，不料有百姓却把蜀军撤退的消息告诉了司马懿。司马懿急驱军追赶。姜维令杨仪把诸葛亮的遗体绑定在他每次临战指挥乘坐的木轮车上，返旗鸣鼓，做出将向魏军进攻的样子。司马懿不敢逼近，只好退兵。蜀军安然而退，退军后才为诸葛亮发丧。百姓听说后，编出了一个歇后语"死诸葛吓走活仲达——生不如死"。

宋襄公用兵——对敌人太仁慈

宋襄公和楚国的军队在涿谷交战。宋襄公早已摆好了阵势，大司马建议趁楚军过河时袭击，但宋襄公却说："我听说'君子不加害受伤的人，不掳白发老者，不向未摆好阵势的军队挑战。如今楚军还未渡完河，就出击他们，这有伤道义，还是等楚军渡完河，再击鼓进攻吧。"便放弃了攻打楚军的大好机会。楚军过河后集合列队，大司马又建议宋襄公攻打楚军，结果，又被宋襄公以不讲道义拒绝了。后来，楚军列队完毕，宋襄公说："楚军已摆好阵势，击鼓进攻吧。"宋军哪里是楚军的对手，结果被打得大败，宋襄公的大腿也受了伤，逃回了都城，三天后身亡。宋襄公把仁义用在对待敌人上面，结果害得自己丢了性命。

后来，"宋襄公用兵——对敌人太仁慈"便作为一句歇后语流传开来，警示人们不要不评估自己的条件，一味地企慕行仁义，不知道变通，最终自己受害。

苏东坡遇到王安石——强中自有强中手

苏东坡自恃才高，然而在王安石面前却出了丑。一次，他去拜见宰相王安石，但王安石在午休，他只好在书房等待。他看到一首未写完的诗："西风昨夜过园林，吹落黄花满地金。"苏东坡觉得不合情理，菊花最耐严寒，怎么会被秋风吹落呢？他暗笑王安石愚昧，在诗后面加了两句："秋花不比春花落，说给诗人仔细吟。"写完后，就起身告辞了。

王安石醒来，看到苏东坡添的诗句，觉得苏东坡孤陋寡闻，于是找了个借口把他贬到黄州。苏东坡来到黄州后，在重阳节约了几个朋友赏菊，猛然发现花落满地，一片金黄。他这才想起王安石所做的诗，也明白了王安石贬他到黄州的用心。苏东坡认识到自己的不足，不敢再目中无人了。

后人根据这件事编了歇后语"苏东坡遇到王安石——强中自有强中手"。

孙悟空听到了紧箍咒——头疼

《西游记》中，孙悟空被唐僧从五行山下救出来以后，奉观世音之命护送唐僧去西天取经，但他总是惹是生非。唐僧责骂了他几句，他竟然负气离开唐僧，跑到东海龙王那里去了。观世音知道这件事以后，交给唐僧一个金箍，让他骗孙悟空戴上，并教给他一套紧箍咒，用来约束孙悟空。

唐僧骗孙悟空戴上金箍后，就念起紧箍咒，才念了几句，孙悟空就疼得满地打滚，咒语一停，孙悟空就不疼了。孙悟空知道了紧箍咒的厉害，一心一意保护唐僧去西天取经。每当孙悟空露出顽劣的本性，唐僧就念起紧箍咒，孙悟空对此非常害怕，顽劣的本性也改了不少。

后人由此编了歇后语"孙悟空听到了紧箍咒——头疼"。

孙二娘开店——进不得

孙二娘是《水浒传》中的人物，绰号"母夜叉"，性格泼辣，会些武艺，与丈夫张青在十字坡开了一家黑店。他们见到有油水的客人，就在饭菜里下蒙汗药，趁他们熟睡的时候将其杀死。块头大的肉，用来做肉馅。江湖上流传着一种说法："十字坡哟十字坡，客人谁敢那里过？肥的切做馒头馅，瘦的切碎去填河。"

两个差役押着武松路过十字坡，进了孙二娘的店。差役喝了孙二娘的蒙汗药昏倒在地，武松看出了孙二娘的诡计，假装喝了蒙汗药。当孙二娘举刀向武松砍去时，武松趁势抢过她的刀，把她按倒在地。幸好张青及时回家，解救了孙二娘，几个人成了好朋友。

人们根据这个故事编了歇后语"孙二娘开店——进不得"。

孙悟空七十二变——神通广大

孙悟空本是石猴所生，他当上美猴王后，听说花果山外面有很多身怀绝技的能人，于是四处周游，寻仙拜师。最后来到灵台方寸山，拜菩提祖师为师。孙悟空悟性很高，一学就会，他再三请求祖师教给他一些绝学。

一天，菩提祖师在孙悟空头上敲了三下，然后背着手走了。孙悟空明白这是祖师让他三更时候去找他，单独传给他技艺。三更天，孙悟空如约而到，菩提祖师果然传授给他很多法术，包括七十二变、筋斗云等等。孙悟空不分昼夜地练习，很快掌握了这些法术，变得神通广大。于是后人总结出歇后语"孙悟空七十二变——神通广大"，形容某人很有本事。

孙猴子坐天下——毛手毛脚

花果山上住着一群猴子，这些猴子数量很多，但是群龙无首。一天，花果山上的一块石头里蹦出来一个石猴，那石猴是日月精华汇聚而成，五官俱全，四肢皆备，能行走跳跃。他与群猴避暑，顺着一条山涧，来到了源头，乃是一个瀑布。众猴道："哪个有本事的，钻进去寻个源头出来，不伤身体者，我等即拜他为王。"石猴应声高叫道："我进去，我进去！"

石猴纵身一跃跳入瀑布，看到里面别有洞天，喜不自禁，于是又跳出瀑布，对群猴讲了里面的情况，带群猴进去安家。群猴遵守诺言，尊石猴为王，将"石"字隐了，遂称美猴王。

后人根据这个故事编了歇后语"孙猴子坐天下——毛手毛脚"。

孙猴子被压在五行山下——不得翻身

孙猴子仗着自己有些本事，就大闹天宫，把天宫搅得乌烟瘴气，玉皇大帝抵挡不住，只好请如来相助。如来说："我们请各路神仙做证人，如果你一个筋斗能跳出我的手掌心，你想做什么就做什么，我一定不干涉。如果你跳不出去，就别怪我不客气了。"

孙猴子纵身跳上如来佛的手掌心，一个筋斗翻出很远，看到几根大柱子，心想这可能是天边了。于是在柱子上写上"齐天大圣到此一游"，还撒了一泡尿，才翻筋斗回去了。他对如来说："我已经到过天边了，还做了标记，不信我带你去看看。"如来说："那只是我的手指头！"孙猴子一看，果然如来的中指上写着"齐天大圣到此一游"，还有一股尿骚味。

孙猴子知道遇到能人了，刚想逃走，却被如来大手一推，推出天庭，五个手指变成五行山，把孙猴子压在五行山下。孙猴子想从山下跳出来，如来又在山上贴上咒语"嗡嘛呢叭咪嘛呢叭咪吽"，把他镇压住。直到500年后，唐僧西天取经，路过五行山，揭下咒语，孙猴子才得以解脱。

后人根据这个故事编了歇后语"孙猴子被压在五行山下——不得翻身"，"孙猴子遇到如来佛——跳不出手心。"

孙庞斗智——你死我活

齐国著名军事家鬼谷子有两个弟子，一个叫庞涓，一个叫孙膑。庞涓急功近利，还没学成，就下山投奔魏惠王，执掌魏国兵权。孙膑踏实认真，潜心钻研，不但学会了鬼谷子的全部兵法，还自创了许多兵法，他一出山就声名远扬。魏惠王拜孙膑为副将，让他和庞涓一起统率军队。庞涓自知比不上孙膑，为了保住自己的地位，诬陷孙膑私通齐国。魏惠王听信谗言，对孙膑施行"膑刑"，挖掉两块膝盖骨。

齐国的使臣偷偷把孙膑带回齐国，于是孙膑投靠了齐王。公元前353年，庞涓率兵攻打赵国。赵国向齐国求救，孙膑请命要求督军。于是孙膑采用"围魏救赵"的计策，使魏国损兵折将。后来庞军率兵攻打韩国，孙膑再次前来解救，用"添兵减灶"的方法引诱魏军，庞涓中计，魏军几乎全军覆没。庞涓无法向魏王交差，只好拔剑自刎。

后人根据庞涓与孙膑的恩怨总结出歇后语"孙庞斗智——你死我活"。

孙悟空被封了弼马温——不知道官大官小

孙悟空学会本领之后到处惹是生非，先到东海龙宫拿走了定海神针，又到阴曹地府把阎王的生死簿涂改得乱七八糟。东海龙王和阎王到玉帝那里告状。玉帝大怒，想把孙悟空捉拿审问。太白金星知道孙悟空不好对付，建议给他一个官做。于是玉帝派太白金星带孙悟空到天庭，封了他一个看马的官——弼马温。孙悟空不知道弼马温是什么职位，以为是很大的官，于是兴高采烈地去上任了。

有一天，孙悟空问同僚："弼马温是什么官？算几品？"同僚说，这个官职小得不能再小了，只不过是替天上的神仙们喂马而已。孙悟空知道自己上当了，于是跑到凌霄宝殿大闹了一番，就回到花果山自封"齐天大圣"了。

后人由此总结出"孙悟空被封了弼马温——不知道官大官小"这句歇后语比喻某人当了小官之后自鸣得意。

孙悟空大闹天宫——慌了神

孙悟空自封"齐天大圣"之后，玉帝派天兵天将讨伐，但是打不过他。只好再次把他请到天上，封了他"齐天大圣"的名号，但只有空名，没事干。玉帝怕他惹祸，便让他看管蟠桃园。王母娘娘开蟠桃大会，孙悟空一打听，得知没有邀请自己，很生气。他变作赤脚大仙的模样，抢先赶到瑶池，用瞌睡虫催眠了那些道人、童子，自己便来大吃大喝。悟空醉酒之后误闯兜率宫，偷吃了太上老君的金丹。酒醒后，他知道自己闯了祸，便溜出天宫，回到花果山做他的大王。

玉帝知道后，派天兵天将攻打花果山。十万天兵天将都不是孙悟空的对手，后来孙悟空被太上老君的金刚圈套住，然而什么兵器都砍不死他，于是太上老君把他扔到炼丹炉里。烧了几天之后，孙悟空不但没有损伤，还炼出一对火眼金睛。他跳出来，踢到炼丹炉，挥舞金箍棒直奔凌霄宝殿，把天宫搅得天翻地覆，还胁迫玉帝让位。玉帝吓得躲到桌子底下。各路神仙不知如何是好，太白金星请来如来佛，才把他制服了。

后人由此编出歇后语"孙悟空大闹天宫——慌了神"，本意是神仙不知所措，引申为慌慌张张。与这个故事相关的歇后语还有"孙悟空赴蟠桃会——不请自来"，比喻不速之客。"孙悟空进了八卦炉——越炼越结实"，比喻逆境可以锻炼人。

孙悟空守桃园——自食其果

玉帝怕孙悟空惹是生非，让他看守蟠桃园，并专门派了一些人伺候他。孙悟空得到这个差事非常高兴。蟠桃园的桃树都是王母娘娘栽种的仙品，吃了可以长生不老。

孙悟空在园里游逛的时候，看到有些桃子已经熟了大半，他不禁垂涎欲滴。于是想办法把土地、力士支开，大吃起来。刚开始的时候还一个一个地吃，后来每个桃子只啃一口就扔掉。他在树上跳来跳去，专拣大个的吃，直到撑得吃不下了，才回府去。过两天又到园子大吃一番。王母娘娘开蟠桃会的时候，只剩下一些很小的桃子。

后人根据这个故事编了歇后语"孙悟空守桃园——自食其果"，比喻自己做错了事，自己承担后果。

孙悟空钻进铁扇公主肚子里——心腹之患

孙悟空随唐僧取经，来到火焰山。那里非常炎热，寸草不生，唐僧师徒无法过去，但是那里是去西天的必经之路。孙悟空从土地爷那里得知铁扇公主的扇子能灭火焰山的大火。

铁扇公主是红孩儿的母亲，此前孙悟空请观世音收服了红孩儿，因此铁扇公主怀恨在心，对着孙悟空扇了两下，把他扇飞很远。孙悟空从灵吉菩萨那里得到一粒定风丹。铁山公主的扇子对他不起作用，于是铁扇公主闭门不出。孙悟空变成一个小虫，飞进铁扇公主的洞府，停在茶杯中。铁扇公主没有仔细看就喝了下去，孙悟空在她肚子里大喊大叫，左踢右蹬，疼得铁扇公主难以忍受，只好答应把扇子借给他。

后人根据这个故事总结出歇后语"孙悟空钻进铁扇公主肚子里——心腹之患"，比喻重要的麻烦。

申公豹的嘴——搬弄是非

"申公豹的嘴——搬弄是非"意思是把别人的话传来传去，有意挑拨，或在背后乱加议论，引起纠纷。

申公豹是神话故事传说中的一个人物。在周武王伐纣时，申公豹是商纣的国师，正是因为申公豹有一张能说会道、颠倒黑白的利嘴，才致使纣王相信了他的鬼话，杀死了许多忠良；正因为申公豹有一张花言巧语的嘴，才使纣王毁掉姜子牙送的悬挂在分宫楼上的桃木剑，使妲己死而复生，为祸朝野；正因为他有一张巧舌如簧的嘴，才说动三山五岳修仙得道之人，逆潮流而动，行法布阵，千方百计地阻挡周武王的正义之师；正因为他的摇唇鼓舌，使殷郊背师弃义，成了商纣暴政的牺牲品。更是因为他的嘴，商朝最终不得人心，终被周王所灭。后来，人们便根据这故事流传下来"申公豹的嘴——搬弄是非"的歇后语。

生公说法——顽石点头

传说晋朝和尚道生法师对着石头讲经，石头都点头了。比喻精通者亲自来讲解，必能透彻说理而使人感化。

生公是晋朝时期的一位高僧。传说，他在中国讲学，把传入中国的《涅槃经》翻译之后，没有人愿意去读，他感到非常苦恼。后来，他到虎丘山去安度晚年。想起以前没有人愿意听他讲经，非常伤心。于是，他便在山下摆了许多石头，一行行、一排排地摆好。他把这些石头当成学经的人，每天都对着它们说法讲经，而且讲得非常生动。讲到精彩的地方，他还情不自禁地问石头："你们说对不对？我的阐述是否合乎佛经的原意？"每当这时，石头们竟然也能个个点头，似乎在回答："对！对！讲得好！讲得好！"。

"生公说法——顽石点头"便由此而被广为流传。

水牛的嘴巴——叫不响了

相传，水牛的祖先原是天上的水牛神。他相貌丑陋，脾气暴躁，却没什么本事，常常遭到天神的取笑。他为此非常苦恼，决定下凡，在人间炫耀自己。来到人间后，水牛神整天东奔西跑，不时仰天长啸，声如巨雷。人们听到这恐怖的声音，吓得战战兢兢，不敢出门。自从水牛神下

凡之后，人间鸡犬不宁，民不聊生。土地和山神劝他收敛一点，但是水牛神一意孤行。

玉帝听说水牛神是观音菩萨的外孙，就请观音菩萨发落。观音本是慈悲为怀的神仙，即刻来到人间，看到水牛神在人间胡作非为，不禁大怒。她用一根白绫捆住水牛神的脖颈，水牛神想喊喊不出，越挣扎捆得越紧，无奈之下只好跪地求饶。观音革去他的神位，罚他永世在人间耕田犁地，再也发不出怪叫声。于是水牛神的后代就是现在这样不声不响地犁田拉物，只知道埋头苦干。

后人用此总结出歇后语"水牛的嘴巴——叫不响了"。

泰山上的神——多而全

泰山上的神很多，有"千佛洞""万仙楼"等景点。相传，很久以前，泰山并没有这么多神仙，因为白氏郎这个人，泰山上才聚集了大量神仙。

吕洞宾与仙女白牡丹一见钟情，私订终身，生下一个孩子，取名白氏郎。玉皇大帝知道后，把白牡丹贬下凡间。周围的人都说她是不守妇道的坏女人。白牡丹有口难辩，只好忍气吞声。一天，她被一个村妇大骂一顿，气得她赌气说："如果我儿子当了皇帝，我要将欺负我的人赶尽杀绝！"灶王爷听了这话，腊月二十三回到天上，向玉帝报告。玉帝勃然大怒，一位大将说："白氏郎确有龙筋。"

玉帝下令将白氏郎的龙筋抽光。白氏郎对神仙恨之入骨。他虽然没了龙筋，嘴里却有"龙口玉牙"，说什么，什么就会实现。一天，白氏郎拿着一个葫芦对灶王

爷说："你这个爱打小报告的灶王爷，进葫芦里来吧！"灶王爷真的被装进葫芦了。从此，白氏郎带着葫芦云游四海，每到一地，就把当地的神装进葫芦。后来，他到了泰山，想把泰山神装进葫芦，但是他不小心把葫芦摔碎了，各路神仙纷纷逃命。众神太多，泰山地方小，因此众神挤在一起。

因此，有了"泰山上的神——多而全"的说法。

唐僧肉——惹怪物起心

《西游记》中唐僧是金蝉子转世，而且十世修行，谁要是吃他一块肉，就能长生不老。因此，在唐僧取经路上，很多妖魔鬼怪对他垂涎三尺，想方设法要吃唐僧肉。

第一个想吃唐僧肉的妖精是白骨精。他在云端里，踏着阴风，看见长老坐在地下，就不胜欢喜道："造化！造化！都讲东土大唐的和尚取大乘，他本是金蝉子化身，十世修行的原体。有人吃他一块肉，长寿长生。真个今日到了。"后来，金角大王也教育弟弟说："你不晓得。我当年出天界，尝闻得人言：唐僧乃金蝉长老临凡，十世修行的好人，一点元阳未泄，有人吃他肉，延寿长生哩。"再后来，狮驼岭的狮子精、大象精、鹰王也想吃唐僧肉。因此有了歇后语"唐僧肉——惹怪物起心"，形容某样好东西惹众人垂涎。

唐僧上西天——一心取经

《西游记》中，唐僧出生后，母亲把他放在一个木盆里，顺水漂流，被一个和尚救起来，收养在寺院中。唐僧潜心研究佛法，观世音菩萨指点他去西天雷音寺取经，以便修成正果。前往西天的路途遥远，道路艰险，而且鬼怪横行。唐僧虽然一心向佛，但是凭一己之力，还是难以到达。于是，观音菩萨点化了三个人做唐僧的徒弟，保护他去西天取经，并让触犯天条的小白龙变成一匹马，当作唐僧的坐骑。

师徒四人加上一匹白龙马，历经九九八十一难，打败了很多妖魔鬼怪，才到了雷音寺，取回真经。后人根据这个故事编了歇后语"唐僧上西天——一心取经"，比喻做事锲而不舍，遇到任何艰难险阻，都不放弃的精神。

唐玄宗唱花脸——丑角沾光

相传，唐玄宗是戏曲行业的祖师爷。一天，唐玄宗边看歌舞，边喝酒，不知不觉酩酊大醉。他在回寝宫的路上，倒在假山旁的石头上睡着了。他梦到一个白茫茫的世界，坐上一把素色座椅。座椅腾空而起，飞到广寒宫。嫦娥把他带到一个殿堂。那里有一个华贵的舞台，台上唱念做打，各种角色齐全。唐玄宗看得如痴如醉，说："如能将其传到人间，那就好了。"嫦娥说："我看您不妨做这传授衣钵之人吧！"唐玄宗脚下一滑，从广寒宫摔下来，一下子醒过来，才知道自己做了一场梦。

唐玄宗对梦中的情景念念不忘，于是招来宫女、太监搭台唱戏。一次，宫女为谁演小丑角色争吵不休，原来小丑是个无恶不作的伪君子，最后被砍了头。唐玄宗知道后，哈哈一笑："只是演戏嘛！既然你们都不愿意演，那朕就演吧。"唐玄宗穿上戏服，还用白粉水在自己鼻子上方画了一块豆腐干。因为皇上演过小丑，所以小丑这个角色比一般的角色地位都高。后人根据这个故事编了歇后语"唐玄宗唱花脸——丑角沾光"。

铁拐李的葫芦——不知卖的什么药

身为八仙之一的铁拐李是个瘸腿丑八怪，他身后背的大葫芦却是稀世珍宝，里面装着灵丹妙药，能治各种疑难杂症。

恰逢天灾不断，瘟疫肆虐，铁拐李便用这个宝葫芦救济众生。宝葫芦里的药确实厉害，可谓药到病除。铁拐李的名声很快传开了，这引起其他医生的嫉妒，觉得铁拐李抢了他们的生意，于是想把他撵走。他们看到铁拐李是个瘸子，就讥笑他："大家都说你是神医，怎么你连自己的瘸腿病都治不好呢？看来你只是欺世盗名罢了！"铁拐李笑着回答："我这灵丹妙药乃仙家所炼，只因我贪心，多吃了两粒，一条腿就越长越长，另一条腿自然就短了，就成了现在的样子，所以我这不是病。你们连是否有病都看不出来，还敢妄称医生吗？"几个人灰溜溜地走了。

人们对铁拐李的话半信半疑，他葫芦里卖的什么药无人知晓。因此，人们编了歇后语"铁拐李的葫芦——不知卖的什么药"。

田父弃玉——不识货

战国时期，魏国有一个农民，在犁地时犁出一块宝玉，然而他并不认识那是一块非常珍贵的宝玉。就招呼邻居过来瞧瞧。邻居一眼便认出那是一块稀世的宝玉，他四下里张望一下，对农民说："这可能是一块怪石头，如果放在家里，满门遭殃，还是赶快把它重新埋到地下吧。"

农民不相信邻居的话，便把石头带回了家中。夜黑时分，这块宝玉忽然光彩四射，把一屋子照得通亮。农民吓坏了，又找来邻居。这次农民相信了邻居说那是一块怪石，放在家里会满门遭殃的说法，把宝玉扔掉了，那个邻居却暗中跟随他到扔宝石的地点，把宝石捡起来送给了魏国国王，受到了重赏。

后来，人们便把"田父弃玉"作为"不识货"的代名词使用。讽刺那些对客观事物没有辨别能力，真伪不分，是非莫辨而又不去积极调查研究的人。

童子拜观音——收住了身

传说，很久以前，有一对老夫妇，他们老来得子，取名叫福儿。由于他们对福儿非常溺爱，福儿变得骄横跋扈，有一天，老夫妇再也没有钱给福儿，福儿便将父母怒骂一顿后，离家而走。老夫妇也相继含泪离开了人世。几年后，福儿空手又踏上了回乡之路，路上，看见小羊羔吃奶，想起了自己的父母。然而当他到家时才发现父母已经过世。他捶胸顿足，号啕大哭，悔恨自己当时对父母的种种恶行。就这样，他跪在父母坟前边想边悔恨，为父母守孝三年。有一天，他趴在父母坟头睡着了，梦见一仙姑对他说："福儿，你知错了吗？"福儿含泪点点头。仙姑说："你跟我来吧！"福儿跟着仙姑飘飘荡荡地上了半空，仙姑又对他说："我是南海观世音，从今往后你做个忏悔童子，如何？"福儿一听是观音，便跪下向观音磕头膜拜，做了观音的童子。

"童子拜观音——收住了身"便由此得来。

第四篇 蕴含智慧的俗语、谚语与歇后语

驮盐驴子过河——想轻松

有一头驴子驮着两袋盐，一路上又累又渴，突然眼前出现了一条小河，便咕噜咕噜地喝起水来。喝了两口水觉得有了力气，便准备蹚水过河，结果一不小心"扑通"摔倒在小河里。好在河水不深，驴子赶紧站了起来。奇怪！他觉得背上的分量轻了不少，走起来再也不感到吃力了。于是驴子便得出结论："过河要蹚水走，这样既能保证不渴，又能减轻重量。"

又有一次，驴子驮的是棉花，它故意跌倒在水里，沾了水的棉花变得特别沉，驴子终于吃了苦头。后来，"驮盐驴子过河——想轻松"便作为歇后语广为流传。意思是说没有一成不变的事物，也没有放之四海而皆准的真理，必须变化地去看事物，抱着旧观念、旧框框去看待新情况，必然是行不通的。

王宝钏爱上叫花子——有远见

王宝钏原本是唐朝宰相王允的女儿，她生来漂亮，贤惠。许多王公大臣、世家子弟都想尽办法追求她，可王宝钏都看不上眼，偏偏对在家里做粗工的薛平贵产生了爱意。后来，她故意在抛绣球选婿的时候把绣球抛给了薛平贵。不料，父亲却嫌贫爱富，无奈之下，王宝钏痛苦地选择了与父亲断绝关系，嫁给薛平贵住进了寒窑。

为摆脱困境，给王宝钏一个好的生活，薛平贵毅然去当了兵，远赴西凉，王宝钏就苦守在寒窑等薛平贵归来。薛平贵历尽艰险，屡遭垂涎王宝钏美色的魏虎暗算，同时也屡闯难关，战功赫赫。后来，薛平贵娶了西凉国公主玳瓒，当上了西凉国的国主。18年后，薛平贵回到寒窑去接王宝钏，与王宝钏寒窑相会，封王宝钏为正宫皇后，结局圆满。

后来，人们便把王宝钏与薛平贵的这段爱情总结为歇后语"王宝钏爱上叫花子——有远见"。

王恭坐草垫——别无长物

这则歇后语出自《世说新语》。东晋时，有个叫王恭的人出身于士族之家。一次，他去会稽游玩，回来的时候买了一个非常精美的竹席。回到建康后，同族的叔叔王忱看到他的席子，很喜欢，说："你的席子一定是从会稽买回来的吧？果然名不虚传！你这次一定从会稽带回了很多好东西，不如把这张竹席送给我吧！"王恭见叔叔那么喜欢，就把竹席送给他了，自己重新铺上以前的旧草垫。

王忱听说王恭从会稽就买了这么一张竹席，因为自己喜欢，就忍痛割爱，送给自己，觉得过意不去，连忙到王恭家道歉。王恭说："不过是一张席子，有什么要紧的？既然您这么喜欢，就送给你吧！您对我还是不太了解啊，其实我这个人，平生无长物。"

当时王家是东晋四大士族之一，非常富贵，王恭却说自己"平生无长物"，其实是士大夫的清高罢了。

后来人们用这句歇后语形容某人非常贫困，或者生活非常简朴。

王伦当梁山寨主——容不得人

《水浒传》中王伦本是落第秀才，他召集了一些人在梁山落草为寇，自己当了山寨的首领。他为人心胸狭小，妒贤嫉能，对投奔梁山的武艺高强的人，总是故意刁难，不想收留。

八十万禁军教头林冲被高俅所害，被迫上了梁山。王伦觉得林冲本事太大，害怕自己的地位受到威胁，不想收留他。他设宴款待林冲，给他很多银两，想打发他走。山寨中的兄弟觉得林冲为人正直，都舍不得他走，纷纷求情。王伦不好直接拒绝，因此为难林冲，让他三天之内下山杀一个人或抢一担财物，作为"投名状"。林冲不仅抢来财物，还引来好汉杨志。王伦只好留下林冲。

后来晁盖、吴用等人上山，王伦害怕他们压过自己的风头，故技重演，想用钱财打发他们走。林冲一气之下把他杀死，推举晁盖做新寨主。

后人根据这段故事，编了歇后语"王伦当梁山寨主——容不得人"，比喻某人气量狭小、妒贤嫉能，不能服众。

王母娘娘摆蟠桃宴——聚精会神

王母娘娘在瑶池举办蟠桃会，宴请各路神仙。她派几名仙女去桃园摘桃子。园子里的大桃子都被孙悟空偷吃了，只剩下又小又青的桃子。一个仙女看到一个又大又红的桃子，高兴地去摘，结果一碰，那个大桃子就不见了。

原来那是孙悟空变的，孙悟空现了原形，厉声喝道："你们是什么人？竟敢来偷摘蟠桃！"仙女忙说："大圣息怒！王母娘娘要举行蟠桃盛会，我们是奉王母娘娘之命来摘蟠桃的。"孙悟空一听有蟠桃盛会，高兴极了，问道："不知道都请了哪些客人？"仙女回答："蟠桃宴所请的客人都是以前的习俗规定好的：西天的佛祖、菩萨、圣僧、罗汉，南方的南海观音，东方的崇思圣帝、十洲三岛三翁，北方的北极玄灵，中央黄极黄角大仙，另外

还有五斗星君，上八洞三清、四帝、太乙天仙等人，中八洞玉皇、九垒、海岳神仙，下八洞幽冥教主、注世地仙。"

王母娘娘的蟠桃宴请的都是神仙里的精英，所以说"王母娘娘摆蟠桃宴——聚精会神"。

王羲之看鹅——渐渐消磨

晋朝人王羲之是很有名气的大书法家，他的字"漂若浮云，矫若惊龙"，很多人出高价购买珍藏。

一个道士想请王羲之写一本《道德经》，王羲之害怕他骗自己的字，拿去卖钱，一直没有答应。这个道士听说王羲之特别喜欢鹅，于是买了一群白鹅，把它们放在王羲之经常游玩的河谷。

一天，王羲之在河谷看到这群鹅，一下子就着迷了。他越看越入迷，不知消磨了多少时光，眼看天色已晚。船夫说："我们该回去了，既然您这么喜欢这些鹅，不如买回去，慢慢看。"王羲之觉得这个主意不错，就向道士说明自己想买那群白鹅。道士说："我这群鹅，不能用钱来买，如果你真想要，就帮我抄一本道德经，作为交换条件吧。"王羲之马上同意了，挥笔抄写一本《道德经》，然后把鹅带走了。

后人根据这件事总结出歇后语"王羲之看鹅——渐渐消磨"，比喻不知不觉中花费了不少时间。

亡羊补牢——为时未晚

从前，有个牧民养了几十只羊，他白天赶羊出去放，到了晚上就把羊赶进一个用柴草和木桩等物围起来的羊圈内。有一天早晨，这个牧民正要把羊赶出去放，突然发现少了一只。一看，羊圈上有个窟

窿，狼就是从那里进来把羊叼走的。邻居劝他赶紧把窟窿堵上，他却说："羊已经丢了，还去修羊圈干什么呢？"拒绝了邻居的建议。第二天，牧民发现羊又少了一只，牧民很后悔没有听邻居的劝告，于是他赶紧堵上那个窟窿，又整体加固了一遍，把羊圈修得牢牢实实的。从此，他的羊再也没有被野狼叼走过。

"亡羊补牢——为时未晚"便作为歇后语流传开来，表示处理事情发生错误以后，如果赶紧去挽救，还不为迟的意思。

王佐断臂——留一手

"王佐断臂——留一手"指一个人深藏不露，往往他表现出来的不是全部的实力。这类人比较睿智，往往厚积而薄发，出人意料。

南宋时期，金兵南侵，金兀术与岳飞在朱仙镇摆开决战的战场。当时，宋朝潞安州节度使陆登的儿子陆文龙效力于金兵。为了策动陆文龙反金，王佐砍掉了自己的右臂，只身前往金营诈降。金兀术同情他，叫他"苦人儿"，把他留在营中。王佐便利用能在金营自由行动的机会，说服了陆文龙的奶娘，把陆文龙父母被金兀术所杀的消息告诉了他，文龙知道了自己的身世后，决心为父母报仇，诛杀金贼。王佐断臂，终于使猛将陆文龙回到宋朝，立下了不少战功。于是，有了"王佐断臂——留一手"这句歇后语。

闻太师回朝——脸上贴金

"闻太师回朝——脸上贴金"比喻夸耀、美化自己或他人。

传说闻太师为商朝统一天下，东征西战，立下汗马功劳。商帝非常感激，有一次，商帝当着众大臣的面夸闻太师功高，应脸上贴金。众大臣军点头称是，唯独本禄不服。为了给主人出气，本禄手下谋士武炳建议趁闻太师班师回朝之际，脸上也贴贴金。第二天，满朝文武、全城百姓都出城迎接太师闻仲，本禄脸上贴了金，也随驾去迎接闻太师。在香烟缭绕中，闻太师身骑墨麒麟，手抱太师铜，红光满面，如贴金一般。快到京城时，太师催了几鞭，那墨麒麟飞也似的到了城门口。商帝早已率领文武大臣在城门外迎了上去，对闻太师说："爱卿赤胆忠心，面如赤金，这才是脸上贴金咧。"站在旁边的本禄听了，羞愧难当，假的究竟敌不过真的，只好撕掉金箔退了下来。打这以后，"闻太师回朝，脸上贴金"就传开了。

吴刚砍桂树——没完没了

古代，有一个叫吴刚的青年靠打柴为生，但是他十分痴迷于成仙之道。然而却不肯下功夫去学习。后来，他的事情被天帝知道了，对他不付出努力就想收获的做法非常生气。于是，天帝就把他带到了月宫，让他在月宫里砍伐那棵桂树，并说："如果你砍倒桂树，就可获仙术。"可是，当吴刚举起斧头砍了一斧之后，斧子刚刚起来，桂树的创口就马上又愈合了。一天又一天，一年又一年，吴刚伐树的愿望始终没有实现，因此，吴刚也就留在了月宫长年砍着那棵桂花树。后来，"吴刚砍桂树——没完没了"便作为一句歇后语广为流传开来，表示事情没有穷尽的意思。

伍子胥过韶关——一夜愁白了头

春秋时期，伍子胥为了逃避楚平王的追杀，打算去投奔吴国，可是由于去吴国路途遥远，再加上得知楚原来的太子建在宋国，便改道去了宋国去找太子建。到了宋国又因为宋国内乱，便又和太子建一起逃奔郑国。可偏偏太子为了和晋国联合谋取郑国的意图被郑国君知晓而被杀，伍子胥又只好投奔吴国。伍子胥逃出郑国后，白天躲藏，晚上赶路，来到吴楚两国交界的韶关，关上的官吏盘查得很紧。传说伍子胥一连几夜愁得睡不着觉，连头发也愁白了。后经名医扁鹊弟子东皋公的巧妙安排，寻找到一个和伍子胥相貌相似之人代替子胥出关引起混乱。由于伍子胥头发花白，更衣换装后，无人辨识，伍子胥便混过了韶关。

"伍子胥过昭关——一夜愁白了头"便由此得来。

五张羊皮赎百里奚——麻痹了楚成王

百里奚是春秋时期的虞国人，出身贫寒。他满腹才学，希望能够找一个地方施展抱负，先后到了齐国和宋国，都没有得到重用。最后，经由在宋国认识的蹇叔的推荐，回了虞国做事。后来，虞国被晋国所灭，他陪虞君一道当了俘虏。由于百里奚不答应为晋出力，晋献公便先把他作为陪嫁的奴仆打发到秦国。在去秦国途中，百里奚逃跑到楚国，被当作奸细罚做了放马的奴隶。完婚后的秦穆公，发现少了百里奚，又听说他非常有才能，便派人四处寻找，终于知道百里奚在楚国做了放马的奴隶。原本想花重礼换回百里奚的秦穆公，听从了公孙枝花重礼会暴露百里奚是能人的建议，改用了五张羊皮派人去楚国赎百里奚。楚成王也不在意，就把他当成一般的奴隶，交给秦国的使者。到秦国

后的百里奚又派人把蹇叔请到秦国一起辅政，秦国也逐渐强大起来，秦穆公最终成就了霸业。

后人根据这个故事总结了歇后语"五张羊皮赎百里奚——麻痹了楚成王"。

蟋蟀斗公鸡——各有一技之长

这句歇后语源自一个寓言故事。蟋蟀大王外出比赛，一只公鸡侵入蟋蟀王国，肆意破坏，导致宫殿被毁，吃了很多蟋蟀。蟋蟀大王回家之后，看到这一情境，悲愤交加，决定打败那只可恶的公鸡。

他把所有蟋蟀分为三队，在公鸡周围埋伏起来。蟋蟀大王一声令下，一对蟋蟀高声唱道："公鸡死了去喂鱼！"公鸡大怒，闻声跑去，却找不到一只蟋蟀。另一队蟋蟀唱道："气得公鸡眼发绿！"第三队唱道："捉住公鸡剥了皮！"大公鸡东奔西跑，累得头昏眼花。突然，公鸡听到头上一个声音："笨公鸡，来抓我呀！"原来蟋蟀大王站在公鸡头顶上，他照着鸡冠狠狠咬下去，公鸡头上血流如注。公鸡乱蹦乱咬，却无济于事。其他蟋蟀纷纷扑上来，一阵乱咬，终于制服了大公鸡。

人们根据这个寓言故事总结了歇后语"蟋蟀斗公鸡——各有一技之长"，比喻每个人都有自己的优点和缺点，要学会发挥优点战胜敌人。

盲人摸象——各说各的理

"盲人摸象——各说各的理"比喻看问题总是以点代面、以偏概全。寓言讽刺的对象是目光短浅的人。

从前，有四个盲人，从来没有见过大象，不知道大象长得什么样，于是他们决定去摸摸大象。第一个人先摸到了大象的

牙齿。他就说："我知道了，大象就像一个又大、又粗、又光滑的大萝卜。第二个人摸到的是大象的耳朵，说："不对，不对，大象明明是一把大蒲扇嘛！""你们净瞎说，大象只是根大柱子。"原来第三个人摸到了大象的腿。而最后一位摸到了大象的尾巴，他嘟囔了起来："唉，大象哪有那么大，它只不过是一根草绳。"四个盲人争吵不休，都说自己摸到的才是真正大象的样子。而实际上呢？他们只是各自摸到了大象的一部分，就认为自己摸到了整头大象，结果，谁也没有说对。

小鬼遇钟馗——有死无生

钟馗本是唐朝德宗年间一名秀才，他相貌丑陋，豹头环眼，黑脸虬须，一副凶神恶煞的样子。一年，他进京赶考，一举夺魁。德宗一看他相貌丑陋，道："我朝取士，全在身言书判，此等丑陋之人，如何点为今科状元？"钟馗羞愤撞殿前石阶而死。钟馗化鬼后，誓要为大唐斩妖除魔。

钟馗一名最早见于《唐逸史》。话说唐明皇病中梦见小鬼偷去玉笛和杨贵妃的绣番囊，正大怒时见一满面虬髯的大鬼，挖下小鬼的眼珠吞掉。此鬼自称钟馗。唐明皇醒后，病不药而愈，遂向吴道子忆述梦中所见，并命其绘出钟馗像，颁布天下。民间亦挂其画像驱鬼避邪。此后，钟馗捉鬼的故事广为流传。后人由此编出"小鬼遇钟馗——有死无生"这句歇后语，形容某物遇到了自己的天敌和克星。

卸甲山的松树——一边歪

"卸甲山的松树——一边歪"意思是许多人的意见一致，倾向某一方。

宋真宗年间，杨六郎与辽将韩延寿在卸甲山上交兵。由于地形不熟，杨六郎的军队被围困在山上，饥渴难耐，伤亡者不计其数。杨六郎去找水，因找不到水，杨六郎心中难过，冲天吼道："苍天，难道我杨家兵将就败亡此地吗！"随着喊声，杨六郎的宝马用前蹄刨了一个大坑，一股泉水喷涌而出。得到水的将士们精神大振，把辽国军马杀得落花流水，全军大胜。

在休息时，杨六郎把盔甲顺手挂在一棵松树上。谁知这盔甲太重，把那巨大的树都压弯了，整个树身都倒向东南方向。从此，山上的松柏，哪怕是刚刚生长出来的新苗，也都向东南方向歪长着。这一带的山因此而称作卸甲山，同时也留下"卸甲山的松树——一边歪"或"卸甲山的松树——一边倒"的歇后语。

徐策跑城——头昏眼花

唐朝，以张泰为首的奸臣陷害薛丁山一家。皇上听信谗言，将薛丁山一家全部斩首。大臣徐策刚直不阿，上书皇上，为薛家申冤，但是皇上被奸臣迷惑，将徐策训斥了一顿。徐策实在不忍心看薛家满门抄斩，于是偷梁换柱，用自己的儿子换了薛家唯一的命脉薛蛟，把他抚养成人，希望他有朝一日能够为薛家平冤昭雪。

薛蛟的叔叔薛刚占据青龙山，聚集了一批人马，打算为当年含冤而死的薛家老少报仇雪恨。身为宰相的徐策暗中包庇他们，并让薛蛟投奔他的叔叔。后来，薛刚发兵。徐策闻报大喜，不顾年迈体衰，头昏眼花，上城观望，见薛家军兵精马壮，甚为欢悦，于是飞跑入朝，请求皇上诛杀张泰等恶人。

"徐策跑城——头昏眼花"由此而来，形容年迈的老人仍然张罗各种事务。

徐德言买半镜——破镜重圆

陈国皇帝的侍从官徐德言，娶了乐昌公主为妻，两人非常恩爱。当时陈国朝政腐败，徐德言预料到，总有一天国家会遭受灭亡之祸，非常忧虑。一天，他与乐昌公主商量："假使有一天天下大乱，我们被迫拆散，你就让人拿着半面铜镜在街上叫卖。如果我还活着，就一定设法找到你。"

后来，陈国被隋文帝消灭，徐德言被迫逃亡，被俘的乐昌公主也被赏给了隋朝大臣杨素为妾。乐昌公主日夜思念丈夫，把自己的半面铜镜交给一位老者，让他到闹市去卖。徐德言正焦急地寻找妻子，他接过老者的铜镜，和自己那一半放在一起，果然是一面镜子，于是买下铜镜，并打听到乐昌公主的下落。杨素知道实情后，受到感动，让徐德言把乐昌公主带回了自己的故乡，还赐给了他许多东西。徐德言夫妻终于重新团聚。

后世文人用"破镜重圆"指离散夫妻的团聚，于是有了"徐德言买半镜——破镜重圆"这句歇后语。

徐庶进曹营——一言不发

"徐庶进曹营——一言不发"意思是一句话也不说，暗示有自己的想法或见解。

汉献帝建安十三年，曹操率大军南征荆州。刘备寡不敌众，大败而逃，徐庶的母亲也不幸被曹军掳获。曹操利用伪造徐庶母亲书信的办法让徐庶到许都。收到书信的徐庶，痛不欲生，含泪向刘备辞行。

刘备虽然舍不得让徐庶离开自己，但他知道徐庶是出了名的孝子，不忍看其母子分离，更怕万一徐母被害，自己会落下离人骨肉的罪名，只好同徐庶挥泪而别。

徐庶归顺曹操以后，心中仍十分依恋故主刘备和好友诸葛亮。尽管他有出众的谋略和才华，但不愿为曹操出谋划策，与刘备、诸葛亮为敌。因此，徐庶在曹营历时数十年，却从未在政治军事上有所作为。这就是歇后语"徐庶进曹营——一言不发"的由来。

许褚战马超——赤膊上阵

"许褚战马超——赤膊上阵"光着膀子上阵，比喻亲身上场，不加掩饰地进行活动。

东汉末年，割据凉州的军阀马腾，被曹操杀掉。马腾的儿子马超为报父仇，与西凉太守韩遂联合起来，出动数十万大军进攻曹操。双方在渭口一带对阵。马超与曹军将领许褚单挑，由于是杀父仇人的军队，再加上马超本身骁勇善战，所以在与许褚单挑时狠下杀招。许褚人称"虎痴"，被年轻的小将马超占了上风，自然心有不甘，所以要放手一搏，脱去衣服，摆出一副拼命的架势。两人打得不分上下。接着两军混战，曹军损伤大半，退回寨中坚守不出。后来，"许褚战马超——赤膊上阵"便作为一句歇后语被广为流传开来。

薛仁贵的行头——白跑（袍）

薛仁贵参军之前是个农夫，他穷困不得志，想迁移祖坟，以期带来好运，他的妻子说："有本事的人，要善于抓住时机。现在当今皇帝御驾亲征辽东，正是需要猛将的时候，你有这一身的本事，何不从军立个功名？等你富贵还乡，再改葬父母也不迟！"仁贵听了，觉得有道理，就告别妻子，加入东征高丽的大军。

唐军与高丽军激战时，唐太宗望见一个穿白袍的人冲入敌营，来回厮杀，非常惊喜。战后，立即召见薛仁贵，封他为"游击将军"。回朝后，唐太宗又提升薛仁贵为右领军中郎将。薛仁贵数次带兵出征，为唐朝江山的巩固立下了汗马功劳。

后人根据薛仁贵穿白袍编了歇后语"薛仁贵的行头——白袍"，"袍"与"跑"谐音，于是演化为"白跑"，意思是白跑了一遭。

晏子使楚——不辱使命

"晏子使楚——不辱使命"指不辜负别人的差使。

春秋时期，晏子出使楚国。楚王看不起齐国，又见是身材矮小的晏子来出使，就想侮辱他。楚王先是让晏子走大门旁边的小门，晏子楚王："到狗国的人，钻狗洞，而到楚国访问，为什么让钻狗洞？"楚王无言以对，晏子大大方方地从大门进去了。楚王又刁难他："齐国没有人了吗？为什么派一个身材矮小的人出使楚国？"晏子回答："我们齐国派使臣有个规矩：贤人出使贤国，小人出使小国。外臣是个小人，所以被派到楚国来了。"楚王尴尬不已。又有一次，楚国士兵抓了个齐国小偷。楚王又想借机羞辱晏子，结果晏子以"橘生淮南则为橘，橘生淮北则为枳"反唇相讥。晏子以自己杰出的应变能力和超人的智慧驳倒了楚王，不辱使命，用自己的力量有力地维护了齐国的尊严。

杨家将出征——男女老少齐上阵

北宋年间，辽国对宋朝北方边防构成了很大的威胁。宋朝有一个武将世家，一家之主杨继业本是北汉政权的大将，后来投降宋太祖赵匡胤，被任命为左领军卫大将军，镇守边关。杨继业有七个儿子，都是宋朝的将领。杨继业想从辽国手中争夺幽云十六州时，不慎与长子被俘，他们拒绝辽国的威逼利诱，绝食而死。不久，二郎和三郎在战争中牺牲。四郎被俘，被辽太后看中，招为女婿。杨五郎受伤后，到五台山出家。六郎和七郎也战死沙场。

杨家只剩下一些老幼妇孺，然而精忠报国之心丝毫未减。杨六郎之子杨宗保长大成人，成为一员猛将。他跟随祖母佘太君出征，立下汗马功劳。他的妻子穆桂英担当一名主帅，威名远扬。甚至杨家的家丁和仆人出征迎敌，也令辽军闻风丧胆。

后人根据这段历史编出歇后语"杨家将出征——男女老少齐上阵"，形容某一团体为了一项事业前赴后继、不断奋斗的精神。

杨志卖刀——无人识货

《水浒传》中，宋徽宗皇帝要用南方的奇花异石堆起一座万岁山，杨志负责押运石头，偏偏过黄河时遇到风浪翻了船，空手而回。宋徽宗很生气，将他削官为民。杨志没了安身之所，只好卖掉祖传的宝刀。他在市场上站了一上午，也无人问津。

忽然来了一个叫牛二的流氓，抽出杨志的刀问："你这刀卖多少钱？"杨志说：

"祖上留下的宝刀，要卖3000贯。"牛二撇撇嘴："这把破刀有什么好，卖得这么贵？"杨志说："有三件好处。砍铜剁铁，吹毛断发，杀人不见血。"

牛二拿出一叠铜钱，让杨志试刀，结果一刀便将20个铜钱剁成两半。他又拔下一把头发，递给杨志，杨志接过头发，朝刀口上用力一吹，那些头发真的一分为二飘过了刀口。牛二还要试试杀人不见血，故意刁难杨志。杨志一气之下，把牛二杀死，刀刃上果然滴血不沾。

歇后语"杨志卖刀——无人识货"便由此而来，比喻没有眼光的人，看不出东西的好坏。

杨五郎削发——半路出家

杨继业率军出代州在城外与辽军相遇，杨家军分两路兵马突围。杨继业一死，杨家军几乎全军覆没，延昭、延训从左路杀出重围。辽兵退去后，五郎延浦与延昭、延训相见，弟兄三人痛哭一场，遂将不幸中箭身亡的延玉的遗体掩埋。回营途中他们看到杨七郎被绑在花椒树下乱箭穿心而死。五郎心灰意冷仰天长叹："我杨家将虽是北汉'降将'也不该遇此不公。"说罢策马而走，直奔五台山而去。

杨五郎到五台山并非真的当和尚，而是在五台山养好伤后就回家，与佘太君商议，将杨家后代全部带上五台山以避奸臣的残害。杨五郎带领杨家子弟上五台山后，将自己的名字改为杨延德，并将杨家传统武术传于杨家子弟及其他僧众，同时也为五台山培养了一批护院武僧。

后人用歇后语"杨五郎削发——半路出家"比喻中途改行，从事另一工作。

羊角插进篱笆里——伸头容易回头难

这句歇后语是由一个寓言故事衍生而来的。

一只山羊在篱笆外看到院内绿油油的蔬菜，想进去偷吃。它看到一只小猪钻过篱笆，跑到院子里吃蔬菜，急忙把头伸进篱笆，可惜羊角被篱笆挂住了。山羊急得咩咩直叫，哀求小猪说："猪兄弟，请你帮帮我吧，我的羊角被篱笆卡住了。"小猪摇摇头说："你也想进来吃蔬菜吗？这怎么行呢？蔬菜就这么一点，我还没吃饱呢！"山羊说："我不跟你抢蔬菜，先把我的羊角从篱笆上拿下来，让我出去行吗？"小猪又摇摇头说："不行！万一你嫉妒我偷吃了蔬菜，去主人那儿告我一状怎么办？"说完埋头大吃起来。山羊气急败坏，后悔自己没仔细考虑就钻进篱笆，如今进退两难。

后人用"羊角钻进篱笆里——伸头容易回头难"告诫人们做事情不要冲动，要三思而后行。

叶公好龙——口是心非

楚国叶县县令沈储梁，大家都叫他叶公。叶公非常喜欢有关龙的东西，他家到处都可以看到龙的图案！叶公也经常得意地向别人夸耀自己喜欢龙。

一天，叶公喜欢龙的事被天上的真龙知道了，真龙说："难得有人这么喜欢龙，我得去他家里拜访拜访呀！"于是，真龙就从天上飞到叶公的家。叶公见了真龙吓得直发抖，仓皇逃出屋子。真龙一脸懊恼地说："哼，叶公说喜欢龙这件事是假的，他根本是怕龙嘛！害我还飞来拜访他！"后来，大家就用"叶公好龙——口

第四篇 蕴含智慧的俗语、谚语与歇后语

是心非"这句歇后语来形容一个人对外假装自己很喜欢某人或某物，其实私底下并非如此。

殷洪上了太极图——灰飞烟灭

这句歇后语源自《封神演义》。殷洪本是商纣王的次子，他与兄长眼看要在妲己的挑唆下被亲生父亲杀害，碰巧被赤精子与广成子二仙所救。赤精子收殷洪为弟子，几年后，命他投奔姜子牙，并赐给他三件宝物。殷洪发誓说："我今日下山，定不负师父所托，尽心尽力辅佐姜子牙，如有他意，灰飞烟灭。"

殷洪下山后，遇到了申公豹，被他花言巧语一顿劝说，投靠了纣王。他凭借三样宝物所向无敌，连赤精子都奈何不了他。后来，慈航道人送来了一张太极图，被它所附的人，心里害怕什么就会出现什么，直到精疲力竭而死。

殷洪不知底细，走进太极图，精神恍惚，忽然看到西周大军杀来，之后看到暴虐的纣王要杀自己，忽然想起自己因贪图富贵背叛了师傅，想起自己的誓言，瞬间便化为灰烬。

后人用这句歇后语告诫人们要言出必行，不要背信弃义。

优孟扮相国——装得真像

《史记·滑稽列传》记载，有一个叫孟的杂戏艺人，古人称艺人为优，所以叫他"优孟"。优孟常常旁敲侧击地劝说楚王，深得楚相孙叔敖的赏识和厚爱。孙叔敖死前对儿子说："优孟和我交情深厚，我死后，你如果生活贫苦，可以去找他帮忙。"孙叔敖死后，一家人过着清苦的生活，孙叔敖的儿子就去求助优孟。

优孟对孙叔敖的言谈举止，音容笑貌烂熟于心，加上他演技高超，他模仿孙叔敖，连孙叔敖的家人都难辨真假。优孟就穿着孙叔敖的衣服，戴着孙叔敖的帽子去见楚庄王，神态和孙叔敖一模一样。楚庄王以为孙叔敖复生，让他做宰相。优孟说："楚相不足为，如孙叔敖之为楚相，尽忠为廉以治楚，楚王得以霸。今死，其子无立锥之地，贫困负薪以自饮食。"楚庄王认识到自己的过失，封了孙叔敖的儿子。后来，人们就用"优孟扮相国——装得真像"比喻模仿逼真或装傻充愣。

尉迟恭双纳二女——黑白分明

隋朝末年，尉迟恭跟随李世民南征北战，立下了赫赫战功。李世民攻打王世充时，曹州宋义王孟海公前来救助。孟海公的二夫人黑氏前来叫阵，尉迟恭对阵，他发现黑夫人长得可爱，大声喊道："你若归顺秦王，我们可结为夫妇！"黑夫人恼羞成怒，冲杀过来。她哪里是尉迟恭的对手，几个回合，就被尉迟恭抓了回来。李世民当场做主，强迫黑夫人嫁给尉迟恭。

听说姐姐被抓，孟海公的二夫人白氏叫阵。李世民对尉迟恭说："听说这位白夫人美若天仙，如果这次你也能将她擒获，我便也让你娶了去。"尉迟恭暗暗欢喜，没费多少工夫，就抓回了白夫人，并与之成亲。

后人用"尉迟恭双纳二女——黑白分明"比喻两个事物对比鲜明，界限明确，或形容某人善恶分明，能分辨是非。

愚公的家——开门见山

"愚公的家——开门见山"打开门就

能看见山。比喻说话或写文章直截了当谈本题，不拐弯抹角。

相传，有个老人，名叫愚公，快90岁了。他家的门口有两座大山，一座叫太行山，一座叫王屋山，方圆达700里，高达七八千丈，进出非常不方便。愚公便下定决心要移除这两座山。于是，他便带领子孙日夜开挖起来，虽经过重重阻挠，却丝毫没有动摇他移山的决心。后来，他的执着精神感动了天帝，天帝命令大力神夸娥氏的两个儿子移走了这两座大山。从此，冀州的南部，直到汉水的南岸，再也没有高山阻隔交通了。"愚公的家——开门见山"便作为歇后语被人广为流传开来。

灶王爷上天——有一句说一句

"灶王爷上天——有一句说一句"意为实话实说。

有一个浪荡公子，叫张腊月。他娶了个非常贤惠的妻子丁香，在丁香的细心经营下，他们的日子逐渐变得富裕起来。成了富户的张腊月，产生了喜新厌旧的思想，整天虐待丁香，把丁香休出家门后，又娶了财主的女儿李海棠。李海棠好吃懒做，几年工夫，他们就把家业败光了，张腊月只好靠讨饭过活。

一年的腊月二十三，张腊月讨饭正好讨到丁香家，丁香家的伙计不仅给了他饭吃还答应了他在锅屋里住宿的要求。当张腊月看到自己竟然是要饭要到前妻家时，羞得无地自容，便一头钻到锅底下正烧着的旺火中烧死了。玉皇知道张腊月虽然不好，但见他还有羞愧之心，又死在锅底下，便封他为灶王，每年腊月二十三骑马

上天汇报人间一年的情况，腊月三十那天再回来，在天上过七天。后来，"灶王爷上天——有一句说一句"便被人作为歇后语广为流传开来。

张飞穿针——大眼瞪小眼

有一次，张飞正要率军出发，却被夫人叫住，拿出一根绣花针，一根红纱线，非要张飞帮她把线穿上才能走。张飞听了哈哈大笑："穿针引线，虽是女人干的活，但也难不住我！"说完，用粗大的手，一手接过针，一手接过线，眯起细眼，瞅准针眼，猛地往里戳。谁知线头不听使唤，戳来戳去，怎么也戳不到针眼里去。张飞涨红了脸，粗声粗气地说："我就不信有难得住我的事！"张飞又穿起针来，可是任凭他双手有千斤力也使不上，急得他大眼瞪小眼，气急败坏地说："这小玩意儿，倒是要难倒我了。"

后来人们便用"张飞穿针——大眼瞪小眼"这句歇后语比喻不适合的人做不恰当的事，起不到应有的效果，也比喻无计可施，眼巴巴地看着没有办法。

张飞和曹操打哑谜——你猜你的，我猜我的

三国时，曹操想独霸天下。想借约刘备、孙权到许昌会谈之机，俘虏他们当人质。在孙权犹豫去不去之时，刘备派张飞代他去许昌赴约。张飞来到许昌城下，曹操也带领人马出来相迎。

双方施礼过后，曹操双手比画了个圆圈，意思是他要独霸中原。张飞却以为曹操问他吃了几张大饼，于是伸出三个指头。曹操以为张飞回答他说鼎足三分，于是右手拇指和食指比作"八"字，意思是

说他有80万人马。张飞以为曹操非要他一顿吃八个，于是拍拍肚子表示吃不下。而曹操却以为张飞不把它的80万大军放在眼里，对他的胆识感到十分钦佩，于是立刻叫人设宴款待张飞，张飞吃了个酒足饭饱而回。

后来，人们根据这个故事，编成了歇后语"张飞跟曹操对酒——打哑谜"，比喻双方提出令人难以猜透的问题；"张飞曹操打哑谜——你猜你的，我猜我的"，比喻互相猜错了对方的真实意思或事情的真相。

张飞戒酒——明天

刘备驻扎徐州时，吕布被曹操打败，投奔刘备，刘备把他安顿在离徐州不远的沛县。袁术攻打刘备，张飞要求留守徐州。刘备担心他喝酒误事，张飞保证不喝酒，刘备虽然不放心，但也不好再说什么，只好让下属看好张飞。

刚开始，张飞表现不错，过了几天，他的酒瘾就上来了，摆开酒宴。有人劝他，他却不以为然："我已经把哥哥交代的事情办妥了，决定今天好好喝一次酒，等喝过了瘾，从明天开始，滴酒不沾。"结果喝得大醉不醒。吕布不满于屈居小县，听说张飞醉酒，趁机攻下徐州。张飞在侍卫保护下才得以脱身。

后人用"张飞戒酒——明天"这句歇后语，形容那些做事不能下决心的人，比喻答应别人的事一直往后推。

张勋复辟——痴心妄想

张勋本是清朝的江南提督。民国成立后，他和他的队伍仍然留着发辫，表示效忠清室。并联络前清遗老遗少及保皇党人

康有为等，积极为复辟做准备。1917年，张勋借调解黎、段冲突为名，发动复辟，恢复了清帝国，并扶植当时乳臭未干的溥仪再次坐上了大清帝国的龙椅。张勋倒行逆施复辟消息传出后，全国舆论一致声讨。后来，在孙中山先生倡导的讨逆行动下，讨逆行动在全国各地展开，复辟的清王朝随之瓦解。张勋复辟本来就违背了历史潮流，阻碍了历史发展的脚步，不可能得到成功。后来人们便用"张勋复辟——痴心妄想"这句歇后语来比喻不可能实现的事或愚蠢荒唐的想法。

赵括徒读兵书——纸上谈兵

"赵括徒读兵书——纸上谈兵"指在纸面上谈论打仗。比喻空谈理论，不能解决实际问题。也比喻空谈不能成为现实。

战国时赵国名将赵奢之子赵括，年轻时学兵法，谈起兵事来父亲也难不倒他，因此很骄傲，自以为天下无敌。公元前259年，秦军又来侵犯赵国，那时赵奢已经去世。廉颇负责指挥全军，他年纪虽高，打仗仍然很有办法，使得秦军无法取胜。秦国知道拖下去于己不利，就施行了反间计，派人到赵国散布"秦军最害怕赵奢的儿子赵括将军"的话。赵王上当受骗，派赵括替代了廉颇。赵括自认为很会打仗，到长平后完全改变了廉颇的作战方案，他只知道根据兵书办，不知道变通，结果40多万赵军尽被歼灭，他自己也被秦军射死。

赵巧儿送灯台——一去不回

相传，鲁班有个弟子叫赵巧儿，心灵手巧却骄傲自大。一次，鲁班向东海龙王借来龙宫图，并许诺以一盏神灯作为酬

谢。做好神灯之后，他让赵巧儿给龙王送去，并告诉他这盏灯只要点燃，就有镇海平浪的神力，并嘱咐他不可让它熄灭。

赵巧儿觉得神灯构造简单，朴实无华，于是自己造了一个更精致更漂亮的灯台，打算送给龙王。他来到东海边，用神灯一照，原本波浪滔天的大海立刻平静下来，并分出一条道路来。赵巧儿沿着水中的道路，很快来到龙宫，见到龙王。龙王看到神灯很满意。赵巧儿急忙拿出自己的灯台，把神灯的灯芯和灯油倒进自己的灯台里，没想到神灯一灭，海水立即扑过来，淹没了龙宫。赵巧儿还没明白是怎么回事，就葬身大海了。

后来，人们用"赵巧儿送灯台——一去不回"这句歇后语告诫后人做事要谦虚谨慎，切不可像赵巧儿那样狂妄自大，自以为是。

昭君娘娘和番——出色（塞）

汉宣帝时，汉朝鼎盛，而匈奴由于贵族争夺权力，互相攻打不休。其中，匈奴呼韩邪单于被他哥哥郅支单于打败，南迁至长城外的光禄塞下。为保其统治地盘安定，呼韩邪和大臣商量，决心跟汉朝和好，约定"汉与匈奴为一家，勿得相诈相攻"，并三次入朝，向汉元帝请求和亲。有个宫女叫王嫱，也叫王昭君，长得十分美丽，又很有见识，自愿到匈奴去和亲。汉元帝封她为公主，并准备了丰厚的嫁妆。她到匈奴后，被封为"宁胡阏氏"，象征她将给匈奴带来和平、安宁和兴旺。后来呼韩邪单于在西汉的支持下控制了匈奴全境，从而使匈奴同汉朝和好达半个世纪。

由于王昭君远嫁的地方在光禄塞下，

后来人们便把昭君娘娘和番称作"出塞"。"塞"与"色"谐音，因此延伸出歇后语"昭君娘娘和番——出色（塞）"，用来表示对某人或某物的称赞。

郑庄公挖地道——不到黄泉不相见

郑庄公的母亲姜老太生了两个儿子，郑庄公是老大，公叔段是老二。姜老太因郑庄公早产畸形而偏心二儿子公叔段。武公去世，庄公继位，姜老太仍不死心，伙同二儿子公叔段起兵谋反。庄公识破了姜老太母子的野心，用"调虎离山"打败了姜老太母子的阴谋，公叔段被杀，庄公把姜老太迁居到"颖"地，并发狠说："不到黄泉，决不见母"。

时间一久，庄公自己也感到将母亲遣往"颖"不是太合适。于是想请老夫人回来母子团聚，但是毕竟自己是一国之君，说出的话不能反悔。"颖"地的一个小吏"颖考"就给郑庄公出主意让人挖个地道，直到有泉水时方止，再在地下盖个房子，郑庄公母子就可以在地下的房子里见面了。郑庄公听从了他的建议，母子二人也得到了团聚。

后人用"郑庄公挖地道——不到黄泉不相见"来形容双方反目成仇，誓不往来的情况。

周幽王点烽火台——千金一笑

周幽王的宠妃褒姒，很少笑。为了博得褒姒一笑，周幽王不惜重赏。有一次，他竟然接受了一大臣的建议用烽火戏弄诸侯来取悦褒姒。烽火台是为防备异族侵扰保卫镐京安全，请求四周的诸侯援助所建。周幽王竟然把烽火台当作开玩笑的工具。他带褒姒来到城楼上，命人点燃烽火，四周诸侯看到报警信号，纷纷发兵营救，个个气喘吁吁、汗流浃背，不断向城下涌来，一片兵荒马乱的景象。褒姒一见，露出了难得的笑容。诸侯们知道上了大王的当，十分愤怒，各自带兵回去了。没多久，西戎真的打到京城来了。周幽王赶紧把烽火点燃。诸侯上回上了当，这回又当是在开玩笑，全都不理他。周幽王终于付出了灭亡的代价。

现在人们常用此歇后语来讽刺周幽王荒淫无道，拿国家大事开玩笑，最终招来杀身之祸，也用来形容某事很难办到，就像哄褒姒一笑那样。

周瑜打黄盖——一个愿打一个愿挨

在赤壁之战中，为了帮助周瑜早日打败曹操的80万大军，诸葛亮向周瑜提出了火攻曹操水旱大营的作战方案。为配合火攻曹营的方案，必须有人假装受皮肉之苦后投奔曹操。周瑜的部下黄盖自告奋勇，使用了"苦肉计"，骗过了曹操派来的奸细蔡中、蔡和兄弟，并诱使曹操上当。最后使用诈降之计火烧曹营，打败曹军，取得了赤壁之战的胜利，从而奠定了三足鼎立的基础。

由于这个计策是事先商量好了的，又是黄盖自告奋勇挨打的，自然是一个愿打一个愿挨。所以"周瑜打黄盖"成为歇后语，其下一句就是"一个愿打一个愿挨"，近同"两相情愿"的意思。现在人们在用以比喻两方面都愿意的事情时，常常引用此歇后语。

猪八戒吃人参果——不知其味

唐僧四人翻山越岭来到了五庄观。两个小童奉师傅提前嘱托，摘了两个"人参果"给唐僧吃。唐僧以为是小孩子不敢吃，猪八戒偷偷看见了，馋得直流口水，就叫大师兄孙悟空去偷几个来吃。孙悟空打了三个人参果回去，再把沙和尚叫过来一起吃。人参果孙悟空一个，沙僧一个，猪八戒一个，猪八戒早馋得不行了，拿过人参果就塞在嘴里，咕咚一声，连嚼也没嚼就咽了，人参果是什么味道都没尝出来。

后来人们便把"猪八戒吃人参果——不知其味"这句歇后语流传开来。比喻吃东西狼吞虎咽，来不及细尝。也比喻看书做事贪多，实则无所收获。

猪八戒照镜子——里外不是人

猪八戒前身是天蓬元帅，因犯天条被玉皇大帝逐出天宫，贬谪凡尘，错投猪胎来到人间。见高老庄高员外家三女儿长得漂亮，便想娶她为妻。高员外的三女儿十分不愿意，决定用巧计摆脱猪八戒的纠缠。于是，她找来一面镜子，问猪八戒"镜子里面是什么？"猪八戒刚说："是猪……"高小姐不等他说完就说："行了，你自己说是猪，是猪便不是人，不嫁！"猪八戒急了，说："我说是猪八戒而不是猪。"小姐继续问他："镜子里面的且不说，那镜子外面的是什么？"猪八戒又回答说："天蓬元帅！"高小姐又问："在什么地方当元帅？"猪八戒回答在天宫。高小姐又以天宫的是天神而不是人拒绝了猪八戒。

后来便流传下来了"猪八戒照镜子——里外不是人"这句话。现在人们常常把自己做了事情，反倒得罪了好几方面的处境比作"猪八戒照镜子"。

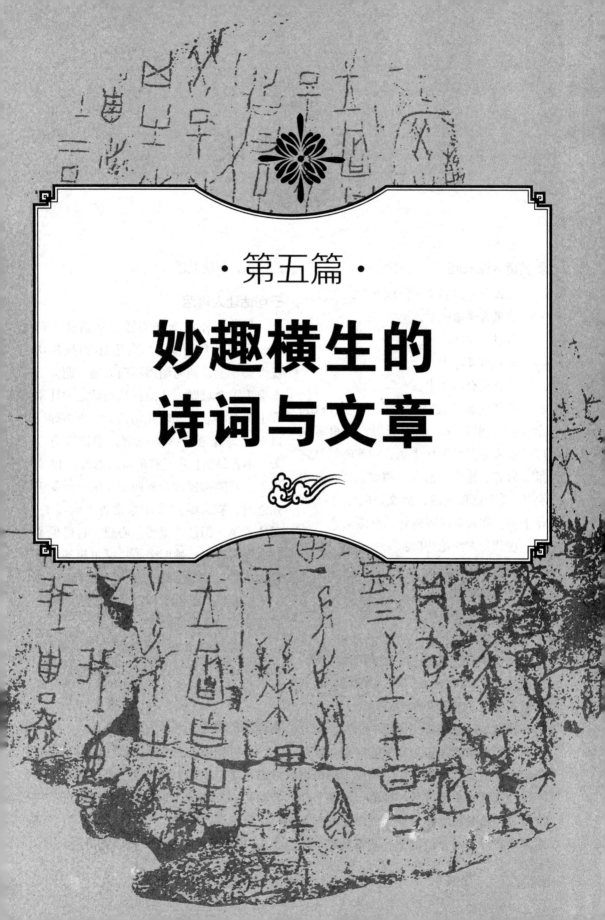

· 第五篇 ·

妙趣横生的
诗词与文章

修辞趣谈

著名诗人遭质问

杜牧有一首名诗《江南春》：

千里莺啼绿映红，

水村山郭酒旗风。

南朝四百八十寺，

多少楼台烟雨中。

明代杨慎读此诗后，在《升庵诗话》中说："千里莺啼，谁人听得？千里绿映红，谁人见得？若作十里，则莺啼绿红之景，村郭、楼台、僧寺、酒旗，皆在其中矣。"关于这种见解，何文焕驳斥道："即作十里，亦未必尽听得着，看得见。"

唐代诗人卢纶诗曰：

月黑雁飞高，

单于夜遁逃。

欲将轻骑逐，

大雪满弓刀。

华罗庚读完此诗后，觉得不合逻辑，并做诗质问："北方大雪时，群雁早南归。月黑天高处，怎得见雁飞？"

杨慎与华罗庚读完诗后的指责，充分表明他们混淆了逻辑与修辞的区别。修辞是指在使用语言的过程中，利用多种语言手段使表达效果更好的一种语言活动。而逻辑是在形象思维和直觉顿悟思维基础上对客观世界进一步的抽象。两者具有本质

的区别，不能混淆。

三句话让人落泪

据说，作家李准能够三句话让人落泪。在演员常香玉"舞台生涯50周年庆祝大会"上，他与谢添不期而遇。谢添给李准出了个难题，让他在几句话之内让常香玉哭一场。在寒暄几句话后，李准即兴讲演，娓娓道来："香玉啊，咱们能有今天，不容易啊！您是我的救命恩人！10岁那年，我随难民逃荒到西安。眼看就要饿死之时，有人喊：'大唱家常香玉放饭了'我捧着粥，泪往心里流。心想，日后见了救命恩人我得给她叩个头！哪里想到'文化大革命'，您被押在大卡车上游行……"

"老李，别说了！"常香玉捂着脸，转过身，泪水汹涌而下……

李准根据语境，选择了适当的修辞，精心准备了说话的内容，才能达到三句话使人流泪的预期结果。

鲁智深的回答

在打死镇关西之后，鲁智深为了保全性命，决定削发为僧。剃度时，法师问鲁智深："进行寿，不近色，汝今能持否？"

鲁智深答："能"。

"进行寿，不沾酒，汝今能持否？"

"能"。

"进行寿，不杀生，汝今能持否？"

"知道了"。

不杀生，鲁智深是做不到的。但是他又不能回答"不能"，如果这样的话他就不能为僧，他若回答"能"，就不符合自己的心愿。"知道了"这种回答，既不违背自己的意愿，也能顺利为僧，回答得十分贴切。

语言的应用是否和当时的语境相符合，就是语言应用是否得体的问题。语言应用得体要考虑四个方面的因素，即对象、场合、目的和语言表达方式。得体就是指能根据语境条件恰当地使用语言，即用语能根据表达的目的、对象、场合、方式的差异来调整，与语境保持和谐一致，分寸得当。

简洁的力量

简洁，就是使用较少的词语来表达较丰富的意思和内容，也就是"言简意赅"。杜甫的《登高》有这样两句诗"万里悲秋常作客，百年多病独登台"。短短14个字，却将悲伤表达得淋漓尽致，真不愧为简洁的典范。

要做到简洁并不难，关键是句子要短，结构也要尽量简单，不重复，少用长句和过多的修饰词语，尽量一句话说完。人们都喜欢表达较丰富含义的简短语言，而不是听滔滔不绝的长篇大论。

难得糊涂

"人生都道聪明好，难得糊涂方为真。"郑板桥的这句"难得糊涂"是无数人的座右铭。聪明难，糊涂难，由聪明转入糊涂更难。

有一次，一个人去吃火锅，顾客点餐后服务员说："送您两份水饺。"可是上菜后顾客发现只有一份，便询问服务员。服务员答道："对不起先生，两份水饺放在一起了。"

"份"是用来计算水饺数量的一个单位，服务员巧妙地运用了量词的模糊特征，使问题迎刃而解。现实中，模糊语言的使用，会使语言的表达更加富于弹性。不但可以达到委婉含蓄的表达效果，还能创造幽默诙谐的氛围。因而，模糊语言的巧妙使用，是语言交际中的重要策略。

朱元璋和他的儿时伙伴

朱元璋做了皇帝后，一个儿时的伙伴前来求见。那人进了大殿，即三叩九拜，说道："我主万岁！当年微臣随驾扫荡芦州府，打破罐州城。汤元帅和豆将军半途逃跑，后又杀来了红小子，幸亏最终蔡将军解决了问题。"朱元璋看着眼前儿时伙伴，听他夸大其词地讲述儿时的事儿，极为高兴，他立即吩咐身旁太监，重重地犒赏了儿时伙伴。

这一消息让另一个朋友知道了。他见到朱元璋之后，便说道："皇上，那时候俺俩都给人放牛……你只顾从地上抓豆子吃，结果把红草根卡在喉咙中……"没等他说完，朱元璋就命令道："推出去斩了！"

这两个穷朋友要表达的意思相同，但是结果却截然不同。原因是前者把握好了语境，而后者没有注意到语境变化，才留下了血的教训。把握语境就是要求人们在语言交际中能够正确分析和判断，准确地理解和运用语言。

武则天的无字碑

位于陕西省的乾陵，是唐高宗李治与女皇武则天的合葬陵墓，墓前立有两块高大雄浑的石碑，西面是"述圣记碑"，主要是歌颂唐高宗的功绩。东面是武则天的"无字碑"。

武则天为什么要立一座"无字碑"呢？第一种说法认为，武则天立"无字碑"是用以夸耀自己，表示功高德大非文字所能表达；第二种说法认为，武则天立"无字碑"是因为自知罪孽重大，感到还是不写碑文为好；第三种说法认为，武则天是一个有自知之明的人，立"无字碑"是聪明之举，功过是非让后人去评论，这是最好的办法。

武则天是想通过"无字碑"来表达自己的思想，可以看作是"无言的表达"。"无字碑"属于特殊的语用现象，语用中潜藏的信息得放入特定的语境中才能体会出来。

衣服落在眼里

有一天，老王和朋友老林突然在街上碰面了。老林说："老王，最近在哪里发财了？"老王说："还发财呢，都下岗了！最倒霉的是那天和女儿上街，沙子落进孩子眼里了，几百块钱就花进医院里去了。"老林说："哎，那天我和老婆逛街，一件衣服落进她眼里，几千块钱就花进商场里去了。"

老王和老林都用了一个"落"字，但是意义却完全不同。前者使用的是"落"字的本意，就是物体掉下来的意思；而后者的"落"字是指物体触及视线。老林巧妙地根据语境，使谈话更加幽默诙谐。语

境对语言的表达有非常重要的作用，而语言也会影响到语境，还能创造出语境。

"托拉斯"与"拖拉死"

在《水兵俱乐部》这部电视剧中，有如下情节：出海很久返航后，海军某部的财务处长回到部队驻地时，惊奇地发现，没有工作的妻子居然在路边摆了一个地摊卖报纸，心里非常难受。接下来，夫妻两个进行了如下的对话：

妻子说："你别小看我今天只是摆个地摊卖报纸，说不定明天我就成了报业的托拉斯呢。"

丈夫不屑地说："不是我说你，还明天成为托拉斯呢，我看今天你就能把我拖拉死了。"

"托拉斯"和"拖拉死"这两个词是谐音双关。前面的"托拉斯"为"拖拉死"创造了谐音双关的语言环境。如果没有上文的语境，就不可能有下文的"拖拉死"。不同的语言能创造出不同的语境，而语境反过来也能制约语言的表达。

读菜谱也能让人流泪

作家秦牧在《语林采英》这本书中写过一件逸事："某国的一位著名女演员，拿着一张纸，用外语当众朗诵，她用演出悲剧时的语调，声音苍凉而凄苦，观众席上竟然有不少人为之流泪。起初人们并不知道她究竟朗诵的是哪部著名的悲剧。后来，大家才弄清楚，那张纸只不过是张菜谱而已。"

读菜谱也能使人流泪，真的很神奇。一张菜谱上边除了菜名，没有其他任何与社会相关的内容，而且还是在使用外语的情况下，却能够使人流泪，可见朗诵者的

声音该是多么的让人动容。声音只有在能够让听众产生共鸣的时候，才能真正地打动听众。说话发声是一门艺术，即使同样的语言，由不同的人发声，就可能产生不同的效果。语音发声在改变语言信息方面具有非常重要的作用。

文章改罢自长吟

"文章改罢自长吟"是许多作家给我们提供的宝贵经验，这些经验告诉我们，改文章首先要检查语音是否协调。如果想要语言有更强的感染力，必须要让语言和音乐相结合。

调配音节的目标是使音节匀称，音节匀称主要表现在以下几个方面：句子内部的音节不能忽多忽少；句子之间的音节是对应的；句子长短要相同。

鲁迅先生的《从百草园到三味书屋》中有这样一段话：

扫开一块雪，露出地面，用一根短棒支起面大的竹筛来，下面撒些秕谷，棒上系一根长绳，人远远地牵着，看鸟雀下来啄食，走到筛下时将绳子一拉，便罩住了。

这段话中，前边的大多数句子都是用双音节词语，而且比较口语化；而"筛""下""时"这三个单音节词的使用，加重了书面语的色彩，就很不匀称。鲁迅将它改成了"……走到竹筛底下的时候……"，这就符合了口语的习惯，不但增强了节奏感，还体现了音节的匀称美。

叠韵双声之美

叠韵是指两个音节的韵母相同；双声是指两个音节的声母相同。

叠韵双声是汉语特有的表达方式，而且具有特殊的表现力。关于叠韵双声的语言效果，李重华在《贞一斋诗说》中写道："叠韵如两玉相扣，取其铿锵；双声如贯珠相连，取其婉转。"王国维也曾在《人间词话》中写道："余谓苟于词之荡漾处，多用叠韵，促节处用双声；则其铿锵可诵，必有过于前任者。"

历代有很多诗人使用叠韵双声。谢灵运曾写过："石浅水潺潺韵诗。"而且因为叠韵、双声字的大量使用，谢灵运还形成了自己特有的繁复、典丽的风格，这也是谢灵运山水诗的最显著的特征之一。

在使用叠韵双声的时候，必须要避免叠韵或者双声的单一运用。叠韵双声是汉语言独有的一个审美特征，而且还拥有音乐美感。

说话注意重音

父亲发现儿子经常在背地里喝酒，非常恼火。终于有一天，忍无可忍的父亲对儿子说："以后，你要再敢背着我喝酒，我就打死你。"

儿子说："别打别打，我发誓，从今天开始，我一定不背着您喝酒了！"

在警告儿子的时候，父亲错把重音放在"背着我"三个字上。而儿子也把父亲的话曲解成，只要不背着父亲，喝酒还是可以的。可见，在日常的交流中，重音也是一种很重要的修辞手法。而且重音的巧妙应用，还会使表达效果更好。

重音主要有四种类型：语法重音、逻辑重音、修辞重音、感情重音。重音的主要特点表现在，音域的扩大和时间的延续性上。除此之外，重音还能够增加语音的强度，听起来更加的突出和清晰。即使对话双方是在耳语的时候，也能很好地分辨出说话的重点。

第五篇 妙趣横生的诗词与文章

"一共六千斤"

在古华的小说《芙蓉镇》里边有这样一段话：

他后来又养了两胎，仍是"过路货"。如今一共六千斤（六千金）。有时人家问男人有几个女崽，男人总是闷声闷气地举起指头，报田土产量一样："三吨。"

这段话中的数量词"六千斤""三吨"，与"六个女孩"并不是同义词。而作者在这个语境中，创造性地使这几个词的意义相同，构成了同义关系，使得表达更加生动活泼。

袁鹰在《蓦然回首中》写道："无论几十桩毛病，几百条缺点，但是到了是非黑白的紧要关头，爱和憎是强烈而鲜明的。"在这句话中，"缺点"和"毛病"是同义词，但是如果这两处同时使用一个相同的词语的话，那么此句话就有重复，读起来也会减色不少。

同义词的使用，不仅可以避免语句的重复，而且还能够产生美感。要使语言取得好的表达效果，同义词的使用也是很好的选择。

李逵眼中的输赢

在电视剧《李逵》第一集中，有这样一个片段：李逵和人打赌，输掉了宋江暂时存放在他那的银子，然而他却蛮横地又抢回了输掉的银子。宋江教育他说："你输了，就应该愿赌服输。"可是李逵却说："哪里是我输了？分明就是他赢了我的银子。"

李逵的这句话显然承认了对方"赢"了，但是却不肯承认自己"输"了。"输"和"赢"其实是对反义词。编剧在这里巧妙地运用了这样一组词，既很好地体现了李逵的性格，又能增添情节的生动性和形象性。可见，反义词的正确运用，能够使语言更加生动形象。

反义词大致有两种：一种是固定的对立，即使不需要语境的提示，也能明显地表达矛盾性或者对立性；一种是临时的对立，这种词是在一定语境提示下才是反义关系的，脱离了语境，这种关系也就不存在了。

作家酬谢医生

英国作家理查德·萨维奇曾经患过一场大病，幸亏医生医术高明，才挽救了他的性命。作家十分感激，送去厚礼以示感谢。医生委婉地说道："我救了你一条命，你应该用一生来报答我。"

"我明白"，作家微笑着说，"请您把我的'一生'拿去吧！"。说完，他顺手把《理查德·萨维奇的一生》递给了医生。医生接过书来哈哈大笑。

医生所说的"一生"是指人的生命过程，而作家的"一生"指的是他自己的自传。理查德·萨维奇巧妙地运用了"一生"的多义性，既很好地回答了医生的问题，也创造了幽默的气氛，可谓一举两得。

多义词是指具有几个彼此不同而又相互关联意义的词，这些意义是同属一个本义或基本意义的引申。多义词的使用，能给语言的表达带来很多好处。这能给听众或是读者更多的遐想空间，也能使他们获得丰富的美感。

家庭关系

两个女同事在聊天。

A：小王和我谈了两年朋友了，今天总算和我谈起了家庭关系了。

B：好啊，你们终于可以结婚，组建家庭了。

A：他说，他已经结婚了，而且还有两个孩子！

对话中的"家庭关系"，可以指没有结婚的人，如何建立家庭关系的问题；也可以指结了婚的人，家庭内部的各种关系。短语的多义性，除了它所指的本意外，也可以指因语法关系所导致的多义性。例如"东坡肉"，既可以理解为"东坡身上的肉"，也可以理解为"东坡制作的肉"。只有根据语境正确理解短语的多义性，才能避免不必要的误会和曲解别人的本意。

自己贴邮票

一个男孩走进邮政大厅，一只手拿着一封信，另一只手拿着早就准备好的一张邮票。进去以后，他把信和邮票一起交给了女职员，女职员说："孩子，要你自己贴上邮票才行啊。"只见，这个孩子一边把邮票贴在了自己的身上，一边自言自语地说："真是搞不明白，为什么要把邮票贴在自己身上，才能把信寄出去呢！"

"你自己贴上邮票才行啊"有多重含义，一种意思是"自己把邮票贴在信封上"，而另一种意思则是"把邮票贴在自己身上"。相同一句话，却有截然不同的两种含义。而上文中的小孩就是错把女职员的话理解成了第二种意思，结果就闹出了笑话。单句多义性的存在，除了要求我们能正确地使用外，还要求我们要正确地理解句子的含义，以免闹出笑话来。

半仙算命

有个半仙，自称很会算命。小张家境很好，但是仍然跑去找半仙算前程。半仙端详片刻，对他说："妻贤夫事顺，子孝父心宽。"后来，有个家境不太好的小李也去找半仙算命。小李的妻不贤惠，子不孝顺，但是半仙还是说了与上边相同的一句话。小李听后，面露愠色，十分不悦。半仙看到此种情况，立马解释了一番。小李频频点头，心甘情愿地掏出钞票，信服地离开了。

同样一句话，为什么可以使不同的人都信服呢？原来，对于这句话，半仙做出了不同的解释。对小张，半仙的意思是，你的妻子贤惠，儿子孝顺，所以你的事业顺利，心情舒畅；对小李，半仙的意思是，如果妻贤则夫事顺；如果子孝则父心宽。半仙的解释使小张、小李都心服口服。其实，半仙只是在不同的语境中运用了复句的多义性，才使相同的句子表达了不同的意思。

"全部"与"全不"

一次，某单位的播音员在广播本单位的一条消息时说："经过检验，第五车间的产品全部合格。"这条消息播出以后，该车间的职工立即找到了广播稿的作者，表达了他们的不满："凭什么说我们车间的产品全不合格。你有什么证据证明吗？"作者说："我们没有这么写啊，是你们误会了，不信咱们到广播室看看原稿。"拿出稿件一看，上边赫然写着"全部合格"，几个职工傻眼了。由于"全部"和"全不"读音完全相同，在口头传播时难免引起误会。如果作者把"全部"写成"全都"或"全部都"那么就不会产生这样的误会了。

有些同音字，写在书面上和用口头表达所表示出来的意思完全不同，可能会引起意思的混乱。因此，我们在进行口头表达的时候，应该谨慎地使用同音词，以免引起误解。

卓别林巧省转让费

1938 年 10 月，幽默大师卓别林写成电影剧本《独裁者》，这是一部讽刺和揭露希特勒的电影。1939 年春天，当影片即将开拍的时候，派拉蒙电影公司说："哈定·戴维斯曾写过一部闹剧《独裁者》，所以这个名字是他的财产。"卓别林派人与其谈判，未果后，卓别林亲自登门商谈，但是派拉蒙电影公司要求卓别林支付 25000 美元的转让费，否则就要起诉他。卓别林眼前一亮，当即将电影名字改成《大独裁者》，且风趣地说："你们写的是一般的独裁者，而我写的是大独裁者。这两者之间是风马牛不相及的。"就这样卓别林省去了 25000 美元的转让费。

卓别林之所以能省去转让费，是因为他正确运用了修饰词，使语言的结构和表达更加的严密。此外，修饰词的使用，还能使语言更加优美。

诸葛恪替父解难

一次，孙权大宴宾客，兴起之时，想起诸葛瑾的脸长，好似"驴脸"。于是他让人牵来一头驴，并在驴脸上贴了一幅字，上边写着："此诸葛瑾。"

当时，诸葛瑾的处境十分的窘迫，恼也不是，笑也不好。

正当他不知所措的时候，他的儿子诸葛恪含笑上前，挥笔在字幅后边加上了"之驴"两个字，化解了当时的尴尬气氛。满座宾客无不赞叹，诸葛瑾也长长地舒了

口气。孙权十分高兴，于是便将这头驴赐给了诸葛恪。

诸葛恪之所以能轻而易举地化解当时的尴尬气氛，正是由于他聪明地运用了语言的艺术，使得字幅的意思发生了改变。同样的词语，只要稍加修饰或者是改变词语的顺序，不仅能够使句子的意思改变，还会使得句子的表达更加准确，语句也会更加的优美。

不怕辣、辣不怕与怕不辣

全世界有 60 多亿人口，有 40% 左右的人是好吃辣椒的，尤其以东南亚、中东、地中海沿岸和南美科迪勒拉山系一带为甚，辣椒是他们餐桌上的美味佳肴。在我国，很早以来就有一段有关吃辣椒的顺口溜：湖南人不怕辣，四川人辣不怕，贵州人怕不辣。可见，这三个地方吃辣椒也是出了名的。这段绕来绕去话，还真有点像"吃葡萄不吐葡萄皮"那段著名的绕口令相声段子呢！

"不怕辣""辣不怕"和"怕不辣"，组成这三个词的汉字完全一样，只是字的顺序不同罢了，但是表达的意思也是有所不同的。相比较而言，"辣不怕"比"不怕辣"表达的程度要深，而"怕不辣"表达的意思更强烈。可见，同样的几个字，如果使用时的顺序不同，那么表达的效果也可能不同了。

"止步！阿明！"

假如，某一天，一个叫阿明的盲人，正朝着河边走去，当他离汹涌的大河只剩半步，而你又来不及拉住他的时候，你将如何叫住他？一般人都会脱口喊道："止步！阿明！"而如果使用"阿明！止

步！"这种常规的语序，可能不如前一种的表达好。因为俗话说，时间就是生命，"止步"的早说与晚说，关系到生死的差别。

说话作为一种语言行为，和其他的行为一样，会受到感情因素的影响。语序排列，同样凝结着人们的情感。文章和对话要打动人心是应该带有感情色彩的，即使是理论文章也未尝不可以具有抒情因素。而表达感情的一种很好的方式就是使用语序排列，不同的语序可以表达出不同的感情和意图。独具匠心的语序安排也能达到意想不到的效果。所以，根据具体情况安排合适的语序，才能够使表达更加准确和精彩。

卫士抢吃不死之药

《战国策·楚策》中记载了这样一个故事：有人要入宫，献不死之药给楚荆王。到了宫门口的时候，遭到了宫门守卫的盘问。于是，送药人便说明了来意。卫士便问："可食否？""可。"送药人回答。听罢，卫士伸手夺过不死之药，便吞了下去。送药人见此情景，不知该如何是好。

"可食否？"卫士想问的是自己能不能吃。"可。"献药人说的是"此药可以供人吃"。这里造成误解的主要原因是语言成分的省略。"食"是双向动词，既涉及动作的发出者，也涉及这个动作的支配者。上边的对话就是由于主语的省略，因而才造成了误解。

写文章和说话的时候，不是每个句子成分都要出现，可以省略不说自明的成分。但是如果不注意语言省略的条件，可能会造成不必要的误会。所以要在表达精确的条件时，适当地进行省略。

文学作品中的"蒙太奇"

蒙太奇是电影艺术的一种手法，是一种把分切的镜头组接起来的手段。蒙太奇是将摄影机拍摄下来的镜头，按照生活逻辑、推理顺序、作者的观点倾向及其美学原则联结起来的手段。下边也有一些零散的镜头：

A.一个人狂奔。B.一片漆黑的夜景。C.子弹划过夜空，传来枪声。如果把这三组句子按不同顺序排列，效果就不相同。

第一种情况：A.一个人狂奔；C.子弹划过夜空，传来枪声；B.一片漆黑的夜景。这样表达出来的意思是奔跑的人被击毙了。

第二种情况：C.子弹划过夜空，传来枪声；B.一片漆黑的夜景；A.一个人狂奔。这样表达的意思是狂奔的人没有中枪，逃跑了。

文学作品中的"名词排用"，就像"蒙太奇"，将一系列名词和名词性词组排在一起，并且还省略了介词和连词等的一种语用艺术。

何逊与杜甫诗句的比较

梁代诗人何逊在《入西塞示南府同僚》有诗云："薄云岩际出，初月波中上。"这是一幅叙述性的静态画。

而在唐代诗人杜甫的《宿江边阁》中，有诗云："薄云岩际宿，孤月浪中翻。"

何兆鳌在《杜诗详注》中评价说："何诗尚在实处摩景。此用前人成句，只转换一二字间，便觉点睛欲飞。"杜甫的诗形象生动，因为他精心地锤炼了动词，将"晓月"拟人，赋予其"翻"的动作。

这个句子的精彩之处就在于巧妙地运用了动词。

要想提高修辞效果，就要锤炼好动词，因为动词是语言中最活跃最敏感的成分了。写文章或者说话时，如果能用到几个新鲜活泼的动词，不但能起到画龙点睛的作用，而且还能增强语言的感染力。动词的使用，需要我们好好地研究，在平时的写作中，还要注意技巧的积累。

制鼓歌的长与短

以前流传了一首制鼓歌："紧紧蒙张皮，密密钉上钉。天晴和下雨，打起一样音。"短短20字，把制鼓的过程和效果都表达得清清楚楚了。但是，有人嫌歌词太长，就删了几个字，变成："紧紧蒙，密密钉。晴和雨，一样音。"之后，有人又把它变短了，就成了"紧蒙密钉，晴雨同音"。

原来的歌词句子较长，修改后，歌词简短了，但是表达的意思严密了。蒙和钉的对象都不清楚。因而，长短句的选择还是至关重要的。

长句是指词语多，结构复杂的句子；短句是指词语较少，结构简单的句子。长句、短句各有其优点。恰当使用长句，可以使表达精准、细致，可以使各种思想感情表达得很细腻，还能使语意连贯；短句可以使表达简洁、有力，说者简捷，听者明白。

有趣的开场白

德国某省长迈耶斯博士，在某著名大学演讲的开场白中说道："各位女士、各位先生：很抱歉，我的英语说得不太好，请大家原谅。我和英语的关系，就像我和我太太一样，我很爱她，但就是控制不了她，实在没办法。"

迈耶斯博士很难说清"我和英语的关系"，但他故意选择"我和太太的关系"作比，很容易把他和英语之间的关系，说得非常轻松；而且还使听众在幽默的笑声中，清晰地感知到，获得透彻的理解。

迈耶斯博士所用的比喻就叫"明喻"。明喻是最基本最常用的修辞手法，明喻的本体、喻体、比喻词都会在句子中出现，并且比喻关系非常明显。常用的比喻词有：像、似、如、仿佛……为了表示本体、喻体的相似程度，还为比喻词添加了其他的成分，如：很像、好像、非常像……

熟食铺子和局部的真理

钱钟书在《围城》中写道："她（鲍小姐）只穿绯霞色抹胸，海蓝色贴肉短裤，漏空白皮鞋里露出涂红的指甲。在热带夏天，也许这是最合理的装束，船上有一两个外国女人就是这样的打扮。可是苏小姐觉得鲍小姐赤身裸体，伤害及中国国体。那些男学生看得心头起火，口角流水，背着鲍小姐笑个不停。有人叫她'熟食铺子'，因为只有熟食店会把那许多颜色暖热的肉公开陈列；又有人叫她'真理'，因为据说'真理是赤裸裸的'。鲍小姐并未一丝不挂，所以他们修正为'局部的真理'。"

上文中作者使用了"借喻"修辞。借喻是比喻之一，是以喻体来代替本体，本体和喻词都不出现，直接把甲（本体）说成乙（喻体）。借喻由于只有喻体出现，所以能产生更加深厚、含蓄的表达效果，同时也使语言更加简洁。

有力的反驳

德国女数学家爱米·诺德获得了博士学位，但却不能获得大学数学讲师的资格。原因是：这个学校从来没有女讲师。

一次教授会上，大家对她能否成为讲师进行了讨论。一位教授说："怎么能让女人当讲师呢？如果她当了讲师，以后就要当教授，甚至进入大学评议会。难道能让一个女人进入大学评议会吗？"

希尔伯特先生反驳道："先生们，候选人的性别，绝不该成为反对的理由。我请大家注意：大学评议会不是澡堂，而澡堂才是分男女的！"

希尔伯特教授把"大学评议会"和"澡堂"两者联系起来，就组成了暗喻。暗喻又叫隐喻，是本体和喻体同时出现，它们之间在形式上是相合的关系，说甲（本体）是（喻词）乙（喻体）。喻词常由：是、就是、成了、成为、变成等表判断的词语来充当。

济公的唱词

电视剧《济公》的主题歌词是："鞋儿破，帽儿破，身上的袈裟破。你笑我，他笑我，一把扇儿破。南无阿弥陀佛……无烦无恼无忧愁，世态炎凉皆看破。走啊走，乐啊乐，哪里有不平哪里有我，哪里有不平哪里有我。南无阿弥陀佛，南无阿弥陀佛……"

歌词直接描写出济公的衣着破烂、举止滑稽，以及独特的内心独白，他表面装疯卖傻，内心却主持正义的善良的和尚形象。这种修辞方法叫作摹状。

摹状，就是借助视觉直感，用形象的词语把事物的形状、景象、情态等准确生动、逼真传神地描摹出来，以唤起人们的感觉经验，使人如见其形。恰当地使用这种修辞，可以增添语言的鲜明性和形象性，给读者一种身历其境的感觉，留下鲜明的印象。

蟑螂太多了

某校学生入学几个月后，向宿舍管理员抱怨道："宿舍的蟑螂太多了，我都快被它们吃掉了！"

"小伙子，别怕，现在冬天，天气冷，你可以把床搬到楼外边，蟑螂很快就会冻死的。"

"我已经试过了，可是该死的蟑螂又把床给拖回了宿舍呢！"

这里用夸张的手法，虽然言过其实，但是却凸显了蟑螂的数量之多和力量之大。夸张是运用丰富的想象力，在客观现实的基础上有目的地放大或缩小事物的形象特征，以增强表达效果的修辞手法，也叫夸饰或铺张。夸张可分为扩大夸张，缩小夸张，超前夸张。夸张的作用是用言过其实的方法，突出事物的本质，或加强作者的某种感情，烘托气氛，引起读者的联想。夸张往往能引起读者丰富的想象和强烈共鸣。

有趣的手机短信

曾经收到过这样一条短信："干活小心点，生活轻松点，在家快乐点，做人看开点，凡事自然点，朋友多一点，玩得开心点，吃得好一点，亲人多爱点，每天多笑点。"

这条短信之所以有趣，是因为它每一句的句尾都有一个相同的"点"字。这种修辞方法就叫作"同字"。所谓"同字修辞",就是有意把一个或两个相同的字,放在三个以上的语句的同一位置,一般是放在句尾,也可以是句首或句中。这样就可以造成一种特殊的重复,特殊的节奏,而且读起来和谐悦耳、朗朗上口,从而能获得独特的修辞效果。

但是同字与重复却不同。反复是同一个词的重复使用;同字却是同一个字符或同一个音节的重复。使用同字修辞要注意:使用同字的词语要有不同的侧重点,以突出重点;注意规范,不要为了同字而造词语。

庄子与惠施之辩

《庄子·秋水》中曾写过:庄子和惠施一起在濠河的拦河坝上游览。庄子说道:"鱼悠闲自在地游来游去,这是鱼的快乐。"惠施说:"你又不是鱼,怎么知道鱼的快乐呢?"庄子说:"你又不是我,你怎么知道我不知道鱼的快乐呢?"惠施答道:"我不是你,确实不知道你;但是你确实不是鱼,你不知道鱼的快乐,这就足够了!"庄子说:"请允许我追溯到开头的话。你说'你怎么知道鱼的快乐'那句话,表明你已经知道我知道鱼的快乐,然后才来问我。我是在濠河的拦河坝上知道鱼的快乐的。"

"濠梁观鱼"的有趣之处就在于双方的机智幽默。他们都是用了反问句来反驳对方的。反问句,就是用疑问的句式,表达否定的观点。反问句表面看来是疑问的形式,但实际上表达的是肯定的意思,答案就在问句之中。反问的形式比一般的陈述句语气更强,更能引起人们的思考。

读书的境界

王国维在《人间词话》中说:"古今成大事业、大学问者,必经过三种之境界:'昨夜西风凋碧树,独上高楼,望尽天涯路。'此第一境也。'衣带渐宽终不悔,为伊消得人憔悴。'此第二境也。'众里寻他千百度,蓦然回首,那人却在灯火阑珊处。'此第三境也。"

王国维引用诗句,来诠释读书必经的三种境界。第一境是说追求人生目标的心境;第二境是说追求人生目标的艰难和执着;第三境是说目标实现后的喜悦和满足。王国维使用这些词句来阐述"读书的境界",是对本意的升华。

王国维使用的修辞手法就是引用。写文章时,有意引用现成语(成语、诗句、格言、典故等)以表达自己的思想感情,说明自己对新问题、新道理的见解,这种修辞手法叫引用。引用可以使表达更加生动有趣,更具感染力。

一桩委婉的考试舞弊案

唐代的应试需要应考者向名流呈现作品,如若得到赏识,才可以被推荐给主考大人。朱庆余担心自己不能考中,于是临考前写了一首《近试上张水部》的诗来试探名流张水部:"洞房昨夜停红烛,待晓堂前拜舅姑。妆罢低声问夫婿,画眉深浅入时无?"全诗借新娘拜姑舅来进行试探。张籍读出诗中之意,回诗一首《酬朱庆余》:"越女新妆出镜心,自知明艳更沉吟。齐纨未足时人贵,一曲菱歌敌万金。"这首诗明白而婉转地告诉了朱庆余不必担忧顾虑。果然最后朱庆余高中进士。

朱庆余和张籍在这里使用的修辞是婉

曲。婉曲就是不直截了当地表达本意，只用委婉曲折的方式含蓄闪烁的言辞，流露或暗示想要表达的本意。婉曲可分为曲折、微辞、吞吐、含蓄四类。它的作用是可以根据特定的语境，采用委婉的语言表达感情，借此透露言外之意。

如此认真

有个秘书，平时不务正业，就知道逛街购物，涂脂抹粉，对工作则极不认真。一次经理要她打印一份重要文件，经理看了看这份打印得错误百出的文件，无奈地说："白小姐，我记得我特意嘱咐过你，这是一份非常重要的文件。但是让人想不到的是，你对待工作居然如此认真，闭着眼睛就把文件打印出来了，真是太有责任心了。"

上文中，经理所说的"有责任心"，其实是"没有责任心"，是一种软中带硬的批评。此处经理所用的修辞是反语。所谓反语就是运用跟本意相反的词语来表达此意，却含有否定、讽刺以及嘲弄的意思。反语的作用是产生讽刺性，有时比正说更有力量。运用反语手法，能更好地包含深刻的思想和激昂的感情。

巧嘴媒婆

从前有个媒婆，为两个有相貌缺陷的年轻人说媒。他们都希望找个相貌没有缺陷的对象，但是这个巧嘴媒婆却很巧妙地把两个人说到一块了。

她先对塌鼻梁的小伙子说："那姑娘没什么毛病，就是嘴不好。""嘴不好，不算毛病，以后改了就好呗。"

媒婆有对兔唇的姑娘说："那小伙子，什么都好，就是眼下没什么。"姑娘笑笑说："眼下没什么倒是没关系，将来只要我们俩勤劳肯干，不是什么都会有了嘛。"

巧嘴媒婆听闻此言，满心欢喜，让他们把自己的话写了下来。新婚之夜双方都发现了对方的缺陷，都指责起媒婆。媒婆拿出当日他们写的纸条，他俩都哑口无言。

巧嘴媒婆确实说的是事实，但是她用了双关的方法。双关就是利用词的多义及同音条件，有意使语句有双重意义，言在此而意在彼。双关可使语言表达得含蓄、幽默，而且能加深语意，给人以深刻印象。

听琴还是挨一刀

有这样一则笑话：一天，一个喜欢拉琴的人拦住一位路人问道："你是听我拉琴呢，还是挨我一刀。"过路人忙说："那我还是听你拉琴吧。"可是当路人听了不到一半的时候，他"扑通"一生跪倒在地，哀求道："我还是挨你一刀吧！"

这则笑话没有直接说拉琴的人拉的如何难听，但是却从过路人的表现中能够反映出来。这种写法就是衬托。为了突出主要事物，用类似的事物或反面的、有差别的事物作陪衬，这种"烘云托月"的修辞手法叫衬托。运用衬托手法，能突出主体，或渲染主体，使之形象鲜明，给人以深刻的感受。衬托可分为正衬与反衬。前者是用类似的事物衬托所描绘的事物，后者是用相反或相异的事物衬托所描绘的事物。

不不怎么不啊？

贾大山的小说《干姐》中有这样一个故事：以前有个媳妇，结婚五年没有生育。一天，这个媳妇和她的小姑说悄悄话："嫂子，你两口不呀？""不不呀。""不不怎么不呀？"

她俩的对话中都把生育之类的话题省略了。小姑的问话的意思是"你们俩口怎么不生孩子呢？"嫂子的回答意思则是"不是不生啊"。小姑最后一句话是"不是不生，那怎么还没生呢？"双方的"不"虽然没有明说，但是她俩却心知肚明。

这种省略，书面上常用破折号或省略号来表示。省略就是为了表达简捷，省去话中可以省去的字句，有不说可明白时的省笔，有扼要概括的略写。省略的使用可以使句子简洁扼要，表达的意思清晰明白，不拖泥带水。

情意绵绵的绝交信

以前有对男女青年相爱了，但是女方父母却反对这桩婚事，也禁止双方继续来往。即使是往来的信件女方父母也要检查。情急之下，男青年写了一封信：

迄今为止，我对你所表示的爱情全是假的。如今我觉得对你的恶感与日俱增。我与你见面的次数越多，就越容易引起我巨大的反感和厌恶；就越使我感到不能不下决心来恨你。你尽可相信，我从未怀有向你表示求爱之情。我们前次谈话给我的印象极差，丝毫也谈不上它使我对你的人品有了很好的了解。是的，小姐，愿你行行好，别再见我。如果我们结合在一起，那就一定会遭到父母的怨恨，而且一定难得生活幸福。是的，小姐，我希望你不要再无事自扰，费那冤枉心思给我回信。再见，请相信我永远是

你的对头。小姐，我毫无理由成为你至死不渝的爱人。

这封信，乍一看是封绝交信。但是隔行一读，就会发现这是一封情意绵绵的情书。这种写法其实就是镶嵌原理的扩大。在词语中，故意插入虚字、数目字、特定字、同义字、异义字，来拉长文句，称为镶嵌修辞法。可分为镶字与嵌字两种。镶字是用无关紧要的数目字或虚字穿插在字词间，以拉长文句。嵌字是故意用特定的字嵌入语句中，使文字的安排往往形成美妙的辞趣。

"断章取义"的藏词

冯梦龙的《古今谭概·巧言》里有这样一个故事："一士人家贫，与其友上寿，无从得酒，乃持水一瓶称觞曰：'君子之交淡如'，友应声曰：'醉翁之意不在'。"

"君子之交淡如"，是对"君子之交淡如水"的截取。士人的意思是我贫穷买不起酒，只能以水代酒表示祝贺。"醉翁之意不在"是对"醉翁之意不在酒"的截取。友人的意思是祝寿不在于送酒，而在于情谊。

这两个朋友的对话中使用了藏词的修辞方法。为了表达幽默，在运用已熟悉的成语、谚语、歇后语时，故意把其中的另一部分藏去，而只用一部分来表示本意的方法叫藏词格。有藏头、藏尾两种，前者是省去的部分在前边，后者是省去的部分在后边。上文对话中使用的就是藏尾的方法。

大冒，还是小冒？

韶华在《糊涂姑娘荒唐事》中写了这样一个故事：20世纪有个采购员，出差

为厂里办事。办好后，她给厂里发了封电报，内容是：事已成，大泡，还是小泡？电报员迅速向有关部门举报。有关部门认定此事为特务活动。采购员因此遭受了牢狱之灾。电报的真相其实很简单。"冒泡"泛指请客。"小泡"是指300元以下的宴席；"大泡"是指300元以上的宴席。采购员的本意是请示领导，事情办成后，宴请客人的标准。

上面提到的方法其实是借代。借代，顾名思义便是借一物来代替另一物出现。使用时，必须考虑替代的正当性与通用性，尽量不要化简为繁，并且要让文义通顺。恰当地运用借代可以突出事物的本质特征，增强语言的形象性，而且可以使文笔简洁精练，语言富于变化和幽默感。

陋室铭的仿篇

对于刘禹锡的《陋室铭》大家都耳熟能详。有人仿照《陋室铭》写出了《公仆铭》：位不在高，廉洁则灵；权不在大，为公则灵。斯是公仆，服务人民。脚步迈基层，民情入脑深。谈笑有百姓，往来无私情……兰考焦裕禄，赢得万民欢。众人云："公仆精神！"

还有人仿照《陋室铭》写出了《公仆铭》，来批评一些官员：才不在高，有官则名；学不在深，有权则灵。这个衙门，唯我独尊。前有吹鼓手，后有马屁精。谈笑有心腹，往来无小兵……青云直上，随风显精神。群众云："臭哉此人！"

上边的两篇《公仆铭》都是仿照《陋室铭》写出来的，使用的方法是仿篇。所谓"仿篇"就是觉得某篇文章的篇章结构好，再按照它的写法写一篇。

小气鬼的遭遇

一天，一个小气鬼拿了一块布，去找裁缝做顶帽子。裁缝量了布以后告诉小气鬼说，这块布正好做一顶帽子。于是小气鬼就怀疑，裁缝是不是赚了他的布。他又对裁缝说，那够不够做两顶帽子。裁缝说够。小气鬼又问，那够不够做三顶呢，裁缝又说够。就这样，最后小气鬼让裁缝做了五顶帽子。

几天后，小气鬼来取帽子了。当裁缝拿出只能套在手指上的五顶小帽子时，小气鬼才恍然大悟。于是，两人便吵了起来。小气鬼让裁缝赔他的布，裁缝让小气鬼给工钱。两人还打起了官司。法官最后早出判决："裁缝不许要工钱，小气鬼不能要布。做好的帽子全部充公。"

小气鬼和裁缝的争执就是因为语言表达不准确。说话和写文章都要注意语言的准确性，表达意思要实事求是，用语要恰到好处。

莫名其妙的诗

宋代的秀才写了一首诗：

日暖看三织，风高斗两厢。

蛙翻白出阔，蚓死紫之长。

读完诗，大家都感觉莫名其妙。经作者解释，人们才知道他要表达的意思是：

在晴日暖和的日子里，看见三个蜘蛛在织网；

在风高气爽的环境中，看见三只麻雀在屋檐下吵斗。

翻过身来的青蛙像一个白色的阔阔的"出"字；

死了的蚯蚓，像一个紫色的长长的"之"字。

这位秀才写的诗莫名其妙，原因就是"苟简"。"苟简"就是不该简的地方随意的缩减。"苟简"其实是种语病，不但不能给语言带来美感和精干的效果，相反还会影响交流。语言的应用过程中应该杜绝"苟简"，避免给人莫名其妙的感觉。

秀才的尴尬

有个呆秀才，晚上睡觉的时候被臭虫咬了，于是就对妻子说："贤妻，迅燃玉灯。你夫被臭虫所袭。"妻子听后莫名其妙，认为她丈夫在说梦话，没有理他。呆秀才见妻子没有动静，又说道："身如琵琶，尾如钢锥。叫声贤妻，打个亮儿，看是何怪物也。"妻子还是没有理他，继续睡觉。又过了一会，秀才被臭虫咬得受不了了，喊道："老婆子，快点灯吧！我快被臭虫咬死了！"妻子起身，埋怨道："早这样说不就好了嘛！"

秀才们不顾语境，故作高雅，使日常交流出现了困难。口头语是相对于书面语而言的，日常交流要符合口语标准。口头语一般用于交际双方直接接触的场合。双方同处交际场合，有语言之外的因素辅助表达，因而口头语使用短句、单句、省略句比较多。口头语具有三个特点：一是说话的人直接参与的；二是日常的、自然的、非正式的；三是非标准化的。

吓人的学术语言

谢毅先生在《关于"辞主乎达"及其他》中，谈到他的一位学长的故事。这位学长在阅读一位研究生的论文时，突然感到了一种强烈的落伍感，因为他居然读不懂自己指导的学生写的文章了。可是他又实在不愿相信自己已经落伍到这步田地。

于是他下决心对这篇文章逐字逐句地进行推敲、琢磨。当终于把文章读通以后，他生气了。他质问那位学生："你为什么要用大家听不懂的话来讲述人们早已明白的浅近道理？"学生答复是："要是按老师的要求去写，这篇文章就没有多大意思了。"

其实，文章的好坏并不在于刻意的雕琢，而在于用朴实的语言写出精彩的文章。语言朴实的作品常常具有撼人心魄的力量。"清水出芙蓉，天然去雕饰"，这种至真、至纯、至善、至美的作品常常与我们内心深处的质朴与纯真契合，从而引发我们内心久已不在的美好感受。

家具不能打人

曾见过这样一首诗：

家具啊！

你们拥有强大的权利，

你们能叫人厌恶、高兴、挨打。

这首诗用了比拟的修辞，但使用得很不恰当，因为椅子是不会打人的。比拟就是把一个事物当作另外一个事物来描述、说明。比拟的辞格是将人比作物、将物比作人，或将甲物化为乙物。运用这种辞格能收到特有的修辞效果：或增添特有的情味，或把事物写得神形毕现，栩栩如生，抒发爱憎分明的感情。诗歌、小说、散文、寓言、童话等经常使用比拟的辞格。比拟可以分为拟人、拟物两类。正确地运用比拟，可以使读者不仅对所表达的事物产生鲜明的印象，而且感受到作者对该事物的强烈的感情，从而引起共鸣。

人比黄花瘦

南宋词人李清照写过一首著名的《醉花阴》：

薄雾浓云愁永昼，瑞脑消金兽。佳节又重阳，玉枕纱厨，半夜凉初透。

东篱把酒黄昏后，有暗香盈袖。莫道不消魂，帘卷西风，人比黄花瘦。

这首词的末句是画龙点睛之笔，其中"瘦"字运用得最好，独具匠心。"瘦"是个极其平常的形容词，但在这里却能极好地描绘出消瘦的体态。而且不但写出了外在的形体，还写出了心情，收到"形神兼备"的艺术效果。

这首词就用了虚写的手法。虚写是一种表现手法，多用于文学、艺术创作的过程中，以达到出奇制胜的效果，尤其在诗词、古典文学、绘画等方面尤为突出。能够给人一种浮想联翩的意境。

什么最肥，什么最瘦？

古时候，有位皇帝想要考考他的臣子们，于是他就出了一道题："什么最肥，什么最瘦？"有个大臣答道："最肥不过蜡，最瘦不过知了皮。"皇帝笑了笑，没有理他。蜡烛里边除了灯芯，外边全是油，而知了皮却也是薄而轻，但是皇帝似乎对这个答案不太满意。另一位大臣说道："最肥不过三月雨，最瘦不过九月霜。"皇帝连连点头赞许。"春雨贵如油"，三月的雨是全年丰收的基础；九月的霜一下，万物凋零，给人一种枯瘦的感觉。

两位大臣都是用了比喻的修辞方法。比喻，即打比方，用某些有类似特点的事物来比拟想要说的某一事物。比喻在内容上有三个要素：一是思想的对象，即本意；二是另外的事物，喻义；三是两事物的类似点。文辞上分为三个成分，即本体、喻词、喻体。

朱自清散文中的叠音词

叠音词，是重复同一个音节所构造的词。重叠音节能增强我们对语言的感受，使听者得到一种回环往复的语音美感。叠音词还能表现亲切、爱怜的情感。文学作品中常常运用这种方法来表达深切的情意。

朱自清在他的散文中就经常使用叠声词，来增强文章的感染力。例如：

1. 花下成千成百的蜜蜂嗡嗡地闹着，大小蝴蝶飞来飞去。这句话叠用"嗡"字，模拟了成群结队的蜜蜂一起飞的声音，让人联想到浓浓的春意。

2. 小草偷偷地从地里钻出来，嫩嫩的，绿绿的。这句话中，"嫩嫩的""绿绿的"写出了小草的形态和颜色，让人备感喜欢。

3. 这里没有什么煤烟，天空干干净净。"干干净净"用来形容威尼斯的天空，使人对威尼斯的天空有了具体而鲜明的印象。

风趣的诡谐

曹雪芹在《红楼梦》中有一段是写宝玉找王一贴要"贴女人妒病的膏药"。王一贴和宝玉说没有，但是有治妒病的汤药。宝玉说道："这也不值什么，只怕未必有效。"王一贴道："一剂不效，吃十剂；今日不效，明日再吃；今年不效，明年再吃。横竖这三味药都是润肺开胃不伤人的。甜丝丝的，又止咳嗽，又好吃。吃过100岁，人横竖是要死的，死了还妒什么？那时就见效了。"

王道士的滑稽诡辩就在于他的结论："吃过100岁，人横竖是要死的，死了还妒什么？那时就见效了。"这些都是信口胡诌，但是却能在一笑之中，使人明白事理。

上文用到的方法就是诙谐。诙谐，修辞法之一，是用似是而非或强词夺理的语言以适应表达上的特殊需要。有时这些看起来荒谬的话，却可以适应表达上的特殊需要。

广告语中的修辞

在广告词中巧妙使用各种修辞，能使原本平实的广告语增添很多色彩和趣味。既使广告语富有艺术色彩，又能增添广告的形象性和亲切感，产生良好的宣传效果。以下的例子能很好地说明广告语中修辞的作用。

例1. 你希望拼搏向上吗？《追求》将为你施加力量；你希望探求知识吗？《追求》将为你开阔视野；你希望排除困扰吗？《追求》将为你指点迷津；你希望消遣娱乐吗？《追求》将以无限乐趣伴随着你。（设问、排比·《追求》杂志广告）

使用设问，会引起读者的注意；使用排比，使句式整齐、层次清楚，条理分明，简单扼要，还反复地强调了杂志能满足公众的某些需求，激发了公众的购买欲望。

例2. 明月生辉映珠江

人间美境在花园（镶嵌、对偶·珠江花园营销广告）

作者将"珠江花园"几个字镶嵌在对偶句中。对偶句简练地传递出这样的信息：珠江花园风景如画、清新高雅。广告语使珠江花园的美景深入人心。

叫卖中的修辞

热闹的市场上，繁华的街道边，各种叫卖声此起彼伏，相互应和。很多叫卖声，不但曲调优美、动听，而且语言形象生动，很讲究修辞。如果仔细分析一下，还能从中学到不少修辞方法。那么不妨仔细品味下下边的例子吧。

1. 部分叫卖声是很注意用词的。如："抓小鸡啰——"，卖鸡人不说"卖"而用"抓"，既给人亲切感，也会使人产生要去"抓"的冲动。"吃豆花啦！""尝春卷！""吃"和"尝"，给人多么亲切的感觉啊！

2. 还有些叫卖声运用了修辞。"萝卜赛梨——""龙眼葡萄，甜如蜜来——吃到嘴里，甜到心来——"各种各样的比喻，把自己卖的商品比作各种大家熟知的东西，给人一种尝试的冲动。"要——西瓜！笆斗大的西瓜，小船大的块！""看一看，比一比！扁担长的带鱼—脸盆大的鳖——"这组夸张，恰如其分地强调出商品的高品质。

笑的夸张和比喻

南丁同志在《科长》中，用夸张的手法来写"笑"，可谓妙笔。不信看下边：

刘局长……笑呢，则是放声大笑，那笑声从他那宽大的胸腔里冲击而出，形成巨大的声浪。如果允许我夸大的话，那笑的声浪震动得桌上的公文、窗上的玻璃，直至窗外的小叶杨树，都窸窸窣窣发抖。而每一次笑之后，刘局长那本来发红的脸上，就好像又让哪位艺术大师涂抹上一层深深的玫瑰色。哎，这才叫笑……

夸张的对象是笑时的"声浪"和笑后的"脸"色。声浪巨大，将办公室内外的东西都"震动"得发抖；脸色发红，红到"深深的玫瑰色"。

"她一笑就发出咯咯的声音，就像炒

豆子的声音一样……""你从前笑起来声震四座，好像一只公鸡报晓。"这些比喻形象地将笑时的情景和声音表达出来了。

引用与反驳的妙用

尼克松在他写的《领袖们》一书中提到，美国社会上广泛流传着一种信念，即美国需要一位真正一流的商人来掌管政府，需要一位已被证明能胜任并能有效地掌管一个大型企业的人。这种信念很明显是不正确的，但是应该怎样来反驳呢？

尼克松总统只用了三句话就解决了这个问题。第一句表明态度："其实，这一点并未切中要害。"第二句表明实质："经营管理是一回事，领导能力却是另一回事。"第三句话则是："正如南加利福尼亚大学商学院的沃伦·本尼斯所说：'经理们的目标是必须把各种事情办得正确，领袖们的目标是必须做正确的事。'"

尼克松用"引用"来反驳，真的很巧妙。引用别人的话可以从侧面表达自己的思想感情和观点看法，具有很强的说服力。

移情、移就和移觉

移情、移觉和移就是三种不相同的辞格。移情是为了突出某种强烈的感情，作者有意识地赋予客观事物一些与自己的感情相一致，但实际上并不存在的特性的修辞手法。运用移情修辞手法，首先将主观的感情移到事物上，反过来又用被感染了的事物衬托主观情绪，使物人一体，能够更好地表达人的强烈感情，发挥修辞效果。如：

感时花溅泪，恨别鸟惊心。（杜甫《望春》）

移就是甲乙两项事物相关联，就把原属于形容甲事物（或人）的修辞语移来属于乙事物，是一种词语活用的修辞手法。简言之，移情是"移人情及事物"；移物是"移形容甲事物（或人）的词来形容乙事物"。如：

这贤良的桌椅，朋友似的亲密。（闻一多《静夜》）

移觉就是在现实生活中，人们的各种感官所产生的各种感觉，如视觉、听觉、触觉、味觉、嗅觉等互有联系，某种感官的感觉可以引起另一种感官的感觉。反映在词语的运用上，可以把描写某种感觉的词语用于另一种感觉。例如：

微风过处，送来缕缕清香，仿佛远处高楼上渺茫的歌声似的。（朱自清《荷塘月色》）

迭映的艺术美感

在文章修辞中，有一种方法叫"迭映"。所谓迭映，就是在句子前后相应位置上，迭用同一词语，这样可以达到节奏和谐、语意丰美的效果。而且使用"迭映"能够增加语句的美感，增加文字的重叠美，使要表现的事物更加鲜明深刻，给读者留下难忘的印象。如：

"树梢树枝树根根，亲山亲水有亲人。""千万条腿来千万只眼，也不够我走来也不够我看。"（《回延安》）这四句中，"树""亲""千万""也不够"，迭映对应，读起来节奏分明，朗朗上口。前两句表现了对延安的亲切之情；后两句表现了延安的变化之大。

寿比滂沱雨更多

一日，姓陶的朋友做寿，郑板桥前去道贺。这天正下着大雨。郑板桥一到，主人便拿出笔墨纸砚，想请郑板桥题字。郑板桥大笔一挥，在纸上写下了"奈何"两字，众人吃惊。只见他又连着写下三个"奈何"。此时众人大惊，主人更是不安，神情尴尬，不知如何是好。大家心想郑板桥这玩笑开大了！郑板桥微微一笑，奋笔疾书起来："今日雨滂沱。滂沱雨祝陶公寿，寿比滂沱雨更多。"这时主人和宾客才缓了口气，轻松地笑了起来。

仔细斟酌郑板桥这首诗，不难发现一个特点：头一句结尾的词，就是后一句开头的词。这种修辞手法就叫顶针，又称顶真、联珠或蝉联，是指用前一句结尾之字作为后一句开头之字，使相邻分句蝉联。这是一种比较常见的对联手法，也很能体现汉字的特色。

诗文中的博喻

古人作诗，非常重视语言的形象性，经常使用博喻的修辞方法。

一次，苏东坡和朋友一起泛舟泗水，南游百步洪。百步洪"悬流迅疾，乱石激涛"，轻舟在激流中飞驰而下，十分惊险。苏东坡于是在《百步洪》中写道："长虹斗落生跳破，青州南下如投梭。水师绝叫凫雁起，乱石一线争磋磨。有如兔走鹰隼落，骏马下注千丈坡。断弦离柱箭脱手，飞电过隙珠翻荷……"在这里，苏东坡一连用了像兔走、像鹰落、像马下坡、像琴弦崩断、像箭脱手、像闪电、像露珠翻荷等七个比喻来形容轻舟的飞驰。七种形象集中起来，突出了"水"和"船"的速度之快的特征。

这种修辞手法，就是"博喻"。博喻，就是用几个喻体从不同角度反复设喻去说

明一个本体。博喻能将事物的特征或事物的内涵从不同侧面、不同角度表现出来。

风趣的旁逸

在说话或写作的过程中，有意离开说话的主旨而旁枝逸出，加以风趣的插说或注释，这种修辞方式叫旁逸。旁逸有插说和注释两种形式。运用旁逸手法，可增添表达的情趣。

叶圣陶在《蚕和蚂蚁》中写道：蚂蚁有些不耐烦，"顽固的先生，怎么跟你说也明白不了，只有亲眼去看，你才知道我不是骗你。我现在有工作，还要去找吃的，不能陪你去，给你一封介绍信吧"。说着，伸出前腿，把介绍信交给蚕——介绍信上的字，要是人类，就得用很好的显微镜才能够看见。

"介绍信上的字，要是人类，就得用很好的显微镜才能够看见"，是对介绍信的"注释"。注释的目的是增加趣味感，这里用到的就是旁逸修辞。

移时的艺术效果

移时是一种修辞手法，是指在表达过程中，故意将发生于不同时代的事物扯在一起，用明显的时空错位，显示特殊的语言情趣。

在《谈谈水浒的任务和结构》中有这样一段话："林冲出身枪棒教师的家庭，是属于小资产阶级的技术员……至于鲁达，无亲无故，一条光棍，也没有产业，光景是贫农或手艺匠出身而由行伍提升的军官。"

众所周知，林冲、鲁达都是古代的人物形象，那个时代不会有"小资产阶级"和"贫农"这一类现代词汇的，评论分析

《水浒》的人物描写，必然会涉及人物的阶级成分，指出《水浒》"善于从阶级意识去描写人物"，不愧为一大创见。

运用"移时"修辞，将古今不同事物融合起来，除具有风趣的艺术效果外，还可以表达各种思想感情，使语言显示出新鲜而有趣的表达活力。

妙趣横生的析字

杨修是曹操身边的一个文职官员，才华出众。有一次，曹操去察看一座新建的花园。看过之后，他便在门上写了个"活"字，就拂袖离去。工匠们不知何意，就去请教杨修。杨修说："'门'内添'活'，乃'阔'字也。意思就是门造宽了。"工匠们这才回过神来，把门重新修窄了一点。修完后，请曹操再来察看。曹操见状十分满意，问道："是谁叫你们改的？"大家说："是您让改的！"曹操又问："哪个知道我门上的意思啊？"答曰："是主簿杨修大人告诉我们的。"

这个故事中，杨修用的是"析字"的辞格。析字就是以字的形、音、义三个方面相契合相连带的关系，借来代替或推衍一种意思，来曲折表意的修辞方法。

诙谐的易色辞格

在王愿坚的《普通劳动者》中有这样一段话："小李偷偷地把绳子往后移了半尺多。这个'舞弊'的做法被将军发觉了，他扭回身抓住绳子往前移过来，不满地说：'这，这不行。'"

这段话中的"舞弊"一词原是贬义，此处却是贬义词褒用了。这种修辞手法就是"易色"。易色，顾名思义，就是色彩的变易，不过目前修辞学界把"易色"主要集中在"感情色彩"的变易上。如倪宝元在《修辞》中说：易色即"变易词语感情色彩"，"褒词贬用，贬词褒用"这种看法很有代表性。简单说就是指变易词语附加意义即"色彩"的修辞格。它包括变易词语的感情色彩、时代色彩和语体色彩等。运用易色能使语言凝练简洁，诙谐幽默，能够收到意想不到的表达效果。

词序变换的奥妙

大草书家于右任是国民党的元老，曾出任过国民党政府监察院院长。那时的一些"国府大员"，表面上衣冠楚楚，但背后却随处小便，搞得国府大院臭气熏天。于老先生没有办法，只得写了一张"不可随处小便"的告示，让秘书贴在墙角处。但不一会儿，告示不翼而飞。由于于老先生的字太漂亮了，而且他老人家从不轻易书字送人，喜欢他书法的人只得揭此字幅来满足自己的欲望。但字虽好看，内容却……但此人聪明绝顶，他把条幅裁成七块，将字序重新排列，改成了"小处不可随便"，并且请人装裱好，即变成了一条颇为严肃的警世箴言。

汉语就像魔方，即使是词序的变化，也会有无穷奥妙。词序也是语法的一种手段，不同的词序，可以构成不同的语义关系。

炼字趣话

白姑千面

相传明末四川才子杨慎被贬云南时，有一次到建水县双龙桥游玩。正在这时，下起雨来，杨慎就到附近的草棚避雨。阵雨过后，他从草棚出来，被眼前的美景所陶醉：雨后的桥畔，攀枝花更艳了，白莲花朵朵开放，娇艳欲滴。这时，他听到有人吟了一句诗"双龙桥红灯万盏风吹不熄"。他看到洗马潭中盛开的白莲花，便吟道："洗马潭白莲千朵雨洒更鲜。"吟完后得意地看着那个人，没想到的是，那个人并没有惊叹，相反却说道："你不觉得这个句子太实在了吗？"杨慎怔住了。过了好一会，他忙向那个人请教，那个人不紧不慢地说道："把'白莲'改为'白姑'，'千朵'改为'千面'，'鲜'改成'艳'。"

的确，那盛开的白莲花不正像姑娘白嫩的脸庞吗？用"白姑"代替"白莲"，不但形象生动，而且和上联对起来也更加贴切、和谐。而原来的实写就不具有这种形象感。

奔走百里改一字

唐代有一位诗人叫任蕃，有一次，当他登上了天台山的中子峰时，触景生情，于是提笔在寺院的墙壁上写了一首诗：

绝顶新秋深夜凉，鹤翻松露滴衣裳。
前峰月映一江水，僧在翠微开竹房。

之后，他又开始了游历生活。在百里之外，他突然想到，如果把上边那首诗的"前峰月映一江水"中的"一江水"，改成"半江水"，就更能写出大江在峰侧半掩半露的情态。于是他便一口气跑了回去，却看见不知是谁已经将"一"字改成了"半"字。此时，他不禁拍手叫好："真是遇到知音了，我这100里没白跑！"

这就是"奔走百里改一字"的故事，诗人奔走了100里路，只因为要改诗中的一个字，而往往我们的文章就在眼前，而懒得修改。诗词、文章的准确性是以对事物细致深入的体察、周密正确的判断为前提条件的。为了准确，选词必须注意词与词之间细微的差别，了解词的"个性"，才能选用最恰当的词语，把思想感情准确地表达出来。

"一字师"的来历

晚唐期间，湖南一位自号衡岳沙门的诗僧齐己写了一首《早梅》诗，携去江西宜春的仰山，向诗友郑谷求教。诗中有这样两句："前村深雪里，昨夜数枝开。"郑谷看完诗后说："'数枝'非'早'也，未若'一枝'佳。"说罢就将"数枝开"改为

"一枝开"。齐己听他这么一说，又见他这么一改，深为佩服，"不觉下拜"，惊叹改用"一"字之妙，即称郑谷为"一字师"。

从此，郑谷这个"一字师"的盛名便在士大夫中广为传扬，有关史籍也先后载入，一直流传至今。

郭沫若的一字师

20世纪40年代初，郭沫若编写的话剧《屈原》在重庆公演，正好郭沫若本人也在那里看戏。台上扮演婵娟的演员张瑞芳念着痛斥宋玉的台词："宋玉，我特别地恨你。你辜负了先生的教诲，你是没有骨气的文人！"郭沫若听着，总觉得缺了点味道。

戏演完后，他就与张瑞芳交谈自己的感受，打算把那句台词改一改。这时，旁边扮演钓翁的张逸生插话道："'你是'不如改成'你这'，'你这没有骨气的文人'就够味了。"郭沫若发觉这样一改果然增色不少，高兴地采纳了张逸生的意见，并尊称他为"一字之师"。为此，郭沫若还特意地写下一篇短文附在剧本后面。

梅兰芳改台词

一次，梅兰芳率领京剧团到汉口演出。在《女起解》一场戏中，梅兰芳扮演的苏三中有这样一段"反二黄"唱段，第一句是"崇老伯他说是冤枉难辩"。沙市京剧团的团委主任郭叔鹏看了梅兰芳的演出，梅先生便向郭叔鹏征求意见。郭叔鹏就单刀直入问梅先生："崇老伯他说是'冤枉难辩'，这'难'字从何而来？"梅先生没有来得及回答。郭叔鹏接着说："崇公道见到苏三的第一句话就是'恭喜

苏三，贺喜苏三'。苏三问'喜从何来'。崇说'你的官司有了出头之日'怎么说'难'呢？"梅先生听后一愣，很亲切地对他说："你认为应该怎么办？"郭叔鹏说："把这'难'字改为'能'字，唱腔不动，您看可以吗？"梅先生马上说："好，我下次演出就改。"此后梅兰芳就把这句台词改过来了。

一个"有"字乾坤转

杨乃武与小白菜的事件是清代四大冤案之一，曾经惊动了全国上下。大家不知道的是，诉状中改动的一个"有"字影响了整个案件的走向。

杨乃武是余杭人，他为人正直，文笔犀利，好打抱不平，得罪了余杭知县刘锡彤、杭州知府陈鲁和其他的乡绅恶棍。因此，他被诬告为与小白菜通奸，谋妻杀夫，沉冤长达三年之久。

杨乃武的姐姐杨淑英和杨乃武的妻子詹彩凤到北京告状。从运河坐船经过扬州的杨乃武世交李耿堂的住处。老李看了杨乃武在狱中所写的诉状，其中有一句"江南无青天"。老李认为"无"字用得很欠妥，这样触及官场太大，反而于事不利。他主张把"无"字改成"有"字。如此一变，意思就完全不一样了，缓和了紧张的气氛，对胜诉起了一定的作用。

范仲淹的一字师

北宋文学家范仲淹在浙江桐庐做太守时，因敬仰东汉隐士严子陵，特地在桐庐宜春江给他建造了祠堂，并写了篇《严先生祠堂记》。文中有一首赞颂严子陵的诗："云山苍苍，江水泱泱，先生之德，山高水长。"文章写成后，范仲淹将其给友人

李泰伯看。李泰伯读后说："'云山''江水'等词，从内容上说，很宏伟；从用语上说，极有气派，而下面用一个'德'字接它，似乎显得局促，换个'风'字怎么样？"范仲淹听后，又把诗吟诵一遍："云山苍苍，江水泱泱，先生之风，山高水长。"果然味道大不相同，"风"有"风传千里""风流千古"的意味，因此更能反映对严子陵的崇敬之情。范仲淹连忙称谢，拜李泰伯为"一字师"，并以1000两银子作为酬答。

公刘的一字师

20世纪50年代，诗人公刘写了一首诗《五月一日的夜晚》。诗的最后几句是："整个世界站在阳台上观看，中国在笑！中国在跳舞！中国在狂欢！"公刘寄给《人民文学》杂志的原稿中用了"跳舞"两字，而发表的时候，负责编辑工作的诗人吕剑删去了其中的"跳"字。这样，既使文字明快，又丰富了诗意。于是，公刘就把吕剑称为"一字师"。

王勃一字千两纹银

初唐诗人王勃从京都来到了南昌。这年重阳节，南昌都督阎伯屿在滕王阁大摆宴席，邀请远近文人学士为滕王阁题诗作序。宴会中，王勃写下了著名的《滕王阁序》，接下来写了序诗：

闲云潭影日悠悠，物换星移几度秋。阁中帝子今何在？槛外长江（　）自流。

诗中王勃故意空了一字，然后把序文呈上都督阎伯屿，便起身告辞。

阎大人发现空了一个字后，便觉奇怪。旁观的文人学士们对此发表各自的高见，但是阎大人都觉得不满意。于是，命人快马追赶王勃。待来人追到王勃后，他的随从说道："我家公子有言，一字值千金。望阎大人海涵。"来人返回将此话转告了阎伯屿，大人心里虽有不愿，但是还是命人备好纹银千两，亲到王勃住处。王勃接过银子故作惊讶："何劳大人下问，晚生岂敢空字？"大家听了只觉得不知其意。王勃笑道："空者，空也。阁中帝子今何在？槛外长江空自流。"大家听后一致称妙，阎大人也赞叹不已地说："一字千金，不愧为当今奇才。

"推敲"的由来

一天，唐代诗人贾岛骑着驴，边走边吟诗，忽然得了两句："鸟宿池边树，僧推月下门。"

贾岛虽觉得这两句还不错，但是又觉得下句"推"字不够好，不如改为"僧敲月下门"。心里这么琢磨着，嘴里也就反复地念着："僧推……""僧敲……"，他的右手也不知不觉地随着表演起来。这时，韩愈恰巧从这儿经过。按当时规矩，大官经过，行人必须回避让路。贾岛这时正迷在他的那句诗里，没有发觉，当即被差役们扭住，带到韩愈马前。韩愈问明原委，不但没有责备贾岛，还称赞他认真的创作态度。对于"推""敲"两字，韩愈沉吟了一下，说："还是'敲'字好。"两人从此成了朋友。

"推敲"的由来，就是由于这个故事。后来，形容反复地研究措辞、斟酌字句，就叫"推敲"。

醉打老僧门

《唐才子传》第九卷中记载，诗僧齐己游历终南等名山，归途中经过豫章，想起好友陈陶在山中修竹寺当和尚，便兴冲冲地前去拜访。齐己来到寺前，得知陈陶不久前去世了，大吃一惊。回想起过去和陈陶一起在寺庙中一同饮酒赋诗的情景，仿佛陈陶仍在寺中。诗人悲痛万分，抱起酒坛，大口大口地喝起酒来，然后醉醺醺地扑倒在寺门上，用力捶打着寺门，声嘶力竭地喊着陈陶的名字。当夜，他挥笔题诗，写下了"夜过修竹寺，醉打老僧门"的诗句。

他用"打"字写月夜访友未遇，怒打寺门，创造了新的意境。这个"打"字，惟妙惟肖地写出了诗人痛失挚友的悲痛心情，创造出一种悲恸欲绝的气氛。逼真传神，是词语运用的最佳表达效果之一。用词写人、写物，贵在逼真传神，使人宛见真景。

明月当空叫

一日，苏东坡去王安石的书房乌斋找他。王安石不在，苏东坡见桌上摆着一首尚未写完的诗——"明月枝头叫，黄狗卧花心。"苏东坡好生质疑，以为不妥。于是他提笔改为"明月当空照，黄狗卧花荫"。

王安石回来后，对苏轼改他的诗极为不满，就将他贬到合浦。苏东坡到合浦后，有一天，他出室外散步，见一群小孩子围在花丛前喊道："黄狗罗罗，黑狗罗罗，快出来呀？罗罗罗，罗罗罗。"苏东坡便走过去问小孩喊什么。小孩说，我们叫虫子快点出来，好捉住它。苏东坡凑近花前一看，见有几条黄色、黑色的小虫在花蕊里蠕动。就问小孩这是什么虫？小孩说：黄狗虫，黑狗虫。苏东坡离开花丛，来到一棵榕树下，正碰到树上一阵清脆的

鸟叫声，就问旁人，这是什么鸟叫？旁人答道：这叫明月鸟。此刻苏东坡才恍然大悟，知道自己错改了王安石的诗。

诗人偏爱"来"字

郭沫若是新诗的奠基人之一。他在古典诗词方面的功底也非常深厚，常常能够信手拈来，被人们称作是当代"诗圣"。郭老有个习惯，就是他古诗的起句趋向动词"来"。例如：

孔子回车处，驱车我却来（《访窦大夫祠》）

来看花园决口处（《访花园口》）

麦收已过我放来（《登袁世凯墓》）

白马驮经印度来（《访白马寺》）

盛暑来兹颇若秋（《游莫干山》）

冬来我谒红花岗（《红花岗》）

从上边的例子我们可以看出，诗人对"来"字的偏爱。这个"来"字，往往处于句首的第一个字、第二个字或者是最后一个字的位置上，这体现了诗人的风格。

这种风格与诗人的诗兴有关。这个普普通通的"来"字最常出现在他的诗作首句中，既能反映出诗作的平淡质朴，也能表现出诗兴与游兴的关联。

红杏枝头春意"闹"

北宋词人宋祁有首《玉楼春》：

东城渐觉风光好，縠皱波纹迎客棹。绿杨烟外晓寒轻，红杏枝头春意闹。

浮生长恨欢娱少，肯爱千金轻一笑？为君持酒劝斜阳，且向花间留晚照。

词中赞颂明媚的春光，表达了及时行乐的情趣，尤其是"红杏枝头春意闹"点染得极为生动。王国维在《人间词话》中写道："'红杏枝头春意闹'，着一'闹'

字，而境界全出。"唐圭璋的《唐宋词简释》中说："而'闹'字尤能撮出花繁之神，宜其擅名千古也。"

这个"闹"字形象生动，能够调动人们丰富的想象力。红杏闹春，用的就是文学上的"通感"。通感就是把不同感官的感觉沟通起来，借联想引起感觉转移，"以感觉写感觉"。通感技巧的运用，能突破语言的局限，丰富表情达意的审美情趣，起到增强文采的艺术效果。

红杏尚书拜见"张三影"

宋祁的诗作辞文优美，描写生动。他所作《玉楼春》中有"红杏枝头春意闹"之句，为不朽名句，时人称他为"红杏尚书"。宋代另一位词人张先写过一首《天仙子》其中有一句"云破月来花弄影"，是传诵极广的名句。

一天，工部尚书的宋祁去拜访任都官郎中的张先，命人通报道："尚书要见'云破月来花弄影'郎中。"张先听后，急忙到大门口迎接客人。他问对方说："您就是大名鼎鼎的'红杏尚书'吧？"宋祁也打趣地说："我正是那个'闹'尚书。"两人相视一笑，谈得很投机。

宋祁对张先说："大家现在都叫你'张三中'，不知道是什么缘故？"

张先说："我的词中有'心中事、眼中泪、意中人'几句，大概据此而来。不过我对这个称号不满意。"

宋祁说："那您喜欢什么样的称号？"

"'张三影'更贴切。"

"哪'三影'？"

"'云破月来花弄影''帘压卷花影''坠轻絮无影'三句都是我的得意之作，

其中都有'影'字。所以称我'张三影'更好。"

从此以后，人们都称张先为"张三影"。

春风又"绿"江南岸

王安石由汴京南下扬州，又乘船西上回金陵，路过于京口到了隔江相望的瓜洲时，船靠码头。他站在船头上，极目西望，触景生情，怀念起金陵钟山的亲人来了。他就写了一首题名《泊船瓜洲》的诗：

京口瓜洲一水间，
钟山只隔数重山。
春风又到江南岸，
明月何时照我还？

写完后，王安石觉得"春风又绿江南岸"的"到"字太死，就改为"过"字。又觉得"过"字不妥。这样改了十多次，王安石仍未找到自己最满意的字。他觉得有些头疼，就走出船舱，休息一下。

王安石走到船头上，忽见春草碧绿，这个"绿"字，不正是我要找的那个字吗？一个"绿"字把整个江南生机勃勃、春意盎然的动人景象表达出来了。想到这里，王安石好不高兴，连忙奔进船舱，把原诗中"春风又到江南岸"一句，改为"春风又绿江南岸"。

一个"绿"字使全诗大为生色，全诗都活了。

采菊东篱下，悠然"见"南山

陶渊明的《饮酒》诗：

结庐在人境，而无车马喧。
问君何能尔，心远地自偏。
采菊东篱下，悠然见南山。
山气日夕佳，飞鸟相与还。

此中有真意，欲辨已忘言。

此诗中最有名的诗句是："采菊东篱下，悠然见南山。""采菊东篱下"是不经意间抬起头来看南山，秀丽的南山一下就扑入了眼帘。"见"字用得最妙，"见"是无意中的偶见，南山的美景和采菊的悠然自得的心境相称。但如果用"望"字，便是心中无南山，才有意望过去，就失去了一种忘我的天真意趣。苏东坡曾经说过："如果把这个'见'南山改成'望'南山，则一片神气都索然矣。"

苏东坡兄妹改诗

相传，有一次苏东坡与他的妹妹苏小妹及诗友黄庭坚在一起论诗。小妹想了想，说出了"轻风细柳"和"淡月梅花"之后，要哥哥在两句中各加一个字，并且要说出诗眼。苏东坡当即就说道：前者加"摇"，后句加"映"，即成为"轻风摇细柳，淡月映梅花。"但是不料，苏小妹却评之为"下品"。苏东坡笑了笑，认真地思索后，得意地说："有了！'轻风舞细柳，淡月隐梅花。'怎么样？"小妹微笑道："好是好了，但仍不属于上品。"一旁的黄庭坚忍不住了，问道："依小妹的高见呢？"苏小妹顿了顿，便念了起来："轻风扶细柳，淡月失梅花。"苏东坡、黄庭坚吟诵着，玩味着，不禁拍掌称妙。

逸马杀犬于道

传说，有一天欧阳修和几个朋友在洛阳郊外游玩，看到一匹奔马踩死了一条来不及躲避的小狗。欧阳修建议大家简要地叙述这件事。欧阳修和朋友们都是写文记事的好手，大家各自叙述这件事。一个朋友说："有犬卧于十字街，逸马蹄而杀之。"另一个朋友说："有马逸于街，卧犬遭之而毙。"欧阳修说："都有点啰唆，若这样使各位老兄去修国史的话，恐怕一万卷也写不完啊。"几位朋友问欧阳修说："你说如何叙述这件事？"欧阳修说："逸马杀犬于道。"他仅用六个字便说清楚了这件事，朋友们相视一笑，都称赞欧阳修用词精练。

欧阳修的这句话告诉我们，要想从纷繁复杂的历史素材中选出最恰当材料来显示历史事件，除了应具有驾驭历史事件的能力外，还要求语言的高度精练。

宋张弘范灭宋于此

宋元最后一战在崖山，元朝统帅张弘范击溃南宋舰队，击破了大宋最后的复国希望，逼得南宋丞相陆秀夫抱着宋少帝跳海自沉，十数万忠臣义士也相继蹈海自尽，凄风苦雨，惨状不可言表。

崖山之战后，民间传说张弘范为了标榜自己的功业，命人在石崖上刻上"张弘范灭宋于此"七个大字。身为汉人的张弘范如此之举，令世人义愤填膺。后人在刻字前面又加了一个"宋"字，变成了"宋张弘范灭宋于此"，以羞辱张弘范恬不知耻之举。而据一些地方志记载，当时张弘范刻下的是"镇国大将军张弘范灭宋于此"。其实张弘范虽为汉族人，却从父辈起，就投靠了金国。

暖风熏得游人醉，直把杭州作汴州

"暖风熏得游人醉，直把杭州作汴州"，这是诗人在抒发自己的感慨。"暖风"一语双关，既指自然界的春风，又指社会上的淫靡之风。正是这股"暖风"把人们的头脑吹得如醉如迷，像喝醉了酒似的。"游人"不能理解为一般游客，它是特指那些忘了国难，苟且偷安，寻欢作乐的南宋统治阶级。诗中"熏""醉"两字用得精妙无比，把那些纵情声色、祸国殃民的达官显贵的精神状态刻画得惟妙惟肖，跃然纸上。结尾"直把杭州作汴州"，是直斥南宋当局忘了国恨家仇，把临时苟安的杭州简直当作了故都汴州。辛辣的讽刺中蕴含着极大的愤怒和无穷的隐忧。

诗句构思巧妙，措辞精当，冷言冷语的讽刺，偏从热闹的场面写起；愤慨已极，却不作谩骂之语。确实是讽喻诗中的杰作。

明月松间照，清泉石上流

空山新雨后，天气晚来秋。

明月松间照，清泉石上流。

竹喧归浣女，莲动下渔舟。

随意春芳歇，王孙自可留。

这首题为《山居秋暝》的五律，自问世以来一直脍炙人口。这首诗将山中的黄昏描绘得令人迷恋。诗句中表达的空灵幽静、物我两忘的意境，令人神往。尤其是"明月松间照，清泉石上流"这一千古名句，读起来明白如话，不事雕琢，实际上是妙手天成，美哉妙哉。"明月松间照"，让你仿佛看见了那洒在松林之间斑驳陆离的月色和树影，"清泉石上流"，让我们仿佛听见了流在山石之中的溪流的叮当之声。

王维的诗中有画，画中有诗，生机盎然，自成一家。开山水诗派的先河。千百年来，被人们称道。

不知何处吹芦管，一夜征人尽望乡

本句的主旨在诗的末句"望乡"两字上，作者将一个深秋明月之夜，战士的思乡情绪真实地表现出来，写得感人至深。本句的主题是"望乡"，中唐的边塞诗反映到诗作中，与盛唐不同，由豪迈而转向思乡情绪。你看，那些转战多年的将士们又是多么希望能高高兴兴地返回故乡啊！末句的感染力很强，似乎有一种不可抗拒的力量在诗中回荡。之所以能产生如此高超的艺术效果，关键在于"一夜""尽"这三个字用得好。所谓"一夜"是指征人无时不在望乡，这是从时间上说；所谓"尽"是指征人无人不在望乡，这是从空间上说。作者落笔若能从时空角度下手，往往能造成大气魄，大容量，大力度，大效率，本诗亦然。全诗以萧瑟荒凉的景色，平添乡愁，再以最后一句"尽望乡"来传递军士征人久居边疆的深深思乡情怀，因此，此诗可贵之处在于景真情更真。

动词显心迹

《红楼梦》中，宝玉、黛玉和宝钗是三个个性鲜明的人物，他们之间还有着微妙的关系。第三十六回中有一段描写的是宝钗来到怡红院，正值宝玉午睡，袭人坐在床前，一面给宝玉赶蚊子，一面绣肚兜。这时，袭人要出去走走，宝钗只顾着看袭人绣的肚兜，心生欢喜，就坐在袭人刚才坐的地方，替袭人做针线活。恰好黛玉、湘云也来到怡红院。黛玉来到窗外，隔着窗纱一看，只见宝玉穿着银纱衫子，随便睡在床上，宝钗在身边做着针线活。书中写道："黛玉见了这个情景，早已呆了。"黛玉等人走后，宝钗刚做了两三个花瓣，忽然听到宝玉在梦中喊道："和尚、道士的话如何信得？什么金玉姻缘？我偏说木石姻缘！"

书中又写道："宝钗听了这话不觉怔了。"黛玉眼中看到的是活生生的一幅"金玉姻缘"图，她联想到自己的不幸遭遇，看到眼前这么刺心的现实，当然是"呆"了。而宝钗耳中听到的，确是宝玉对"金玉姻缘"之说的抗拒，她联想到和尚、道士的预言，听到的却是如此相反的一句话，当然是"怔"了。作者准确地选用的动词，写出了不同的心迹、不同的身世处境，真不愧是巧于炼字的大师。

事事关心和事事在心

说起东林书院中的一副对联无人不知，这便是："风声雨声读书声，声声入耳；家事国事天下事，事事关心。"此联相传为顾宪成所撰，这副对联被后人刻写，挂在惠山寄畅园旁顾氏祠堂里，后毁坏无存。

1960年，邓拓来参观东林书院时见到这副对联，印象非常深刻，后来就写了篇《事事关心》的文章，提倡既要认真读书，又要关心国家大事，于是此联便名扬天下。

就是这副对联，有着一段至今尚未破解的"悬案"。此联一直流传着两个版本，一是现在的版本，另一版本是把现在的"事事关心"换成"事事在心"。

王赓唐认为，"在心"与"关心"在感情色彩上有轻重之分，"在"字本义是"居"和"存"；"关"字是牵连或涉及的意思，程度上有很大不同。"入耳"与"在心"都是动宾结构的词组，而"关心"则是词语，不甚相称。

平地飞烟横白鸟

北宋诗人王平甫写过一首诗《甘露寺》。其中有这样两句：

平地烽烟飞白鸟，半山云木卷苍藤。

王平甫自己对这两句诗很满意，就拿去给苏轼看。苏轼看过后说道："这两句还不错，只是全诗的精神在'卷'字上，可是'飞'字不相称。"王平甫听了后，觉得说的有道理，但是他就是想不出要换成哪个字，就只好请苏轼帮他改。苏轼略微沉思一下，便把"飞"字改成了"横"字，王平甫十分佩服。"飞"只是一个单纯表动作的动词，"鸟飞"是一般的写法，只能给人一种白鸟从平地的风烟里一飞而过的印象，表现不出白鸟的精神来。而"横"是形容词，按照一般的语言规律，是指静态的事物，而不用来形容动态的事物。

用"横"来写鸟，能够写出鸟在空中飞翔的姿势和神态。并且，改用"横"字，就能与下文的"卷"字相称，轻重相宜。

良才解缙

有一次，皇上对解缙说："爱卿，人人都说你聪慧敏捷。今天我叫左丞相说句真话，右丞相说句假话，只准你添加一字，把两句话串成另一句假话，行吗？"解缙忙答道："遵旨！"

左丞相说："皇帝坐在龙座上。"

右丞相说："老鼠捉猫。"

解缙答道："皇帝坐在龙座上看老鼠捉猫。"

皇帝还不肯罢休，于是说道："仍然是这两句话，你添一个字把它串成一句真话吧。"

解缙略一沉思，笑曰："皇帝坐在龙座上讲老鼠捉猫。"

皇帝龙颜大悦，为朝廷有这样的良才而深感欣慰。

加一个字，可成真话，也可以是假话，可见炼字的必要性。

别扫着僧床

一天，齐己来到袁州，投诗拜谒郑谷。其中，有一首诗这样写道：

高名喧省闼，雅颂出吾唐。

叠嶂供秋望，无云到夕阳。

自封修药院，别下着僧床。

几梦中朝事，久离鸳鹭行。

郑谷读完诗后，派人传话给齐己说："郑都官读过你的诗，觉得很好，尤其你在推敲锤炼方面下了功夫。但是诗中有一个字用得不太贴切，请你再考虑考虑，改过之后，再去见他。"

齐己反复考虑了几天，恍然大悟，忙去拜见郑谷。见了面，齐己就说："我已将'别下着僧床'改为'别扫着僧床'了。"郑谷听后十分高兴，连连点头赞许，两人相谈甚欢。从此两人结为了诗友。

一个"扫"字把僧床很久没有人睡过，落满灰尘的情况都表达了出来，而"下"字远没有这样丰富的内涵了。

真趣

苏州有个狮子林，它最大的特点，就是用太湖石堆成的假山，高低起伏，盘旋曲折，远远望去，好似群狮亮相，千姿百态，形象生动。据说，共有500余只狮子，最高者名为"狮子峰"。如此规模的狮群假山，为他处所罕见，故被誉为"假山王国"。

据传，乾隆进得园内，坐在一只亭子内看假山群狮，看得出了神。这个亭子尚未题名，陪同官员受园主之托，想请乾隆题字。乾隆喜欢舞文弄墨，他不假思索地写了"真有趣"三个大字。写毕，觉得有点不妥，太俗了，显得有点尴尬。此时有个叫黄熙的状元急中生智，说道："皇上的字写得龙飞凤舞，真是好啊，能否将'有'字赐给微臣呢？"乾隆心领神会，当即同意，将"有"赐给了黄熙。剩下"真趣"二字，作为亭名。去掉"有"字，狮子林的题词由大俗变成大雅，至今仍留给游人美好的遐想。现在的真趣亭，即是乾隆的御书，还有乾隆的御印呢。

病鹤如阁

北宋文学家苏轼曾写过一首七言诗《病鹤》。他在写这首诗的时候，曾写过一句"三尺长胫瘦躯□"。他故意少写一个字，让大家来填。有人也想出很多字，但是大家都不满意。这时苏轼才拿出自己的诗稿，原来此处是个"阁"字。

"三尺长胫瘦躯阁"，众人赞叹："此字一出，俨然看到了病鹤。""三尺长胫"写出了鹤的腿长，这仅仅是外表描写。"瘦躯"与前边四个字呼应，写的是鹤的身体消瘦。但是这些都仅仅是局部的外在描写。最后用一个"阁"字，苏轼把病鹤比喻成一个亭阁，然而却不是一个修葺优美的亭阁，而是"瘦躯"，鹤的羽翅四周空空，没有丰满的羽毛和肌肉，是个只有几个柱子支撑着的，上边加个茅顶盖的陋阁。这样，就使局部的外在描写转变成了整体内在的肖像描写。极其形象地刻画出了这只鹤的病态，形神兼备，而且扣准了主题。

忍痛改一字

广东水师提督关天培，支持林则徐焚烟抗英。在英军攻打虎门时，关天培率领官兵浴血奋战，终因孤立无援，壮烈牺牲。林则徐知道后，十分悲痛。他清楚，这是朝廷内投降派的恶政造成的悲剧，便奋笔疾书写了一副挽联：

六载固金汤，问何人忽坏长城，孤注空教躬尽瘁；

双忠同坎坛，闻异类亦钦伟节，归魂相送面如生。

林则徐派人送往江苏淮安关府。关天培母亲接到林则徐的挽联，十分感动，但因尺寸太小，便请周木斋重抄大幅，准备悬挂起来。周先生是淮安府第一流的书家。他读完挽联吃了一惊，呆在一旁不落笔。关母看了，小心求教。周木斋小声说："林大人的挽联，有一字我不敢写，就是'何人'的'人'字。"

关母点头称是，这些人都是皇上的重臣，谁敢得罪呀？两人思前想后，违心忍痛地将"人"字改为"时"字。

"人"表达出来了林则徐对那些投降派的厌恶和愤怒，但是"时"却表达不出这样的感情。

"恨"与"幸"

张咏当尚书的时候，有一次邀请一位县令萧楚材一起吃饭。萧楚材在书房等他的时候，看到张咏的书桌上刚刚写好的一首诗，其中有这样两句：

独恨太平无一事，江南闲煞老尚书。

意思是，现在天下太平，他也闲得没事情可干，他恨这样的太平盛世。其实大家都能理解张咏的心情。但是萧楚材略微沉思了一下，他拿起笔，将句中的"恨"字改成了"幸"字。这样这句诗就成了：

独幸太平无一事，江南闲煞老尚书。

第二天，张咏看到书稿，发现诗作被人改动了，于是他就问他身边的人："这诗是谁改的？"大家告诉他是萧楚材改的。张咏想了想，笑着说道："他改得有道理。天下太平应该庆幸，有什么可苦恼的呢？"

"恨"与"幸"表达出来的是两种截然不同的心境。"天平盛世，闲煞老尚书"确实是件好事，应该用"幸"。

争得大裘长万丈

唐朝诗人白居易写出诗稿以后，常常先念给邻居和家中老太太听，并问问这些上了年纪的普通人能不能听明白。如果回答说"明白"，他就把诗抄录下来；如果回答说"不明白"，他就进行修改或者重写。

一次，他写了首《新制绫袄成，感而有咏》的诗。他把其中几句念给家中老仆人白菊听：

百姓多寒无可救，一身独暖亦何情！
心中为念农桑苦，耳里如闻饥冻声。
安得大裘长万丈？与君都盖洛阳城。

这首诗最后两句的意思是：怎么才能得到万丈长的大皮裘，好把整个洛阳城都盖上，让老百姓身体都暖暖和和的呢？白菊听了，说："意思我很明白，只是这个'安'字能不能改一下，我感觉有点难懂？"

白居易果然听取了她的意见，把"安"字改成"争"字，就是说，要"争得大裘长万丈"，为百姓多做好事。

第五篇 妙趣横生的诗词与文章

周恩来巧改标语

1959年，周恩来和邓颖超同志来到广州从化，他们顺便参观了从化市溪流小学。无意中，周恩来总理看到了墙上有条标语，上边写着"人人要讲普通话"。他点头称赞，但是和随行的地方同志说道："我觉得这条标语的意思还是很好的，但是我建议你们改一个字，就是把'讲'字改成'学'字。"

"人人要学普通话"和"人人要讲普通话"就差在了"学"和"讲"这两个字上。到底这两个字有什么不同呢？"要讲"带有很强的强迫性，广东人讲普通话难度比较大，硬性规定用意是好的，但是得从实际出发。改为"要学"，语气缓和亲切，效果应该会更好。

一方明月可中庭

据说一天，北宋词人黄庭坚在庐山的一座寺庙中借宿。晚上他和一群和尚坐在一起谈论诗词。这晚，月光皎洁，洒满了整个寺院。黄庭坚见此情景，诗兴大发，随口吟了一句诗："一方明月可中庭。"有个和尚认为"可"不如"满"字更好一些，就说："为什么不说'一方明月满中庭'呢？"黄庭坚笑了笑，起身离去了。实际上这句诗是刘禹锡《生公讲堂》中的最后两句："高坐寂寥尘漠漠，一方明月可中庭。"到底是"可"好还是"满"好呢？联系整句诗来看，"方"是指月光从窗口射进屋中，受到窗棂的限制成为方形，用"方"既准确又生动。"满"是洒遍的意思，虽然它能描绘出月亮的光辉，但是与前面的"方"字不相照应。既然受到窗棂的限制，射进中庭的月光只是"一

方"，不可能洒满呢。而"可"，是正、当之意，形容一方明月照进中庭的范围恰如其分，创造了如诗如画的意境。

老僧有头发吗？

宋绍兴十年，岳飞率军路过江西鄱阳的风岗，驻扎在附近的东魏石山上。山上古刹中的长老请岳飞到禅房中小憩，岳飞谢绝了他的好意，要与士兵们一起露宿。长老深受感动，请岳飞为东魏石山寺题诗一首。岳飞环顾四周，诗情涌上心头，诗曰：

魏石山前寺，林泉胜复幽。紫金诸佛像，白发老僧头。

潭水寒生月，松风夜带秋。我来寄龙语，为雨解民忧。

第二天拂晓，岳飞带官兵们离开，忽然看见一僧人挑着一担水晃晃悠悠地走来，光秃秃的头特别显眼。岳飞突然想起"白发老僧头"这句诗，不禁大呼："错也！错也！僧人头上岂会长头发。"他想起老僧的白须如雪，就将此句改为了"白雪老僧髯"。

处处留心皆学问，在选择词语的时候要注意观察所要表现的事物，这样才不容易出错。

删字退鬼魂

初唐诗人王勃途经徐州，写下了千古名篇《秋日登洪府滕王阁饯别序》。之后他继续赶路，前往交趾探望父亲。不幸溺水而亡。传说他死后阴魂不散，每夜出现在赣江上，吟诵他的名句"落霞与孤鹜齐飞，秋水共长天一色"。过往旅客虽然非常同情他，但是还是很惧怕。一天夜晚，一旅客过江之时，正好遇到王勃吟诵。于

是旅客喊道："要是把'与'字和'共'字删掉，改成'落霞孤鹜齐飞，秋水长天一色'，岂不更加简洁？"王勃的鬼魂立马停止了吟诵。从此晚上他也不再出现了。

这个传说未必是真的，但是删去了"与"和"共"也不是最佳的，从语意舒缓和节拍匀称的角度来看，似乎有这两个字更好些。

"拥"字的气派

《红楼梦》中有这样一个故事。凤姐、宝玉他们正在芦雪庭争联即景诗，几个丫头跑进来道："老太太来了！"众人忙迎出来，这时，"远远见贾母围着大斗篷，戴着灰鼠暖兜，坐着小竹轿，打着青绸伞，众人拥轿而来"。贾母是这个封建大家族的最高统治者，具有至高无上的地位，这里的"拥"字，既突出了贾母的地位，渲染了她到场时的气派排场，下人们的逢迎拍马。王濙评道："此处'拥'字，用得谛当，真是异曲同工。"

语言的使用，追求的就是表达的明晰、准确、周密、简洁。除了要使用准确的词语外，选用最贴切的字，才能具有最强的表达力。

鼠壤？粪壤？

欧阳修在《归田录》中，给我们讲了这样一个故事：文学家杨亿在任翰林学士时，有一次奉诏起草一份给契丹的国书。文稿中他写了这么一句：邻壤交欢——本来，这句话表示邻国之间彼此友好的话毫无问题，可在文章呈给宋真宗后，真宗皇帝不太满意。他拿起笔就在这句话的"壤"字旁边批了"鼠壤？

粪壤？"几个字。意思是"壤"字只能用于这些不好的意思，怎么能用在国家领土这个神圣的地方？皇上不满意，当然只好改了。于是杨亿将这句话改为了"邻境交欢"。改后送去审阅，这次真宗皇帝满意了。

"壤"和"境"含义相当。但是"壤"包含的范围小，"境"的范围要大得多。改"壤"为"境"，虽是一字之差，但实质上是"改碎为整"。

鹭鸶的归宿

苏轼字子瞻，号"东坡居士"，是北宋著名的文学家、书画家。他与他的父亲苏洵、弟弟苏辙，皆以文学闻名于世，世人称他们"三苏"。

11岁那年，苏洵送两个儿子到寿昌院，拜刘微之为老师，专心学习四书五经，为科举考试做准备。刘微之是当地名士，曾作诗《鹭鸶》："渔人忽惊起，雪片逐风斜。"自己颇为得意，以为绝句，时常在人前吟咏。这天却刚好被苏轼听到了，年少气盛的苏轼竟向老师提出异议来："师父，弟子以为'逐风斜'没有写出鹭鸶的归宿，不如改作'雪片落蒹葭'为妙。"刘微之听了，细细回味，觉得确实改得妙，不禁赞叹道："你现在可是我的老师了，我可教不了你了。"

炼字要求表意周全，一个词语的使用，要考虑到意思的方方面面，以求完备。

疏影横斜，暗香浮动

北宋诗人林逋的七律《山园小梅》：

众芳摇落独暄妍，占尽风情向小园
疏影横斜水清浅，暗香浮动月黄

霜禽欲下先偷眼，粉蝶如知合断魂。

幸有微吟可相狎，不须檀板共金尊。

这两句诗极为传神地描绘了黄昏月光下山园小池边梅花的神态意象。作者并没直写梅，而是通过池中的梅花淡淡的"疏影"以及月光下梅花清幽的"暗香"来间接描写，然而梅枝与梅影相映，朦胧的月色与淡淡的幽香相衬，动与静，视觉与嗅觉，共同营造了一个迷人的意境。

"疏影""暗香"这两个新颖的意象，鲜明又微妙地表现出梅花的高洁端庄、幽独闲静的气质风韵。词语的选择要适合语境，一个词语无所谓好坏，只有符合了语境，才能表现最好的效果。

"一匹苍蝇""一座背脊"

一匹苍蝇飞到史循的鼻尖上，用它的舌头舔了许久，然后很满足地举起它的两条后脚来慢慢地自相搓着。（茅盾《追求》）

小小的苍蝇用"匹"来形容，这就突出了苍蝇的硕大。这个"匹"是精心锤炼的，而非笔误。

但他钻到第三——也许是第四——层，竟遇见一个不可动摇的伟大的东西。抬头看时，蓝裤腰上面有一座赤条条的很阔的背脊，背脊上还有汗在流下来。（鲁迅《示众》）

这里，为什么用"座"字来形容人的"背脊"？"一座"背脊显示出这位看客的身体是何等强壮结实，但这恰恰反衬出他精神的麻木愚昧！

量词的超常搭配，可以使写人、写物更加生动形象，也更有情趣。通过对一个量词的使用，意蕴有了，思想、精神也都有了。

四才子填空

宋代的苏轼、黄庭坚、秦少游和佛印一起出外游春。在一座寺庙的墙壁上看见题有唐代诗人杜甫的诗《曲江春雨》。因为年代久远，其中"林花着雨胭脂□"一句的最后一个字缺损了，有人就提议补上这个字，随后各自琢磨起来。

苏轼首先吟出："林花着雨胭脂润。"黄庭坚接着吟道："林花着雨胭脂老。"秦少游随后说："林花着雨胭脂嫩。"佛印则说："林花着雨胭脂落。"四人所补的字恰好体现了各自的身份，黄庭坚年纪最大，用"老"；秦少游最小，用"嫩"；苏轼正当中年，用"润"；佛印是出家人，用"落"。

四人各持己见，互不相让，最后找出杜甫的原诗对照，却是个普普通通的"湿"字。四人品味一番，一致认为还是"湿"字最恰切。

宋朝的文人有个补字的嗜好，而为了得到最佳的字，他们都是用比较的方法。有比较才能有最佳。所以要选到好词，还需要用到比较法。

"别"字太硬

清代的龚炜见东海闺秀《咏蓝菊》诗云："为爱南山青翠色，东风别染一枝花。"认为别字太硬，去侧刀，把"别"字改为"另"字，使该诗全篇生色，境界全出。因其只改了半个字，故被后人称为"半字师"。"半字师"是从汉字的结构来讲的。"别"字是立刀旁，看起来杀气腾腾，所以龚炜认为"别"字太硬。而且观赏菊花是件高雅的事情，"别"字与咏蓝菊的格调不和谐。还是"另"字比较好，它能表现出"东风"对蓝菊的吹拂，体现东风对其的喜爱。

鉴赏评析别人的作品时，不盲目迷信，而是找出文章不足之处，也是炼字的好方法。

皇帝难解书生意

据南宋周密《武林外事》记载。有一天，宋高宗御舟游西湖，经过断桥，看见桥旁有一小酒肆，颇为雅洁，于是乘兴落座，抬头看见边上的屏风上有一首俞国宝的词《风入松》，高宗注目良久，颇为赞赏。其词云：

一春长费买花钱，日日醉湖边。玉骢惯识西泠路，骄嘶过沽酒楼前。红杏香中歌舞，绿杨影里秋千。

东风十里丽人天，花压鬓云偏。画船载取春归去，余情复水湖烟。明日重携残酒，来寻陌上花钿。

高宗看后，不禁莞尔一笑，感觉此词甚好，但末句未免儒酸。于是将句子改为："明日重扶残醉。"但是俞平伯先生指出："原本作'重携残酒'，另有一番意境，未必不工。"高宗这一改，与俞国宝的词原意相去甚远。

高宗的词和俞国宝的词，使用词语描写的对象是不同的，因而表达的意思也不同。写人的词语要符合对象，否则就失去了真实性。

"掏""排"与"扔"

鲁迅的作品，需要一字一句地咀嚼，才能够感到刀锋的犀利。且看《药》中的华大妈。华天栓天还没亮就去买药，华大妈"在枕头底下掏了半天，掏出一包洋钱"。"掏了半天"，可见这钱藏得很深。一个"掏"字令人心颤，更增加了人物的悲剧色彩。

鲁迅在《孔乙己》中用了另外一个字：排。在众人的取笑声中，孔乙己"排出九文大钱"。这个"排"字写出了孔乙己的个性特征，这个词让我们看到孔乙己对四周不屑一顾的神态。甚至能够听到他把洋钱按在柜台上的清脆声音。孔乙己的清高、自得、抗争、迂腐，都因这个"排"字而毕露无遗。

鲁迅写阿Q的时候，用的动词是"扔"。鲁迅是这样描写的："天色将黑，他睡眼蒙眬地在酒店门前出现了，他走进柜台，从腰间伸出手来，满把是银的和铜的，在柜上一扔说，'现钱！打酒来！'"这个"扔"字耐人回味。"扔"是不合礼数的，但用在阿Q身上，却显得相当协调。

标点趣事

请您寄些标点来

德国 19 世纪作家奥多尔冯达诺在柏林当编辑的时候，有一个青年作家寄来几首拙劣的诗，连标点符号也没有，还在附言中说："我对标点向来是不大在乎的，请您在用时自己填上吧。"

冯达诺非常生气，很快就把诗稿退还给那个作者，并在退稿信中说："我对诗向来是不在乎的，下次来稿，请光寄标点来吧，诗由我来填好了。"用嘲讽的口吻，针锋相对地严厉批评了那种完全轻视标点符号的人。

标点符号在文中占有非常重要的地位，写作时不可轻视。标点符号也是有感情的，因此，写作时标点符号一定要认真斟酌。

夔只有一只脚吗？

《韩非子》记载了这样一段话：

鲁哀公问于孔子曰："吾闻古者有夔一足，其果信有一足乎？"孔子对曰："不也，夔非一足也。夔者忿戾恶心，人多不说喜也。虽然，其所以得免于人害者，以其信也。人皆曰：'独此一，足矣。'夔非一足也，一而足也。"

这段话中，孔子否定了夔只有一足的说法，还对夔这个人的品德做了评价，并

指出正是夔的品德基本不好，但是独占诚信一点，所以"一而足"，这是从品德方面来论述夔一足的含义。

古人写东西，惜字如金虽然是好事，但也难免有一些地方让人产生歧义。再加上没有标点符号的缺点，要读通一篇文章，实在很不易。文章写出来，要准确、清楚地表达自己的意思，因此要注意使用标点符号，以求意思表达清楚准确。

今年好，晦气少，不得打官司

一个人总是挨官司。有一年过年时，他对家人说："今年谁都不能打官司了。"并且在门上贴了一副对联，上面写着："今年好，晦气少，不得打官司。"只是没加标点。结果他的小儿子来探亲时读出了这副对联，让全家十分惊讶。他读的是："今年好晦气，少不得打官司。"

这则笑话告诉我们，即使是句很吉祥的话，在不加标点的情况下，也可能被理解成其他不好的意思。文章和对联都需要正确地使用标点符号，只有这样才能表达出正确的意思。

天堂里如果挤得下的话

某县城有一人，自恃很有文采，在待人接物上，常常喜欢显示一下。

某天，他的一个朋友突然去世，他在伤心的时候，赶到了殡仪馆，给他的朋友定制了一个花圈，在花圈的飘带上，亲手写了："安息吧，再见。"几个字，然后落上自己的名字，就很伤心地回了家。

回到家里，他总觉得自己写的那几个字，太落俗套了，大多数的人都会写那么几个字，没什么新意。终于到了晚上8点多的时候，给他想出了一个自己觉得还满意的句子来。他就给殡仪馆打了个电话，说："请在'再见'前面加'天堂里'，如果挤得下的话。"对方爽快地答应了。

第二天出殡时，他从容地走到自己的那个花圈前，看见飘带上写着："安息吧，天堂里如果挤得下的话，再见。"

用错标点，损失十余万

浙江三门县一家商铺与内蒙古呼和哈特市的一家皮货收购站在签订关于购买一批优质羊皮合同的时候，买方对羊皮的质量是这样要求的：大小四平方尺以上，无剪刀斑（伤痕）。但买方在购销合同上却不慎写成了"羊皮大小四平方尺以上、有剪刀斑的不要"。合同误把句号写成了顿号。这样一来，使得"大小四平方尺以上"与"有剪刀斑的"成了并列关系，均成为"不要"的主语。羊皮的大小正好与买方原来要求的相反。结果，卖方利用了合同上的这个漏洞，卖给买家的全是四平方尺以下的羊皮，买方因此损失了十余万元。

写文章的时候，特别是签订合同或其他文书的时候，都要考虑表达得更准确、更严密。除了注意主语和谓语的搭配外，还要正确使用标点。

无鱼肉也可

古代有位塾师和东家签订讲学合同，合同中写明了："无鸡鸭亦可无鱼肉也可青菜则不可少不得分文。"东家看了认为塾师在膳食方面要求不高，而且可以不要分文报酬，满心高兴地签字同意。正式开馆以后，塾师天天要求东家备鱼肉佐餐，东家说只能按合同办事，塾师拿出合同，一字一顿地念道："无鸡，鸭亦可；无鱼，肉也可；青菜则不可，少不得分文。"东家听后大声叫苦。想不到塾师利用合同的标点使他上了当，吃了亏！

标点具有神奇的力量，可以改变一句话的意思，也可以利用标点达到某些目的。

黄河远上，白云一片

唐代诗人王之涣有首闻名于世的七绝《凉州词》：黄河远上白云间，一片孤城万仞山。羌笛何须怨杨柳，春风不度玉门关。

传说在清朝末年，慈禧太后让一个书法家在她的扇子上题写王之涣的《凉州词》，这个书法家无意之中竟把"黄河远上白云间"的"间"字漏掉了，成了"黄河远上白云"。慈禧太后见到此扇子后，勃然大怒，以为书法家在嘲弄她，就降旨砍头。只见这位书法家不慌不忙地说道："老佛爷息怒，我辈岂敢乱写？是取王之涣的意境，另填的一首词啊！"接着，他便吟诵起来："'黄河远上，白云一片，孤城万仞山。羌笛何须怨？杨柳春风不度玉门关'。"此时的慈禧太后听后，思索片刻，转怒为喜，还降旨奖赏了这位书法家。

笑谈杜牧《清明诗》

清明时节，阴雨连绵。唐代诗人杜牧有首脍炙人口、深为历代人们所喜爱的《清明诗》：

清明时节雨纷纷，路上行人欲断魂，借问酒家何处有，牧童遥指杏花村。

这首诗，只需改变几个标点，就可以变成为三言诗：

清明节，雨纷纷，路上人，欲断魂，问酒家，何处有，牧童指，杏花村。

后来又有人将其改为四言诗：

清明时节，行人断魂，酒家何处？指杏花村。

宋代，词胜于诗，有人又将其改为词：

清明时节，雨落纷纷。断肠人借问，酒家何处有？牧童遥指，不远杏花村。

再后来，又有人仅改变几处标点，就成一首小令：

清明时节雨，纷纷路上行人，欲断魂。借问酒家何处？有牧童，遥指杏花村。

天留我不留

据说明朝徐文长一次访友做客，由于天气阴雨羁留了几日。朋友的妻子便撺掇朋友在徐文长的床头写了："下雨天留客天留我不留"的字条。徐文长进房瞥见，便明白了朋友是在下逐客令。但如果马上离开，虽合情理，却未免尴尬……他转念一想，计上心头。于是他大声念道："下雨天，留客天，留我不？留。"他笑了笑，接着说："既然朋友如此盛情，速去不恭，我就再住几日吧！"

其实当时标点尚未产生，文字要靠读者自己断句。徐文长避开两句五言诗的断法，别出心裁地以散文读之，使友人之意走向了反面，让其搬石自砸，弄巧成拙。这种幽默戏耍显示出他敏捷的心智，其天才可见一斑。

添错标点出人命

从前有个人，外出做生意，他寄了一些钱回家，还写了一封信给他妻子。信的内容是："寄钱三百吊买柴烧孩子小心带和尚田租等我回去收……"

但是他的妻子不识字，就找村里识字的人读给她听，那个人读道："寄钱三百吊，买柴烧孩子，小心带和尚，田租等我回去收……"信还没读完，他的妻子急得差点昏了过去，"怎么可以这样对我的孩子呢！"

正巧，有个秀才从这里经过，见到此种情景，他接过信看了看，长叹了一口气，读道："寄钱三百吊，买柴烧，孩子小心带，和尚田租等我回去收……"听了秀才的话，他的妻子才转怒为喜，从而避免了一场悲剧……

添加标点的位置不同，字句的意义解释起来却有如此之大的不同啊！

断错句子，孔子遭殃

《论语·秦伯》有这样一句话："子曰民可使由之不可使知之。"如果这样加标点，即"子曰：民可使由之，不可使知之"，则这句话的意思是："孔子说：对于老百姓，可以任由他们处于自由状态，不可以让他们知道国家的重要事情。"如果是这样，这就是在宣扬愚民权术。正因为如此，孔子曾成为批判的对象。

后来，这句话更正为"子曰：民可，

使由之；不可，使知之。"可以理解为，如果人民的素质好，就要给他们自由宽松的生存环境；如果人民的素质不好，就要教化提高他们，修身、齐家、治国、平天下，这才是孔子的理想。

有些句子添加了标点，句子没多大变化，但是不加标点就会影响意思，让人不知所云。

手表不要退回

20世纪80年代，四川某商场从广州某厂订购了一批手表，该商场原计划这批手表将在春节前供应给市场。但是事与愿违，等到手表运到四川的时候销售旺季已经过去了。为了不把手表积压在仓库里，四川方面就要求退货。广州方面当然不肯了，他们马上发回电报，电文为"手表不要退回"六个字。看到这条电文，商场立即把货退了回去。

原来，广州手表厂的本意是"手表，不要退回"，而四川的商场将其理解为"手表不要，退回"。就为了这件事，双方还曾对簿公堂。结果是最终法院判决没使用标点者输了官司。由此可见，正确使用标点的重要性。

只有标点的文章

美国著名社会心理学家巴尔肯在一次宴会上提议，每人用最简洁的语言写出一篇"自传"，行文用句要短甚至可以作为死后刻在墓碑上的墓志铭。于是，在场的人冥思苦想，提笔作文。很快，一位满脸沮丧的青年人交了一份只有三个标点符号的《自传》：一个破折号"——"，一个惊叹号"！"和一个句号"。"。巴尔肯问他这三个符号表示什么意思，年轻人凄

然地解释说："一阵横冲直撞，落了个伤心自叹，到头来只有完蛋。"巴尔肯看着这位年轻人，沉思了片刻，提笔在这个青年人的《自传》上加了三个标点：一个顿号"、"，一个省略号"……"和一个大问号"？"。他热情地鼓励这位自暴自弃的青年说：顿号表示青年时期是人生的一个小站；省略号表示道路漫长，希望无边；问号提醒我们：岂不闻'浪子回头金不换'？"

巴尔肯这么一改动，三个标点不仅具有了全新的积极意义，还包含了深刻的人生哲理，能够改变一个沉沦的年轻人的生命轨迹。

鲁迅自创的标点

鲁迅先生的散文《从百草园到三味书屋》中，有一处描写三味书屋先生读书的细节。先生大声朗读了这么一段古文："铁如意，指挥倜傥，一坐皆惊呢~~~~；金叵罗，颠倒淋漓噫，千杯未醉嗬~~~~……"

文中的"呢""噫""嗬"三个字原文中并没有，是先生读时加进去的语气词。"呢""嗬"两词后面的"~~~~"符号原文中也没有，是鲁迅写作时根据先生读书时的语气、神态等加进去的。这个符号叫象声号。象声号是一种标点符号，一般表示声音的延长。

运用象声号来摹声，由声到色，可谓声色俱全；又绘神，由神到形，可谓神形兼备。现在已经很难见到了，一般认为在现行的标点符号系统中已经没有这一标点了。不管怎么说，象声号在特定的语言环境中所起的特定的表达和修辞作用还是不容忽视的。

第五篇　妙趣横生的诗词与文章

多了一"点"，谬以千里

顿号（、）是中文中特有的标点，表示并列的词或词组之间的停顿。一般来说，顿号在汉语中主要有两个用途：分隔同类的并列的事，通常是单字、词语或短句，当中的停顿较逗号短；分隔用汉字作为序号的序号和内文。需要注意的是，表概数的地方不能用顿号，但表确数的地方必须有顿号。请看下边的例子：

1. 门被推开了，进来一个十三、四岁的小女孩。

这句话在"十三"与"四"之间加了一个顿号，纯属误用。"十三"与"四"不是并列关系，小女孩不可能既是"十三岁"，又是"十四岁"。

2. 高考落榜生上不了学，犹如烧了七、八十度的水。

3. 本以为拍戏很好玩的毛毛在剧组中吃足了苦头，每天只有三、四个小时的睡眠时间。

以上几个句子，都误加了顿号。其原因可能是未弄明白顿号的用法，还有可能是疏忽所致。但是不论原因是什么，多了一"点"，谬以千里却是真的。

标号表达情感的作用

标号包括破折号、括号、省略号、书名号、引号、连接号、间隔号、着重号、专名号等，主要标明词语或句子的性质和作用。标号能够协助文字来表达感情色彩，也可以使作品的思想感情隽永、耐人寻味。

茹志鹃同志的《百合花》的结尾部分是这样的：

卫生员让人抬了一口棺材来，动手揭掉他身上的被子，要把他放进棺材去。新媳妇这时脸发白，劈手夺过被子，狠狠地瞪了他们一眼，自己动手把半条被子平展展地铺在棺底，半条准备盖在他身上。卫生员为难地说："被子……是借老百姓的。"

"是我的——"她气势汹汹地嚷了半句，就转过脸去。

上文中省略号和破折号蕴含着丰富的感情。省略号准确地表达出为难的神态，矛盾的心情和吞吞吐吐的语句。而破折号则表现了新媳妇对敌人的恨，对子弟兵的爱，以及别人不理解自己感情的委屈。

点号的修辞功能

点号是用来点断句子、表示停顿的一类标点符号，包括顿号、逗号、冒号、分号、句号、问号、感叹号等。点号也能增强文字的感情色彩。

孙犁在《荷花淀》中有这样一段话：水生嫂等几个女人看望丈夫回来，很快忘记了没有看见丈夫时的不愉快，"她们轻轻划着船，船两旁的水，哗，哗，哗"。后来她们发现鬼子的船追过来了，"这几个青年妇女咬紧牙，制止住心跳，摇橹的手并没有慌，水在两旁大声地哗哗，哗哗，哗哗哗！"读了这些，人们肯定会佩服孙犁这位擅用白描手法的大师。他没有用浓墨重彩去刻画几个女人的心理活动，而是巧妙地将"哗"按照不同方式组织起来，使读者感到桨声不绝于耳，节奏缓急对比萦绕于心，几个女人的前弛后张的形象映应于眼，而且将人物感情的变化活灵活现地表现出来了，有着语言难以尽述的韵味。

女人如果没有了男人就恐慌了

一天，有一位教授上课的时候，在黑板上写了一句话，让学生们加标点，同学们感到很好奇。只见教授写下的一句话是："女人如果没有了男人就恐慌了。"写完后，同学们议论纷纷，甚至男女同学还展开了讨论。女同学坚持认为教授这句话的意思是："女人如果没有了，男人就恐慌了！"男同学哪能同意这种说法，他们一致认为教授的意思是："女人如果没有了男人，就恐慌了！"这句话的真正意思需要大家自己体会了。

从这句话我们可以看出，从语言运用的角度，这个例子能够说明，同样一句话，由于停顿的不同，表达的意思也可能会不同。一般，在语法停顿、逻辑停顿、心理停顿这些应该停顿的地方不停顿，或在该停顿的地方不停顿，这种超常规的停顿是语言的一种表达技巧，利用它往往能够产生意想不到的效果。

省略号的妙用

在微型小说《初恋》中，有这样一段话，其中省略号的用法很巧妙，表达了十分含蓄的意思。这段话是：

我与她曾八年同窗，此期间接触很少，相遇时也只打个招呼，点点头。我们都很年轻，踌躇满志而又矜持骄傲。

后来，我们都踏上了工作岗位。时光悠悠逝去，我成了大小伙子。偶然的机会，我得知她仍然是个老姑娘，于是我冒昧给她去了一封信。

小莉：

你好！听说……对吗？若真的话，我想……

你的同志 萌雅

过了十五天，我终于收到她的信。

萌哥：

你好！听说……对吗？若真的话，我也想……

你的小妹 莉

这两封恋爱信中，没有出现一个与恋爱有关的词语，但双方都把自己心中的爱恋表达了出来，而且完全融入了省略号中。省略号的巧用，表达了主人公内心的爱慕，比赤裸裸的表达要更具含蓄的美感，也给了读者更多遐想的空间。

墙头的尿多了起来

老三叔的家正在路边。在那个交通不发达的时代，这条路是18个村的乡民去县城的必经之路。那时路旁没有公共厕所，行人都是在路旁小解的。到了冬天的时候，路边老三叔房子的墙头正好能够避北风，因此这个墙头也成了行人的小解集中地。当然，也有干农活的村民在此行方便。老三叔对此非常厌烦，请驻队工作组的小陈姑娘用石灰水在墙上刷了一条提示："行路人等不得在此小便。"

过了两天，老三叔到墙头一看，我的天哪！此处的尿水不是少了，而是大幅度增加。困惑的老三叔抬头一看，只见那条刷在墙上的石灰提示被好事者加了标点，变成了"行路人，等不得，在此小便"。

恭维变成诅咒

从前有位财主，每逢过年都要到集市上买对联，但是他又觉得买的对联不能符合他自我恭喜的心思。这一年又近年关了，他打定主意要请人按照他的意思写副对联。将写家请来后，财主作了详细的交代：我家是做酿醋、造酒生意的，因此酒和醋都要造得好。酒糟养的猪呢，要又肥又壮，人丁还要兴旺。老鼠是害人的东西，最好全死光了。家里人多了，最怕生病，又受罪又破财的，所以要少生病。至于财富嘛，当然是多多益善了。

写家也不含糊，略加思索，一书而就。写好后，写家就给财主念了一遍："上联：酿酒缸缸好、造醋坛坛酸；下联：养猪大如山、老鼠头头死。横批：人多、病少、发财。"财主听后，非常满意，于是就将这副对联贴在了大门上。

过了几天，有人在对联上加了标点。财主出来一看，对联变为了"酿酒缸缸好造醋、坛坛酸；养猪大如山老鼠、头头死。横批：人多病、少发财。"老财主顿时气昏了过去。

媒人巧断句

从前有个男青年，到了该结婚的年龄了。有个媒婆要给他介绍对象，她给了男青年一纸婚约，上边写着"此女麻脸无头发乌黑皮肤白白痴痴纯情不论聘金少不了。"男青年读后很是高兴，以为是"此女麻脸无，头发乌黑，皮肤白白，痴痴纯情，不论聘金，少不了"。可是新婚之夜，掀开红盖头的那一刻，他傻眼了。原来婚约上写的是"此女麻脸，无头发，乌黑皮肤，白白痴痴，纯情不论，聘金少不了"。

父在母先亡

有个男子向来不相信算命先生真的会算命。有一天，他找到个算命先生，要验证一下他算命的准确性。该男子问算命先生："我的父母，到底谁先亡呢？"算命先生写下几个字："父在母先亡。"

算命先生的这句话可以理解成"父，在母先亡"，就是男子的父亲比他的母亲先去世；还有一种理解就是："父在，母先亡"，这种情况就是说，男子的父亲还健在，母亲过世了。一句话，怎么理解都行，无论哪种情况，算命先生说的都是对的。可见，所谓的会算命，只不过是骗人钱财的伎俩罢了。

祝枝山妙联巧断句

明朝弘治年间，有家财主为庆祝新居落成，就请祝枝山写副对联。只见祝枝山大笔一挥，写道："此屋安能居住其人好不悲伤。"财主见后十分不悦，问他为什么写这样不吉利的话？祝枝山笑笑说："我念给你听，'此屋安，能居住，其人好，不悲伤'这是大吉大利呀！"财主听了，啼笑皆非。

还有一年除夕，祝枝山和书童经过一员外家。忽听到婴儿落地的哭声，便顺手在大门上写下一副对联"今年真好晦气全无财帛进门昨夜生下妖魔不是好子好孙"。大年初一早晨，员外一开门，念道："今年真好晦气，全无财帛进门；昨夜生下妖魔，不是好子好孙。"直气得去找祝枝山理论，祝枝山说："你把句断错了，应该这样念'今年真好，晦气全无，财帛进门；昨夜生下，妖魔不是，好子好孙'。"员外听了，方才转怒为喜，设酒道谢。

浅薄的塾师

《大学》中有这样一段话"知止而后有定，定而后能静，静而后能安，安而后能虑，虑而后能得"。过去有一位私塾先生，在教学生读《大学》时，他把这段话念成了："知止而后有定定，而后能静静，而后能安安，而后能虑虑，而后能得。"读完以后，先生自己也感到很是不解，怎么会少了一个"得"字呢！由于这本书是西村的一位先生代抄的手抄本，于是他就去西村问那位先生。西村的私塾先生有另一种教法，他说："是原书多一得字也！'知止而后有，定定而后能，静静而后能，安安而后能，虑虑而后能，得！'"如此断句，岂不贻误后生！

财产争夺与标点

包公案里有一篇关于遗嘱的故事，说的是有一个80岁的老翁，生了一个儿子。他怕女婿迫害这个小儿子，于是就在临终前，写了一份遗嘱。这份遗嘱的内容是："八十老翁生一子人言非是我子也家庭财产尽付与女婿外人不得争执。"并将遗嘱一式两份当面交给女婿和小儿子的母亲保管。女婿看了一下遗嘱内容："八十老翁生一子，人言非是我子也。家庭财产尽付与女婿，外人不得争执。"他很非常高兴，于是侵吞了所有遗产。等到这个小儿子长大成人后，他母亲便到开封府告状，包大人将遗产全数夺回给了他的儿子。其原因就在于那份遗嘱要表达的真正意思是："八十老翁生一子，人言非，是我子也。家庭财产尽付与，女婿外人，不得争执。"

看来，断案如神的包大人读懂了老翁的意思，于是便将遗产全部给了小儿子。

没有标点的家书

有一个在外地打工的青年，他给父母写了一封信。但是由于平时他读书不用心，信中也没有打上标点符号。他的家书里有这样一段话："儿的生活好痛苦一点

也没有粮食多病少挣了很多钱。"他的母亲读完了信以后，号啕大哭，说："儿的生活好痛苦，一点也没有粮食，多病，少挣了很多钱。"他的父亲看完后，则笑了起来，说："儿的生活好，痛苦一点也没有，粮食多，病少，挣了很多钱。"

看来这封没有标点的家书，只有写信的青年人才能真正看明白吧。标点是重要的，文章或书信中少了标点符号的使用，则很容易会产生歧义。

南开——难，开！

张伯苓是我国著名的爱国教育家。他曾经担任了南开大学的校长。1937年，抗日战争爆发了，日本帝国主义派飞机轰炸南开大学，校舍瞬间变成了一片瓦砾，木斋图书馆也被夷为平地了。这时，很多人感叹道："南开，变成难开了！"即使听到这样的话，张伯苓依然自信乐观，他对大家说："难开？那要加个标点吧：难，开！"

张伯苓校长在"难开"两字中间加了一个逗号，向大家表达了他的决心，就是"再难也要把南开大学开下去"。表现了他越是艰难，越要办学救国的高尚情操。

小小一个逗号，在逆境中给了人们多大的希望啊！正确灵活地使用标点，能给您的文章增添一抹亮色。

释放不得押送西伯利亚

下边一段话是运用逗号改变语义的一个很好的例子。

沙俄时期，沙皇亚历山大三世的妻子玛利亚·菲奥多雷娜，偶然在丈夫的办公桌上看到一份文件，上面写着："释放不得押送西伯利亚。"这是她丈夫签署的命

令，是要将一囚徒流放到西伯利亚。在当时情况下，去了西伯利亚必死无疑。但玛利亚将逗号改动了一下，批语变为了另一种意思，你知道她是怎么改的吗？亚历山大的文件上写的是"释放不得，押送西伯利亚"。而玛利亚加了一个逗号，把它改成了"释放，不得押送西伯利亚"。就这样，玛利亚救了一个人。

王尔德增删标点的重大工作

逗号，是人们在写作中用得最多的标点符号。许多人以为，逗号是最容易使用的。其实不是这样，想把逗号用得准确、恰当，并不是一件简单容易的事。就是一些著名的作家，在使用逗号时也是考虑再三，十分慎重的。

例如，有一次，英国著名作家王尔德举行宴会，客人都到齐了，却不见王尔德的踪影。大家饿着肚子等了很久，王尔德才匆匆赶到，向客人赔礼道歉。一位客人忍不住问他："你到哪儿去了，这么久？"王尔德神采飞扬地回答说："噢，我完成了一件重大的工作，我在一篇文中删去了一个逗号，但仔细考虑后，我又把它加进去了。"王尔德把增删一个逗号称为"重大的工作"，可见，逗号在文章中有着举足轻重的作用和神奇的力量。

山海关孟姜女妙联断句

孟姜女庙，最有名气的地方是庙口之上的浩大对联。上联是"海水朝朝朝朝朝朝朝落"，下联是"浮云长长长长长长长消"，此联联的读法断句有多种，细细品酌，会感到妙趣横生。

此联中的"朝"有时读作zhāo，早晨的意思；有时读作cháo，同"潮"。"长"

有时读作cháng，同"常"；有时读作zhǎng同"涨"。这副对联最大的特点就是利用汉字一字多音的特点，运用了谐音假借的方法，巧妙地构成了这样一副对联。此联有几种读法：

第一种：海水潮，朝朝潮，朝潮朝落；浮云涨，常常涨，常涨常消。

第二种：海水潮，朝朝潮，朝朝潮落；浮云涨，常常涨，常常涨消。

第三种：海水朝朝潮，朝潮朝朝落；浮云常常涨，常涨常常消。

第四种：海水朝潮，朝朝潮，朝朝落；浮云常涨，常常涨，常常消。

第五种：海水潮，朝潮，朝潮，朝朝落；浮云涨，常涨，常涨，常常消。

第六种：海水潮！潮！潮！潮！朝潮朝落；浮云涨！涨！涨！涨！常涨常消。

标点符号变换着句子的结构，而且还能改变句子的语气，从而达到特殊的艺术效果。

李清照《如梦令》中的标点

我国古代的词是没有标点的，加上标点以后，这些词都可以收到更好的艺术效果。李清照这首《如梦令·昨夜雨疏风骤》就是很好的例子。《如梦令》："昨夜雨疏风骤。浓睡不消残酒。试问卷帘人，——却道'海棠依旧'。知否，知否？应是绿肥红瘦！"

这里一共用了六种标点符号，句号用来点断，顿号的停顿，破折号的转折，问号的急切询问，叹号的强烈语气，都使得词人的惜花、爱花，以及为花悲喜，为花醒醉，为花憎风恨雨的情感跃然纸上。

一字一顿的特殊效果

利用标点符号，可以达到一字一顿的效果，不但可以表现出感情凝重或泣不成声时的说话方式，还能渲染气氛等。下边的例子可以很好地说明。例如：

1. 我才连忙在头一天下午打电话，告诉他：我、要、去、打、仗、了！

2. 让他去再找个女人吧！我也无所谓——这说明我也不爱他，我、也、不、爱、他！

3. 他倚着门框。两根手指捏着钥匙链，两眼得意地瞧着母亲，悠荡着钥匙，一字一顿清清楚楚地说："这、是、咱、家！"

4. 听到我的声音，她顾不得害羞，揭了红盖头走出来，她、还、是、一、身、红。

5. 他的获奖感言全部是用"法国腔"的中文念出来的"我很高兴能帮助别人，用中国话说就是'助、人、为、快、乐、之、本'"。

用标点代字代句

有时标点可以当词语或句子使用，有些文学作品用标点代字代句，这是标点的一种特殊用法。

刘汉太的《中国的乞丐群落》中有这样一句话：我想给许许多多关注社会问题的人提出1个"？"，引起1个"！"，寻找1个"。"这句话用标点代替词语，要表达的意思是"提出一个问题，引起一个感叹，寻找一个答案"。这种表达使语言显得简洁明快，生动形象。

张小兵的《事业之树》中这样一段：

"能不能气魄更大一点？"

"……"高树愕然。

"搞一个配套的大工厂，使你们厂翻一番！"

"！"高树怦然心动。

"不过国家不给你们人民币。"

"？"高树惊讶。

"你们可以用美元！"

"！！"高树的呼吸急促起来。

这段话是用符号代替句子，"……"表示吃惊和沉默，"！"表示内心的感叹，"？"表示惊讶和疑惑，"！！"表示情绪激动。作者用标点符号达到了此时无声胜有声的效果。

句号的变异用法

句号通常用在一句话结尾处，但是句号有时可以用在词语之间，将词语隔成一个独立的表意单元，达到一种特殊的效果。这种变异用法通常出现在小说里。

比如，乔良的《高原，我的中国色》中有这样一段：

漫空里都是黄色的粉尘。纷纷扬扬。飘飘洒洒。盆地不见了。凹陷的大地上隆起一丘黄土……这就是高原。黄土高原。极目处，四野八荒，惟有黄色，尽是黄色。黄色。黄色。

句号用在该并列的词语之间，使语音停顿延长，突出了"纷纷扬扬""飘飘洒洒""黄色"等词语的语义。

苏叶杂在《总是难忘》中有这样一句话："我不知道她有没有开口，只听得老师说她不久就疯了，时好时坏，又过了一些日子，她死了。自杀。是时，22岁。"

句子中用了三个句号，起到拉长句间停顿的作用，引起读者的注意。

诗文常识

"长安一片月，万户捣衣声"中的"捣衣"不是洗衣

李白的《子夜吴歌》中有这样一句诗"长安一片月，万户捣衣声"。这首乐府为描述思妇怀念远征的丈夫的佳作。此诗提到的捣衣这个现象，我们还可以在很多诗文里面看到。

有人认为捣衣就是洗衣服时用木杵在砧板上敲击，使之干净。这是个误解，实际上它是古人制作衣服的第一道工序。捣的过程，其实就是"精练"的过程。蚕丝在未练之前，还是一种生丝，含有较多的杂质及丝胶，而且手感很硬，没有光泽。因此捣练为一个极其重要的工序。它的主要目的，在于脱胶、分解色素，把生丝练成熟丝，使其柔软、容易染色，然后作为布料用来制作成衣。

捣练时，一般都是站立用木杵对捣。捣练时用的杵，宋以前为两头粗中间细，也叫"细腰杵"。关于捣练的时间，据文献记载，则多为秋天与寒夜。如庾信"秋夜捣衣声"、白居易"月出砧杵动，家家捣秋练"等，已讲得十分明白。

"三春"指什么？

孟郊的《游子吟》：

慈母手中线，游子身上衣。

临行密密缝，意恐迟迟归。

谁言寸草心，报得三春晖。

其中的"谁言寸草心，报得三春晖"这句话是描写母爱的名句。"三春"在这首诗中是指春天的三个月：农历正月称孟春，二月称仲春，三月称季春。汉代班固的《终南山赋》这样一句话："三春之季，孟夏之初，天气肃清，周览八隅。"唐李白的《别毡帐火炉》诗："离恨属三春，佳期在十月。"

"三春"有时指春季的第三个月，即暮春。唐代岑参的《临洮龙兴寺玄上人院同咏青木香丛》诗："六月花新吐，三春叶已长。"清朝姚鼐的《乙未春出都留别同馆诸君》诗："三春红药熏衣上，两度槐黄落砚前。"

"三春"有时指三个春天，即三年。晋陆机《答贾谧》诗："游跨三春，情固三秋。"

"郎骑竹马来，绕床弄青梅"中的"床"指什么？

李白的《长干行》中的前四句是：

妾发初覆额，折花门前剧。

郎骑竹马来，绕床弄青梅。

对这四句的理解与解释，历代学者均不相同，都似是而非地一笔带过。这首诗中"绕床弄青梅"一句存在疑问，即"床"为何义？全句如何串解？剧：（广韵）艰也，即艰难、困难之意。床：井上围栏，古乐府淮南王篇有："后园凿井银作床，金瓶素绠汲寒浆"之句。弄：设法取得。

此四句即可解为：我的头发刚刚覆盖前额的时候，在门前折花时遇到困难；恰逢你骑着竹马来到，绕着井上围栏用竹杆（所骑竹马）为我设法取得青梅。这可能算得上一种比较合理的解释了。

"挥手自兹去，萧萧班马鸣"中的"班马"指什么？

这两句诗出自唐代诗人李白的《送友人》：

青山横北郭，白水绕东城。

此地一为别，孤蓬万里征。

浮云游子意，落日故人情。

挥手自兹去，萧萧班马鸣。

这是一首充满诗情画意的送别诗，诗人与友人策马辞行，情意绵绵，感人至深。尾联两句，情真意切。"挥手自兹去，萧萧班马鸣。"送君千里，终须一别。内心的感觉没有直说，只写了"萧萧班马鸣"的动人场景。这一句出自《诗经·车攻》"萧萧马鸣"。"班马"，离群的马，诗中指友人所骑的马。临别时禁不住萧萧长鸣，似有无限深情。马犹如此，人何以堪！李白化用古典诗句，用一"班"字，便翻出新意，烘托出缱绻情谊。

这首送别诗写得新颖别致，不落俗套。自然美与人情美交织在一起，写得有声有色，气韵生动。诗的节奏明快，感情真挚热诚而又豁达乐观，毫无缠绵悱恻的哀伤情调。

"停车坐爱枫林晚"中的"坐"是坐下的意思吗？

唐代诗人杜牧的《山行》：

远上寒山石径斜，

白云生处有人家。

停车坐爱枫林晚，

霜叶红于二月花。

诗中第三句"停车坐爱枫林晚"的"坐"字解释为"因为"，而不是坐下的意思。因为夕照枫林的晚景实在太迷人了，所以诗人特地停车观赏。

这首诗描绘的是秋之色，展现出一幅动人的山林秋色图。诗里写了山路、人家、白云、红叶，构成一幅和谐统一的画面。这首小诗不只是即兴咏景，进而还咏物言志，是诗人内在精神世界的表露，志趣的寄托，因而能给读者启迪和鼓舞。

"有三秋桂子，十里荷花"中的"三秋"是秋天的三个月吗？

宋朝词人柳永的《望海潮·东南形胜》：

东南形胜，三吴都会，钱塘自古繁华。烟柳画桥，风帘翠幕，参差十万人家。云树绕堤沙，怒涛卷霜雪，天堑无涯。市列珠玑，户盈罗绮竞豪奢。

重湖叠巘清嘉，有三秋桂子，十里荷花。羌管弄晴，菱歌泛夜，嬉嬉钓叟莲娃。千骑拥高牙，乘醉听箫鼓吟赏烟霞。异日图将好景，归去凤池夸。

这首词以清新的笔墨，铺陈的手法，从不同角度把杭州景象描绘得富丽非凡。钱江潮的壮观，西湖的美景，杭州市区的繁华富庶，都一一呈现在词人的笔下。全词结构严谨，层次分明，语言通俗形象，有极强的艺术魅力。

其中词中的"三秋"是指秋季的第三个月，即九月，不是秋天的三个月。

"八百里分麾下炙"中的"八百里"指什么?

这句话出自辛弃疾的《破阵子·为陈同甫赋壮词以寄之》

醉里挑灯看剑，梦回吹角连营。八百里分麾下炙，五十弦翻塞外声，沙场秋点兵。

马作的卢飞快，弓如霹雳弦惊。了却君王天下事，赢得生前身后名。可怜白发生!

"八百里"指牛。《世说新语·汰侈》中记载：王恺有一头牛，名字叫"八百里驳"。一次，他用牛作为赌注，和王济比赛射箭，结果输了。王济杀了牛，将牛心烤了吃了。此后，后人就用"八百里"来指牛。

"这次第,怎一个愁字了得"中的"次第"是什么意思?

这是宋代女词人李清照的所作《声声慢》里的句子，全文如下：

寻寻觅觅，冷冷清清，凄凄惨惨戚戚。乍暖还寒时候，最难将息。三杯两盏淡酒，怎敌他晚来风急?雁过也，正伤心，却是旧时相识。

满地黄花堆积，憔悴损，如今有谁堪摘?守着窗儿，独自怎生得黑!梧桐更兼细雨，到黄昏、点点滴滴。这次第，怎一个愁字了得!

李清照词中的"次第"是指光景、情形的意思。

这首词是李清照在国破家亡、流落江南异地时写的，词中诉说了词人孤苦无

依、形影相吊的处境，寄托了极其深沉的家国之思。全词感情层层递进，晚秋景物与人的内在感受交织在一起，词风深沉凝重、哀婉凄苦，一改词人前期词作开朗明快的风格。

"可堪回首,佛狸祠下,一篇神鸦社鼓"中的"佛狸祠"指什么?

这句词出自辛弃疾的《永遇乐·京口北固亭怀古》。"佛狸祠"读音：bì lí cí，古祠名。遗址在今江苏省六合区东南的瓜步山上。北魏太武帝（字佛狸）于宋元嘉二十七年击败王玄谟的军队以后，在山上建立行宫。民间把它叫作佛狸祠。后来的老百姓们只把佛狸当作一位神祇来奉祀，而不去审查这神的来历。这所庙宇，南宋时犹存。辛弃疾的《永遇乐·京口北固亭怀古》一词中的下半篇，就和这个景物息息相关。

"如社燕,飘流瀚海,来寄修椽"中的"瀚海"指什么?

这句词出自周邦彦的《满庭芳》：

风老莺雏，雨肥梅子，午阴嘉树清圆。

地卑山近，衣润费炉烟。

人静乌鸢自乐，小桥外、新绿溅溅。

凭栏久，黄芦苦竹，疑泛九江船。

年年如社燕，飘流瀚海，来寄修椽。

且莫思身外，长近尊前。

憔悴江南倦客，不堪听急管繁弦。

歌筵畔，先安箪枕，容我醉时眠。

词中多处化用前人诗句，旧曲翻新，精心熔铸，浑化无迹。词中的"瀚海"不是指大海，而是指沙漠。北方的沙漠、草原广阔无垠，浩瀚如海，故名瀚海。

"床前明月光"中的"床"指什么？

此句出自唐代诗人李白的《静夜思》：

床前明月光，疑是地上霜。

举头望明月，低头思故乡。

这首诗以平淡的语言娓娓道来，似清水芙蓉，没有半点修饰。完全是信手拈来，没有任何矫揉造作的痕迹。

诗中的"床"，大部分人认为是睡床，可是如果是睡床，李白就一定在房间之中，在房间里怎么能看到月光呢？就算月光是从窗户透进来的，但是古时的窗户很小，进来的月光也只能是一小块，不可能是"霜"。而且李白在屋里也不能"举头望明月"，房间是有屋顶的，所以"床"并不是我们今天睡的床。其实"床"是理解为井床，而井床是井台上的围栏。这种解释自古就有，如"郎骑竹马来，绕床弄青梅"。

《梅岭三章》中的"泉台"与"阎罗"

陈毅元帅的《梅岭三章》中的一首诗：

断头今日意如何？创业艰难百战多。

此去泉台招旧部，旌旗十万斩阎罗。

诗中的"泉台"同泉下、泉壤、泉路。迷信传说中的阴曹地府、地狱。其实这个词本意并没有迷信色彩，不过是指"地下"而已，与其相近的词还有"黄泉""泉壤"。明代黄宗羲《万充宗哀辞》：当知此别，便隔泉台！

"阎罗"梵语译音。佛教称管地狱的神，也叫阎罗王、阎王、阎王爷。这里比喻国民党、蒋介石。

《梅岭三章》是陈毅在生死存亡之关头所写下的一曲气壮山河的无产阶级正气

歌，表现了作者坚定的革命信念及甘愿为人类美好事业献身的革命生死观。同样也表现了诗人生当作人杰，死亦为鬼雄的慷慨豪壮之气，以及对革命事业必定胜利的坚定信念。

"三味书屋"中的"三味"是哪三味？

"三味书屋"是鲁迅幼年上私塾的地方。书屋的原名为三余书屋。何为三余？此名取意于三国时董遇的话。董遇常劝学生充分利用"三余"时间读书。所谓"三余"，即"冬者，岁之余；夜者，日之余；阴雨者，时之余"。取名三余大概是希望学生爱惜时间，后来私塾主人寿峰岚改名为"三味书屋"。

"三味"取自"读经味如稻粱，读史味如肴馔，读诸子百家味如醯醢"。书屋取这样的名字，是希望书斋能成为一个博览群书的地方，用以勉励学生们要勤奋学习，广泛阅读。

《尚书》的"尚"是什么意思？

《尚书》是中国古代的一部历史文献汇编，又称《书》。其中，"尚"的意义是上古，"书"的意义是书写在竹帛上的历史记载，所以"尚书"就是"上古的史书"。主要记载商、周两代统治者的一些讲话记录。

《尚书》是我国历史上最古老的一部历史文献，它记录了距离今天大约2300年至3000年间夏、商、周三个王朝的最高统治者的政治活动、军国大政以及司法刑法方面的内容，以典谟、诰命、誓词等形式记载保存下来，因而成为历代统治阶级十分重视的治国宝典与道德教科书，是中国儒家经典中的"五经"中最重要的一经，在中国传统文化中，有着神圣的地位与重大影响。荀子称它为"政事之纪"（《劝学》），司马迁也说《尚书》是"记先王之事，故长于政"。

《尔雅》是什么意思？

《尔雅》是中国最早的一部解释词义的书，是中国古代的词典。《尔雅》也是儒家的经典著作之一，列入十三经之中。其中，"尔"是近正的意思；"雅"是"雅言"，是某一时代官方规定的规范语言。"尔雅"就是接近符合雅言或使语言接近于官方规定的语言。

《尔雅》被认为是中国训诂学的开山之作，在训诂学、音韵学、词源学、方言学、古文字学方面都有着重要影响。《尔雅》还是我国第一部按义类编排的综合性辞书，是疏通包括五经在内的上古文献中词语古文的重要工具书。

《文心雕龙》是什么意思？

刘勰字彦和，少时家贫，曾依随沙门为僧十余年，因而精通佛典。刘勰受儒家思想和佛教的影响都很深。《文心雕龙·序志》中说，他在30多岁时，"梦执丹漆之礼器，随仲尼而南行，旦而寤，乃怡然而喜"。梦见一回孔夫子，便兴奋得不知如何。作《文心雕龙》，也与他对孔夫子的崇仰有关，有阐明文章之源俱在于经典的意思。《文心雕龙》中，是以儒家思想为主，偶有佛教语词。

《文心雕龙》写成于齐代。就其本来意义说，这是一本写作指南，而不是文学概论。书名的意思，"文心"谓"为文之用心"，"雕龙"取战国时驺奭长于口辩、被称为"雕龙奭"的典故，指精细如雕龙纹一般。"文心雕龙"等于是"文章写作精义"。

《四库全书》是哪四库？

《四库全书》从清乾隆时编纂，经十年编成。它是中国古代最大的一部官修书，也是中国古代最大的一部丛书，分经、史、子、集四部，故名四库。据文津阁藏本，该书共收录古籍3503种、79337卷、装订成36000余册。保存了丰富的文献资料。"四库"之名，源于初唐，初唐官方藏书分为经史子集四个书库，号称"四部库书"，或"四库之书"。经史子集四分法是古代图书分类的主要方法，它基本上囊括了古代所有图书，故称"全书"。清代乾隆初年，学者周永年提出"儒藏说"，主张把儒家著作集中在一起，供人借阅。此说得到社会的广泛响应，这是编纂《四库全书》的社会基础。

袁枚的神怪小说集为何叫《子不语》？

清代袁枚有部志怪小说集，书名叫《子不语》，暗示了书籍的内容。《论语·述而》："子不语怪、力、乱、神。"以前读过《论语》的人，看到"子不语"三个字，都知道后边隐去的内容是"怪力乱神"。读者看到《子不语》这个书名，就知道此书讲的是神鬼怪异之事。所以，袁枚以《子不语》名其书，是说他这部小说集是专记神怪故事的。

《且介亭杂文》中的"且介亭"是什么亭？

在这本杂文集的命名中，鲁迅先生运用了"损形"的修辞方法，"且介"分别是"租界"二字的一半，是"半租界"之意。鲁迅先生当时住在上海北四川路，这是帝国主义越过租界范围以后修筑马路的区域，当时被称为"半租界"。他以此集名告诉读者，这些杂文创作于"半租界的亭子间"，表达了对半殖民地半封建的黑暗社会的愤慨之情。

《缘缘堂随笔》为何叫"缘缘堂"？

"缘缘堂"是丰子恺寓所的名字。在缘缘堂六年的乡居，是丰子恺创作的丰收期。在此期间，他写下了大量的散文小品，文艺论著，也描绘了众多漫画。他的文字中有可爱，灵动的一面，也有像他的漫画一样简洁勾勒却深刻的一面。从他的文字和漫画中，随处可见对生命的关注，对于万物丰富的爱。

《缘缘堂随笔》是丰子恺的第一个散文集。人们习惯用"缘缘堂随笔"来统称他全部的散文随笔。赵景深对他的评价也极高，说"他只是平易地写去，自然有一种美，文字的干净流利和漂亮，怕只有朱自清可以和他媲美"。

为何叫《李有才板话》？

大家喜欢把写诗的人叫"诗人"；说作诗的话叫"诗话"。小说的主人公李有才擅长说"快板"，因此被称作"板人"。这本小说是说他作快板的话，所以就叫"李有才板话"。

《李有才板话》是赵树理的中篇小说，写于1943年。它是解放区文艺的代表作，这篇小说重点描写了抗战时期在改选村政权和减租减息斗争中农民和地主之间复杂尖锐的斗争，准确而真实地反映了农村各阶层的心理变动。其中主人公李有才是一个以板话为武器与地主阎恒元做斗争，并于最终机智地夺取了胜利的新农民形象，

塑造得很成功，血肉丰满。作品情节波澜起伏，全篇穿插快板，格调风趣乐观，以独特的认识达到同类作品难以企及的深度。

《管锥编》中的"管锥"是何意？

"管锥"的意思是"以管窥天，以锥指地"，出自《庄子·秋水》。魏公子魏牟曾教训思想家公孙龙说："子乃规规然而求之以察，索之以辩，是直用管窥天，用锥之地也，不亦小乎！"意思是说，琐琐碎碎地辩论，好比用竹管去看天，用锥子去量地，不是太渺小了吗？钱钟书借用这个典故，来说自己的书不过是"管锥之见"的"汇编"而已。这个书名充分体现了他的自谦，也包含了他以具体显现共相、从微观探求宏观的独特追求。

《天龙八部》因何得名？

"天龙八部"这一名称出于佛经，是佛教术语，八部包括：一天众、二龙众、三夜叉、四乾达婆、五阿修罗、六迦楼罗、七紧那罗、八摩呼罗迦。许多大乘佛经叙述佛向诸菩萨、比丘等说法时，常有天龙八部参与听法。这八种神道怪物各有独特的个性和神通。作者以"天龙八部"为书名，旨在象征大千世界之中形形色色的人物。

"念奴娇"的由来

念奴是唐天宝年间的著名歌女，"善歌唱……声出于朝霞之上，虽钟鼓笙竽，嘈杂而莫能遏"（五代王仁裕《开元天宝遗事·眼色媚人》）。音调高亢悦耳，据说唐玄宗很喜欢听她演唱。这个词牌是为了纪念她而创立的。相传，唐玄宗曾亲自填词，命念奴歌唱，果然娇滴滴如夜莺啼鸣，婉转似百灵歌唱，活泼似鸳鸯戏水。唐玄宗

龙颜大悦，就将此曲命名为"念奴娇"。

"雨霖铃"的典故

《雨霖铃》词牌名，也写作《雨淋铃》。唐玄宗为避安禄山之乱出逃，在马嵬坡将杨玉环赐死。在平定叛乱之后，玄宗北还，一路戚雨沥沥，风雨吹打在皇鸾的金铃上，使他更加思念杨贵妃。正如《明皇杂录》里写道："明皇既幸蜀，西南行，初入斜谷，属霖雨涉旬，于栈道雨中闻铃，音与山相应。上既悼念贵妃，采其声为《雨霖铃》曲，以寄恨焉。"这就是词牌《雨霖铃》的来历。曲调自身就具有哀伤的成分。宋代柳永的《雨霖铃》最为有名，而其中的"多情自古伤离别"一句更成为千古名句。

"踏莎行"的由来

踏莎行，原指春天于郊外踏青。据说，寇准在初春的一天和朋友们去郊外踏青，忽然就想起了唐代诗人韩翃"踏莎行草过春溪"这句诗，于是就作了一首新词，名为"踏莎行"。"踏莎行"的"莎"字是指莎草，也叫"香附子"，是一种多年生的草本植物。

"菩萨蛮"指观音菩萨吗？

"菩萨蛮"不指观音菩萨。《菩萨蛮》，是唐教坊曲，后用为词牌。亦作《菩萨鬘》，又名《子夜歌》《重叠金》等。唐宣宗（李忱）大中年间，女蛮国派遣使者进贡，她们身上披挂着珠宝，头上戴着金冠，梳着高高的发髻，号称菩萨蛮队，当时教坊就因此制成《菩萨蛮曲》，于是后来《菩萨蛮》成了词牌名。唐·苏鹗《杜阳杂编》："大中（公元847～859）初，女蛮国贡双龙犀，明霞锦，其国人危髻金冠，缨络被体，故谓之'菩萨蛮'。当时倡优，遂歌《菩萨蛮曲》，文士亦往往效其词。"许多文人骚客都写过以《菩萨蛮》为词牌（曲牌）的诗词，其中以温庭筠的《菩萨蛮》十四首最有名。

"虞美人"与虞姬有关吗？

"虞美人"是著名词牌之一，此调原为唐教坊曲，初咏项羽宠姬虞美人，因以为名。楚汉相争，西楚霸王兵败乌江，四面楚歌，知道不能突围，就劝虞姬另谋生路。但是虞姬哪肯同意，她执意追随项羽，拔剑自刎。虞姬血染之地，长出了一种颜色鲜艳的花，这种花被后人称为"虞美人"。后来，大家为表达对虞姬的忠贞节烈的钦佩，就创作了词曲，以"虞美人"为曲名，倾诉衷肠。后来，"虞美人"就渐渐演化为词牌名。

"贺新郎"与婚宴有关吗？

"贺新郎"与婚宴无关。"贺新郎"最初的名字是"贺新凉"，又名《金缕曲》《乳燕飞》《貂裘换酒》。清代的《古今词话》中记载了这个词牌的来历："东坡守杭州，湖中宴会，有官妓秀兰后至，问其故，以结发沐浴忽觉困倦对，宾客颇恚恨。"秀兰受责怪后，于是在酒席上摘石榴花献给在座宾客，未曾想更激怒了宾客。苏轼为此赋"贺新凉"，即"乳燕飞华屋"也。秀兰演唱之后，大家才止住愤怒，继而高兴起来。以"贺新郎"为词牌名的词作大多感伤或悲愤，和婚宴气氛不合。

"鹊桥仙"的由来

关于"鹊桥仙"这一词牌的来历，一

说是欧阳修有词"鹊迎桥路接天津"一句，词牌名由此而来。还有一种说法是，此调因咏牛郎织女鹊桥相会而得名。以上两种说法都说明这一词牌与"鹊桥相会"的神话有关。古时候，关于"鹊桥"的神话，以东汉的《风俗通》中"织女七夕当渡河，使鹊为桥"的记载为最早。到唐代的时候，民间的传说更加普遍，很多诗人都曾吟咏。此调也是这段时间产生的。

词牌"钗头凤"最早出自陆游吗？

红酥手，黄滕酒，满城春色宫墙柳。东风恶，欢情薄，一怀愁绪，几年离索。错，错，错！

春如旧，人空瘦，泪痕红浥鲛绡透。桃花落，闲池阁，山盟虽在，锦书难托。莫，莫，莫！

陆游的《钗头凤》，是一篇"风流千古"的佳作，它描述了一个动人的爱情悲剧。据《历代诗馀》载，陆游年轻时娶表妹唐婉为妻，感情深厚。但因陆母不喜唐婉，威逼二人各自另行嫁娶。十年之后的一天，陆游沈园春游，与唐婉不期而遇。此情此景，陆游"怅然久之，为赋《钗头凤》一词，题园壁间"。这便是这首词的来历。

但是，词牌"钗头凤"最早却不是出自陆游。"钗头凤"是根据五代时的《撷芳词》改成的。不过，是在陆游之后，这个词牌才被文人广泛采用了。

"沁园春"因何得名？

《沁园春》是中国古代文苑中一枝常开不败的奇葩。其词调取名于东汉沁水公主园。据《后汉书》卷五十三《窦宪传》记载：宪恃宫掖声执，遂以贱直请夺沁水

公主田园，主逼畏不敢计。后肃宗驾出，过园，指以问宪，宪阴喝不得对。后发觉，帝大怒，召宪，切责。……宪大震惧。皇后为毁服深谢，良久乃得解，使以田还主。后人感叹其事，多咏叹之。

沁园是因汉明帝对沁水公主的宠爱，成为有史以来中国第一个皇家园林，又以窦宪夺园、和帝罢免的故事传唱至今。后人作诗来吟咏这件事，此调因而得名"沁园春"。

"水调歌头"中的"歌头"是什么意思？

相传，隋炀帝在开凿大运河的时候，曾作了一首《水调歌》，唐代的时候发展成大型的舞曲。因为凡是大曲都由几个乐章组成，"歌头"就是开头第一段。《水调歌》由散序、中序、入破三部分组成。"歌头"为中序的第一章，又叫"元会曲""凯歌""台城游"。

"青玉案"中的"案"指什么？

"青玉案"出自东汉张衡的《四愁诗》："美人赠我锦绣段，何以报之青玉案。""锦绣段"就是"锦缎"，丝织品，表面有彩色花纹。"案"指放食物的小几，形状如有脚的托盘。

"浣沙溪"因何得名？

"浣溪纱"词牌典出"西施浣纱"。西施是春秋末期，越国的浣纱女子。生得粉面桃花，楚楚动人。她在河边浣纱的时候，清澈的河水映照着她俊俏的身影，连鱼儿看见倒影都忘记了游水，渐渐沉到河底。民间以"沉鱼"代称西施。相传西施浣纱的地方处于今天浙江绍兴的若耶溪，该溪因此得名"浣纱溪"。

奇诗妙文

循环往复的回文诗

回文是汉语特有的一种使用词序回环往复的修辞方法，文体上称之为"回文体"。而回文诗是一种按一定法则将字词排列成文，回环往复都能诵读的诗。这种诗的形式变化无穷，非常活泼。能上下颠倒读，能顺读倒读，能斜读，能交互读。

回文诗的格式有两种：一种是全诗可以倒读成另一首诗，一般都只写出正读的那首，倒读的由读者自己体会；另一种是诗中后一联诗句为前一联诗句的倒读，或每联的对句均为出句的倒读。例如：

南朝梁元帝《后园作回文诗》正读："斜峰绕径曲，耸石带山连。花余拂戏鸟，树密隐鸣蝉。"倒读："蝉鸣隐密树，鸟戏拂余花。连山带石耸，曲径绕峰斜。"

明代唐伯虎所作《十字回文诗》中十个字："悠云白雁过南楼半色秋。"可以有规律地重叠读成：悠云白雁过南楼，雁过南楼半色秋。秋色半楼南过雁，楼南过雁白云悠。

屈曲成文的盘中诗

盘中诗是杂体诗名。全诗共 168 字，49 句，27 韵，篇中多伤离怨别之辞。读时从中央以周四角，宛转回环，当属回文诗体一类。

明代文学家冯梦龙《古今小说》里搜集了一首南宋熊元素所写的一首回文诗。该诗描写了景色优美的江南之春。诗中的每一句都可以颠倒，而且全诗首尾倒转。这首诗的流传时间很长、范围也特别的广。这首诗是这样的：

融融日暖乍晴天，骏马雕鞍绣辔联。风细落花红衬地，雨微垂柳绿拖烟。草铺草色春江曲，雪剪花梢玉砌前。同恨此时良会罕，空飞巧燕舞翩翩。倒读为：翩翩舞燕巧飞空，罕会良时此恨同。前砌玉梢花剪雪，曲江春色草铺草。烟拖绿柳垂微雨，地衬红花落细风。联辔绣鞍雕马骏，天晴乍暖日融融。

天衣无缝的集句诗

集句诗是诗的体裁之一。集，集合的意思。句，即古诗句、文句。集句诗，又称集锦诗，就是从现成的诗篇中，选取现成的诗句，再巧妙集合而成的新诗。集句诗，要求有完整的内容和崭新的主旨，要求符合诗词格律，要求上下一气，浑然天成。"集句"一名，出自宋代陈师道的《后山诗话》，但它的创作，由来已久，现存最早的集句诗，为西晋傅咸的《七经诗》。下边列举两个集句诗的例子：

七经诗·集《论语》诗

傅咸（晋）

守死善道，磨而不磷。

直哉史鱼，可谓大臣。

见危授命，能致其身。

克己复礼，学优则仕。

富贵在天，为仁由己。

以道事君，死而后已。

南乡子

苏轼（宋）

怅望送春杯（杜牧），渐老逢春能几回（杜甫）？花满楚城愁远别（许浑），伤怀，何况清丝急管催（刘禹锡）？

吟断望乡台（李商隐），万里归心独上来（许浑）。景物登临闲始见（杜牧），徘徊，一寸相思一寸灰（李商隐）。

句句颠倒的倒句诗

倒句诗与回文诗十分近似。不同点是回文诗通篇可以倒诵，而倒句诗或倒句词、曲仅是每句能倒读。虽然不如回文诗流畅，却也颇见诗人功力。

（一）倒句诗

处处飞花飞处处，潺潺碧水碧潺潺。

树中云接云中树，山外楼遮楼外山。

（二）倒句词

菩萨蛮·春

苏轼（宋）

翠环斜漫云垂耳，耳垂云漫斜环翠。春晚睡昏昏，昏昏睡晚春。细花梨雪坠，坠雪梨花细。颦浅念谁人，人谁念浅颦？

菩萨蛮·夏

苏轼（宋）

柳庭风静人眠昼，昼眠人静风庭柳。

香汗薄衫凉，凉衫薄汗香。手红冰碗藕，藕碗冰红手。郎笑藕丝长，长丝藕笑郎。

（三）倒句曲

普天乐

画麒麟，麒麟画。荣华富贵，富贵荣华。在金门下玉马嘶，玉马嘶在金门下。宰相人家规模大，大规模宰相人家。莫不是王侯驸马？簪花御酒，御酒簪花。

别具匠心的同旁诗

同旁诗是每句都以同旁字排列的诗，又叫联边诗。汉字的偏旁部首，除了表示意义，有些还能使人联想到相应的形象。因而同偏旁的字的集中使用，每每使字句排列与内容相映成趣，给人以"见字如面"的感觉。同旁诗有三种，一种是全诗只用一个同旁字，一种是一句用一种同旁字，还有一种是每句部分字使用同旁字。如果只有部分句子使用同旁字，其他句子不用同旁字的诗，只能说运用了同旁字的方法，却不能说是同旁诗。

同旁诗最早为南朝（陈）沈炯所作的《和蔡黄门口字咏绝句》：

噤嘂宫阁路，霑霈灵谷口间。

谁知名器品，语哩各崎岖。

下边这首《戏题》是宋朝的黄庭坚所作：

逍遥近边道，憩息慰惫懑。

晴晖时晦明，谑语谐谈论。

草莱荒蒙茏，室屋壅尘尘。

僮仆侍偪侧，泾渭清浊混。

藏头露尾的藏头诗

藏头诗，又名"藏头格"，是杂体诗的一种。藏头诗有三种形式：一是首联与中二联六句皆言所寓之景，而不点破题意，直到结联才点出主题；二是将诗头句一字暗藏于末一字中；三是将所说之事分藏于诗句之首。现在常见的是第三种，每句的第一个字连起来读，可以传达作者的某种特有的思想。

明朝大文学家徐渭（字文长）游西湖时，面对平湖秋月胜景，写下了一首七绝：

平湖一色万顷秋，湖光渺渺水长流。

秋月圆圆世间少，月好四时最宜秋。

其中就藏头"平湖秋月"四个字。当今时代，也有人能将藏头诗用得恰到好处。香港凤凰台吴小莉到"华西都市报"做客时，送上了贺词：

华夏之光，西部翘楚，都会雄风，市镇豪情，报业先锋。

仔细看来也是一首藏头诗，每句诗的第一个字连起来就是"华西都市报"。

生吞活剥的剥皮诗

"剥皮诗"也称"拟古诗"，是一种幽默诗体。这种诗通常以广为流传的名篇为基础，运用删节、增添、颠倒、改动或仿拟的手法，使改动后的诗与原诗产生鲜明的对比，以及嬉笑怒骂、诙谐幽默的效果，很是为人们所喜闻乐见。

有一次，宋代诗人莫子山到寺庙游玩。游玩中，不由得想起了这样一首诗：

终日昏昏醉梦间，忽闻春尽强登山。

因过竹院逢僧话，又得浮生半日闲。

这首诗是唐代诗人李涉所作的《题鹤林寺僧舍》。可是在莫子山与寺庙主持的交流中，他发现这位主持不但才疏学浅，而且庸俗无聊。临别时主持向莫子山求诗，莫子山灵机一动，题诗曰：

又得浮生半日闲，忽闻春尽强登山。

因过竹院逢僧话，终日昏昏醉梦间。

经他这样一改，一首原本是抒发忙中偷闲、在暮春时登山览庙时的闲情雅趣的诗就变成了一首讽刺庸僧的诗。

逐句递增的宝塔诗

宝塔诗，杂体诗的一种，是一种摹状而吟、风格独特的诗体。宝塔诗是我国民族文化独有的艺术形式，也是我国文学画廊中的一朵耀眼的奇葩，虽有文字游戏之嫌，但是只要赋予它深刻的思想内涵，将诗歌的"形"与"神"紧密地交融在一起，就一定能够创造出无穷的艺术魅力。

顾名思义，它形如宝塔。宝塔诗从一言起句，依次增加字数，从一字到七字句逐句成韵，叠成两句为一韵。直至从一至七字，对仗工整，读起来朗朗上口，声韵和谐，节奏明快。起始的字，既为诗题，又为诗韵。如唐代张南史的《花》：

花，花

深浅，芬葩

凝为雪，错为霞

莺和蝶到，苑占宫遮

已迷金谷路，频驻玉人车

芳草欲陵芳树，东家半落西家

愿待春风相伴去，一攀一折向天涯。

又如白居易的《诗》：

诗，诗

绮美，瑰奇

明月夜，落花时

能助欢笑，亦伤别离

调清金石怨，吟苦鬼神悲

天下只应我爱，世间唯有君知

自从都尉别苏句，便到司空送白辞

句末隐字的歇后诗

歇后诗是杂体诗的一种，其与歇后语稍有不同。歇后诗的构成形式与歇后语一样，也可以这么说，歇后语是从歇后诗演变而来的。两者的区别是，歇后语在应用中没有把谜底隐藏起来，事实上没有"歇后"。歇后诗则真正实行"歇后"，需要读者在品读时思考、领会。

冯梦龙的《古今笑史》中有几首歇后诗：

赠时少湾

少湾主人吉日良（时），束修且是爷多娘（少）。

身材好像夜叉小（鬼），心地犹如短剑长（枪）。

三杯晚酌金生丽（水），两碗晨餐周发商（汤）。

年终算账索筵席（赖），噼啪之声一顿相（打）。

括号内的字是被隐藏的，是每句诗的"谜底"。这首诗是写时少湾招待家里的私塾老师，不但报酬给得少，伙食极差，而且年底还要耍赖，和老师厮打。后人为私塾老师抱不平，作诗来讽刺他。

珠联璧合的拆字诗

汉字往往可以拆成两个或多个单独的字。拆字诗，是根据汉字这一特点，将合体字拆成独体字，组成诗作。文字若拆得恰当，就会有珠联璧合的效果，让人过目不忘。

宋朝的刘一止所作《山中作拆字语寄江子我郎中》：

日月明朝昏，山风岚自起。

石皮破仍坚，古木枯不死。

可人何当来，意若重千里。

永言咏黄鹤，志士心未已。

还有一首苏东坡作的拆字诗。相传，苏东坡做官时，一次微服出访，遇到当地几个称霸的乡绅设宴祝寿，就去凑个热闹。宾客中有恶霸，一个叫杨贵，一个王笔。他们两人虽才疏学浅，但是竟在席间旁若无人地赋起诗来。

王笔先说：

一个朋字两个月，一样颜色霜和雪。

不知哪个月下霜，不知哪个月下雪？

杨贵接着道：

一个吕字两个口，一样颜色茶和酒。

不知哪张口喝茶，不知哪张口喝酒？

苏东坡听罢，笑了笑，说道：

一个二字两个一，一样颜色龟和鳖。

不知哪一个是龟，不知哪一个是鳖？

诗中：龟，谐音杨贵的"贵"；鳖，谐音王笔的"笔"。

八种乐器的八音诗

古代称金、石、丝、竹、匏、土、革、木为八音，代表八种乐器。八音诗就是将八音的名称，依序冠于每句之首或每联之首。据《诗苑类格》记载，南朝沈炯的五古《八音诗》是最早的。

八音诗
沈炯（南朝陈）

金屋贮阿娇，楼阁起迢迢。

石头足年少，大道跨河桥。

丝桐无缓节，罗绮自飘飘。

竹烟生薄晚，花色乱春朝。

匏瓜讵无匹，神女嫁苏韶。

土地多妍冶，乡里足尘嚣。

革年未相识，声论动风飙。

木桃堪底用，寄以答琼瑶。

古意赠郑彦能八音歌
黄庭坚（宋）

金欲百炼刚，不欲绕指柔。
石羊卧荒草，一世如蜉蝣。
丝成茧自缚，智成龟自囚。
竹箭天与美，岂愿作蒿矢。
匏枯中笙竽，不用系墙隅。
土偶与木偶，未用相贤愚。
革辙要合道，覆车还不好。
木纳赤子心，百巧令人老。

八音诗
林清（元）

金紫何曾一挂怀，石田茅屋自天开。
丝竿钓月江头住，竹杖挑云岭上来。
匏实晓收栽药圃，土花春长读书台。
革除一点浮云虑，木笔题诗酒数杯。

别具情趣的数字诗

数字诗有两个概念：一是以数为题，此类诗可称为数名诗；二是将数字嵌入诗中。诗中的数字可以从一至十按顺序排列，也可以从十到一倒排；有时数字也可打乱顺序置于诗中；数字也可一个或两个乃至多个巧妙运用在诗中，其变化可说多种多样。数字从一到十，单纯来看是枯燥乏味的，如果巧妙地运用它，进行艺术加工，嵌入诗歌，结构精巧，能使诗歌形式奇异，读起来朗朗上口，趣味横生，有独特的风格。

咏月
李调元（清）

十九月亮八分圆，七个才子六个颠。
五更四点鸡三唱，怀抱二月一枕眠。

金缕曲
纪晓岚（清）

廿四桥头步，怪东风、等闲吹过，

良宵十五。重向十三楼上望，谩掩四围朱户。欠好梦、十年一度。数遍巫山峰六六，第三峰、留作行云路。双星照，七襄渡。

三三径里三生谱。倚花前、阑干六曲，三弦低诉。弹到六么花十八，一半魂销色舞。添一缕、谢娘眉妩。卅六鸳鸯周四角，更二分、明月三分鼓。且莫把，四愁赋。

顶真续麻的连环诗

顶真续麻又称顶真，即后句首字用前句末字。连环诗的形式通常排列成圆圈形，字数不限，读的方法很多，一般从圆圈最上边的当中一字起头，然后按顺时针或逆时针方向，每五字或七字一断，即可读成若干首五言诗或七言诗。

平陵东行
曹植

阊阖开，天衢通，被我羽衣乘飞龙。
乘飞龙，与僊期，东上蓬莱采灵芝。
灵芝采之可服食，年若王父无终极。

小桃红
乔吉（元）

落花飞絮隔珠帘，帘静重门掩，掩镜羞看脸儿娈，娈眉尖，尖指屈将归期念，念他抛闪，闪咱少欠，欠你病恹恹。

难读绕口的吃语诗

"吃语诗"是由许多双声字，叠韵字和同音异义的字连缀起来，组成的音韵重叠而又拗口的诗歌。读这种诗歌，可以提高对诗歌音韵的认识能力，锻炼朗读的发音技巧，还可以增强记忆力。

苏轼曾写过"吃语诗"。苏轼在湖北武昌时，有一位姓王的朋友说话结巴，苏轼就写了首"吃语诗"叫他读，希望可以矫正他的口吃。全文如下：

江干高居坚关扃，犍耕躬稼角挂经，篙芊系舸菰荻隔，笳鼓过军鸡狗惊。

解襟顾景各箕距。去剑麏歌几举觥，荆笄供脍愧搅恬，干锅更嘎甘瓜羹。

明代万历年间的谢肇制，他有一位口吃的县令朋友即将去别处赴任。临行前，他作了一首诗给县令送别：

绿柳龙楼老，林萝岭路凉。露来莲漏冷，两泪落刘郎。

梨岭连连路，兰陵累累楼。流离怜怜落，郎辇懒来留。

只可惜这位口吃的县令未能通顺地念完，就匆匆离去了。

通俗风趣的打油诗

打油诗是旧体诗的一种，而且是妙趣横生的诗体。它的内容和词句通俗诙谐、不拘于平仄韵律。相传为唐代张打油所创。明·杨慎《升庵外集》载，唐代张打油等善作此诗，所用都是俚语，且颇为诙谐。后人将这类诗歌称为"打油诗"。

张打油是一般的读书人，但他的《咏雪》：

江上一笼统，井上黑窟窿。

黄狗身上白，白狗身上肿。

可谓一鸣惊人，开创了一个崭新的打油诗体。此诗描写雪景，由全貌到特写，由颜色到神态。通篇写雪，却没用一个"雪"字，但是却把雪的形神跃然纸上。用词贴切、生动、传神，本色拙朴，风致别然。

清代有个新娘，众宾客大闹新房时，逼新娘吟诗一首。新娘只好吟道：

谢天谢地谢诸君，我本无才哪会吟？

曾记唐人诗一句，"春宵一刻值千金"。

诗一出，众宾客都大笑着离开了。此诗妙在末句，虽是引语，却别有新意。

颠来倒去的颠倒诗

颠倒诗，也称倒字诗、翻韵诗，是指诗人为求押韵，或因讽刺讥嘲的需要，而故意将某些双音词前后颠倒入诗。古代的颠倒诗多为严肃之作，但后世文人认为颠倒一法意趣盎然，就用于讽刺，寓幽默于其中了。

唐代诗人黎映，他的一位朋友因故被贬。黎映就写了一首颠倒诗：

惯向溪边折柳杨，因循行客到州漳。

无端忤触王衔押，不得今朝看饮乡。

诗中各句最后两字，是"杨柳""漳州""押衔""乡饮"的倒置，全诗表达了对朋友不幸命运的同情以及对朋友的思念。

宋代有个解元，实际上半通不通。一次他读书看见"蔡中郎"一词，便大骂古人粗心大意，连"郎中"都不懂。其实，"蔡中郎"指的蔡邕，他曾做过中郎将，而"郎中"指的是医生。有人作诗嘲之曰：

改行当郎中，大门挂牌招。

如何作元解，归去学潜陶。

诗中有意颠倒了"中郎""招牌""解元""陶潜"四个词语。

一首诗中十个"一"字

一次，乾隆和纪晓岚登上长江边的一座酒楼。乾隆忽然心血来潮，要纪晓岚即景做一首绝句，诗中必须包括十个"一"字。纪晓岚来到窗边，极目远眺，只见秋雨如丝，江面上雾影蒙蒙，往来的船只很少，不远处，岸边停着一条小船，一个渔人戴笠披蓑，正在垂钓。纪晓岚略一沉思，便说出了两句诗："一蓑一笠一渔舟，一个渔翁一钓钩"。

乾隆一听，两句诗便用了五个"一"字，不觉颔首微笑，表示赞许。谁知纪晓岚只做了前两句，后面两句却做不出来了。他捻须皱眉，苦思冥想，终难在下面两句中再安上五个"一"字，乾隆见状，不觉把桌子一拍，笑道："今天也难倒你啦！"说罢，大笑起来。纪晓岚连忙跪下，道："启禀圣上，臣有了。"乾隆忙道："快说啊！"只见纪晓岚不慌不忙地念道："一拍一呼还一笑，一人独占一江秋！"原来纪晓岚就从乾隆刚才大笑的动作中，得到启发，完成了这首诗。

智多星吴用巧作"藏头诗"

藏头诗，又名"藏头格"，是杂体诗中的一种，有三种形式：一是首联与中二联六句皆言所寓之景，而不点破题意，直到结联才点出主题；二是将诗头句一字暗藏于末一字中；三是将所说之事分藏于诗句之首。现在常见的是第三种，每句的第一个字连起来读，可以传达作者某种特有的思想。

《水浒传》中梁山为了拉卢俊义入伙，"智多星"吴用和宋江便生出一段"吴用智赚玉麒麟"的故事来，利用卢俊义正为躲避"血光之灾"的惶恐心理，占四句卦歌：

芦花丛中一扁舟，
俊杰俄从此地游。

义士若能知此理，
反躬难逃可无忧。

吴用在四句卦歌中巧妙地把"卢俊义反"四字暗藏在四句之首。果然四句诗写出后，成了官府治罪的证据，终于把卢俊义"逼"上了梁山。

《望江亭》中的藏头诗

《望江亭》是大剧作家关汉卿的杂剧。内容是写美丽少妇谭记儿在望江亭内设计对付权贵杨衙内的故事，剧情表现了谭记儿守护爱情的机智。剧中让人过目难忘的是白士中和谭记儿两人在观中相见，双双坠入爱河的情节。这里用了两首表达爱情的藏头诗句，颇有情趣。面对白士中的求婚，谭记儿，用一首藏头诗表达了心意：

愿把春情付落花，
随风冉冉飞天涯。
君能识破风兮句，
去妇当归卖酒家。

白士中识破诗中"愿随君去"，惊喜之余，也回了一首藏头诗：

当垆文君貌如花，
不负琴心奔天涯。
负笈遍寻知心伴，
卿须怜我尚无家。

白士中要表达的意思是"当不负卿"。古代戏剧中的传情示爱往往含蓄委婉、预言又止，一首藏头诗能达到曲径通幽、增加情趣的效果，使人过目不忘。

司马相如和卓文君的数字情诗

司马相如是西汉时期的大文豪，他和卓文君的爱情故事，尤其令人津津乐道。不过，据说当他被封为中郎将的时候，他觉得自己身份不凡，曾经起了休妻的念头。有一天，他派人送给卓文君一封信，信上写着"一、二、三、四、五、六、七、八、九、十、百、千、万"13个大字。聪慧的卓文君看过信后，发现信中唯独少了"亿"，她知道丈夫对她已无意了。她含泪给丈夫写了回信，让人带回去。

司马相如打开信看到："一别之后，二地相悬，只说是三四月，又谁知五六年，七弦琴无心弹，八行书无可传，九连环从中折断，十里长亭望眼欲穿，百思想，千系念，万般无奈把君怨。万语千言说不完，百无聊赖十依栏，重九登高看孤雁，八月中秋月圆人不圆，七月半烧香秉烛问苍天，六月伏天人人摇扇我心寒。五月石榴如火偏遇阵阵冷雨浇花端，四月枇杷未黄我欲对镜心意乱。忽匆匆，三月桃花随水转。飘零零，二月风筝线儿断，噫！郎呀郎，巴不得下世你为女来我为男。"司马相如看过信后惊叹不已，夫人的才思敏捷和对自己的一往情深，都使他受到很大的震撼，于是很快地打消了休妻的念头。

数字诗互答

相传，一年元宵节晚上，祝枝山与周文斌相约去看花灯。更加让人想不到的是，周文斌竟然扮成一个女子上街了。不曾想，兵部尚书之子王老虎，竟一眼便看上了男扮女装的周文斌，还将他抢进了王府，企图当夜就成亲。周文斌自然不会答应，于是他被送到了王老虎的妹妹王秀英房中。王秀英在闺房中作了一首诗："百尺楼头花一溪，七香车断五陵西。六桥遥望三湘水，八载空惊半夜鸡。风急九秋双燕去，云开四面万山齐。子规不解愁千丈，十二时中两两啼。"之中运用了半、两、

一、二、两、双、三、四、五、六、七、八、九、十、千、百、万等数字。

周文斌对此诗大加赞赏，也吟了一首诗："百尺高楼四五溪，珠算十六卷东西。二分明月三分恨，一夜相思半夜鸡。黄鹤高飞万丈远，红鸾新绣两双齐。春归八九愁千斛，七里山塘罢乱啼。"诗中也嵌入了半、两、双以及一至万的各个数字，可谓珠联璧合。

"百鸟诗"配百鸟图

明朝弘治年间，有个新科状元伦文叙，据说他曾经卖过菜。他人长得身长玉立，头颅竟有二尺多，外表看来真是一位奇人。相传当时有位收藏字画的大人物，以重金购得了苏东坡画的《百鸟归巢图》，想请人题诗一首，以求诗画交辉，珠联璧合。找谁最合适呢？正当他思索时，有人便推荐伦文叙。伦文叙看过《百鸟图》之后，沉思片刻，便提笔写道：

天生一只又一只，三四五六七八只，
凤凰何少鸟何多，啄尽人间千石食。

这位收藏家初看，不解其意，继而一算，三四一十二，五六三十，七八五十六，再加一只又一只，合起来恰恰是一百只鸟，不禁连连称妙，重谢了伦文叙，把画珍藏起来。

其实，伦文叙写的是一首寓意深刻的讽刺诗。他深叹朝（巢）中"凤凰何少鸟何多"，一只一只又一只……吃尽了民间千万石（读作担，古以百斤为石）粮食！

生趣盎然的"生肖诗"

"鼠牛虎兔龙蛇，马羊猴鸡狗猪"，十二生肖可谓家喻户晓。古代有的文人还

把生肖写进诗词，真是别有一番情趣。

最早的生肖诗，是南北朝的诗人沈炯的《十二属诗》：

鼠迹生尘案，牛羊暮下来。虎啸坐空谷，兔月向窗开。龙潭远青翠，蛇柳近徘徊。马兰方远摘，羊负始春栽。猴栗差芳果，鸡踱引清怀。狗其怀物外，猪蠡窗悠哉。

这首诗的每一句开头都用到一个生肖，十二句依次列出十二属相，生动有趣。

胡俨写的一首十二生肖诗，也很有艺术魅力："鼷鼠饮河河不干，牛女长年相见难。赤手南山缚猛虎，月中取兔天漫漫。骊龙有珠常不睡，画蛇添足适为累。老马何曾有角生，羝羊触藩徒忿嚏。莫笑楚人冠沐猴，祝鸡空自老林邱。舞阳屠狗沛中市，平津牧豕海东头。"十二生肖也是自然嵌入诗中，相映成趣。诗中运用历史典故和生活常识，抒发了情志，寓意深刻。

妙趣横生的"七事诗"

俗语曰："开门七件事，柴、米、油、盐、酱、醋、茶。"每户人家开始一天的生活，就有七件东西是必需的，也是不可或缺的。正所谓"开门七件事，多寡总关情"。以七事入诗，最初见于元人杂剧，《刘行首》二折中就有这样的诗：

教你当家不当家，
及至当家乱如麻。
早起开门七件事，
柴米油盐酱醋茶。

这是一首叙事诗，写出不当家不知柴米贵的道理，提醒当家人要善于筹划，勤俭持家。明代唐伯虎也写过这样一首诗《除夕口占》：

柴米油盐酱醋茶，
般般都在别人家。
岁暮清闲无一事，
竹堂寺里看梅花。

传说中的唐伯虎风流倜傥，是众人皆知的江南才子，很是富有。其实他是个穷文人，还曾靠卖画维持生计。这首诗正反映了唐伯虎穷困不堪的境况，道出了他心中的不平和苦涩。

妙转巧补的"意趣诗"

意趣诗是指当在逻辑上遇到难题时，随机应变，因势而补，令诗理绝处逢生，能够给人一种"山重水复疑无路，柳暗花明又一村"的感觉。

明代有个财主，找了一个秀才题写一首《梅花诗》。秀才吟道：

玉质亭亭清且幽

主人看到，有点不大高兴，就提示秀才说："我要你写的是红梅啊。"

秀才笑了笑，继续说道：

玉质亭亭清且幽，着些颜色在枝头。
牧童睡起朦胧眼，错认桃林去放牛。

秀才作的这首诗由首句写白色，很自然地过渡到红色，令财主佩服不已。

《解学士诗》中记载，明太祖出题，解缙吟诗，句句巧补，令人应接不暇。

太祖曰："昨夜宫中降生。"解缙云："吾皇昨夜降金龙。"

太祖曰："是个公主。"解缙云："化作嫦娥下九重。"

太祖曰："出生不久后就死了。"解缙云："料是世间留不住。"

太祖曰："没埋，丢在金水河里了。"解缙云："翻身跳进水晶宫。"

文天祥的集杜诗

文天祥的集杜诗，题材广泛，内容丰富，或咏史事人物，或述自身经历，或忆师友亲人，或抒豪情壮志。这些诗作一点都没有拼凑雕琢之感，具有浑然天成之美。例如：

十年杀气盛，（《北风》）

百万攻一城。（《遣怀》）

贼臣表逆节，（《往在》）

胡骑忽纵横。（《八哀诗》）

此诗是记襄阳失守一事。襄阳乃军事要地，南宋将士守城七年，等待援助。奸臣贾似道隐匿军报，最终导致城池失守。此诗既有对守城将士的称赞，也有对贼臣误国的谴责。有褒有贬，有悲有愤，读之使人深省。

朱崖云日高，（《遣遇》）

风浪无晨暮。（《有怀台州郑十八司户》）

冥冥翠龙驾，（《雨》）

今复在何许？（《宿清溪驿奉怀张员外十五兄之绪》）

这首诗是记元军攻陷南宋的最后一个据点厓山。这首诗前两句绘景，形象地再现了当时的政治形势；后两句抒情，表达了诗人对南宋王朝的深深忧虑和依恋。

鲁迅的打油诗

鲁迅的打油诗不但诙谐风趣，而且在辛辣的讽刺中体现了深刻的思想内涵，使打油诗产生了质的飞跃。鲁迅的打油诗和他的杂文一样，堪称锋利的匕首。

鲁迅的打油诗《我的失恋》：

我的所爱在山腰；想去寻她山太高，低头无法泪沾袍。爱人赠我百蝶巾；回她什么：猫头鹰。从此翻脸不理我，不知何故今使我心惊。

我的所爱在闹市；想去寻她人拥挤，仰头无法泪沾耳。爱人赠我双燕图；回她什么：冰糖葫芦。从此翻脸不理我，不知何故今使我糊涂。

我的所爱在河滨；想去寻她河水深，歪头无法泪沾襟。爱人赠我金表索：回她什么：发汗药。从此翻脸不理我，不知何故今使我神经衰弱。

我的所爱在豪家；想去寻她今没有汽车，摇头无法泪如麻。爱人赠我玫瑰花；回她什么：赤练蛇。从此翻脸不理我。

不知何故今——由她去罢。

这首诗鲁迅模仿东汉张衡的《四愁诗》的格式写成的。在这首诗中，作者否定了感情荒芜、格调低下的失恋诗，对当时的创作趋向进行抨击。

有趣的题画诗

南朝的南楚材才华横溢。一年，他游颍州的时候，有个县令见他不但长得一表人才，而且很有才华，就想把自己的女儿嫁给他。可是南楚材已经结婚有了妻室，他的妻子叫薛媛。薛媛知道这件事以后，就画了一幅自画像，并题了一首诗《写真寄夫》：

欲下丹青笔，先拈宝镜寒。

已经颜索寞，渐觉鬓凋残。

泪眼描将易，愁肠写出难。

恐君浑忘却，时展画图看。

南楚材看到这幅画以及这首诗的时候，被深深感动了，他很快回到家中和妻子团聚。薛媛的诗和画一定都相当不错，才能打动她的丈夫，使他不忘旧情。

苏轼也有一首题画诗，就是为惠崇和尚的一幅画所作的。这首诗是《惠崇〈春江晚景〉》：

竹外桃花三两枝，
春江水暖鸭先知。
蒌蒿满地芦芽短，
正是河豚欲上时。

这首诗把画中的江南春天的景物渲染得生机盎然，这幅画现在虽然失传了，但是诗却一直被人们所传颂。

有趣的广告诗

我国最早的广告可以追溯到古代的酒旗，效仿作战时高悬战旗的酒幌，是世界上最早用来招徕顾客的广告。以诗的形式表现出来，则是广告的一种文学方式和技巧，这种方法很久之前就有了，到现在仍然适用。

唐朝诗人李白的《客中作》是广告诗中的经典，诗曰：

兰陵美酒郁金香，玉碗盛来琥珀光。
但使主人能醉客，不知何处是他乡。

诗人仅仅使用了"香""醉"等字就把兰陵美酒的色泽、味道等都描绘得淋漓尽致，使人对兰陵美酒产生向往。

宋代的大文豪苏轼也有一首广告诗，诗云：

纤手搓来玉色均，碧油煎出嫩黄深。
夜来春睡知轻重，压扁佳人缠臂金。

诗人仅用20多个字就把油撒子的制作技巧和外表形象勾画得栩栩如生，不愧为传世佳作。

三字同旁诗拾趣

从前有个何财主为庆祝新房竣工，大办酒席，宴请宾朋。其中有私塾的王先生和主持工程的周木匠。王先生身着绸缎，衣冠楚楚，看不起穿着布衣的周木匠。于是他就准备奚落一下他。王先生提议用三字同旁的字来作首诗。王先生先吟道：

三字同边丝绸纱，三字同头宦官家。
如若不是宦官家，休想穿上丝绸纱。

众人拍手称妙，待大家肃静下来，周木匠吟道：

三字同边栏杆楼，三字同头先生牛。
若非我造栏杆楼，岂能关住先生牛。

听到这首诗后，王先生气得脸都红了。何财主连忙上前调解，也作了首诗：

三字同边淡泊酒，三字同头左右友。
只因这杯淡泊酒，得罪各位左右友。

众宾客齐声叫好。正巧一个长工从地里回来了，路过门口，看着里边大吃大喝的场景，心中不免十分气愤，也大声吟了一首诗：

三字同边糟糠粒，三字同头屎尿屁。
阔人吃了糟糠粒，尽是一些屎尿屁。

吟罢，扬长而去，直气得何财主浑身发抖。

一诗巧藏三十六计

三十六计源自南朝宋将檀道济，是我国古代兵家计谋的总结和军事谋略学的宝贵遗产。为便于人们熟记这三十六条妙计，有位学者在三十六计中每取一字，依序组成一首诗：

金玉檀公策，借以擒劫贼。
鱼蛇海间笑，羊虎桃桑隔。
树暗走痴故，釜空苦远客。
屋梁有美尸，击魏连伐虢。

全诗除了檀公策外，每字包含了三十六计中的一计，依序为：金蝉脱壳、抛砖引玉、借刀杀人、以逸待劳、擒贼擒王、趁火打劫、关门捉贼、浑水摸鱼、打草惊蛇、瞒天过海、反间计、笑里藏刀、顺手牵羊、调虎离山、李代桃僵、指桑骂槐、隔岸观火、树上开花、暗度陈仓、走为上、假痴不癫、欲擒故纵、釜底抽薪、空城计、苦肉计、远交近攻、反客为主、上屋抽梯、偷梁换柱、无中生有、美人计、借尸还魂、声东击西、围魏救赵、连环计、假道伐虢。

"三句半"诗趣

　　明朝正德年间，有位狂放不羁的秀才自号"西坡"，据说是仿效"苏东坡"的名号。有年春天大旱，太守设坛斋戒祈雨。这西坡秀才闲来无事就赋诗一首咏之：

> 太守祈雨泽，
> 万民多感德。
> 昨夜推窗看，
> 见月。

　　这诗不是公开与太守求雨唱反调吗？太守知道以后大怒，立即派人将他抓来，厉声责问："你狂言惑众，可知罪？"秀才当即作诗辩解：

> 百姓受苦累，
> 太守哪有水，
> 作诗说真话，
> 何罪？

　　太守更加恼火，责令打他十八大板。秀才不讨饶，反而吟道：

> 作诗十七字，
> 被打一十八。
> 若上万言书，
> 打杀！

　　太守又好气又好笑，叫他作诗自嘲。秀才出口成章：

> 古人号东坡，
> 今人号西坡。
> 若将两人比，
> 差多。

　　此诗一出，哄堂大笑。正巧太守夫人也来凑热闹，秀才见她是双大脚，就脱口说道：

> 太太出厅堂，
> 环佩响叮当。
> 金莲三寸小，
> 横量。

　　这次太守听了此诗以后，暴跳如雷，将秀才发配边疆了。

调侃病症的谐谑诗

　　人的年纪大了，就会眼花耳聋，行动迟缓。一些诗人到了晚年，体验了年纪大的诸多不便，就写出了一些老态诗。由于是亲身体会，所以写得形象逼真。

　　宋代张师锡，进士出身，官至侍郎。他作的《老儿诗》：

> 鬓发尽皤然，眉分白雪鲜。
> 无病常供粥，非寒亦衣绵。
> 貌比三峰客，年过四皓仙。
> 唤方离枕上，扶始到门前。
> 耳聋如塞纩，眼暗似笼烟。
> 头摇如转旋，唇动若抽牵。
> 骨冷愁离火，牙疼怯漱泉。
> 胶睫干眵缀，黏髭冷涕悬。
> 披裘腰懒系，濯手袖慵搌。
> 看经嫌字小，敲磬喜声圆。
> 食罢羹流袂，杯馀酒带涎。
> 观瞻多目眩，举动即头旋。
> 拘急将风夜，昏沉欲雨天。
> 既感桑榆日，常嗟蒲柳年。

　　读了以后，能让我们对老人的生活状

第五篇　妙趣横生的诗词与文章

态有很好的了解。明代的魏骥，也写过一首"老态诗"，诗曰：

渐觉年来老病磨，两肩酸痛脊梁驼。
耳聋眼暗牙根蛀，腿软腰疼鼻泪多。
脏毒头风时又举，痔疮疝气不能和。
更兼酒积微微发，三岁孩童长若何。

啰唆诗趣谈

简约、隽永是诗歌语言的基本要求，最忌重复啰唆。啰唆诗又叫重复诗，是有意重叠同意词，造成一种甚有诗味的意境，更能表达一种幽默。北宋有个自称是"诗伯"的人，作了一首《宿房山即事》，诗曰：

一个孤僧独自归，关门闭户掩柴扉。
半夜三更子时分，杜鹃谢豹啼子规。

诗中，"一个""孤""独自"都是在说一个人；"关门""闭户""掩柴扉"都是同一个动作；"半夜""三更""子时分"指同一个时间；"杜鹃""谢豹""子规"都是指一种鸟，俗名叫布谷鸟。四句28个字，除去重复部分，仅12个字就能说明表达清晰：

孤僧归，掩柴扉。
半夜时，杜鹃啼。

这位"诗伯"还作了另一首诗《咏老儒》：

秀才学伯是生员，好睡贪鼾只爱眠。
浅陋荒疏无学术，龙钟衰朽驻高年。

这首诗的毛病还是重复啰唆，其内容只要八个字就可以概括：

秀才好睡，浅陋衰朽。

苏小妹三难新郎的故事

宋嘉祐年间，秦少游拜访苏轼时，对苏小妹一见钟情，成就了一段千古佳话。

聪慧机敏的苏小妹决定在入洞房时和少游一比才智高下。于是小妹一进洞房便关上房门，吟出一上联：

东厢房，西厢房，旧房新人入洞房，终生伴郎。

秦少游被小妹对自己的一往情深所感动，脱口道：

南求学，北求学，小学大试授太学，方娶新娘。

小妹闻听少游吟出的下联，知道没有难住他，就开门招呼少游坐在桌前。少游端起酒杯欲与小妹交杯，小妹道：

酒过三巡，交杯换杯干杯，杯杯尽在不言中。

此联意在说酒，实为喻情，妙在意会。少游道：

菜过五味，形美色美鲜美，美美都在心中留。

少游以菜喻人，赞不露形，小妹伸过手臂，以袖遮面，喝下了这杯沁透心脾的交杯酒。

撤下酒席，已月上中天。少游执手小妹，四目相对，喜不自胜。小妹含羞说道：

小妹虽小，小手小脚小嘴，小巧但不小气，你要小心。

小妹一口气吐出八个"小"字，少游不由蹙起了眉头。他来回踱步，苦吟不出，不禁暗自焦急。少游见小妹不住偷瞧自己，顾盼含情，粉面娇羞，不由心动，随口对道：

少游年少，少家少室少妻，少见且又少有，愿娶少女。

小妹芳心大悦，便熄烛松帐，成就了一桩千古良缘。

幽默的杜甫

"每日江头尽醉归，就在寻常行处有。"这句诗把杜甫爱好饮酒，但因囊中羞涩，酒债俯拾皆是的状况很好地描绘了出来。杜甫的自嘲怎能不幽默呢。

杜甫还刻画了另一个酒徒，这个人就是宗室汝阳王李琎。"汝阳三斗始朝天，道逢麹车口流涎，恨不移封向酒泉。"汝阳王李琎敢饮酒三斗以后才上朝觐见天子。路上看到装载酒麹的车竟然馋得流起口水来，恨不得要把自己的封地迁到水味如酒的甘肃酒泉去。这些描写生动逼真，十分幽默。杜甫还曾这样描写过自己："忘形到尔汝，痛饮真吾师。"这句诗中，杜甫把痛饮当作自己的师傅，可谓妙哉。

诗中的杜甫活生生地展现在世人面前，亲切幽默。从他对自己窘境的描写中，也能看出他生活的乐趣。"老妻画纸为棋局，稚子敲针作钓钩。"杜甫的真挚是幽默大家的特质，杜甫的幽默需要大家自己细细品味。

皇帝妒佳句

古代帝王大多数都是饱学之人，也都会作诗。杨广也不乏诗才，而且颇具天赋。他以诗文自负，视自己为天下第一，但他心里也清楚，天下文人有很多才华在自己之上。对于别人的好诗好句，杨广常存嫉妒之意。

杨广一直妒恨吏部侍郎薛道衡的才华。薛道衡写过一首《昔昔盐》：

垂柳覆金堤，蘼芜叶复齐。
水溢芙蓉沼，花飞桃李蹊。
采桑秦氏女，织锦窦家妻。
关山别荡子，风月守空闺。
恒敛千金笑，长垂双玉啼。
盘龙随镜隐，彩凤逐帷低。
飞魂同夜鹊，倦寝忆晨鸡。
暗牖悬蛛网，空梁落燕泥。
前年过代北，今岁往辽西。
一去无消息，那能惜马蹄。

得到世人称颂，令杨广十分嫉妒。正巧薛道衡又写下了一篇《高祖文皇帝颂》，杨广借口他歌颂文帝而不赞美本朝，就将他赐死。行刑前，杨广解恨地说："还能写'暗牖悬蛛网，空梁落燕泥'吗？"

另一位大臣王胄被杀，杨广也诵其佳句，揶揄说："'庭草无人随意绿'，还能写这样的句子吗？"可见，这位风流天子嫉妒别人的好诗而起杀机，绝不是一时的心血来潮，而是常态。

李白诗中的"月"

李白独爱"月"，月亮激发了他的创作灵感，李白的很多诗句都与月亮有关。看来这位诗人真的与月亮有着不解之缘。

李白笔下的月亮，还常常有水为伴。他在《东鲁门泛舟》中写道："轻舟泛月寻溪转，疑是山阴雪后来"；"若教月下乘舟去，何啻风流到剡溪"。水和月交相辉映，李白也圣洁如月，在月光之下泛舟前行，闲适的心情浸融在水月一色之中。

月下饮酒也是李白的爱好。"人生得意须尽欢，莫使金樽空对月。""清风朗月不用一钱买，玉山自倒非人推。""吾爱孟夫子，风流天下闻。红颜弃轩冕，白首卧松云。醉月频中圣，迷花不事君。"李白的这些诗，充分体现了他对月亮的喜爱。

此外，李白还有邀月的行为。"花间

一壶酒，独酌无相亲。举杯邀明月，对影成三人。"诗人找不到共饮之人，只能与月结游，遨游在仙境。

枯藤老树昏鸦

元代作曲家马致远的《天净沙·秋思》被称为"秋思之祖"。

枯藤老树昏鸦，

小桥流水人家，

古道西风瘦马。

夕阳西下，断肠人在天涯。

"枯藤老树昏鸦"，荒凉凋谢的蒿草，孤枯败落的藤枝，蔓缠在饱经沧桑的老树上，"昏鸦"，呱呱呱，声声催人心魄，把秋日黄昏的氛围一下子卷入落魄流浪人的心里。冷冷清清的小桥，"流水"是意境，"人家"是凤愿，拂袖欲断水，愁绪任横流。残留的"古道"依然通向天际，是是非非，融进萧萧悲凉的"西风"。瘦弱羸马，驮着书卷，催着旅人，行吧行吧。人生失意常八九，文人的落魄，漂泊的流离，世事维艰。

前三句18字，九个名词连缀成不涂浓墨的书画，亦无一个虚造硬加的词，不同的景物天衣无缝地、和谐地造化在一起，不得不令人拍案道奇。这种音节和谐、情景交融、妙含无垠的小令曲，故有"枯藤老树写秋思，不许旁人赘一词"之誉，的确委实不过。

晓风残月柳三变

北宋词人柳永，原名三变，人称"晓月残风柳三变"。这个雅号源于他的词作《雨霖铃》。全词如下：

寒蝉凄切，对长亭晚，骤雨初歇。都门帐饮无绪，留恋处兰舟催发。执手相看

泪眼，竟无语凝噎。念去去，千里烟波，暮霭沉沉楚天阔。

多情自古伤离别，更那堪冷落清秋节！今宵酒醒何处？杨柳岸晓风残月。此去经年，应是良辰好景虚设。便纵有千种风情，更与何人说？

这首词为抒写离情别绪的千古名篇，作者将他离开汴京与恋人惜别时的真情实感表达得缠绵悱恻，凄婉动人。

宋代有记载说，"只合十七八女郎，执红牙板，歌'杨柳岸、晓风残月'"。这种格调的形成，有赖于意境的营造。词人善于把传统的情景交融的手法运用到慢词中，把离情别绪的感受，通过具有画面性的境界表现出来，意与境会，构成一种诗意美的境界，给读者以强烈的艺术感染。

李白不敢题诗

崔颢被罢官后，羁旅异地，登上黄鹤楼作了一首七律《黄鹤楼》的全诗如下：

昔人已乘黄鹤去，此地空余黄鹤楼。

黄鹤一去不复返，白云千载空悠悠。

晴川历历汉阳树，芳草萋萋鹦鹉洲。

日暮乡关何处是？烟波江上使人愁。

《黄鹤楼》达到了诗中有画的高妙境界。首联描绘了黄鹤楼的近景，隐含着此楼枕山临江，峥嵘缥缈。颔联在感叹"黄鹤一去不复返"的抒情中，描绘了黄鹤楼的远景，表现了此楼耸入天际、白云缭绕的壮观。颈联游目骋怀，直接勾勒出黄鹤楼外江上明朗的日景。尾联徘徊低吟，间接呈现出黄鹤楼下江上朦胧的晚景。全诗在诗情之中充满了画意，富于绘画美。难怪李白登上黄鹤楼后，看到崔颢的《黄鹤楼》后，感慨道："眼前有景道不得，崔颢题诗在上头。"

一片一片又一片

相传古时候有几个秀才，有一年冬天的时候在一起赏雪吟诗。其中的一个吟道："一片一片又一片"，众人不知其中奥妙。于是有人接到"两片三片四五片"，这时有人开始笑出声来了。等到第三句一出，"六片七片八九片"，在座的人全都忍俊不禁，纷纷责问道："你这是写的什么东西？"此时秀才不慌不忙，微微一笑，大声地说道："飞入芦花都不见。"听到这句以后，大家的笑声和责问声都戛然而止。相反都拍手称赞道："好诗，好诗！"

这首诗的前三句是单调重复的，而正是这种平淡的叙述，才能为最后一句营造大雪纷飞的艺术境界。正是因为前面的渲染和铺陈，"飞入芦花都不见"的"都"字，才有了魔术一般的魅力。平中见奇，其实就是以平托奇。有了平，奇才更加鲜明强烈；有了奇，平才不至于流于平板、平淡。

明太祖咏金鸡报晓

一天，朱元璋诗兴勃发，以"金鸡报晓"为题，与大臣们饮酒吟诗，以示庆贺。在谦让一番后，朱元璋端起酒杯一饮而尽，率先吟起诗来：

鸡叫一声撅一撅，鸡叫两声撅一撅。

文武大臣一听，都忍不住窃笑起来。心想：这算什么诗？文字粗鄙，了无诗意。

大臣们的表情，被朱元璋尽收眼底。在连干三杯后，朱元璋以高亢激昂的语调吟出后面诗句：

三声唤出扶桑日，扫退残星与晓月！

果真是笔锋陡转，境界大开。大臣们一下子被震住了——有的放下了端起的酒杯，有的露出惊诧的神情，有的低头凝眉沉思起来。经过细细品味后，他们越发觉得此诗不同凡响。

诗运用了"逆振法"的表现手法：开头故作平淡，结尾处出奇制胜。构思巧妙，气魄宏伟，怎不叫大臣们肃然起敬呢？

郑板桥吟诗趣闻

有一次，郑板桥去参加一位新到任的州官的就任宴会。席间有人提议大家吟诗助兴，大家连声称好。郑板桥对这位州官的为人早有耳闻，知道他品行不端，连他的升迁也是靠巴结朝廷权贵买来的。郑板桥来出席这个场合，只是顾及一些朋友的情面，他其实并不情愿。此时见众人纷纷讨好州官，极力吟诗赞誉，他心中很是鄙夷。郑板桥看到桌上的一只茶壶，于是说："鄙人就以茶壶为题，吟诗一首，赠予兄台：嘴尖肚大柄儿高，才免饥寒便自豪。量小不能容大物，二三寸水起波涛。"

这首诗表面写实，实中有虚，借物抒情一语双关，讽刺州官品行不端，不学无术。众人虽明白中含义，却不好道破，只能连声叫好。那州官才学有限，哪知其中奥妙，也跟着叫好。

苏东坡的怪诗

神宗熙宁年间，辽派使者来到中原，使者自称擅长作诗。于是，苏轼作一首诗，但未写出诗，而只写 12 个字，有长写，有短写，有横写，有侧写，有反写，有倒写。辽使看后，惶惑莫知所云，声言"自是不复言诗"。

第一句中"亭"字写得很长,"景"字又写得极短,画字写成了图中的怪样子,表示内中无人。这句念成"长亭短景无人画"。第二句"老"字写得特别大,"拖"字横写,"筇"的竹头写得极瘦,这句念作"老大横拖瘦竹筇"。第三句首字反着写,"云"(繁体)字中间写断了,"暮"中间之日字倾斜了,这句念作:"回首断云斜日暮"。第四句,江字中的"工"字曲写,"蘸"字倒写,峰字边的"山"字侧写,这句便念作"曲江倒蘸侧山峰"。

苏轼的这首诗是《晚眺》:

长亭短景无人画,老大横拖瘦竹筇。

回首断云斜日暮,曲江倒蘸侧山峰。

东东丁丁泉,高高下下树

清代学者俞樾和几个好朋友,到九溪十八涧游览。因为路程较远,还要翻山越岭,有个胖子累得气喘吁吁,只好坐坐停停,走走歇歇。旁边就有人开口说道:"坐坐停停行,山山水水清。前前后后看,大大小小岭。"俞樾说道:"好是好,但不是好诗。"俞樾即兴作了一首诗:

九溪十八涧,山中最胜处。

昔久闻其名,今始穷其趣。

重重叠叠山,曲曲环环水。

东东丁丁泉,高高下下树。

他吟完,大家都拍手称妙。这首诗勾画出了九溪的特有风貌。诗的后四句读来有"东东丁丁"的音乐美感,"重重叠叠"写出山之多,"曲曲环环"写出环山绕水道路曲折。这些叠字把九溪十八涧写活了,一气呵成,读起来音节和谐,铿锵有力。最后一句被改成楹联,悬于这个名胜古迹最显眼的地方。

"一鸟不鸣山更幽"吗?

宋代诗人王安石有题为《钟山即事》:

涧水无声绕竹流,竹西花草弄春柔。

茅檐相对坐终日,一鸟不鸣山更幽。

本诗为读者描绘了一幅淡雅恬静的画面:山中的涓水缓缓地绕竹而流,由涧水滋润的花草破土而出,诗人面对茅檐终日独坐,一鸟不鸣使山变得更加幽静。然而,由于本诗的最后一句,是对六朝诗人王籍《入若耶溪》一诗中的"蝉噪林逾静,鸟鸣山更幽"这一名句的明显改动,因而曾引起历来诗评者的不同议论。

南宋曾季狸在《艇斋诗话》中说王安石此句"却觉无味,盖鸟鸣即山不幽,鸟不鸣即山自幽矣!何必言更幽乎?此所以不如南朝之诗为工也"。清代顾嗣立更斥"一鸟不鸣山更幽"为"死句"(《寒厅诗话》)。上述两句诗各自是相对于不同的情景而言的。"蝉噪林逾静,鸟鸣山更幽"是于动中见静,用"蝉噪""鸟鸣"来衬托和突出山林的幽静。而"一鸟不鸣山更幽"却是相对于与上述显然不同的情景而言的。

"人面桃花"未了缘

唐朝诗人崔护曾写过一首《题都城南庄》,这首诗是这样的:

去年今日此门中,

人面桃花相映红。

人面不知何处去,

桃花依旧笑春风。

有一年清明,崔护出外踏青,偶然经过一户人家,几枝桃花斜出墙外。抬头看见一个清秀女子倚桃树而立,令他心神荡漾。

一年以后，又是一个明媚的春天，崔护再去这户人家。不料这户人家已经搬走，只留下那丛桃花，在春风中绽放。拾起几片花瓣，怅然间，脱口而出：去年今日此门中，人面桃花相映红。人面不知何处去，桃花依旧笑春风。一年苦相思，只盼重见，却不曾想人去楼空。崔护在门外徘徊了许久，无奈之下只有在这门上题下这首《题都城南庄》。也许他并没有想到，这一伤情之作竟流传至今。

宵寐匪祯，扎闼洪庥

北宋翰林学士宋祁主持编纂《新唐诗》，欧阳修是他的助手。在编纂过程中，宋祁故意使用冷僻深奥的字。欧阳修虽极为不满，但不便直言相劝。一天，宋祁又用"持水内石"来代替"以水投石"，用"蓬在麻中，不扶则挺"代替"蓬生麻中，不扶而直"，用"震雷无暇掩聪"代替"疾雷不及掩耳"。欧阳修便写了"宵寐匪祯，扎闼洪庥"八个字悄悄放在书案上。无意间宋祁看见这八个字，他看了半天，不解其意，只好厚着脸皮向欧阳修请教。欧阳修笑着说："昨夜我做了个梦，怕不吉利，就写了这个纸条，意思就是'夜梦不祥，出门大吉'。"宋祁郑重其事地说："为什么要用这么生僻的字呢，叫人看不懂？"欧阳修说道："老先生编纂唐书，造字奇思幻构，晚生学有所通，故略试一二，不当之处，望老先生斧正。"宋祁面红耳赤，半天没有说出话来。从此以后，他再也不使用生僻的字词了。

一字小说

据说美国的某大学曾经举办过一个微型小说的征文比赛，很多人都踊跃参加，大家各显神通，写出了很多精彩的小说。比赛结果最终揭晓的时候，人们大吃一惊，因为获得最高奖项的小说是《第一封情书寄出去以后》。从题目来看，这篇小说没有任何特别之处，很普通，比起有些小说的题目来说可能不具什么吸引力。可是他的内容却很精彩，只有一个字："等……"这就是其他小说无法相比的地方。既然是微型小说征文，一个字的内容十分贴切地符合了要求。"等……"读来让人回味无穷，还可产生无尽遐想，又恰到好处地表达了小说主人公的心境。真的是一篇难得的佳作。

一字回信

欧内斯特·海明威是美国小说家。他以文坛硬汉著称，是美利坚民族的精神丰碑，1926年发表成名作《太阳照样升起》，1954年获得第五十四届诺贝尔文学奖、他还是"新闻体"小说的创始人。被称为"20世纪最伟大的作家之一"。

据说，美国有一个不出名的小作家，对海明威十分嫉妒。于是有一天，他决定给海明威写一封信。信的内容是："我知道你现在的身份是一字千金，现在附上一块美元，请你几个样品来看看。"大作家海明威看到这封信后并不生气，他收下了一块钱美元，还幽默地给那位作家回了一封信，回信是："谢！"估计那位作家收到信以后不会像海明威一样豁达。嫉妒不会使人成功，只有付出努力以及谦虚向别人请教，才能不断进步。

一字社论

美国总统大选的最后阶段是在两个总统候选人之间做出选择。这两个候选人分别是民主党和共和党推举出来的。美国总统大选，每一次的竞争都相当激烈，甚至是惨烈。

1968 年 4 月，美国大选已经结束了，理查德·尼克松成为美国总统。就在这时，《明星时报》发表了一篇关于前总统约翰逊竞选失败的社论——《约翰逊认输》。这篇社论可谓相当精彩，全文只有一个字："妙！"虽然就一个字，但是它极其鲜明地表达出了报社和它所代表的阶层的态度，读来耐人寻味。

一字家书

赵树理，原名赵树礼，山西沁水县尉迟村人，现代著名小说家、人民艺术家。小说多以华北农村为背景，反映农村社会的变迁和存在其间的矛盾斗争，塑造农村各式人物的形象。他开创的文学"山药蛋派"，是新中国文学史上最重要、最有影响的文学流派之一。

20 世纪 60 年代初期，赵树理收到大儿子赵广元的一封信，他打开看到信的内容就一个字："钱。"可能独立后的儿子也觉得和父母要钱是件很没面子的事，不知如何启齿，经过苦苦思考之后，只写了一个字来表明自己这封信的目的。赵树理读完信以后，立马就写了一封回信，回信的内容也相当的简短和精彩，仍然是一个字："○。"他认为儿子既然离开家独立生活了，就不应该再依赖父母，遇到困难要自己想办法克服。可见赵树理的一番苦心。

一字嫁妆

何绍基是清代书法家，他的书法成就很高。字体熔铸古人，自成一家，尤为擅长草书。何绍基的楷书取颜字结体的宽博而无疏阔之气，同时还掺入了北朝碑刻以及欧阳询、欧阳通书法险峻茂密的特点，还有《张黑女墓志》和《道因碑》的神气，从而使他的书法不同凡响。何绍基还精通金石书画，以书法著称于世，被誉为清代第一。

这样一位成就卓越的书法家，在教育子女方面也有自己的独到之处。他在得知女儿要出嫁的消息以后，就特地从京城捎回去一个箱子。大喜那天，女儿打开箱子一看，在场的人都吃了一惊。因为箱子里边空空如也，箱底放着一张纸，上边工工整整地写了一个大字："勤。"看到这个字后，小夫妻会心地笑了。他们领会了父亲的一片苦心，这一字嫁妆成为他们之家的座右铭。

一字电报

现代著名作家、历史文物研究家、京派小说代表人物沈从文在中国公学教书的时候，爱上了自己的学生张兆和。后来他就开始追求张兆和。有一次沈从文特地来看望张兆和，但是由于大家闺秀的端庄羞涩，她并不愿与其相见。她的二姊张允和出面劝说妹妹，才说服她相见。沈从文经过了十年的苦苦追求，张家终于同意把张兆和嫁给他。张家要把这个消息告诉沈从文的时候，仍然是二姊张允和出面。她发的电文的内容只有一个字，就是："允。"

这个"允"字有一语双关之妙。既可以表示电文发出者张允和的简称，也可以表示"允许"的意思，即张家同意了沈从文和张兆和的婚事。这封电文给沈和张的爱情又增加了几分浪漫色彩。

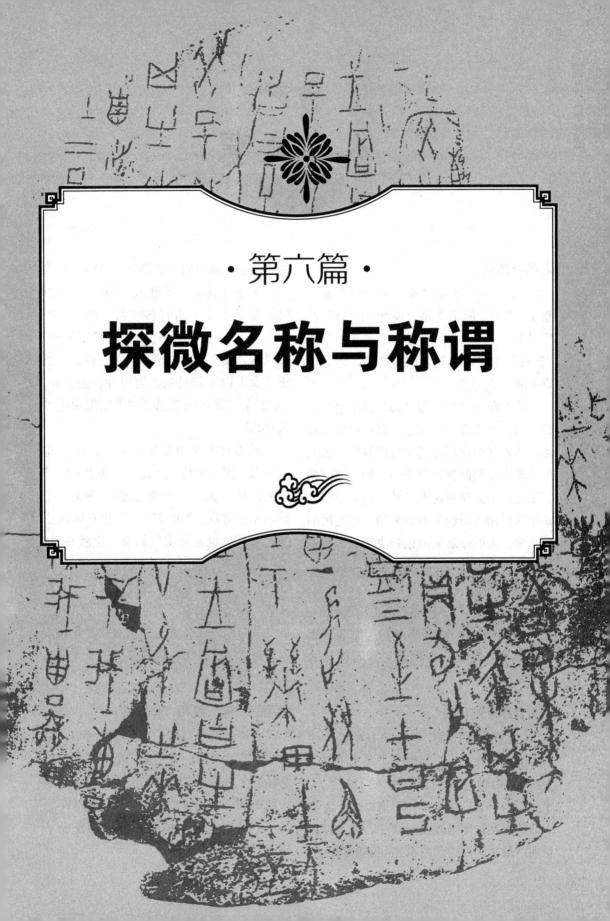

· 第六篇 ·

探微名称与称谓

人名逸事

人名与神意

"名"是一个从"夕"从"口"的会意字，"夕"的字义是"夜晚"；"口"的字义是"人嘴"。但"名"字之义不是由"夜晚"与"人嘴"合成出来的，因为于理不通。

古文献中"名"与"命"经常混用不分。古人有这样一种观念：名可以决定命运。从古代的命名习俗中可以看出，古人的名通常是冥间神灵赐予的。如屈原的名字是通过卜卦向神灵求来的。而茶圣陆羽是年长后用《易经》卜筮来的。在先民的观念里，人的命运是由鬼神决定的，所以体现鬼神意志的名字自然会被认为具有了定命的功用。

故此，"名"字构形之谜也就解开了："夕"表示幽灵间的神灵；"口"则表示指示或意志。会合起来就是"冥间神灵的意志"。

孟姜女原来姓"姜"

"孟姜女哭长城"的故事是中国古代四大爱情传奇之一（其他三个是《牛郎织女》《梁山伯与祝英台》和《白蛇传》），千百年来一直广为流传。明清以来，孟姜女的故事在民间继续发展演变。说孟姜女是葫芦所生，因为葫芦牵连到隔壁而住的

孟姜两家，所以叫"孟姜女"。

孟姜女其实并不姓孟，"姜"才是其姓。待嫁女子，古代按"孟（伯）、仲、叔、季"表示排行，正妻生的长子（女）冠以伯，偏房生的长子（女）冠以孟，长子（女）以下都是依次冠以仲、叔、季。"孟姜女"真正的意思是"姜家偏房生的大女儿"。

孟姜女不单单是指一个人，而是指一类人。据《毛传》："孟姜，齐之长女。"陈奂传疏："孟姜，世族之妻。"等文献记载，先秦时期，"孟姜"一般指齐国国王的大女儿，也通指世族妇女。也就是说，当时很多齐国公室的贵族妇女，都可称"孟姜"。这个观点除文献证据以外，还有文物"桓子孟姜壶"为证。"桓子孟姜壶"是春秋时期齐庄公姜光的大女儿姜蕾和丈夫田桓子无宇共铸，以悼念田桓子无宇的父亲田须无的。

台湾的"矢"姓和"胖"姓

台湾的两个怪姓："矢"和"胖"。先说"矢"这个姓，后梁末代皇帝朱友贞被李存勖灭亡后，有一支朱氏族人流落到了江西的鄱阳，他们怕被追查，就改姓隐瞒，把"朱"字去掉头和脚，就变成了"矢"字。

"胖"字的姓也与"朱"字有关，明朝灭亡后，曾经任明末两朝巡抚使的朱燮隐居到了玉田，他也怕追查，于是将"明"字一分为二，只留半壁江山，凑成了一个"胖"字，并把"胖"字作为自己的姓。

他们的后代后来又都到了台湾，所以在台湾就留下了"矢"和"胖"的怪姓。

三国人名多单字

从《后汉书》与《三国志》中我们可以发现，东汉、三国时期的人物名字绝大多数都是单字，三国时的曹操、刘备、孙权、诸葛亮、关羽、张飞、赵云无一不是单名。

从周、秦开始，就以单名为主，崇尚单名已成一种社会潜意识。东汉、三国、西晋300余年盛行单名，有人说是因为王莽的"禁二名"作用。王莽颁布了一条"令中国不得有二名"的命令，这对长期实行单名习俗的中国姓名制度来说，无疑起到了一种推波助澜的作用，使其原先崇尚单名的社会潜意识，又得到了进一步的强化。但究其根源，盛行单名乃是一种文化传承现象。由于数千年的习俗，取单名自然会代代传承下来，而不可能会在一朝一夕改变。所以，西汉以来的300余年间盛行单名，只不过是继承前朝取名传统而已，并非所谓"单名之俗，出于王莽的倡导"。

"刘"姓和屠龙的故事

刘姓在中国应该算得上是一个大姓。刘姓的来历，要追溯到夏代屠龙的刘累。

《史记·夏本纪》中记载：据说，夏代有一个荒淫暴虐的君王孔甲。他在位时，天上降下两条龙，一雌一雄。孔甲很是喜欢，但不知道怎样喂养它们。有个曾在豢龙氏那里学过驯养龙本事的人想替君主喂养这两条龙。于是孔甲赐姓给这个人，称御龙氏，让他担任养龙的职务。不幸的是，有一天雌龙突然死了，御龙氏心里害怕便把这条雌龙做成肉羹送给孔甲吃，孔甲吃后觉得很好吃，还要再吃。御龙氏心想：就剩下一条龙了，这哪能长期满足孔甲的口腹。于是御龙氏逃之夭夭了。

御龙氏逃后，孔甲下令追捕，他为逃避官兵的追捕，便改名换姓，改为刘累。从此，刘姓出现了。

小说中精心创作的名字

我国小说家对自己作品中人物姓名的虚构，很少一部分是随意之作，大多数都是精心创作的。他们喜欢让名字蕴含丰富的信息，充分表现自己的创作意图，以及表达自己的思想感情，所以小说家往往把主人公的名字与其地位、身份和性格、品质等相联系。

小说家创作的名字有些带有类型化特色，有些注重突出鲜明的个性，还有些含有影射、暗寓意味。《红楼梦》中农村老太太称"刘姥姥"，巫婆叫"马道婆"，算命先生叫"刘铁嘴""王半仙"，这些名字的类型化特征非常明显。此外，还有一种说法，《红楼梦》中的宝玉暗寓传国大印，黛玉代表明朝。宝玉喜欢吃女孩子的胭脂，这与大印要用朱砂相似；黛玉的前身是绛珠仙草，也是红色。红色又称朱色，明朝皇帝就姓朱，所以宝和黛都与朱明王朝有关。

地名用作人名

地名与人名的关系异常密切，我国历

代都有地名用作人名的现象。有些人以所在的山、水、桥、榭取名，有些人以出生时的州、郡、乡里的名称取名。例如，北宋著名的政治家司马光，他的父兄和他自己都是以地名取名的。他的父亲生于池州（今越南谅山），于是取名司马池；他的堂兄生于向下，故取名司马里；他的胞兄生于父亲的宣城太守任上，取名司马宣；而他本人生于父亲的光州任上，故取名司马光。

我国古代有些当官的人，喜欢以所任职的地名相称。这些称呼延续下来，就成为这些人名中的一部分。例如，唐代柳宗元又称"柳柳州"，韦应物又称"韦苏州"，苏轼又称为"苏徐州"等，都是由于他们曾分别在柳州、苏州、徐州等地任职。

数字用作人名

数字用作人名开始于春秋时期，吴王给自己的女儿起了个名叫二十。后来这种用数字取名的方法在吴地广为流传。到了宋代这种方法还是很盛行，史籍上也有记载。南宋文学家洪迈的《夷坚志》中提到的数字姓名有从事各种职业的人，有男有女，有农民、渔夫，也有商人、艺人，共十五六个。如周三、从四、王十九、刘十二等。明清以后，官吏采用这种数字取名的方法增多。

用数字取名，有的是取数字的吉祥含义，有的是用孩子出生时祖父或父亲的年龄或父母相加的年龄。据说更多的是用全族中同辈排序命名，如李白叫李十二，白居易又叫二十二，这些都是根据排序法用数字命名的。

大禹之名的由来

"大禹"之"禹"，《说文》释："虫也。"堂堂的治水英雄为何以虫为名呢？神话中的英雄以所征服对象之名为名，大禹之名，也可能与其所征服的对象有关。

神话传说中大禹的功绩一是治水，二是逐杀共工及其大臣相柳。需要注意的是，以洪水为虐的共工和相柳总是一副蛇的模样。根据《神异经·西北荒经》的记载，共工是一个住在西北蛮荒之地、有着人的面孔和蛇的身体的贪恶愚顽之人。据《山海经》记载，相柳也是九首人面蛇身。蛇是龙的原型，两者在古人心目中实为一体。龙能化生雨水，它是兴风布雨的神异动物。因此蛇便与洪水有了密切关系。

《说文》释"禹"的"虫"（音 hui），本是蛇名，可见"禹"之为名也与蛇有关。大禹治洪，实是征服蛇神，因此以"禹"为名，这是先民思维逻辑的产物。

周族始祖为何称"稷"

周族是一个农业发展较早，也较发达的部族。因此，甲骨文的"周"字表示种满了农作物的田块。农业部落必然常举行农业祭祀，周族的始祖就是祭司，被称为"稷"。此为周的始祖称"稷"的第一个原因。

此外，考古发现还证实，因为气候和土壤的关系，稷是周的主要农作物。原始的祖先经常把自己的祖先说成是自己所擅长的经济活动的化身。周族以种稷为主，周人用"稷"来称呼自己的始祖，正是对周族以稷为主的农业生产的充分肯定。这是第二个原因。

由于稷在农业生产中的重要贡献，后

人便把有关农业的功绩都归功于他，就连天上指示农事季节的大辰星也被认为是后稷所布置的了。而后稷也渐渐被人们崇拜，成为集合农神、谷神、地神为一体的"天地之主"了。

"炎帝"与原始火耕农业

炎帝，即"神农"。"神农"即农神，是农业之神。那神农为何又会得到"炎帝"的名号呢？

从文字上看，"炎"字从二"火"，《说文解字》："火，光上也。"用"炎"字为农业神命名，反映了火对于原始农业的巨大作用。炎帝还有另一称号"烈山氏"。《说文解字》："烈，火猛也。"烈山即烧山，这是原始农业古代刀耕火种的一个步骤，即用火焚烧原野之后，再进行播种。这一方面是由于原始农耕工具的落后，难以做到砍伐树木开垦土地；另一方面在原始狩猎过程中，人们常用火焚烧山林以驱赶野兽，后来发现经过焚烧的土地由于草木灰的作用而特别肥沃，更加便于耕作，于是在农业生产中有意使用了这种方法。

焚烧原野是原始农业开始时的必要步骤，炎帝的得名正是由于他运用火种之法，对农业生产做出了巨大贡献。

"黄帝"为何以"黄"为名？

"黄帝"以"黄"为名，与黄土地有关。"黄"，《说文解字》："地之黄色……"可见，在古人心目中，"黄"与黄土地是联系在一起的。

文献记载中黄帝的各种特征都与土地有关，现代学者认为黄帝出生于黄土高原，死后葬于黄土高原，其族的主要活动在黄土高原。《吕氏春秋·应同》："黄帝之时，天先见大螾大蝼。黄帝曰，土气胜，故其色尚黄，其事则土。"

黄土与农业密切相关，因此古人认为黄土对人类来说非常重要。在神话中，神的某种重要属性常常会演变成他的属臣。如尧用弓箭射日的神话衍生了尧的大臣羿（弓箭）射日的故事。因此黄帝的属臣后土为土管之神，实际上指的就是黄帝掌管土地。《史记·五帝本纪》记载黄帝"艺五种"，"时播百谷草木"，表现了黄帝作为土地神的重要作用。

尧帝缘何是高地？

尧是我国神话传说中的五帝之一。堂堂帝王为何以"高地"为名呢？这跟传说中尧遭洪水的事件有关。

很多古籍都记载，尧的时候，天下发生了大水灾。《风俗通·山泽》："尧遭洪水，万民皆山栖巢居，以避其害。"面对滔滔的洪水，先民们一方面前赴后继地加以治理；另一方面面对汹涌而来的洪水，人们只得暂时登上丘陵高地，以暂避其祸。《说文解字》："昔尧遭洪水，民居水中高土，故曰九州。"中国别称"九州"，也正是在茫茫大水中若干高地上生存下来的先民的回忆。

尧帝的功绩在于领导人民治理水灾，登上丰饶的高地。在先民的心中，这个远古圣王自然也与人们避水的高地联系在了一起。尧又号"陶唐氏"，据学者考证，"陶唐"也正是"高亮之丘"的意义。

舜帝为何被称为"虞"？

传说中的"舜"，又叫"虞舜"或"有虞氏"。学者分析"虞"字的构型，发现舜称"虞"反映了原始社会的狩猎生活。

《说文解字》："虞，驺虞也，白虎黑文，尾长于身，仁兽，食自死之肉。"可见虞是指有黑色斑纹的白虎。在文献中"虞"常指狩猎之官，这种官职与史前狩猎活动有一脉相承的关系。

神话传说中，舜是个伟大的猎手。因此他"居深山之中，与木石居，与鹿豕游"（《孟子·尽心上》）。作为猎人，他具有非凡的能力，能够"入大麓之野，虎狼不犯，虫蛇不害"（《论衡·乱龙》）。《书·舜典》还记载尧帝为了考察他继任部落首领的狩猎能力，将他"纳于大麓"，而他能够"烈风雷雨弗迷"，可见舜顺利通过了考验，继任了部落首领。

这些记载都说明舜作为一个高明的猎手。舜以狩猎闻名，因此人们用猎官之名"虞"来称呼他。

孔子得名"丘"的缘由

孔子姓孔名丘，是"中国历史上第一大圣人"，春秋末期著名思想家、政治家、教育家，儒家学说的创始人。孔子得名"丘"的缘由有两种说法。

第一种说法是，《史记·孔子世家》："生而首上圩顶，故因名曰丘云。"圩，义同"凹"，即中央低而四周高。这句话的意思是说，孔子出生时头顶上有一处凹陷，因而名"丘"。那为什么头顶上有个凹陷，反而取名为"丘"呢？这是因为古代"丘"也有"中央低而四周高"的意思。

第二种说法是，鲁国有座尼丘山（位于山东曲阜东南部），在孔子出生前，他的母亲曾经到尼丘山上，请求山神赐子，后来生下了孔子。因此孔子的父亲孔纥给他起名为"孔丘"，字仲尼。"仲"表示排行老二。孔子是孔家的第二个儿子，所以叫"仲尼"。

扁鹊姓"扁"名"鹊"吗？

扁鹊（公元前407～前310），原姓秦，名越人，又号卢医，是春秋战国时代的名医，中国传统医学的鼻祖，精通内科、妇科、五官科、小儿科等，是切脉术的创制人。

由于他的医术高超，被认为是神医，所以当时的人们借用了上古神话的黄帝时神医"扁鹊"的名号来称呼他。按照古人的传说，医生治病救人，走到哪里，就将安康和快乐带到哪里，好比是带来喜讯的喜鹊，因此，古人把那些医术高超、医德高尚的医生称作"扁鹊"。由此可见，"扁鹊"是古代医术高超者的一个通用名词。这个名叫秦越人的医生医术高明、妙手回春，他走南闯北，救人无数，因而被人们尊敬地称作"扁鹊"。这一尊称越传越广，其真名"秦越人"反而不为人知了。

孙膑为何叫"膑"？

孙膑是孙武的后裔，齐国人，名字失传。后世尊为"兵圣"，有《孙膑兵法》传世，被历代兵家称道的"围魏救赵"就是他的军事杰作。

孙膑早年曾与庞涓一起师从鬼谷子学习兵法。他勤奋攻读，刻苦钻研，加上天资聪明，很快便获得了较丰富的军事学知识，未出茅庐便显示出超人的军事才华，以致引起了与他同窗共读的庞涓的嫉妒。后来，庞涓受魏惠王的聘请，出任魏国的大将和军师，秘密派人把孙膑骗到魏国来，进行陷害孙膑的阴谋活动。他先派人伪装受孙膑表兄的委托，劝孙膑返齐。

待骗得孙膑的亲笔复信后，加以涂改，随即向魏王诬告孙膑私通齐国。魏王为之大怒，下令处死孙膑。庞涓为了窃取孙膑的兵法著作，又当着孙膑的面假意向魏王求情。最后施以膑刑（剜去膝盖骨），因而后人以"孙膑"称之。

"华佗"名字的由来

华佗（约145～208），名旉，古代名医，东汉沛国谯人。三国著名医学家。少时曾在外游学，钻研医术而不求仕途。精通内、妇、儿、针灸各科，外科尤为擅长。他曾用"麻沸散"使病人麻醉后施行剖腹手术，这是世界医学史上应用全身麻醉进行手术治疗的最早记载。华佗后为曹操所杀。

"华佗"二字的古音与梵语中"药"相应，"华佗"实为药神之意，也正暗合华姓。因其医术高明，人们便将他尊为具有印度神话色彩的"药神"，而称之为"华佗"，并一直沿用下来。他的本名"旉"反倒不为人所知了。

陈皇后之母为何叫"嫖"？

在现代汉语中，"嫖"指男子玩弄妓女。那陈皇后之母为何叫"嫖"？略翻字书，方知其中奥秘所在。

"嫖"字是个形声字，从女票声，但声符"票"也兼表义。"票"是个会意字，段玉裁认为字的上部是"迁"的省写，义为"升高"；下部是个"火"字，上下部分合起来的意思是：火焰升腾。故《说文》释"票"为"火飞也"。"票"其实就是"嫖"的本字，在"飞"的火其实是没有重量的，其"轻"可想而知，所以以"票"为声符的字往往有"轻飘，轻浮"

的意义，如"漂""飘"等。因为女性也是身体灵便、动作轻盈的，所以在"票"旁加上形符"女"构成"嫖"，用以指人动作轻捷劲疾。

古人用"嫖"作为女子的名字，意思是希望女子轻捷可人。所以说，汉代陈皇后之母取名为"嫖"并不奇怪。

"李白"名字的由来

据说李白周岁抓周时，抓了一本诗经。他父亲很高兴，认为儿子长大后可能成为有名的诗人，就想为李白取一个好名字，以免后人笑自己没有学问。由于他对儿子起名慎重，越慎重就越想不出来。直到儿子七岁，还没想到合适的名字。

那年春天，李白的父亲对妻儿说："我想写一首春日绝句，只写两句，你们母子一人给我添一句，凑合凑合。一句是'春风送暖百花开'，一句是'迎春绽金它先来'。"母亲想了好一阵子，说："火烧杏林红霞落。"李白等母亲说罢，不假思索地向院中盛开的李树一指，脱口说道："李花怒放一树白。"父亲一听，拍手叫好，果然儿子有诗才。他越念心里越喜欢，念着念着，忽然心想这句诗的开头一字不正是自家的姓吗？这最后一个白字用得真好，正说出一树李花圣洁如雪。于是，他就给儿子起名叫李白。

王维为何字"摩诘"？

王维生活在唐朝鼎盛时期，此时佛教盛行，王维深受佛学影响。有部佛经叫"维摩诘经"，是大乘佛教的早期经典之一。王维字"摩诘"，与其名"维"组合起来正好是这部经典的名称。王维的名字，正好折射出他的佛教信仰。

据说，维摩诘是佛教一位菩萨的名字，王维不但在精神上信奉维摩诘，更是在生活上极力与维摩诘靠近。他晚年向佛，参禅后的诗境不智求，不象取，以禅心统摄世界。心性平等若虚空，笔墨蹊径，无复可寻。诗人悟得净智、净心、净土，万事万形，皆由心出，诗境便成为好净悉现之净土。语言既是造道之致，不复缚在文字，诗便进入无言真境。他和他的禅诗是佛教对中华文化影响的一大例证，为后世学者所津津乐道。

苏轼、苏辙何以得名？

苏轼和苏辙都是唐宋八大家之一，他们还是亲兄弟，都是苏洵的儿子。那么苏洵为什么要给儿子起名"苏轼"和"苏辙"呢？

苏洵在《名二子》中写道："轮、辐、盖、轸，皆有职乎车。而轼独若无所为者。虽然，去轼，则吾未见其为完车也。轼乎，吾惧汝之不外饰也。天下之车莫不由辙，而言车之功，辙不与焉。虽然，车仆马毙，而患亦不及辙。是辙者，善处乎祸福之间也。辙乎，吾知免也矣！"

苏洵希望儿子长大后做个有用的人，不要做个华而不实的人，所以就用"轼"给大儿子命名；"辙"的意思是虽然没有什么丰功伟绩，但一生平平安安，能躲过灾难，所以苏洵就给二儿子取名"苏辙"。

岳飞得名"飞"的故事

南宋抗金名将岳飞大家耳熟能详，姓岳，名飞。据记载他得名"飞"，有个有趣的故事。

《说岳全传》中说，佛祖座前的大鹏金翅鸟因疾恶如仇，啄死了女土蝠，被

贬往东土投胎，生为岳飞，所以名"飞"（大鹏展翅飞翔）。

《宋史·岳飞传》："飞生时，有大禽若鹄，飞鸣室上，因以为名。"岳飞出生时，有大鸟飞到自家屋顶，据此神示给儿子取名为"飞"，字"鹏举"。

《说岳全传》的说法当然是"小说家之言"，不足为信，《宋史·岳飞传》的说法其实也不一定就是历史的本来面貌。所以这两种说法，我们都只能当作"有趣的故事"。

唐伯虎得名的缘由

唐伯虎，名寅，字伯虎，明代著名作家，江苏吴县人，与沈周、文征名、仇英合称"明四家"。他生于明成化六年（1470），干支纪年这年是庚寅年，故名唐寅。寅属虎，加上排行老大，所以字伯虎。

伯虎得名还有一个故事：一天，唐、祝、文、周被一高官邀请，宴会上，高官为助酒兴，制作了不少难猜的灯谜。猜谜中，唐寅总是独占鳌头。祝提议四人各出一灯谜，猜不中，则罚酒。

他们三个有意想难倒唐寅，谁知唐寅全猜中了。轮到唐寅出谜了，唐寅说："人们常用老虎的难以射中，来形容灯谜的难猜，因而灯谜又称为'灯虎'，适才你们四位用文字作谜面，这叫'文虎'；我用诗句作谜面，又叫'诗虎'。"祝枝山口快："那你快吟诗谜，由我来先射虎。"

唐寅随口吟了一个诗谜道："圆圆宝塔五六层，和尚出门慢步行，一把团扇半遮面，听见人来就关门。请祝兄先猜吧！"三人冥思苦想，不得其解，祝枝山低头叹道："寅兄诗、书、画俱绝、才高于世、又

是射虎高手。先前寅兄嫌自己名字太俗，依我看，不如将名字改作'射虎'。"

文徵明和周文宾接口道："我们四人，伯仲叔季，寅兄才学第一、当称'伯虎'。这'射'字宜改作'伯'字，既志射虎此事，又暗含着寅兄的才学，不更高雅吗？"唐寅笑道："多谢三位仁兄美意，我就更名叫'伯虎'吧！不过，那诗谜呢？"祝枝山老练地笑道："还请伯虎兄自己来射虎吧！"

林则徐得名的故事

林则徐（1785～1850），福建侯官人（今福州人），出生在一个下层封建知识分子家庭里。鸦片战争时期，他主张严禁鸦片、抵抗侵略。因"虎门销烟"而名垂青史，关于他的名字有一个有趣的故事。

林则徐的父亲林宾日，以教读、讲学为生。他对当时为官清廉而颇有作为的福建巡抚徐嗣曾相当敬佩。林则徐出生时，徐嗣曾正巧路过，心里非常高兴，认为这是吉兆，于是他父亲便给孩子取名"则徐"。"则"是效法的意思，"则徐"就是希望孩子长大成人以后能够像徐嗣曾那样为官清廉，为民办事，做一个为老百姓所拥戴的好官。

郑振铎名字的含义

郑振铎（1898～1958），出生于浙江省永嘉县，是著名作家、学者、文学评论家、文学史家、翻译家、艺术史家，也是国内外闻名的收藏家，训诂家，还是我国现代杰出的爱国主义者和社会活动家。

郑振铎这个名字出自《周礼·夏官》："司马振铎，群吏作旗。""铎"是有舌头的大铃铛，"振铎"的意思是司马宣布政令时，摇铃来提醒民众，后来对这个意义做了进一步引申指从事教育感化工作。

戴望舒名字的含义

戴望舒（1905～1950），戴望舒为笔名，原名戴朝安，浙江杭县（今杭州市余杭区）人。现代诗人，又称"雨巷诗人"，中国现代派象征主义诗人。

"望舒"是我国古代神话中为月亮神驾车的天神，美丽温柔，纯洁优雅，后来也用以指月亮。"望舒"这个笔名出自屈原的《离骚》："前望舒使先驱兮，后飞廉使奔属 。"这句话的意思是说，屈原坐着龙马拉来的车子，前面由月亮神望舒开路，后面由风神飞廉当跟班，上天入地漫游求索。

1933年戴望舒的诗集《望舒草》出版。"望舒草"是一种植物，它会随着月亮的出没，时而舒展，时而卷缩。晋王嘉《拾遗记·晋时事》中记载："（望舒草）其色红，叶如荷，近望则如卷荷，团团似盖。亦云，月出则荷舒，月没则叶卷。"

夏丏尊改名

夏丏尊（1886～1946），浙江上虞人，文学家，现代著名的教育家。原名夏铸，字勉旃，1912年改字丏尊。

夏丏尊为人正直，学识渊博，在教育界颇有名气。他一生远离政治，对政治没有兴趣，从不参加任何政治党派或团体。1912年，中华民国诞生，社会上盛传要进行普选，由于他在故乡浙江上虞的社会声望，很有可能当选，但夏丏尊不愿被选上，因此特意把原来的字"勉旃"改为读音相近的"丏尊"，"丏"字和"丐"字相近，选票上容易写错，这样开票时他就可以不认账。结果，普选没有实行，但他此后却以"夏丏尊"之名为世人所知。

叶圣陶改名

叶圣陶（1894～1988），原名叶绍钧，字秉臣，后改为圣陶。他是著名作家、教育家、文学出版家和社会活动家。

叶圣陶12岁的时候，在苏州长元吴公立小学读书，他请先生章伯寅给他取一个有志于爱国强国的字。章先生说："你名绍钧，《诗经》曰'秉国之钧'（意为秉持国政。均，量器，喻国政），取'秉臣'为字好了。"上中学时，辛亥革命爆发，皇帝被推翻，叶绍钧觉得清廷已覆没，皇帝被打倒，自己不能再做臣了，于是请先生改一字，先生说："你名绍钧，有诗曰'圣人陶钧万物'，就取'圣陶'为字吧。"他于是从师命改名为"圣陶"。1914年，叶绍钧在《小说丛报》第2期发表文言小说《玻璃窗内之画像》，署名"圣陶"。后来他又把姓"叶"与笔名"圣陶"连起来使用，"叶圣陶"成为广为人知的笔名。

刘半农改名

刘半农原名刘寿彭，改名刘复，初字伴侬、时用瓣秾、后改字半农，号曲庵，江苏江阴人，他是著名的诗人、语言学家，也是我国五四新文化运动的先驱之一。

1912，刘半农只身前往上海，在时事新报和中华书局谋到了一份编辑工作，并业余在《小说月报》《时事新报》《中华小说界》和《礼拜六》周刊上发表译作和小说。为了迎合读者口味，他给自己起了几个香艳媚俗的名字，如伴侬、寒星、范瑞奴等，而用的最多的笔名就是伴侬。

1917年，胡适的《文学改良刍议》给刘半农极大的震动，他决定抛弃旧文学，投向新文学。1918年起，刘半农开始向《新青年》杂志投稿，表达自己文学改革的愿望。署名时斟酌再三，觉得自己以前用那种艳俗的笔名"半侬"十分可耻，决定去掉偏旁，改为"半农"，以示与过去决裂。1918年1月在《新青年》杂志上发表文章时，正式署名"半农"，从此"半农"成了他正式的名字。

闻一多原名闻多

闻一多（1899～1946），原名闻家骅，又名多、一多。他是中国现代伟大的爱国主义者，坚定的民主战士，中国民主同盟早期领导人，中国共产党的挚友。诗人、学者、民主斗士，是他的三重人格。他是新月派代表诗人，作品主要收录在《闻一多全集》中。

闻一多1912年考入清华大学，读书期间，同学给他起了一个绰号"one two"（一、二）或"widow"（寡妇）。他曾经对同学说过，不要光叫"多"，还想改一个简单的双字名。同学半开玩笑地建议他在"多"前面加一个"一"字。他听后觉得既好写又容易记，于是改名"一多"。

郭小川改名

郭小川（1919～1976），原名郭恩大，出生于河北省丰宁县凤山镇（原属热河省）的一个知识分子家庭。

郭小川改名之前已经开始发表诗歌，但并未引起反响。1937年抗日战争爆发，郭小川在赴延安的途中参加了八路军，在一二零师三五九旅先后担任宣传、教育和机要工作。他偶然得到一件战利品——钢笔。这支钢笔引起了他的兴趣，因为上面刻着的"小川"两字。他觉得溪水湍湍流淌、永不停息，给人清纯、自然、明净、欢畅的感觉，好的诗歌也应该是这样。于是，他就改名为"小川"，后来逐渐成为中国现代诗坛上的大诗人。

陈伯吹改名

陈伯吹（1906～1997），江苏省宝山县（今属上海市）人，中国著名的儿童文学作家、翻译家、出版家、教育家。

陈伯吹原名陈汝埙，他改名"陈伯吹"的根源是《诗经·小雅·何人斯》："伯氏吹埙，仲氏吹篪。"伯：兄弟排行的老大；仲：兄弟排行的老二；埙（xūn）：用陶土烧制的乐器；篪（chí）：竹子做的乐器。埙篪合奏，乐音十分和谐。古时用"伯埙仲篪"称赞兄弟之间的和睦。

李四光改名源于笔误

李四光是我国著名的科学家，是中国科学院院士，也是享誉世界的科学家。1889年，李四光出生在湖北省黄冈县的一个贫穷农村家庭。他在家里排名老二，所以父亲给他起名叫李仲揆。

那李仲揆怎么又改名李四光了呢？1902年，14岁的李仲揆听说省城办了一所不教"四书五经"，而是教授国文、算学的高等小学堂，凡是学习好的都可以去报考。李仲揆说服了父母，带着借来的钱，步行到省城报考。由于初到大城市，李四光在填写报名单时，一时过于紧张，误将姓名栏当成年龄栏，写了一个"十四"。他很后悔，但已经晚了。身上剩下的钱不多了，如果重新买一张报名单，就没有住宿、吃饭的钱了。李仲揆默默地看着"十四"二字，一个主意在脑海中显现，他拿起笔，

把"十"字改成"李"字，然而，这"四"字与"仲"字的笔画和字形却相差太大，难以更改。这时，他瞥见大厅中央挂着一块横匾，上面刻着"光报四表"四个大字，李仲揆急中生智，在"四"字的下面，加上了一个"光"字。他对"李四光"这个名字很满意，心想：四面光明，光照四方，希望就在前方！就这样，"李四光"这个名字载入了中国和世界科学史册。

盖叫天名字的由来

盖叫天（1888～1971），京剧武生，河北高阳人。盖叫天擅演武松，陈毅曾经称赞他是"燕北真好汉，江南活武松"。

盖叫天原名张英杰，艺名金豆子，他为何又改名盖叫天呢？原来那时候"伶界大王"谭鑫培艺名叫"小叫天"，在京剧界红极一时，张英杰就想沾光叫"小小叫天"。不料有人看不起他，说他不配，怎能和谭鑫培比！张英杰年轻气盛，他想一定要争口气，不仅可以继承前辈的艺术，还要自成一家。于是一怒之下他不叫"小小叫天"，而叫"盖叫天"，表示自己有"盖过小叫天"的志气。就这样，他凭着个人的意志，用上"盖叫天"这三个字。他在近70年的艺术实践中，果然创造出独具风格的艺术派——"盖派"。

"鲁迅"的寓意

鲁迅（1881～1936），浙江绍兴人，原名周樟寿。他时常穿一件朴素的中式长衫，头发像刷子一样直竖着，浓密的胡须形成了一个隶书的"一"字。毛主席评价他是伟大的无产阶级文学家、思想家、革命家，是中国新文化运动的主将，也被称为"民族魂"。

1898 年，18 岁时鲁迅考入南京水师学堂，他的一个本家叔祖为他改名树人，取"十年树木，百年树人"之意。1912 年，他改号豫才，别号有弧孟、俟堂、戎马书生、叟剑生、会稽山下平民等。1918 年 5 月，他的小说《狂人日记》在《新青年》杂志发表，开始用"鲁迅"这个笔名。1920 年底，鲁迅好友许寿裳当面向鲁迅问过"鲁迅"这一笔名的寓意。鲁迅说原因有三：一是母亲姓鲁；二是周鲁是同姓之国；三是取愚鲁而迅速之义。

"茅盾"的来历

茅盾（1896 ～ 1981），原名沈德鸿，字雁冰。中国现代著名作家、文学评论家和文化活动家以及社会活动家，五四新文化运动先驱者之一，我国革命文艺奠基人之一。

1927 年，大革命失败后，武汉的汪精卫和南京的蒋介石实行了臭名昭著的宁汉合流，对革命人士大肆屠杀，国内形势急转直下，非常险恶。沈雁冰要参加革命活动就离开了武汉，来到上海。正好，鲁迅和叶圣陶也住在这里。沈雁冰不便出门，也没有工作，生活陷入困境，于是就写起小说来。他不能用真名发表作品，在完成《幻灭》的写作后，署名"矛盾"投寄给了《小说月报》。代理《小说月报》编务的叶圣陶认为这是个哲学名词，不像一个人的名字，就自作主张在"矛"字上加了一个草字头，改作"茅盾"。沈雁冰对这一改动也很满意，以后就一直以此为笔名了。

"巴金"的来历

巴金（1904 ～ 2005），原名李尧棠，字芾甘，四川成都人，祖籍浙江嘉兴。现代文学家、出版家、翻译家。巴金是笔名，过去传说是从巴枯宁和克鲁泡特金两个名字中各取首尾二字而来的。其实"巴金"这个笔名是这样来的：

"巴"来之于一个叫"巴波恩"的同学。1927 年初，23 岁的巴金赴法国留学。那年夏天，他因为旧疾重犯，从巴黎移居一个叫"沙多"的小镇休养。在那里他认识了几个朋友，其中一个的名字叫"巴恩波"，他和巴金特别投缘，大家一见如故。第二年，巴恩波突然失踪，后来发现他投水自杀。巴金为失去这个朋友非常难过，于是选用他的名字中的一个字以示纪念。至于"金"字，则是一位学哲学的朋友替他起的，巴金当时想找个容易记住的字，那时候巴金刚译完"克鲁泡特金"的伦理学，还放在桌子上，那位朋友看到后，半开玩笑说"金"字容易记。1928 年 10 月，他在东方杂志上刊登《脱洛斯基的托尔斯泰论》，首次使用"巴金"这个名字。

"曹禺"的由来

曹禺（1910 ～ 1996），原名万家宝，中国 20 世纪最优秀的剧作家之一。他的处女作《雷雨》为他在文坛奠定了不朽地位。

"曹禺"是由万家宝的姓"万"字分解而来的。"万"的繁体字是"萬"，上面是"艹"，下面是"禺"。因为"艹"字不像个姓，作家就按照谐音选了个"曹"字。

"张恨水"的由来

张恨水（1897 ～ 1967），原名心远，恨水是笔名，取南唐李煜词《乌夜啼》"自是人生长恨水长东"之意。关于有人说他是向冰心求爱不成而取的，这完全是无稽之谈。

张心远一生经历了三次婚姻的变故，后来他到武汉的叔叔张犀草的一家小报工作。心远工作不忙，有很多空闲时间，多余的时间，他就写诗。他给报纸投寄诗稿时，得署上名字。他想到父亲的教导，诗文小说之道，是雕虫之技，茶余饭后的消遣品，所以他不想具上心远这个名字，那用什么名字呢？他又想起了他家天井中纷扬凋落的桂花，以及他喜欢的李煜的那阕词。他反复吟起了最后一句："自是人生长恨水长东！"他又想起他为《小说月报》的两篇小说所署的笔名，加上自己事业无成，命运多舛，世态炎凉，他的青春年华似水般在流逝，突然间，他心中生起对命运的不甘和反抗情绪，他无声地呼喊起来，我不能沉沦，我要去和命运抗争！不能让青春时光白白流逝。他提笔在自己的文章上，署上了"恨水"这个笔名。

"高士其"的由来

高士其（1905～1988），原名高仕锜，福建福州人，中共党员，著名的科普作家。

1930年，高士其从纽约乘上一艘德国邮轮，绕道欧亚十几个国家回国，深刻地体验到祖国与发达国家的差距，以及他们那一代学人的历史使命。回国后，他目睹各地疫病流行，甚为猖獗，每天都有数以百计的人死亡。他想"我怎能袖手旁观，独自养病？"不久，就应聘到南京中央医院工作，担任检验科主任。高士其目睹旧医院的腐败黑暗，连买一台能用的显微镜都不给解决，就愤然辞职了。

他看透了社会的黑暗与政治的腐败，非常气愤不满，愤然改名"高士其"，而且说："去掉人旁不做官，扔掉金旁不为钱。"高老的这种高风亮节保持一生，也受到了人们的高度赞扬和喜爱。

"杨沫"笔名的来龙去脉

杨沫（1914～1995），当代女作家。原名杨成业，笔名杨君默、杨默、小慧。

杨沫小时候非常喜欢茉莉花，她曾经跟她的三妹白杨商量，两人按大小分别取名叫杨君茉、杨君莉。后来，根据谐音写成"杨君默"，后来又把"君"字去掉写成了"杨默"。但是杨沫总觉得"默"字和她的豁然开朗性格不合，所以又根据谐音改成了"杨沫"，意思是愿做革命海洋中的细细飞沫。

"老舍"的由来

老舍原名舒庆春，字舍予，中国现代小说家、文学家、戏剧家。

老舍先生原名舒庆春，是他的父母起的。因为他出生在阴历腊月二十三，离春节只相差七了天，父母为了图个吉利，就给他取名"庆春"，是庆祝春天到来的意思。等到老舍上中等师范的时候，他为自己起了一个别名，叫"舒舍予"。这个名字取得非常巧妙，他把自己的姓拆成两半，成为"舍予"两个字。这两字还有另外的讲法，就是"舍我"——放弃私心和个人利益的意思，也有奉献自己的含义。后来他又取"舍予"中的第一个字，前面加上一个"老"字，就成了"老舍"，并把它当作自己的笔名。他正式署名"老舍"是在1926年发表的长篇小说《老张的哲学》上。

孙中山得名趣谈

孙中山，近代民主革命家，中国国民党创始人，三民主义的倡导者。名文，字德明，号日新，逸仙。后来，革命同志常称他为"中山"。

"中山"是个日本姓，怎么成了孙中山的名字呢？1897年，孙中山到日本从事革命活动，结识了平山周，他非常仰慕、支持孙中山。有一次，孙文因安全需要转移旅馆，需要重新填写登记表，平山周为他办理，填姓名时，平山周想到孙先生正处于流亡时期，如果用真实姓名恐怕会带来危险，平山周正为难时，想起了一位姓"中山"的朋友，中山是日本非常常见的姓，就在姓名栏写下"中山"二字，可是名呢，平山周想不出来，孙先生自己写下了"樵"字。孙先生用"樵"字命名的含义是：现在的中国到处是榛莽荆棘，孙先生就是披荆斩棘的开山樵夫！

此后，同志们都叫他"中山先生"，再加上中国的姓，就是"孙中山"。

《水浒》中的绰号

绰号又名外号，是外人根据各人特征取的别名。《水浒传》中好汉的绰号个个响亮，有的一目了然，有的却怪怪的，读来让人费解。

宋江有两个绰号，一个叫"及时雨"，很容易理解；另一个叫"呼保义"。"保义"本是宋代最低的武官名，后来成了自谦辞。"呼保义"这个词是动宾结构，宋江以"自呼保义"来表示谦虚，意思是说，自己是最低等的人，后来竟成了绰号。

"黑旋风"李逵。这"旋风"其实是一种火炮。古称大炮为旋风，李逵面似黑铁，性情火暴，恰如大炮，绰号名副其实。

浪子燕青，此人英俊洒脱，风流倜傥，故称浪子。他还有个名字叫"小乙"，这就难以让人明白了。古时燕子又叫"乙鸟"，小乙是从他的"燕"姓来的，燕青姓燕，且身手敏捷轻灵如飞，故称小乙。

不守戒律的和尚称为"花和尚"，鲁智深叫"花和尚"却是因为他有一身漂亮的文身。

邓飞"双睛赤红，江湖上人都唤他作火眼狻猊"，"狻猊"就是狮子。

"徐志摩"名字的由来

徐志摩（1897～1931），原名徐章垿，浙江海宁人，著名诗人。徐章垿后来为什么改名徐志摩呢？这就要从一个小故事说起。

徐志摩小的时候，他的父亲请了一位名叫志恢的和尚给他算命，这个和尚在他的头上前后摸了一遍，说："小少爷骨相清奇，前途无量。"父亲听后非常高兴，为了实现这个预言，就给儿子改名叫"志摩"。他希望儿子日后能成大器，在官场上大有作为。

"徐志摩"名字的由来还有一种说法，他的父亲希望他能够成为唐代王维那样的大诗人，王维的字是"摩诘"，所以就有了"志在摩诘"的说法。但是据说徐志摩的父亲很希望他在政治方面发展，后来父亲听说他弃政从文了，非常生气。因此，这种说法很难成为事实。

历史上有四个木兰

花木兰替父从征的故事家喻户晓，据

我国史料记载，木兰确有其人，但不姓花，而且历史上曾有4位"木兰"。

木兰姓朱之说。清学者嬴园旧主所著《木兰奇女传》说："唐朝初期，有一个叫朱木兰的少女，湖广西陵人。娴弓马，谙韬略，14岁时女扮男装替父从军，转战沙场屡建奇功。凯旋故里，唐太宗封她为武昭将军、武阳公主，赐姓李。后人在湖北黄陂木兰山上建有木兰祠、木兰墓和将军庙。"

木兰姓韩之说。《古今图书集成·闺媛典卷》说：元末，凤阳府虹县有一个少女叫韩木兰。她幼年失去双亲，与叔父韩成一起生活。12岁时，朱元璋起义烽火连天，她改换男装入军中12年，转战南北杀敌立功。后人在其家乡建立了木兰庙、木兰寺。

木兰姓魏之说。清《三十二兰室诗钞》载：木兰生于西汉初年，名木栾，俗称"木兰"，系亳地（今河南）人，其父魏应。汉武帝年间，匈奴侵扰，为了抵抗外侵，木兰女扮男装代父从军，她作战英勇，不幸战死沙场，被朝廷追谥孝烈。

木兰姓任之说。《新唐书》载：木兰，姓任，她生性刚烈，一腔爱国热血。在国家危急之时，她散尽家财，招募了数千义勇，组成了一支保家卫国的志愿军。木兰女扮男装，率领自己的数千义勇，一举打败了强大的叛军，为国建功。

吴趼人的名字

吴趼人（1867～1910）字小允，又字茧人，后改趼人，清末（近代）小说家。

据说，过去有些文人喜欢用怪癖字取名，因为这些怪癖字难认、难读、难写，意义也难理解。起初，吴趼人在上海写小说时，用"茧人"的笔名，取"作茧自缚"之意，这个笔名常被人误写成"茧仁"，意识是"僵蚕"。吴趼人觉得这样不好，于是改为"趼人"，取"百金重而趼不敢息"之意。"趼"是个生僻字，仍有人把它读成（yān），或者错写成"研"或"妍"。他曾为此写过一首有意思的诗："姓名从来自由真，不曾万事证前生，古端经手无多日，底事频呼作研人？"意思是：我又不是石头制成的砚台，为何总是称我是被研（墨）的人呢？又说："偷向妆台揽镜照，阿侬原不是妍人。"意思是：偷偷地拿镜子照自己，我并不是美女。

章太炎的三个女儿

章太炎是清末民初民主革命家、思想家、中国近代著名朴学大师，才高八斗，开创了我国学术史上著名的"章黄学派"。

章太炎主要从事"小学"研究，认识的字相当多。他有些高傲，为了炫耀自己的学识，在给自己的三个女儿起名时，查阅了很多的古籍，找出了三个非常生僻的字，三个女儿分别叫作"㸚 lǐ、叕zhuó、㠭zhǎn"。

三个女儿长大后，才貌双全，但是没有媒人来提亲。原因是章太炎宣称，只有认识他女儿名字的人才有资格，结果这几个字很多人都不认识。章太炎得知情况后，很是苦恼，于是大摆宴席邀请亲朋好友，在席间"无意"说出自己给三个女儿起名的意义和读音。此后，很多媒人都前来提亲，三个女儿终于找到了如意郎君。

称谓趣谈

谭嗣同为何又叫"壮飞"？

谭嗣同是著名维新派人士，清末巡抚谭继洵之子，出生于北京宣武城南嬾眠胡同邸第。他生于 1865 年 3 月 10 日，1898 年参加戊戌变法，变法失败后，于 1898 年 9 月 28 日在北京宣武门外的菜市口刑场英勇就义。谭嗣同字复生，号壮飞。谭嗣同为什么号"壮飞"呢？

古人都有自己的名字和号。两者的区别是：名字都是由父亲或尊长给取的，而号是由自己取定的。号，一般只用于自称，来表达某种志趣或者抒发某种感情；对别人称号也是一种尊敬。有的号是用自己的斋号或者室号来取的，如蒲松龄为聊斋先生，南宋诗人杨万里的斋名为诚斋，故号为杨诚斋。谭嗣同亦是如此，谭嗣同的斋名叫壮飞楼，故号"壮飞"。

"山人"一词含贬义

"山人"一词代指三类人：一是指山虞，即古代掌管山林的官员；二是指隐士；三是指从事卜卦、算命等职业的人。

中国古代的知识分子素有"达则兼济天下，穷则独善其身"的传统，如果仕途受挫，便会归隐山林，寄情于山水诗酒之中，此类人被称为"隐士"，也就是"山人"的第二种解释。

沈德符在《万历野获编》给"山人"做了如下解释："山人之名本重，如李邺侯仅得此称，不意数十年出游无籍之辈，亦谓之山人。"自此以后，"山人"这一称谓便有了特定的含义。此时的"山人"与隐士渐渐拉开了距离，他们虽饱读诗书，但本质上却是追逐名利的伪君子。他们或依附于达官显贵，或奔走于将门相府，虽以"山人"自居，却以追求荣华富贵为目的，深为世人所鄙视。

及至嘉靖和万历年间，"山人"已经成了"丑陋"的代名词。此时的"山人"已深含嘲讽、贬低之意。

"道人"未必是道士

在中国，出家修行的佛教徒称为"和尚"或"僧人"，而道教徒则被称为"道士"，又称为"道人"。

在六朝时期，僧人也叫"道人"，以此来与被称作"道士"的道教徒相区别。之所以这样区别，是因为佛教是舶来品，最初要借助道教的力量加以传播。佛教在东汉初年正式传入我国。尽管其有严密的组织和系统的理论，但因其缺乏文化根基而不能与土生土长的道教相抗衡。为了谋求自身发展，佛教便采用了很多与道教相同或相似的名词与说法。如，佛教又叫"浮屠教"，僧人也因之称为"道人"。

隋唐以来，佛教的地位开始上升，于是佛教便逐渐回归本位，放弃了"道人"的称谓，改用古印度梵语中音译的"和尚""僧人"等称谓。由此可知，在隋唐以前，被称为"道人"的人并不一定是道士，还有可能是僧人。

"泰斗"最初是指谁？

"泰斗"是"泰山北斗"的简称，指有名望、有影响、为众人敬仰的杰出人物。这一称谓最初指的是唐代文学家韩愈。据《新唐书·韩愈传》记载："自愈没（死后），其言大行，学者仰之如泰山北斗云。"这是用"泰山北斗"比喻人们对韩愈的推崇和敬仰之情。后来，人们习惯用"泰山北斗"的简称"泰斗"指称文学界的领袖人物，比如宋代的欧阳修、苏轼也被时人称为"文坛泰斗"。

"泰斗"一词在使用过程中，含义逐渐扩大，常用来指在某一方面成就突出，在社会上德高望重、有影响的人。比如，明代李时珍被尊为"医学泰斗"，牛顿、爱因斯坦则被尊为"物理学泰斗"。

古人不敢自称"我"

古人在社交和公共场合一般不敢自称"我"，因为这样会被大家认为不懂礼仪。

据考证，至少从晋朝开始，官僚们已不习惯用第一人称代词来指代自己了，他们为了显示自己的谦卑，更喜欢称自己为"下官"。唐朝时，人们虽然旷达，但在相互交往时依然不好意思称自己为"我"，而是用略显青涩的"小生"来指代自己。到了宋朝则更进一步，官僚们都喜欢称自己为"卑职"，百姓们更愿意用"晚生"来指代自己。

当然，例外也是存在的，据说《梦溪笔谈》中记载了一位姓许的人，他为人很傲慢，无论面对谁从来不用谦称，都用"我"自称自己，这在当时居然引起了轰动。可见，在当时的人们看来，自称"我"是一件多么不可思议的事情。这也说明古代的人都不敢自称"我"。

"牧师"曾是官职名

牧师，是一种职业，在一般基督新教的教会中专职负责带领及照顾其他基督徒的人。圣经原文的用字就是牧羊人之意。牧师，在我国古代还曾是一种官职名，掌管牧地，有自己明确的职责和权力范围。

根据《周礼·夏官·牧师》中记载："牧师掌牧地，皆有历禁而颁之。"所以从《周礼》中可知，牧师就是掌管牧地（牧地就是公家所授的专门用于畜牧的田地）的人，他的职责就是把和牧地有关的界线和各种命令传达给养马人。同时，在正月的时候要焚烧牧地的陈草，2月的时候要完成马交配的任务。除了这些分内的工作之外，牧师还要在举行田猎的时候帮助其他人焚烧荒草，清理场地。由此可见，牧师在整个国家体制中属于最基层的干部。

"兵"与"勇"不同

我们经常在有关清朝的电影、电视剧上看到清军的背上贴着"兵"与"勇"这两个字。那么"兵"和"勇"到底有什么区别呢？

兵（卒）是那个时代朝廷供养的正规军队，而勇则是地方团练性质的武装，就如同后来的民兵团，属于地方官或是地方士绅组织的武装。

史载"兵"是清代国家的常备武装力量，包括八旗军和绿营军。八旗军为满兵，绿营兵则是为弥补满军的不足又建立的汉人组成的汉兵。这种军队以绿旗为标志，以营为建制单位，故称绿营兵，也叫绿旗兵，简称营兵。八旗军同绿营兵虽然使命相同，都是保家卫国，但主次不同，朝廷倚重不同。按定制：八旗兵大部分卫戍京师，为国家精锐部队，掌管京师安全；绿营兵则遍布全国各地，数量要比八旗兵多几倍乃至几十倍。通常影视剧上浩浩荡荡的大军都是绿营兵。

史载"勇"也是兵的一种。朝廷遇到战事，如果八旗和绿营兵不足用，则就地取材临时招募的军队，战事完了后立即解散，不是国家正式的军队，即使有功的也不久留久用。直到清末太平天国时，曾国藩以团练起家，才改非正式的乡勇为练勇（即湘军），定兵制，发饷粮，称为勇营。从此，"勇"基本代替了"兵"，成为国家的正规军主力。

"朕"最初是寻常百姓的自称

我国最早的一部解释词义的专著《尔雅·释诂》对"朕"做出了这样的解释："朕，身也。"在先秦时代，"朕"是第一人称代词。不分尊卑贵贱，人人都可以自称"朕"。

中国古代的皇帝有一个习惯，凡是与自己有关的东西都不许别人使用，人称代词也包括在内。司马迁《史记·秦始皇本纪》记载：秦嬴政统一天下后，规定："天子自称曰朕。"从此，"朕"这个人称代词普通百姓就无缘使用了。秦始皇之前

的统治者，相对还比较谦虚。那时的诸侯王常常自称"孤""寡人"。"孤"者，谓自己不能得众也；"寡人"者，"寡德之人也"。可见，在秦始皇之前，统治者至少在表面上没有那么高傲自大。直到秦始皇统一中国之后，统治者才开始感觉到不需要再像以前那么谦卑了，于是，"朕"也就成了古代帝王至高无上、独一无二的自称代词。

"皇帝"称号的由来

在"皇帝"之词产生之前，有"三皇"和"五帝"的说法。"三皇"指的是天皇、地皇和泰皇，五帝指的是黄帝、颛顼、帝喾、唐尧、虞舜，他们是传说中华夏民族的领袖人物。

秦王嬴政统一中国之后，丞相李斯为了讨好嬴政，仿照"三皇"的尊号称他为"秦皇"。谁知嬴政认为自己"德比三皇，功过五帝"，"皇"和"帝"都不足以显示他的尊贵，因此他自封为"皇帝"。于是，中国出现了"皇帝"的称号，并开始了长达2000多年的皇帝制度。直到1912年，清朝末代皇帝溥仪被推翻后才停止使用。

皇帝是中国政权的最高代表，享有至高无上的权力和荣誉。开始时，秦始皇试图将国家的全部权力集中在自己手中，"天下事无大小皆决于上"。但是，国家事务繁多，这种制度是不成熟的。秦朝之后，皇帝的职权由一个中央政府辅助完成。汉朝中央政府的形式是三公九卿，隋朝开始三省六部制。

君王为何自称"孤"？

"孤"在《左传》等上古文献中既可指"丧父之子"，也可指"诸侯谦称"，但

用得最多的还是诸侯自称的谦辞。那么"丧父之子"和"诸侯谦称"之间有没有必然的联系呢？据考证，两者之间有必然联系。在上古代宗法制度下，即使父亲得了重病、奄奄一息，或者老年痴呆、又聋又哑，也不会将权力尊位传给儿子。所以诸侯总是在死了父亲，也就是成了"孤"之后才得到爵位的。据此可见，诸侯自称为"孤"，有其必然性。

君王自称"寡人"是指孤独一人吗？

"寡人"是古代帝王的谦称，取"寡德之人"之意，谦称自己的德行还有所欠缺，含有谦逊的意味，与古人说的"在下""不才"等传统谦称是一样的，不是"单独一人"的意思。意思与"孤"有些相似，但比其复杂，也有一份孤独、高处不胜寒的意思，十分谦虚。《左传·宣公十年》："王使让之曰：'夏征舒为不道，弑其君。寡人以诸侯讨而戮之，诸侯县公皆庆寡人，女独不庆寡人，何故？'"《史记·乐毅列传》："今寡人虽愚，不若纣之暴也。"

古人的十种敬称

"敬称"也叫"尊称"，表示尊敬客气的态度。

1. 品格高尚、智慧超群的人用"圣"来表敬称，如称孔子为圣人，称孟子为亚圣。后来，"圣"多用于帝王，如圣上、圣驾等。

2. 帝王的敬称：万岁、圣上、天子、圣驾、陛下等。古代帝王认为他们的政权是受命于天而建立的，所以称皇帝为天子。驾，本指皇帝的车驾。古人认为皇帝当乘车行天下，于是用"驾"代称皇帝。古代臣子不敢直达皇帝，就告诉在陛（宫殿的台阶）下的人，请他们把意思传达上去，所以用陛下代称皇帝。

3. 皇太子、亲王的敬称：殿下。

4. 将军的敬称：麾下。

5. 有一定地位的人的敬称：使节称节下；三公、郡守等有一定社会地位的人称阁下，现在多用于外交场合，如大使阁下。

6. 对方或对方亲属的敬称有令、尊、贤等。令，意思是美好，用于称呼对方的亲属，如对方父亲：令尊，对方母亲：令堂，对方的女儿：令爱。尊，用来称与对方有关的人或物，如对方父母：尊上，对方的意思：尊意。贤，用于称平辈或晚辈，如对方：贤家，对方的儿子：贤郎。仁，表示爱重，应用范围较广，如称同辈友人中长于自己的人为仁兄，称地位高的人为仁公等。

7. 称年老的人为丈、丈人，如"子路从而后，遇丈人"（《论语》）。唐朝以后，丈、丈人专指妻父，又称泰山，妻母称丈母或泰水。

8. 尊长者和用于朋辈之间的敬称有君、子、公、足下、夫子、先生、大人等。

9. 君对臣的敬称是卿或爱卿。

10. 称谓前面加"先"，表示已死，用于敬称地位高的人或年长的人，如称已死的皇帝为先帝，称已经死去的父亲为先考或先父，称谓前加"太"或"大"表示再长一辈，如称帝王的母亲为太后，称祖父为大（太）父，称祖母为大（太）母。

古人的十种谦称

1. 古代帝王的谦称有孤、寡；

2. 古代官吏的谦称有下官、末官、小吏等；

3. 古人称自己一方亲属朋友的谦次有"家""舍","家"是称比自己辈分大年纪大的亲属，如家父、家母；"舍"是称自己的家或自己的年幼亲属，前者如寒舍，后者如舍妹等；

4. 读书人的谦称有小生、晚生等，表示自己是新学后备；不才、不肖表示自己没有才能或才能平庸；

5. 用于自己的谦称：愚，谦称自己不聪明，鄙，谦称自己学识浅薄，卑，谦称自己身份低微；

6. 晚辈、地位低的人对尊长者谦称在下；

7. 老人的谦称有老朽、老夫、老汉等；

8. 女子的谦称是妾；

9. 老和尚的谦称是老衲；

10. 国君对其他国的谦称是寡君。

朋友的各种称谓

朋友，古人云：同门曰朋，同志曰友。

看上去平淡，却重道义的朋友，称为君子之交（《庄子·山水》：君子之交淡若水）；平常百姓的交情，称为布衣之交（《史记·廉颇蔺相如列传》：臣以为布衣之交尚不可欺，况大国乎）；彼此之间像兄弟姐妹一样，称为金兰之交（世说新语·贤媛》：山公与嵇、阮一面，契若金兰）；坚若金石的交情，称为金石之交（《汉书·韩信传》：今足下虽自以为与汉王为金石交，然终为汉王所擒矣）；哪怕砍头也不变心的朋友，称为刎颈之交（《史记·廉颇蔺相如列传》卒与相欢，为刎颈交）；彼此心志相同，情投意合的朋友，

称为莫逆之交（《庄子·大宗师》：三人相视而笑，莫逆与心，遂相与为友）；患难中仍能不离不弃的朋友，称为患难之交（《玉堂从话·荐举》：仲举与文贞在武昌，因患难之交）；推心置腹，无所不谈的朋友，称为肺腑之交（白居易《代书诗百韵寄微之》：肺腑都无隔，形骸两不羁）；不计较年龄的交情，称为忘年之交（《南史·何孙传》：弱冠，州举秀才，南山范云见其对策，大相称赞，因结忘年交）；彼此知心，不拘身份的朋友，称为忘形之交（《新唐书·孟郊传》：少隐嵩山，性介，少谐和，韩愈一见，为忘形交）；穷苦时结交的朋友，称为贫贱之交（《后汉书·宋弘传》臣闻贫贱之交不可忘，糟糠之妻不下堂）；交朋友不嫌贫贱，称为杵臼之交（《后汉书·吴佑传》时公沙穆来游太学，无资粮，乃变服客佣。为佑赁春，佑与语大惊，遂共定交与杵臼之间）。

说"笑"

莞尔：形容微笑的神情。

失笑：忍不住发笑。

粲然：形容失笑时露出洁白的牙齿。

绝倒：笑得身体前仰后合

捧腹：两手抱着肚子，形容大笑时的神态。

拊掌大笑：一面欢笑，一面拍掌。

谄笑：装着笑脸巴结人。

嫣然：形容微笑时的神态。

轩渠：原意是说孩子高举双手欢喜地拥向父母，后来也用以形容笑的样子。

解颜：欢笑。颜，本指额。引申为面容、脸色。

解颐：大笑、欢笑。颐，面颊。

喷饭：吃饭时笑得喷出饭来，形容大笑时的神情。

哄堂：很多人同时大笑，以致整个屋子都闹哄哄的。

发噱：发笑。噱，大笑。

胡卢大笑：胡卢，发自喉间的笑声。

哂笑：讥笑。

嗤笑：讥笑。成语有嗤之以鼻。

讪笑：讥笑；勉强装笑。

杜甫《宴王使君宅》："自吟诗送老，相劝酒开颜。"开颜：露出笑容。欢欣喜悦的样子。

女孩为何叫"千金"？

古代"千金小姐"来源众说纷纭，最流行的是下面的一种：

公元前522年，伍子胥父兄被楚平王杀害。伍子胥逃离楚国，投奔吴国。途中他饥困交加，见到一位浣纱姑娘竹筐里有饭，于是上前行乞。姑娘顿生恻隐之心，慨然相赠。伍子胥饱餐之后，出于安全原因，要求对方为他的行踪保密。姑娘猛然想起，男女接触为礼教和舆论所不容。她随即抱起一石，投水而死。伍子胥见状，伤感不已。他咬破手指，在石上血书："尔浣纱，我行乞；我腹饱，尔身溺。十年之后，千金报德！"后来，伍子胥在吴国当了国相，吴王调遣劲旅攻入楚国。公元前506年，伍子胥"掘楚平王墓，其尸鞭之三百"。伍子胥报了大仇之后，又想到要报恩，但苦于不知姑娘家地址，于是就把千金投入她当时跳水的地方。这就是千金小姐的由来。

"泰山"与"东床"的来历

"岳父"又叫"泰山"，"女婿"又叫"东床"，那"泰山"与"东床"是怎么来的呢？

唐代的段成式在《酉阳杂俎》中记述了一个故事：唐玄宗李隆基要封禅泰山，封禅使由丞相张说担任，他的女婿郑镒也去了。

按照旧例，随皇帝参加封禅后，丞相以下的官吏可以升一级。郑镒本是九品官，张说利用职权，一下子为他提升了四级，成了五品官。唐太宗发觉了此事，觉得很奇怪，过去问他，郑镒吞吞吐吐回答不上来。这时宫廷艺人黄幡绰代他回答："此泰山之力也！""泰山"一语双关，既指封禅一事，又指岳父。后人因此称妻父为"泰山"。

"东床"来自东晋大书法家王羲之的故事。东晋时，郗鉴让媒人到王导家去物色女婿。王家少年都不错，但听到消息后，都表现出庄重、严肃的样子，只有年轻的王羲之，袒腹东床，只顾吃东西，好像没听到他们说话一样。郗鉴得知情况后，说："这个人正是我要找的好女婿！"以后，人们就称女婿为"东床"。

医生为何叫"大夫"

"大夫"的称号源自古代官职。春秋时代的大夫，有上、中、下之分，到了秦、汉又有所谓谏议大夫，唐代有御史大夫，但都不是医官。到了宋朝，开始设置大夫以下的官阶。当时，医事制度和医学教育都有了相当的发展，负责管理医疗行政的官职很多，宋制翰林医官院医官就分七级，而官职就更多了，有22种，如：和安大夫、成和大夫、成安大夫、成全大夫、保安大夫、翰林良医、翰林医学……医官中最高级是大夫，其次为郎，又称郎中，以下便是医效、祗候等。后世的人，因为大夫是医官中最崇高的职位，所以就把"大夫"作为医生的尊称。这种称呼一直沿用至今。

婢女为何称"梅香"

婢女称为"梅香"，这是从何而来呢？明末清初的戏曲理论家、剧作家李渔，有过这样的解释：

李渔在他所著的小说集《十二楼》之《拂云楼》中写道："梅者，妹也；香者，向也。梅传春信，香惹游蜂；春信在内，游蜂在外，若不是他向里外牵合起来，如何得在一起？"

这段话的意思是："梅香"是"妹向"的谐音。妹有所向，就是"有女怀春"的意思。"梅传春信"，是说梅花傲雪怒放，传递出怀春的信息；"香惹游蜂"，就是扑鼻的幽香，招来了"吉士诱之"的游蜂。春心跃动于闺内，吉士彷徨于墙外，其间谁为他们牵线呢？只有丫鬟能为他们搭起渡河的鹊桥。张生与崔莺莺，如果没有红娘传递消息，又怎能已却相思情？"妹向"之情，不好明言，所以谐以"梅香"；"妹向"有赖于丫鬟，故以"梅香"作为婢女的代称。这就是其中委婉含蓄之所在。

"死"的种种说法

"死"的叫法因时而异，也因死者的身世、死的原因和方式不同而迥然不同。

表示等级观念的：皇帝死叫"崩"，诸侯死叫"薨"，一般士大夫的死，叫"卒"。

死的原因和方式不同，人们对其称呼也各异：我国古代男主人死后，其妻妾、奴隶随同埋葬，称为殉葬。人们生病而死叫病故或病亡，自杀而死称短见。为国家利益而牺牲的叫殉国，为公务牺牲的叫殉职。

年龄不同的人死，叫法也是不同的。未成年而病死叫夭折或者夭亡；儿女称父母的死，叫作大故；年老病死在家中，叫作寿终正寝。

有时对"死"，我们委婉地表达。比如把死叫作归西、归天、百年、长眠、老了等。对尊敬的学者的死称为"巨星陨落"，对尊敬的伟人的死称逝世，现在也通用。

"足下"最初指的是木头鞋子

足下，常用于对平辈或是朋友之间的敬称。"足下"最初指的是木头鞋子，这话从何谈起呢？

春秋时代，晋国的晋献公因为宠爱骊姬，太子申生自杀，另外的两个儿子重耳与夷吾则逃亡他国，重耳带着狐偃、赵衰、介之推等大臣，先后流亡了19年，后在秦穆公的帮助下回国执政，史称晋文公。

晋文公就位后，对跟随他逃亡的大臣进行封赏，独独忘记了割掉自己大腿肉给他充饥的介之推。介之推很失望，带着母亲隐退山林，晋文公知道后，忙派人寻访，但介之推始终不来，后来采用"放火烧山"之计，想逼他相见。谁知介之推淡泊名利，最后与母亲抱在一棵树上被活活烧死。为了纪念他，晋文公派人将介之推临死抱的树砍回来做了一双木屐，穿在脚上，每每俯看木屐，就手拍双膝长叹："悲乎，足下！"此后，便以"足下"尊称好友。

"路"的各种称谓

"路"的名称有很多，从古至今叫法不一。

上古叫"康衢","康衢大道""康庄大道"是指宽阔平坦、四通八达的道路。

秦始皇时，大修道路，此时称为"驰道"，意思是天子驰车的道路。

唐代，筑路万里，称为"驿道"；元称"大道"；清朝才称"路"。

1912年，我国第一条可行驶汽车的路建成，称为"汽车路"，又叫"马路"，并沿用至今。

路的大小不一，名称也就各异。比如西周时期，人们把通行三辆马车的才称"路"，能通行两辆马车的称"道"，通行一辆马车的称"途"。"畛"是走牛马的乡间小路，"径"是仅能走牛、马的田间小路，且南北为"阡"，东西为"陌"。

再如城市里的道路叫"街"；比街窄小一点的叫"巷"；小巷叫"坊"，吴语叫"弄堂"，北方叫"胡同"。

年龄的种种称谓

古代对年龄的称谓有很多种。

孩提：指刚会发笑尚在襁褓中的幼儿。

垂发：指古代儿童尚未束发时自然下垂的短发，用以代称人的童年时期。

总角：古代幼童将垂发扎成两束结于头顶，其状如角，称为"总角"，指人的幼年阶段。

龀或髫龀：旧说男8岁、女7岁换牙，脱去乳牙，长出恒牙，这时称为"龀"或"髫龀"，表示人的儿童、少女时期。

弱冠：古代男子20岁时，要行冠礼，即戴上表示已是成人帽子，称之为"弱冠"。

及笄：笄，是古代束发用的簪子。古代女子到了15岁以后，就要把头发盘起来，并用簪子绾住，表示自己已成年。故女子成年时就叫"及笄"。

破瓜之年：古代女子长到16岁，称"破瓜之年"，原因是将"瓜"字拆开乃为两个"八"字，相加刚好为十六。

而立：30岁。

不惑：40岁。

艾年：古代指年满50岁的老人。

花甲：由古代干支纪年法而来。古代年满60称"花甲"或"花甲之年"。

古稀：70岁的代称。

耄耋：八九十岁，"耄耋"合称，指高寿老人。

期颐：百岁老人。

古人的服饰与称谓

服饰，无论在奴隶社会，还是封建社会，都成了不同阶级的标志，反映了一定的社会地位。服饰的名称也成了某一类人的代称。

在封建社会，皇帝穿的衣服称作"龙袍"，戴的帽子称为"冕"。所以皇帝有"皇袍加身"之说。朝廷官员见皇上时要把笏插在绅上，叫作"搢绅"。所以"搢绅"也就成了朝廷官员的代称。"纨绔"是古代一种用细绢织成的裤子，所以把富家子弟称为"纨绔子弟"。

"麻衣"是一种用粗麻制成的衣服，是正在读书求官的人穿的，所以也就成了这类人的代称。"布衣"就是用粗布做的衣服，故百姓被称为"布衣"。

古代战士的护身衣，一般用金属小片连缀而成，所以战士有"金甲""银甲"之称。

第六篇 探微名称与称谓

古代称道士为"黄冠",是根据他们戴的帽子而称呼的。

怎样才算"丈夫"?

"丈夫"本指成年男子,也指男子中的杰出者,鲁迅诗中便有"无情未必真豪杰,怜子如何不丈夫"的名句。那么"丈夫"二子分别是什么意思呢?

《谷梁传·文公十二年》:"男子二十而冠,冠而列丈夫。"意思是说,男子到了20岁,便要举行冠礼,举行冠礼以后便进入丈夫行列。"夫"是头上戴冠的成年男子形象,"丈"则是指成年男子的高度。古代量具差异较大,比如商代一尺等于今天的16.95厘米,身高一丈本是夸张的说法,即使真的达到这个高度,也不到170厘米呢。

"的"字短语是对别人的不尊敬

"的"字短语,在现代汉语里是指在词或短语后面加上"的"所组成的结构。

我们用这种短语来称呼别人,是很不礼貌的。有时他还有一种蔑视的意味。比如"卖菜的""理发的""穿红衣服的""拄拐棍的"。有一些骂人的话也是"的"字短语。因此,用"的"字短语称呼别人是对别人的不尊敬,也是缺乏教养的一种表现。在交际过程中,我们应该慎用"的"字结构的称呼语,不要随意称呼。

如果遇到对方称谓不是很清楚的情况,用"的"字结构短语称呼对方,确实能够抓住对方的特征,唤起对方的注意。但需要在"的"字结构后面加上适当的中心语。比如把"卖菜的"改为"卖菜的大叔",把"理发的"改成"理发的小伙子","穿红衣服的"改为"穿红衣服的姑娘"。这样,就没有不尊敬的意思了。

"老婆""老公"的称谓怎么来的?

从前,有个叫徐飞扬的文人,见妻子年老色衰,产生了嫌弃老妻、欲纳新欢的念头,于是写了一幅上联放在案头:"荷败莲残,落叶归根成老藕。"妻子看后,明白了丈夫的意思,提笔续写了下联:"禾黄稻熟,吹糠见米现新粮。"这下联中以"禾""稻"对"荷""莲","新粮"对"老藕",不仅对仗工整,比喻贴切,形象通俗新颖,而且"新粮"与"新娘"谐音见义。

徐飞扬读之不禁拍案叫绝,深佩妻子才思敏捷。他思前想后,夫妻恩爱几十年,实在负心内疚,终于打消了弃原配娶新妻的念头。妻子见丈夫有悔改之意,于是挥笔写道:"老公十分公道。"徐飞扬也随之挥笔续了下联:"老婆一片婆心。"从此,人们就将妻子称为"老婆",将丈夫称为"老公",一直沿用至今。

丈夫称谓的演变

根据《诗经》的记载,古时妻子称丈夫为"良人",后来"良"字就演变出"郎"与"娘",丈夫称"郎"或"郎君",妻子称"娘子"。到了宋朝,丈夫的地位进一步提高,称为"官人",因宫廷出现了"官家"一词,于是民间就有了"官人"的称谓。在官宦人家,丈夫则被妻子称为"老爷"。"外人""外子""相公"等,都是丈夫名称更进一步的演变。

到了民国时期,"先生"这个名词流行起来。以往教书的称"先生",丈夫也称"先生",后来教书的不再称"先生",改称"老师"了,而"先生"除了广泛用于对人的尊称外，也指自己的丈夫，含有仰慕尊崇之意。

现在的年轻人流行称丈夫为"老公"。但是很少有人知道"老公"这一词最早是指"太监"，古代官宦，卑称阉宦、太监、阉人等，而民间则俗称这些人为"老公"。李自成攻进北京，即有"打老公"一说，可见"老公"最初指的是太监。在《汉语大词典》中，"老公"一词下有两种解释，一为"（方言）丈夫"，二为"太监"。

"和尚"的称呼是怎么来的？

"和尚"原来是从梵文音译出来的，它的意思就是"师"。和尚本是一个尊称，要有一定资格堪为人师的才能够称"和尚"，不是任何人都能称的。这个称呼并不限于男子，出家女众有资格的也可以称和尚。但是后来习俗上这个字被用为对一般出家人的称呼，而且一般当作是男众专用的名词，这是和原来的字义不合的。那么为什么称为"和尚"呢？

佛教认为，人的生老病死都是痛苦的，其根源归咎于各种欲望。因此，为了摆脱痛苦，必须寡欲，必须进行修行，忍受人世间的一切痛苦。因而，佛教的人生处世哲学是主张一切调和。"和"即忍耐、服从。"和"是佛教徒所崇尚和必须遵守的。以"和"为"尚"即是称佛教徒为"和尚"的缘由。

和尚为何自称"老衲"？

我们在小说或影视剧中经常看到或听到和尚自称"老衲"。"老衲"是什么意思呢？为什么和尚自称"老衲"呢？

在现代汉语词典中，"衲"即补缀的意思。在旧社会，物质生活并不像今天这样丰富，人们经常过着缺衣少食的日子，平常百姓不过仅有数件衣物。因此有"新三年，旧三年，缝缝补补又三年"的说法。在那个艰苦朴素的年月，即使再笨的女人也要学缝补衣物。女人们聚在一起唠嗑的时候，手里经常做着针线活，或者为丈夫纳鞋底，或者为儿孙补衣服。所谓"纳鞋底"就是用结实的麻绳将很多破碎的布片一层层缝制起来。

和尚一般都过着清苦的生活，他们自己缝制衣物和鞋子，将化缘来的布头补缀联合做成的僧衣叫作"百衲衣"，因此他们常常自称"老衲"或"贫衲"。

住持为何叫"方丈"？

"方丈"的原意是一丈见方。住持为何叫方丈？出自《维摩诘示疾壁画》的典故。

维摩诘亦称维摩，意为"净土"或"无垢"，佛经中言其乃天竺国耶离城的大乘居士，善于应机化导，曾向释迦牟尼遣来问疾的文殊、舍利弗等阐扬大乘佛教的深奥哲理。

佛教的菩萨基本都是出家的菩萨，唯有这位维摩诘菩萨是在家菩萨，所以被称"居士"。他本是一位十分富有的财主，家中金银如山，但自己却为了修行过着清苦的生活，只住在一间一丈高、一丈宽（十平方米不到）的石室内，故而后来寺庙中最有学识的和尚就称"方丈"，久而久之，用"方丈"指代佛寺的住持或长老。

"点心"的叫法何时开始？

"点心"这个叫法是何时开始的呢？据传说，梁红玉击鼓退金兵之时，见到战士们日夜地血战沙场，英勇杀敌，屡建战功，甚为感动，随即传令烘制民间喜爱的美味糕饼，派人送往前线，慰劳将士，以表"点点心意"。

其实，"点心"的名字，据有关烹调资料记载，比这个民间传说要早得多。例如，宋人吴曾撰的《能改斋漫录》中有如下的一段描述：世俗例以早餐小食为点心，自唐代之时，已有此语。按唐人郑慘为江淮留后，家人备夫人晨馔，夫人顾其弟曰："治妆未毕，我未及餐，尔且可点心。"吴曾与梁红玉同一时代，并其书成于高宗绍兴二十四年至二十七年间，所载唐郑慘一事有按有据，应当足信。这样，"点心"一名的出现，当在1000多年前，比传说的要早200年以上。

"公主"之称的由来

"公主"这个名词是春秋战国时代才开始有的。

都说"皇帝的女儿不愁嫁"，但皇帝的女儿也是要嫁人的。周朝时，皇帝把女儿嫁给诸侯，自己身为天下至尊，不便主持婚礼，于是叫同姓的诸侯来主婚。当时各诸侯国的诸侯一般称"公"，"主"就是"主婚"之意，所以因为是诸侯主婚，皇帝的女儿就被称为"公主"了，当时诸侯的女儿也被称为"公主"，也称"君主"。

但从汉朝开始，"公主"就成为皇帝女儿的专称了，诸侯王的女儿则称为"翁主"。"翁"，即父亲，诸侯王也为自己的女儿主婚，故称为"翁主"。这样翁主就比公主低了一个等级。也是从汉代开始，皇帝的姊姊称为"长公主"，先皇帝的姊妹为大长公主，加上"大""长"的字样是表示尊崇。

"商人"和商朝有关吗？

据历史学家考证，公元前1066年，周武王率诸侯大军来到牧野，与当时居住在离牧野仅35公里之遥的商都朝歌的商纣王的大军进行了决战，这场大战的结果是商大败，结果周军长驱直入朝歌城，商纣王死于鹿台之上，从此商灭亡了。周战胜商后，为了肃清"商（朝）人"的影响，周王将商朝的贵族集中于一处严加管束，而对于善于经商的商族遗民则只允许他们继续经商，不许做其他营生。为了与周的子民区别开来，周王还下令将商的遗民唤作"商人"，其中带有轻蔑的含义。不过，周王当时绝没有想到，他这种为了羞辱商朝遗民的做法，留下了"商人"这个汉语词汇，且在3000多年后的今天，"商人"一词早已没有了"贱民"的含义了，而只是一种对做生意人的一般称呼而已。

为何用"月老"指称媒人？

"月老"是月下老人的简称，是婚姻之神。典出唐代李复言的《续幽怪录·定婚店》。

唐朝的一个年轻人韦固，外出郊游夜宿宋城，在旅店看见一个老人，靠着一口布袋，坐在月光下，翻看着一本书，像在查找什么。韦固问老人家在查什么？老人答道："天下人的婚书。"韦固又问袋中何物？老人说："袋内都是红绳，用来系住夫妇之足。虽仇敌之家，贫富悬殊，天涯海角，吴楚异乡，此绳一系，便定终身。"这就是流传千古的俗语"千里姻缘一线牵"的由来。

韦固很惊奇，于是忙着打听自己的

婚事。月下老人翻书查看，笑着对他说："足下的未婚妻，就是店北头卖菜的老太婆的三岁女儿。"韦固一听勃然大怒，悻悻返回店中。十年之后，韦固因立军功迎娶相州参军的女儿，韦固才知道此女正是过去月下老人提及的三岁小女。韦固见天意不可违，真是千里姻缘一线牵。牵红线的老人，从此称为"月下老人"。

"夫人"之称的由来

"夫人"一词，我们现在经常用它来尊称别人的妻子，那么这一称谓是从何而来呢？

"夫人"一词在古代有特定的含义，源于《礼记·曲礼》："天子之妃曰后，诸侯曰夫人。"先秦时，诸侯的妻子、帝王的妃子均称"夫人"。明清时，一品、二品官员的妻子封为"夫人"。因为夫人之称含有尊贵之意，所以现在广泛用于对已婚女性的专称，有抬高对方身份的意味。

"尊"为何作敬辞用？

尊，是地位或辈分高的意思，与"卑"相对，又作尊重、尊奉讲。它也是一个敬辞，"尊兄""尊夫人"等等。

"尊"的原意是"酒器"，也就是现在的"樽"字的意思。段玉裁《说文解字注》："凡酒必实于尊以待酌者……凡酌酒者必资于尊，故引申以为'尊卑'字。"古代的人喝酒，非常注重礼节，常常要相互敬酒。酒席上，辈分低或者身份低微的人向辈分高或身份高贵的人敬酒，必须要举"尊"。所以敬酒这一动作和酒器"尊"之间的关联性经过长期的社会风俗传延，形成了固定的联想，逐渐"尊"字也就引申出了"尊敬""尊重"的意

义，经过进一步抽象化，获得了敬辞的语用功能。

"台"为何作敬辞用？

古文的书籍里，我们发现"台甫""台鉴"或者"台驾"这样的词语会用于社交或者书信往来上。"台"字为何可用作敬辞呢？

据说，敬辞"台"，来源于古时的星宿名。《晋书·天文志》："三台六星，两两而居……西近文昌二星曰上台……次二星曰中台……东二星曰下台。"古代的人们喜欢用星官象征人间的事物，所以朝廷的最高官吏"三公"被称为"三台"。通过进一步的传延，并以此引申，中央政府的官署也有被称为"台"的，比如御史台。由称呼官署进而引申，用来指称地方政府的高级官吏，如"抚台""藩台"等。再后来，"台"就成了有意抬高对方身份的一种尊敬说法，即使对没有官职的人也称其为"台"，如"兄台""台端"等，这时"台"就发展成一个敬辞了。

为何称妻子为"拙荆"？

古时候，人们在别人面前用"拙荆"谦称自己的妻子，这是为什么呢？

"荆"本是一种落叶灌木的名称，这里指用荆枝做的钗子。《战国策》里说"士为知己者死，女为悦己者容"。古代女子除相貌外，最注重头发的修饰。《列女传》中记载，东汉时，皇宫贵胄的女子可以用珍奇的材料做发饰，但隐士梁鸿的妻子孟光生活非常俭朴，头戴用荆枝做成的钗子，身穿粗布做的裙子。所以后者用"荆妻"或者"拙荆"谦称自己的妻子。

"拙荆"作为对妻子称谓，虽然雅致，

但也渗透着儒家对女性社会生活的种种约束，也透露出一种男权思想。所以在现代社会，已经没有人这样称自己的妻子了。

"涂鸦之作"的由来

涂鸦（Graffitist），形成于20世纪70年代初的纽约和柏林，是一种涂写艺术，带有"嘻哈（HipHop）"文化色彩。涂鸦经常涂写在公共建筑的墙上或交通枢纽地带及其他公众场合；表达方式独特，通常以文字、图形或其他方式来表达艺术家们对生活的认识、追求以及富有个性化的遐想。那么"涂鸦"一词究竟从何而来呢？

"涂鸦"一词，原本指的是唐朝卢仝的儿子乱写乱画，其典故出自《玉川子集·云添丁》：唐朝卢仝有个儿子叫添丁，喜欢用蘸了墨水的笔在纸上或书本上乱涂乱写，常把卢仝的书册弄得又脏又乱。卢仝因此写了一首诗："忽来案上翻墨汁，涂抹诗书如老鸦。"把儿子的顽皮和自己的无奈描写得生动逼真。后来，人们便从卢仝的诗句里得出"涂鸦"一词，流传至今，用来谦称自己的作品水平不高，或前者戏称随意的创作，或用来比喻书法的稚拙，用得最多的是前者。

为何把自己的礼品谦称为"芹献"？

"芹菜"一词我们大家都听说过，但"芹献"这个词听说过得不多。为什么人们常常把礼品谦称为"芹献"呢？

《列子·杨朱》里有个小故事：从前有个人认为大豆是人间美食，卷耳茎、芹菜等味道也十分香甜可口，于是见了乡豪就大大称赞。乡豪们听他这么一说很好奇，就拿来亲自品尝，没想到嘴巴里像被蜇了一样难受，有苦涩的味道，还闹了肚子。乡里人都嘲笑、怪罪这个人，把这么难吃的东西说得那么好吃，这个人很惭愧。后来人们就把"芹献"作为菲薄的礼品的代称。

"急就章"是急忙写成的文章吗？

人们常把自己的文章称为"急就章"，意思是自己匆忙完成，难免疏忽。其实"急就章"的本意并非如此。

"急就章"是一种刻印方法，用凿印的方法刻制出来的印章。凿印，刻印的一种方法。指在预制的金属印坯上击凿印文。这类印章的引文错落自然，多数是将军印和颁发给兄弟民族的官印，流行于汉、魏、晋、南北朝之间。相传其起源，因军中官职往往急于任命，印信都是仓促凿成，相沿成习，故称"急就章"；更为后人所仿效，形成一种刻法。

"急就章"和《急救篇》有关。《急救篇》又名"急救"是汉代学童的教科书，全书无一字重复。后来考证起源于西汉元帝史游以草书作成，魏晋时期颇为流行。该书按姓名、衣服、饮食、器用等分类，成三言、四言、七言韵语。因为首句有"急就"二字，所以叫作《急救篇》。

还有一说法是遇到难字，缓急可就而求。后来人们用"急就章"来谦称自己的作品缺乏深思熟虑。

六十岁为何称"花甲"？

"花甲"为六十岁的代称，如唐朝赵牧《对酒》诗："手挼六十花甲，循环落落如弄珠。"那么，这是从何而来呢？

中国古代历法是以天干地支相配来纪元，甲、乙、丙、丁、戊、己、庚、辛、壬、癸是十天干；子、丑、寅、卯、辰、巳、午、未、申、酉、戌、亥是十二地支。天干地支两两相配，从甲子开始，至癸亥为止，共有六十个组合，每六十年为一个轮回，周而复始，所以六十年为一甲子，称"六十甲子"。又因为天干的单数和地支的单数搭配，天干的双数和地支的双数搭配，交叉组合，依次错综相配，故又称为"花甲"或"花甲子"，也就是说"花甲"有六十之意。因此，后来人们就把它用来作为六十岁的代称。

"致仕"指退休

"致仕"旧时指官员交还官职，即辞官的意思。如"议郎郑均，束脩安贫，恭俭节整，前在机密，以病致仕，守善贞固，黄发不怠"（《后汉书·郑均传》）。"致仕"的"致"意为"交出"，不能误解为"达到、实现"。事实上，"致仕"并非一个生僻词，它是古代表示官员退休的主要书面语，使用非常普遍。随意改变用法，甚至美其名为"死词活用"，这对维护汉语的纯洁性是有百害而无一利的。

隋文帝曾经改国号

隋文帝杨坚的父亲杨忠在西魏时乃权臣之一，被封为十二大将军，封随国公。

北周大定元年（581），权臣杨坚废周敬帝自立，袭用父亲杨坚"随国公"的封爵，改国号随。后来他认为"随"字有走的意思，害怕不吉祥，征兆国家政权不稳定。于是把国号改为"隋"。隋文帝即位后，几年间北逐强胡，南灭残陈，统一全国，结束了中国近400年的大分裂局面，建立起了一个强大的、统一的帝国。

"辽"与"金"的国号由来

辽原称"契丹"，改"辽"一方面是因居于辽河上游。另一方面"辽"是根据发迹地的特产定国号。契丹人耶律阿保机所建王朝名辽，辽意为镔铁，因耶律阿保机的发迹地产铁，即用以为号，取其坚也，象征国家政权如铁一样坚硬。

金国国名来源的解释，因史书记载不一而有多种说法。一种是根据《金史·太祖纪》中的记载，完颜阿骨打即皇帝之位时说：辽以镔铁为国号，取名之义是因为镔铁坚硬。镔铁虽然坚硬，但终会腐蚀朽坏，只有金不会变易不会朽坏，最为珍贵。而且在颜色上金比镔铁白，完颜部人也崇尚白色。因此建国号为金。按照这一说法，女真完颜部以金为国号，是想要与辽争衡。

元朝国号"元"的含义

根据《元史》记载，成吉思汗于1206年统一蒙古高原，称帝建国，号"大蒙古国"。1271年，忽必烈采纳谋臣刘秉忠的建议，采用《易经》乾卦"大哉乾元"卦辞，另建国号为"大元"。后元文宗官修《经世大典》，《序录》称："世祖皇帝初易'大蒙古'之号而为'大元'也，以为昔之有国者或以所起之地，或因所受之封为不足法也，故谓之'元'焉。'元'也者，'大'也。'大'不足以尽之，而谓之'元'者，大之至也。""大哉乾元"中的"元"字，有大、首等意思。

也有人认为"元"字与蒙古人的风俗、图腾有关，也有人认为与佛教有关。

明朝国号得名缘由

朱元璋推翻元朝的统治，于1368年

建立明朝。据说朱元璋建立国号为"明"，与他加入明教的一段经历有关。

朱元璋是元末起义军领袖之一，是继承郭子兴而发展起来的，郭子兴属于白莲教组织。白莲教当时是反对朝廷的地下组织，宣称"黑暗即将过去，光明将要到来"，借以鼓舞人民反对黑暗的元朝统治，他们还宣传"弥勒下生，明王出世"。所以白莲教的首领韩山童自称"明王"（他的儿子韩林儿称"小明王"），都体现了其教义宗旨。朱元璋当时也反抗元朝统治，信仰白莲教，而且承认自己是白莲教起义军的一支（他曾为小明王左副元帅）。朱元璋取得政权后，于是定国号为"明"。

清朝皇帝年号的含义

清王朝的开创者努尔哈赤，建元"天命"，古人以为君权神授，统治者自称受命于天，所以谓之"天命"。

皇太极改国号"金"为"清"，称皇帝，改元"崇德"，即"崇尚德化"，反映了他的政治思想：皇太极觉得要实现长治久安、开疆扩土，必须吸收汉民族的优秀文化，他仿明制，设六部，笼络蒙汉官僚，招揽人才。

顺治皇帝实现了入主中原的愿望，年号"顺治"。顺，顺利，治，治理。顺治，意思是治国顺利，实现华夏一统。皇太极统一了东北，建立起大清帝国，大清国雄心勃勃，想要夺取中原，一统华夏，"顺治"正好反映了这一思想。

康熙皇帝的年号是"康熙"，康，安宁，熙，兴盛。康熙，意思是万民康乐安宁，天下兴盛。华夏一统理想得以实现后，接下来就是希望国泰民安。"康熙"二字反映了这一理想。

雍正皇帝的年号是"雍正"，"雍正"的意思是"雍亲王得位正、为君正"，他想以此强调自己皇位的"正当性"。

乾隆皇帝的年号是"乾隆"，乾，表示天，"乾隆"的意思是"天道昌隆"。乾隆的使命是如何进一步增强国力，国家进入鼎盛时期。"乾隆"反映了他的治国思想。

嘉庆帝的年号是"嘉庆"，庆，普天同庆，"嘉庆"的意思是"嘉庆王即位，国泰民安，普天同庆"。

道光帝的年号是"道光"，意思是大道光辉。

咸丰帝的年号是"咸丰"，咸，普遍，丰，富足。"咸丰"的意思是"普天之下，丰衣足食"。反映了渴望百姓安康的愿望。

同治皇帝的年号是"同治"，他即位时才5岁，由慈安和慈禧垂帘听政。"同治"隐含了两宫太后与众大臣共理朝政之意。

光绪帝的年号是"光绪"，光，光大，绪，未竟之功业。"光绪"意思是"光大未竟之功业"，反映了清廷重振国力的愿望。

溥仪是清代最后一个皇帝，年号"宣统"，宣，大，"宣统"即"大统"。溥仪即位时，反清浪潮厉害，"宣统"二字有为清王朝统治的正当性作辩护的意思。

"司马"是掌管马匹的官吗？

"司马"并非掌管马匹的官，而是掌管军政和军赋的官，始置于西周，春秋战国沿袭。"司马"与司徒、司工并称"三有司"。军政与军赋，为朝廷大臣，常统率六师或八师出征。司，掌管；马，借指军队。

《诗·大雅·常武》："王（周宣王）

谓尹氏（太史），命程伯休父：左右陈行，戒我师旅，率彼准浦，省此徐士。"毛传："程伯休父始命为大司马。"诸侯国与卿大夫也都设有"三有司"。春秋时诸侯多设置，宋有大司马、少司马。楚有大司马、左右司马，其职位仅次于令尹。卿大夫亦有司马或马正，为武职。战国时魏、燕有司马、楚有左右司马。战国时为掌管军政、军赋的副官，如《鸿门宴》："沛公左司马曹无伤言之。"隋唐时是州郡太守（刺史）的属官，如《琵琶行》："元和十年，予左迁九江郡司马。"

后世"司马"职权演变，唐代在各州设"司马"一职，为长官之副，以安排贬谪或闲散之人。

"刺史"的"刺"是何意？

"刺史"始置于汉武帝元封五年（公元前106）。刺，在古汉语中有"探听、侦察"的意思。刺史是"察问郡县"的监察官。后世职权渐变，隋唐时指州的长官。

刺史制度是对秦代监御史制度的继承。秦始皇在统一六国以后，建立了一套地方监察制度——监御史制度。在地方上，"分天下以为三十六郡，郡置守、尉、监"。监还可称为"监公"，或称为监御史、监郡御史、郡监等。监御史的地位可以和郡守、郡尉并称，其主要职责是"掌监郡"，即负责监察郡守等人的行政事务。

"知县"的"知"是何意？

知，在古汉语中有"做、为"的意思。《易·系传》："乾知大始"，王念孙云："知犹为也，为亦作也"。再引申为"主持、执掌"，如《左氏春秋·长见》：

"三年而知郑国之政也。"知县，即主持一县事务的官员。唐称佐官代理县令为"知县事"，"知"为"署理"之意。宋以后派朝官赴县处理军政，称"知县事"，简称"知县"。明清以后成为正式的常任官。

"进士"的"进"是何意？

隋炀帝大业年间始置进士科目，开始用考试的方法选取进士。唐亦设此科，凡应试者谓之举进士，中试者皆称进士。元、明、清时，贡士经殿试后，及第者皆赐出身，称进士。

"进士"一词最早见于《礼记·王制》："大乐正论造士之秀者，以告于王，而升诸司马，曰进士。"这句话的意思是说，大乐正（一种官名）选出成绩优异者，将他们禀告给君主，把他们升迁到司马的行列中。郑玄注："进士，可进受爵禄也。"因此，"进士"是指中国古代科举殿试及第者之称，意为可以进授爵位之人。那么"进士"的"进"的意思就是进受爵禄。

"举人"的"举"是何意？

"举人"，中国古代地方科举考试中试者之称。原意为举到之人，为应举者的通称。

"举人"得名于汉代的察举，但在汉晋南北朝，只是被举之人的意思，并不是什么专称。唐代以各地乡贡中试者，需入京应试，故有此称。宋为乡试（贡举考试）各科中试者的统称。宋举人被解送礼部前，须经考试，略如后之乡试。所以又称为"举进士"，俗称举子，仍不是专门称谓词。明清时，为科举考试乡试考中者的专称。

"乡试"是在乡村举行吗?

乡试是地方考试,"乡试"的"乡"是地方的意思,与"国"相对。唐宋时称"解试"。由州县荐送中央参加礼部试者称"乡贡"。明清两代在各省省城和京城举行,照例每三年举行一次,逢子午卯酉年为正科,遇皇家有喜庆之事加科称为恩科,由皇帝钦命正副主考官主持,凡获秀才身份的府、州、县学生员、监生、贡生均可参加。按四书五经、策问和诗赋分三场进行考试,每场考三天。乡试合格的秀才专称是举人,乡试第一名称解元,读书人成了举人才有资格进入更高层次的会试。考试通常安排在八月举行,因此叫"秋试"。

由此可知,"乡试"并不是在乡村中进行。

"榜眼"和"探花"的由来

中国科举制度在殿试中取中的前三名进士,分别称为状元、榜眼、探花,合称三鼎甲。

榜眼是取得进士第二名的名称,其名始于北宋初。初时第一名称状元,第二、三名俱称为榜眼;因为填写进士榜时,状元的姓名居上端正中,第二、三名分立状元左右,如其人体的双眼,故称作"榜眼"。

"探花"一词在唐代的科举已经出现。据李淖《秦中岁时记》记载,当时中进士者会园游庆祝,称"探花宴"。以进士中的年少貌美者为"探花使",到各名园采摘鲜花,迎接状元。北宋开始,进士必须经过皇帝殿试,并且定立进士一甲只有三人。初时第一名称状元,第二、三名俱称

为榜眼,至北宋末年,只以第二名为榜眼,第三名则称探花。

状元、榜眼、探花其实都是社会上的习惯使用。在正式发放的金榜之上,只会称进士一甲第一名,一甲第二名,一甲第三名。

"学究"最初是美称

"学究"现在泛指读书人,也指迂腐的读书人。最早,"学究"一词是专门名称,出于唐代的科举制度,是科举考试的一个科目。唐代科举有进士、明经等科,明经一科有"学究一经"的科目;从字义上说,学究一经,就表示学通一部经书。宋代简称"学究",为礼部贡举十科之一。应学究试者,专重记诵,未必通晓文义,故有才思之士皆重进士科而轻学究。

据《谷山笔尘》记载,宋神宗时改革科举制度,应进士考试经义论策,取中的分为五等:第一等和第二等"赐进士及第",次之应"赐进士出身",再次"赐同进士出身",最后一等"赐同学究出身"。后来"学究"作为书生的美称在民间得到广泛使用。随着词意的变迁,"学究"一词也渐渐产生了贬义,人们开始把读古书、食古不化的人称为"老学究""村学究"了。

"八股文"是怎么得名的?

中国明清两代科举考试采用的一种专门文体,又称时文、制义、制艺、时艺、四书文、八比文。其体源于宋元的经义,而成于明成化以后,至清光绪末年始废。

八股文题目主要摘自四书、五经,所论内容主要根据宋朱熹《四书章句集注》,不得自由发挥、越雷池一步。八股文每篇

文章均按一定的格式、字数由破题、承题、起讲、入手、起股、中股、后股、束股八部分组成。破题是用两句话将题目的意义破开，承题是承接破题的意义而说明之。起讲为议论的开始，首二字用"意谓""若曰""以为""且夫""尝思"等开端。"入手"为起讲后入手之处。起股、中股、后股、束股才是正式议论，以中股为全篇重心。在这四股中，每股又都有两股排比对偶的文字，合共八股，故称八股文。

"内子"不是指儿子

现在，不少人误以为"内子"就是指儿子，其实不然。"内子"是古时丈夫在别人面前提到自己的妻子时用的一个谦辞，无论"外子"还是"内子"，都不是指儿子。

《左传·僖公二十四年》："（赵姬）以叔隗为内子，而己下之。"杜预注："卿之嫡妻为内子。"《国语·楚语上》："司马子期欲以妾为内子，访之左史倚相。"《礼记·曾子问》："大夫内子有殷事，亦之君所，朝夕否。"郑玄注："内子，大夫妻也。"古代称卿大夫的嫡妻为内子。

《晏子春秋·杂下六》："饮酒，酣，公见其妻曰：'此子之内子邪？'晏子对曰：'然，是也。'"宋·孙光宪《北梦琐言》卷六："唐乐安孙氏，进士孟昌期之内子。"清·钮琇《觚賸·公归集》："内子躬自辟垆经，易日用蔬菜。"称人之妻。

唐权德舆《七夕见与诸孙题乞巧文》诗："外孙争乞巧，内子共题文。"清·俞樾《小浮梅闲话》："夏日，余与内子坐其中，因录其闲话稍有依据者为一编云。"称己之妻。

徐特立《致廖局新的信》："我家仅剩两老一小，在我是无所谓，但内子时刻不忘情儿女，也觉可怜。"现在专用以称己妻。

"家父"和"令尊"是两个人

"家父"和"令尊"是两个人，这要从我国古代的谦称和敬称说起。

有句话叫作"家大舍小令他人"。意思是说，在社交场合，说到比自己大的家人，譬如说到自己的父母、兄长时，前面要加一个"家"字——家父、家母、家兄；说到比自己小的家人，譬如弟弟、妹妹时，就要用"舍"字——舍弟、舍妹，以此来表示谦虚。而说到别人的家人，譬如父母时，前面一般加上"令"字——令尊、令堂，以示尊敬。因此，"令尊""令堂"是对别人父母的尊称，而"家父""家母"则是对自己父母的谦称。

可以看出，"家父"与"令尊"根本就不是一个人。"家父"仅作子女对别人谦称自己父亲之用。"令尊"中的"令"，含有美好义，是称对方亲人时的敬辞，不可用在自己身上。谦辞与敬辞互相对应却不可互相替代。

第六篇 探微名称与称谓

地名探源

"加拿大"的国名源于一次误会

加拿大是北美洲北部的一个发达的国家，其领土面积仅次于俄罗斯，居世界第二位。

据传，公元 1534 年，法国探险家卡蒂埃率领舰队来到北美洲，他们沿一个海湾向内陆驶去，发现岸上住着印第安人，印第安人热情地接待了他们。卡蒂埃指着岸边村落，用法语向当地部落酋长问："这是什么地方，叫什么名字?"因语言不通，酋长误以为卡蒂埃问的是附近一个由棚屋组成的他们村庄的名称，酋长展开双臂，大声回答："加拿大!"印第安语中"加拿大"是村庄的意思。探险家又误以为酋长回答的是这一地区的名字，就标注在地图上了。

从此，"加拿大"就成了这一地区的名字，后又成了国名。

四川名称的由来

四川省简称川或蜀。位于我国西南地区、长江上游，汉末三国时为蜀国领地。

虽然现今中国四川省境内有四大自北往南流的河流：金沙江、雅砻江、岷江、嘉陵江。"四川"不是"望文生义"来自"四条大河"，"四川"这个名称起源于宋代，"川"字的最早意思是指河流，

但"四川"的"川"其实不是指河流，而是指平原，是"平川"的"川"，而不是"川流"的"川"。

上古时我们先民在四川盆地及其四周创造了四川文化，在秦时置为巴郡、蜀郡，汉代叫益州，唐代改为剑南道，后分为剑南西川道和剑南东川道，分别在成都和三台设立治所。在唐玄宗以前的行政区划，只有东、西两川，故简称"两川"。唐玄宗时，他又对此区划做了调整，有了剑南西川道、剑南东川道和山南西道的设置（山南西道辖今陕南、川北地区、治所在汉中）。这样，便有了"三川"的简称。由于宋真宗的调整，又在益（成都）、梓（三台）、利（汉中）州三州之外，新置夔州（奉节），于是，这一区域在宋代便被称为"川峡四路"，后来就简称为"四川"。这就是"四川"的来源。

江西并非长江的西岸

江西、浙江都在长江的南岸，所以江西因为在长江西岸而得名的说法是错误的。

"江西"省名源自强盛繁华的唐朝，公元 733 年唐玄宗划全国为 15 道，江南道一分为二，为江南东道和江南西道，江南西道以洪州为首府，洪州即今天的南

昌，江南西道简称江西道，为江西得名的开始；宋置江南西路，简称江西路；元设江西行省及江西湖东道；明置江西省，后改江西布政使司；清改江西省，省名至今未变。

由于省内最大最长的河流赣江自南而北纵贯全省，因此江西又简称"赣"。

吉林名称的由来

吉林是现代中国行政区划中的"东北三省"（辽宁、黑龙江、吉林）之一。

吉林在松花江沿岸，这里是满族人入关前的主要聚居地之一，满语称此地为"吉林乌拉"，吉林是沿或靠近的意思，乌拉是江或川的意思，吉林乌拉就是靠近江边的地方，满人入关以后，按照汉语习惯，从"吉林乌拉"中省去"乌拉"二字，把"吉林"作为此地的汉语地名名称。

1685年，康熙帝下令通称吉林，从此吉林成为正式法定称谓。

1757年，乾隆将宁古塔将军改称为吉林将军。1881年，光绪帝将吉林厅升为吉林直隶厅。1882年，光绪又将吉林直隶厅升为吉林府。吉林府设知府管理行政事务，辖境相当于今天的吉林地区。1907年，清政府正式在东北设立奉天、吉林、黑龙江三省，各省设巡抚。吉林巡抚驻吉林城。

有的书上写作鸡林、畿林、吉临或鸡陵，都是吉林的谐音，并无特殊意义。

云南名称的由来

云南的历史非常悠久，汉代就已经在此置县，因为县治在云岭山脉的南面，故称"云南"。此为云南得名的开始。

隋朝在云南地区设南宁州总管府。唐代改为南宁州都督府，又分设姚州都督府，称姚州"云南郡"。又改设置为西宗州，后又改为宗州，治所在今云南驿。

宋太祖曾加封"大理"首领为"云南节度使"。

忽必烈委任赛典赤为云南平章政事组建云南行省，正式建立云南诸路行中书省；并在云南驿设置了云南州。省会也从大理迁置昆明，云南成为全国十一行中书省之一；从此，"云南"一名正式成为省一级区划的名称。

朱元璋平定云南后，明代改元代中庆路设置云南府，治所在今昆明，后又将元代设置的云南州降为云南县，隶属于大理州府管辖。公元1384年，筑洱海卫城于今祥云县城，云南县治地也由云南驿迁往洱海卫城，从此结束了云南驿从西汉至明初1500多年间作为行政管理机构县、郡、州、赕或军事机构节度所在的历史。云南驿仅成为驿站乃至村庄保留下来，该地的名称也由此而来，一直沿用到今天。

广东、广西得名的缘由

《广东通志》载：汉武帝统一南越国之后，在其地置"广信"县，因"初开越地，宜广布恩信"而得名。治所在今广东省西北部的封开、广西东北部的梧州附近。

宋代在广信以南地区，以广信为界，东置广南东路，简称广东路，西置广南西路，简称广西路。于是就有了广东、广西的名称。元明本朝因之。汉代的广信县，就是现在的封川县。到了清朝，交州刺史统治广信县，统领三郡，分三郡之地为二省，封川以西，为广西；封川以东，为广东。

浙江得名的原因

浙江是我国最具经济活力的省份之一，人才辈出，堪称文化大省，经济大省。浙江得名的原因如下：

浙者，折也。"浙江"是钱塘江的古称，意为曲折的江水。唐代时，分江南东道设立两浙道，设浙东观察使和浙西观察使；是为"浙"字第一次成为地方政府的名称。

南宋又分两浙东路和两浙西路，简称浙东路和浙西路。吴越国和两浙路的辖区，因吴越国内设13个州级行政区，故并称"两浙十三州"。

明朝初年，设置"浙江布政使司"（初期不含太湖地区的湖州府、嘉兴府），治杭州，而一些靠近福建的地区以苍南金乡为界，划入福建行省。自此大致形成了延续至今的浙江省辖区域。

清朝设立浙江省，省名至今未变。

长沙得名的原因

长沙是我国湖南省省会，那长沙是如何得名的呢？

长沙得名于长沙星。我国自商、周以来，古代天文学家观测天象时选择一批星象作为定位观测的标志，创二十八宿（星座）之说。古人认为上有星象，下有相应的"星野"，《史记·天官书》云："天则有列宿，地则有州域。"二十八宿中有一宿叫轸宿，根据天文学家的星宿定位，轸宿位于荆州上空。轸宿旁边有一附属于它的小星，名为"长沙"，古人按星象分野的理论，将长沙之地以应长沙星，认为

长沙地名源于星名，故长沙又有"星沙"之称。唐张守节《史记正义》云："长沙一星在轸中，主寿命。"又云长沙星明则"主长寿，子孙昌。"

这一说法适应于封建社会人们的认识和心理需要，故长沙得名的此说影响最大，流传最广。

重庆得名的原因

重庆是我国四个直辖市之一，也是一座古老的城市。重庆的得名主要有两种说法：

一种说法是因帝王"潜藩"（指皇帝在未继位前的封地。宋制：在继位后均升为府等）而名。重庆在北宋时为恭州，南宋光宗继位前，孝宗淳熙十六年（公元1189），封子赵惇于恭州为恭王，同时，又禅位于其子。赵惇因封王又即帝位，颂为"双重喜庆"，便将恭州改为重庆府，此为"重庆"得名之始。

另一种说法是合取两地的地名为名。据《大明一统名胜志·四川名胜志》记载："重庆者，以介乎顺、邵二庆之间也。""顺"指顺庆府，即今南充市；"绍"指绍庆府，即今彭水县。因重庆位于绍庆与顺庆之间，即取双"庆"之意为府名。

"哈尔滨"是什么意思？

根据《金史·本纪卷二》，哈尔滨来源于女真语"阿勒锦""哈喇宾""哈喇宾忒"，汉语意思是光荣、荣誉、名誉等。

哈尔滨市社科院地方史研究所所长王禹浪采用多学科综合研究手段，由语言学切入，上溯历史语源，又以地理学、文献学、地名学、考古学、民俗学、民族学等方面的深入考证，以大量历史文献和文物

为依据，提出"哈尔滨"——女真语"天鹅"说。

哈尔滨的原始语音是"galouwen"，即"哈尔温"，本意是"天鹅"之意。黑龙江流域、松花江流域的广阔湿地与河流两侧，正是天鹅迁徙时的必经之地。女真语中天鹅一词是摹声词，天鹅叫起来是"嘎鲁——嘎鲁"即"kaloun——kalou"，又因为古代中原音韵中没有北方少数民族常发的"嘎"音，所以在地名中出现的"嘎""喀"等音，基本都写成"哈""合"或"阿"。"尔"则更是具有特色的北方少数民族发音。"哈尔滨"就由此得来了。

"呼和浩特"是什么意思？

呼和浩特是我国内蒙古自治区的省会，是全区的政治、经济文化中心。

呼和浩特是蒙古语，"呼和"的意思为蓝色，"浩特"意思为城市，内蒙古许多城市名都含有"浩特"两字。蓝、青通用，故"呼和浩特"合译为"青色的城"，简称青城。

公元16世纪，蒙古封建主阿拉坦汗率领默特部驻牧呼和浩特地区。1581年，阿拉坦汗与夫人三娘子，大兴土木建城，并用青砖修起城墙，把房屋等围起来，远远望去，一片青色，所以蒙古语把这个城市叫作"呼和浩特"，意思是"青色城市"。

"秦皇岛"与秦始皇有什么关系？

秦皇岛，位于中国河北省东北部，是中国北方著名港口城市，是2008年第29届奥运会的协办城市，也是中国唯一一个因皇帝尊号而得名的城市。

"秦皇"即"秦始皇"。秦皇岛历史悠久，明嘉靖十四年（1535）版《山海关志》最早记有这一地名："秦皇岛，城西南二十五里，又入海一里。或传秦始皇求仙驻跸于此。"这句话说明，秦始皇东巡，发现了这个深入渤海的小岛，于是停驾于此，并派燕人卢生、韩终、侯公、石生等方士入海求仙人和不死之药，刻《碣石门辞》。"秦皇岛"因此得名。

后来，蒋一葵《长安客话》也记述了秦始皇从这里派方士入海求不死药和拜荆的传说。清光绪四年重修的《临榆县志》载，岛上有"李斯碑"。这些都说明"秦皇岛"的"秦皇"指的就是秦始皇。

上海得名的缘由

上海，是中国第一大城市，四个中央直辖市之一，是中国大陆的经济、金融、贸易和航运中心。上海位于我国大陆海岸线中部的长江口，是最大的外贸港口

上海在远古时期是一片汪洋大海，后来由于泥沙沉积，逐渐变成了沙滩，进一步形成了一块新生陆地。"上海"一名，起源于水名，最早在北宋有记载：北宋前，东海来的船只由吴淞江（今苏州河）进入内陆，到青龙镇（今旧青浦）靠岸，经过吴淞江近海的十八大支流，包括吴淞江南岸的"上海浦"和"下海浦"两条支流。北宋时吴淞江上游变窄，海船改由吴淞江南侧支流"上海浦"入口，所停江岸渐成聚落（后发展为十六铺地带），"上海"一名由此流传。后来，在此设置政府机构和行政建制时都沿以为名——从北宋的上海务，元朝的上海市舶司、上海镇，民国的上海特别市，直到今天的上海市。

天津得名的缘由

天津，中国四个直辖市之一，中国北方的经济中心，国际港口城市，生态城市。天津位于我国大陆海岸线北部的渤海湾。

天津古称直沽。明建文二年（1400），镇守北京的藩王朱棣为了同他的侄子明惠帝朱允炆争夺皇位，在直沽渡过大运河，先攻下沧州，后率军南下攻取了南京，平定所有反抗者。朱棣做了永乐皇帝，想到直沽是一个既通海又通内河的军事要地，就想派他的军队到直沽一边种地一边防守，于是建立起天津卫。"卫"是军事建制，而不属于地方行政区划。后又增设天津左卫和天津右卫。

"津"是渡口的意思，永乐皇帝认为这里是"天子的津梁"，即皇帝的渡口，通过这个渡口，眼前就是康庄大道。从此，揭开了天津城市发展新的一页。

成都为何简称"蓉"

成都是四川省省会，简称"蓉"，是四川省政治、经济、文化中心；位于四川盆地的西部，成都平原的东部。成都是一座景色秀丽、气候宜人的城市，同时也是一座具有2000多年历史的文化名城。成都简称"蓉"，来历如下：

在五代十国时期，四川曾是前、后蜀国的领地。前蜀的王建、王衍父子和后蜀的孟知祥、孟昶父子割据于成都，前后长达60年之久，后被北宋所灭。其间公元927年，后蜀孟知祥在罗城之外，"发民丁十二万修成都城"，增筑羊马城，城周达42里。其子孟昶命人在城墙上遍种芙蓉树，一到秋天，40里花开如锦，绚丽动

人，称之为"芙蓉城"。这就是今天成都简称"蓉城"的来由。

贵阳为何简称"筑"

贵阳是贵州省的省会，位于中国西南云贵高原东部，是我国西南地区重要的中心城市之一，被誉为"高原明珠"。贵阳简称"筑"，来历如下：

贵阳地区盛产竹子。根据《华阳国志》的记载：汉代时，有一位女孩到河边去洗脚，忽然看见远方有大竹向这边漂来，漂到近处时，听见竹子里面有婴儿的哭声，于是这个女孩就把竹子带回家，打开一看，里面有一个男婴，这位女孩很喜欢这个男婴，就把他抚养成人，男孩长大以后，勇武超人，在当地是有名的英雄。他就把竹作为自己的姓，自称竹王。汉武帝时，封他为夜郎王。他的子孙也非常喜欢竹子，而广泛地种植，竹子就成了夜郎的象征。因为"竹"通"筑"，人们也用"筑"称呼贵阳。

这就是贵阳简称"筑"的原因。

广州为何称"穗城"？

广州，是中国五大中心城市之一，华南地区第一大城市，广东省省会，华南地区政治、经济、科技、教育和文化中心，中国最重要的交通枢纽之一，有中国"南大门"之称。

广州又称"穗城""五羊城"。关于别名有一个美丽的故事传说，周朝时，广州连年灾荒，田地荒芜，民不聊生，百姓饥饿难耐。一天，南海上空飘来五朵彩色祥云，有五位仙人骑着五色仙羊，仙羊口中衔着五色稻穗。仙人把稻穗赠予百姓，并祝福此地永无饥荒。仙人离去后，百姓遍

种稻子，广州于是成为岭南地区最富饶的地方。因而有了"穗"城之称。

当然，"五羊城"也出自这个故事，五只仙羊因为依恋人间而留了下来，保佑当地风调雨顺。百姓为感谢五位仙人，在他们留守的地方修建了一座"五仙观"，观中有五仙的塑像，伴以五羊石像。"五羊雕塑"现在越秀公园内，此传说已经被2010年广州亚运会的吉祥物所应用。

福州为何简称"榕"

福州，中国福建省省会，简称榕城，别名三山，位于福建省东部，闽江下游沿岸，是中国历史文化名城。

漫步福州街头，随处可以看到繁茂的古榕树。据史料记载，福州植榕，古已成风。福州早在唐代就有大量榕树自然繁衍。特别是北宋时期，太守张伯玉倡导"编户植榕"，"满城绿荫，暑不张盖"，使福州有了"榕城"的美称。榕树四季常青、枝荣叶茂、雄伟挺拔、生机盎然，象征着福州城市的精神风貌。福州城区现有古榕树近千株。位于福州国家森林公园内的一株千年古榕被誉为福州第一大榕，树高20米，树冠地面投影面积达1330多平方米，蔚为壮观。目前福州市有榕树16万株，仅市区就有2.5万株。"榕"也因此成了"福州"的简称，榕树已被确定为福州的"市树"了。

故宫为何又叫"紫禁城"

故宫位于北京市中心，旧称紫禁城，是明、清两代的皇宫，无与伦比的古代建筑杰作，世界现存最大、最完整的木质结构的古建筑群。

说起紫禁城名字的来源，还要从天上的星星说起。恒星中有三垣，位居中央的一中垣叫紫微垣。通过长期观察，发现紫微星垣居于中天，位置永恒不变。

在中国古代的神话传说中，世间存在着一个至高无上的权威，即玉皇大帝，天帝总不能在世间到处游荡，居无定所。于是，人们幻想了一个天宫，天宫当然应该在天空的正中央，而紫微垣正好在天的正中央，位置又一直没有变化，便成了古人心目中天宫应在的场所。因此，天帝居住的天宫也被称为紫宫。

历代封建王朝的统治者们都将自己喻为是天子，也就是玉皇大帝的儿子。天父在天上住的是紫宫，那么，儿子在人间的住所也应该称为紫宫。此外，皇帝居住的皇宫四周警戒森严，有严格的宫禁，不是寻常百姓可以随便出入的，否则就是犯禁。因此，紫宫也就成了一座禁城，合起来称呼，就是紫禁城。

南京雨花台的传说

南京城中华门南的雨花台，因盛产五彩缤纷的玛瑙石，历史上曾被称为石子岗、玛瑙岗。这些玛瑙石晶莹圆润，玲珑剔透。后来玛瑙石被改为"雨花石"，玛瑙岗也被改为"雨花台"。这还得从一段动人的传说说起。

据说，南朝梁代的时候。有一个法号叫云光的和尚，他自幼出家，立志要劝世人向善，解救百姓劫难。当时佛教传进中国不久，信众还不多，讲佛法时，听众寥寥无几，云光开始有点泄气。有一天傍晚，突然面前出现了一个老太婆，她送给云光一双麻鞋，叫他穿着去四处传法，鞋在哪里烂掉，就可以在那里安顿下来开讲佛经。

云光走了很多地方，终于在南京城的一座石岗子上，麻鞋烂掉了。他就在石岗上停下来，开讲佛经。开始听的人还不太多，后来信众就越来越多。有一天，他宣讲佛经的时候，讲得非常好，一时感动了天神，天空中突然下起了五颜六色的雨。这些雨滴一落到地上，就变成了一颗颗晶莹圆润的小石子。由于这些小石子是天上落下的雨滴所化，所以人们称之为"雨花石"，而把云光讲经的石岗子称作"雨花台"。

河南为何简称"豫"？

"豫"为河南省的简称。河南古时称豫州，所以后代以"豫"代指该地。

甲骨文中有记载，豫，形声字。《说文·象部》中这样解释"豫"："象之大者，不害于物。从象予声。"所以，"豫"就是个头大的象。"不害于物"，就是说个大的象也不会对人畜形成危害。事实正是这样，象不但不伤人，还能供人驱使，为人服役。直到现在，在印度、缅甸等国，象仍为人服役，佛教徒还讲究乘象。远古时代也是如此。《吕氏春秋·古乐篇》："商人服象，为虐于东夷。"这说明居住在河南的商代人已经习于役使大象。所以河南就有了一个人手牵大象的雕塑。前面的人也就是"予"，后面是"象"，合在一起为"豫"。古代的豫州就是这样来的。

河南"虎牢关"的来历

"虎牢关"位于河南省荥阳市区西北部18公里的汜水镇。地势险要，是历史上通往关中的要道，有"锁天中枢、三秦

咽喉"之称，历来为帝王兵家必争之地。那么"虎牢关"是怎么来的呢？

相传，周穆王曾在当地"射猎鸟兽"，并将进献的猛虎圈养于此，而得名虎牢。这里秦置关、汉置县，以后的封建王朝，无不在此设防。虎牢关南连嵩岳，北濒黄河，山岭交错，自成天险。大有一夫当关，万夫莫开之势，为历代兵家必争之地。

"趵突泉"为何叫"趵突"

趵突泉是泉城济南的象征与标志，与千佛山、大明湖并称为济南三大名胜。该泉位居济南七十二名泉之首，被誉为"天下第一泉"，也是最早见于古代文献的济南名泉。那"趵突泉"为何叫"趵突"呢？

趵突泉有文字记载的历史，可追溯到我国的商代。趵突泉是古泺水之源，古时称"泺"。宋代曾巩曾在《齐州二堂记》中记载：历城之西"有泉涌出，高或至数尺，其旁之人名之曰趵突之泉"。由此，正式赋予泺水"趵突泉"的名称。

趵突泉水分三股，昼夜喷涌，水盛时高达数尺。"趵突"，即跳跃奔突之意，反映了趵突泉三窟迸发，喷涌不息的特点。"趵突"不仅字面古雅，而且音义兼顾。不仅以"趵突"形容泉水"跳跃"之状、喷腾不息之势；同时又以"趵突"摹拟泉水喷涌时"卜嘟""卜嘟"之声，可谓惟妙惟肖。

"大雁塔"因何得名

大雁塔建于唐代永徽三年（652），被视为古都西安的象征，也是西安市著名的旅游胜地。"大雁塔"因何得名呢？

玄奘取经途中曾困于沙漠，后来得到大雁引领，才找到水源，绝处逢生，玄奘由此发愿建塔，以报答指点迷津的大雁之恩。其实玄奘建成大雁塔后，从没提过塔叫什么名字。但玄奘所建的塔是模仿曾见过的"亘娑塔"，"亘娑"译成中文就是"大雁"，人们就把建成的塔叫大雁塔。武则天时重修佛塔，正式命名为"大雁塔"，塔名一直沿用至今。

关于大雁塔名字的来由，还有一些正式的说法，《中国的佛寺》记载："至于雁塔的得名，说法不一。可能和佛教故事中的释迦化身为鸽有关，并非塔形似雁。鸽和雁同为鸟类，唐代习尚，以雁为鸟中佳者，凡言鸟多以雁代之，故寺塔以雁命名。"不过，在这本较为权威的书里，关于"大雁塔"名字的来历依然是猜测。

"黄山"是黄色的山吗？

黄山位于安徽省南部黄山市，为三山五岳中三山之一，有"天下第一奇山"的美称。

黄山不是黄色的山。黄山古名黟（yī）山，因峰岩青黑，远望山色黛绿而得名。相传此山是轩辕黄帝与容成子、浮丘公炼丹之处，后得道升天。唐玄宗李隆基信此说，唐天宝六载（747），唐明皇依此敕改为黄山。

"武当山"因何得名？

武当山，又名太和山，谢罗山，参上山，仙室山，古有"太岳""玄岳""大岳"之称。位于湖北省西北部的十堰市丹江口境内，是联合国公布的世界文化遗产之一，是中国国家重点风景名胜区、道教名山和武当拳发源地。

武当县因武当山而得名，这在《汉书·地理志》已有记载。那么武当山又因何而得名呢？学术界众说纷纭，始终没有统一。主要有以下三种说法：一是道经山志称其名源于"非玄武不足以当之"；二是王家佑先生称其名源于"巫丹"二字的音转；三是清·王概《大岳太和山纪略》的推测其名或源于军事斗争，取"以武挡敌"之意。但最流行的是第一种说法。

在道教中，武当山是"真武大帝"得道飞升之地，道教典籍中说："非真武不足以当之"，意思是说，只有真武大帝才足以与此山相匹。"武当"即由此得名。

"九华山"的"九华"是什么意思？

九华山位于安徽省境内长江南岸，是中国佛教四大名山（其他三个是山西五台山、浙江普陀山、四川峨眉山）之一。那"九华山"的"九华"是什么意思呢？

九华山原名九子山，此山奇秀，高出云表，峰峦异状，其数有九，故称九子山。唐代大诗人李白，睹此山秀异，九峰如莲花，触景生情，在与友人唱和的《改九子山为九华山联句并序》中曰："妙有分二气，灵山开九华。"因此"九子山"改为"九华山"。

李白吟九华山诗云："昔在九江（长江）上，遥望九华峰，天河挂绿水，秀出九芙蓉。我欲一挥手，谁人可相从？君为东道主，于此卧云松。"其中"天河挂绿水，秀出九芙蓉"诗句成为描绘九华山秀美景色的千古绝唱。李白诗中的"华"即"花"，可见"九华"的意思是"九花"，即"九朵花"。

"基隆山"原名"鸡笼山"

基隆是我国台湾地区的海港和渔业基地,它因基隆山而得名。那么这一山名是怎么得来的呢?

基隆山原名鸡笼山,因山形像鸡笼而得名。鸡笼山有个传说,清朝时这里是台湾龙脉的龙首,基隆屿就是龙珠,所以鸡笼山不可以开挖,不然会遭天谴,但是就有不肖分子——林英、林党兄弟利用这个传说,开始挖掘基隆山,获得许多金矿,然后逃走,留下了令人匪夷所思的传说。到清同治年间,设海防于此,"鸡笼山"知名度大大提高,为称名郑重起见,清朝光绪六年才取"基地昌隆"之义更改为基隆山。

"峨眉山"和眉毛有关吗?

峨眉山与山西五台山、浙江普陀山、安徽九华山并称为中国佛教四大名山,是举世闻名的普贤菩萨道场。那"峨眉山"得名和眉毛有关吗?

答案是肯定的。峨眉山得名的说法有很多,其中具有可取性的是下面一种,因为它确实形象而贴切地表达出了峨眉山的形象特征和内涵。

峨眉山因其形状而得名。峨眉山包括大峨山、二峨山、三峨山、四峨山,现在供游人游览的主要是大峨山。任豫的《益州记》记载:"峨眉在南安县界,两山相对如娥眉",它主要是指大峨山与二峨山相对,行如蛾眉。张华《博物志》也说:"观此山如初……真如蝉首蛾眉,细而长美而艳也",这里单指的是大峨山。我们看峨眉山的导游图,从万佛顶、金顶、经华严顶顺着山脊往下看,恰似一条"细而

长美而艳也"的美眉。所以"峨眉山"与眉毛有关。

"鸭绿江"因何得名?

"雄赳赳,气昂昂,跨过鸭绿江!"鸭绿江(汉语拼音:yā lù jiāng)是位于中国辽宁省和朝鲜半岛之间的一条界江。当年志愿军就是跨过此江,进入朝鲜作战的。"鸭绿江"是如何得名的呢?

鸭绿江古称坝水,汉代称为𧸒水,唐朝始称鸭绿江。关于鸭绿江得名的来历流行着两种说法:

一种是因江水颜色似鸭头之色而得名。鸭绿江流域森林茂密,两岸崇山峻岭,江水清澈碧绿,特别是在阳光的照射下,绿得透亮,绿得醉人。先人们形象地拿雄鸭毛上的亮绿作比,于是把此江称为鸭绿江。另一种是因上游地区有鸭江和绿江两条支流汇入,故合而为一,并称为"鸭绿江"。然而,上述两种说法都有欠妥之处,经不住认真推敲。广泛流传的是第一种。

"怒江"是愤怒的江吗?

怒江是我国西南地区的国际河流,发源于青藏高原的唐古拉山,从云南流入缅甸,最后注入印度洋。怒江又叫潞江,嘉玉桥以下流入他念他翁山和伯舒拉岭之间的峡谷中才叫怒江。大堔段两岸岭谷的相对高差可达3000米,山谷幽深,危崖耸立,水流在谷底咆哮怒吼。那怒江是因"愤怒之江"而得名吗?

不是的。一般认为,怒江因江水深黑,我国最早的地理著作《禹贡》把它称为"黑水河",怒江之名最早来源于世居云南的少数民族——怒族。怒族把怒江称

为"阿怒日美""阿怒"是怒族人的自称，"日美"汉译为江，含义为怒族人居住区域的江。

"酒泉"得名典故

酒泉是甘肃省的一个地级市，位于甘肃省西北部河西走廊西端的阿尔金山、祁连山与马鬃山（北山）之间。酒泉地区是我国西部土地开发利用最早的区域之一。

关于酒泉得名的典故是这样说的：西汉时，汉武帝派骠骑将军霍去病率兵进军河西，在酒泉大败匈奴后，西汉王朝将中原几十万人，迁到河西酒泉等地居耕及驻扎兵营。这里当时有一眼旺盛、清澈的泉水，那时叫作"金泉"，人们都饮用此水。远在皇宫的汉武帝为了表彰霍去病的战功，派遣使者不远千里从长安送来几坛美酒。霍去病认为，战功不是他一个人的，也有众将士们的一份，御酒应该和众将士们共享。但是酒就只有这么几坛，人却这么多，该怎么办呢？他忽然想起了那眼泉水，于是，他豪爽地倾酒入泉，化泉为酒，全军战士遂得以开怀畅饮。从此，此泉泉水味若美酒，"城下有泉"，"其水若酒"，金泉也因此被改名为"酒泉"。

"永定河"原名"无定河"

永定河，现在是海河流域七大水系之一，河北系的最大河流。

"永定河"原名"无定河"，中下游河水经常泛滥成灾，千百年来沿途百姓深受其害，被称为我国四大害河之一。永定河就是桑干河的下游，桑干河含泥沙量大，水性浑浊，故金代时称为"卢沟"。"卢"就是"黑"的意思。始建于金代大定二十九年（1189）的卢沟桥就是横跨"卢沟"的桥。明代，桑干河自卢沟桥分为两派，南派分为几股，数股并存，来回摆动，变迁频繁，故有"无定河"之称。

清康熙皇帝试图用自己的"金口玉言"改变其"无定""多灾"的状况，特地赐名"永定河"。但是这并没有改变永定河泛滥的状况。中华人民共和国成立后，1951年10月开工、1954年竣工的官厅水库，把永定河拦腰截断，不但控制了永定河水，根除了下游水患，还利用库水发电，造福华北人民。这才使其真正变成"永定河"。

"乌镇"的"乌"指乌鸦吗？

"乌镇"是江南四大名镇之一，是一个具有6000余年悠久历史的古镇。乌镇是典型的江南水乡古镇，素有"鱼米之乡，丝绸之府"之称。

有人说"乌镇"的"乌"指的是"乌鸦"。这种说法不对。"乌镇"曾名"乌墩"和"青墩"。在王雨舟的《二溪编》中有记载："乌镇古为乌墩，以其地脉隆起高于四旷也……"已清楚地说明了来历。"

"乌"来历的说法是，唐元和初年，镇海节度使李锜造反，有一位姓乌的将军，在此为抗击叛军战死。为纪念乌将军，就给该地取名为"乌墩"，并在此筑寨，叫作"乌墩寨"。后发展为市镇，叫"乌墩镇"。至南宋末，宋光宗登基，他的名字是个怪僻字，竖心旁加个"享"，念"敦"，于是天下念"敦"的字全不能用，自此之后"乌墩"就改称为"乌镇"。

由此可以看出，"乌镇"的"乌"和"乌鸦"没有任何关系。

"景德镇"因何得名

景德镇，位于江西省的东北部，与安徽省接壤，坐落在黄山、怀玉山余脉与鄱阳湖平原的过渡地带，是中外著名的瓷都，与佛山、汉口、朱仙镇并称四大名镇。

景德镇，东晋时称"新平镇"。唐武德四年（621）置"新平县"。镇为县属，因在昌江之南，故又称为"昌南镇"。八年撤县，开元四年（716）复置，县治设在新昌江口，故称"新昌县"。天宝元年（742）改名"浮梁"。镇先后隶于新昌、浮梁县。

景德镇早在汉代就开始生产陶瓷，到了北宋时期，昌南镇的瓷器得到宋真宗皇帝的赏识，宫廷诏令此地烧制的御瓷，底款皆署"景德年制"字样，因此，便将"昌南镇"改为"景德镇"。"景德"正是宋真宗五个年号之一，景德元年即公元1004年，用皇帝的建年号命名城镇，说明当时宋皇对这个地方的重视，而这个名称能保留到现在，这在全国都是少见的。

"朱仙镇"名字的由来

"朱仙镇"，位于河南省开封市南20公里处，是我国的四大商埠重镇（其他三个为广东的佛山镇、江西的景德镇、湖北的汉口镇）之一。朱仙镇是历史文化名镇，名优特产主要有朱仙镇木版年画、五香豆腐干。"朱仙镇"名字由来如下：

相传，"朱仙镇"早在战国初期就已形成，是著名勇士朱亥的故里。朱亥本是一位屠夫，因勇武过人，被魏国公子信陵君看中，招为手下战将，以后曾在退秦、救赵、存魏的战役中立下了汗马功劳，因此，被尊为"仙人"，"朱仙镇"由此得名。当然，信陵君的盖世英名也是与他发现和任用朱亥分不开的。

"娘子关镇"因何得名？

娘子关镇，原名苇泽关，位于山西省平定县，晋冀交界处，是山西的东大门，距平定县城45公里，因地势险要，史称"天下第九关"，是历代兵家必争之地。

关于"娘子关镇"这个名称的来源有两种说法：一种是，明代顾祖禹的《读史方舆纪要》中记载，凡"妇人服靓妆"经过妒女祠时，"必兴雷电"，大发嫉妒，故为妒女，娘子关因此得名。《元和郡县志》则说，春秋时晋国介子推的妹妹介山氏，焚死绵山，后人为之筑妒女祠。另一种是，唐高祖的三女儿、唐太宗李世民的妹妹平阳公主，曾率娘子军驻此防守，并创建关城，故名娘子关。

"圆明园"寄托着明君贤相的理想

圆明园坐落在北京西郊海淀区，与颐和园紧相毗邻。它始建于康熙四十六年（1709），由圆明园、长春园、万春园三园组成，是清朝帝王在150余年间创建和经营的一座大型皇家园林。不幸的是，1860年10月，圆明园被入侵我国的英法联军纵火焚烧，成为全国人民心中永远的遗憾。

圆明园最初是康熙皇帝赐给皇四子胤禛（即后来的雍正皇帝）的花园。"圆明园"，是由康熙皇帝命名的。康熙皇帝御书三字匾牌，就悬挂在圆明园殿的门楣上方。经过雍正、乾隆、嘉庆、道光、咸丰诸朝不断增修扩建，成了世界闻名的"万园之园"。对这个园名雍正皇帝是这样解释的，"圆明"二字的含义是："圆而入神，君子之时中也；明而普照，达人之睿智也。"意思是说，"圆"是指有品德的人能做到既无过失又无不及，圆满无缺，超越常人；"明"是指知命通达的人能洞悉万物，完美明智。"圆明"是一种品德，更是一种境界。该园的命名突出了数千年中国封建传统的儒家思想，以及对明君贤相的最高要求。

"颐和园"乃老慈禧的"颐养"之所

颐和园是我国现存规模最大，保存最完整的皇家园林，为中国四大名园（其他三座为承德的避暑山庄，苏州的拙政园，苏州的留园）之一，被誉为皇家园林博物馆。

颐和园，原名清漪园，始建于清乾隆帝十五年（1750）。咸丰十年（1860），颐和园在第二次鸦片战争中英法联军火烧圆明园的同时遭严重破坏。1866年，"垂帘听政"的慈禧太后宣布，将于次年正月"撤帘"，光绪皇帝亲自执政。从此年开始重建，随后在公元1888年，慈禧挪用海军军费（以海军军费的名义筹集经费）修复此园，改名为"颐和园"，取为"颐养太和"之义，颐，保养的意思。慈禧大力修复此园的目的乃是在此避暑和颐养天年。

"拙政园"因何得名？

拙政园，位于江苏省苏州市东北街178号，始建于明朝正德年间。它是江南园林的代表，也是苏州园林中面积最大的古典山水园林，被誉为"中国园林之母"，中国四大名园之一。

拙政园始建于明正德四年（1509），是明代弘治进士王献臣弃官回乡后，在唐代陆龟蒙宅地及元代大宏寺旧址处拓建而成。取名"拙政"是因晋朝文学家潘岳《闲居赋》的一段话："筑室种树，逍遥自得……灌园鬻蔬，以供朝夕之膳……此亦拙者之为政也。"有朴实之人在自家花园为政的巧意。因此，将此园命名为"拙政园"。

"留园"的俗名为"刘园"

留园是中国著名古典园林，位于江南古城苏州，以园内建筑布置精巧、奇石众多而知名。留园与苏州拙政园、北京颐和园、承德避暑山庄齐名，为全国"四大名园"之一。

留园始建于明代嘉靖年间（1522～1566），时称东园，清代嘉庆时刘恕改建，名寒碧庄，俗称刘园。光绪初年，官绅盛康把此园买为己有，他考察了苏州所有的园林，吸取各自的优点，加以重修扩建。太平天国战争之后，众多的苏州园林大多都毁于战争，只有此园独以留存，而且"留"与旧名"刘园"之"刘"同音，故取此名。

"个园"得名与竹子有关

个园是一处典型的私家住宅园林，也是扬州最负盛名的园景之一。个园旨趣新颖，结构严密，是中国园林的孤例。从住宅进入园林，首先映入眼帘的是月洞形门。门上石额书写"个园"二字，那为什么取名"个园"呢？

"个园"，在明代的旧址是"寿之园"，清代为画家石涛的故居，到了嘉庆、道光年间，两淮盐商——黄应泰在此建成自己的私家花园。据说，黄应泰生性喜爱竹子，取苏东坡"宁可食无肉，不可居无竹，无肉使人瘦，无竹令人俗"的诗意，在园中种竹万竿，连园名中的"个"字，也是取了竹字的半边，应合了庭园里各色竹子，主人的情趣和心智足以见得。此外，它的取名也因为竹子顶部的每三片竹叶都可以形成"个"字，在白墙上的影子也是"个"字。故取名"个园"。

"灵隐寺"因何得名？

灵隐寺，是中国佛教著名寺院，又名云林寺，位于浙江省杭州市西湖西北面，通常认为也属于西湖景区，也是江南著名古刹之一。家喻户晓的济公和尚就出自这里。你知道此寺因何得名吗？

灵隐寺，始建于东晋咸和元年（326），已有近1700年的历史。据说，印度僧人慧理来杭，看到这里山峰奇秀，认为是"仙灵所隐"之地，便建寺于此，并取名"灵隐寺"。

还有一种说法，"灵隐寺"原来叫"灵鹰寺"，始建于唐初。唐朝贞观年间，唐太宗李世民派大将军尉迟恭平叛剿匪，正好路过此寺，尉迟恭见寺庙巍峨庄严，井井有条，就进庙朝拜神圣，祈祷此去如果能平叛土匪，一定禀告皇上拨款重修庙宇。结果尉迟恭顺利平息了土匪。凯旋之后，他立即向皇上说明了此事。李世民欣喜并准奏，还钦命"灵鹰寺"改为"灵隐寺"。

"寒山寺"得名于僧人寒山

唐朝诗人张继途经苏州时，触景生情写下《枫桥夜泊》这首诗："月落乌啼霜满天，江枫渔火对愁眠；姑苏城外寒山寺，夜半钟声到客船。"从此，寒山寺因为这首诗，得以闻名。寒山寺位于苏州城西的枫桥镇。"寒山寺"因何得名呢？

寒山寺始建于南朝梁天监元年，原名"妙利普明塔院"。相传，唐代贞观年间有叫寒山、拾得的两个年轻人，两人从小就是好朋友，后来寒山父母为他与一位姑娘定了亲，谁知拾得与这位姑娘早已互有情意。寒山知道后很难过，决定离开他们，独自到苏州出家。拾得知道此事后，觉得对不起寒山，便去找他，两人终于在苏州城外相见。这就是"和合二仙"的传说。

民间还传说，"和合二仙"是为了点化迷惘的世人，才化身寒山、拾得来到人间的，寺名也就由"妙利普明塔院"更改成"寒山寺"。

"少林寺"得名于周边环境

少林寺，又名僧人寺，有"禅宗祖廷，天下第一名刹"之誉，是中国汉传佛教禅宗祖庭，位于河南郑州市登封城西少室山。此外，还有北少林寺和南少林寺，北少林寺是最早的寺院和佛教资源之一，原址在今盘山东南麓、号称"中盘"的开阔山坡上。南少林寺指的是位于福建的少林寺。"少林寺"得名缘由如下：

南北朝时，天竺僧人菩提大师达摩到中国，善好禅法，颇得北魏孝文帝礼遇。太和二十年（496），敕就少室山为佛陀立寺，供给衣食。因为寺坐落在河南省登封市嵩山少室山下的茂密的丛林中，所以取名"少林寺"。少林寺以武术称名于寺，在唐朝时期，享有盛名，以禅宗和武术并称于世。少林武术在宋代已自成体系，风格独绝，成为中国武术派别中的佼佼者，史称"少林派"。

"白马寺",纪念驮经白马

白马寺,位于河南洛阳东郊 12 千米处,是佛教传入我国后官办的第一座寺院,被中外佛教界称为"释源""祖庭",号称"中国第一古刹"。

白马寺,创建于东汉永平十一年(68),它的营建与我国佛教史上著名的"永平求法"紧密相连。相传,汉明帝刘庄夜寝南宫,梦见一金人,头放白光,围绕着殿庭飞。第二天知道梦见的是佛,便派使臣蔡音、秦景二人前往西域求佛法,两人在大月氏(今阿富汗一带)遇到了在该地游化宣教的天竺(古印度)高僧——迦什摩腾和竺法兰。蔡、秦二人于是邀请佛僧到中国宣讲佛法,并用白马驮载佛经、佛像,跋山涉水,于永平十年(67)来到京城洛阳。汉明帝敕令仿天竺式样修建寺院。为纪念白马驮经之劳,故取名"白马寺"。建成之后,又经宋、元、明各朝重修,才形成今日的规模和布局。

"大悲禅院"何以"大悲"为名?

大悲禅院又名大悲院,是天津目前唯一的一座十方丛林寺院,坐落在天津市河北区天纬路,是天津市保存最完好、规模最大的一座佛寺。那"大悲禅院"为何以"大悲"为名呢?

大悲禅院,始建于顺治年间,有一位名叫世高的高僧,建了大悲草堂。康熙时期,浙江的武进士曹斌,当时任天津卫守备,他在大悲草堂的基础上建成了大悲禅院,并邀请世高到院中传禅讲佛。据说,世高和尚开始在草堂中就供奉观世音菩萨。观世音菩萨大慈大悲,普救众生,号"大悲菩萨",所以草堂就以"大悲"为名。大

悲禅院正殿后还建有大悲殿,其中供奉着泥塑贴金二十四臂观世音菩萨坐像。

"大昭寺"里的大昭何意?

大昭寺,位于西藏拉萨老城区中心,是一座藏传佛教寺院,大昭寺在藏传佛教中拥有至高无上的地位。"大昭寺"因何得名呢?

大昭寺初名"惹刹",始建于 7 世纪吐蕃王朝的鼎盛时期,是藏王松赞干布为纪念尼泊尔尺尊公主入藏而建的,建造的目的是供奉尺尊公主从加德满都带来的明久多吉佛像,即释迦牟尼 8 岁等身像。但是,现在大昭寺内供奉的是文成公主从大唐长安带去的释迦牟尼 12 岁等身像,而尼泊尔带去的 8 岁等身像于 8 世纪被转供奉在小昭寺。

大昭寺建造时曾以山羊驮土,因而最初的佛殿曾被命名为"羊土神变寺"。1409 年,格鲁教派创始人宗喀巴大师为歌颂释迦牟尼的功德,召集藏传佛教各派僧众,在寺院举行了传昭大法会,后寺院改名为"大昭寺"。昭,在藏语中释作"佛","大昭"指释迦牟尼佛,"大昭寺"意思是有释迦牟尼像的佛堂。

"慈恩寺"因何得名?

慈恩寺,位于陕西西安南郊,始建于隋开皇九年(589),初名无漏寺。慈恩寺是中国佛教寺院,也是中国佛教法相宗的祖庭。"慈恩寺"得名来由如下:

慈恩寺,是唐代长安最宏伟的佛寺,唐太宗贞观二十二年(648),皇太子李治为了追念其母文德皇后大恩,追荐冥福而对当时的"无漏寺"进行扩建,故改名为"慈恩寺"。玄奘奉敕由弘福寺移居此寺为

上座并主持翻经院，翻译佛经。永徽三年（652），玄奘奏请于寺内建贮存佛经的大雁塔。

广东和广西的"铜鼓"

铜鼓，一种流行于广西、广东、云南、贵州、四川、湖南等少数民族地区的打击乐器。铜鼓在古代常用于战争中指挥军队进退，也常用于宴会、乐舞中。

铜鼓是我国古代少数民族地区具有代表性的历史产物。广东和广西有很多含有"铜鼓"的地名，云南和广西西部的少数民族居住地区，历史上使用铜鼓最多而且出土铜鼓最丰富，但是含铜鼓的地名反而不多，这是因为虽然云南和广西西部少数民族在春秋晚期就制作铜鼓，但是人们对铜鼓已经习以为常，也就不用于地名了。明代以后铜鼓作为地名，表明了汉人深入少数民族地区才引起了对铜鼓文化的重视，铜鼓地名往往是该地曾出土或使用铜鼓的标志。这说明了地名可以反映出民俗文化景观。

北京地区的"大同营""洪洞营"

在北京地区的大兴区东部和顺义区西北部有大同营、屯留营、潞城营、上下黎城等村名，这些村名都是山西的州县名，那为什么会出现在北京地区呢？

根据文献记载，自明初洪武二十一年至永乐十四年，山西向北京移民不下七次，所以北京地区有许多村名留下了山西移民的痕迹。这些地名向我们指明了移民是从什么地方来，到北京居住在何处。

这些无疑显示着传统的乡土文化意识，可见地名可以反映移民史。

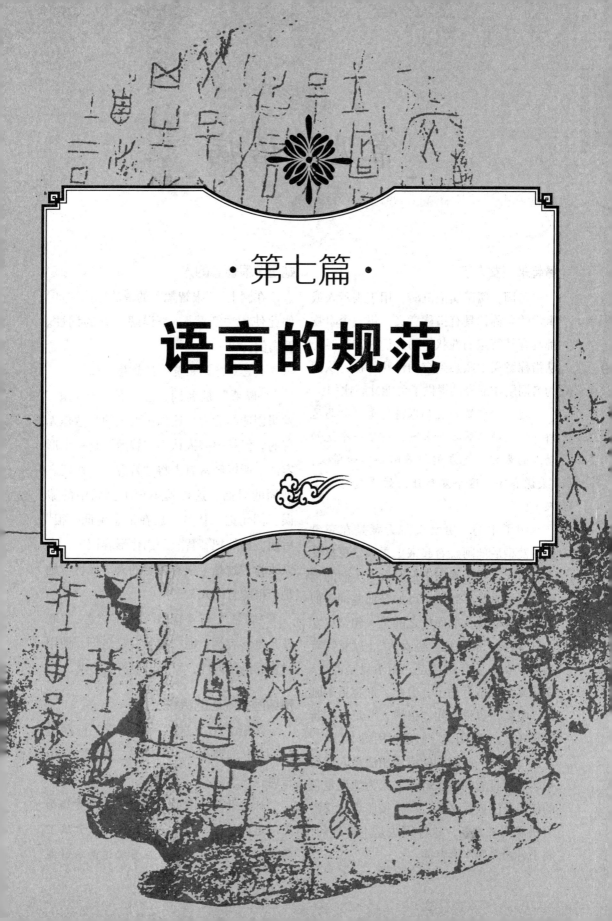

·第七篇·

语言的规范

常见的语病

看起来更女人了

名词，属于实词范畴，用于表示人或事物的名称，具有指称意义。每一个事物都具有其特定的性状，而人们往往很容易从指称意义中联想到它的性状特征，从而为名词用作形容词提供了可能性。比如：

寝室的阿娇一直都保持着垂顺的马尾辫，这天她忽然心血来潮，烫了一个妩媚动人的鬈发。室友们望着阿娇不禁赞叹："太漂亮了，这个发型让阿娇看起来更女人了！"

例子中的"更女人"无疑是在夸赞换了发型后的阿娇看起来更柔媚、更显女人魅力。古往今来用于形容女人美丽的词语，恐怕是数不胜数。可如今那些词语似乎早已被淘汰，取而代之的是一句"更女人"。仿佛只要一说"更女人"，就意味着具备了女人所有的特点，而不只是漂亮、窈窕或是风情万种了。由此，形容男子刚强、坚毅，也只一句"很男人"足矣。若是年轻人，"很阳光"似乎也用得不错。

可见，一些名词的错误用法是人们根据名词所具有的性状特征来人为地设定它的使用范围或意义的，严格按照现代汉语语法规则来判断，这种用法是不合理的，属于名词误用作形容词。

她是个很智慧的人

在网上，"很智慧"的说法比比皆是，如此使用"智慧"，是误解了它的词性。看病例：

我忽然感到她是个很智慧的人。

"智慧"是名词，意思是辨析判断、发明创造的能力。比如：人民的智慧是无穷的。但是很多人认为"智慧"是一个形容词，所以经常有人将"智慧"放在情态副词的后面，这样就出现了例句中的错误。例句把"智慧"放在情态副词"很"后面，显然把"智慧"当作形容词了，应该改为"她是个很有智慧的人"或者"她是个很聪慧的人"。

"聪慧"与"智慧"一字之差，"聪慧"是形容词，而"智慧"是名词，使用时要弄清楚词性，以免出现语法错误。

责编西尧同志的诗集

某杂志上有这样一篇文章，标题是《回忆责编西尧同志书稿二三事》文中写道：

从这开始，我的工作重点就是责编西尧同志的诗集。……这不仅因为我责编了两本好书，而且因为我在责编这两本好书的过程中，结识了一位和蔼可亲的革命老前辈，并从他一生的革命经历中学到了做人的道理。

很多人看到"责编"，就以为它是动词，这是人们比较容易犯的语法错误。"责编"是"责任编辑"的缩写，责任编辑一般负责稿件的初审和整理。"责编"和"美编"一样，都是总编或者主编下设的担任不同编辑任务的职务名称。所以说，"责编"是一个名词，其中的"责"是"责任"的意思，而不能解释为"负责"。

例句就是对"责编"的词性理解有误，所以犯了将名词用作动词的语法错误。例句一共使用了4个"责编"，都是被用作了动词，可以改成"编辑"。

纠葛了两年之后

在实际应用中，很多人把"纠葛"和"纠缠"的意思相混淆，错把"纠葛"当动词来用了。比如：

在和曹七巧纠葛了两年之后，王安忆终于把她甩下。这是写作风格一贯冷静的她的第一部"一反常态"的作品。

"纠葛"指"纠缠不清的事情；纠纷"，如："只为了一点小纠葛，他便匿名向小报投稿，诬陷老朋友去了。"（鲁迅《〈伪自由书〉后记》）"纠缠"指"绕在一起；搅扰，找人麻烦"，比如：问题纠缠不清、纠缠不休等。从词的解释中可以清楚地知道，"纠葛"是名词，"纠缠"是动词。例句中错把"纠葛"当成了动词，应该改为"纠缠"。

此行苏州

"月落乌啼霜满天，江枫渔火对愁眠"是著名诗人张继诗中的佳句，我们此行苏州也有幸来到诗境中枫桥景区……

在实际应用中，有很多的游记中有"此行＋地名"的写法，这是误解了"此行"的词性。

"此行"指"这一次出行"，如"此行十分顺利""不虚此行"等。很多人认为"此行"是"此次到……"的意思，将名词误以为是动词了。

例中"此行"后加了一个宾语——苏州，显然是错把"此行"当作动词了。"此行"只有名词词性，所以病例宜改为"我们这次苏州之行"等说法。

请冷藏保存

在实际写作中，很多人容易将"冷藏"当成形容词使用，比如：

本商品请勿长时间受阳光照射，应置于阴凉处储存，开封后，请冷藏保存。

例句是某食品包装袋上印着的保存注意事项，该食品遇热容易变质，所以要求保存时放在低温的地方。"冷藏"，动词，指把事物、药品等贮存在低温设备里，以免变质、腐烂。例句明显是将"冷藏"误认为是形容词"低温"，出现了语法错误。例句可以将"冷藏"删除，也可以将"冷藏"改成"低温"。

多享受啊

例句一：

他们最享受的娱乐是在天黑之后爬上平台的水泥护栏，观看每个窗子里上映的戏剧。

例句二：

编辑和记者在一起，那种人与人，心与心的非常温暖的对书稿的交流，多享受啊。

"享受"是个动词，不能接受程度副词的修饰。上述两个例句中的"享受"分别接受了程度副词"最"和"多"的修饰，这是把动词当作形容词用了，不符合其使用要求。可以把例句一中的"最享受"改为"最感享受"，将例句二中的"多享受"改为"多让人享受"。

另外，例句一中的"上映"最好改成"上演"。

已经滞后社会发展

在使用时，许多人给不及物动词"滞后"带上宾语，造成语法错误。看病例：

《城市收容法规的反思》……市场经济鼓励人口流动，办理暂住证等手段已经滞后社会发展。（某画报2003年5月22日）

"滞后"指"（事物）落在形势发展的后面"，如"发展滞后""决策滞后""教育滞后"等。"滞后"是一个不及物动词，它的后面无法接宾语。但病例中的"滞后"后面带了"社会发展"这个宾语，误解了"滞后"。句中"滞后社会发展"应改为"滞后于社会发展"。

一次车祸使她遭受重创

实际写作中，很多人容易将"重创"误认为是名词，比如：

一次车祸使她遭受重创。

"重创"是一个动词，意思是"使受到严重的损伤"，比如：重创敌人。例句在"重创"前面用了动词"遭受"，明显是将"重创"作为名词使用了。这不符合现代语法规范。例句可以将"遭受重创"改成"受重伤"。"重伤"，名词，指很严重的创伤。

××主持

"主持人"这三个字并不陌生，如电视节目主持人、歌舞晚会主持人、大会的主持人，但"主持"主持人的说法却不曾听过。某晚报上刊登的《44位佳丽明晚夺"美丽之冠"》一文就出现了这样的主持人：

另外，新丝路培养出来的名模李冰、甄妮、张信哲以及上届冠军慕中华、冯婧都将到场，就连主持人也特意请来新近加盟湖南卫视、人气正旺的××主持。

这段话的最后一句让人不太明白：××要主持主持人？难道主持人是一个栏目的名称吗？从文章的意思来看显然不是，主持人就是主持节目的人，并非栏目名称。文中的意思是说要请××来当主持人。所以，句中最后的"主持"使用不当，可改成"担任"。

以强壮他们的体能

网球运动员在比赛间隙，经常会喝点水，吃点香蕉，以强壮他们的体能。

句中的"强壮"一词用得不恰当。"强壮"是形容词，形容身体强壮，可以说"身体变得强壮了"，一般不用作动词。而"强壮体能"是将"强壮"用作动词了，"体能"作了"强壮"的宾语，是不对的。例句犯了将形容词当作动词来使用的错误，正确的应当是将"强壮"换成能与"体能"搭配的及物动词，如"补充"。

形容词从意义上看，可分为性质形容词和状态形容词两种，"强壮"一词属性质形容词。性质形容词除了可以作定语、状语、谓语外，还可带补语，但不能带宾语。上述例句的"体能"作为"强壮"的宾语出现，违背了形容词的用法规则。

不足够平衡，也不足够公正

在阅读中，发现误用"足够"的现象很普遍，在此加以辨析。看病例：

这种变化的结果不足够平衡，也不足够公正。

"足够"可以作动词，表示达到应有的或能满足需要的程度；也可以作形容词表示在心理上感到满足、知足。例句中的"足够"用的是它的形容词性，所以不能去修饰形容词"平衡"和"公正"，这不符合"足够"的使用要求。应把例句中的"足够"改成"不够"。此外，现在使用"足够我的费用"的人也比较多，这也是不对的，因为动词"足够"不能带宾语。

龙飞凤舞着两个大字

有些人总是从字面去理解一个词，看到"龙飞凤舞"就认为它是个动词，就会出现下面这样的语法错误。

李森三人渐渐地已经下到台阶的尽头，庄园大门上面的牌匾这才看清楚，上面龙飞凤舞着两个大字"琼园"。

文中"龙飞凤舞着两个大字"的说法不妥，作者误将"龙飞凤舞"当及物动词来使用了。

龙飞凤舞原形容山势蜿蜒雄壮，现多形容书法笔势舒展活泼。如"抬头看见北墙上挂着四幅大屏，草书得龙飞凤舞，出色惊人"（清·刘鹗《老残游记》）。"龙飞凤舞"是一个形容词，不能表示动作。例句若说成"上面龙飞凤舞地写着两个大字"或"上面写着龙飞凤舞的两个大字"都是可以的。

"二"与"两"

巴以冲突并不是以色列的内部事务，而是二个民族的纷争。

数词二和两是经常被弄错的一对数字。因此，现代汉语对"二"和"两"有特殊的规定：表示基数时，用在表示度量衡的量词前时，重量单位"两"的前面必须用"二"，其他用"二"或"两"均可，比如：二两、二斤、两斤、两寸等。在其他量词前面时，只能用"两"，不能用"二"，但是表示人数的量词"位"前"二"和"两"通用外，比如两位、二位、两个等。例句在量词"个"前面使用"二"，用错了数词，应该改为"两个民族"。

"俩"和"仨"

在实际应用中，很多人不清楚"俩""仨"的意思，出现了很多语法问题。比如：

他们俩个人肩并肩从村中的小路上向川道里走去，都感到新奇、激动，谁连一句话也不说。

"俩"是数词"两"与量词"个"的合音，后面无须再加量词。比如：夫妻俩、娘儿俩。例句中已经有量词"个"，就不应该再用"俩"了，应该把"俩"改为"两"，或者把"个人"去掉。同理，"仨"是数词"三"与量词"个"的合音，使用时后面无须再加量词。比如：仨吹唢呐的人腮帮子鼓得像拳头一般大，吱哩哇啦吹起了"大摆队"。

例句中的"俩个人"应该改为"两个人"或者把"个人"删去。

"增长到"和"增长了"

现实生活中，很多的统计数值要计算增长的倍数或者增长的百分比，很多人在书写计算结果的时候，将"增长到"和"增长了"弄错，出现了语法错误。如：

如今，许多商品的价格都由市场来"调整"了，有些以前卖10元的商品，现在竟然卖到了50元，价格足足增长了5倍。

由原来的10元卖到现在的50元，价格是原来的5倍，比原来增长了4倍。例句中说"价格足足增长了5倍"显然不对，应该改为"价格足足增长了4倍"。

表示数字增长时，"增长了"指比原来多出的数额，不包括底数，只指净增数；"增长到"指现在的数额，包括底数，指增加后的总数。比如：2007年，印度全国的服务器市场增长到了7.27亿美元，相比2006年增长了24%。"增长到7.27亿美元"是指现在的总值是7.27亿美元，"增长了24%"是指7.27亿美元在2006年的基础上多了24%。

"减少"和"降低"

很多人在统计某项数值的时候，习惯用"减少了××倍"或者"降低了××倍"，这种说法是错误的。举个例子说明。

由于美日贸易摩擦的升级，美国与日本的外贸出口额比去年同期降低了2倍。

现代汉语语法规定，数目的减少不能用倍数，只能说减少或降低百分之几。比如：广州楼价下降了20%。例句想要表达的意思可能是去年出口额是今年出口额的两倍，那么今年比去年同期降低了一半，"降低了2倍"可改为"降低了50%"。

几许凄凉

在阅读中不难发现，把代词"几许"用作副词的大有人在，有必要加以强调，以免误用。看病例：

当他在保镖的护卫下撤离议会大楼时，便已是弃子认输了，其中应有无限无奈，几许凄凉。

"几许"是一个疑问代词，意思是多少。一般是用来发问的，如：价值几许？但是，像病句作者这样，把它用作副词，来表示程度，并用来修饰形容词的现象十分普遍。翻开报章，"几许苦恼""几许悲凉"之类的字眼比比皆是。对这种词性误用，我们应当提高警惕。

不但……反而……

在实际应用中，"反而"使用不当，还容易将想要表达的意思说反。例如：

他们不但战胜了各种灾难，反而获得了丰收。

"反而"是副词，表示跟上文意思相反或出乎预料和常情。比如：你这么做，反而弄得大家不好意思了。例句的前半句提到"战胜了灾难"，而且用到了"不但"这个连词，说明下面的文字，应该是在前边的基础上，取得更进一步的成果，并且不是出乎人们意料。

例句是想表达更进一步的结果，而不是相反或者出乎意料，所以应该把"反而"改成"而且"。

引起了相当的争议

有一个词不知不觉地在人们的口头上流行开来，这就是"相当"。比如这个人相当好、这个城市相当漂亮、那个人相当厉害。可是近来媒体经常这样使用"相当"：

他近来的一些作品引起了相当的争议。

从句意上看，例句中的"相当"应是表示程度的副词，并且在句中作状语。"相当"作副词时，表示程度高，但不到"很"的程度。与它并用必须要带上中心词，一般为形容词，"相当"起修饰中心词的作用。比如"相当大""相当多"等。

例句中的"相当"后面没有中心词，是相当大？相当多？相当少？都不得而知。"相当的争议"究竟是个什么样的争议，很是让人纳闷。所以，应在"相当"之后加上形容词，如"相当多（的争议）""相当激烈（的争议）"等都可以。

远近亦相宜

在实际应用中，很多人喜欢用"亦"字，但也经常有人使用不当。比如：

远近亦相宜，花季少年走出早恋事故

"亦"是副词，相当于"也"，例句就是说"远近也相宜"。然而，带"也"的句子多表示两种情况间的比较，是相对来说的，意为"两种情况同样……"。如"他好我也好"，意思是两人同样好。可是，"远近也相宜"前面并没有比较的对象，在没有参照物的前提下用"也"就会感觉句子不完整，读起来很别扭。

因此，例句可将"远近亦相宜"换成"远近都相宜"或"远近皆相宜"，这样就符合语言习惯了。如果是一定要强调远近之间的比较，可以把"远近亦相宜"分解成两句话来说："远亦相宜，近亦相宜"，这样也不错。

波及

把"波及"和"到"连用的现象很常见，殊不知这样使用犯了语义重复的错误。看病例：

他们把自己在欧美歌坛扶摇直上的势头波及到了亚洲。

"波及"义为牵涉到，影响到，指事件的发生影响到其他的人或事。将要向外"波及"的事多为人们所不愿看到，受"波及"的则可能或受到损失。前面例文对"波及"的使用没有考虑到该词的指事对象，首先犯了误用对象的语言错误。其次，作者把"波及"和"到"连用，属于语义重复，因为"波及"中的"及"就是"到"的意思。

不良陋习、亲自操刀、再次重返、个人私事、公诸于众、出乎意料之外、明目张胆……公然……、目前，……已于昨日……、包含有……、因怀念而想起、更加变本加厉、头上的帽子、星期天的时候、不必要的浪费、很早就有听说、生活安居乐业、首开先河、国外舶来品、令人堪忧、凯旋而归、亲眼目睹、"亲自"去拍照、"带妆"彩排、"免费赠送"8分钟、一天天日臻完善、立刻顿悟、第一部处女作、第一桂冠、提出质疑、女士坤车、最近新闻、不良陋习、这个中、民众们、高足弟子、先后——、百姓民不聊生、灾民哀鸿遍野、人民生灵涂炭、几天几夜通宵达旦、目前的当务之急、书香门第之家、忍俊不禁地笑了起来、显得相形见绌、全身被打得遍体鳞伤、难言之隐的苦衷、不言而喻的潜台词、令人贻笑大方、乘风扶摇直上、擦亮眼睛拭目以待、小处不拘小节、过去曾经、感到……自豪感、过分的溢美之词、过虑的想法、感到自惭形秽等，也都犯了语义重复的错误。

举行了献花

校团委在教师节为老师们举行了献花。

"举行"是一个动词，其宾语应该是

一个仪式或者一项活动。"献花"也是动词，两个动词不可以连用，否则就会造成句子成分的赘余。

现代汉语语法规定，一个句子只能由一个动词做谓语，还规定动词不能做宾语。句子可以改为"校团委在教师节为老师们举行了献花仪式"，或者"校团委在教师节为老师们献了花"。

进行投票

很多人在对某项活动进行描述的时候，习惯用"进行"这个词。但是时常因为使用不恰当，使语义重复。例如：

浦发银行召开股东大会就增发 8 亿股方案进行投票。

"进行"是一个动词，意思是从事（某种活动），这个词总是用在持续性的和正式的、严肃的行为上。由于"进行"的是某种活动，当这项活动自身动词能够明确表达的时候，再用"进行"往往造成赘余，使文句显得啰唆。此外，"对……进行（动词）"之类的句式不顺畅，要尽量少用。

"投票"，动词，是指"选举的一种方式"，平时常用的句子结构是"就……投票"。"就……投票"是完整的句子结构，中间没有必要加上"进行"两个字，应该把"进行"删掉。

本性爆发

主谓搭配不当最常见的是主语词和谓词不匹配。看病句：

一般是在没有食物的情况下，野生动物的本性才会爆发。

例句说"本性爆发"属于主谓搭配不当。"本性"指原来的性质或个性。比如：

江山易改，本性难移。"爆发"指火山内部的岩浆突然冲破地壳，向四外迸发；还用来指突然发作或者事变突然发生。显然"本性"是不会突然发作或者突然发生的，而是在某些情况下会露出来。所以，例句应该将"爆发"改成"暴露"。

像这类搭配不当的错误还有：

主宾搭配不当：

如：米特科也是离异，经营一家壁炉店。

动宾搭配不当：

如：六辆三轮车，娶回新娘子

再如：骑马娶回新娘子

量词与名词搭配不当

如：美国 10 日的攻击行为中，美军出动了一项威力惊人的武器。

修饰语和中心词搭配不当

如：公司决定，在销售量好的时候，给员工发奖金。

介宾短语搭配不当

如：起初他只是为犯罪分子提供窝点，而后来则亲自上阵，打着推销保温材料的名义拐骗妇女。

关联词语搭配不当

如："9·11"事件后，美国、印度、巴基斯坦三国关系进入微妙阶段，尽管美印巴关系何其暧昧，但美国与印度将走向军事合作的态势已相当明朗。

弟弟说："他在工厂很好。"

我的弟弟来信说："他在工厂里很好，工人师傅很关心他。"

句子混淆了直接引用和间接引用，用错了人称代词造成，指代不明。根据句子的意思可以猜测"他"指的是弟弟，但是这种人称代词的使用不符合语法规范。在直接引语中，不应该改变人称，虽然是弟弟说的话，但是在引号里面还应该用第一人称，应该改成：我的弟弟来信说："我在工厂里很好，工人师傅很关心我。"或者间接引用弟弟的话：我的弟弟来信说，他在工厂里很好，工人师傅很关心他。

不足二三十

尽管陈顺强的"邦邦家政"位于扬州城北一条不起眼的弄巷里，而且他的"邦邦"也就是两间不足二三十平方米的老屋。可数十万扬州市民提及陈顺强还有他的"邦邦"，真可谓无人不晓。

上文中"不足二三十平方米"的数量表达不正确。

"不足"在表示数目时，意思是"不满、不到"，它所接的必须是一个确定的数量，如"不足二十岁""不足五年""不足十个人"等。病例中的"二三十平方米"是一个概数，不确指。"不足二三十平方米"究竟是"不足二十平方米"还是"不足三十平方米"呢？"不足"与概数的错误搭配就会出现这种语义模糊。修改方法有两种，一是删去"不足"，二是根据实际情况，将"二三十平方米"改为一个确定的数值。

被……把他吵醒了

小周实在太疲倦了，一上火车就打瞌睡，但不一会儿就被车上旅客们的吵嚷声把他吵醒了。

例句犯了主动与被动杂糅的错误。"被"字句是被动句式，"把"字句是主动句式，句子中"被车上旅客们的吵嚷声把他吵醒了"把主动句式和被动句式合在一

起了，造成叙述角度不一致。表述一件事或者用主动句式，或者用被动句式，不能混合使用。"但"后面的句子承前省略了主语，主语是"小周"，所以应该使用被动句。应该改为"但不一会儿就被车上旅客们吵醒了"。

再举几个结构杂糅的病例：

"目的"与"为了"同时使用：温家宝访问日本的目的是为了友谊与合作。

"大多"与"以……为主"同时使用：这届运动会的会徽、吉祥物的设计者大多是以青年师生为主。

"大约"与"左右"同时使用：我国大约30%左右的青年认为"诚实守信""助人为乐"是优秀的传统美德，是做人的基本准绳。

"的原因"与"是因为"同时使用：这些蔬菜长得这么好的原因，是因为社员们的精心管理。

"平均"与"以上"同时使用：世纪电视网推出电视直销业务，夏新、创维等品牌全国平均优惠10%以上。

"几乎"与"所有"同时使用：几乎所有染发剂都含有致癌物，一年染发别超过两次。

"来自于"：我们的竞争来自于产业链的竞争。

"之所以……是因为"和"造成……的原因"杂糅：这家工厂之所以造成年年亏损的主要原因有两个：一是因为领导不善于经营管理，二是因为工人的基本素质太低。

来自在……中：第三类"婚托"均来自在婚姻介绍所征婚者之中。

最厉害之极：分手分得你没商量，而

这才是珍姐最最厉害至极的"杀手锏"。

通过……来自:《深海鱼油有那么神吗?》:记者手中有几瓶来自不同渠道购买的美国产的鱼油。

根据……看:两位律师指出,根据法庭调查的事实和东城分局刑警队及法制办出具的出面证明材料看,王萱是在并未被采取强制措施时交代了自己的罪行。

酷暑将至,奈何以堪

某报上一篇文章的标题是:

酷暑将至,奈何以堪

文章说的是在酷暑天气下如果没电将是怎样一种状态,形容人们不堪忍受酷暑的炎热。然而这个标题却让人不解:奈何以堪?古汉语中常用的词语是"奈何"和"何以",没听说过"奈何以"。仔细琢磨,原来文章作者是把"奈何"与"何以"两个词杂糅到一起了。

"奈何",复合疑问词,用于询问方法,意思是"怎么办"。也可以用"奈……何"的形式。"何以"可作谓语,也可作状语。其中的"以"有两种用法,一是作"凭"讲,此时"何以"的意思是"用什么方法""怎么",用于询问方法;二是作"因"讲,此时"何以"的意思是"为什么",表示询问原因。"堪","忍受"之意,"何以堪"就是"怎么能够忍受",文中用来形容酷暑无电将是难以忍受的。所以,"奈何"与"何以"在意义上具有一定的相似性,都有"怎么"的含义,因此二者选择其一即可。

如果按标题中的"奈何以堪"的说法,意思就成了"怎么办怎么能够忍受"。意思虽然容易理解,表达语气也较为强烈,但不符合语法规范。因此,上述标题可以改成"酷暑将至,人何以堪",或者"如再无电,奈酷暑何"。

把出书热又掀起了一个高潮

该书的出版把"名人"出书热又掀起了一个高潮,同时也引来对名胜古迹出书热的更严厉的批评。

例句是个"把"字句,但在动词"掀起"后带了宾语"高潮",这是不当的,违反了"把"字句的构成规则。"把"字句的构成规则中强调一点:多数情况下,"把"字句里的主要动词不能再带宾语。也就是说"把"字句里动词支配的对象提到前面去了,动词就不能再带宾语了。如我们习惯的说法是"他看过了这部电影",而不习惯说成"他把这部电影看过了",道理上与例句是一样的。为了符合语言习惯,例句可改为"该书的出版把'名人'出书热的高潮又掀起来了"。

读完了这部小说深深地教育了我

我花了三天的时间读完了这部小说深深地教育了我,鼓舞了我。

应当分成两句话说的,却不恰当地合并成了一句,就属于杂糅。这个例句就是两个句子的杂糅,杂糅的部分是前一句的宾语和后一句的主语,即"这部小说"。该法应该是把后一句话从前一句中分离出来,另加一个主语"它",即我花了三天的时间读完了这部小说,它深深地教育了我,鼓舞了我。

非常美女

滥用词语的现象如今在报纸、媒体上频频出现,比如说"非常"。《非常美女》

是最近网上新推出的一档节目，是超级女声、快乐男生系列之后时下最流行的"选秀"类电视节目。这个栏目主要是向大家展示事业上的成功女强人，其标准是"才女＋美女"。

查"非常"一词，可以作形容词，表示"异乎寻常、特殊的"；还可以作副词，表示"十分、极"。这个栏目的策划显然使用了"非常"一词的形容词词性。但是，这个栏目总让人想到"非常漂亮的女人"，很容易让人产生歧解。

争夺冠亚军

在本届世界杯决赛上，法国队将与意大利队争夺冠亚军。

上面是一名体育节目播音员在进行体育报道时说的一句话。听上去这句话似乎没毛病，但仔细推敲，我们会发现有点问题。在决赛中，胜者为冠军，败者为亚军，双方争夺的是冠军。冠军产生了，另一方自然是亚军，用不着再争夺，而这里却说"争夺冠亚军"。显然，"亚军"在句中是多余的概念，应将"亚"字删掉。

尴尬丈夫饱尝妻子情人耳光

某报一篇新闻的一个标题是：

尴尬丈夫饱尝妻子情人耳光

例句由于表述不清，容易引发歧义。这个丈夫是被妻子和情人打了耳光，还是被妻子的情人打了耳光呢？根据新闻的内容了解到，原来是丈夫偷情被妻子撞个正着，妻子和情人互相打了起来，还同时狠抽男人耳光。标题应该在"妻子"与"情人"之间加上一个"和"字，改为"尴尬丈夫饱尝妻子和情人的耳光"。

再看几个病例：

耍泼疯一女警车里当众小便／（妻子）晚餐还多做了两个丈夫喜欢的菜／有文凭的和尚未取得文凭的同志

由调查报告可以推算出，目前股票市场上机构投资者资金已占到流通市值的30%～40%，投资者格局已悄然发生了变化。

巴西第一场对波兰，莱昂尼达斯二话没说，乒乒乓乓就射进了四球，你不能不服他，一上场就是纪录。

要有一个好的语言环境，像她在北京广播学院学习生活四年，没有这么好的环境她也难能讲话标准。

专家们最后一致断定，他是由高量有毒化学物质侵蚀而死的。

此案已经被法院正式开庭审理／卷子被老师发下来了。

甲向乙借款5000元，后来甲归还了1800元，并写下一张纸条——"还欠款3200元"。

……

你能说出上面的句子存在什么问题吗？

已日渐风行，已形成一种风气（语言拉杂）

古时一个自称"诗伯"的人写过一首题为《宿山房即事》的诗，诗云："一个孤僧独自归，关门闭户掩柴扉。半夜三更子时分，杜鹃谢豹子规啼。"该诗无一句不重复啰唆，可以说是该类训语病的"范例"。"一个""孤""独自"均表单数；"关门""闭户""掩柴扉"同指一事；"半夜""三更""子时"是同一时间；"杜鹃""谢豹""子规"又为同鸟别名。该诗可谓啰唆到了极点。下面的句子也是犯了表述重复的错误。

北京2008奥运会临近，纪念品市场

需求旺盛，奥运五福娃之类的产品越出越多，目前在市场上已日渐风行，已形成一股风气。

"风行"意为盛行、普遍流行；"日渐风行"即言某种事物、观念、行为方式被人们接受后迅速推广。"日渐风行"与"形成一股风气"在意思表达上是完全一样的。比如"明星出书日渐风行"，也可以说成"明星出书已形成一股风气"。病例中的"已日渐风行"和"已形成一种风气"应该删去其一。

再请看下面的病例：

新年的集市上，穿着一新的人们来来往往、熙熙攘攘、摩肩接踵、十分热闹。

这些年在生活中遇到的挫折、困难、种种不顺利，都始终没有动摇过这位母亲坚定的决心。

本次调研工作意义非凡，各部门务必精心组织，精心指挥，严肃认真，周到细致，稳妥可靠，万无一失。

从前有座山，山上有个洞，洞里有个庙，庙里住着两个和尚，老和尚对小和尚说：从前有座山，山上有个洞，洞里有个庙……

公平的概念，用白话说，是我自己认为，我得到了该是我的东西。

人体的硬件部位（比喻不伦）

他从山上摔落，幸运的是硬件部位没有太大的损伤。

"硬件"是"计算机硬件"的简称，软件相对。电子计算机系统中所有实体部件和设备的统称。从基本结构上来讲，电脑可以分为五大部分：运算器、存储器、控制器、输入设备和输出设备。但例句中说的是"他"，指的是一个人，想要表达的是身体没有受伤，而且用"硬件部分"来比喻人身体的部分，这是不妥当的。因为人体没有软硬件，所以改成"重要脏器"更准确。

再看下面的病例：

很多人都对薪水丰厚的写字楼白领一族羡慕不已，却很少有人了解他们工作的紧张程度。这种紧张，就像男人脖子上戴着领带一样。

人心要是像煮熟的米饭那样散，还指望拿什么去完成我们的计划、实现我们的目标？

分裂与统一不能共存，犹如鱼与熊掌，不可得兼。这是海峡两岸炎黄子孙的共识。

"如果一个画画儿的人说，'配颜色真麻烦，像做化学实验一样……'"

爸爸最近充满干劲，每天像驴子一样勤奋工作。

这样看来，把一种思想用文章的形式表达出来，就好像一块生铁经过反复的锤炼，结果成了熟铁。这就是为什么我们可以用写文字的方法来锻炼思想，提高思想能力的缘故。

泪水随风飞舞（夸张失实）

她创业时很艰难，很多次她都跑到楼顶，任辛酸的泪水随风飞舞。

很多动漫中，表示人物伤心的时候，常常让人物的眼泪随风飘走，但是如果实际写作中这样使用的话，就属于夸张失实了。泪水有99%是水分，其余的1%是固体。能让泪水随着飞舞的风需要多少级？再者说，要是泪水飞舞的话，似乎不能是向着一个方向吹的风。适度的夸张不但更加真实可信，更容易被人接受，有时还能起到意外的效果。

夸张指运用丰富的想象力，在客观现实的基础上有目的地放大或缩小事物的形象特征，以增强表达效果的修辞手法，也叫夸饰或铺张。运用夸张应以客观事实为基础，过分地夸大，只会取得相反的效果。

有这样一个有趣的小故事。

伦敦某个大街上一共有三个裁缝，各家门口的招牌挂得都不相同。甲挂的是：英国最好的裁缝。乙挂的是：伦敦最好的裁缝。丙却挂了个：本街最好的裁缝。结果没想到，裁缝丙的生意是最好的。

乍一看，应该是"英国最好的裁缝"生意最好，可为什么他敌不过一条街上最好的裁缝呢？问题就出在夸张失度上。

甲说自己是"伦敦最好的裁缝"，已经有些夸张失度；乙为了和甲竞争，又把牛皮吹得更大一些，说自己是"英国最好的裁缝"，结果非但没有门庭若市，反而令人生厌。丙很谦虚，他只说自己是"本街最好的裁缝"，更能给人真实感。其实裁缝丙才是最聪明的，"本街"的裁缝也包括甲和乙，丙是本街最好的，不是就胜过了甲和乙了嘛。可见，适度的夸张不但更加真实可信，更容易被人接受，有时还能起到意外的效果。

再看下面的病例：

今年冬天非常寒冷，广州雪花大如席。寒假里我和小朋友们堆了很多雪人。

一根豆角两头尖，社员拿它当扁担，一头挑起山一座，扁担还没打闪闪。

男儿不怕千般苦，女儿能绣万种花，

人有那志气永不老，你看那白发的婆婆，挺起那腰杆也像十七八。

为了四个现代化，谁也不愿歇一歇。汗水如喷泉，在我心中喷泻。

从山下雪白的电机房里，传出了震响万里高原的机器轰鸣声。

反对男人，打女人（排列不当）

有部小说中有一段是这样写的：

一句"反对男人打女人"的口号，为了喊得方便，他在中间停顿了一下，于是那句口号便成了意思不同的另一个样子。

大马喊道："反对男人！"

女人们卖力地应道："反对男人！"

大马喊道："打女人！"

女人们齐齐地挥着胳膊："打女人！"

口号本为"反对男人打女人"，意思很明显，即反对家庭暴力，反对男人欺负女人。这句口号被"分割"后，不但与原意大相径庭，还显得十分可笑。"反对男人"是什么意思？谁反对男人？反对男人的什么？"打女人"一句更可怕，女人招谁惹谁了？为什么要打女人？这样的笑话显然是由停顿不合理而造成的。

小孩出生3个月就上场踢球（措辞不严谨）

国外的球员都非常敬业，比如马特乌斯，小孩出生3个月后就上场比赛了。

例句的意思很容易让人误解。"小孩出生3个月就上场比赛"，显然不符合现实。其实作者想要表达的是，马特乌斯在自己的孩子出生3个月后就上场比赛了，不是说马特乌斯的孩子在出生3个月后上场比赛。例句可以将"马特乌斯"后面的逗号改成介词"在"。像例句这样措辞不严谨的错误时常可以见到，在写作时要多注意。

再看下面的例句：

教育部对县级中，小学教育实行免收学费的政策，实在让这些地区的家长欢喜了一场。

老人与小孩上下电梯，请由大人陪同，小心行走，注意安全。

昨日两车相吻，五人当场死亡

如果说摄影记者的功夫要靠自己新闻现场磨炼的话，那么，突发新闻，尤其是灾难性的突发现场则是练功夫的好场所、好机会。今年发生在我国南方的特大洪涝灾害，为我提供了一个练功夫的机会。

交警严打路霸遭殃

在"打假"现场，记者看到，假货装了满满三卡车，从假百货到假家电应有尽有。

据调查表明，一位从16岁开始抹口红的女性到60岁时，共吃掉口红近半吨！

我无数次参与过春节、建台纪念日、香港澳门回归、北京申奥成功等大型电视活动……

美特种部队进驻各国使馆

地壳中包含着大量镁和铍这些未来金属的沉淀物。

上面这些病句该如何修改呢？

海上升明月（引用不确）

漫步在……古老驿站上竟然感觉到它本身就是一首千秋不朽的诗作，它的作者就是那位写了"海上升明月，天涯共此时"的唐朝诗人张九龄。

例句中引用的张九龄的两句诗是五言律诗《望月怀远》起首。这首诗曾被收入《唐诗三百首》，在五言律诗中位列第二。但是所有版本中，都是"海上生明月"而不是"海上升明月"。曾有诗词鉴赏书籍中分析，"'生'字把生命和感情赋予了二物"，"表现了水月相依相恋、相映生辉的情态和生机"。"生"字更加的耐人寻味，"不留痕迹地注入了主观想象"。很多人在引用的时候，凭借个人的经验，很容易出现和例句一样的错误。

再请看下面的例句：

你声名大噪，好，秀出于林，风必摧之。毛主席都说过："人怕出名猪怕壮。"壮了必然挨一刀儿。

百金买骏马，千金买美人，万金买高爵，何处买青春？

辛弃疾则满怀爱国激情，慷慨愤世："二十四桥明月夜，波心荡冷月无声。"

高尔基曾经说过："诚信对于一个人、一个社会乃至一个国家、一个民族来说，都是不可或缺的基本素质。"

"那么八戒的个人能力是你三个徒弟里面最差的，又有不负责任等对工作不利的缺点。你为什么不换一个精明能干的人选呢？"如来佛不解地问。

古代的中国人说，管理意味着爱。现代的美国人说，管理意味着钱。古代的中国人说，管理意味着服务。现代的美国人说，管理意味着控制。

"管理意味着爱""管理意味着服务"，这些名言出自哪位古人之口？或者哪位古人表达过类似的思想？作者为何不交代清楚？不注明原文？

中国古代不会有现代管理思想，中国的古人更不会说出"管理意味着服务"这样的话来。该文作者显然是为了方便表达自己的思想，保持语句工整、排列整齐、读起来铿锵有力，而将自己的话借用"中国古人"之口说出来。

大浪淘沙始见金（引例错配）

大浪淘沙始见金

例句是某报纸一篇报道的题目。这个题目套用了两句古诗，但是不是很通顺。"大浪淘沙"出自"大江东去，浪淘尽"，而且大浪淘尽的是"千古风流人物"；"始见金"出自"千淘万漉虽辛苦，吹尽狂沙始见金"。在实际生活中，淘金的过程是人工操作的，而不是浪淘的。大浪淘来，是泥沙被冲走，但不会见金。古人在炼字作诗时是很严格的，很多人在引用的时候不注意，常常出现和例句一样的错误。

据说春秋战国时期，身为纵横家的苏秦曾因不能说服各国诸侯接受自己的主张而受小人诬陷，甚至遭受毒打，但他却让老婆看看他的舌头还在不在，当得到肯定的答复之后，就说："只要舌头在，我就还有成功的希望。"

这是某书前言中的一段话。这里引典有误，问老婆舌头还在不在的不是苏秦，而是和他同时代的张仪。典出《史记·张仪列传》："（张仪）尝从楚相饮，已而楚相亡璧，门下意张仪，曰：仪贫无行，必此盗贼相君之璧。共执张仪，掠笞数百，不服，释之。其妻曰：嘻！子毋读书游说，安得此辱乎？张仪谓妻曰：视吾舌尚在否？其妻笑曰：舌在也。仪曰：足矣。"

苏秦和张仪同为战国时期著名的政治家、谋略家，又都拜师鬼谷子学习纵横捭阖之术多年。苏秦主张合纵，游说六国合纵抗秦；张仪则施连横之术，游说六国亲秦，拆散合纵。二人可以说是"死对头"，引用他们的典故时，一定注意不可混淆。

文言请假条（滥用文言文）

敬爱的老师：

昨夜雨急风骤，风云异色，天气突变。因吾尚在梦中，猝不及防，不幸受凉！鸡鸣之时，吾方发现，不想为时已晚矣！病毒入肌体，吾痛苦万分！室友无不为之动容！本想学业之成就为吾一生之追求！又怎可为逃避病痛而荒辍学业乎！遂释然而往校。但行至半途，冷风迎面吹，痛楚再袭人。吾泪、涕俱下，已到生不如死之境，哪得力气再往之。不得已，而借友人之臂，返之！由此上述，为吾未到校之缘由。……

这是一则在网络上广泛流传的"文言"请假条。作者对文言似乎有着狂热的喜爱，无非是感冒发烧需要请假，非要用一些文绉绉的说法："病毒入肌体""痛楚再袭人""泪、涕俱下""生不如死之境""借友人之臂，返之"。作者本想卖弄文言，可惜基本功不够，导致文中多处出现用词不当、生造词语和不合文言语法的语病，实在是贻笑大方。

许多作曲家、画家和文艺工作者（逻辑错误）

市场经济的大潮推动了文艺事业的发展，许多作曲家、画家和文艺工作者创作出了大批人民喜爱的作品。

句中出现了"作曲家、画家和文艺工作者"的句式，这就是说"作曲家""画家"和"文艺工作者"为并列关系，三者的地位是平等的。这就让人很难理解了，难道"作曲家"不是"文艺工作者"吗？难道"画家"不是"文艺工作者"吗？很显然，"作曲家"和"画家"都属于"文艺工作者"，它们的关系应该是从属关系，而不是并列关系。由于没有处理好这三个概念之间的关系，就使得上面的句子出现了逻辑错误。如果平时写作中不加以注意的话，就很容易出现和例句一样的错误。例句可以将"作曲家、画家和文艺工作者"改成"作曲家、画家等文艺工作者"，将并列句式转换成从属句式，这样就没有问题了。

再看下面的病例：

现在，唐教授已经为国家培养了数以百计的从事理论化学教学、科研的骨干，50多名硕士生和研究生。

江西路小学五年级学生姜鹤，父母均为双职工。

何晓已婚，并有一名子女。

某词典共收了两万个词汇。

作为一本经济学书籍，这本书并不枯燥，相反它引人入胜。

百旬老妇驾车70余年没出过事故

像西南部的世界公园、北四环附近的中华民族园……门票均在50至60元上下。

消费者一旦被认定受到经营者的精神损害，经营者将支付至少5万元以上的精神赔偿。

两个读书，意义不同（偷换概念）

阅读序跋，除了要注意读书的一般方法之外，特别要注意与读书相结合。（某市九年级第一学期语文课本练习题）

这里面提到了两个"读书"，但是仔细揣摩，前后两个"读书"的意思却是不同的。第一个"读书"指的就是普遍意义上的阅读，第二个"读书"则是特指阅读有"序""跋"的某本书。由于前后两个"读书"的意思是不同的，所以就很容易产生歧义，给读者造成理解上的困难。为了将句意表达清楚，可以将后一个"读书"改成"阅读本书"。这样一来，句子的意思就清楚了。前面的"读书"和后面的"阅读本书"都明确地表达了各自的意思，避免了歧义的产生。

再看下面的病例：

另一种奇珍异品是雪莲。如果你从山脚往上爬，超越天山雪线以上，就可以看见青凛凛的雪的寒光中挺立着一朵朵玉琢似的雪莲，这习惯于生长在奇寒环境中的雪莲，根部扎入岩隙间，汲取着雪水，承受着雪光，柔静多姿，洁白晶莹。

反方：我想问，我们都要参加高考了，你说是思想政治课的分值高，还是其他科目的分值高呢？

正方：难道说思想政治课就等于政治素质吗？

一家电影院正在放电影，观众席上有几个人高声说话，旁边的一位观众劝他们说："请你们不要讲话，好吗？"其中一个小伙子倒打一耙说："嘿嘿，你现在不也在讲话吗？"

疫苗发生变异（概念表述错误）

疫苗是人类历史上具有里程碑意义的发现，但是很多人对疫苗不是很了解，经常出现表述上的错误。比如：

由于每年流感疫苗都会发生变异……

"疫苗"是指为了预防和控制传染病

的发生、流行，用于人体的预防性生物制品。疫苗是一种自动免疫制剂，是用病原微生物及其代谢产物经过人工减毒等的方法制成的。因此，疫苗保留了病原菌刺激动物体免疫系统的特性。"变异"是同种生物世代之间或世代生物不同个体之间在形态特征、生理特征等方面表现出差异。

"疫苗"是人们根据不同的需要制成的，本身是不会产生变化的，会发生"变异"的是病毒。所以，例句中的"疫苗"应该改成"病毒"。

再看下面的病例：

由于冷暖空气更替频繁极易引起流感。

徐继红博士后告诉记者……

这个家庭中的很多成员患有残疾。

全市经营按摩等服务行业的法人参见了此次会议。

医生说他患的是腰间盘突出病……

……热情也被寒冷的天气融化。

你能说出上面句子错在哪吗？

齐人固善盗乎（以偏概全）

相信很多人都听说过晏子使楚的故事。晏子是春秋时齐国的宰相，能言善辩，有一次奉齐王之命出使楚国。楚王为了羞辱晏子和齐国，特别安排两个官吏绑着一个囚犯从大厅前走过，还故意向官吏打听犯人的情况。官吏按照楚王的意思回答道："齐国人，做强盗的。"于是楚王就羞辱晏子道：

齐人固善盗乎？

当然，这样的羞辱遭到了晏子强有力的反击。我们暂且不说晏子是如何反击楚王的，单就楚王所说的这句话而论，楚王

就犯了逻辑上的错误。仅仅抓了一个做强盗的齐国人，就能说明所有的齐国人都喜欢偷盗吗？这显然是犯了以点代面、以偏概全的错误。偷盗之人是每个国家都有的，如果按照楚王的逻辑，那岂不是全天下所有的人都喜欢偷盗了吗？当然，这其中肯定也包括他自己。因为楚国也一定有偷盗之人，如此推来，就是所有的楚国人都喜欢偷盗，当然也就把楚王包括在内了。

再看下面几个句子：

目前的大学生普遍缺乏中国传统文化的学习和积累。根据国家教委有关部门及部分高等院校最近做的一次调查表明，大学生中喜欢和比较喜欢京剧艺术的只占到被调查人数的14%。

坚决不娶80年代女

富翁的人生只是表面的，他们的内心是空虚的，心灵是寂寞的，爱情是虚伪的，亲情是虚假的……

……对于中国读者有些陌生，但在西方的知识女性中却是大名鼎鼎（主客倒置）

杰姆茵·格里尔对于中国读者可能有些陌生，但在西方的知识女性中却是大名鼎鼎，尤其在澳大利亚，几乎家喻户晓，妇孺皆知。

"对于……有些陌生"，这样的说法本身就是有问题的。你可以说"对……有些陌生"，也可以说"对于……来说，有些陌生"。所以，从语法的角度，可以将上句改成"杰姆茵·格里尔对中国读者可能有些陌生"或"中国读者对杰姆茵·格里尔可能有些陌生"。也可以改成"中国读者对于杰姆茵·格里尔来说，可能有些陌生"或"杰姆茵·格里尔对于中国读者来说，可能有些陌生"。

但原文的意思是中国读者不熟悉杰姆茵·格里尔，而不是杰姆茵·格里尔不熟悉中国读者，所以两种改法中都应该选择第二种，这样才符合原意。接下来，再观察句子的结构，主语显然应该是杰姆茵·格里尔，而不是中国读者，所以应该选择第二种改法中的后一种。

再看下面几个句子：

火炉里的火没有熄灭，被炉前没有收拾干净的柴火引燃，使房子着火了。

他短暂而壮烈的一生，是他那四句自勉诗的真实写照。

"非典"期间，外来车辆不得入内，来访者请电话联系后在传达室接待。（非典期间某单位门前的一则告示）

胖墩的父亲长得很像他。

误认天敌为孩子，猫给老鼠当奶妈

临终前后（时间先后矛盾）

爷爷临终前后，嘱咐爸爸把老家的宅子卖掉，然后搬到城里去住。

"临终"，指的是人将要死亡的那段时间，是一个不确定的时间，而前后则只能用来形容一个具体时间的前一段时间和后一段时间，所以这里说"临终前后"是不合适的。"临终"本来指的就是一段不确定的时间，又怎么来划分前后呢？所以说，"临终"和"前后"这两个词是不能同时出现的，必须将其中的一个去掉。但句子所表现的显然是"爷爷"去世之前的事情，所以只能用前而不能用后。可以将例句改成这样"爷爷临终时"或者"爷爷去世之前"。

再看下面几个例子：

歌曲《将进酒》中的一段歌词：风花雪月，自古依然，祖先的青春刻在竹板

上；爱情如新，爱情复来，圣贤也挡不住风流的情怀。

一则幽默故事：一对新婚的夫妻去海边度蜜月。在海滨散步的时候，新郎一时兴起，对着波涛翻滚的大海吟咏起拜伦的名句："翻滚吧，你这深邃而碧绿的海洋，翻吧！"新娘凝望着大海，然后转过身来对丈夫说："你真有本事，看，海浪真的翻起来了。"

电视剧《包公生死劫》中的一个片段：包拯在河东节度使的府中与节度使叙谈，在节度使府的墙壁上，挂着一轴诗文条幅，上面写着："山重水复疑无路，柳暗花明又一村。"

影片《松赞干布》中的一个镜头：松赞干布横刀跃马，仰天长叹道："凭君莫话封侯事，一将功成万骨枯。"

禁左行车属违反交通规则（肯定、否定表述不清）

在禁左路口，禁左行车属违反交通规则。

"禁左"，交通规范上的常用词语，指的是禁止向左转弯。如果某处路口是"禁左"的，那么在这个路口"禁左行车"就是规则。而例句想要说的是，在"禁左路口"是禁止向左转弯的。但是因为在肯定、否定表述不清楚的情况下，使得句意和想要表达的意思正好相反。例句应该做适当的修改。很多人在写作时容易犯和例句一样的错误，要加以注意。

再比如：

纵览旧官场，可以看出，古人只要涉足官场，终有个或好或坏的结局，这是旧官场必然产生的种种苦果。

"或好或坏的结局"说的是事物的两

面性，而"苦果"显然指的只是"坏的结局"，前面说两面，后面又归结到一面，这就前后矛盾。前面提到了"好的"和"坏的"两个结局，后面却只提到"坏的"结局，将"好的"结局放在一边，这是什么意思呢？是只想说坏的结局，还是两个结局都想说呢？无论是哪一种说法，都必须保持前后一致，要么就在后面补充"好的"的结局，要么将前面"好的"结局去掉。根据例句的意思来看，应该只是想说"坏的"结局，所以就可以将前面"好的"结局去掉，只强调"坏的"结局。可以将例句中的"终有个或好或坏的结局"改成"就难逃各种各样坏的结局"。

再看下面几个例子：

关税下降，对明年本市家电市场的影响，是喜？是忧？经销商和消费者的回答都是肯定的。

天安门广场等七个红色旅游景点是否收门票的问题，国家旅游局新闻发言人已在记者招待会上予以否认。

坚决惩治和有效预防腐败，关系人心向背和党的生死存亡……

民营书店走专业化、个性化之路，"突出特色，强化优势，打造品牌"，是决定其是否拥有核心竞争力的关键。

老李把所有的积蓄都用在了引进新产品上，成败与否，就在此一举了。

为尊重你的隐私权，表格勿须贴在信封背面。

抬头看，那个建筑工人非常敏捷地爬了上来（角度不一）

我站在马路边，抬头看着建筑工人攀着脚手架，非常敏捷地爬了上来。

站在马路边看建筑工人攀爬脚手架的

角度应该是仰视，句子中的"抬头看"也恰好证明了这一点，但是句子却说看着建筑工人非常敏捷地"爬了上来"，这就使角度发生了变化。如果作者站在比脚手架高的位置上，也就是说在俯视的情况下，看着建筑工人向上爬就可以说是"爬了上来"，但是句中说得很清楚，作者的角度是仰视，所以用"爬了上来"就不合适了，应该改为"爬了上去"。

再比如：

老许呀，你父亲在世时地位这么高，功劳这么大，你怎么不把自己的困难向上面说一说。

"这么"表示的是现在的情况，而老许的父亲已经去世了，他的地位和功劳自然也都是过去的事了。同一件事情，却站在过去和现在两个不同的角度加以叙述，显然是不合逻辑的。要么都站在过去的角度，要么都站在现在的角度，总之，一定要将角度统一。从语法上看，两种改法都可以，但是根据例句的意思，老许的父亲已经不在人世了，所以只能站在过去的角度来叙述。例句可以将"这么"改成"那么"。

再看下面几个例子：

母亲曾对我说，她出生于一个很穷的家庭，当她很小的时候，母亲就死了，后来她被父亲卖出去，经过许多折磨，才在这个家庭里生活下来。

目前我们就业岗位和想就业的人数是不成比例的，形成一个一边倒的买方市场。雇主可以任意地规定招聘的游戏规则，这样对招聘者是不公平的。

早在1989年，郑周永就访问朝鲜，会见了朝鲜已故国家主席金日成，就共同开发金刚山旅游区等事宜等达成协议。

第七篇 语言的规范

自行车骑了20年（顾此失彼）

有一篇赞扬模范人物勤俭节约的报道，其中有这样一句话：

一辆已骑了20多年的自行车，无车铃少刹车，至今仍是他每日奔波的坐骑。

句子的意思是要说明这位模范人物的勤俭节约。一辆自行车，骑了20多年，车铃和刹车都没有了却仍然在坚持使用，是够节俭的了。如果从表现节俭的角度来看，例句的表达方式是很到位的。

但作者由于太过注重表现模范人物的节俭，却忽略了另一个重要的问题。节俭是好事，但是既没有车铃又没有刹车的自行车还能骑吗？整天骑着这样的自行车招摇过市，该有多么危险呀！而且这也违反了《道路交通安全法》的规定。如果要靠违法或牺牲自己的安全来节俭，那么这样的节俭还值得提倡吗？这样的美德还值得传扬吗？

再举个例子：

有一篇新闻报道，它的标题是这样的：

好心出借身份证反担债务五千多

文题想表达的意思是"好心却没有好报"，但文中主人公的行为并不在"好心"之列。我国《居民身份证法》明确规定，居民身份证是严禁转借他人的。也就是说，出借身份证的行为本身就是违法的，一种违法的行为又何谈"好心"呢？"担债五千多"只能说是违法行为的一种报应，是不值得同情的，而文题却在为主人

公叫冤，认为这样的报应不应该落到这样的"好心人"身上，这实在是荒谬至极。难道一种违法行为还应该得到奖赏吗？难道违法者受到惩罚还需要同情吗？这显然是不合逻辑的。作者之所以会犯这样的错误，主要是因为错把"出借身份证"这种违法的行为当成了"好心"，这也是缺乏法律知识造成的。

已经开始学会（自相矛盾）

Lucas已经开始学会走路的样子很可爱。

例句这样的错误很常见。"已经"，副词，表示动作、变化完成或达到某种程度。"开始"做动词用时，表示从头起、从某一点起，或者表示动手做、着手进行。如果将"已经"看作是终点，那么"开始"就是起点，两个词并用，显然自相矛盾。例句有两种修改方法，一是将"开始"删除，二是将"已经"和"会"删除。

再比如：

那是他们最后一次见面，直到三年后及1950年春我爹才重新见到我妈。

"最后"指的是在时间上或次序上在所有别的之后。一般地说，如果某一个行动被称为"最后"，那么在其之后就不可能再次出现同样的行动。例句中说"他们"的"见面"是"最后一次"，但又说"他们"又"重新见面"了，这就说明那"一次"并非"最后"，那么就出现了前后矛盾的错误。因此，例句当作适当修改。

广告与标语

将"禁止"人性化

在一个公园里的非常醒目的地方，有这样一则警示语：禁止攀折花木，不许乱扔垃圾。但游客似乎对此却置若罔闻，攀折花木，乱扔垃圾的行为还是经常发生。后来，这个公园将这则警示语换下来了，取而代之的是这样一句话：除了记忆什么也不带走，除了脚印什么也不留下。没想到，自从标语换了以后，游客的不文明行为也消失了。

其实只要稍微动一下大脑，一些常见的冷冰冰的标语，就会变成亲切而温馨的提示语。例如，将"禁止践踏草坪"改成"小草正在生长，大家一起呵护吧"，再比如把"禁止喧哗，不许打闹"改成"多一些思考，少一些吵闹"。相信这样一改，当大家再看到如此人性化的标语，必然会很自觉地约束自己的行为。

"玩——美女人"还是"玩美——女人"？

某公司委托上海一广告公司发布了一则印有"玩美女人"字样的品牌内衣灯箱广告，后来被工商局责令停止，而且被处以罚款。该公司不服，认为"玩美女人"中的"玩美"是追求美的意思，而且"玩美"与"完美"有同音，"玩美女人"是一种追求生活质量的女人，不像一些人想

的那么低俗。后来法院判定"玩美女人"广告词中"玩"字的多义性及"玩美女人"的词语搭配，极易误导地铁中的匆匆过客，产生不良印象，且客观上已经产生了不良后果，这有悖于社会主义精神文明的建设。所以结果是公司败诉。

"玩美女人"这个广告词是有歧义的。它可以说成是"玩——美女人"也可以说成"玩美——女人"，如果是后者当然没问题，但是要是前一种理解就会造成不良影响了。所以一些商家在做广告的时候也该注意词语的适当使用，不要为了吸引眼球一味地标新立异。

别上广告的当

在这个商业化的社会，广告作为商家的促销手段随处可见，不管是在电视上，还是在地铁站、马路边，到处可以看到广告。如此之多的广告，真是让人眼花缭乱。

一些商家会利用"别解"的修辞手法来做广告词，如"二十一天真相大白"。看到这几个字，你一定会疑惑"什么真相大白？"你的思绪被吸引过去，仔细一看，才发现这其实是一则关于化妆品的广告。"真相"中的"相"指的是相貌。广告的意思是，使用了这种化妆品皮肤就会变得白皙，而且时间仅需要"二十一天"，

于是那些禁不住诱惑的女性为了美就买下这种化妆品。其实大家都知道，这其实是一种促销的手段，是否有效，无法知晓。

对于一些广告中的宣传语，你可要看仔细了，因为一不留神，就会被误导。

"叩开名流之门"？

上海某商厦有这样的一句广告词"叩开名流之门，共度锦绣人生"。这则广告曾经被评为优秀广告。

这则广告说的是买了商厦里的东西可以跻身名流之列，从此就有了锦绣人生。表面上看去这则广告真的是气势磅礴，用词庄雅。引用了叶绍翁的名句"应怜屐齿印苍苔，小叩柴扉久不开"一句中的"叩"这个雅词。可是我们仔细推敲，就会发现这里存在着问题。"叩"是敲的意思，"名流"指的是那些有地位、有名望的人。这里的共度其实指代不明，究竟是谁与谁共度？如果是与名流，从前后句子语义看，去敲名流的门，就能与他们共度锦绣人生吗？这显然是不可能的，而且人家还不一定会给你开门。另外，叩门有点自贬地位的意思，有些厚脸皮的味道。

所以这里的"叩"与"共度"用的都不太合适。"叩开名流之门"这是要干什么呢？

"出卖春天"弄巧成拙

上海一家购物广场打出广告，宣传春装。"××春装上市""男女新款春装"等宣传语令人蠢蠢欲动，唯一的一个败笔是他们竟然用了这么一句糟糕的广告词"出卖春天"。完美中出现了最大的瑕疵。

大家都知道春天是一年中的好季节，春暖花开，春回大地。古人有很多赞美春天的诗句，如"春色满园关不住""春风又绿江南岸"等无不显示出春天的魅力。春天怎么能出卖呢？春天是大家共同拥有的，难道还用买？这样会让人觉得这家商场真的是唯利是图，连春天也要出卖。更糟的是"出卖"这个词的使用，"出卖"容易让人想起战争时代的叛徒，以及一些不讲信用的人。如"出卖朋友""出卖同志"，容易让人想到小人之举。

广告是需要诗意，但是像"出卖春天"这样的广告就有些弄巧成拙了。

女人的问题女人办？

一次初中语文考试，有这样一道题目难倒了很多学生。改病句：女人的问题女人办。这句话本是一句广告语。老师阅卷时爆笑连连，有的学生改成"女人的问题男人办"，有的改成"女人的问题自己办"，甚至有的改成"女人的问题我也不知道怎么办"……其实，正确的改法是"女人的问题女人解决"。平时我们都说"解决问题"，从来没有"办问题"的说法，因此这个病句属于动宾搭配不当。

类似的错误还有这条标语"一人献血，全家享用"。乍一看，这句话让人毛骨悚然，它的意思是：全家享用一个亲人的鲜血。其实，这句话要表达的意思是，无偿献血的直系亲属在今后享有一定的免费用血权。因此，把这句话改为"一人献血，全家受益"比较妥当。

凡已报废的车辆，本修理厂概不受理

一个汽车修理厂门前有这样一个大幅广告：凡已报废的车辆，本修理厂概不受理。已报废的车辆，还修它干什么呢？这句话信息量为零，说了等于白说，也就是

我们平时所说的"废话"。

"已报废车辆"不是一个明确的概念，破旧到什么程度的车辆算"已报废车辆"呢？这里应该提出一些可参考的条件，比如"行驶里程超过4万公里"，或者"使用超过八年"。

这则广告想表达的意思是修理厂在修理汽车之前要评估该车是否值得修理，如果没有修复价值，就不修了。但是如此表达会让人产生误解。与此类似的标语还有"不能预订当天日期以前的门票"。谁会"预定"昨天的门票呢？

竟敢卖假货？

一家商店门前放着一个招牌，招牌上从右至左，从上至下写着两行字："不卖假货，宁愿不做。"现在到处都在宣传打假，这家商店竟然明目张胆地卖假货，就算卖假货也不该广而告之啊，可是这家商店甚至还说"不卖假货，宁愿不做"，这是怎么回事呢？

进门询问商店的营业员，营业员回答说，应该读作"宁愿不做，不卖假货"。虽然商店想证明自己打假的态度非常坚定，但是却容易造成误会。竖写文字是我国古代常用的书写方式，这种文字的书写规则是从右往左，读的时候自然也应该从右往左。如果商店想表达不卖假货的意思，就应该从右往左写上"宁愿不做，不卖假货"。

削足适履的横幅

一个高校的横幅上写着"树人树木百年计，学府高材众口碑"，这条横幅给人削足适履的感觉。"十年树木，百年树人"本是出自《管子》的典故，通过比较，形容树人的重要和艰辛。树人与树木不能混为一谈，树人是百年之计，树木也是百年之计就说不过去了。

下句中"众口碑"一词，让人感觉很别扭。通常人们用"有口皆碑"，比喻受到人们普遍称赞。从来没有"众口碑"的说法。显然这是标语的设计者想要上句对仗而生搬硬凑出来的。如果一定要三个字来表示，"有口碑"要比"众口碑"更好一些。

悬赏凶手？

某报纸上有这样一个标题："悲愤老父：50万悬赏杀儿真凶"悲愤老父为何要悬赏杀儿凶手呢？简直有悖常理。看完正文才明白，原来，悲愤老父是一个民营企业的老板，他的儿子被歹徒杀害，公安机关一时无法破案。这位父亲便公开悬赏，对能提供破案线索者或能捉拿凶手者给予重赏。可见，悬赏的对象并不是凶手，而是捉拿凶手的人。

这个标题之所以会造成误解，就是因为没有在悬赏后面加上"缉拿"两个字。

不随地吐"啖"？

某旅游景点有这样一条标语——"不随地吐啖"。"啖"的本意是吃，苏东坡有一首诗中写道"日啖荔枝三百颗，不辞长作岭南人"。"啖荔枝"就是"吃荔枝"的意思。"啖"是一个古语词，现在很少用到。《汉书·王吉传》："吉妇取枣以啖吉。"这里的"啖"是给人吃的意思。《史记·穰侯列传》："秦割齐以啖晋楚。"这里的"啖"是引诱的意思。

很明显，标语把"不随地吐痰"，错写成了"不随地吐啖"。"痰"是气管、支气管分泌的黏液，含有病菌，是传播传染病的媒介，因此"不随地吐痰"是现代人的基本行为规范。

何谓"家尝便饭"？

一家饭店门口的广告牌上写着斗大的四个字"家尝便饭"。虽然根据这个广告可以猜到店家表达的是"家常便饭"这个意思，但是把"家常"写成"家尝"毕竟说不通。这种现象属于生造词语。

不知从何时起，广告语流行成语新编。这种手段，运用得当，可以起到出奇制胜的作用。比如某餐厅的广告"食全食美"改自"十全十美"，意思仍然说得通，让人联想到这里的食品花样多，而且美味。但是，"家尝便饭"就说不过去了，让人不知所云，也许撰写广告的人想让人吃一点试试。

滥用双关语

使用双关语是广告语中一种常见的现象，使用得好可以收到很好的效果，比如某丰胸产品的广告词"做女人挺好"和"没有什么大不了"曾被认为是非常好的广告语。但是，如果双关语使用不当，就会引起争议，主要是因为有些双关语广告词给人造成的联想有违公众的道德与价值观，比如，有人仿拟"做女人挺好"制作了"做男人挺好"的广告，因为性的暗示较明显而被工商部门制止。

双关语的使用往往难以判定是非对错，不过，社会公众的感受也可以作为评判的标准。某房地产的广告"你有二房吗"，意思是"你有第二处住房吗"，但"二房"的本意是小老婆，属于社会丑恶现象，容易引起反感。这样的广告应该得到禁止。

朴雪口服液不"补雪"

"朴雪口服液"的广告在电视台上播放了很长一段时间，人们已经耳熟能详。然而广告配音员把"朴雪"读成了"补雪"。"朴"是一个多音字，但是没有 bǔ 这个音。

朴 pǔ：没有细加工的木料，喻不加修饰：朴素，朴实，朴厚，朴质。

朴 pò：落叶乔木，叶椭圆形，上部边缘有锯齿，花细小，色淡黄，果实球形，黑色，味甜可食。木材可制器具。

朴 pō：〔朴刀〕古代的一种武器，窄长有短把的刀，双手使用。

朴 piáo：姓。

广告的创意者可能想根据谐音制造效果，"朴雪口服液"的功能是补血，如果读成"bǔ 雪"可以让人们马上联想到它的功效，但是这种不规范的读法不知道误导了多少观众。尤其是对于正在读书认字的学生来说，这种误导可能会影响终生。媒体与企业在追求经济效益的同时，也应该对祖国语言文字负责。

某手机又出爆炸新闻

"某手机又出爆炸新闻"，看到这则广告标题你想到的是什么？是"某手机自身爆炸而产生的新闻"，还是"某手机又出了爆炸般令人惊异的新闻"？这个广告表意不清，容易产生歧义，两种理解都不算错。如果商家想表达的意思是后者，那么应该改为"某手机又出爆炸性新闻"。

不少广告在语言表达上意思模糊不清或者有歧义，这就使广告宣传效果大打折扣，甚至引起误解。比如，上海的某公司招聘广告中写着"有信用卡经验者优先"，可以理解为有使用信用卡消费经验的人优先，但其本意是指有信用卡开发工作经验的人。因此，广告应该改为"有信用卡开发工作经验者优先"。

"里脊"不能写作"里肌"

糖醋里脊是一道很受欢迎的家常菜，然而不少饭店的菜谱却写成了"糖醋里肌"。字典中"里脊"的解释是"猪、牛、羊脊椎骨两侧的鲜肉"，读作 lǐ jǐ，与里肌（lǐ jī）发音相近，但是没有"里肌"这个词。可能因为"里脊"也是肌肉，所以被错写成了"里肌"。

那些把"里脊"错写成"里肌"的饭店，应该使用规范的文字书写正确的菜名。

令人费解的"木须肉"

很多饭馆都有"木须肉"这道菜，里面有鸡蛋、木耳和肉片。如果"木"是指木耳，那么"须"又是何物呢？

其实，"木须肉"应该写作"木樨肉"。"木樨"指的是鸡蛋，北方人觉得说"鸡蛋"不雅，所以用"木樨"代替。字典中对"木樨"的解释就是经过烹调的打碎的鸡蛋（多用于菜名、汤名）。为什么

"木樨肉"被写成"木须肉"呢？徐通锵先生在《历史语言学》中解释，按音变规律，xī 受 mù 音的影响而变成 xu，而"樨"比较少见，也比较难写，因此"木樨"被写成了"木须"。有些饭店甚至写成了"苜蓿肉"，更是令人不知所谓。

"宫保鸡丁"，非"宫爆鸡丁"

饭店有一个经典菜叫"宫保鸡丁"，很受欢迎。在欧美国家，这道菜甚至成了中国菜的代名词。然而，不少饭店把菜名写成了"宫爆鸡丁"，也许认为这道菜的烹制方法为"爆炒"，其实这是一种误解，没有弄清楚"宫保鸡丁"的由来。说起这道菜的来历，还有一个故事。

丁宝桢原籍贵州，是清朝咸丰年间进士，曾任山东巡抚，后任四川总督。相传，他在山东任职时，就命家厨制作辣椒与猪肉、鸡肉爆炒的菜肴，很合胃口，但那时此菜还未出名。调任四川总督后，每遇宴客，他都让家厨用花生米、干辣椒和嫩鸡肉炒制鸡丁，肉嫩味美，很受客人欢迎。后来，他由于戍边御敌有功被朝廷封为"太子少保"，人称"丁宫保"，其家厨烹制的炒鸡丁，也被称为"宫保鸡丁"。